本书研究得到国家社会科学研究基金资助；出版得到河南省社会科学院资助。

宋代官营经济史

魏天安 著

人民出版社

目 录

前　言 ··· (1)

第一章　官田的基本状况 ··· (1)

　　一　引言 ··· (1)
　　二　官田的数量 ··· (2)
　　三　官田的来源 ·· (11)

第二章　官田产权与鬻卖 ·· (24)

　　一　引言 ·· (24)
　　二　产权的层次与强化 ·· (25)
　　三　官田鬻卖的规模 ·· (29)
　　四　官田出卖时期的官田扩展 ···································· (44)

第三章　统支统收的军兵屯田 ·· (51)

　　一　引言 ·· (51)
　　二　河北塘泊与军兵屯耕 ·· (52)
　　三　京西、西北的军兵屯耕 ······································ (58)

第四章　以役代租的授田制 ·· (64)

　　一　引言 ·· (64)

二　有税弓箭手与无税弓箭手 …………………………… (65)
　　三　授田的基本原则 ……………………………………… (68)
　　四　租税制度 ……………………………………………… (73)
　　五　实施范围与规模 ……………………………………… (76)
　　六　授田制的影响 ………………………………………… (85)

第五章　官庄包耕制 ……………………………………………… (89)
　　一　引言 …………………………………………………… (89)
　　二　内涵和性质 …………………………………………… (90)
　　三　组织形式 ……………………………………………… (96)
　　四　租税制度 ……………………………………………… (101)
　　五　实施规模 ……………………………………………… (106)
　　六　官庄客户的地位 ……………………………………… (115)

第六章　分段出租制 ……………………………………………… (119)
　　一　引言 …………………………………………………… (119)
　　二　低于或相当于二税的特殊租 ………………………… (120)
　　三　高于二税的低额租 …………………………………… (123)
　　四　接近私田租的高额租 ………………………………… (126)
　　五　官田租课的发展趋势 ………………………………… (132)

第七章　户绝田与户绝条贯 ……………………………………… (136)
　　一　引言 …………………………………………………… (136)
　　二　户绝财产检估法 ……………………………………… (137)
　　三　户绝田出卖法 ………………………………………… (139)
　　四　户绝田租佃法 ………………………………………… (143)
　　五　户绝条贯的影响 ……………………………………… (146)

第八章　马监与牧地 (148)

  一　引言 (148)
  二　管理架构与法规 (149)
  三　监牧分布 (153)
  四　废置沿革 (156)
  五　南宋监牧 (162)

第九章　买马制度 (166)

  一　引言 (166)
  二　括买马 (167)
  三　买马社 (169)
  四　券马 (172)
  五　省马 (180)
  六　南宋纲马 (184)

第十章　市易法的经营模式 (204)

  一　引言 (204)
  二　赢利方式——从放贷收息到高利贷 (205)
  三　赊贷方式——结保赊请与抵保赊请 (212)
  四　理论与实践的冲突——贸迁物货法 (217)
  五　采购制度改革——承办政府采买 (224)

第十一章　常平仓与青苗钱 (237)

  一　引言 (237)
  二　常平仓的建立与发展 (238)
  三　常平仓的基本功能 (241)
  四　青苗法时期的常平功能 (246)

五　青苗钱的利率 ································· (252)

第十二章　粮食籴买制度 ························· (264)

　　一　引言 ······································· (264)
　　二　籴买的规模 ································· (265)
　　三　置场和籴 ··································· (275)
　　四　入中贸易 ··································· (281)
　　五　抑配征购 ··································· (293)

第十三章　榷茶 ································· (303)

　　一　引言 ······································· (303)
　　二　茶的生产 ··································· (304)
　　三　北宋前期的东南茶法 ························· (307)
　　四　北宋后期的蔡京茶法 ························· (330)

第十四章　榷酒 ································· (350)

　　一　引言 ······································· (350)
　　二　榷曲法 ····································· (351)
　　三　官监酒务与官酤法 ··························· (359)
　　四　万户酒法 ··································· (366)

第十五章　纺织业 ······························· (372)

　　一　引言 ······································· (372)
　　二　东京的官营纺织业 ··························· (372)
　　三　州府的官营纺织业 ··························· (377)

第十六章　陶瓷制造业 ··························· (382)

　　一　引言 ······································· (382)

二　官窑与监官 …………………………………………………… (383)

　三　土贡与上供 …………………………………………………… (389)

　四　御窑与名窑 …………………………………………………… (394)

第十七章　军器制造业 …………………………………………… (402)

　一　引言 …………………………………………………………… (402)

　二　北宋开封与南宋杭州的军器制造业 ………………………… (403)

　三　作院的规模与都作院的产生 ………………………………… (409)

　四　宋神宗时期都作院的发展 …………………………………… (413)

　五　大观以后东南地区的都作院 ………………………………… (421)

第十八章　矿产采冶业 …………………………………………… (425)

　一　引言 …………………………………………………………… (425)

　二　坑冶数量及分布 ……………………………………………… (426)

　三　坑冶岁课之比较与发展趋势 ………………………………… (435)

　四　"二八抽分"与招募制 ……………………………………… (447)

　五　坑冶的经营形态 ……………………………………………… (464)

第十九章　造船业 ………………………………………………… (473)

　一　引言 …………………………………………………………… (473)

　二　官营造船基地与造船额 ……………………………………… (475)

　三　船舶类型与造船技术 ………………………………………… (484)

前　言

官营经济主要包括农业、商业、手工业三个方面,二十世纪七十年代以前国内研究成果不多。官营农业以官田研究为重心,陶希圣、若璋对官田中的个别类型进行了研究,张邦炜、程溯洛①对官田的数量、分类作了初步考察。

二十世纪八十年代后,史学研究有了长足的发展,漆侠先生《宋代经济史》②对官田种类、数量、经营方式进行了系统研究。官田研究以鬻卖和租佃关系的成果为多,梁太济《两宋的土地买卖》③是较早研究官田的论文,总结了七次大规模官田鬻卖的状况。蒋兆成《宋代官田的演变》(《河北大学学报》1981 年 3 期),张景贤《宋代官田的衰落》(《河北大学学报》1982 年 3 期),张全明等《宋朝政府鬻卖官田述论》(《中国史研究》1983 年 4 期),杨康荪《官田包佃述论》(《历史研究》1985 年 5 期),曾琼碧《宋代佃耕官田的农民》(《中山大学学报》1985 年 4 期)、《宋代佃耕官田的"二地主"》(《中国史

---

① 陶希圣:《宋代的职田》,食货 1935 年 2 卷 8 期。若璋:《宋代的屯田》,东南日报 1948 年 2 月 2 日。张邦炜:《宋代的官田》,《甘肃师大学报》1962 年 4 期。程溯洛:《南宋的官田与农民》,《历史教学》1953 年 8 期,《中国历代土地问题讨论集》,三联书店 1957 年版。
② 漆侠:《宋代经济史》,上海人民出版社 1987 年版。
③ 梁太济:《两宋的土地买卖》,《宋史研究论文集》,上海古籍出版社 1982 年 1 月版。后收入河北大学出版社 1998 年版《两宋阶级关系的若干问题》。

研究》1987年5期),葛金芳关于宋代官田包佃问题的数篇论文等①,基本观点是大量官田被官府出卖及被私家包佃、侵占,显示土地私有制发展的大趋势。魏天安②关注与官田鬻卖同时存在的反向运动,指出官田鬻卖是在不断得到补充的基础上实现的,与私田一样是产权明晰与发展的体现。

对官田的分类及法规的研究也很深入,曾琼碧《宋代官田的种类》(中山大学《史学集刊》,1992年1期)、《宋代的弓箭手田、牧马地和职田》(中山大学《史学集刊》1989年2期),梁庚尧《南宋的荒田开垦政策》(《史原》1974年8卷1期),孟繁清《宋代的学田》(《北京大学学报》1981年6期),汤开建《试论南宋的营田》(《兰州大学学报》1982年1期),刘喜松《宋季公田法研究》(台湾大学历史系《史绎》1983年9期),吴旭霞《论南宋末的公田法》(《江西社会科学》1986年6期),郦家驹《论南宋的屯田与营田》(《宋辽金史论丛》第1辑,中国社会科学出版社1984年版),侯家驹《宋代屯田营田辨·兼论唐代营田梗略》(《中华文化复兴月刊》1986年19卷9期),李蔚《试论西北屯田的几个问题》(《中国社会经济史研究》1988年1期),史继刚《宋代屯田、营田问题新探》(《中国社会经济史研究》1999年2期),魏天安《宋代弓箭手屯田制度考实》(《河南大学学报》1988年4期)、《宋代官庄考实》(《河南大学学报》1991年8期)、《宋代官田租课考实》(《中国农史》1999年3期),穆朝庆《论宋代职田制度——兼论"厚俸养廉"政策》(《中州学刊》1992年4期),李清凌《关于宋代营田的几个问题》(《西北师院学报》1985年2期)、《宋代学田制度——庆历改革的一项创举》(《西北师大学报》1995年6期)、《宋代的职田与廉政措施》(《西北师大学报》1997年1期)、《从官庄看宋朝政府的管理活力》(《西北师大学报》1998年3期),石瑞丽《宋代官田的招标投标范围》(《兰州学刊》2010年2期),姜密《唐宋时期国有土地的经

---

① 葛金芳:《关于北宋官田私田化政策的若干问题》,《历史研究》1982年3期。《宋代官田包佃成因简析》,《中州学刊》1988年3期。《宋代官田包佃特征辩证》,《史学月刊》1988年5期。《宋代官田包佃性质探微》,《学术月刊》1988年9期。《宋代官田包佃作用评议》,《江汉论坛》1989年7期。
② 魏天安:《宋代官田的数量与来源》,《中州学刊》1991年4期。《宋代官田鬻卖规模考实》,《史学月刊》2005年1期。

营方式的及其原因》(《河北师范大学学报》2010年2期)等,对不同官田的规模、经营方式进行了研究。

官营商业的研究重点在茶、盐、酒等官榷产品上。日本学者斯波义信的专著《宋代商业史研究》①分析了商品市场、流通、组织、资本、消费及其税收,但对官营商业未设专章。汪圣铎《两宋财政史》②对官榷产品在宋代财政上的地位作了深入研究。二十世纪四十年代初日本学者加藤繁《宋元茶专卖及官鬻法》(莫东寅译,留日同学会季刊1942年1期)就被介绍到中国。华山《从茶叶经济看宋代社会》(《文史哲》1957年3期)对茶专卖有所涉及。台湾学者朱重圣和程光裕对茶进行了系统研究,其成果大多收录于《北宋茶之生产与经营》和《唐宋茶史论稿》③中。贾大泉《宋代四川地区的茶叶业和茶政》(《历史研究》1980年4期)、《宋代的茶叶专卖制度》(《历史知识》1982年1期)对四川茶产量和宋代茶叶专卖制度进行了分析。

宋代茶政与茶法多变,研究者不少。孙洪升、李晓、黄纯艳等人论文较多,并各集结专著出版④,其中黄纯艳的《宋代茶法研究》对不同时期茶政茶法的发展轨迹及其相互联系作了系统分析。

茶马贸易与榷茶密切相关。贾大泉、陈泛舟、冯永林、郭孟良、方健、吕维新、谢天开、王晓燕、况腊生等从不同角度发表了研成果⑤。杜文玉、杜建

---

① [日]斯波义信:《宋代商业史研究》,风间书房1968年版;庄景辉译,台北稻禾出版社1997年版。
② 汪圣铎:《两宋财政史》,中华书局1995年版。
③ 朱重圣:《北宋茶之生产与经营》,台北台湾学生书局1985年版。程光裕:《唐宋茶史论稿》,台北大立出版社1985年版。
④ 孙洪升:《唐宋茶业经济》,社会科学文献出版社2001年版。黄纯艳:《宋代茶法研究》,云南大学出版社2002年版。李晓:《宋代茶叶经济研究》,中国政法大学出版社2008年版。
⑤ 贾大泉:《宋代四川同吐蕃种族的茶马贸易》,《西藏研究》1982年1期。陈泛舟:《南宋的茶马贸易与西南少数民族》,《北宋时期川陕的茶马贸易》,《西南民族学院学报》1980年1期、1983年2期。冯永林:《宋代的茶马贸易》,《中国史研究》1986年2期。郭孟良:《宋代茶马贸易述论》,《河南商业高专学报》2000年第6期。方健:《茶马贸易之始考》,《农业考古》1997年4期。吕维新:《宋代茶马贸易》,《农业考古》1998年2期。谢天开:《宋代蜀地茶马互市中特殊形式刍议》,《农业考古》2008年3期。王晓燕:《宋代官营茶马贸易兴起原因分析》,《中国藏学》2008年3期。况腊生:《浅析宋代茶马贸易制度》,《兰州学刊》2008年5期。

录、汤开建、刘复生、魏天安等对买马制度进行了研究①。

榷酒研究二十世纪八九十年代受到重视。贾大泉、杨倩描研究了四川酒政,刘益安研究了北宋酒榷与酿酒业,李华瑞发表一系列论文,其成果大部分吸收在:《宋代酒的生产与征榷》②中,该书对宋代榷酒的几种形式——官监制、榷曲制、买扑制、特许酒户、万户酒制的发展及其内在联系进行了全面研讨。杨师群对宋代酒政颇有心得,有与杨倩描、李华瑞商榷的论文③。

宋代官府经商、军队经商值得关注。梁庚尧《南宋的军营商业》④对军队经商的范围、国家限制措施、发展过程进行了研究。除茶盐酒专卖商品外,官府经商集中在粮食、布帛等大综商品上。宋代军需粮草、布帛等许多物品来自购买,不少学者都涉及了这一问题。朱家源、王曾瑜《宋代的和籴粮草》(《文史》24辑,中华书局1985年版)分析了军饷与和籴的关系、对籴本构成、籴买的各种形式作了全面的解说。魏娅娅《宋代和籴利弊初探》(《中国社会经济史研究》1985年3期)把宋代籴买粮草分为从公平和籴演变到抑配征购三个阶段,魏天安《宋代的粮食商品化及其特征》(《中州学刊》1986年2期)、周龙华《试论宋代的粮食贸易》(《江西社会科学》1990年1期)分析了官府采购粮食与粮食商品化的关系,包伟民《宋代的粮食贸易》(《中国社会科学》1991年2期)认为国家财政货币化是刺激粮食市场繁荣的重要原因。

---

① 杜文玉:《宋代的马政》,《中国史研究》1990年2期。杜建录:《宋代沿边市马贸易述论》、《宋代市马钱物考》,《固原师专学报》1991年3期、1992年1期。汤开建:《北宋与西北各族的马贸易》,中华书局1992年版《中亚学刊》第三辑。刘复生:《宋代"广马"及相关问题》,《中国史研究》1995年3期。魏天安:《南宋广西买马制度》,《广西社会科学》2007年4期、《宋代川陕买马制度》,《南宋史及南宋都城临安研究》,人民出版社2009年11月版。

② 贾大泉:《宋代四川的酒政》,《社会科学研究》1983年4期。杨倩描:《赵开酒法评述》,《河北大学学报》1986年3期。刘益安:《略论北宋禁榷与官营企业》,《中州学刊》1986年1期。李华瑞:《宋代酒的生产与征榷》,河北大学出版社1995年版。

③ 杨师群:《宋代榷酒中的买扑经营》,《学术月刊》1988年11期。《也评赵开酒法——与杨倩描同志商榷》,《河北大学学报》1989年1期。《两宋榷酒结构模式之演变》,《中国史研究》1090年3期。《宋代的酒课》,《中国经济史研究》1991年3期。《宋代的官营酒务》,《中州学刊》1992年4期。《宋代酒课几个问题的再商榷——答李华瑞同志》,《中国经济史研究》1994年2期。

④ 梁庚尧:《南宋的军营商业》,《宋史研究集》32集,台湾,宋史座谈会编,兰台出版社2002年版。

姜锡东研究了官营商业资本的品类及在粮食、布帛等交易中的作用与地位，李晓对包括粮食在内政府购买的预算管理、采购与结算方式作了深入研究①。宋晞《北宋商人的入中边粮》(《大陆杂志》1953 年 6 卷 3 期)首先对以茶、盐、钱等购买粮草的入中制度作了专题研究，戴裔煊《宋代钞盐制度研究》一书对入中制度的性质、源流作了剖析，此后胡建华、黄纯艳、魏天安对入中制度也有侧重不同的探讨②。梁庚尧重点分析了宋代筹措军粮的方式与效果③，袁一堂则从市籴制度兴起的原因、内容及与货币流通的关系等角度发表了数篇论文④。

王安石变法也有官营商业的内容，其中以市易法的研究较为充分。对市易法的研究多体现在王安石变法的综合性研究中，且以围绕市易法的争斗和实施效果为主。漆侠《王安石变法》综合分析了市易法的内容，认为市易法从事官营商业与借贷，是"供应国家需要和限制商业资本的政策"，市易法虽然赢利不多，却有限制大商人投机活动和稳定物价的作用，"给商业的繁荣带来有利的条件"⑤。俞兆鹏、杨师群、王曾瑜则否定市易法有促进商业繁荣的作用⑥。魏天安认为市易法的性质是"官资商营"，李晓认为市易法不

---

① 姜锡东：《宋代粮商的粮食投机》，《史学月刊》2000 年 2 期。《宋代商人和商业资本》，《中华书局》2002 年版。李晓：《宋朝政府购买制度》，上海人民出版社 2007 年版。
② 胡建华：《北宋入中制度初探》，《西南师范大学学报》1989 年 1 期。黄纯艳：《北宋西北沿边的入中》，《厦门大学学报》1998 年 1 期。魏天安：《北宋入中制度论析》，《中州学刊》2006 年 2 期。
③ 梁庚尧：《宋神宗时期西北边粮的筹措》，原载《刘子健博士颂寿纪念宋史研究论集》，京都同朋舍 1989 年版。《北宋元丰伐夏战争的军粮问题》，《陶希圣先生九秩荣庆祝寿论文集：崧史释论》，食货出版社 1987 年版。两文皆收入《宋代社会经济史论集》上册，台北允晨文化公司 1997 年版。
④ 袁一堂：《唐宋时期和籴制度兴起的背景及原因研究》，《人文杂志》1994 年 1 期。《宋代市籴制度研究》，《中国经济史研究》1994 年 3 期。《北宋的市籴与民间货币流通》，《历史研究》1994 年 5 期。
⑤ 漆侠：《王安石变法》(增订本)，河北人民出版社 2001 年版，156 页。
⑥ 俞兆鹏：《论北宋熙丰时期的市易法》，《江西社会科学》1988 年每二期、三期。杨师群：《北宋市易务及其官商业务活动》，《中州学刊》1990 年 5 期。王曾瑜：《从市易法看中国古代的官营商业和借贷资本》，《大陆杂志》1993 年 85 卷 1 期。

限于官营商业与借贷业,"还包括对政府购买制度的改革"①。

宋代官营手工业的研究起步颇早,二十世纪三四十年代,鞠清远《唐宋官私手工业》(上海新生命书局 1934 年版)、坤淦《宋代官工业中之劳动者》(《中国劳动》1941 年 5 卷 2、3 期)对官营手工业作了概述,张家驹《宋代造船工业的地理分布》(《大风》半月刊 1941 年 100 期)对造船业的设场地点作了初步探讨。五六十年代,白寿彝《论秦汉到明末官手工业和封建制度的关系》(《历史研究》1954 年 5 期)、季子涯《宋代手工业简况》(《历史教学》1955 年 5 期)对宋代官营手工业有所论述。

官营手工业的专题论文不多,而在地方区域经济和手工业分类研究中多有涉及,如华山《宋代的矿冶工业》(《山东大学学报》1959 年 2 期),高言弘《宋代广西的手工业》(《广西大学学报》1979 年 2 期),吴涛《北宋东京手工业的发展》(《包头师专学报》1983 年 2 期),林正秋《南宋杭州的手工业》(《杭州师院学报》1984 年 4 期)等。漆侠《宋代经济史》对宋代手工业有系统论述,官营手工业在其中占有较大比例。周宝珠《宋代东京研究》(河南大学出版社 1992 年版)对东京的各类官营手工业规模作了细致说明。韩桂华研究了宋代官府工场之组织以及工匠来源②。

官营纺织业的论文多体现在区域经济研究中,如贾大泉《宋代四川的纺织业》(《宋史研究论文集》,河南人民出版社 1984 年版),邢铁《宋代河北的丝织业》(《河北学刊》1990 年 5 期),蓝兆雄《宋代福建植棉、纺织业的发展及其社会经济的影响》(《福建史志》1987 年 5 期)等,其中均有官营织场、织务的阐述。

瓷器制造业研究主要围绕汝、官、哥、定、均五大名窑展开,北宋汴京官窑是否存在,汝窑的性质特点,南宋修内司与郊坛下官窑的特征与发展,名窑之间及与其他青瓷窑的传承关系等等,不少学者发表了各自的观点,随着

---

① 魏天安:《市易法的性质研析》,漆侠、王天顺主编《宋史研究论文集》,宁夏人民出版社 1999 年 12 月版。李晓:《王安石市易法与政府购买职能》,《历史研究》2004 年 6 期。
② 韩桂华:《宋代官府工场之组织及其类别》,《中国历史学会史学集刊》1983 年 12 期。《论宋代官府工场之工匠来源》,《大陆杂志》1992 年 84 卷 1 期。

考古发现的不断进展，不少问题得到澄清，分歧有缩小的趋势。中国硅酸盐协会编《中国陶瓷史》（文物出版社1999年版）对宋代各类瓷器瓷窑作了分析说明，成彩虹、刘冬梅《五大名窑史话》（百花文艺出版2007年版）吸收了五大名窑的研究成果。成彩虹《两宋官窑研究概述》（《文物春秋》2007年1期）对截止到2006年的官窑研究进行了总结。此后，与宋代官窑、名窑相关的争论仍在继续，如郑嘉励、李喜宽（韩国）、李刚、秦大树、王光尧①等仍在探讨与宋代名官窑相关的问题。

矿业采冶多由私家经营，但大部分矿冶产品如金银铜铅锡由官府榷买，铁在某些地区和时期榷买，是官营经济的组成部分。二十世纪八十年代以前，国内对矿业采冶的研究处于初始阶段，胡寄馨《宋代银铜矿考》（《社会科学》（〈福建〉1934年6月2卷1、2期），程效章《北宋一代国内之矿产经济》（《东亚经济》1943年2月1卷6期）初步探讨了宋代矿冶业的产地和产量，华山进一步研究了矿冶业的经营方式②。漆侠《宋代经济史》对矿冶业的经营方式、政策进行了综合研究。裴汝诚、许沛藻《宋代坑冶政策与坑冶业的发展》（《史学月刊》1981年4期），滕显间《宋代矿业经济管理概略》（《北京师范大学学报》1986年5期），许怀林《宋代江西的铜矿业》（《宋史研究论文集》，浙江人民出版社1987年版）等对宋代矿冶业的生产关系、经营方式及政策法规从不同角度进行了探讨。王菱菱对宋代矿业研究颇下功力，发表了一系列论文，对矿冶业的生产技术、经营方式、开采、收买等管理政策进行了系统研究，其成果体现在《宋代矿冶业研究》（河北大学出版社2006年版）一书中。矿冶业研究成果虽多，却多未能从官营经济的视角加以审视。

军器制造业是官营手工业的重要部门，宋代军事著作《武经总要》及其

---

① 郑嘉励：《北宋官窑形成的历史考察》，《故宫博物院院刊》2006年6期。李喜宽：《有关南宋后期官窑的几个问题》，《故宫博物院院刊》2009年3期。李刚：《内窑、续窑与哥窑辨析》，《东方博物》2007年2期。秦大树：《宋代官窑的主要特点——兼谈汝州青瓷器》，《文物》2009年12期。王光尧：《汝窑与北宋汴京官窑——从汝窑址考古资料看宋代官窑的出现及官窑制度的形成》，《故宫博物院院刊》2010年5期。

② 华山：《宋代的矿冶工业》，《山东大学学报》1959年2期。后收入华山《宋史论集》，齐鲁书社1983年版。

兵器制造技术是重点研究对象,直接研究宋代军器生产的论文有张德宗《宋代的军器生产》(《宋史研究论文集》,河南大学出版社1993年版)和徐东升《宋代兵工企业初探》(《中国社会经济史研究》2000年1期)。周宝珠《宋代东京研究》对东京的军器制造业作了资料翔实的说明。作院是制造军器的部门,王菱菱《宋代都作院设置考》(《中国经济史研究》2007年2期)、魏天安《宋代的作院与都作院》(《宋史研究论文集》,云南大学出版社2009年版)探讨了都作院设置的地点、规模及沿革。

宋代造船业繁荣,造船技术与规模有大的发展,官营造船业十分发达。二十世纪四十年代初,张家驹、谷霁光研究了宋代造船业的分布与规模①。王曾瑜《谈宋代的造船业》(《文物》1975年10期)、王瑞明《宋代的造船业与船户》(《学术月刊》1987年3期)简约地分析了宋代造船业的分布、规模、造船技术以及官营造船业的生产关系。周庆南、吴景山②等则研究了宋某一地区的造船业。

综上所述,宋代官营经济有不少研究成果,这些成果大多分散在区域经济或行业研究中,把官营经济当作专门课题并从社会经济发展的高度对官营经济的地位的加以总体研究,很少有人进行。

中国古代官营经济与中国近现代的重大经济变革有千丝万缕的联系,从洋务运动到当今三十余年的经济改革,无不与官营经济这一问题密切相关。此课题是中国古代经济发展史中的一个重要问题,加强这一课题的研究很有必要。

在中国古代经济发展史中,宋代是有阶段性特征的重要时期,官营经济的发展引人注目。第一,官营经济规模庞大,地位重要。官田占耕田总额的15%左右,山泽收入(包括矿产、榷盐、榷茶等收入)超过二税。"和买"绢、和籴粮的数额倍于二税。官营手工业人数多、分工细。第二,官营经济的经营

---

① 张家驹:《宋代造船业的地理分布》,《大风半月刊》1941年100期。谷霁光:《宋元时代造船事业之进展》,《文史杂志》1941年4卷5、6期。
② 周庆南:《御笔碑与宋代明州造船业与外贸》,《浙东文化论丛》,中央编译出版社1995年版。吴景山:《宋元时期西北的造船业及航运管理》,《兰州大学学报》1999年1期。

形态呈现多层次、多样化的特点,民营经济中的经营形式如承包、租赁、租佃、借贷、合伙等,在官营经济中都有实施,有的还先于私营经济发生。多样化经营方式使官营经济较具活力。第三,宋代官营经济与市场有较密切的联系,与民间经济互相渗透,对社会经济有很大影响。官田鬻卖的规模不亚于私田。官营手工业中的原材料直接来源于二税的不多,与市场有密切联系的"和买"、"科买"、"科配"发挥着重要作用。宋代许多大商人从事茶、盐、酒、金银、布帛、粮食等与官榷或官需物品相关的经济活动,官私经济相互联系在一起。宋代是一个官营经济经营方式多样化、与市场联系加强的时代,值得认真研究。

本书力图以经营形态为纲,对官营农业、手工业、商业进行系统研究。以官营农业为例,在研究官田数量的基础上,通过分类研究官田的多种经营形态,如统支统收的军兵屯耕制、以役代租的弓箭手授田制、实行分成租的官庄包耕制、征收定额租的分段出租制等等,分析官田租课高低及征收方式与经营方式之间的内在联系。官田的包佃转租和永佃权、官田向私田的转化、官田生产者的法律地位等等,都与官田经营形态结合起来加以考察。

官营商业中既有官资官营,又有官资商营(如市易抵挡法),既有含强制性的摊派(如科买、科卖、和预买),又有以经济为杠杆的市场交易(如入中、和籴)。官营手工业依据行业的不同特点而采用不同的经营形态,实施不同的经营策略,如买扑制、课额制、地分制、抽分制、专营制、给料加工制等。本课题把官府与市场联系的部分购买行为纳入官营商业的范畴,通过对入中制、和籴法等的分析,研究官府消费对市场的影响。

本书内容未能涵盖宋代官营经济的所有领域,书名《宋代官营经济史》名不副实。有些问题虽曾努力研究,因始终未能超越前人的成果,而重复和综合他人研究意义不大,只好舍弃。如本书研究了榷茶和榷酒,对榷盐则付诸阙如,好在有郭正忠《宋代盐业经济史》(人民出版社1990年版)等众多研究成果,使读者不会因本书不完整而遗憾。对榷茶问题仅研究了北宋东南地区茶法沿革,原因是受能力与精力所限,对其他地区及南宋茶法尚不能提出自己的见解。独立思考并提出与他人不完全相同的观点,或对史料加以研究得出与他人不完全相同的解读,是本人努力的目标。将此书命名为《宋代官营经济史》,有欲引起学术界关注以促进这一课题向更深层次研究的意义。

本书研究得到国家社会科学基金资助;出版得到河南省社会科学院资助。特此说明。

第一章 官田的基本状况

一 引言

宋代是土地私有制蓬勃发展的时代,其表现一是国家对私人占有土地的数量采取放任政策,基本不加限制;二是土地交易兴盛,并被纳入法制轨道,买卖成为地权转移的重要方式。所谓"田制不立","不抑兼并",反映土地私有权的经济权威得到国家和社会日益普遍的尊重。同样,宋代也是国家土地所有制大大强化的时代,官田与民田有了明确的分野,关于官田的法规详尽而明晰,官田产权同私田一样受到有效的保护。

宋代垦田面积较前代扩大,私田的发展不一定以官田的衰落为前提,同样,官田的发展也不一定以损害私田为代价。官田通过买卖、承佃数年后征收二税等途径成为私田,私田向官田转化的渠道同样畅通,使官私田土保持相对的平衡。判断官田(或私田)是不是衰落的标准有二,一是官田(或私田)数量是不是越来越少,二是国家(或私家)土地所有权是不是越来越淡化。宋代官田与私田虽然处于不断转化的流动状态,但总的趋势是官、私田土数量基本持续增长,尚未耕垦的荒田、闲田,原是民田的逃田、户绝田,被没收入官的折纳、抵挡、籍没田,原为公共滩涂水面的沙田、涂田、滩地、湖田等前代所有权尚不明晰的土地是官田的主要来源。元丰年间已垦官田约 90

万顷,占垦田总额的 18%。如加上官荒田,所占比例更高,官田在社会生活和王朝财政上占重要地位。土地所有权的明晰化,说明官田同私田一样处于发展之中。

二 官田的数量

官田数量是衡量其作用的最直接的标尺。宋代官田有几许,史籍记载多有抵牾,我们通过对这些记载的分析,可以对某一时期的官田数量做出近似的推算。

程溯洛认为,北宋元丰年间官田为 6.3393 万余顷,约占农田面积的 1.38%[①]。6.3393 万余顷的资料来源,见《文献通考·田赋考四》所引毕仲衍进呈的《中书备对》。《中书备对》是为辅政大臣向皇帝汇报而准备的财政资料,官田 6.3393 万余顷是根据全国各地上缴给中央财计部门的官田租课推算出来的,只能大致反映租课上缴给中央三司的官田数量,而根据宋代的官田制度,大部分官田的租课如职田、学田、牧地和大部分弓箭手营田等并不上缴中央财计部门。

关于官田的数量,漆侠先生《宋代经济史》中的考证影响最大。漆先生估计,元丰六年(1085)官私垦田至少有 720 万顷,而各类官田总额为 32.2 万余顷,国有地占垦田数的 4.3% 左右[②]。我认为,官田的实际数额大大高于此数。

32.2 万余顷的数字是根据各类官田数量汇总而成的,其统计有不确切之处。漆侠先生将宋代官田分为七类:一、前代遗留下来的各类国有土地,约 2.5 万顷;二、屯田,真宗天禧末年(1021)为 0.42 万顷;三、陕西、河东等路营田、弓箭手田,神宗时 3.5 万顷以上;四、监牧地,仁宗嘉祐(1056—

[①] 程溯洛:《南宋的官田与农民》,《历史教学》1953 年 8 期,载《中国历代土地问题讨论集》,三联书店 1957 年版。

[②] 漆侠:《宋代经济史》,上海人民出版社 1987 年版,59 页、340 页。

1063）年间约 9.8901 万顷；五、官田，神宗元丰年间（1078—1085）为 6.3393 万顷；六、职田，神宗元丰年间为 2.3487 万顷；七、学田，徽宗大观年间（1107—1110）为 10.599 万顷。其中第五项"官田"即前引《中书备对》所载官田数，实为租课归转运司管理的"省庄田"，冠以"官田"之名不太确切，而且第一项绝大部分可以归入此项。第二项屯田 0.42 万顷，宋神宗时全部租给民户耕种，由转运司管理，即也成为"省庄田"，无需另计。第三项认为陕西河东的营田、弓箭手田宋神宗时有 3.5 万顷，与实际数额相差甚远，当时仅陕西弓箭手田就达 20 万顷以上。

占总垦田数 4.3% 的数字，是以元丰六年全国垦田 7 亿 2 千万亩（今亩）为基数推算出来的，而《文献通考·田赋考四》载元丰六年垦田为 4 亿 6 千 2 百万亩（宋亩），元丰八年共清查丈量了 248 万顷土地，漆先生认为方田均税法仅实施于开封府界、京东、河北、河东、陕西五路，而元丰五年五路垦田为 119 万顷，由此推算：

$$\frac{\text{五路原有垦田}119\text{万顷}}{\text{五路清丈垦田}248\text{万顷}}=\frac{\text{全国原有垦田}462\text{万顷}}{\text{全国实际垦田}X}$$

结论是实际垦田为 800 余万顷（按此式计算应为 900 余万顷），折今亩约 720 万顷以上。这是中国历史上最高的垦田额。官田占田亩总额的 4.3%。漆先生的这个统计方法与华山先生类同，结论也基本一致[①]。

这里有三个疑点。第一，即使真有这么多的隐漏土地，隐漏的也不只是私田，官田同样有隐漏，因此隐漏土地不应影响官田私田的比例关系。如按漆先生估算官田 32.2 万顷，应占当时垦田 462 万顷的 7%。第二，原有垦田 462 万顷是元丰六年的垦田数，不是熙宁五年（1072）实施方田均税法以前的垦田数，此时方田均税法已推行了十年，也就是说，462 万顷里已包含了大部分经过丈量的土地，以此数作为方田均税法实施前的不含隐漏数的土地基数是不合适的。既然垦田总数里已包含经过丈量的土地，上述比例式就不成立。第三，至元丰八年，共方量了 248 万顷土地，方量地区并不限于北方五路。王安石的其他改革措施均实施于宋全境，从条令内容来看，方田均税法

---

① 华山：《宋史论集》，齐鲁书社 1982 年版，10—11 页。

是行之于全国的。《续资治通鉴长编》卷二百三十七载,方田均税条约"颁之天下"时规定,"先自京东路行之,诸路仿焉","诸路"即其他各路,而非北方五路。方田均税法实施之前,其首倡者蔡天申曾建议先行于河北、陕西、河东、京东,但司农寺发布该条约时并未采纳这个建议,而是规定"先自年丰及平土州县行之",并规定"取税赋最不均县先行"。正是按照此原则,方田进行十分缓慢,未能遍及北方五路所有州县,如陕西诸路至熙宁七年四月诏令权住方田,"候将来农隙日施行"①为止,仅方凤翔府天兴、秦州陇西、成纪三县,另陕州平陆县、同州韩城县虽已方田,因人诉方量不均,需重方量,其余州县皆未方量。河北西路仅方卫州黎阳、汲县二县。至元丰七年四月,"京东东路提举常平等事燕若古言:'沂、登、密、青州人田讼最多,乞择三五县先方田。'诏候丰岁推行。"②可见率先实施方田的京东路在中止方田的前一年仍有多数州县未经方量。

崇宁三年,宰臣蔡京建议恢复方田时说:方田法"盖以土色肥瘠,别田之美恶,定赋之多寡,方为之帐,而步亩高下丈尺不可隐;户给之帖,而升合尺寸无所遗。以买卖则民不能容其巧,以推收则吏不能措其奸",并指出"五路州县有经方田者,至今公私以为利。遭元祐纷更,美意良法未遍于天下"③。所谓"五路州县有经方田者",说明实施方田法的不是北方五路中的所有州县,按史籍所载仅是少部分州县。不过,如果将方田理解为丈量土地、清查顷亩,而不局限于方田法中的以南北千步为一方等概念,则其他路分虽未正式实施方田法,却相当广泛地对民户田产进行了核查。

在熙丰推行的其他改革中,也有需要清查田土的条款,如免役法的基本原则是"应昔于乡户差役者,悉计产赋钱,募民代役",女户、单丁、未成丁户、僧道户,城市中的上五等户及原享免役特权的官绅形势户,要按户等减半出

---

① 徐松:《宋会要辑稿》(以下简称《宋会要》)食货四之七,熙宁七年四月。中华书局1957年版,4849页。
② 徐松:《宋会要》食货四之九,元丰七年四月八日,4850页。
③ [清]黄以周辑注:《续资治通鉴长编拾补》卷二十四,崇宁三年七月辛卯。中华书局2004年版,820页。

钱,称"助役钱"①。这样,几乎所有的乡户都要"计产赋钱",对乡村民户而言,"计产"主要指田产统计,而要统计得准确,就要对田产根括方量。

宋代"差役以版籍为宗,版籍以税钱为宗,避差科者或隐寄税钱,诡名以就下等"②。免役法以户等为基础,为纠正户等不实、税役不均的弊端,就要查出隐漏、诡寄田产,确定乡户的财产(主要是田产)价值。熙宁七年正月,两浙察访使沈括言:"常州无锡县逃绝、诡名挟佃约五千余户"③。元丰二年九月,诏三司户部判官李琮专究江南东、两浙127县逃绝户亏陷税役等钱,李琮共根究出逃绝户401332户,约占江南东、两浙总户数的14%。元丰三年正月,李琮为淮南转运副使,又根究出两淮88县"逃绝、诡名挟佃、簿籍不载并阙丁"④475965户,约占两淮户数的35%,订正征收"税役并积负"922246贯石匹两。三路共查出逃绝、诡名等隐漏税役户占三路总户数的21%,则所清查之数定会远远大于此比例。清查逃绝户、诡名户田产的目的是核实户等,清查隐漏税役,因此要对田产加以清查。为推行免役法,宋曾将李琮的清查隐漏税役的经验诏令推广,于是"天下州县遂打量街道,分擘沟渠,虽是已出租税之地,但系侵占丈尺,并令别纳租钱"⑤。张方平说:"役法初行,其间刻剥吏点阅民田庐舍、牛具畜产、桑枣杂木以定户等。"⑥这种根究田产、重定户籍、追讨税役的诏令先后在诸路实行,清查对象遍及所有民户的田产。

《续资治通鉴长编》卷三百三十一元丰五年十二月戊申条载:"前察访荆湖路常平等事司勾当公事段询减磨勘三年,赏根括水陆田四千一百余顷也。"段询作为总管荆湖路改革事宜的长官,查出荆湖路隐田4100余顷,说明荆湖路大规模清查丈量了耕地。方田法规定要逐州、逐县推行,方完一县,再方一县,而免役法清查税役则不受此限制,每州数县可同时进行,一县

---

① 马端临:《文献通考》卷十二《职役考》,129页。
② 李焘:《续资治通鉴长编》(以下简称《长编》)卷三百二十四,元丰五年三月乙酉。中华书局2004年版,7797页。
③ 李焘:《长编》卷二百四十九,熙宁七年正月丙寅,6077页。
④ 李焘:《长编》卷三百,元丰二年九月癸酉,7300页。
⑤ 李焘:《长编》卷三百七十七,元祐元年五月壬戌,9158页。
⑥ 张方平:《乐全集》卷二十六《论率钱募役事》。中州古籍出版社1992年版,2000年10月第一次印刷,416页。

不必全面方量,而可以择户籍、税役不实之户方量,如李琮就是主要清查丈量了名为逃绝户和诡名户而亏欠税役的民户田产。另外,农田水利法中也有清查丈量土地的条款,"令逐县各令具本管内有若干荒废田土,仍须体问荒废所因,约度逐段顷亩数目,指说著望去处,仍具今来合如何擘画立法,可以纠合兴修,招募垦辟,各述所见,具为图籍,申送本州。"①荒田可以垦辟者,也要方量,同其他官私田土一样载之图册。

《宋史·食货志上二》载元丰八年下诏停止方田时云:"天下之田已方而见于籍者,至是二百四十八万四千三百四十有九顷云。"天下即宋境各路。虽然方田均税法仅实施于北方五路的部分州县,但农田"已方而见于籍者"则遍及宋境诸路多数州县。如按史籍所言方田248万余顷是"天下"方田数而非北方五路方田数,则方田数约占垦田数的54%。这是比较可信的。方田法规定山区、丘陵等地块零散的地区及受灾地区不实施方田,各路方田是先在田讼最多的州县试行,试行后有争讼,重新方量,且规定只在农隙时进行,一州一年内一般只方量一县,大州最多二县。方田均税法未像其他法规那样引起大的争议,主要原因是逐步推进的策略进展缓慢,影响有限。在多数州县特别是南方的州县,民户田产分散畸零,难以实施千步一方,方田法与免役法、农田水利条约结合在一起,很少单独实施,所以未成为反对派攻击的主要目标。这样,以北方五路原有垦田数推算方田后增加之数及全国垦田数就难以成立。在没有确切的数据之前,我们只能采用史籍上不太准确的数字,因为这些数字至少比证据不准确的推算更可靠。

既然宋代垦田数是"计其租赋"而推算出来的,那么,史载垦田数加上不向中央三司及司农寺供报租课的垦田数(主要是官田),就是垦田的实际数量。

漆先生认为陕西河东的营田、弓箭手田宋神宗时有3.5万顷,实际上,当时仅陕西、河东弓箭手田就达20万顷。陕西弓箭手人授田2顷,有马者加50亩,在宋神宗刚刚即位的治平末年(1068),河东七州军弓箭手有7500人,

---

① 徐松:《宋会要》食货一之二七,熙宁二年十一月十三日,4815页。

陕西十州军弓箭手并砦户共有46300人。砦户也实行授田免役制,人给田八十亩至百亩,仅秦、凤二州有之,人数很少,如果将砦户与弓箭手同等看待,按人均二顷计,再加上马口分田,授田总额当有十二三万顷。熙宁以后,西北拓边,熙、河、兰、会、岷、洮诸州相继纳入宋之版图,所置弓箭手更多,授田也相应增加。如熙宁五年赵卨在鄜延路募蕃汉弓箭手4900人,给地15914顷,人均3顷有余。赵卨所募弓箭手多为蕃弓箭手,对蕃弓箭手授田可超过2顷的限定。熙宁七年,朝廷派郑民宪主持招置弓箭手事宜,郑"根括熙、河、岷州地万二百六顷,招弓箭手五千余人"①。估计至宋神宗末,弓箭手田不少于20万顷。

哲宗、徽宗时期,继续拓边,弓箭手营田规模更大。崇宁二年,德顺军所管怀远、隆德、得胜、静边、治平五寨有弓箭手36指挥,每指挥250余人,"合得身份田每指挥五百一十顷,共计一万八千三百六十顷",但"自来弓箭手冒占出剩土地"就达30371顷②。

北宋末靖康元年(1125)十月臣僚言:"泾原路沿边城寨郭外居民,尽系弓箭手之家,别无税地人户。"③南宋绍兴议和后,熟悉陕西军政的郑刚中说:"陕西弓箭手旧一十六万,今存七万,复以土田不均,兵疲无法,虽七万人,未必可用。"④"旧一十六万"即北宋末的数量,人授田二顷,加上马口分田,陕西弓箭手授田达三十余万顷。

总之,弓箭手营田自景德二年(1005)创立以来,整体上处于持续增加的状态,神宗末约20万顷(含河东路),至北宋末已达30万顷以上。因其不交租税,或所交租税(陕西占田超过定额的弓箭手田的要依"乡原例"交租,每亩3.7斗)由沿边军区(陕西熙宁七年后分为五个军区:秦凤、泾原、鄜延、环庆、熙河)即经略司或边防财用司管理,充本地军费,不上缴中央三司,所以

---

① 李焘:《长编》卷二百五十八,熙宁七年十一月丙午,6290页。
② 徐松:《宋会要》兵四之一八,崇宁二年十一月二十四日。6829页。
③ 徐松:《宋会要》兵四之三〇,靖康元年十月二十九日,6835页。
④ 郑刚中:《北山集》卷十三《西征道里记并序》。台北,商务印书馆,1986年影印文渊阁四库全书1138册,147页。杨士琦等《历代名臣奏议》卷89《经国》载监察御史郑刚中奏文云:"弓箭手旧额一十四万,今犹得六万,是民尚可以为兵也。"四库全书433册,515页。

中央财计未将弓箭手田统计在内。

官田租课不上缴中央财计的还有：

学田。北宋官学在仁宗庆历、神宗熙（宁）（元）丰、徽宗崇宁时期快速发展。仁宗明道、景祐间（1032—1037），"累诏州郡立学，赐田给书，学校相继而兴"。州郡立学有了经济保障，促使各地学校蓬勃发展起来。特别是庆历年间（1041—1048）大兴州县之学，"诏：诸路［学］州、府、军、监除旧有官学外，余并各令立学。如学者二百人以上，许更置县［学］"。此后，"州郡不置学者鲜矣"①。神宗熙宁四年至元丰八年（1071—1085）、徽宗崇宁元年至宣和三年（1102—1121）又曾两度大兴州县学，扩大了学校规模并普及了县学。神宗时大兴州县之学，形成自京师至郡县皆有官学的局面。又规定每州置学官。徽宗时期取消了仁宗时生员 200 人以上方能设县学的限制，规定大县有学生 50 人，中县 40 人，小县 30 人均可设学，县学得以普遍发展，并设路级学官。

仁宗时学校赐田一般 5 顷，神宗时法定 10 顷，徽宗时又将折纳、抵挡、户绝、寺观绝产等官田租课"充助学费"②。除了增赐学田以外，还利用常平钱、房廊钱等收入补充办学经费。北宋末学田达 10.599 万顷，漆先生认为学田"在国有土地诸形态中是土地最多的一项土地制度"，并认为南宋学田不会比北宋末减少多少。总之，宋代学田总体上也处于持续增长的状态。

职田。职田始于真宗咸平二年（999），元丰年间约 2.35 万顷，南宋有所减少。职田"悉免其税"，不承担国家赋税，不在三司财政统计的官田数内。

牧地。宋真宗时，有马监 14 个，加上诸军养马之处，景德间占地 9.9801 余顷。此后不断减少，熙宁以后，大部分监牧废罢，牧地或实行"保马法"而分田予民，或直接租佃给民户，年收租达百余万石。牧地租佃给农户后，其数量和官田性质未变。牧地及其租课收入不计入三司财政，而归军政群牧司系统。

综上所述，元丰之际仅弓箭手屯田、学田、职田、牧地即达 40 余万顷。

---

① 徐松：《宋会要》崇儒二之二一—二之四，2188、2189 页。
② 徐松：《宋会要》食货七〇之二一，大观四年三月二十七日，6381 页。

《宋会要辑稿》食货六一之六八载,熙宁三年——熙宁九年,司农寺共有水利田36.1万顷。熙丰之际司农寺是掌管变法事宜的重要机构,因推行农田水利条约,官水利田归司农寺掌握。此水利田与牧地、屯田、营田等有重叠,但官水利田有36.1万顷,按中国传统的土地构成,非水利田(无灌溉条件的旱地之类)应远远高于此数,此亦可证32.2万顷的官田总数不实。

《文献通考·田赋考七》载,熙宁七年(1074),"开封府界及诸路系省庄、屯田、营田、稻田务及司农寺户绝、水利田,并都水监官庄、淤田司四十四万七千四百四十八顷一十六亩",约占当时统计的农田面积的9.68%。元丰六年(1083)《中书备对》言官田6.34万顷,两个统计数字相距不过九年,而差额如此之大,原因何在?有人认为,"由于变法派推行出卖官田的政策,使官田数量骤减"①。但考诸史籍,熙宁末元丰初并无大规模出卖官田的记载。也有人认为,"熙宁施行新法之时,曾实地丈量田亩,而元丰年间的官田,却是用'特计其赋租以知顷亩'的方法来推算的,两者相比较而产生的差额,大体是未曾耕垦和被私人隐占的官田数字"②。这一论断正确地注意到产生差额的原因在于"赋租"的多寡,但认为未能统计其赋租的是荒地和被人隐占的官田,却有失偏颇。

首先,既然44.74余万顷是经过实际丈量后的数量,曾被私人隐占而被清查出来的官田就成为系籍官田,就要交纳赋租,而逃避了官府丈量、被隐占的官田仍未统计。同时,方田均税法从熙宁五年开始实施,至元丰八年结束,熙宁七年方田均税法仅实施二年,查出的"被私人隐占"的官田数肯定要比元丰年间少得多,按此推论,元丰官田数应比熙宁垦田数多。第二,《文献通考·田赋考七》所列系省庄、屯田、营田、户绝、水利田等名目,几乎全是已耕土地(唯户绝而尚无人承佃者暂为荒田),而宋代史籍中常见的"官荒田"、"逃荒田"不在其内。宋代官田的管理机构较为繁杂,如直属中央的有司农寺、都水监、群牧司田产,隶属诸路的有安抚司、经略司、常平司、转运司田产等等。转运司负有将地方财赋上供中央的责任,而官田租课则是上供的重

---

① 朱瑞熙:《宋代社会研究》,中州书画社1983年版,2页。
② 杨康荪:《宋代官田包佃述论》,《历史研究》1985年6期。

要内容。宋代官田大部分不归转运司管理，其租课收入也不上缴中央三司，这是《文献通考》所载两个数字产生巨大差额的根本原因。6.34万顷指的是"开封府界及诸路系省庄"即租课上缴三司的官田数量，而归军政系统的屯田、营田、稻田务和游离中央财计之外、归皇帝支配的司农寺等田产，不在《中书备对》所言官田之内。

熙宁七年44.74余万顷官田不但没有包括逃田和荒田，从司农寺有水利田36.1万顷、诸路系省庄田有6.34万顷分析，此处的屯田、营田是指收取租课的屯田营田，不包括免纳租课的陕西弓箭手屯田，以及租课不上缴中央的学田、职田、牧地等等，加在一起，官田数额要增加一倍左右。其他如本朝和前朝皇帝的陵寝田，皇家宗室财用田，地方政府用于养济院、慈幼庄和维修桥梁、堤坝等地方慈善和公共事业的公用土地，也是专田专用，租课不归三司，但数量较少，兹略而不计。如官田以85万顷计，民田以456万顷（扣除462万顷中所含6万余顷系省田）计，则垦田总额为541万顷，官田约占垦田总数的16%。加上官荒田，比例更高。

治平三年(1066)，全国垦田四百四十余万顷，而"废田见于籍者犹四十八万顷"①。在官府土地账籍登记的废田约占垦田与废田合数的10%，但并不计入垦田数，而是单列另计。"废田"是曾经耕垦而又荒废的抛荒之田，如果在一定的期限内（一般是三年）原业主不归，即收归国有，成为归属转运司管理的"天荒、逃田"。鉴于抛荒是宋代长期存在的现象，熙宁七年距治平三年仅八年，废田数额不会有大的变化，如废田中有一半成为官荒田，官田总额将达110余万顷。

南宋的官田数额，史籍缺载，难以统计，不过，我们可以通过比较两宋官田的异同，了解南宋官田的概略。

南宋疆土仅有北宋三分之二，但官僚人数不少于北宋，州县办学更加发展。南宋的学田所占官田的数量高于熙宁、元丰时期，大致达到北宋末的水平，有近10万顷，而职田则低于北宋。

---

① 脱脱:《宋史》卷一百七十三《食货上一》。中华书局1977年版,4166页。

在北宋占田约 20 余万顷的陕西、河东、河北的屯田、营田、南宋已丧失殆尽,但南宋在淮南、荆襄、川峡关外等地大兴屯田、营田,规模与北宋相埒。荆湖北路荆襄一带营田、屯田孝宗初收谷 70 万斛,如以每亩收租 5 斗计,为田 1.4 万顷。南宋末为抗击蒙古,孟珙在秭归至汉口间"为屯二千,立庄百七十,为顷十万,总计收九十三万石有奇"①。牧地在南宋急剧减少,但湖田、圩田、沙田、芦场等各色水利田则大量增加,成为南宋官田的重要组成部分。另外,南宋的户绝、逃荒田也远远多于北宋,以淮南为例,北宋时垦田为 97 万余顷,占全宋垦田总额的 20% 以上,是垦田面积最广的地区,其中归转运司管理的官田只有 4800 余顷。南宋初期,淮南屡经兵燹,"民去本业,十室而九,其不耕之田,千里相望"②,至绍兴三十年,虽经三十年开发,仍有"系官荒田四十八万余顷"③,由此可见,南宋的已垦官田虽少于北宋,但包括抛荒田在内的官田总额仍与北宋相埒。由于南宋版图较北宋大幅缩减,因此,其已垦官田虽较北宋减少,但所占比例仍不在北宋之下。

三 官田的来源

官田的主要来源,一是民田,二是非耕地。民田通过民户逃亡抛荒及被官府籍没等途径成为官田。非耕地主要来自湖田、沙田、滩涂、湿地等,以及未曾耕垦的荒地。直接通过买卖成为官田的民田极少,但有不少是以土地为抵押借贷官钱官物等形式,因不能偿还债负而被官府强行籍没的,类似民间的典当,其中虽具有买卖的表象,但国家以政治强权为后盾,既是债权人又是裁判官,与民间土地典卖通过官府裁决具有明显的不公正性。

(一)继承。

---

① 刘克庄:《后村先生大全集》卷一百四十三《孟少保神道碑》。四部备要,上海,中华书局 1936 年版。
② 李心传:《建炎以来系年要录》卷四十,建炎四年十二月丁酉,749 页。中华书局 1988 年版,749 页。
③ 李心传:《建炎以来系年要录》卷 184,绍兴三十年正月壬寅,3073 页。

唐安史之乱后，"中原兵兴，民户减耗，野多闲田"，为解决财政危机，把原来仅行之于沿边的屯田推广于内郡，名曰营田，初役使兵卒，但"行之岁久，不以兵，乃招致农民强户，谓之营田户"。营田户"不隶州县"，户部别置司总领，"自此诸道皆有营田务"①。五代十国时期，南北诸国都设置了屯田和营田。后周广顺三年（953），周太祖郭威诏罢户部营田务，"诸道州府系属户部营田及租税课利等"，除京兆府庄宅务、赡国军榷盐务、两京行从庄外，"其余并割属州县，所征租税课利，官中只管旧额"。将营田户隶属州县，由州县征收租课。"应有客户元佃系省庄田、桑土、舍宇，便赐逐户，充为永业，仍仰县司给与凭由"，立户为主，但"不得有失元额租课"。原营田户及系省庄田客户所"纳租牛课利，起今年后并与除放，所有见牛犊并赐本户，官中永不收系"。经此改革后，管理营田及官庄客户的"逐县节级一切停废"，节省了管理费用。原属军政系统的营田划归民政系统，象民田一样由民户经营。此年，共有三万余营田户及系省庄田客户成为隶属户部的租税户。营田户及省庄客户"既得为己业"，成为主户，对土地有了更大的自主权，"比户欣然，于是葺屋植树，敢致功力"②，生产积极性大大提高。

后周屯田虽罢，其他各国屯田犹存，如后唐屯田"侵扰州县，豪夺民利，大为时患"。显德三年（956），周世宗柴荣用兵淮南，罢淮南"屯田害民犹甚者"，但屯田"尚处处有之"。宋太祖立国之初，即"罢诸道屯田务归本州县"，"悉罢使职，委所属县令佐与常赋俱征，随所入租入，十分赐一以为禄廪，民稍休息焉"③。"使职"指原设置的屯田使、营田使等管理屯田、营田的官员。营田、屯田户仍要交纳与原额相等的租课，说明营田分配给民户后征收的是定额租，国家仍保有与原营田同样的收益，官田的经营方式改变了，其收益权未受损害。

南方诸国也兴办了不少屯田营田。前蜀王建置屯田务，后蜀沿袭其制，

---

① 司马光等：《资治通鉴》卷二百四十八，唐宣宗大中三年八月己丑。中华书局1956年版，8040页。
② 薛居正等：《旧五代史》卷一百一十二《周太祖纪三》。中华书局1976年版，1488页。《资治通鉴》卷二百九十一，后周广顺三年正月，9488页。
③ 李焘：《长编》卷二，建隆二年七月辛亥，48页。

如山南节度使武漳在褒中置营田,凿渠导泉,溉田数千顷。吴越在苏州设营田军四部,共七八千人,专为田事。王审知治闽时,福建诸州皆有屯田官庄,其中福州有104座,垦田1375余顷,佃户22300人,岁收租米8.1万余石。宋太祖平定南方诸国后,将北方"罢诸道屯田务归本州县"的制度推广于南方,其经营方式与民田毫无二致。除福州官庄与民田一样征收二税外,其他营田屯田都租给民户耕种,交纳租课。主管财政的三司言:"天下屯田省庄,皆子孙相承,租佃岁久,又兼每亩所出子斗,比田税数倍。"①此"屯田省庄"多指北宋继承的前代屯田省庄。由于省庄田国家收益较高,所以北宋几次大规模出卖官田,都未涉及省庄田,熙宁时还明令"天下屯田省庄""不许卖"②。漆侠先生《宋代经济史》估计,北宋继承前代的官田约有2.5万顷。

(二)荒闲田及逃田。

自唐末至宋初,北方多次遭兵火蹂躏,土地大片荒芜。陕西、河东、河北沿边州郡人口稀少,荒闲地土极多。宋太宗雍熙北伐失败后,曾令河东边民7.8万余人内徙,把代州(山西代县)、岢岚(岢岚县)、宁化(宁武县宁化乡)、火山军(河曲县旧县乡)沿边二万余顷耕地列为"禁地",直到庆历五年(1045)后才募弓箭手屯耕。嘉祐五年(1060)欧阳修言:"今河东岚、石之间,山荒甚多,及汾河之侧,草地亦广……又臣往年因奉使河东,常行威胜以东及辽州、平定军,见其不耕之地甚至多。"③陕西镇戎军是军事重镇,"其川原甚广,土地甚良"④,是陕西屯田的中心。尤其是"河、陇之外,弃地甚多,延袤百城,提封万井",且"土田沃饶"⑤,陕西、河东的弓箭手营田,就是以此地区多荒闲田土而得以实施。河北沿边雄(河北雄县)、莫(任丘市)、霸(霸州市)诸州,因黄河泛滥,形成许多陂塘,土地荒废不耕,于是"因其势大兴屯

---

① 徐松:《宋会要》兵五三之八,熙宁二年二月八日,5723页。
② 马端临:《文献通考》卷七《田赋考七》,80页。
③ 《欧阳修全集》卷一百一十二《论监牧札子》。中华书局2001年版,1703页。
④ 李焘:《长编》卷五十,咸平四年十二月壬戌,1094页。
⑤ 李焘:《长编》卷五十,咸平四年十二月丁卯,1097页。

田,种稻以足食"①。京城周围二十三州"幅员数千里,地之垦者十才二三"②,至道二年(996),"宿、亳、陈、蔡、邓、许、颍等七州"清查出"荒田共二十余万顷",太常博士直史馆陈靖言:"愿募民垦田,官给耕具种粮,五年外输租税"③,建议开垦京东、西诸州荒田,太宗令陈靖主其事。景德二年(1005),夔州路转运使薛颜言:"施、黔等州垦荒地为屯田,今岁获粟万余石。"④夔州路"土地硗确,民居鲜少,事力贫薄,比东西川十不及一二……稼穑艰难,最为下下"⑤,土地荒瘠状况为全国之最,万余石租课大约是近二万亩的收获。宋仁宗至神宗时期,官田数量增加较快,牧地近十万顷、弓箭手田地达一二十万顷,这些土地原来多属荒闲地土。皇祐初年,泾原路经略使夏安期选弓箭手,得步兵万人,骑兵五千,按宋弓箭手授田之制,当授官田3.5万顷,"又籍塞下闲田,募人耕种,岁得谷数万石,以备赈发,名曰贷仓"⑥。陕西募人耕垦的官田租课一般为亩3.5斗,租课数万石的官田当有上千顷。熙宁三年,提举秦州西路蕃部及市易司王韶说:"自成纪县(甘肃天水市)至渭源城(渭源县),荒土不耕者何啻万顷",朝廷令其先耕垦千顷⑦。据元丰八年(1085)统计,仅陕西、河东、河北三路百姓佃种的户绝、荒田就达1.568万顷⑧。北宋末河北滨州招安县有空闲地860顷,束鹿县有492顷⑨。从北至南,皆有大片官荒田土。

南宋初期,受金人南侵与流寇抢掠等影响,人口锐减,荒地急剧增加。建炎三年(1129)和建炎四年初,金兵追击高宗,一路烧杀抢掠,焚明州(浙江宁波)、临安府(杭州)、平江府(江苏苏州)等城,仅平江府百姓就死亡数十

---

① 李焘:《长编》卷三十四,淳化四年三月辛亥,747页。
② 脱脱:《宋史》卷一百七十三《食货志·农田》,4160页。
③ 王应麟:《玉海》卷一百七十六《食货·田制》。四库全书947册,545页。
④ 徐松:《宋会要》食货六三之四一,景德二年九月,6007页。
⑤ 度正:《性善堂稿》卷六《重庆府到任条奏便民五事》。四库全书1170册,194页。
⑥ 李焘:《长编》卷一百七十,皇祐三年二月丙,4081页。
⑦ 徐松:《宋会要》食货六三之七四,熙宁三年七月十一日,6023页。
⑧ 李焘:《长编》卷三百九十七,9685页。原文为11680顷,其中陕西8671顷,河东3178顷,河北3878顷,共15687顷,故"一千"当为"五千"之误。
⑨ 徐松:《宋会要》食货六三之一九六,宣和三年十月十二日,6084页。

万。洞庭湖一带连遭金兵与游寇孔彦舟的屠掠,鼎州(湖南常德)城内百姓被杀达十之八九,其余的悉黥为兵,鼎州几乎成了空城。绍兴元年(1131)奉命巡视的监察御史韩璜奏称:"自江西至湖南,无问郡县与村落,极尽灰烬,所至残破,十室九空。"①绍兴二年江南东路广德县(今属安徽)把"县管逃田八百余顷"以减免租税的方式"招诱人户分户佃种"②。淮南、荆襄、川峡关外大批民户逃移南迁,逃荒田更多。南宋初年,淮南"民去本业,十室九空,其不耕之田,千里相望"③,如绍兴二年淮南东路提刑兼营田副使王实"根括到江都天长县未种水田一万六千九百六十九顷、陆田一万三千五百六十六顷"④。政府采取免纳数年租课、"赏以官资"⑤激劝官吏招诱民户、兴置屯田、营田等办法,使部分逃荒田土得到耕垦,到绍兴二十一年已出现"田野加辟,年谷屡登"⑥的景象,但仍然"荒田甚多"⑦。荆襄地区的农业开发强于淮南,但直到隆兴元年(1163)仍是"地广人稀,不患无田之可耕,常患耕民之不足"⑧。这些逃荒田原来大多是民间税地,尽管政府多方招诱原业主复业,并在三五年甚至十年内承认原业主的土地所有权,但因长期战乱,"流移之人,心已弃决,非朝夕可还"⑨,大部分荒地沦为"系官荒田",成为南宋屯田和营田的基础。

荒闲田土有一部分来自拓边。宋神宗即位后,改变了过去对西夏的防御战略,招抚蕃族、进图西夏,扩大西北沿边的屯田。从熙宁四年起,三年间收复了熙(甘肃临洮县)、河(临夏县)、洮(临潭县)、岷(岷县)、叠(迭部县)、宕(宕昌县)等州,幅员两千余里,用所占地土招募了大批弓箭手。此后,宋

---

① 李心传:《建炎以来系年要录》卷四十一,绍兴元年正月癸亥,759 页。
② 徐松:《宋会要》食货六三之一九八,绍兴二年六月十八日,6086 页。
③ 李心传:《建炎以来系年要录》卷四十,建炎四年十二月,749 页。
④ 徐松:《宋会要》食货六三之八七,绍兴二年三月十日,8030 页。原文如此。一县有荒闲土三万余顷,似不可能,疑"顷"当为"亩"。
⑤ 徐松:《宋会要》食货六之一四,绍兴二十年四月二十七日,4886 页。
⑥ 李心传:《建炎以来系年要录》卷一百六十二,绍兴二十一年六月甲戌,2638 页。
⑦ 徐松:《宋会要》食货六之一六,绍兴二十九年十二月二十六日,4887 页。
⑧ 徐松:《宋会要》食货三之一一,隆兴元年十月十二日,4841 页。
⑨ 汪藻:《浮溪集》卷二《论淮南田土》。王云五主编:丛书集成初编,商务印书馆 1936 年版,1958 册,15 页。

对西夏数次用兵,虽在灵州、永乐惨遭败绩,但仍收复了陷没百年的银(陕西横山县党岔乡)、夏(靖边县北白城子一带)、宥(靖边县西城川古城)诸州,占据了"千里沃壤"的横山地区,使弓箭手营田的规模大大拓展。

一方面,荒地不断地被民户识认耕垦,另一方面,已耕垦的土地又因民户逃亡而荒废,这是宋代长期存在的一个奇异现象。淳化五年(994),知郑州何昌龄检括郑、怀(河南沁阳市)、磁(河北磁县)、相(河南安阳市)数州荒田,令民十家为保,一家逃亡即均其税于九家,"民被其灾,皆逃去"①。真宗咸平五年(1002),蔡州(河南汝南县)主户逃亡了2509家。神宗治平四年(1067),江南东路转运使说"池州多逃产","本路及天下似此逃田不少"②。政和八年(1118),权淮南江浙荆湖制置发运使任谅奏:高邮军有逃田446顷,楚州(江苏淮安市)有974顷,泰州有527顷,平江府(苏州)有497顷。"以六路计之,何可胜数"③。东南六路是农田垦辟最充分的地区,每州尚有逃田数百顷,北宋293州军,逃田当达数十万顷。逃田无人耕种而荒芜,其税赋倚阁,如有人佃种,则不仅要缴税,还要缴租。逃田并不完全是官荒田,只有在原业主多年不归的情况下,才被收为官田。在成为官田之前,政府仍可将其租佃收取租课。南宋时期,户籍散乱,常赋之外,横敛百端,民户逃亡,史不绝书。绍兴十六年(1146)知衡州窦深言:"衡州官(管)下频年丰稔,不减平时,然而尚有抛荒之土,未尽耕垦。"④乾道八年(1172),饶(江西波阳县)、江(九江)等州根括逃田1720余顷为"系官田土","募民请佃"。由于地主采取各种手段规避赋役,将其负担转嫁到普通小农身上,使农民破产抛荒的现象更加严重。"今势家巨室以不输王赋为能,相习成风,而有司唯困弱小户之是征,至再至三,无所诉告,驱而为盗贼而后已。"⑤除了战争之外,繁重的赋税是造成农民抛荒的主要原因。

(三)户绝田。

---

① 徐松:《宋会要》食货一之二,淳化五年正月,4802页。
② 徐松:《宋会要》食货一之二六,治平四年九月二日,4914页。
③ 徐松:《宋会要》食货六三之一九三,政和八年四月五日,6083页。
④ 徐松:《宋会要》食货一之九,绍兴十六年二月二十五日,4806页。
⑤ 王柏:《鲁斋集》卷四《送曹西淑序》,丛书集成初编2402册,73页。

户绝田是户主死亡无人继承而被籍没的田产。户绝田是已垦熟田,不同于尚未耕垦的生荒田,所以政府对户绝田特别重视,专门制定了详尽的户绝条贯,以保证民户和国家双方对户绝财产的处置权。庆历三年,诏定天下职田之制,以诸路官荒田及五年以上逃田充职田,因户绝田的收入较荒田更有保证,所以各地多把户绝田谎称荒田分给官吏,其中"广南诸州坐收户绝田以赃废者七十余人"①。宋在各州置广惠仓,收户绝田租以赈食穷独病弱者,各州都有户绝田。

熙宁二年十一月实施青苗法时,全面出卖广惠仓田,以所卖钱贯做为青苗本钱,并制定了奖励条例:"出卖广惠仓田土,其所委诸项提举官催趣出卖,如一年内卖及三万贯,减一年;七万贯,减二年;十万贯,减三年磨勘。"②北宋北方中上等地价一般为每亩二贯至三贯③,每路出卖广惠仓的钱贯可达数万至十万贯,说明每路户绝田在百顷以上,多者达数百顷,全国二十余路为数千顷。

战争、灾荒造成大批绝户,增加户绝田数量。王小波、李顺起义被镇压后,转运使张泳在四川出卖"五州绝户遗田",只数月间,"获钱四百万"④。如以每亩二贯计,出卖的户绝田有约二十万亩。如所得四百万为铁钱,按铁钱四折铜钱一计,为五万亩。景祐四年(1037),河东地震,忻州因庐舍倒塌而死者近二万人,其中不少户绝,田产没官。宝元元年(1038)十一月,河东转运司言:"'忻州地震,民罹覆压,有李贇等二十五家皆户绝,田产当没官。'诏如异居亲族愿承买者听之,仍减元价十之三。"⑤熙宁七年以后,汉州(四川广汉市)旱灾,"户绝之家有暴骸未葬者三十四户、九十八人,乞人给钱二千收瘗,鬻绝户田宅以偿官"⑥。绝户财产如无合法继承人,没纳归官,所以才

---

① 李焘:《长编》卷一百四十五,庆历三年十一月壬辰,3511页。
② 徐松:《宋会要》食货一之三二,熙宁二年十一月二十四日,4817页。
③ 李焘:《长编》卷二百三十熙宁五年二月壬子载:"知都水监丞公事侯叔献等言:'见淤官田,今定赤淤地每亩价三贯至二贯五百,花淤地二贯五百至二贯。'"淤田比淤之前的地价高三倍,是较肥沃的中上等土地。
④ 文同:《丹渊集》卷三十九《太子中舍人王君墓志铭》。四库全书1096册,789页。
⑤ 李焘:《长编》卷一百二十二,宝元元年十一月乙未,2883页。
⑥ 李焘:《长编》卷二百九十六,元丰二年二月甲寅,7210页。

能由官府出卖,用作死者安葬之费。

南宋初年,宋金战争及流寇杀掠造成户绝田激增。绍兴元年(1031),荆南府归峡州公安军镇抚使兼知荆南府解潜言:"本镇所管五州军一十六县,绝户甚多,见拘收通旧管诸色官田不可胜计,今尽荒废可惜。"解潜要求在荆南府(湖北江陵)等五州军"措置屯田,召人耕垦,分收子利"①,得到批准。南宋时在两淮、荆襄、四川等地的大规模屯田营田,是在形成了大批户绝田和逃田和情况下推行的。

(四)没官田。

没官田是因触犯刑律或欠负官钱官物而被籍没的田产。建隆元年(960),宋太祖为平定李重进叛乱而"预买翎杆",规定凡"欠负官钱"而不能偿者,"田产并令籍没"②。官吏侵吞国家钱物,其田产也会被"估脏"赔偿。因欠负官钱官物或税赋而被籍没的田产要按所欠物价折算,故称"折纳田"。宋政府经常贷款贷粮给民户,如贷给种粮、贷钱买牛等,特别是王安石变法后,市易法、青苗法、农田水利法等都有贷民钱物的条款,受贷的民户常以田宅为抵押,到期不能偿,抵押田宅没官。如熙宁五年推行市易法,规定商人可以用本人或借他人田宅为抵押,向市易务赊贷钱物,一年出息二分,逾期未能归还本息者,"以元供抵当平价召人买之,官收其价钱;如一年无人买,即没纳所抵当偿官"③。买扑官府酒坊和经营官榷盐货,如无力交纳课利,也要以抵当田产入官,此为"抵当田"。

此外,还有许多不计田产价值而将民田没官的名目,一般称之为"籍没田"。例如:"重法地分强盗见结集作过,如照验见得罪至死,即先检估家产入官,以备充赏。"④官员犯重罪,也会被籍没财产。如北宋末蔡京、朱勔、南宋韩侂胄等被贬窜或诛杀后,其家产籍没入官,田产达上千和数千顷。绍兴三年,福建范汝为起义被镇压后,"官司籍没到贼中同事田产不少",诏令"依

---

① 徐松:《宋会要》食货六三之八三,绍兴元年五月二十六日,6028页。
② 魏泰:《东轩笔录》卷八。中华书局1983年版,92页。
③ 李焘:《长编》卷二百九十四,元丰元年十一月戊子,7170页。
④ 李焘:《长编》卷三百九十八,元祐二年四月戊戌,9710页。

法出卖"①。有田无契、契书不明或契书遗失,官府可用"冒占"或"盗耕"的罪名将田产没收。南宋李椿年推行"经界法",规定:"人户应管田产,虽有契书,而今来不上砧基簿者,并拘没入官。"②宋代禁止沿边汉人与少数民族买卖田土,"边民冒法买夷人田,依法尽拘入官"③。政和五年,提举熙河兰湟路弓箭手何灌言:本路"汉置蕃田"为数不少,"近缘根括打量",买蕃田者"亦不自安,首陈已及一千余顷"。对此类自陈的违法田土,采取"将汉人置到蕃部田土愿为弓箭手者,两顷已上刺一名,四顷以上刺两名,如不愿者,依条所定租税输纳",即"每亩三斗五升,草二束"④。这本质上是将汉民户所买蕃部土地收为官田,然后再授给本人为弓箭手田,或按官田条例收纳租课。一般来说,因欠负官债和犯罪而籍没田产的律令贯彻得较为彻底,因"盗占"官田而没收其田产的律令在实行时则有折扣。

(五)投献。

宋在陕西、四川等沿边地区设置堡寨,驻扎兵马,具有保护附近汉、蕃宋民的意义。大中祥符四年(1011),"泾原钤辖曹玮言:'陇山外笼竿川熟户蕃部以闲田输官,请于要害地方立堡寨,募弓箭手居之'。且言:'异时秦、渭有警,此必争之地也。'诏可。"⑤治平四年(1067),秦州青鸡川蕃部首领药厮哥等人"献青鸡川地土",宋在青鸡川南牟谷口"修置城寨","召置弓箭手"⑥。沿边蕃、汉民户献纳土地,使宋政府在此地设堡驻兵,以求保护。南宋乾道元年(1165),官僚张子颜投献眙盱境内水陆田1.52万余亩,让政府兴建营田。此后,张宗光献纳2.18万余亩,杨存中献纳3.96万余亩。两淮营田兼有屯耕和戍边的职能,官僚投献也与此有关。另外,学田、寺观田也有部分田土地来自投献。

(六)围水为田。

---

① 徐松:《宋会要》食货五之二二,绍兴三年七月二十四日,4871页。
② 李心传:《建炎以来系年要录》卷一百四十八,绍兴十三年四月壬寅,2390页。
③ 脱脱:《宋史》卷一百九十一《兵志五》,4741页。
④ 徐松:《宋会要》兵四之二五,政和五年十一月十日,6832页。
⑤ 李焘:《长编》卷七十六,大祥符四年九月丁丑,1734页。
⑥ 徐松:《宋会要》方域一九之三,治平四年闰三月三日,7627页。

宋代因水成田规模之大，是前代不能比拟的。

江河湖海之滨因水冲荡而积沙成田，叫做沙田。宋初沙田不纳租税，神宗奖励兴修水利，沙田芦荡等被作为新增水利田，征收租课。绍圣年间(1094—1097)制定了《常平兴修法》，规定沙田要请佃交税。宋徽宗置应奉局，宣和元年(1119)，在浙西诸州"委官分诣乡村"检括水利田，"惟人户见业已纳省税不括外，其余逃田、天荒、草田、葑茭荡及湖泺、退滩、沙涂等地，悉标记置籍，召人请射种植，视乡原例拘纳租课，桩充御前钱物，专一应奉御前支用"①。南宋绍兴二十七年(1157)，两浙转运使赵清卿上言，沙田芦荡"为人冒占，所失官课至多"，建议"尽行沙田入官，随其肥瘠高下，轻立租课，就令见佃火客耕种"，如形势之家"尚敢占吝，具名取旨"。此建议被采纳推行。二十八年，设措置官田所，三年间根括"淮东、浙西、江东三路沙田、芦场之籍，总二百八十万亩有奇"②，其中仅建康府因白鹭洲、木瓜洲等被长江水围裹的沙洲较大，就有沙田芦荡 16.25 万余亩。北宋末南宋初根括沙田，置籍收租，说明沙田的耕垦已有较大规模。

宋仁宗以后，江淮地区围湖造田的规模越来越大。在江南东路，仁宗时组织修万春圩，排丹阳、石臼湖水，筑堤 84 里，造田 4270 顷。政和二年(1112)修政和圩，围田数百顷。五年，修永丰圩，为田千顷。杭州西湖自真宗以后，渐至淤塞，至元祐年间(1086—1094)，"昔之水面，半为葑田，霖潦之际，无所潴畜"，政府虽规定"西湖水面，不许人租佃"，但葑田却"许请赁租佃"，致使西湖淤塞日益严重③。南宋围湖造田更盛，至宁宗初期，浙西"曩日潴水之地，百不一存"④，皆围裹成田。越州鉴湖大中祥符间(1008—1016)盗湖为田者有 27 户，治平间(1064—1067)有 80 余户，为田 700 顷；宣和中(1119—1125)尽籍湖田为官田，计 2267 顷；至嘉定十五年(1222)，"官豪侵

---

① 马端临：《文献通考》卷七《田赋考》，80 页。
② 李心传：《建炎以来朝野杂记》甲集卷十五《都下马料》。中华书局 2000 年版，336、337 页。《宋史》卷三百九十《莫蒙传》作二百五十三万七千余亩。
③ 《苏轼文集》卷三十《申三省起请开湖六条状》。中华书局 1986 年版，867、871 页。
④ 徐松：《宋会要》食货六一之一三八，庆元二年八月二日，5942 页。

占殆尽,填淤益狭,所余仅一衣带水耳"①。明州广德湖、镇江府练湖围裹状况与鉴湖类似。

北宋时期黄河经常决口,多次改道,造成沿河滩地大片荒芜。当河道相对稳定之时,其故道田土就被视为官荒田。如元丰五年,都水使者范子渊言:"'自大名抵乾宁,跨十五州,河徙地凡七千顷,乞募人耕租。'从之。"②绍圣二年(1095),对"黄河弃堤退滩地土堪耕种者"召人户归业,如限内不归,即"立定租税,如土居五等人户结保、通家业地相委保承佃,每户不得过二顷",如耕河堤滩地而不纳税租,"论如盗耕退复田法"③。

(七)购买。

购买民田为官田的规模不大。天圣元年,"河南府言:'永定陵占民田四十八顷,凡估钱七十万。'上曰:'营奉先帝陵寝而偿民田直,可拘常例耶?特给百万。'"④永定陵即真宗陵墓,修陵墓占用民田,以优惠价购买。天禧三年(1019),河北雄州"买到近城民田八顷"充通判、都监、幕职官职田,仍令原佃户佃莳纳租⑤。购买民田充学田的较为常见,据《吴兴志》记载:"宝元间建学,朝旨赐田五百亩……嘉祐七年,知州事鲍轲闻秀州松阳泾有民讼田连年不决者,官将两夺之,乃贻书恳转运使贷钱六十万得之,计七顷十九亩有奇。"⑥此"贷钱六十万"实为向转运司借款,将诉讼难于判决的民田买做学田。绍兴年间,温州乐清县"买田五顷,计其入,日可食百人"⑦。其他由地方政府兴办的社会福利性质的机构,如江南西路转运司设置的养济院,广州的"接济库"、"安仁宅",吴兴的"利济院"⑧,以及一些为维护公共桥梁、道路,

---

① 徐松:《宋会要》食货六一之一四九,嘉定十五年四月五日,5948页。
② 徐松:《宋会要》食货六三之一八八,元丰三年十一月九日,6080页。
③ 徐松:《宋会要》六三之一八九,绍圣二年三月三日,6081页。
④ 李焘:《长编》卷一百,天圣元年六月戊申,2324页。
⑤ 徐松:《宋会要》职官五八之四,天禧三年六月,3703页。
⑥ 谈钥:《嘉泰吴兴志》卷十一《学校》。中华书局编辑部编《宋元方志丛刊》,中华书局1990年版,4732页。
⑦ 林季仲:《竹轩杂著》卷六《温州乐清县学记》。四库全书1906册,366页。
⑧ 郦家驹:《两宋时期土地所有权的转移》(《中国史研究》1988年4期)对学校及地方社会福利机构购买民田的史料进行诸多引用和说明,可参见。

均有购买民田的记载。

熙宁六年新置熙河路后,"诏三司出绢二十万,付王韶,买熙河路蕃部余田"①招置弓箭手。熙宁七年五月,吕惠卿制定"给田募役法",用免役宽剩钱买民田以募役人,次年四月废罢。元祐二年,经苏轼奏请重又推行。熙宁三年,王安石制定了农田水利法,规定兴修水利所占土地如原属公有陂渠、河道而被豪强占有的,勒令退还;如是私有田产,"即以官田计其顷亩拨还田户",如无官田可拨,就"计田给值"②,即兴修水利占用的民田由政府以官田调换,无官田则出资购买。熙宁九年,河北提点制置屯田使事阎士良建议,河北保州保塞县小郎村有泉源,如"收买泉源地,时量兴兵役,疏导旧泉"入运粮河,可以"增注边防,诚为永利"。引泉水要挖运河,所占民田"欲乞比视侧近田土,优给其值收买"。诏令河北安抚司及河北屯田司参照此建议实施③。元丰二年,知定州韩绛"借安抚司封桩钱五千缗,市水地为屯田"④。淳熙二年(1175),黄莘任吉州龙泉县主簿,修筑大丰陂,然后买田十亩,山地九百亩,用其租课收入作为陂塘的维修费。私荒田也成为购买对象,嘉定十七年(1224),诏令两淮、湖北"根括逃绝荒闲田土",实行屯田营田,"内有田业无力耕种之家,官司给钱收买,仍借给农具牛种,募民耕垦",并令淮南东西湖北转运司"差遣一员专令任责措置根括收买"⑤。南宋屯田常占耕逃户田土,如元佃户归业识认,或令田主缴纳一定数量的工本费,归还原田,或令给原田主田价收买,如庆元二年,盱眙县鱼勒官庄原来"拨付由盱眙军耕种",因原田主刘渥出示了证明拥有所有权的"元佃干照",于是"令本军给还价钱"⑥购买。

国家购买土地的基点是国家需要,难免违背自愿原则。王韶购买熙河路蕃田,是在武力占领熙、河诸州后进行的,据《宋会要辑稿》食货六三之九

---

① 李焘:《长编》卷二百四十七,熙宁六年十月辰,6022页。
② 徐松:《宋会要》食货七之二三,熙宁五年正月,4917页。
③ 徐松:《宋会要》食货六三之四六,熙宁九年五月十二日,6009页。
④ 徐松:《宋会要》食货六三之四八,元丰二年十二月二十一日,6010页。
⑤ 徐松:《宋会要》食货六三之六六,嘉定十七年三月二十八日,6019页。
⑥ 徐松:《宋会要》食货六一之四三,庆元二年十二月五日,5895页。

三载,在新占领地区创建堡寨之后,"应四至境内田土,尽得系官,即无民户税业交杂其间",这样,可使"一境之内,均是弓箭手,自相服从"。堡寨周围的大片官田是凭武力夺得的,当时有不少蕃族受抚归降,故对其中一部分土地采取了购买的方式。买田设弓箭手有助于维护当地安全,保护沿边蕃汉各族不受西夏侵扰,但将所有土地全部括为官田,无疑有较大的强制性。

"买田募役法"是支付给民户地价款,将民田买归官有,或仍由本户农民承佃,或租佃给他人。所买之田要求是近城郭肥沃田土,否则难以招募百姓承佃服役。侍御史王严叟说:购买之时,"郡县官吏迫于行法,或倍益官钱,曲为劝诱;或公持事势,直肆抑令"。卖田之民"一生于贪利,一生于畏威,不复远思,容肯割卖"①。无论是利诱或是强买,都非民户自愿。买田募役法规定:

> 百姓卖田须先申官,令佐亲自相验,委是良田,方得收买。如官价低小,即听卖与其余人户,不得抑勒。又买到田未得支钱,先召投名人情愿承佃充役,方得支钱,不得抑勒。

监察御史上官均说:在实施过程中如不"强民出卖"和"诱民出卖"而"听其自便","则田不可得而足",因为"百姓不愿与官中贸易者,盖上下势隔,情意不通,又胥吏辈辗转求索,百方邀赂,虽严明令长,不能绝也。正使官中买田与私价等,百姓宁自相贸易。今卖田之人必先申官,官价低小,方得卖与其余人户,名为不抑勒,实与抑勒无异。"②佃田之民虽不缴纳租税,却要为官府当差服役,永无脱期,甚至连退佃免役也不允许,推行不久即宣告失败。扩建皇陵用优惠价购买民田和为兴修水利占买民田而支付市价,因占用土地具有征用性质,民户没有不出卖的选择。除了学田和为兴办地方福利和公共事业而购买的田产外,政府购买民田包含强制性,常常违背自愿原则。

---

① 李焘:《长编》卷三百九十七,元祐二年三月庚午,9682页。
② 李焘:《长编》卷三百九十七,元祐二年三月庚午,9691页。

第二章　官田产权与鬻卖

一　引言

宋政府不断鬻卖官田,使部分官田转变为民田。认为官田(或国家土地所有制)的衰落与私田(或地主大土地所有制)的发展是宋代土地制度的基本特征,成为许多研究者的共识,有的把这一特点概括为"官田私田化"。"官田私田化"是指官田虚有官田之名而有私田之实,还是指官田向私田演变的趋势?是指演变的过程还是演变的结果?这是一个模糊的概念,但基本观点是认为大批官田不断地成为私田,因而官田越来越少。不过,值得注意的是与此同时存在的反向运动,即民田不断地沦为官田。正是这种反向运动的存在,"官田私田化"才如有源之水,常流不竭。

官田鬻卖几乎贯穿两宋始终,在多数情况下,官田鬻卖不仅没有造成官田的不断减少,而且与官田的增加同步,这是一个值得关注的现象。一方面,官田鬻卖的多是户绝、逃荒、籍没田,而这部分官田原是民田,出卖只不过是通过再行出卖这一环节重新回归为民田。另一方面,每次官田鬻卖都伴随着对官田的打量根括,即通过对官田所有权的确认来扩大官府所掌握的官田数量,特别是将湖田、沙田、芦场、滩涂等作为根括的对象,使官田除了因户绝、籍没等民田向官田转化的途径外,增加了新的源泉。官田鬻卖是在不断得到补充的基础上实现的,而且补充的规模常常大于鬻卖的规模。

土地买卖的前提是土地产权的明晰化,土地所的者对土地拥有较完全的处置权。宋代民田所有者(包括地主和自耕农)被称为"田主"或"地主",反映了民田产权得到强化的本质。以"田主""地主"的视角分析官田鬻卖,则土地买卖的盛行不仅是土地私有制发展的标志,同样也是国家土地产权更加明晰和强化体现。

二 产权的层次与强化

产权主要指所有权,包括三个因素:土地的经营使用权(或决定使用权)、土地的收益权、土地的处置让渡权。宋代官田经营使用权具有多样化特征,收益多少因经营方式的不同而有巨大差异。官田的承佃者虽然都被称为佃户,但其经济地位却有很大的不同,有的如同农奴,有的类似自耕农,还有的是地主豪强。官田的处置让渡权得到强化,官田同私田一样可以承佃、出卖,有些被长期租佃的官田佃户拥有永佃权。官田的处置让渡权几乎同私田一样完整。

处置让渡权是产权最重要的体现。宋代民田土地买卖的兴盛及其法规的完备、遗嘱继承法律地位的提高等等,说明私田的处置让渡权大大强化。官田鬻卖的兴盛及其法规的完备,使官田处置让渡权的法律地位大大提高。官田出卖意味着把国家对土地的全部权力通过有偿转让的方式让渡给对方(私家),官田租佃则意味着把部分权力(主要是使用权)通过租佃契约方式在一定期限内转让给私家,以取得官田的收益权。部分长期被承佃的官田"父子相承,以为己业",国家承认民户拥有永佃权(即使用权),显示出官田产权的分割和官田处置让渡权的多样化。无论何种处置方式都是国家关心官田效率配置的表现,即为保证官田收益而进行不同的处置,并将其提升到法律体系的高度。

除出卖和租佃外,宋政府对官田还有如下处置方式:

无偿转让——赏赐。北宋高级官僚俸禄优厚,皇帝对功臣、皇族的赏赐多为钱帛等,对赏赐土地很吝啬。赵匡胤在即位次年导演的"杯酒释兵权"事件中,劝说禁军高级将领石守信、高怀德等:"尔曹何不释去兵权,出守大藩,择便好田宅市之,为子孙立永远不可动之业;多置歌儿舞女,日饮酒相欢以终其天年。我且与尔曹相约为婚姻,君臣之间,两无猜疑,上下相安,不亦善乎?"①官员田产主要不是来自国家分配,只有少数官员会得到田土赏赐。宋神宗时期,杨汲和侯叔献因主持淤田有功,赐"府界淤田各十顷"②。提举成都府等路茶场李稷改革茶法,五年间获净利428万余贯,诏"赐颍川官田十顷"③。

南宋对高级将领和官僚的赐田大为优厚。绍兴六年(1136),京东淮东宣抚处置使韩世忠"请佃平江府陈满塘地",诏"拨赐世忠"④。九年,又"诏建康府永丰圩拨赐世忠"⑤。绍兴七年,诏"于兴元府系官田内标拨"⑥二十顷赐川陕宣抚副使吴玠,以表彰他在川陕抗金的功勋。绍兴十三年,利州东路安抚使知兴元府杨政获赐田五十顷。绍兴二十五年,因刘锜"累立战功,家无产业",诏"拨赐荆湖路官田一百顷及应副牛具种粮"⑦。绍兴三十二年,在赐镇江府都统制李显忠田十顷的基础上,"于浙东路系官田内更拨赐七十顷"⑧。南宋经常赐予官僚武将田产,连投诚归降的流寇及辽金将官也赐田,一般是三五顷至一二十顷,少数统领一方的帅臣赐田可达数十上百顷。赐田多为熟田,没官田成为指占的首选。在"尺寸之土,人所必争"的江浙地区,官僚请赐尤多,以至"或以得罪,或以户绝"而产生的没官田产,"朝籍于官,暮入势家"⑨。受赐官僚多数享有免役免税特权,赐田造成税役流

---

① 李焘:《长编》卷二,建隆二年七月,50页。
② 李焘:《长编》卷二百四十七,熙宁六年九月丙辰,6013页。
③ 李焘:《长编》卷三百三十四,元丰六年三月戊申,8045页。
④ 徐松:《宋会要》食货六一之四七,绍兴六年五月二十日,5897页。
⑤ 徐松:《宋会要》食货六一之四八,绍兴九年四月二十六日,5897页。
⑥ 徐松:《宋会要》食货六一之四八,绍兴七年八月十九日,5897页。
⑦ 徐松:《宋会要》食货六一之四九,绍兴二十五年五月二十六日,5898页。
⑧ 徐松:《宋会要》食货六一之四九,绍兴三十二年八月五日,5898页。
⑨ 徐松:《宋会要》食货六一之五四,乾道六年十二月十三日,5900页。

失。不过,受赐官僚虽享有赐田的使用和收益权,却无受赐者出卖赐田的记载。韩世忠曾"还纳元赐南园一所"①,李显忠请求将镇江府赐田兑换到绍兴府,得到批准,说明在观念和制度层面上,受赐者没有把受赐田产当作可以自由出卖的私产。

无偿调拨,主要途径也是赏赐,但赏赐的对象不是个人,而是寺观、学校等公共机构,使原归中央政府支配的田租收入成为学校和寺观的专用经费。由于赏赐的对象是州县官学和具有官有性质的寺观,受赏赐的学校和寺观获得的是官田的使用权和收益权,所有权仍归国家。

政府对官荒田经常采用招诱耕垦的办法,使官荒田直接化为民田。官荒田在被承租耕垦之前,其经营权和收益权未得到体现,政府只有将此土地处置到承佃者者手,才能获得收益,可以说,荒田的产权尚处于隐性状态。在西北等边远地区,较为贫瘠的官荒田是不会有人承佃交租的,实施"募人耕,五年起税"②的政策是实现官荒田收益的有效措施。

在宋代的土地账籍中,官田与民田分别登记,租、税统计也基本分开。《宋史·食货上一》云:"田之在官、赋民耕而收其租者"为"公田之赋"③。公田之赋在宋代财政中占一席之地,其地位较前代重要得多。隋唐时期,官田收入大部分归皇帝支配,官田如同皇帝的私产;宋代国家财政与皇家财政基本分离,官田收入大部分由政府支配。官田与民田在所有权的意义上有严格的区别,又相互流动转换,呈现出多层次状态,是宋代官田的特点之一。

---

① 徐松:《宋会要》食货六一之四七,绍兴六年五月二十日,5897 页。
② 李焘:《长编》卷二百八十九,元丰元年五月壬午,7075 页。
③ 王应麟:《玉海》卷一百七十九《食货·贡赋》条录《两朝国史·食货志》论宋"岁赋"之制云:"曰公田之赋,官庄、屯、营田赋民耕而收其租。"马端临《文献通考》卷四录此条时后有"者是也"三字。梁太济《两宋阶级关系的若干问题》219 页认为,《玉海》和《文献通考》的记载"十分贴切",而《宋史》对《两朝国史·食货志》的改动则不太妥当,因为"'官庄、屯、营田'与'赋民耕而收其租'这前后两者,是互相制约的。既然指明'官庄、屯、营田',那么不是'官庄、屯、营田'的在官之田,如职田、学田之类,即使'赋民耕而收其租',当也不在五赋之列。"从其租课不上缴中央财政、而不能称之为"赋"而言,此说极是。不过,职田、学田租课虽然不上缴、不计入中央财政收入,本质上却仍属国家财政范畴,从广义上说,只要是"公田",其租课就是"公田之赋",《宋史》的改动就是强调了"田之在官"的意义而淡化了其财赋上缴中央的意义。

官府参与管理直接经营(如官庄)或不参与管理间接经营(如租佃或承包给民户)的官田数量较前代增加,不仅其租课收入是国家财政的组成部分,而且出卖官田也成为家国保证税赋之源和解决财政危机而经常采取的措施。山林湖泽等前代虽然名为国家所有,但因受生产力和开垦成本的限制,绝大多数不能开垦为田,其产权归属并不明晰,国家也未制定详尽的法规来保障国家产权的收益,因而秦汉隋唐都有大规模包占山林湖泽的大地主和大工商业主,而国家并未进行强有力的干预限制。到了宋代,生产力的提高使湖面、滩地、沙田、芦荡、山林等都成为开垦对象,多数被纳入官田的范畴,收取租课,连长期任民渔采的公有湖面也出租给民户,收取"渔采税",并制定相关法律保护国家所有权。

在土地所有权更加明确、地租与田税分离的情况下,争夺土地所有权和地租的斗争空前尖锐起来。一方面,私家大量包佃和隐占官田,偷漏和侵吞租课;另一方面,国家有关官田的法规也更加严密,制定了许多专门法规,如"户绝田出卖法"、"营田官庄法"、"盗耕官田法"、"侵冒牧地法"、"私相交易律"、"赡军买田法"、"给田募役法"、"给田养马法"、"陕西弓箭手法"、"官庄客户逃移法",以及"官田出卖"、"租佃法"、"佃户法"、"合种法"等等,对官田的"根括"、"打量"甚至比私田还要频繁,其条文之繁冗前所未有,甚至连江河泛滥改道而形成的故堤滩地也不许百姓私自占耕,否则以"盗耕退复田法"课罪。这是国家捍卫和强化官田产权的法律体现。

在前代授田制、占田制或均田制中,土地(主要是荒田和户绝田)是保证田制结构稳定的黏合剂,或赏赐给臣僚,或任人名田占耕,或授受予民,极少出卖,国家重视的是土地的使用价值,交换价值不被重视,或者说其交换价值很难实现。从土地产权的角度分析,国家一般通过无偿而不用有偿的形式处置让渡,对土地的处置让渡权是不完整的。"完全的自由的土地所有权,不仅意味着毫无阻碍和毫无限制地占有土地的可能性,而且也意味着把它出让的可能性。"① 中国古代的土地所有权(不论是官田还是私田)远未达

---

① 恩格斯:《家庭、私有制和国家的起源》,《马克思恩格斯全集》第4卷,163页。

到"完全的自由的"程度,但出卖的盛行说明其产权较前代更加完整。私田与官田的出卖在宋代成为产权流动的重要形态,说明随着土地使用价值的提高和商品经济的发展,土地的交换价值倍受重视,而交换价值的实现把国家对官田的处置让渡权提升到一个崭新的高度。虽然出卖是"官田私田化"的重要途径,但恰恰是官田的出卖成为国家所有权更加强化与明晰的体现。

三 官田鬻卖的规模

政府不断鬻卖官田,使部分官田转变为民田。认为官田的衰落与私田的发展是宋代土地制度的基本特征,成为许多中国史研究者的共识,并把这一特点概括为"官田私田化"。

宋初荒闲地土尚多,到宋真宗时,才有鬻卖官田的明确记载。人们常常把鬻卖官田与官田减少等同起来,把官田鬻卖等同于官田私田化。从个体上看,被出卖的官田毫无疑义是实现了私田化,但在多数情况下,持续不断的官田鬻卖并未造成官田总额的持续减少。一方面,官田鬻卖的多是抵挡、折纳、户绝、籍没等没官田,而这部分官田原是民田,出卖只是通过再行出卖这一环节使其重新回归为民田。另一方面,每次官田鬻卖都伴随着对官田的根括清查,即通过确认官田产权扩大官府所掌握的官田数量,特别是将湖田、沙田、芦场、滩涂等作为根括的对象,官田除了因籍没、逃荒等途径造成民田向官田流动外,增加了新的源泉。可以说,官田鬻卖是在官田不断得到补充的基础上实现的,而且补充的规模不小于鬻卖的规模。所以,把出卖部分官田看作官田私田化不断加深的过程是不符合实际的。梁太济先生《两宋的土地买卖》根据《宋会要辑稿·食货》中《农田杂录》、《官田杂录》和《建炎以来朝野杂记》乙集卷十六的记载,较为简洁准确地列出了两宋"比较集中而规模又较大"的七次官田出卖,今以其总结为线索,分析宋代官田出卖的规模及其影响。

"一、大中祥符八年至天圣五年(1015—1027)——先是将户绝田打量地步,估计钱数,令见佃人依估纳钱、买充永业。接着,因假欠官物估纳抵挡产业入官的乡村庄田屋舍水碾,亦并召人承买。此外,福州官庄的出卖,也在此时。"

　　检阅《宋会要辑稿》的相关记载,大中祥符八年的敕令规定户绝田"肥沃者不卖,除二税外,召人承佃,出纳租课"①。此时户绝田主要是实施租佃法,只有瘠薄田出卖。天禧三年(1019)七月重申此制:"诏:户绝庄田自今才有申报即差官诣地检视,其沃壤、园林、水磑止令官司召人租佃,及明设疆界数目,附籍收系,其硗瘠田产即听估直出市。时有言官司以户绝田肥沃者市于人,而以瘠土租课,故有是诏。"②由于不少官员"望成劳绩,定租重大",少人承佃,于是把户绝田"摊配在邻人户下,送纳不办,遂至逃移"。天圣元年(1023)七月,户绝田不分肥瘠,均实施出卖法。出卖时先由县"令佐打量地步、什物,估计钱数申州,州选幕职官再行覆检、印榜示见佃户,依估纳钱买充永业",以见佃户、地邻、中等以下户的先后顺序,令全户收买③。此后三年中数次重申此制,强调要按实际价值"竭产收买,只依元额纳税,不纳租课,不得挑段请佃"④,禁止低价亏官和高抬价值。此后,对借贷官物的抵挡产业、欠折等没纳田产,也实行出卖法。天圣五年六月三司言:"伏见没纳、欠折、户绝庄田不少",建议把刚刚实施于陕西的"估计实直价例,召人承买"的办法推而广之,"遍下诸路"⑤,出卖天圣四年前的没纳、欠折、户绝田。大中符八年至天圣五年期间,正是户绝条贯的酝酿制定期,有关户绝田或出租、或出卖、或整体出卖、或分段出卖;或只许一人承买,或许众户合买,相关官吏屡有奏陈,天圣元年始确定了将户绝田整体出卖的条例,而此前主要实施租佃法。

　　此次鬻卖官田的规模很小。政府鬻卖的是户绝田和民户借欠官物用田产作抵押的抵挡折纳田,这两类田尤如有源之水,长流不竭,其产生的规模

---

① 徐松:《宋会要》食货六三之一七一,天圣元年七月,6072 页。
② 徐松:《宋会要》食货六三之一六六,天禧三年七月,6069 页。
③ 徐松:《宋会要》食货六三之一七二,天圣元年七月,6072 页。
④ 徐松:《宋会要》食货六三之一七四,天圣三年十月,6073 页。
⑤ 徐松:《宋会要》食货六三之一七七,天圣五年六月,6075 页。

随着税赋货币化和官营赊贷活动的增多有扩大的趋势。此两类官田的出卖不会使官田总量明显减少(或者说是先增加之后才因出卖而减少),即使一时减少,也会不断得到补充。嘉祐二年(1057)罢鬻诸路户绝田,募人承佃,其租课归广惠仓,赈济在城贫疾不能自存之人。

太平兴国五年(980),对原属吴越的福州官庄"诏与私产均作中下定税,是时尚给户帖,未许为永业"①。按私田例只收两税,国家放弃了福州官庄的大部分收益权,作为对吴越王钱俶纳土归宋的恩赏。天圣年间将福州官庄以较低价格出卖给原佃户后,国家仍征收二税,其收益与出卖前相同,却可得到二十余万贯的卖田收入。无力购买的佃户可退佃由其他人购买,或仍耕佃而缴纳租课。福州官庄的出卖使土地收益扩大,是国家所有权的体现。

"二、治平四年十一月至熙宁二年(1067—1069)——出卖京东等路没纳官田,并出卖诸路广惠仓田土为河北、河东、京西、陕西四路常平籴本。"

治平四年,"三司请出卖京东等路户绝、没纳庄田,诏:内有租佃户及五十年者,如自收买,与于十分价钱内减于三分,仍限二年纳足,余依所请。"②广惠仓始于嘉祐二年,《续资治通鉴长编》卷一百八十六载:"初,枢密使韩琦请罢鬻诸路户绝田,募人承佃,以夏秋所输之课给在城老幼贫乏不能自存者。"广惠仓田土源于户绝田,熙宁时王安石推行常平新法(即青苗法)后,将广惠仓的户绝田出卖,用其钱贯作放贷收息的常平本钱,这是变原来以实物(土地)形态存在的国有资产为货币形态,其目的是更好地保证国有资产的收益权。为推进青苗法,对鬻卖广惠仓户绝田的地方官颁布了奖赏条例,因此此次户绝田鬻卖的规模要略大于第一次。

"三、政和元年至靖康二年(1111—1127)除应付河防、沿边如招募弓箭手或屯田之类外,凡市易抵挡、折纳、籍没、常平户绝、天荒、省庄、废官职田、江涨沙田、弃堤退滩、濒江河湖海自生芦苇荻场、圩埠湖田之类,并出卖之。后又拘收籍没蔡京、王黼等庄田变卖,收充籴本。"

徽宗即位后,以绍述神宗之志为名,恢复神宗时的诸多新法,多方搜括

---

① 梁克家:《淳熙三山志》卷十一《版籍类二》。宋元方志丛刊,7881 页。
② 徐松:《宋会要》食货六三之一八二,治平四年十一月三日,6077 页。

民财,因名目繁多的苛捐杂税和抵挡、折纳而破产、逃亡的民户大大增加,官田的数量因而激增。"市易抵挡、折纳籍没、常平户绝"之类,原是民田,前述一二条中已将此类官田出卖过,而本次出卖的规模更大,说明在国家税赋和债负压迫下,民田不断地沦为官田。"废官职田"是指不再设置的外任官职原来享用的职田,如方腊于宣和二年(1120)十月起义后,废花石纲之役,原在崇宁四年(1105)为采办花石纲而设置的苏杭应奉局废罢,其属官职田当属"废官职田"。此田数量至微。至于"江涨沙田、弃堤退滩、濒江河湖海自生芦苇荻场、圩埠湖田之类",原属荒地或任民采捕的公用水面,一般无税赋之征,北宋中后期受到政府重视,开始征收租税,如元符二年(1099)"诏:河北路黄河退滩地应可耕垦,并权许流民及灾伤第三等以下人户请佃,与免租税三年。其已前诸逋负亦权住催理三年。如合量行借贷,令提举司相度施行。"①收益并不可靠的黄河滩地在免三年租税后开始征收租税。此类田土原来既不是民田,也不是官田,政府出卖并不影响原来官田的总体数量。由政府出资围垦的圩田、湖田,也是在公有水面围垦成田后才行出卖,即在官田增加后才经出卖转化为民田,此类官田的出卖恰恰说明政府大大强化了对此类田土的所有权。蔡京、王黼等庄田本非官田,籍没后出卖只是恢复其民田形态。

上述出卖官田诸项中,唯有"天荒"、"省庄"本属官田。我认为根据政和元年发布的官田出卖令,"省庄"应与"天荒"一词连称,即"天荒省庄"。《宋会要辑稿》食货六三之一九一政和元年六月六日条载:

> 户部侍郎范坦奏:"奉诏措置出卖系官田产,欲差提举常平或提刑官专切提举,管勾出卖。凡应付河坊、沿边如募弓箭手或屯田之类并存留,凡市易抵挡、折纳籍没、常平户绝、天荒省庄、废官职田、江涨沙田、弃堤退滩、濒江河湖海自生芦苇荻场、圩埠湖田之类,并出卖之。"从之。

"省庄"是由转运司管理出租相连成大块的官田,一般是已被耕垦多年的熟田,如前朝遗留下来的屯田、营田就属省庄,是官田中租课最有保证的

---

① 李焘:《长编》卷五百十八,元符二年十一月壬辰,12337页。

类别。按当时法制,"天荒"、"省庄"实施的是"请佃法"而不是出卖法。《宋会要》食货六三之一九载:

> (政和元年五月)二十七日,臣僚言:天下系官田产,在常平司有出卖法,折纳、抵当、户绝之类是也。在转运司有请佃法,天荒、逃田、省庄之类是也,自余闲田,名类不一,往往荒废不耕。

"天荒田"是未被耕垦或长期抛荒处于自然状态的生荒地,庆历四年正月的诏令云:"增户口。部内有逃户,却能招诱复业,或有天荒田能招人开种,创立户贯,皆为劳绩,即不得差人追捕归业,亦不得强抑人户开种以为己功。令逐处勘会增添到户数及开耕到地土顷亩闻奏。"①生荒地生产条件恶劣,开垦成本高,一般无人承买,难以出售,政府用优惠政策招诱耕垦。"逃田"是民户逃亡抛弃的熟田,实施请佃法的原因是原业主仍有所有权,业主归业要将田产归还原主。政府保留业主产权一般为三五年,有时在无人请佃的情况下可长达十余年,但在业主归业之前,政府将逃田先行出租,收取租课,或既收二税,又收租课。政府暂时取得逃田的使用和收益权,而不拥有处置权,无权出卖。"天荒省庄"或是曾经耕垦但又抛荒的省庄,或是始设庄名却尚未耕垦的荒地,不过,既已设置了省庄,则其生产条件已有所改善,如修渠灌溉之类的生产条件已经具备。"天荒省庄"的所有权十分明晰,且无收益,生产条件的改善使出卖可能实现,所以,将其出卖征收二税是顺理成章之义。

纵观此次出卖官田令中的所有名目,或是由民田转化为官田者,或是围水为田者,而天荒省庄则是产权明晰的官荒田。也就是说,政府出卖的绝大多数是新增加的官田。官田出卖是在民田官田化和公用水面田产化基础上实现的。此次出卖官田令颁布不到一年即被废除。《宋会要辑稿》食货六三之一九三载政和二年四月十七日的诏书云:

> 祖宗以来,田之在公者为屯田,为官庄,养民兵,居熟户,于以资助

---

① 徐松:《宋会要》食货六三之一八〇,庆年正月二十八日,5076 页。

经费,藩卫边鄙。神考置常平之官,修水土之政,方天下之田,以正经界,庶几乎复古矣。续而成之,经绍先烈,实在今日。乃者有司建言,系官田宅一切卖鬻,苟目前之利,废长久之荣,厚赏滋奸,民以烦扰,豪强兼并,佃户失业,东南阙于上供,瘠薄弃而不售,以义理财,岂谓是欤? 昨范坦所上卖官田宅划一可更不施行,总领措置官吏并罢,已卖田宅并给还元纳价值,其田宅却拘收入官,元佃赁人户愿依旧佃凭者听,余并依元丰令施行。

所谓"元丰令",即此诏所述"置常平之官,修水土之政,方天下之田,以正经界"和"为屯田,为官庄"等措施,这些措施强化了官田产权,增加了官田数量和租课收入,而出卖官田"苟目前之利,废长久之荣",与元丰改革的宗旨背道而驰,说明直到北宋末,统治集团仍把大量出卖官田视为弊政。诏令不仅罢卖官田,而且将已出卖的官田退还原价,拘收入官,重新租佃给民户。此次出卖官田的声势虽大,但很快就得以纠正。

如不考虑辄行辄止的第三次官田鬻卖,北宋只时断时续地鬻卖了本属民田的户绝、折纳、抵挡等没官田,以及王安石变法期间废罢的部分牧地和由政府出资改造的淤田。与持续增长、不断发展的职田、学田、弓箭手屯田以及官营圩田、湖田等水利田比较,官田鬻卖的规模简直微不足道。

南宋出卖官田的规模大于北宋,但对官田总量的影响同样有限。

"四、建炎元年至绍兴五年(1127—1136)——因抵请市易官钱营运、买扑坊场河渡、赴场监请盐折欠官物没纳田产,及逃户、绝户田产,以及该说不尽诸色官产,并措置出卖。"

此次出卖的官田是在继承了北宋诸多官田的基础上进行的。宋徽宗崇宁以后推行市易法,改革盐政,买扑坊场河渡,在使财政收入大幅增加的同时,也导致以田产宅屋为抵押借贷官钱官物的民户破产,大批抵押田产被没纳归官。南宋初陕西、京西、两淮、两湖、两浙,直至江西诸郡,均罹兵火,逃田、户绝田极多。同时政府财政征收体制遭受破坏,田税、商税、茶盐酒专卖收入大幅减少,于是政府尽一切可能增加财政收入,官田鬻卖成为应急措施之一。

建炎元年五月一日宋高宗即皇帝位,当日发布赦令:"出卖崇宁以来因买扑坊场、河渡及折欠官物没纳田产",买卖得以实现的原因是"见今西北流寓人众,乘时给卖,则官私两济",而其他官田并不出卖,如系省田尽管因战乱"见立租课有名无实,荒芜隳毁",多被形势之家包占,政府仍不出卖,而是规定"其应冒占系省官田宅之家,指挥到日,限半月,许人户自行陈首,依祖来租课输纳佃赁,如无旧额,即比近邻立定租课为准。如违限不首,并依见行条法"①。被纳入出卖范畴的是因抵挡、欠折、户绝等没纳田产,出卖使其回归民田状态以征收役税。此次出卖是继续执行北宋末的官田出卖法,并无新意,只不过因政府财政危机而加速其进程罢了。

逃田仍实施请佃法而不出卖。绍兴四年九月十五日赦云:"诸路州县人户所佃官田,其间佃人逃死,往往违法只勒四邻或本保代纳,显属违法害民。仰诸县令佐根刷,如有似此田产,量减租课,依法召人承佃,仍仰监司常切觉察。"②关于出卖逃田,只见于绍兴五年四月总制司的奏言。总制司在论及已实施的出卖"七色官田"(崇宁以来市易抵挡,买扑坊场河渡,请盐折欠籍没,户绝,官房廊,白地,园圃等)时,明言"逃绝田土"有的"累年荒废、只是抑邻人保甲代纳租税",即并未出卖,提出只有"量行减价,或许放一二年官物",才会"有人承买"。此"逃绝田土"中的逃田是指承佃官田的客户逃移所弃官田,并非宋代史籍中通常所指的民田税户逃弃田土。总制司建议"下诸路转运司,州委通判,县委知县,限五日措置关防利害并如何可以革去侥幸、增收课入"③,上奏朝廷,并未下令将逃田出卖。

尽管官田出卖的诏令数次发布,但因政局动荡,无人承买,并未取得显著成效。如北宋末就开始出卖蔡京、王黼、林灵素等籍没庄田,南宋初仍在继续,《宋会要辑稿》食货六一之一载:

(建炎元年)五月十日,知江宁府兼江南东西路经制使翁彦国言:"准朝廷指挥,委官拘收籍没蔡京、王黼等庄田变卖,收充籴本。窃详逐

---

① 徐松:《宋会要》食货六一之一,建炎三年正月十四日,5874页。
② 徐松:《宋会要》食货六一之六,绍兴四年九月十五日,5876页。
③ 徐松:《宋会要》食货六一之九、六一之一〇,绍兴五年四月二日,5878页。

家庄田元租与人户,岁收净课,今若此立租,及主户所得稍损一二分,以优佃户,自是欣然承佃,官岁收租自有常入,比之出卖,官吏作弊,计会轻价,所得之直不多,利害较然。"诏依,租课与减二分。

改出卖为减租,仍由原佃户租佃。直到建炎四年,许多籍没的田产仍未卖出。"户部言:'湖州见卖拘籍到蔡京等田产,遵依指挥,出榜立限召人赎买,如累榜不售,即乞量减价,其地且令见租佃人承佃,候有承买人离业,所贵不致荒废,自余州县亦乞依此。'从之。"①能卖的就卖,卖不出去的出租,这是南宋初处置各类籍没田的基本政策。其他系官房廊、白地、园圃等,都成为出卖的对象,这些土地大多分布在城镇之内,且数量较少,对官田增减影响不大。

"五、绍兴二十八年至乾道五年(1158—1166)——凡拘没到僧道置产及寺院绝产,并召人承买。所有常平没官、户绝田产,已添租未添租,并行拘收出卖。诸路营田官庄,亦措置出卖。"

出卖僧道置产及寺院绝产始于绍兴二十七年。"江南东路转运判官叶义问言:'欲望将今日以后应拘没到僧道置产及寺观绝产,并行措置,召人实封投状,增钱承买,起理二税,'从之。"②所谓"僧道置产",即寺观非法置办的田产。按宋法"僧寺毋辄与民质产,令也"③,无论是购买还是接受私家施舍田产,都要得到政府相关部门甚至皇帝的批准,否则就属"违法田产"。绍兴十年停止发放和出卖度牒,僧道死后其度牒不许其他人继承使用,造成有的寺观已无僧道,其田产当属"寺观绝产"。此言"今日以后"拘没的寺观田产才出卖,是因为此前拘没的大量寺观田已拨充学田。绍兴十三年至绍兴二十年推行经界法,清查编制各州县户口及土地图册,寺观田产也在经界之列。绍兴十九年三月,诏令将没收的寺观田产拨充学田。绍兴二十八年四月,户部言:"诸路州军昨因将经界点检出僧道违法田产",按已颁指挥"已拨充养士了当者,更不追改",其田已在官而"因词诉未曾理断,或官司未曾支

---

① 徐松:《宋会要》食货六一之二,建炎四年七月九日,5874页。
② 徐松:《宋会要》食货六一之一六,绍兴二十七年六月十五日,5881页。
③ 陆游:《渭南文集》卷十九《明州育王山买田记》。四库全书1163册,451页。

给元契价钱",尚未拨充学田的,"合照应见行条法,拘收入官",不再施行绍兴十九年拨充学田的诏令①。七月,知温州黄仁荣奏请,"因经界出僧道违法田产"被依法"拘没入官"后,"乞将上件拘没田产,尽行召人实封投状出卖,给与价高之人",如无人承买,则"合行权给租课,亦乞先给见租种人,纽租送纳"。户部批准黄仁荣的奏请时说:"'似此田产已拨充养士,今欲依所乞施行,内契税钱与免纳。'从之。"②可见,拘没到的僧道置产及寺院绝产,在拨充学田的诏令实施九年后才出卖,且无人承买就权行出租,可供出卖的数量很少。

绍兴九年恢复了在诸路设置常平司的制度,负责丰籴歉粜、平抑粮价。绍兴二十三年,"已降指挥:令诸路常平司行下州县,今后拘收到诸色没官田产屋宇,并司狱承勘公事合拘收田产,关报常平司拘收,措置佃赁"。没官田产归常平司拘收管理,本意是"没之于百姓,当用之于百姓",用其租课增加常平司的粮食储备,以备"丰凶敛散"③,故常平没官田产在设置之初实行租佃法。因财政紧张,不断有人建议出卖。《宋会要辑稿》食货六一之一六载:

> (绍兴二十六年)六月一日,户部言:"诸路没官田产,近因钟世明申乞,尽行出卖。自后未有人承买,其未卖之田遂致荒废。欲将已降出卖指挥更不施行,令江浙湖南福建常平司遵依节次所降指挥,并拨归常平司拘收,召人修葺佃赁。其四川、二广见出卖田产,自合照应元降添租承佃指挥施行。"上曰:"建议出卖者,不过利于得钱,若许民户租佃,量出租课,百姓必利之。百姓足,君孰与不足乎?"

钟世明时为司农寺丞,他提出鬻卖常平田产的建议实施不久即废罢,仍实施租佃法,以避免无人承买之田成为荒田。

绍兴二十八年,"诏:户部据常平没官、户绝田产,已佃未佃、已添租未添租,并行拘收出卖。"④此次出卖政府态度最为坚决,措施到位,这大概与金完

---

① 徐松:《宋会要》食货七〇之一三三,绍兴二十八年四月二十一日,6437页。
② 徐松:《宋会要》食货六一之一六,绍兴二十八年七月二十八日,5881页。
③ 徐松:《宋会要》食货六一之三九,绍兴二十三年十月五日,5893页。
④ 徐松:《宋会要》食货六一之一六,绍兴二十八年十月十七日,5881页。

颜亮即将南侵,宋急需筹措军费有关。首先,绍兴二十九年二月颁布奖惩条例:"如能用心措置,每卖价钱县及二万贯,州及五万贯,与减一年磨勘。县及四万贯,州及十万贯,减二年磨勘,县及六万贯,州及十五万贯,减三年磨勘,县及十万贯,州及二十万贯,转一官。如欺弊灭裂,出卖稽迟,令提刑司具所委官职位、姓名申朝廷,重行黜责,人吏断罢。"其次,委派官员到各地督查,"置籍揭贴,排日拘催,月具已、未卖田产及价钱数目申朝廷照会"①。其三,见佃人享有优先权,且减二分价钱,尽量保持田产经营的性,免致荒芜。其四,制定时限,适时降价。每次出卖,张榜一月,"限满无人投状,再限一月,若两限无人承买,即量行减价,出榜召人买"②。其五,对"冒占应干系官田产、隐匿税租"的公吏及形势之家限一月陈首,与免坐罪及逃欠租课,并许按见佃人优惠价购买,"如限满不首,送所属以违制断罪,仍许邻保限半月赴官陈告";邻保限满不告,许其他人揭发,"将邻保从杖一百断罪"。对告首人按所告田产价值的20%给赏,"如邻及告人不愿给赏,依估定价钱承买者,与减二分钱数"③。至乾道二年,出卖没官田所得540万贯,未卖者160万贯④,则诸路常平没官、户绝田产大部分已出卖。此一时期出卖营田的诏令,始于隆兴元年(1163)三月:

> 户部言:"浙西所管营田官庄共一百五十九万余亩,内有未承佃六十七万余亩,缘上件田产皆系肥饶,多是州县公吏与形势之家通同管占,不行输纳租课。乞委官根括出卖,其冒佃人限半月陈首,与免罪及所逋租课。"从之。⑤

此次出卖的是被形势户冒佃且不输纳租课的67万余亩营田,而其余已被人承佃的92万余亩尚未出卖。乾道二年正式出卖诸路营田:

---

① 徐松:《宋会要》食货六一之二〇,绍兴二十九年二月十七日,5883页。
② 徐松:《宋会要》食货六一之二三,绍兴二十九年七月五日,5885页。
③ 徐松:《宋会要》食货六一之二一,绍兴二十九年三月二十五日,5884页。
④ 李心传:《建炎以来朝野杂记》乙集卷十六《绍兴至淳熙东南鬻官产本末》。中华书局2000年版,794页。徐松《宋会要》食货六一之三〇载:"乾道三年闰七月二十五日,户部侍郎曾怀言:'诸路未卖没官田产计价钱一百四十余万贯。'"
⑤ 徐松:《宋会要》食货六一之二九—三〇,隆兴元年三月三日,5888页。

户部言:"诸路营田已降指挥令常平司出卖,今欲行下逐路常平司,尽实开具顷亩,纽计实价,保明供申,从本部置籍拘催,所纳价钱听以金银依市价纽折,并许用会子,应约束行遣事件并依元降出卖没官田产指挥施行。"从之,仍令户部侍郎曾怀专一提领,其钱起赴左藏南库另项桩管。①

此令各地检核营田顷亩,按没官田法出卖。出卖营田的原因,首先是营田所剩不多。自绍兴二十三年三月镇江府驻扎都统刘宝开创了允许人户"识认军庄营田"为原属本户田产,只要每亩缴纳五贯五百文足的"工本钱"②就与给还的先例,同年九月"诏诸路州军营田遇有人户识认营田,与依刘宝军装(庄)例,偿工本钱给还"。因营田皆是熟田,识认者多,"由是营田渐以还民矣"③。原因之二,是营田在经营三十年后,"岁久而害深",如耕牛早已死亡,照收牛租;缺少客户,即抑民附种等等。原因之三,是所剩营田多无营田之实。绍兴五、六年兴置营田时,官中与客户第一年四六分,第二年以后实施对分制。隆兴二年三月,措置江淮等路营田王弗论当时营田状况时说:

人情观望,田政日削,牛死不补,客去不追,耕熟之田认者辄与,迤逦不振,日就废坏,今虽有存者,所得无几。④

租课降低是官田经营方式改变造成的。许多营田官庄所派使臣等专职管理人员被抽调回军,原属集中管理的营田改而由民户分散经营,其租课像税田一样归转运司和地方州县征收,由集中屯耕的分成租演变为分段出租的定额租。如两浙营田定额租约为每亩二斗左右⑤,虽高于亩一斗的二税,却与设置之初的对分制相差甚远。不过,对两浙转运司而言,近百万亩营田

---

① 徐松:《宋会要》食货六一之三〇,乾道二年十一月十七日,5888页。
② 徐松:《宋会要》食货六三之一一八,绍兴二十三年三月十八日,6045页。
③ 徐松:《宋会要》食货六三之一一八,绍兴二十三年九月十二日,6045页。
④ 徐松:《宋会要》食货六三之一三五,隆兴二年三月十四日,6054页。
⑤ 李心传:《建炎以来系年要录》卷一百八十一绍兴二十九年四月癸卯载:两浙转运司已被承佃纳租的营田有92.6万余亩,"岁收稻麦杂豆等十六万七千余斛",平均每亩租课为1.8斗。

所收租课仍是不小的数目,如果出卖,收入会减少,因此对出卖营田并不积极。

> (乾道)三年六月一日,三省言:"户部乞出卖营田事,今据两浙运司具到本路营田已佃九十二万六千余亩,内二十四(五?)万元无二税,见只纳租课一色外,有六十七万六千余亩系元有二税,更令贴纳租课。今来既令人户用钱承买,却合除豁租课,必须亏损马料。兼据四川总领所备坐兴元府申,营田所收夏秋斛斗计八千余石,今若依江西例出卖,委是有亏租课。窃虑诸路事体不一。"诏:除四川外,余路营田可令疾速出卖。①

营田出卖令颁布近一年,作为南宋统治中心、政令最为通达的两浙地区营田仍未出卖。一年以后罢出卖官田令,出卖营田无果而终。

> (乾道四年)八月三日,诏:诸路常平司见卖户绝、没官田产及诸州未卖营田,并日下住卖,依旧拘收租课。其人户承买而违限纳价不足者,所纳钱依条没官。②

总之,出卖营田令发布时,所剩营田已经不多,原有营田能招募到客户的还要重新设置,且出卖令发布一年多就行终止,在出卖营田的同时又大兴屯田,可知营田出卖未能按诏令实施。

"六、乾道九年(1173)——命折知常往浙西、叶甍往浙东、张孝贲往江东、周嗣武往江西措置出卖营田并没官田产。其没官田产除两淮京西湖北外,江浙闽广湖南八路并行出卖。"

乾道九年正月,诏令将作监丞折知常前往浙西、司农寺丞叶甍前往浙东"措置出卖营田并没官田产"③,为此次出卖官田之始。四月,派监登闻检院张孝贲到江东、主管官诰院周嗣武到江西"措置出卖营田并没官田产"④。其

---

① 徐松:《宋会要》食货六一之三〇,乾道三年六月一日,5888页。
② 徐松:《宋会要》食货六一之三一,乾道四年八月三日,5889页。
③ 徐松:《宋会要》食货六一之三二,乾道九年正月十五日,5889页。
④ 徐松:《宋会要》食货六一之三三,乾道九年四月五日,5890页。

他江南诸路也实行出卖,唯四川因资州反映"有营田自隋唐以来人户请佃为业,虽名营田,与民间二税田产一同,不应出卖",诏令四川提举常平司只"将诸州户绝、没官田产屋宇委官估价,召人承买",营田"权行住卖,仍旧令人请佃"①。出卖没官田及营田施行"有见佃人愿承买者,日前连欠并与蠲放"的优惠政策,但"或不愿买,依旧催理"②,即仍旧承佃纳租。至六月,两浙、江东、福建、广东上报给户部可出卖的田产共估价四百余万贯,而江西、湖南、广西、四川等路尚未申到可卖田数,"令限一月估价供申",且令诸路没官田及营田"限一季出卖"③。七月,因臣僚上言"民间膏腴之田耕布犹且不遍,岂有余力可买官产?"为避免地方官"迫于期限,且冀厚赏,不免监锢保长,抑勒田邻"④,又将期限展为一年。

营田、屯田主要集中在两淮、京西、湖北、四川沿边诸路,而此四路营田并不出卖,被出卖的官田仍以没官田为主。淳熙元年臣僚言:

> "伏睹根括没官田产,除两淮、京西、湖北外,尽行出卖,始限一季,继展一年,已卖者十不及二三,盖已卖者尽皆膏腴之田,富家大姓计嘱官吏牙侩,低估价直,却将中下之田高其价直,是致无人承买。今年内不若且令元佃之家著业纳租,一岁之间犹可得米数十万石,兼亦不妨一面出卖。"从之。⑤

按原规定,没官田限一年出卖,此时已到期限。浙东、浙西、江东、江西、福建、广东、广西、湖南八路共根括可卖田642万亩有奇,地2.1万亩有奇,屋8400间,共估钱516万余缗,至淳熙元年六月,已卖者仅162万余缗,其中约40万缗为欠款,其余353万余缗尚无人承买⑥,即近七成官田宅未能卖出。此后,未卖者仍令元佃户租佃纳租,虽未终止出卖,但其势头已成强弩之末,

---

① 徐松:《宋会要》食货六一之三三,乾道九年二月四日,5890页。
② 徐松:《宋会要》食货六一之三三,乾道九年五月三日,5890页。
③ 徐松:《宋会要》食货六一之三四,乾道九年六月二十五日,5890页。
④ 徐松:《宋会要》食货六一之三四,乾道九年七月十六日,5890页。
⑤ 徐松:《宋会要》食货六一之三四,淳熙元年六月十八日,5890页。
⑥ 李心传:《建炎以来朝野杂记》乙集卷十六《绍兴至淳熙东南鬻官产本末》,794页。

成效不大了。淳熙三年二月四日,"诏:诸路将出卖田山等并权住卖,令见佃人依旧且行承佃,其已承买纳钱未足,与展限一季,从臣僚请也。"①

"七、淳熙六年(1179)——并营田、沙田出卖之。"

出卖营田、沙田令颁布于淳熙六年二月。《建炎以来朝野杂记》载:"用军器监主簿陈杞言:并营田、沙田出卖。议者多以为未可。"②《宋会要辑稿》食货六一之三六载此事云:

> (淳熙六年)二月三日,军器监主簿陈杞言:"乞将没官田、沙田等出卖。"上曰:"在官之田不卖,徒为有力者计嘱州县,请佃占据,不若出卖,则苗税可补常赋。"于是诏:"应没官田产屋宇并营田等,并委提举司措置出卖。"

实施出卖的不仅是营田和沙田,还有没官田。此年五月,"诏诸路转运常平司,凡没官田、营田、沙荡之类,复括数卖之"③,但至六月就改为:"诏诸路拘没到入官田产,令提举常平司且住出卖,候农隙日委官覆实,如见得依法合拘没之数别无词讼,令官吏结罪保明以闻。从浙东提举姚宗之请也。"④此次鬻田刚刚试行就暂停。

在此次出卖沙田令前后,朝廷多次颁布收取沙田租课的诏令,如乾道元年七月,置"措置官田所",根括淮东、浙西、江东三路沙田(含芦场)税租,共括沙田280余万亩。至淳熙六年二月,沙田、芦场"始立税租数目","沙田即立租二分,芦场立租三分",即十分之二和十分之三。八年七月,诏沙田、芦场租课在原二分、三分基础上"与减一分"⑤。淳熙十一年十二月,"户部言:建康府申:'乞将沙田许从官田所取画降指挥,与免十料催科外,其沙地、芦场乞自初生年分起料催纳税租。'从之。"⑥沙田在陈杞建议出卖五年半后仍

---

① 徐松:《宋会要》食货六一之三五,淳熙三年二月四日,5891页。
② 李心传:《建炎以来朝野杂记》乙集卷十六《绍兴至淳熙东南鬻官田本末》,794页。
③ [清]徐乾学:《资治通鉴后编》卷一百二十五,淳熙六年五月癸未。
④ 徐松:《宋会要》食货六一之三六,淳熙六年六月七日,5891页。
⑤ 李心传:《建炎以来朝野杂记》甲集卷十五《都下马料》,337页。
⑥ [元]佚名撰,[今]李之亮点校:《宋史全文》卷二十七《孝宗七》。黑龙江人民出版地2005年版,1899页。

收取租课,说明此一建议未获实施。《宋会要辑稿》食货六一之三六—三七载

> (淳熙)十年十月十七日,浙西提举王尚之言:"近根括到平江府五县自淳熙三年以前出卖不尽官田及以后新收田亩,创置簿籍,抄上亩步、佃户租课数目,若私家之砧基簿者,庶几有以稽考。只平江一府,已根括到田产一十二万四千二百三亩一角九步,岁收官租二万一千二百三十三石一斗二升九合。本司自行差官交纳,别制租课簿,以下诸县,委自令佐拘催销落,庶使常平官租岁有所收,或遇欠岁,得以接济。"诏:"其田籍令尚书省用印给付浙西提举司行下所部州军,遵依施行。"

王尚之根括出平江府淳熙三年以前出卖不尽及以后新收田亩,说明淳熙六年官田不仅大部分未卖出,而且还有增加,从所收为"常平官租"分析,新增田亩主要为没官田。

出卖官田首先要根括丈量所卖官田的顷亩四至,淳熙六年九月明堂赦云:"冒佃官田限一季自听经官自陈,其欺隐过税租并与除放"①。只要自陈属实,以后按所占官田数量缴纳税租,就既往不咎。此令在以后数年几乎年年发布。南宋两淮等地区在推行营田时,允许豪强大户包占荒地,免五年税,所以被包占的官田不少以营田为名。政府只要求被包占的官田交租税,并无出卖之意。淳熙七年二月"诏四川有营田州军依江淮例,令知通县令衔内带营田二字"②,政府仍在兴置营田,出卖营田的诏令未能落实。淳熙十年五月,鄂州江陵府都统制岳建寿报告:襄阳、德安府(湖北安陆市)、郢州(湖北钟祥市)"根括积年荒田九十余顷"与现有营田田土相接,建议"从营田体例招置佃户,官给牛具种子,与免官司差役耕种,所得租课分收入官"。诏令"依所请施行"③,反映营田仍在有条不紊地扩展。

两宋时期鬻卖的官田中,没官田(包括折纳、抵挡、户绝、因赃、罪籍没

---

① 徐松:《宋会要》食货六一之三六,淳熙六年九月十六日,5891页。
② 徐松:《宋会要》食货六三之一五四,淳熙七年二月二十二日,6063页。
③ 徐松:《宋会要》食货六三之一五四,淳熙十年五月十三日,6063页。

等)是主要品类。按宋法"向来没官田举以出卖,皆为民产"①,出卖没官田是两宋长期执行的政策。北宋设置广惠仓一度将户绝田出租,南宋把许多没官田开垦为屯田、营田,但总体上看并没有影响出卖没官田政策实施的连续性。广惠仓田产到熙宁变法时就被出卖,而在没有兴置屯田、营田的地区,出卖没官田的政策仍在继续。出卖没官田的规模有逐步扩大的趋势,这是在没官田数量增加的基础上实现的,没有民田被不断籍没,就不会有持续不断的没官田出卖。出卖没官田与其说会减少官田的数量,倒不如说使被籍没的民田得以恢复更为准确。

如果不考虑北宋末刚实施一年就终止的官田出卖,被出卖的其他官田尚有寺观田产和营田。被籍没的寺观田产大部分被拨为学田,出卖的时间短,数量少。南宋营田屡兴屡废,但营田废罢不是因为出卖,而是其经方式由高额租的官庄包耕制演变为低额租的分段出租制的结果。南宋两次出卖营田,都很快终止,且淮南、四川、荆湖等营田中心地区未实施出卖,所以出卖营田对官田数量影响不大。同时,南宋屯田、营田在出卖的同时仍不断地重新设置,并未形成官田持续减少的趋势。

四 官田出卖时期的官田扩展

值得注意的是,在实施官田出卖的前后时期,官田数量仍在稳步增长。

真宗大中祥符前后,正是河北、夔州、陕西兴置营田之时。景德二年(1002),夔州路转运使薛颜言:"施、黔等州垦荒地为屯田,今岁获粟万余石。"②大中祥符二年,和州(安徽和县)屯田务增屯兵五百人③。天禧四年,河北保州屯田务经数年耕垦,耕垦水陆田至上百顷④。景德二年,陕西镇戎

---

① 徐松:《宋会要》食货六一之五四,乾道六年十二月十三日,5900页。
② 徐松:《宋会要》食货六三之四一,景德二年九月,6007页。
③ 徐松:《宋会要》食货六三之四一,大中祥符二年六月,6007页。
④ 徐松:《宋会要》食货六三之四二,天禧四年四月,6007页。

军开始设置弓箭手营田,人给地二顷,有马者加五十亩,"其后,鄜、延、环、庆、泾、原并河东州军,亦各募置"①。

逃田承佃法制定于宋真宗时期。大中祥符六年规定,对申请承佃逃田者"先勘会一家旧业,不得过三分之一",造成"无土贫民"无承佃资格。天圣元年规定:"应管逃田,许不问户下有无田业,并令全户除坟茔外请射,充屯田佃种,依例纳夏秋租课,永不起税。若一户无力全佃,许众户同状分请,一户逃移,勒同请人均输。"②此修定放宽了承佃资格,有助于逃田的耕垦。

宋神宗即位后,官田进入快速增长时期。治平四年,河东弓箭手有7500人,陕西弓箭手并砦户有46300人。砦户仅秦凤路沿边有之,人数极少。如砦户以二千人计,陕西、河东弓箭手共有51800人,人授田二顷,加上马口分田,授田总额达十二三万顷。熙宁以后,西北拓边,新置弓箭手数万人,其授田也相应增加。如熙宁七年,朝廷派郑民宪主持召置弓箭手,"根括熙、河、岷州地万二百六顷,招弓箭手五千余人"③。职田、学田、官水利田等,神宗时都在扩展。

涉及官田出卖的诏令大量集中在北宋末徽宗至南宋初高宗年间,有的学者因此断言,"这一阶段应是宋代出售官田的高潮时期"④。而事实是,这一时期官田数量快速增加。

北宋末大规模出卖民官田令发布一年就废止,无果而终,但官田的扩展却在继续。首先,陕西弓箭手屯田迅猛发展,崇宁二年,德顺军所辖怀远、隆德、得胜、静边、治平五寨有弓箭手36指挥,每指挥250人,"合得身份田每指挥五百一十顷,共计一万八千三百六十顷",但"自来弓箭手冒占出剩土地"就达30371顷⑤。在政府出卖官田的同时,更多的民田及公用水面向官田转化。如宣和元年浙西检括"远年逃田、天荒田、草葑茭荡及湖泺、退滩、沙涂

---

① 李焘:《长编》卷六十,景德二年五月癸丑,1338页。
② 徐松:《宋会要》食货六三之一七一,天圣元年六月,6072页。
③ 李焘:《长编》卷二百五十八,熙宁七年十一月丙午,6290页。
④ 张全明、杨康荪:《宋朝政府鬻卖官田述论》,《中国史研究》1983年1期。
⑤ 徐松:《宋会要》兵四之一八,崇宁二年十一月二十四日,6829页。

等地",每围以千字文为号,"召人实封投状添租请佃"①。徽宗时期围湖为田达到高潮,政和年间官修政和圩和永丰圩,面积达一二千顷;宣和中尽籍鉴湖湖田为官田,计2267顷等。方腊起义失败后,大量逃绝田被出租,《宋会要辑稿》食货六三之一九七,载:

> (宣和)七年八月七日,前两浙路提点刑狱胡邃奏:"二浙向缘草寇惊刼,温、台、处、婺等州各有逃绝户抛下田土,贼平之后,皆为有力之家请射。欲乞令百姓实封投状请射,一月开拆,给与租课最多之人,于公实利便。"从之。

社会动荡形成的逃田和户绝田使官田增加。政和六年设置"西城所",实施所谓"公田法",将京畿周围"南暨襄城,西至渑池,北逾大河"的广大地区民户耕种而田契不实不明的土地都括为"公田"②,"度地所出,增立租赋",包括"废堤、弃堰、荒山、退滩及大河淤流之处,皆勒民立佃。额一定后,虽冲荡回复不可减",甚至连梁山泊也"立租算船纳租,犯者盗执之"③,共括公田3.43万顷。出卖官田的规模远不及民田转化为官田的规模大,"官田私田化"未改变官田加速增加之趋势。

南宋初将官田租佃、征收租课的诏令比出卖的诏令还多。逃田大部分采取招佃的方式,《宋会要辑稿》食货六三之一九八载:

> (绍兴二年)六月十八日,江南东路安抚大使李光言:"广德县见管逃田八百余顷,方措置劝诱人户分户佃种。缘常赋比他处已为差重,若更依建炎四年十月七日佃户法,候秋成日除纳官拘收外,止给五分,委实为便于民。深虑无人请佃,转见荒闲,欲将应承佃闲田归业之人将内租税先免本年秋料一料,自次年为始,依请佃法,别免一料催科,只理正税,庶宽民力,有人承佃。"从之。

广德县遭受战乱,逃户很多,用减免诅课的办法招诱民户耕佃逃田。绍

---

① 徐松:《宋会要》食货六三之一九五,宣和元年八月二十四日,6084页。
② 马端临:《文献通考》卷七《田赋考七》,80页。
③ 脱脱:《宋史》四百六十八《杨戬传》,13664页。参见漆侠《宋代经济史》298页。

兴三年十一月九日,定江南东西路荒闲田土(包括逃田和户绝田)承佃人户缴纳租课标准:

> (绍兴三年)十一月九日,吏部员外郎刘大中言:"所乞将江南两路应干闲田立三等租课,令民承佃。已蒙下本路转运司参酌比较,若干税额却有减损,即依旧来税额输纳。逃绝闲田在法自合立租,召人请佃,缘江南累经兵火,田多荒闲,有人户元因税重,或曾经与卖田产,虚抱推割未尽税苗,输纳不前,遂至抛弃田业,逃移在外。今若令依旧来税额输纳,全不减损,委是无人愿佃,愈见失陷财赋。"
>
> 诏令江南东西路转运司,自今降指挥到日,将应未佃闲田依刘大中立定三等租课,召人请佃,候满三年,即依元税额送纳,所有闲田元地主积欠税租,即不得于佃人名下催理,其日后逃闲田土依今年十月七日指挥,照应税额输纳。①

承佃荒田的租课分三等,最低不得少于原二税额。其中户绝田除出卖外,大部分用于屯田、营田,如绍兴元年五月,荆南府归峡州荆门公安军镇抚使兼知荆南府解潜言:"本镇所管五州军一十六县绝户甚多,见拘收通旧管诸色官田不可胜计,今尽荒废可惜。见一面措置屯田,召人耕垦,分收子利。"②解潜在荆南等地实行的营田获得成功,到绍兴五年,荆门军耕垦营田八百顷,"荆州军食多仰于营田,省县官之半焉"③。在此期间,京西、两淮、江南、两浙、川陕等地相继利用逃田、户绝田等荒闲田进行屯田和营田,著名的吴玠川峡关外屯田,也始于此时。绍兴五年底,在淮南、江南、川陕、湖北,荆南府诸路设置营田官,此后兴起了南宋第一次屯田、营田高潮。

总之,南宋初出卖的官田以籍没田、户绝田为主,只占官田总量的少部分。同时,大量逃户、绝户田产成为屯田、营田。出卖官田与官田的持续增加同步发展。

---

① 徐松:《宋会要》食货六三之二〇〇,绍兴三年十一月九日,6086页。
② 徐松:《宋会要》食货六三之八三,绍兴元年五月二十六日,6028页。
③ 徐松:《宋会要》食货六三之八七,绍兴元年十一月十四日,6030页。

宋孝宗时曾出卖营田,但京西、荆湖、两淮、四川营田最多的地区不在出卖范围,且一二年后就终止,营田出卖的极少。值得注意的是,在实施出卖营田前后,南宋政府掀起了第二次营田高潮。《宋会要辑稿》食货六三之一三〇——三一载:

> (隆兴元年)五月十七日,臣僚言:"今日之急务,莫若且休兵营田……工部勘当昨降指挥,江淮州县营田官庄,将州县系官空闲田土并无主逃田并行拘籍见数,每县以十庄为则,每五顷为一庄,召客户结甲耕种,官给牛具,借贷钱本,其客户仍免诸般差役科配。每庄招募第三等以上土人充监庄,先次借补守阙进义副尉,与免身丁,依军中则例支破券钱,候秋成日比较所收斛斗多寡,如合推赏,许申乞朝廷补正,及将初年收成课子除桩出次年种子外,十分为率,官收四分,客户六分,次年以后即均分。
>
> 窃详诸路营田虽承指挥,措置招募耕种,兼立定许补名目推赏则例,非不详备,缘逐路自来召到监庄之人,往往并不申到种过田土顷亩,比较所收物斛多寡,乞与补正,以致佃户视为虚文,不肯劝诱开耕。今勘当欲下淮南路转运司、两浙江东京西提领营田官、江西湖南北安抚营田使,依已降指挥,将见管系官空闲田土,督责所部州县多方招募可充监庄之人,劝诱客户广行开垦,先次借补名目,如果能用心协力,措置耕种,候秋成日比较所收物斛多寡,开具合推赏人姓名,保明申朝廷补正名目。"从之。

南宋初第一次营田的主要目的是招集流民,筹措军食,故以民屯为主,军屯为辅;此次营田由于"游民今皆著业,往往不肯开垦荒田",招募民户屯耕"愈更艰难",故改以军兵为主。隆兴元年三月,主持营田事务的王弗建议:"拣次等不堪出战及知农务之人,每军以十分为率,差拨一二分列屯耕作,其置庄、买牛、造农器、分课子,并依昨差提领营田司已降指挥施行。"诸路原有的民营官庄只有"已废见存"易于恢复者才"据旧来所管庄数目、所阙客户,招召情愿人户补填"[①]。此建议得到孝宗批准,在淮东真州(江苏仪

[①] 徐松:《宋会要》食货六三之一三五,隆兴二年三月十四日,6054页。

征)等地试行。隆兴元年十二月,宋金签订和议,次年(乾道元年)二月,诏两淮屯田,因高邮军、盱眙军天长县"见管系官荒田共五万八十余顷",于是拨钱5万贯、度牒132道用于购买种子、耕牛,置办农具、屋寨等。五月,"诏:淮东西、湖广总领,淮南东西、湖北、京西帅漕臣并兼提领措置屯田,两淮、湖北、京西诸路州军守臣并兼管内屯田"①。屯田在沿边诸路全面展开。

南宋末发生了与北宋末括公田类似的事件。淳祐八年(1248),曾根括浙西围田芦场为公田,遭到激烈反对。围田芦场原属公有湖面或低洼沼泽,虽不是官田,原则上却非私有,它们被权势之家侵占为农田后,国家尚不承认其私有权,但开垦围田芦场要投入大量人力财力,不考虑开垦成本而用一纸命令收归国有,阻力很大。南宋末的景定公田法即"赡军买田法",是在军事形势紧张、政府财政捉襟见肘的情况下采取的应急措施,将浙西六郡(平江、嘉兴、安吉、常州、苏州、江阴)限外田三分之一收买归官,计划得田一千万亩,实际未达此数,规模大于北宋末,并流毒至元明二朝。公田法试图用征收高额租的办法解决财政危机,说明国家与私家争夺土地所有权的斗争直至南宋灭亡也未结束。

包佃、包占官田是"官田私田化"论的重要依据,但被包佃、包占的官田是否就已经"私田化"了,还要具体情况具体分析。

"包佃"与"包占"的区别主要在是否缴纳地租。宋代地主包佃官田的现象很普遍,虽然法令规定"品官之家不得请佃官产"②,但并不限制普通地主包佃官田,而且政府为扩大垦田,常常网开一面,否定此法,如绍兴三年,根据德安府复州汉阳军镇抚使陈规的建议,制定屯田条例,在诸路推行,其中云:

> 今看详欲遍下诸路安抚使,各随本处风俗所便,依做陈规划一事件,各务多方随(招?)诱官吏军民等乘时耕垦,或有流寓寄居及形势户,自来于法不许承佃官田之人,亦许出租耕佃,务要田土广辟,不致

---

① 徐松:《宋会要》食货六三之一三七,乾道元年五月十八日,6055页。
② 徐松:《宋会要》食货六一之三一,隆兴三年九月七日,5889页。

荒废。①

地主把包佃的土地租给佃户,获取差额地租。包占是偷漏租税的官田,属非法行为,官府通过户籍、田产清查,可回收官田或追缴租税,被包占的官田在法律意义上并未私田化。

---

① 徐松:《宋会要》食货六三之九〇,绍兴三年二月七日,6032 页。

第三章　统支统收的军兵屯田

一　引言

宋代官田数量多,分布广,耕佃者身份各异,地位也大不相同,这是官田采用了不同经营方式的结果。《续资治通鉴长编》卷289元丰元年五月壬午条载:

> 经制熙河路边防财用司言:"准朝旨,以田土分等,近城第一等为官庄,第二等合种,第三等出租,等四等募人耕,五年起税。欲选附城沃土八百顷为官庄,有余募弓箭手,又有余募人合种,及出租赋。官庄每五十顷差治田使臣一员,立赏罚格。"从之。

这段资料基本概括了宋代官田不同的经营方式。所谓"第一等为官庄",即军营官庄,熙河路当时是选知农事厢军耕种,人授田一顷,官给耕牛、种粮、农具、舍屋,每庄的规模一般为五十顷。所谓"第二等合种",即民营官庄,也采取官给牛种、分田到户的方式,水车、犁耙等大型农具则数家共用,但每庄的规模比军营官庄小。所谓"第三等出租",即将官田分段租给民户独立经营,土地以外的生产费用由佃户承担,"租户自出耕具种粮,净纳租数,立为定额"[1],其租额因官田肥瘠、作用不同而高下悬殊,但一般为定额

---

[1] 周应合撰:《景定建康志》卷二十三"慈幼庄"。宋元方志丛刊,1706页。

租。"第四等募人耕",即将边远官荒田募人耕垦,免税五年,五年后交纳二税,即为民田。所谓"募弓箭手",即授田给农,驱农为兵,使之且耕且守,免纳租课。概而言之,此史料总结了官田的四类经营方式:由国家投资并参于管理、军兵分户经营的官庄制,其租课多为对分;国家贷给牛、种子、农具等,民户数家联合,共用耕牛和水车、犁耙等大型农具,土地分户经营的合种包耕制,其租额多为官四民六的分成制;由民户以家为单位自主经营、官收租课的分段出租制,其租课多为定额租,一般高于二税而低于对分制;由国家按丁授田、民户免纳租税的弓箭手以役代租制。

传统的军兵集中耕垦、收获物全部归国家所有的军兵屯耕制,在大规模实施屯田营田的熙河路未占一席之地。宋代是屯田制度发展的一个转折时期,统支统收的军兵屯耕制急剧衰落是这一转折的体现。

二　河北塘泊与军兵屯耕

宋太宗曾在太平兴国四年(979)和雍熙三年(986)出兵北征,企图收复燕云诸州,均未成功。雍熙北伐失败以后,宋军精锐损失惨重,元气大伤,乃改变对辽军事战策,利用遍布河北的河渠塘泊,筑堤贮水,开挖方田,屯驻军兵,进行屯田,实施战略防御。

太宗端拱二年(989)二月,"令河北东西路招置营田"①,以左谏议大夫陈恕为河北东路招置营田使,魏羽为副,右谏议大夫樊知古为河北西路招置营田使,索湘为副。此为北宋措置屯兵营田之始。王应麟:《玉海》卷一百七十七《食货·屯田》载:

先是,自雄州东际海,多积水,戎人犯之,未尝敢出是路。惟顺安军西至北平二百里,地平无阂,故多从此入寇,议所以宜作方田,实边廪而陷戎马。于是命使大兴营田也……先是,雍熙三年歧沟关、君子馆败衂

---

① 脱脱:《宋史》卷五《太宗二》,83 页。

之后,河朔之地耕桑失业者众,屯戍又倍于往日,故遣陈恕等为方田,积粟以实边。

河北沿边具有屯田的条件,一是塘泊众多,水源充沛,二是雍熙北伐失败后民户逃亡,有大片荒闲田土。不过,作为招置营田使的陈恕"极言非便",认为"古者兵出于民,无寇则耕,寇至则战。今之戎士皆以募致,衣食仰给县官,若使之冬持兵御寇,夏执耒服田,万一生变,悔无及矣"。数日后,太宗下诏"止令修完城堡,通导沟洫"①而已,端拱营田令未贯彻执行。但河北方田以限戎骑、积粟以实边廪的方略,在此时确定下来。

太宗淳化初年(990),河北沿边诸州连下大雨,河流泛溢,不少民田蓄水为陂塘。四年三月,知雄州何承矩再次建议"因其势大兴屯田,种稻以足食"②,沧州临津县令黄懋是泉州人,言:"本乡风土,惟种水田,沿山导泉,倍费工力。今河北州郡陂塘甚多,引水溉田,省工易就。乞兴水田,三五年内,必公私大获其利。"③种水稻与修方田以限戎骑的目标相合,于是命六宅使何承矩、内供奉阁承翰、殿直张从古同提点制置河北沿边屯田使,大理寺丞黄懋充判官,发诸州厢兵18000人,在雄(河北雄县)、莫(任丘县)、霸州(霸州市)、平戎(文安县)、破虏(霸州信安镇)、顺安军(河北高阳县东旧城一带)沿边州军兴堰六百里,置斗门,引淀水灌溉。当年稻未熟而霜降,未有收获,给反对者以口实,屯田几罢。次年,黄懋从江东引进七月即熟的早稻品种,霜降前成熟,大获成功,屯田得以继续。此次屯田限于雄州以东地区。真宗、仁宗朝,河北方田继续向南、向西扩展,定州(定州市)、保州(保定市)、安肃军(徐水县)、乾宁军(青县)、广信军(徐水县遂城镇)、最西至易州满城县,皆兴屯田。

在何承矩任屯田使的五六年中,屯田有很大进展,史载"自顺安以东濒海,广袤数百里,悉为稻田"。此为溢美之词,实际上是新开的稻田将陂塘泺泊相连数百里。真宗咸平初,辽兵不断南下骚扰,咸平二年(999)曾深入到

---

① 脱脱:《宋史》卷二百六十七《陈恕传》,9199页。
② 李焘:《长编》卷三十四,淳化四年三月辛亥,747页。
③ 徐松:《宋会要》食货六三之三八,淳化四年三月二十四日,6005页。

赵州（河北赵县），但多是从顺安以西入寇。咸平三年何承矩上疏说："今用地阵而设险，以水泉而作固，建设陂塘，绵亘沧海，纵有敌骑，安能折冲？昨来契丹犯边，高阳一路，东负海，西抵顺安，士庶安居，即屯田之利也。"①宋为加强河北路边防，自西向东分设定州、保州、高阳、雄州等军区，各设安抚司。高阳即顺安军治所。仁宗庆历年间张方平说："臣顷年奉使，见北边塘水渺渺如江湖，间有浅深，舟车皆不可渡，盖占北疆三分之二。敌心依依，南望而踟蹰，抑知此之为惮也。"②开塘蓄水以限辽骑是屯田的主要功能，方田种稻以充军食处次要地位。

宋对河北屯田极为重视，景德二年（1005）初，宋辽澶渊议盟仅一月，真宗即"诏定、保、雄、霸州、顺安、平戎、信安军长吏，并兼制置屯田事，旧兼使者依旧。……上虑通好之后，或渐成弛慢，故申敕焉"③。《玉海》卷一百七十七载同年三月"诏保州塘水以溉屯田，令官吏按视，勿废前功"。在宋辽通好之后，河北屯田仍在进行。《宋史·食货上四》记载当时屯田状况云：

> 是时，兵费浸广，言屯、营田者，辄诏边臣经度行之。顺安军兵马都监马济请于静戎军（景德元年改为安肃军）东雍鲍河，开渠入顺安、威虏二军，置水陆营田于其侧。命莫州部署石普护其役，踰年而毕。知保州赵彬复奏决鸡距泉，自州西至满城县，分徐河水南流注运渠，广置水陆屯田。诏驻泊都监王昭逊共成之。自是定州亦置屯田。

河北屯田采取行政管理与军政管理相结合的方式，即由州军长吏兼制置屯田事，又派军政人员任监官，主要特点是：

（一）屯田兵从当地厢兵抽调，保州屯田务置有屯田兵籍。

（二）修筑堤闸、开挖沟渠的任务由屯田司委派厢军负责。屯田兴置以后，其堤闸河渠的维护由屯田兵承担。

（三）屯田兵仍保持军事编制，负有守边责任。

---

① 脱脱：《宋史》卷二百七十三《何承矩传》，9328、9330页。
② 张方平：《乐全集》卷二十二《请选择河北沿边守臣事》。中州古籍出版社1992年第一版，2000年10月第一次印刷，323页。
③ 李焘：《长编》卷五十九，景德二年正月丙辰，1310页。

（四）屯田兵支全俸，屯田所需耕牛、住屋、种粮、农具等由国家提供。

（五）收获物全部归公，不具有租佃分成的性质。

河北屯田司及各州屯田务不仅屯田，而且负责塘泊堤道的开挖维护，所以河北沿边州军长吏不仅兼屯田使，且兼堤道事。所修塘泊堤道决定了河水流向和塘泊大小，不得任意改变。并边诸河如滹沱、葫芦、永济等，皆汇于塘泊，使河、渠、塘、泊相连，形成可阻滞辽骑南下的水系网络。大中祥符七年（1014）六月，"河北缘边安抚司上制置缘边浚陂塘筑堤道条式、画图，请付屯田司提振遵守，从之"①。天圣七年（1029），"诏河北盗决屯田堰岸者从盗决堤防律，再犯者送河南州军编管"②，以保证塘泊水位。景祐二年（1034），河北塘泊日益增广，至"吞没民田，荡溺邱墓"，民盗决堤道以去水患者日益增多，为此，知雄州葛怀敏请重申"盗决堤防律"，并在塘泊"立木为水则，以限盈缩"③。

熙宁三年（1070），居民张用、张吉鸣鼓集众，阻止封闭保州北奇水口，被流配到卫州、怀州。塘泊大小、蓄水多寡与边防相关，保证塘泊蓄水是屯田司的重要责任，所以规定"河北屯田司相度尺寸丘塘泺水则，季北（备）增减以闻"④。每季第一个月，各州军将塘水增减尺寸申报河北屯田司，屯田司派人核实后，于次月上报尚书省工部，不按时上报和申报不实要受处罚。之所以制定稳定塘泊大小深浅的法规，除了要保证塘泊限制辽骑的功能外，庆历五年（1045）宋辽双方"申定誓约，乃具载两界塘淀各如旧，第罢增广"⑤是重要原因。

河北屯田以限辽骑为主要功能，耕垦规模有限。以规模最大的保州屯田为例，咸平六年知保州赵彬兴置屯田，在城南决鸡距泉，又分徐河水南流，沿渠垦水陆田八十余顷。渠成后，"舟行无滞"⑥，有利于军粮漕运。至景德

---

① 李焘：《长编》卷八十二，大中祥符七年六月乙丑，1880页。
② 李焘：《长编》卷一百八，天圣七年十二月丁酉，2528页。
③ 李焘：《长编》卷一百十七，景祐二年十月癸酉，2761页。
④ 徐松：《宋会要》食货六三之四八，元丰六年二月二十六日，6010页。
⑤ 李焘：《长编》卷一百五十三，庆历五年七月，3793页。
⑥ 李焘：《长编》卷五十五，咸平六年九月庚辰，1215页。

元年,保州屯田"渐见功绪",但因"治田兵夫多为转运司移易他使",故进展缓慢,于是"诏保州专制屯田兵籍,自今转运司复敢移易者,以违制论"①。保州屯田务有专门的务农兵士,稳定发展。天禧元年(1020),内殿崇班阁门祗侯卢鉴知保州,经三年拓展,屯田从原来的八十余顷"开展至百余顷,岁收粳糯稻万八千或二万石",平均亩产近两石。保州屯田务"见管兵士三百七十余人",平均人均生产稻谷近50石,生产率是较高的。保州屯田务人数少,"不暂休息,尤甚辛苦",卢鉴建议"自今所配河北屯田兵士,十人中将四人配保州,六人配余处"②,得到批准。

投入塘泊建设的士兵远远多于从事屯耕的人数。知保州赵彬在大中祥符二年"请增屯田务兵五百人,从之"③。赵彬只开垦了八十余顷屯田,就用了上千士兵。大部分屯田兵不是专职垦田,而是用于修筑渠塘。保州以外的其他州军屯田效果不佳,顺安、乾宁等州军屯田务士兵比保州多二三倍,收获却低得多。《宋史·食货上四》云:河北屯田"虽有其实,而所入无几,利在蓄水以限戎马而已"。天禧五年,河北屯田岁收二万九千四百余石,其中"保州最多,踰其半焉"。到治平三年(1066),在宋辽长期通好、双方互不侵犯的和平环境下,河北屯田也只发展到三百六十余顷,"得谷三万五千四百六十八石",平均亩产近一石。熙宁四年,因"丰岁屯田,入不偿费"④,罢河北缘边屯田。《续资治通鉴长编》卷二百二十熙宁四年二月戊寅条载:

> 诏:河北缘边屯田务水陆田并令民租佃,本务兵士令逐州军收为厢军,监官悉罢。从河北屯田司请也。初,河北屯田司每岁以丰熟所入不偿所费,屡以为言,至是,乃从之。

宋边防士兵俸禄优厚,一屯兵所入不偿所出是正常现象。河北屯田兵士大多用于开挖河渠,修筑堤塘,保卫边防,而不是专职农耕,以农田收入衡量,效率自然低下。

---

① 李焘:《长编》卷五十六,景德元年四月辛未,1234页。
② 徐松:《宋会要》食货六三之四二,天禧四年四月,6007页。
③ 李焘:《长编》卷七十一,大中祥符二年六月辛卯,1610页。
④ 脱脱:《宋史》卷一百七十六《食货上四》,4266、4267、4268页。

河北大力发展义勇、保甲,赋田与民有助于乡兵组织的发展。河北乡兵众多,如咸平三年,诏河北每家"二丁、三丁籍一,四丁五丁籍二,六丁七丁籍三,八丁以上籍四为强壮",冬季训练时官给口粮,"寇至悉集守城,寇退营农"。庆历二年,将强壮民兵中的强健者"悉拣以为义勇",凡十余万,成为河北戍边的重要军事力量,"不预者,释之而存其籍,以备守葺城池"。义勇"旧给塘泊河淤之田",熙宁七年行保甲法,"以其田募民耕,户两顷,蠲其赋,以为保甲"①。河北从太宗时就动用近二万人修塘泊堰闸,此后又多次兴工,而屯田顷亩始终有限,大片新辟农田授给了强壮、保甲等乡兵是重要原因。

不过,沿边诸州屯田虽罢,屯田机构和塘堤役兵仍存,其挖渠修塘,维护沿边塘泊限制辽骑的职能如旧。由于黄河不断决口改道,特别是庆历八年澶州商胡埽决口之后,河水经常北流,经大名府至乾宁军合御河入海,加之沿边滹沱、葫芦、永济等河也经常决口泛溢,改变流向,或淤填塘泊,或造成某些塘泊干涸,所以河北屯田司修挖塘泊以保持水势的任务很繁重。如滹沱河自熙宁八年以后泛滥改道,淹没数县农田,如将其障入葫芦河,或引入新河,用功甚巨,如仍按旧水路引人边吴、宜子淀,"最为便顺",用功最少,而屯田司认为"有填淤塘泺之患",诸司争执不休,"烦文往复",久不能决②。熙宁九年三月,河北屯田司言,安肃军界闸板口铺以南边吴、宜子二淀,"积水并已干涸",可通行人马,有害边防,原因是去年屯田司将流入二淀的滹沱河水从败滩套、赵口引入康淀,"走泄水势,以此致两淀干竭"。于是,令封闭赵口,使滹沱河水流入二淀③。六月,高阳关路安抚司言:"信安、乾宁军塘泺昨因不修,独流决口,至今干涸。乞于朴桩堰南引御河水注入。"开挖河道、修筑堤岸是大工程,神宗令河北东、西路提点刑狱巡历沿边州军,检查塘泊阔狭深浅,画图上报,然后"诏送河北屯田司相度当兴修所在,计工料闻奏"④。至熙宁十年正月,"诏:已差官修筑河北破缺塘堤,收柜水势,其信安

---

① 脱脱:《宋史》卷二百九十《兵志四·乡兵》,4711 页。
② 李焘:《长编》卷三百十一,元丰四年正月甲午,7534 页。
③ 徐松:《宋会要》食货六三之四四。熙宁九年三月二十三日,6008 页。
④ 李焘:《长编》卷二百七十六,熙宁九年六月癸卯,6750 页。

军等处因塘水减涸退出田土,已召人耕佃者,并令起遣"①,恢复塘泊。

在修筑河道堤塘的同时,屯田也有所恢复,元丰二年(1079)十二月,知定州韩绛"乞借安抚司封桩钱五千缗,市水地为屯田,从之"。此时,"保州、广信、安肃、顺安军兴水利为屯田,诏以屯田司为名,而韩降言:'恐房疑增塘泺'",故改名为水利司。元丰三年,诏河北"应系兴置水利州军并逐州军知州、通判兼管勾本州军屯田公事"②。转运使、副兼都大制置屯田使、副。屯田主要由地方官兼管,淡化了军事防御功能。元丰四年六月,仍因韩绛请求,罢河北转运使、副所带都大制置屯田使虚名,仍由安抚使系衔,"令知雄、保州并带屯田使,雄州东路、保州西路通判并带屯田判官;河北缘边安抚副使、都监及专管勾屯田内臣,并随官充副使或都监,仍通管两路"③。屯田仍由具有军事管理性质的安抚司和屯田司总领,主要职事是修筑塘泊,屯田规模比太宗、真宗时大大萎缩。宋政府对塘泊堤道的重视远远重于屯田,依塘泊水系设置的屯田成了塘泊的附属。宋徽宗大观二年(1108),诏潴水为塘,以除水患。知瀛州王汉之云:河北屯田自何承矩成功之后,"今寖失其道,愿讲之"④,说明屯田已近废弛。北宋末期,虞奕出任河北提点刑狱,上疏言:塘泺"自何承矩创边地为塘泺,有定界",而"中贵人典领"其事,"以屯田开拓为功,肆侵民田。民上诉,屡出使者按治,皆不敢与直",于是"诏罢屯田"⑤。河北屯田随着政治的腐败和边防的废弛而瓦解。

三 京西、西北的军兵屯耕

京西路为东京西、南门户,驻兵众多,且荒地很多,农耕条件较好,屯田开展得较早。咸平初年,左正言耿望知襄州(湖北襄樊市),认为襄阳县(襄

---

① 李焘:《长编》卷二百八十,熙宁十年正月甲子,6852 页。
② 李焘:《长编》卷三百十,元丰三年十一月壬寅,7327 页。
③ 李焘:《长编》卷三百十三,元丰四年六月甲申,7596 页。
④ 脱脱:《宋史》卷三百四十七《王汉之传》,11000。
⑤ 脱脱:《宋史》卷三百五十五《虞奕传》,11195。

樊市襄城区)有淳河,宜城县(宜城市)有蛮河,皆有灌溉之利,且有前代屯田遗迹三百余顷,建议调夫筑堤,截水入官渠,集邻州兵屯田,置营田上、中、下三务,每务二百人,从荆湖路市牛七百头分给屯兵。咸平二年四月,以耿望为京西转运使,与副使朱台符同兼本路制置营田事。"是岁,种稻三百余顷"①。咸平五年三月,"京西转运使张巽言:'襄州置营田务,烦扰非当。'诏罢之,纵民耕莳"②。咸平二年,耿望又在襄州、唐州(河南唐河县)赭阳陂(在河南方城县)仿襄州之制置营田务。襄州有荒田408顷又80亩,唐州有170顷,耿望"每岁于属县差借种田人、牛,夏又借耨田夫六百人,秋又借刈获夫千五百人",强迫民户劳役附种,"岁入甚广"。景德初,京西转运使张巽请罢屯田兵,"召水户四十一分耕之",因水户上诉求免,营田务遂废。景德二年,许逊为转运使,复奏兴置襄、唐二州营田务,仍采用耿望的经营方式,"岁参役兵、夫"。天圣四年,转运使余献卿"言其非便",诏遣屯田员外郎刘汉杰前往考察。刘汉杰言:"二务自复至今,襄州得谷三十三万余石,为缗钱九万余;唐州得谷六万余石,为缗钱二万余。而所给吏兵俸廪、官牛杂费,襄州十三万余缗,唐州四万余缗,得不偿失。"③于是废襄、唐二州营田务,以田赋民耕种。

北宋在陕西、河东布设重兵,进行屯田,以减缓粮食馈运的压力。南宋人追述屯田之制云:"本朝自淳化以来,始用何承矩措置北边屯田,开塘泺之利以限北虏,相继西北二边益广屯田。"④西北屯田规模大,但多是弓箭手营田和官庄,实施统支统收屯耕制的很少。

宋太宗淳化四年,为削弱党项族李继迁的势力,陕西转运副使郑文宝提出两条建议,一是禁止盐州(今陕西定边县)西北以乌池、白池为代表的青白盐销往宋境,断其财源,二是"建请营田积粟实边之策"。他亲自到贺兰山下考察唐营田旧址,以图恢复唐营田,减少内地运输军粮的费用。他在今银川

---

① 李焘:《长编》卷四十四,咸平二年四月丙子,941页。
② 李焘:《长编》卷五十一,咸平五年三月己亥,1117页。
③ 李焘:《长编》卷一百四,天圣四年九月辛未,2423页。
④ 徐松:《宋会要》食货二之八,绍兴元年九月二十七日,4829页。

西北的贺兰山麓修筑清远城(甘肃环县甜水堡),"留屯数千人,又募民以榆槐杂树及猫狗鸦鸟至者,厚给其直。地舄卤,树皆立枯,西民甚苦其役,而城之不能守"。因屯田之处"素无水泉",连吃水都要到百里外担负,最后连城寨也被山水冲毁①,屯田终未成功。"禁戎人卖盐"的政策造成双边关系紧张,"致关中绎(益?)骚之",至道元年(995),郑文宝因决策失误被调离陕西,贬为郴州蓝山县令②。郑文宝屯田虽然失败了,却是陕西屯田之滥觞。

真宗咸平二年六月,秘书丞何亮奉诏与转运使陈纬到灵州(宁夏灵武市西南)经度屯田后,上《安边书》,建议灵武不得弃,应筑溥乐(宁夏盐城县隰宁堡)、耀德(盐城县惠安堡镇)二城为之唇齿,"严其刁斗,坚其守备,募天都之贫民,营田于塞下以益军储,然后谨择将帅,谨守边防,而以恩信抚临之,则数十世之利也"③。次年派裴济担任灵州知州兼都部署,实施屯田。咸平五年李继迁攻陷灵州,裴济以身殉职,史载:"济在灵州凡二年,谋缉八镇,兴屯田之利,民甚赖焉。及被围,饷道断绝,孤城危急,济刺指血染奏求,大军讫不至,城遂陷。"④从"谋辑八镇兴屯田之利"推测,灵州实施的是军兵屯耕与募民为兵相结合的方式。灵州是西北最早实行屯田的地区,且初见成效,因被李继迁攻陷而未能继续。

镇戎军(宁夏固原市)为西北军事重镇,山川险阻,为通达诸蕃部落之交通要塞,且"川原甚广,土地甚良",至道三年建置为军。咸平四年李继迁侵扰西边,为解灵州危急,陕西转运使刘琮建议"于镇戎军置屯田务……诏从其请"⑤。具体方式是:"于军城四面置一屯田务,开田五百顷,置下军二千人、牛八百头以耕种之。又于军北及木峡口、军城前后,各置堡寨,使其分居,无寇则耕,寇来则战。仍请就命知军李继和为屯田制置使,令继和择使臣充四寨主管,[每寨]五百人即充屯戍,则每岁所费可出于兹,行之累年,必

---

① 徐松:《宋会要》职官六四之一二,至道元年十月四日,3826 页。
② 脱脱:《宋史》卷二百七十七《郑文宝传》,9426 页。
③ 李焘:《长编》卷四十四,咸平二年六月丁巳,950 页。
④ 李焘:《长编》卷五十一,咸平五年三月甲辰,1118 页。
⑤ 脱脱:《宋史》卷二百五十七《刘琮传》,9432 页。

有成绩。"①下军为俸禄较低之禁军,五百人是禁军指挥足额人数,说明屯兵仍采用战时编制。

康定元年(1040),西夏元昊不断侵骚宋境,时范仲淹知延州(陕西延安市),种世衡建议兴筑故宥州(陕西靖边县西)城,"右可固延安之势,左致河东之粟,北可图银、夏之旧"②,范仲淹代为请示朝廷,得到批准。种世衡即行兴筑,赐名青涧,种世衡被任命为内殿承制知城事,"开营田一千顷"③。从范仲淹在庆历元年认为种世衡屯田"仅获万硕",功效不大,建议于青涧城等边寨改募弓手、土兵为营田,"据亩定课,兵获羡余,中粜入官,人乐其勤,公收其利……比之东兵不乐田利,不习地势,复无怀恋者,功相远矣"④分析,种世衡屯田为"东兵"即禁兵所为,实施的是统支统收的军兵屯耕制。

庆历二年,右骐骥使周美在延州东北的永平寨(陕西延川县永坪镇)附近大破元昊,"军还,又筑栅栏于葱梅官道谷,以扼贼路。令士卒益种营田,岁收谷六千斛"⑤。此亦为禁兵屯田。

熙宁初年蔡挺知渭州期间,曾"筑定戎军为熙宁寨,开地二千顷,募卒三千人耕守之"⑥。熙宁八年,知河州鲜于师"以未募弓箭手地百顷为屯田"⑦。熙宁九年,诏熙河路营田司把洮州(甘肃临潭县)弓箭手授田后剩余闲田"权差厢军,官置牛具、农器,人给一顷",以保寨使臣、道路巡检"督其耕种,收成输官"⑧,岁终以收成多寡比较优劣,进行赏罚。

元丰七年,河东经略使知太原府吕惠卿在新拓疆土葭芦(陕西佳县)、吴堡(吴堡县北)之间叫木瓜原的膏腴之地,"雇五县耕牛,发将兵护其外而耕之",垦辟荒地529顷为屯田。又"出兵开垦"麟州、府州、丰州地730顷,以及"出兵防拓,广耕疾种"弓箭手与民户之无力耕种和两不耕地土960顷。

---

① 李焘:《长编》卷五十,咸平四年十二月乙卯,1094页。
② 脱脱:《宋史》卷三百三十五《种世衡传》,10742页。
③ 李焘:《长编》卷一百二十八,康定元年九月己巳,3034页。
④ 李焘:《长编》卷一百三十四,庆历元年十一月乙亥,3203页。
⑤ 脱脱:《宋史》卷三百二十三《周美传》,10458页。
⑥ 脱脱:《宋史》卷三百二十八《蔡挺传》,10576页。
⑦ 李焘:《长编》卷二百六十三,熙宁八年闰四月乙未,6426页。
⑧ 李焘:《长编》卷二百七十二,熙宁九年闰正月丙子,6662页。

吕惠卿认为此举可以"革百年远输贵籴、以困公私之弊"①,上报朝廷说"所得极厚,可助边计,乞推之陕西",但枢密院经统计后,元丰八年上奏说,吕惠卿屯耕一年,效果不佳:

> 凡用将兵万八千余人,马二千余匹,费钱七千余缗,谷近九千石,糇糒近五万斤,草万四千余束;又保甲守御费缗钱千三百,米石三千二百,役耕民千五百,雇牛千具,皆强民为之。所收禾粟、荞麦万八千石,草十万二千,不偿所费。又借转运司钱谷以为种子,至今未偿。增入人马防拓之费,仍在年计之外。

枢密院建议对吕惠卿加以"约束",中止屯耕,于是"诏谕惠卿毋蹈前失"②。吕惠卿这种以军兵屯垦为主、差雇大批民夫助耕的屯田与京西唐、襄州屯田类似,实施一年即被废止。

元丰以后,宋对西夏采用修筑堡寨、步步为营的策略,扩展疆土。元符二年(1099)十月,河东经略司干当公事陈敦复言:"'本路进筑保寨,自麟、石、廓、延南北仅三百里,田土膏腴,若以厢军及配军营田一千顷,岁可入谷二十万石。可下诸路将犯罪合配人拣选少壮堪田作之人配营田司耕作。'从之。"十万亩得谷二十万石,说明实施的是统支统收的军兵屯耕制。经枢院院请旨批准,泾原、环庆、鄜延、熙河、兰会、河东路新复城寨地土全部采用招募或调派京西、淮浙诸路厢军或配军前去耕作的方式。一年后,提举河东营田司言:

> "今来诸路厢军不会耕种陆田,兼杭州等处厢军尤更不耐本路田野寒冻,已有疾病,欲将京西等路并本路州军发来耕种厢军内委是不堪田作之人送本路州军充厢军,京西等路厢军或乞行计口给券,发还元差州军。"从之。③

这次规模最大、范围最广的军兵屯耕没取得任何成果就失败中止了。

---

① 李焘:《长编》卷三百四十四,元丰七年三月庚申,8264 页。
② 脱脱:《宋史》卷一百七十六《食货志上四》,4270 页。
③ 徐松:《宋会要》食货六三之八一,元符二年十月九日,三年九月二十七日。6027 页。

此后直到南宋灭亡,统支统收的军兵屯耕制不再施行。

马端临《文献通考·田赋考》云:"自府兵之法既坏,然后兵、农分而为二,不特农疲于养兵,而且兵耻于为农。"兵农分离是传统的军兵屯耕制难于推行的根本原因。熙宁以后,宋在河东、陕西沿边及新拓疆土除大力推行弓箭手营田外,主要实行由国家设置官庄、收获物按比例分成的包耕制。

第四章　以役代租的授田制

一　引言

唐均田制瓦解以后,土地占有和分配方式发生了很大变化,国家干预大大削弱,通过国家分配土地的中古田制基本不再实施。不过,在陕西、河东沿边地区,由于特殊的历史条件,国家仍在实施授田制,授田的对象是沿边弓箭手。这是前代授田制的遗存,在宋代却获得极大的成功。

陕西沿边弓箭手营田规模大,分布广,历时长,它采用免纳租课、以役代租的经营方式,为北宋提供了十余万战斗力强的士兵,成为经营最成功的官田形态。陕西弓箭手人授田二顷,有马者加马口分田五十亩,"无事之时则服田力穑,不仰给于官,农隙之际则操戈挽缰,得以闲习,一有警急,则驰以直前"[1],在西夏人眼中,弓箭手的战斗力比正规禁兵强得多。弓箭手实行招募制,不离乡土,且熟知当地语言习俗和山川地理,有保家卫国之志,"守边捍御,籍为军锋,素号骁勇"[2],成为陕西边防的一支劲旅,其他乡兵多数是强行征差、被迫从戍,这是弓箭手成为战斗力最强的乡兵组织的主要原因。

政府将大片官田授给弓箭手,既加强了边防的军事力量,又不供应弓箭

---

[1] 徐松:《宋会要》兵四之二九,靖康元年二月二十四日,6832页。
[2] 徐松:《宋会要》兵四之一八,政和二年十二月三十日,6829页。

手粮饷,而边防的加强又可减少沿边禁兵驻军,省粮饷馈运之费,因此,宋政府不遗余力地推行弓箭手授田制,规模不断扩大。陕西弓箭手营田法规完备,其影响所及,不限边防,不少军事、经济改革都参用陕西弓箭手法。

二 有税弓箭手与无税弓箭手

宋代乡兵番号众多,名为弓手或弓箭手者有不少,使研究相关问题时容易混淆①。在研究与营田相关的陕西沿边弓箭手前,有必要将容易混淆的新旧弓箭手加以区别。

《宋史·兵志四》论乡兵之制云,"陕西有保毅、砦户、强人、强人弓手,河东、陕西有弓箭手"等。此"河东、陕西弓箭手"即指进行营田的沿边弓箭手。沿边弓箭手屯田始于景德二年(1005)。宋真宗即位前后,与党项李继迁屡战不利,夏(陕西靖边县北白城子一带)、银(横山县党岔乡)、绥(绥德县)、宥(靖边县西)、灵(宁夏灵武市南)诸州相继丧失。景德元年,李继迁死,宋夏关系发生转折,宋对李继迁的继任者李德明赐赵姓,采取"姑务羁縻,以缓战争"②的政策,而赵德明则采取"东和西进"策略,宋夏签定和平协约,宋封德明为定难节度使、西平王。至元昊正式称帝(1038)之时,河西瓜(甘肃安西县瓜州镇)、沙(敦煌境内)、甘(张掖市)、凉(武威市)等地原臣服于宋的吐蕃、羌等部族为西夏控制。为防止西夏的侵扰和扩张,知镇戎军曹玮首先建立了弓箭手屯田制度。李焘《续资治通鉴长编》卷六十景德二年五月癸丑云:

> 知镇戎军曹玮言:"军境川原夷旷,便于骑战,非中国之利。请自陇

---

① 《河南大学学报》1986 年 1 期载殷崇浩《北宋弓箭手屯田制度》,认为弓箭手始于建隆三年,是将县邑弓手或乡弓手与沿边弓箭手相混淆。漆侠《宋代经济史》290 页在论述"弓箭田"时,认为庆历年间"陕西弓箭手刺为保捷指挥,使弓箭手进一步具有了兵的性能,给田募弓箭手,算是对弓箭手的一种补偿",是将保毅弓箭手与授田弓箭手相混淆。

② 李焘:《长编》卷六三,景德三年五月庚申,1403 页。

山而东,缘古长城凿堑以为限。"从之。又言:"边民应募为弓箭手者,皆习障塞蹊隧,解羌人语,耐寒苦,有警可参正兵为前锋,而官未尝与器械资粮,难责其死力。请给以境内闲田,永蠲其租,春秋耕敛,出兵而护作之。"

诏:"人给田二顷,出甲士一人,及三顷者出战马一匹。设堡戍,列部伍,补指挥使以下;校长有功劳者,亦补军都指挥使,置巡检以统之。"其后,鄜、延、环、庆、泾、原并河东州军,亦各募置。

弓箭手授田始于景德二年,弓箭手之名却早已有之。李焘《续资治通鉴长编》卷二建隆二年十二月乙卯载:"周广顺(951—953)初,镇州诸县,十户取才勇者一人为弓箭手,余九户资以器甲、刍粮。是岁,诏释之,凡一千四百人。"镇州(河北正定县)弓箭手十户选一人为兵,九户出财,无普通乡兵分番戍守之制,负担是很重的,故宋太祖将其释免归农。此弓箭手与陕西、河东授田弓箭手毫无承继关系。曹玮所言陕西沿边景德二年以前"官未尝与器械资粮"的弓箭手,亦称"系税弓箭手"或"旧弓箭手",与沿边授田弓箭手有联系而不同。后周广顺年间曾"点秦州税户充保毅军,教习武技,逃死即以佃地者代之。遇征役,官给口粮,有马给刍菽"。开宝八年(975),秦翰"发渭州平凉、潘原二县民治城壕。既毕,因立为保毅军弓箭手,分戍镇寨,能自置马者免役,逃死者以亲属代焉。盖因广顺之制也"①。秦州(甘肃天水市)保毅弓箭手有三千人,渭州(平凉市)保毅弓箭手是沿袭后周秦州旧制设立的,因系税户,不享"永蠲其租"的政策优惠,也称"旧弓箭手"或"系税弓箭手"。宋仁宗天圣二年(1024)陕府西路转运使范雍言:

"准诏旨相度原州沿边弓箭手,欲将庆州割属柳泉乡赵明等百八十四人并显德五年至咸平三年抄点到系税弓箭手四百人放免归农,应副诸县色役,其无税弓箭手且令存留者。窃以原州最处极边,全藉新旧弓箭手谙会蕃情道路,经惯出入,自备鞍马器械粮食,分番极边防托。复又旧弓箭手准宣敕置立,子父兄弟相承,州县不曾差挠,久经使唤,武艺

---

① 李焘:《长编》卷一六,开宝八年十二月乙卯,356 页。

精熟,新置弓箭手边上差使,颇得气力。今放免旧弓箭手,却令应当乡县色役,不惟极边阙人把截,兼虑人户愿就轻役,边补有妨。欲乞依旧存留,县司不得妄有差役。"从之。①

显德是后周最后一个年号。庆州(甘肃庆阳市)、原州(镇原县)的系税弓箭手同秦州保毅弓箭手一样,世代相承,天圣二年曾诏令放免从宋初至咸平三年(1000)仍在兵籍的旧弓箭手归农,同税户一样承担诸县差役,因范雍之请而未实行。

咸平四年,为应付李继迁的反叛侵扰,"诏陕西沿边选乡丁保毅升充"保捷禁军,共45指挥②。次年,又"点陕西沿边丁壮充保毅,凡得六万八千人,给资粮,与正兵同戍边郡"③。陕西秦凤、鄜延、环庆、泾原四路都有保毅军,规模较前扩大。庆历初年(1041),诏知秦州韩琦从乡弓手中选少壮者"刺手背充军,或为保毅弓箭手",但韩琦建议将中选者"黥为禁军,人给刺面钱二千",于是陕西弓手、保毅等全部刺面充保捷指挥,保捷增至135指挥。《宋史·兵志四》载:此时保毅弓箭手"(陕西)诸州总六千五百十八人,为三十一指挥",比咸平时大为减少。治平元年(1064),宋整顿扩充乡兵义勇,"凡主户三丁选一,六丁选二,九丁选三,年二十至三十材勇者充",陕西四路"正充保毅者,家六丁刺一,九丁刺二",凡理当承继为保毅弓箭手而未充役者,"三丁刺一,六丁刺二,九丁刺三,悉为义勇"④。《宋会要辑稿》兵一之六载:"治平刺陕西义勇,环庆路保毅并拨充义勇,鄜延路或拣为义勇,余仍旧。秦凤、泾原路役止约庸钱,民颇苦之。"熙宁三年九月,诏令陕西逐路保毅军"已于丁数第等内更拣刺充义勇",与免保毅军籍⑤。大量保毅军被征差为义勇乡兵后,所剩无几。熙宁四年(1071)七月,诏废保毅军,令原保毅户纳免役钱,

---

① 徐松:《宋会要》兵四之一、兵四之二,天圣二年九月,6820—6921页。李焘《长编》卷一百二记此事时,只载"免原州弓箭手州县差役"一句,容易让人产生弓箭手要服州县差役的错觉,而实际上按沿边弓箭手法,弓箭手是免役的。
② 脱脱:《宋史》卷一百八十七《兵志一》,4597页。
③ 脱脱:《宋史》卷一百九十一《兵志四》,4709页。
④ 脱脱:《宋史》卷一百九十二《兵志五》,4734页。
⑤ 徐松:《宋会要》兵二之四,熙宁三年九月十九,6773页。

户不超过三千文。从此以后,陕西弓箭手不再有新旧之差别。

新旧弓箭手都是本地人户,官不支付器械粮饷,都在手背上刺州及指挥编制字号,"父死子承,籍不可脱"①,且负有戍守边防的责任。不同之处是:旧弓箭手是从税户中一家出一丁征差的,推行于陕西部分州县,其功能类似乡弓手,所以其戍守边防时要轮番调发至沿边州军,被调发远离乡土期间官给粮饷。保毅军归州县管辖,常被州县调遣应付州县差役,且不授田,其所拥有的私田要缴二税。新弓箭手则实施招募制,应募者被官府以乡为单位组成"指挥"编制,而不是按丁数强行征差。新弓箭手只限于沿边州县实施,平时就驻守在沿边堡寨,有事则战,无事耕垦,一般不会被调离家乡,且人授田二顷,免税赋。新旧弓箭手名号虽同,却是性质各异的两种乡兵。

三　授田的基本原则

《宋史·兵志四》论乡兵之制曰:"乡兵者,选自户籍,或土人应募,在所团结训练,以为防守之兵也。"选自户籍是强行征差,土人应募则是自愿。弓箭手营田实施招募制,即用免纳租税的办法使民户自愿应募。计丁授田是招募的基础,如无田可授,招募就不能实现。

景德二年,诏陕西弓箭手"人给田二顷,出甲士一人,及三顷者出战马一匹",曹玮在实施时改为"予田二顷,再更秋获,课市一马,马必胜甲,然后官籍之,则加田五十亩"。如果应募者多,则"使驰射较强弱",胜者募为弓箭手②,此后,人授田二顷,有马者增加五十亩,成为弓箭手授田的基本法规。

对于沿边耕占官田而又不愿应募为弓箭手的民户,政府采取二种办法,一是没收其土地,别招弓箭手,二是令其缴纳租课。《宋会要辑稿》兵四之七载:

---

① 徐松:《宋会要》兵四之五,庆历五年十一月,6755 页。
② 李焘:《长编》卷一百九,天圣八年正月甲戌,2534 页。

(熙宁八年)八月十三日,诏陇山一带新经差官案视可耕官田,德顺军、仪州四千八百八十八顷,令王广渊籍佃户刺充弓箭手,与免所纳租课,内有不愿充弓箭手者,即令退地土,别召人,仍具所籍人马数目以闻。

《宋会要辑稿》兵四之一〇载:

(元丰四年)五月二日,泾原路经略司言:"本路弓箭手阙地九千七百顷,渭州陇山一带州(川)原坡地四千余顷,可募弓箭手二千余人,诸佃户或不愿应募,乞如熙宁八年八月诏,收其地入官,及以逃亡弓箭手地均给田少之人。"诏:渭州、德顺军陇山一带地令民依旧佃租,见充弓箭手逃亡限满不首获者,其地即与阙地弓箭手。

耕佃官田就要刺手背为弓箭手,否则就要没收土地,别行招募,而没有土地"旧佃人户便致失业"①,说明招募弓箭手有一定的强制性。不过,由于沿边地土有的被蕃官及城寨主包占,不纳或只纳少量租课,所以,对已有人耕佃或包占而未应募为弓箭手的官田,一般采取二种办法并行的政策,即应募者免纳租课,不愿应募者就按规定征收租课,以增加收入。这种强制是经济性强制,民户仍有不应募的选择,并不违背自愿的基本原则。

除了授田免租和自愿之外,出于边防戍守的需要,招募弓箭手尚有以下条件:

(一)年龄十七至四十岁,身体强健,能披甲执兵、射七斗弓者。

(二)如应募者多,选武艺高强人充。

(三)弓箭手以胆识武艺高下分为三等,有战功、武艺精熟为一等,未立功、事艺精熟为二等,武艺生疏为三等。每年二次校试武艺,分等赏赐。

(四)已是弓箭手或河东义军者不得再行应募,以免多占田土。

(五)近边两输户(同时向宋、夏或宋、辽双方交纳赋税的民户)和奸细不得应募。

---

① 徐松:《宋会要》兵四之二三,6831页。

（六）应募者要经所属州军或就近城寨投状批准。

（七）委有家业二人做保，如不符合上述条件，保人坐罪。

（八）弓箭手逃亡，听暂以本家少壮子弟代役，满三月不归，其子弟接替为弓箭手。

（九）弓箭手年老病患不能胜任征役者，给公凭放免，许在本家人或亲属内选合格人承替。

（十）弓箭手立功升为班行武官，即享受俸禄，不得拥有原授田土，其名下田土可令子孙或佃户刺填弓箭手。

陕西沿边地广人稀，有夏人侵扰之虞，一般实行广种薄收的粗放耕作。拥有一顷土地一般为中等户，所以，给田募役的条件是较为优厚的。

弓箭手人授田二顷，马五十亩，宋代称之为"沿边法"。沿边是个区域性概念，是相对于"近里"州军而言的。《宋会要辑稿》兵四之九载："秦凤路经略使吕大防言：'阶州汉蕃户献纳并根括田五百二十顷，可募弓箭手。'诏依缘边法，人给地两顷。"①阶州（甘肃武都县）离宋夏边境虽远，但西与吐蕃部族相邻，也实施沿边法。

宋神宗时期，不断拓边，至熙宁十年以后，居住着"部落数万之众"的横山地区"朝廷已居有其半"②。元丰四年收复兰州、会州（甘肃靖远县），"蕃部益众，而弓箭手多蕃兵矣"③。元丰五年，提举熙河等路弓箭手营田蕃部司康炽说，在新收复地区除设置官庄外，"余并召弓箭手，人给二顷，有马者加五十亩"④。人授田二顷是陕西沿边汉蕃弓箭手通行之法。

皇祐四年（1052），鄜延路经略使狄青建议延州、保安军的弓箭手除"皆给身份田"外，"自十将至指挥使，量其家口数，更等第益以闲田"⑤。指挥使以下的低级武官如家口众多，授田可超过二顷。不过，这是按家口之数增授的，如无闲田则不授，并未否定弓箭手人授田二顷的基本原则，可视为弓箭

---

① 徐松：《宋会要》兵四之九，元丰二年三月十四日，6824页。
② 李焘：《长编》卷二百八十五，熙宁十年十月丙戌，6975页。
③ 脱脱：《宋史》卷一百九十《兵志四》，4725页。
④ 李焘：《长编》卷三百二十八，元丰五年七月丙戌，7894页。
⑤ 李焘：《长编》卷一百八十二，皇祐四年三月辛亥，4138页。

手授田的补充。

蕃族弓箭手授田有时超过二顷。熙宁五年九月,权发遣延州起居舍人赵禼"根括地万五千九百一十四顷,招汉蕃弓箭手四千九百八十四人骑"。赵禼所招弓箭人均授田 3.20 顷(含有马弓箭手的马口分田),超过标准。《续资治通鉴长编》卷二百三十八记述此事云:

> 鄜延皆荒阜硗瘠,占田者不出租赋,而倚为藩蔽。宝元用兵后,残破流徙,名存实亡。每调发,辄匿避。尝搜集,才八百人,多罢(疲)癃,杖稷助至金明而溃。酋利其亡,收田以自殖,(赵)禼呼诸酋问曰:"往闻汝族户若干,有诸?"对曰:"然。"曰:"今何在?"曰:"大兵之后,死亡耗散,其存止此。"禼曰:"其地存乎?"酋无以对。禼曰:"吾贳汝归,听汝自募家丁,使占田充兵可矣。吾所欲得者人也,田则吾不问。"众皆伛曰:"闻命。"诸酋感服,归募壮夫,悉补亡籍。

宝元(1038—1039)之后,鄜(延安市富县)、延(延安)州等地的汉弓箭手"残破流徙,名存实亡",蕃部首领趁机"收田以自殖"。蕃部侵占汉弓箭手田土属违法,赵禼招集诸蕃首领,令他们募本部蕃户为弓箭手,其多占田土就不再追究。此前蕃弓箭手没有"提空簿"即档案登记,只能知其人数而不知其身份,所以"多以老弱充数"。赵禼利用"岁饥"时机,"令蕃兵愿刺手者,贷常平谷一斛,于是人人愿刺,惟恐后"①。从赵禼曾对官地进行根括来看,他对蕃弓箭手占田逾限是清楚的,但为招募得人之利,有意不加干预。

宋对有些归附的蕃部族封其大小首领,分等给军俸及"添支钱",蕃弓箭手的授田则相应减少。《续资治通鉴长编》卷二百五十一熙宁七年五月载:

> 王韶言:"河州近城川地招汉弓箭手外,其山坡地招蕃弓箭手,每寨三五指挥,以二百人为额,人给地一顷,蕃官两顷,大蕃官三顷。"

河州(甘肃临夏县)是熙宁六年刚收复的新边城,此年十二月,宋对受抚归顺的蕃部大小首领"优给请受",从副兵马使到都军主月给料钱五百至二

---

① 李焘:《长编》卷二百三十八,熙宁五年九月壬申,5803 页。

千文。王韶对汉弓箭手仍实行人授田二顷的沿边法,对蕃弓箭手实行了"团结蕃兵法",人给地一顷,首领另给优待。这照顾到蕃部族内部的等级关系,是较为恰当的举措。

新拓地区虽有可耕土地,却缺少耕牛农具,如招新弓箭手,必"种植不时",而新拓地区又急需增置弓箭手以加强军力,遂诏"他路旧人听带旧地换充,并依例给田,自买马者加五十亩"①。熙(甘肃临洮县)、河、兰州、通远军(陇西县)都曾实行这一政策。连同原来授给的"旧地",这些到新区屯耕的弓箭手占地四顷(马口分田不计)。不过,这些弓箭手对旧授田只有两年收益权,"耕种两年,即收入官,别招弓箭手"②。

少数弓箭手授田肥田不足,"内有薄弱稍堪耕种者,自合增给"③,如自湟州(青海乐都县)至西宁诸州城寨,"土地悉皆膏腴,不消别有增添,惟有西宁州清平寨、积石军怀和寨地高气晚,间岁种收,缘此[无]人应募"④,于是每名弓箭手增地土五十亩,有马者再增三十亩。增给土地仅在少数地区施行。

为鼓励买马,宋采取了多种措施。首先,贷款给弓箭手买马,限三年还纳,同时授给马口分田。第二,先将马口分田五十亩授给愿买马弓箭手耕种,限半年或一年内买马,限内不买,土地收回,分给其他买马弓箭手。后因有的弓箭手只求多占田土,限内不买马,改为愿买马弓箭手所授马口分田要缴纳租课。第三,组织买马社,同社人以家业分三等,"集社钱买马,每月一次。上等出钱二百文,中等一百五十文足,下等一百文足,准备死损添填"⑤。买马社始建于宋仁宗庆历前后,吕公绰任职陕西时,将弓箭手"均其户为三等,十丁为一社,至秋成时,令劝募出金帛益市马以分给之,闻者争出应令。是岁得马数千,后袭以为常"⑥。第四,注重招收善于骑射的沿边蕃汉民户为

---

① 李焘:《长编》卷四百九,元祐三年三月乙丑,9955页。
② 李焘:《长编》卷三百一十六,元丰四年九月庚午,7652页。
③ 徐松:《宋会要》兵四之二二,政和五年四月二十七日,6831页。
④ 徐松:《宋会要》兵四之二五,政和五年九月七日,6832页。
⑤ 李焘:《长编》卷四百三十五,元祐四年十一月庚午,10477页。
⑥ 杜大圭:《名臣碑传琬琰之集》中卷十五,王珪《吕谏议公绰墓志铭》。四库全书450册,326页。

弓箭手。蕃弓箭手及新拓疆土的汉户及归明户投充弓箭手,每人赏绢五匹。在优惠政策激励下,弓箭手买马者众。骑兵较多,是弓箭手战斗力强的重要原因。

在实行以役代租的授田制中,唯有弓箭手营田保持稳定,为维护沿边安全起了较大的作用,其他授田制都半途而废。这一方面是因为当地官田充足,有田可授,另一方面,徭役负担轻是重要原因。除了修筑城寨、屯堡以外,弓箭手一般没有其他负担。即使在战争期间,弓箭手也只是协同正规军屯堡自守,很少被调离乡土。"土人劲悍,便习险阻,利其田产,乐其家室,以战若守,一可当正兵之十,敌惮之"①,这是弓箭手生产条件的根本保障。

四 租税制度

陕西、河东弓箭手都实行人授田二顷的沿边法,租税制度却不尽相同。陕西是宋夏交兵的主战场,招募弓箭手的目的是"代正兵"戍边,景祐二年设置弓箭手之初,就规定"给以境内闲田,永蠲其租"。宋哲宗时左司谏王觌论述陕西弓箭手之制与给田募役法的异同时说:

> 今陕西缘边与羌戎之地犬牙相错也,故朝廷出捐其地以募弓箭手,而免其租税。所谓弓箭手者,身先常役也,彼得其地以力耕而无租税之忧,我得其人以捍寇而省养兵之费,世以为便,不亦宜乎?以至镇戎、德顺皆在极塞,所募役人虽有常职,而人肯应募者,亦以田无租税而已。自余惟洮、河数州未有租税之民与德顺、镇戎事体均等。既无五等税户可以差役,则势不得已,恐须给田招募。盖常赋既不及之,则役人固其愿也。②

弓箭手被授予田土之后,本质上处于服役状态,且世代相承,难以脱免,只有免纳租税,才会有人应募。王觌认为洮(甘肃临潭县)、河、德顺军、镇戎

---

① 李焘:《长编》卷二百三十八,熙宁五年九月壬申,5803 页。
② 李焘:《长编》卷三百九十七,元祐二年三月辛巳,9686 页。

军(宁夏固原市)等与"羌戎之地"交错的沿边地区"无五等税户可以差役",实施给田募役与弓箭手授田免役一样,是因势利导的可行之制。没有租税杂徭,是沿边民户乐以应募的原因。靖康元年(1126),监察御史胡舜陟指出,陕西沿边招置弓箭手,"给付田土,蠲其赋租,第其等第,团并教习,日以防托边境为事"①,直到北宋灭亡之时,蠲除赋税的政策仍未改变。

租税蠲免只限于弓箭手的身份田和五十亩马口分田,如果多占田土,多占部分就要缴纳租税。沿边许多地区没有建立户等版簿,所以隐占官田、隐没田赋的现象大量存在。景德四年,弓箭手营田刚实施二年,弓箭手就有"所占逾限及隐没租赋者",而政府对此未予追究②。同时,弓箭手身份田不足分配的现象也存在,如元丰四年,泾原路弓箭手缺地达9700顷③。政府解决这一矛盾的方法,一是依据"盗耕官田法"将被隐占或非法购买蕃户的土地没收,以招募或分给缺地弓箭手,二是把占佃官田的民户招募为弓箭手,每两顷招刺一人,两顷五十亩令买马一匹,及四顷则招刺两人。二顷以下五十亩以上者"合刺应役",五十亩"以下者纳税租"④。租税额依"乡原例输纳","每亩三斗五胜(升),草二束"⑤。崇宁二年(1103),提举泾原路弓箭手安师文奏:德顺军怀远、隆德、得胜、静边、治平五寨有弓箭手三十六指挥,合得身份地每指挥510顷,共计18360顷,但弓箭手"自来冒占出剩地土数"就达30371顷。隐占官田有碍招募更多的弓箭手,且减少租赋收入,于是安师文把隐占土地除"山坡、沟涧不堪耕种之地"外,用16830顷新招弓箭手33指挥,4133顷"召人请射"⑥,缴纳租课。

陕西弓箭手授田二顷、免纳租税的制度,是针对沿边土居民户的专法,内地主户不得享受此等优待。《宋史·兵志五》载:

---

① 徐松:《宋会要》兵四之二九,靖康元年五月七日,6832页。
② 李焘:《长编》卷六十六载,景德四年九月甲子朔,"诏镇戎军有侵耕田土隐落常租者,悉蠲之。初,诏以荒土均给备边弓箭手,仍免地征。至是,民有讼其所占逾限及隐没租赋者,乃降是诏。"
③ 李焘:《长编》卷三百一十二元丰四年五月戊子,7573页。
④ 李焘:《长编》卷四百四十五,元祐五年七月壬申,10714页。
⑤ 徐松:《宋会要》兵四之二五,政和五年十一月十日,6832页。
⑥ 徐松:《宋会要》兵四之一八,崇宁二年十一月二十四日,6829页。

（熙宁六年）十月,熙河路经略司言:"乞许人投换义勇,以地给之,起立税额。"诏:以官地招弓箭手,仍许近里百姓壮勇者占射,依内地起税,排保甲,即义勇愿投充及民户愿受蕃部田者听之,其顷亩令经略司以肥瘠定数。

义勇是在主户中依"三丁选一"的原则征差的,为加强边防,允许近里州军的义勇占射沿边官田投充弓箭手,依内地例交纳二税。这部分弓箭手有"主户"身份,是有地产的"税户",本不属沿边居民,故不享受免税的优待。他们未按沿边弓箭的那样按指挥编制,而是组成保甲,授田额按土地肥瘠而不同。《宋会要辑稿》兵四之九载:

（元丰三年）七月十七日,诏:经制泸州夷贼韩存宝所将泾原路弓箭手可月给其家,十将以下至长行钱一千,副兵马使以上二千,都虞候以上三千。

弓箭手本是不离乡土的民兵,因被调遣到千里外的西川泸州远征,故依禁军例,从普通军士到各低级军官（指挥以上高级军官由正规禁军军官担任）按等级支付俸禄。

河东路也有弓箭手,招募、授田之制与陕西相同,但要缴纳租税。雍熙北伐失败后,曾驱迫代州（山西代县）、岢岚（岢岚县）、宁化（宁武县宁化乡）、火山（河曲县旧县乡）等州军民户内徙,二三万顷良田列为"禁地",不许耕垦。四州军地处沿边,驻有重兵,山险阻隔,馈运不便。庆历四年,欧阳修在视察河东后,上《请耕禁地札子》,认为募民耕垦禁地,可去四害而有四利。其一:可不籴北界粮斛,"则边民无争籴引惹之害"。其二,所获可充军储,不必依靠与北界贸易,可去我军"饥饱在敌之害"。其三:沿边田有定主,可使宋辽双方"无争界之害"。其四:边地膏腴之地得以耕垦,"则内地之民无远输之害"[1]。

庆历五年岢岚军招置弓箭手耕垦禁地,其后,代、麟（陕西神木县北）、府

---

[1] 《欧阳修全集》卷一百一十六《河东奉使奏草·请耕禁地札子》。中华书局2001年版,1762页。

(府谷县)、丰(府谷县北古城一带)、忻(山西忻州市)、石(离石市)、宪州(静乐县)及火山、宁化军相继实行。河东西有吕梁山,除麟、府、丰三州外,其他沿边各州均与辽相邻,主要侵扰来自辽,而景德元年澶渊之盟后,宋辽通好,百年间未发生大冲突,弓箭手"戍边"的任务相对较轻,弓箭手授田的目的主要是筹措军储,所以征收租税,其租额以土地肥瘠定等,一般为"秋一输,川地亩五升,坡原地亩三升,毋折变科徭"①。"以肥瘠及稍堪耕种地土相兼……取酌中数目,每亩止纳租课三升"②,与二税相差不远,有的地方也视同二税,分夏秋两次征收。

五　实施范围与规模

弓箭手营田自建立之后,基本处于持续发展状态,可分为三个发展阶段③。

第一阶段:景德二年(1005)至治平三年(1066),是弓箭手营田的兴起时期。这一时期弓箭手营田主要分布在以下地区:

泾原路:辖渭、原、泾州和镇戎、德顺军,除泾州外均属沿边州郡。泾原路是宋夏战争的主战场,弓箭手设置最早,规模较大。镇戎军是边防重镇,"山川险阻,旁扼夷落,为中华襟带"④。景德二年五月,曹玮在镇戎军首先实施弓箭手营田,凡应募为弓箭手者,给田免税役。曹玮在镇戎军缘边开挖壕沟,设置堡寨,招募弓箭手屯驻,如大中祥符三年(1010),"镇戎军请于军东北十五里筑宁远堡,以弓箭手守捉,从之"⑤。至天圣六年,镇戎军弓箭手有

---

① 李焘:《长编》卷一百七十八,至和二年二月丙午,4317页。
② 徐松:《宋会要》兵四之二三,熙宁八年闰四月甲四日,6831页。
③ 参见李蔚《论宋代西北的屯田》,载邓广铭、漆侠主编《宋史研究论文集》,河北教育出版社1989年版。
④ 马端临:《文献通考》三百二十二《舆地八》,2531页。
⑤ 李焘:《长编》卷七十四,大中祥符三年七月甲寅,1684页。

五十四指挥,共七千九百余人①。景祐二年增为五十八指挥。

德顺军(原名笼竿川)原属渭州,在六盘山外,是战略要冲,"内则为渭州藩篱,外为秦陇襟带",大中祥符四年九月,"陇山外笼竿川熟户蕃部以闲田输官",曹玮"请于要害地方立堡寨,募弓箭手居之",且言"异时秦、渭有警,此必争之地也"②。建议得到批准后,曹玮就"开山外地,置笼竿等四寨,募弓箭手,给田,使耕战自守",其中笼竿城当年即筑成,羊牧隆城、静边寨、得胜寨天禧元年(1017)后相继筑成,四寨都有弓箭手戍守。笼竿城后来发展成"蕃汉交易,市邑富庶,全胜近边州郡"的重镇,经泾原路安抚使王尧臣建议,庆历三年扩建为德顺军③。四年,修德顺军水洛城(甘肃庄浪县),原来"广数百里,杂氏十余落,无所役属"的蕃族归属宋朝,"得蕃兵三五万人及弓箭手"④。此后,水洛城一度成为宋夏争夺的主战场。

渭州:天圣六年,"诏:渭州、镇戎军所招弓箭手,自今拣选及于左手背上各据州军名刺第几指挥字,不得虚立人数,请射官中地土。"⑤渭州是泾原路治所,"城壁坚固,屯兵亦众,复有弓箭手"⑥。庆历末年,夏安期知渭州,"简弓箭手,得骁勇万人为步兵,骑又半之,教以战阵法,由是土兵胜他路"⑦。渭州弓箭手达一万五千人以上。

原州(甘肃镇原县)弓箭手也是曹玮创立。大中祥符六年,原州五井堡弓箭手指挥使张文义因"立显功",曹玮建议任张文义为渭州藩落指挥使,真宗令补为副指挥使⑧。堡是比城寨更低的屯戍中心,原州靖安寨即管辖九堡。五井堡有指挥使,弓箭手人数不少于一指挥。宝元二年,"知原州、六宅使郭志高请部内募置弓箭手五千人,从之"⑨。原州弓箭手至少有五千人。

---

① 徐松:《宋会要》兵四之二,6921 页。
② 李焘:《长编》卷七十六,大中祥符四年九月丁丑,1734 页。
③ 李焘:《长编》卷一百三十九,庆历三年正月丙子,3339 页。
④ 李焘:《长编》卷一百四十四,庆历四年十月甲子,3486 页。
⑤ 徐松:《宋会要》兵四之二,天圣六年四月,6921 页。
⑥ 李焘:《长编》卷一百二十五,宝元二年年十二月,2954 页。
⑦ 脱脱:《宋史》卷二百八十三《夏竦夏安期传》,9577 页。
⑧ 徐松:《宋会要》兵四之一,大中祥符六年十二月,6820 页。
⑨ 李焘:《长编》卷一百二十四,宝元二年八月庚午,2922 页。

康定元年(1040),泾原路钤辖张亢说"今泾原正兵五万,弓箭手二万"①。庆历二年,泾原安抚使王尧臣上疏,"又请泾原五州营田,益置弓箭手,及请彻潼关楼橹,皆报可"②。弓箭手在与西夏的战斗中时有损失,但不断得到补充,此年知渭州王沿曾"刺本路弓箭手三万人充军"③。泾原路弓箭手有三万以上。

鄜延路:治延州,延、鄜、保安军、绥德军属沿边州军,有弓箭手。

大中祥符七年,知延州李及说:"鄜延路边防之地,所管弓箭手校长承前不给甲胄,望许置量,以备防守。"④得到批准。康定元年,"诏:范仲淹、葛怀敏领兵驱逐塞门等寨虏骑出境,仍募弓箭手,给地居之。"⑤塞门寨隶延州,在今安塞县北。延州城寨众多,有不少弓箭手,如皇祐四年,鄜延路经略使狄青在延州、保安军推行弓箭手"皆给身份田"⑥的政策。

环庆路:治庆州,环(甘肃环县)、庆、定边军(定边县)属沿边州郡。环庆路宋仁宗宝元元年时已是"边寨密布,远者不过四五十里,近者三十里,列据要害,土兵得力"⑦,土兵中有不少蕃弓箭手。庆历元年,范仲淹知庆州兼管勾环庆路都部署司使,多方招抚当地党项诸蕃熟户,依靠归属羌设置堡寨,招募弓箭手。据清人赵本植编撰的《庆阳府志》记载,范仲淹仅在今庆阳地区修建的城寨就有二十九座⑧,招募弓箭手,授给田土,并对蕃部首领封官,使弓箭手人数增加许多。皇祐三年,因环州遭风旱之灾,蕃部阙食,诏"贷弓箭手种粮"⑨。嘉祐七年(1062),"除庆州西谷寨弓箭手地基税钱"⑩,说明环、庆诸州均有弓箭手。

---

① 李焘:《长编》卷一百二十八,康定元年七月癸亥,3026 页。
② 脱脱:《宋史》卷二百九十二《王尧臣传》,9775 页。
③ 李焘:《长编》卷一百三十五,庆历二年三月庚辰,3236 页。
④ 李焘:《长编》卷八十三,大中祥符七年十月辛未,1900 页。
⑤ 李焘:《长编》卷一百二十八,康定元年八月辛亥,3036 页。
⑥ 李焘:《长编》卷一百七十二,皇祐四年三月辛亥,4138 页。
⑦ 李焘:《长编》卷一百二十五,宝元二年十二月,2954 页。
⑧ 王天顺:《西夏战史》,宁夏人民出版社 1996 年版,149 页。
⑨ 李焘:《长编》卷一百七十一,皇祐三年十二月戊寅,4119 页。
⑩ 徐松:《宋会要》兵四之四,6822 页。

秦凤路唯秦州实施沿边法。秦州多蕃族,可供弓箭手使用的官田不多,所以特许地方政府购买与汉人接壤的蕃族田土授给弓箭手①。大中祥符九年,秦州蕃厮敦以其地献纳,名南市。曹玮发兵筑南市城,"募勇士三千为南市城弓箭手"②。皇祐五年,陇西吐蕃首领蔺毡献其地,希望宋助其抵御西夏。于是,宋置古渭州(不久改为古渭寨),置弓箭手。蔺毡世居古渭州,先世占有九谷之地,后衰落,至蔺毡时"仅保三谷,余悉为他族所据","他族"之中以青唐羌最强。陕西路提点刑狱兼制置解盐范祥夺取青唐羌盐井,"又夺诸族地以招弓箭手",引起青唐诸族叛乱,被贬为知唐州。宋采取退还青唐羌诸族盐井及土地的政策,并许诺修古渭寨是"为汝诸族守卫"③,青唐诸部表示归服,古渭寨遂得完工。英宗时,知秦州李参平定蕃酋药家族的叛乱,"得良田五百顷,以募弓箭手"④。

河东路弓箭手始于庆历五年,欧阳修建议:"以岢岚军北草川城禁地募人距敌界十里外占耕,得二千余户,岁输租数万斛,自备弓马,涅手背为弓箭手。"代州、宁化军"有禁地万顷",至和二年(1055),知并州(山西太原)韩琦建议"如岢岚军例,去北界十里为禁地,其余地请就委钤辖苏安静、窦舜卿与两州通判招募强壮人,刺为弓箭手,分给其田,令住坐防边",共招刺弓箭四千人,垦地九万六千顷⑤,其中宁化军所招弓箭手"已达千余人"⑥。宁化军仅有主户476,客户640⑦,几乎所有主客户都成了弓箭手。此一时期河东弓箭手主要分布在与辽交界的代州、岚州、宁化军、岢岚军及与夏交界的麟、府、丰州。

第二阶段:治平四年(1067)至政和末年(1118),是弓箭手营田的发展时

---

① 徐松:《宋会要》兵一之三,皇祐六年九月,6821页。
② 李焘:《长编》卷八十六,中祥符九年二月丙午,1974页。
③ 李焘:《长编》卷一百七十五,皇祐五年闰七月己丑,4225页。
④ 脱脱:《宋史》卷三百三十《王素传》,10619页。
⑤ 李焘:《长编》卷一百七十八,至和二年二月丙午,4317页。徐松:《宋会要》兵4之4,至和二年四月,6822页。
⑥ 李焘:《长编》卷一百八十,至和二年八月戊申,4366页。
⑦ 王存:《元丰九域志》卷四《河东路》。中华书局1984年版,178页。此为元丰年户口数,至和年间人口应在千户以下。

期。这一时期宋将边境推进到横山地区,并在西部占领了熙、河、兰、会等州,原有弓箭手有所加强,实施区域大大拓展。

庆历四年宋夏签定和议后,双方保持了近二十年的和平。治平元年后,宋夏关系又趋紧张,西夏毅宗谅祚不断骚扰秦凤、泾原边寨,抄劫熟户,杀掠人畜。治平四年正月,英宗去世,年二十岁的神宗即位。当年十月,宋知青涧城种谔率所部蕃汉士兵,攻取绥州(陕西绥德县),拉开了此后宋夏五十年战争的序幕。

绥州位黄河支流无定河的下游,无定河谷是横山地区重要通道,绥州是宋夏边境的战略要地。此后,宋夏以无定河流域为中心,爆发了一系列大的战斗。宋在鄜延路沿边设置堡寨,招置汉羌弓箭手,将堡寨一直推进到无定河上游的啰兀城(陕西米脂县镇川堡以北)和银川寨(榆林县盐湾乡)。庆历初修筑的青涧城(青涧县)熙宁初有"弓箭手八指挥",三千四百余人,马九百匹①,白草(绥德县东南)、顺安(绥德县南)、满堂川(绥德县满堂川镇)等寨"素籍弓箭手御捍"②。怀宁寨(绥德县西)"新得地百里,已募汉蕃户使为弓箭手"。熙宁五年四月,权发遣延州赵卨在鄜延路根括闲田招弓箭手,"检括得地万五千余顷,募汉蕃兵几五千人,为十指挥"③。熙宁六年,鄜延路再次根括闲田招弓箭手,当职官员受到嘉奖④。为多招弓箭手,陕西及河东官员职田津贴改发盐钞,而以职田招弓箭手。元丰五年,"以新收复米脂、吴堡、义合、细浮图、塞门五寨地土,招置汉蕃弓箭手及春耕种"⑤,每名弓箭手借给买农器、牛具钱五贯,粮种五石。绍圣四年(1097),宋在新拓疆土克胡山、声塔平二寨(安塞县北部)招到弓箭手,依米脂寨例"借支钱粮"⑥。

河东弓箭手向与西夏交界的麟、府、丰三州扩展,离鄜延路较近的州军也募置弓箭手。此三州距无定河谷不远,庆历年间就有少量弓箭手。熙宁

---

① 徐松:《宋会要》兵四之五,熙宁元年二月,6822页。
② 徐松:《宋会要》兵四之五,熙宁元年二月,6822页。
③ 李焘:《长编》卷232,熙宁五年四月己未,5631页。
④ 李焘:《长编》卷二百四十四,熙宁六年四月庚辰,5935页。
⑤ 徐松:《宋会要》兵四之一〇,元丰五年正月五日,6825页。
⑥ 李焘:《长编》卷四百八十六,绍圣四年四月乙己,11548页。

初设麟府路经略使,军事上与陕西鄜延路相互策应。熙宁五年二月,因灾荒阙食,诏令赈济"河东沿边麟、丰二州蕃部弓箭手阙食者"①。十月,诏以河东察访使曾孝宽根括河外荒地七百顷及沿边州军逃田招弓箭手②。十二月,废河东太原牧马监,"以缘边、次边空闲牧地招置弓箭手,见佃牧地人愿充弓箭手者听"。同月,诏知太原府刘庠以"所根括忻、麟州、宁化军空闲田土"招置弓箭手③。熙宁六年,"遣带御器械王中正括麟府路旷闲侵冒地,募弓箭手"④,在麟、府、丰三州招置弓箭手一千四百人。熙宁八年,宋、辽划分疆界,宋在岢岚、火山军以未耕官地"增募弓箭手"⑤。熙宁九年,代州根括禁地顷亩数,"除给起移弓箭手外,余皆招置弓箭手"⑥。元丰元年,宋夏划分边界,丰州永安、保宁二寨新增耕地三十顷有余,并招弓箭手⑦。元丰八年,仅宁化、岢岚、火山军三个地窄人少的地区就"见管弓箭手五千余人"⑧。

熙宁二年,知环州种诊说:"环州平远等寨弓箭手系近年招到,正当控扼要害去处,最为得力。"⑨平远寨建于天禧五年,表明旧寨弓箭手也在扩展。熙宁三年王韶提举陕西弓箭手营田,在甘谷城(甘肃通渭县襄南镇)等地增置弓箭手以广营田。熙宁五年,泾原路经略使蔡挺实施"自首免罪法","取边民阑市蕃部田八千顷,以给弓箭手",共"刺弓箭手三千,养马五百"⑩。宋禁沿边汉人市蕃人田,称这种非法交易为"阑市"。德顺军、仪州陇山一带3993户租佃官田4173顷,原交纳租课,熙宁八年,泾原路经略安抚使王广渊"籍佃户刺充弓箭手,与免所纳租课,内有不愿充弓箭手者即令退地土,别召人"⑪。

---

① 李焘:《长编》卷二百三十,熙宁五年二月丙寅,5601页。
② 李焘:《长编》卷二百三十九,熙宁五年十月庚子,5821页。
③ 李焘:《长编》卷二百四十一,熙宁五年十二月乙酉,5878页。徐松:《宋会要》兵四之六,熙宁五年十二月三日,6823页。
④ 李焘:《长编》卷二百四十五,熙宁六年五月丁卯,5961页。
⑤ 徐松:《宋会要》兵四之七,熙宁八年六月,6823页。
⑥ 李焘:《长编》卷二百七十九,熙宁九年十二月庚寅,6831页。
⑦ 徐松:《宋会要》兵四之八,元丰元年十一月十七日,6824页。
⑧ 李焘:《长编》卷三百五十八,元丰八年七月甲寅,8572页。
⑨ 徐松:《宋会要》兵四之五,熙宁二年十二月,6822页。
⑩ 李焘:《长编》卷二百三十,熙宁五年二月壬戌,5593页。
⑪ 徐松:《宋会要》兵四之五,熙宁八年八月,6823页。

元祐四年（1089），刘昌祚又"根括陇山地凡一万九百九十顷,招置弓箭手人马凡五千二百六十一人、骑"①。熙宁五年以后,西北拓边,泾原、秦凤、环庆不少弓箭手抽调到熙、河、岷、兰州新疆界,重新授给沿边田土,其原授田土在获得新授田二年后收回,授给新招弓箭手②。拓边促进了陕西诸路弓箭手的发展。

熙、河等新拓疆土是弓箭手发展最快的地区。熙宁五年宋攻取熙州、六年取河州,置熙河路,王韶为经略安抚使。在熙州,对献地归附的蕃户"优给酬奖",招为弓箭手,并"以官钱买镇洮军（即熙州）蕃部田置弓箭手"③。在河州,王韶将"近城川地招汉弓箭手","山坡地招蕃弓箭手"④。为招置更多的弓箭手,"诏:熙河路都巡检三员,各差军马千人,往根括缘边州军不该归业逃田,招弓箭手。"⑤熙宁七年正月,派曾在河东麟府路成功招置弓箭手、并在熙河战役中立功的礼宾使王中正到熙河路,"以土田募弓箭手,若地有余,即召人承佃"。王中正采取"毋拘路分远近,不依常格,差官招募",并由三司及转运司支拨路费⑥的办法,数十日即招募到弓箭手一千三百六十人。为使弓箭手安居耕种,三月,差秦凤等路提点刑狱郑民宪、审官西院主簿舒亶检查熙河路落实弓箭手借贷钱款及"买种粮、牛具、造屋及令夏耕种"事宜。六月,郑民宪说,"熙州汉蕃弓箭手疆界、置堡、均地,借助就耕食"已安排就绪,于是诏令郑民宪"速行安抚"河、洮、岷州弓箭手⑦。郑民宪"借贷粮、筑堡、修屋",半年中"根括熙、河、岷州地万二百六顷,招弓箭手五千余人,团成三十六指挥"⑧。这些弓箭手有些是从泾原、秦凤等路招募的。熙宁八年,又遣潍州团练推官杜常到熙河路"相度措置,增招弓箭手"⑨。熙宁十年,经制熙

---

① 李焘:《长编》卷四百三十五,元祐四年十一月己丑,10489 页。
② 李焘:《长编》卷三百一十六,元丰四年九月庚戌,7652 页。
③ 李焘:《长编》卷二百三十九,熙宁五年十月丙申、癸未,5817、5808 页。
④ 李焘:《长编》卷二百五十一,熙宁七年三月壬戌,6133 页。
⑤ 李焘:《长编》卷二百四十一,熙宁五年十二月丁亥,5879 页。
⑥ 李焘:《长编》卷二百四十九,熙宁七年正月壬戌,6072 页。
⑦ 李焘:《长编》卷二百五十四,熙宁七年六月乙酉,6211 页。
⑧ 李焘:《长编》卷二百五十八,熙宁七年十二月丁卯,6295 页。
⑨ 李焘:《长编》卷二百六十二,熙宁八年四月癸酉,6398 页。

河路边防财用司李宪建议熙河路"弓箭手以万人,马以六千匹为额,以渐减戍兵"①。

元丰四年,将兰州良田"除留置官庄地,并募弓箭手,人给二顷"②。元丰五年底,都大经制熙河兰会路边防财用司李宪说:兰州周围"属羌数万已就耕锄,新招弓箭手五千",因新招弓箭手"贫乏无种粮、牛具",每名贷钱三十贯③。次年二月,从陕西、河东调集厢军二万,自兰州胜如堡(兰州西南郊)至汝遮堡(榆中县)一线修筑堡寨,以招募更多弓箭手。元祐元年,以兰州定西城沿边水田募弓箭手,"他路旧人听带旧地换充,并依例给田,自买马者加五十亩"④。为使沿边城寨招置更多弓箭手,给熙河兰岷路城寨使臣更大的权力和奖励,"招及三百人,著业及一年,减磨勘一年;百人,减半。仍委知、通提举,每及六百人,各与减一年磨勘;三百人,减半"⑤,并规定"根括违法典买蕃部土地人与免罪,许以两顷五十亩出刺弓箭手一人,买马一匹,止及两顷者备弓箭手一人"⑥。元祐六年,熙河兰岷路经略使、知熙州范育说兰州东质孤(榆中县西北)、龛谷(榆中县东南)至定西城一带肥美之田"无虑一二万顷",可置弓箭手万人⑦。

宋神宗时期,收复了会、河、岷、洮、叠(甘肃迭部县)、宕(宕昌县)、兰、会诸州,于是,"蕃部益众,而弓箭手多蕃兵矣"⑧。估计新拓疆土的弓箭手有三万之众。

绍圣元年,宋哲宗亲政,继承宋神宗新法,进攻西夏,史称"绍圣开边",弓箭手规模进一步扩大。宋采取步步为营、出塞进筑的方针,从熙河、泾原、鄜延、环庆及河东诸路并进,蚕食西夏疆土。绍圣初,宋在陕西、河东六路根括荒闲地土,增招弓箭手,熙河兰会路是根括土地以招置弓箭手的重点地

---

① 李焘:《长编》卷二百八十六,熙宁十年十二月甲午,7000页。
② 徐松:《宋会要》兵四之一〇,元丰四年七月二十七日,6825页。
③ 李焘:《长编》卷三百三十二,元丰六年正月乙酉,7988页。
④ 徐松:《宋会要》卷四之一二,元祐三年三月十八日,6826页。
⑤ 李焘:《长编》卷四百四十一,元祐五年四月戊戌,10610页。
⑥ 李焘:《长编》卷四百四十五,元祐五年七月壬申,10741页。
⑦ 李焘:《长编》卷四百六十,元祐六年六月丙午,10998页。
⑧ 脱脱:《宋史》卷一百九十《兵志四》,4725页。

区。绍圣四年五月,诏"根括兰州安西、金城膏腴地顷亩",以"招置弓箭手"①。七月,诏知通远军康渭打量新筑西平寨至青石峡"堪耕种土地","措置招募弓箭手"②。此年宋相继攻占西夏盐(陕西定边县)、洪(靖边县西南)、宥州。泾原路经略使章楶率宋军主力进军葫芦河川(宁夏清水河谷),用兵夫七十万筑平夏城(即石门城,宁夏固原市西北之黄铎堡)和灵平寨(即好米寨,在平夏城南),占居了西夏最重要的农业区。不久改平夏城为怀德军。章楶派部将折可适率轻骑两千攻入天都山,建西安州(海原县西安乡),设临羌(宁夏海原县上马营村)和天都(海原县)等寨。章楶指出,进筑城寨的作用"一则占据地利,倾覆贼巢,二则亦欲招置弓箭手,耕凿种挚,使之自卫家室,渐减戍兵"③。弓箭手营田随着堡寨的修筑而向西夏境内推进。

第三阶段:建中靖国元年(1101)—北宋末(1127),是弓箭手渐趋衰亡时期。

宋徽宗继续实施开边政策,一度使疆土继续拓展,弓箭手也有所增加。《宋史·何灌传》载:

> (知岷州何灌)引邈水溉闲田千顷,湟人号广利渠……入言:"汉金城、湟中,谷斛八钱,今西宁、湟、廓即其地也。汉、唐故渠尚可考。若先葺渠引水,使田不病旱,则人乐应募,而射士之额足矣。"从之。甫半岁,得善田二万六千顷,募士七千四百人,为他路最。

这一时期弓箭手的性质发生了变化。免除税赋是陕西弓箭手实施的基础,崇宁初年,蔡京在推行"俵籴"法,征购城乡坊郭户粮斛为军食,对沿边弓箭手"加倍征之,人极为苦"④,弓箭手不堪重负,破产逃亡。新拓疆土人烟稀少,人心未附,所招弓箭手"多浮浪阙食之人,唯幸借贷种粮牛具等钱,而随

---

① 李焘:《长编》卷四百八十七,绍圣四年五月辛酉,11568 页。
② 李焘:《长编》卷四百八十九,绍圣四年七月戊午,11610 页。
③ 李焘:《长编》卷五百五,元符二年正月丁巳,12035 页。
④ 陈均:《九朝编年备要》卷二十七《徽宗皇帝·窜曾孝序》。四库全书 328 册,732 页。

即逃亡"。河东路"一季之内逃亡至四分"①。弓箭手缺乏战斗力,至宣和年间,绍圣开边所得土地全被西夏夺回。

弓箭手本是不离乡土的乡兵,宋神宗推行将兵法,把弓箭手与正规禁军一起编制成"将",弓箭手离开乡土、随同禁军一起征伐时有发生,但那时一般只把弓箭手征调到相邻路分参战,战事结束,弓箭手就返回原籍。宋徽宗时期,童贯主军政,让弓箭手深入夏境,驻守新边,长期不回。知河南府王襄论陕西弓箭手状况时说:

> 夫弓箭手民兵,五路之根本也。每差戍守,一月一易,则必人市头口,负干粮器械所需之物而趋焉。路逢蕃寇,则多致杀掠,或得戍满,三数月间,又当复往,如此劳费,无有已时。②

离开乡土、频繁征战是弓箭手由强悍的劲旅变成"寡弱而不振"弱兵的重要原因。王称评论说:童贯当政,"始大沮祖宗法"。"弓箭手有分地,得以保其乡里坟墓,至是,则皆使居新边",于是,"边备军政自贯坏矣"③。除长期驻守新边外,宋还调弓箭手镇压方腊等起义,进攻辽之燕京,损失惨重。最后宋金交战,东京危急,许多弓箭手被征调到内地"勤王"。北宋灭亡,"勤王"弓箭手大部分溃散,没有溃散的在各自将领的带领下,南迁到江淮一带,成为南宋军队的组成部分。南宋初河东为金之版图,陕西弓箭手经多年招诱,最多只恢复到六七万人,其战斗力也大不如北宋。

六 授田制的影响

弓箭手授田之制发展很快,据《宋史·兵志四》载,至庆历中(1041—1048),沿边弓箭手共三万二千四百七十四人,人授田二顷,有马者加五十

---

① 赵汝愚:《宋朝诸臣奏议》卷一百四十《边防门》,范纯粹《上徽宗论进筑非便》。上海古籍出版社1999年版,1583页。
② 赵汝愚:《宋朝诸臣奏议》卷四十五《天道门》,王襄《上钦宗论彗星》,481页。
③ 王称:《东都事略》卷一百二十一《宦者传》。四库全书382册,788页。

亩,授田约七万余顷。治平末年,河东七州军(代、岚、麟、府、丰州、宁化、苛岚军)弓箭手有七千五百人,陕西沿边十州军(鄜、延、环、庆、原、渭、秦州、镇戎、德顺、保安军)弓箭手并砦户有四万六千三百人,砦户仅秦凤路沿边有之,其性质与保毅弓箭手类似,人数极少。如砦户以二千人计,陕西、河东弓箭手共有五万一千八百人,按人均二顷计,授田当十万顷以上。在北宋名目繁多的乡兵、番兵中,陕西弓箭手"素号骁勇",是战斗力最强的一种,其原因之一是弓箭手多骑兵,因此,如果加上马口分田,授田总额就达十二三万顷。

熙宁、元丰以后,西北拓边,熙、河、兰、会、岷、洮州、西安、西宁州、怀德、绥德、定边军等相继纳入宋之版图,新边地区增置弓箭手数万人,原旧边地区如环、庆、延、镇戎、德顺等州军弓箭手也有所加强,授田也相应增加。崇宁二年,仅德顺军怀远、隆德、得胜、静边、治平五寨弓箭手就有地土四万八千七百余顷,其中弓箭手已耕垦的有三万九千余顷。史称陕西"诸州并塞之民,皆是弓箭手地分"①,如泾原"沿边城寨廓外居民,尽系弓箭手之家,别无税地人户"②。南宋绍兴和议后,曾任川陕宣谕使的郑刚中说:"陕西弓箭手旧一十六万,今存七万,复以土田不均,兵疲无法,虽七万人,未必可用。"③以郑刚中所言北宋末陕西弓箭手十六万人,授田达三十万顷以上。

陕西弓箭手授田之制实行长久,号称"已有成法",对宋代官田制度有较大影响。熙宁七年实行的"给田募役法",就是"依沿边弓箭手例,给田募人,免纳租税"④。其方法是:用退滩、户绝、没纳及免役宽剩钱"买民田,以募役人,大略如边郡弓箭手",苏轼知密州,曾"亲行其法,先募弓手,民甚便之"⑤,后因官田不多,购买私田"费多难赡"⑥,不到半年即废罢。熙宁七年

---

① 脱脱:《宋史》卷一百九十《兵志四》,4721页。
② 徐松:《宋会要》兵四之三〇,建炎元年十月二十九日,6835页。
③ 郑刚中:《北山集》卷十三《西征道里记》。四库全书,1138册,147页。《历代名臣奏议》卷八十九《经国》载郑刚中奏文云:"弓箭手旧额一十四万,今犹得六万,是民尚可以为兵也。"四库全书433册,515页。
④ 李焘:《长编》卷二百五十三,熙宁七年五月辛酉,6198页。
⑤ 《苏轼文集》卷二十六,《论给田募役状》。中华书局1986年版,768页。
⑥ 脱脱:《宋史》卷一百七十七《食货上五》,4306页。

河北行保甲法,"以其田募民耕,户两顷,蠲其赋,以为保甲"①,即是参照陕西弓箭手法。元丰八年神宗病逝,司马光主张罢保甲法,"量逐县户口,每五十户置弓手一人,略依缘边弓箭手法,许荫本户田二顷,悉免其税役"②。司马光的主张未被采纳,却体现出沿边弓箭手法的巨大影响。绍圣三年(1096)的"给地牧马法"规定:"应有牧地县分,许等第人户投状,指请上色一顷,给付人户,自得耕佃,而蠲其租,令养官马一匹。"③给田募役、给田保甲、给田牧马三法实施的时间都不长,均体现了弓箭手授田和以役代租的精神。

政和七年(1117),荆湖辰州(湖南沅陵县)募土丁充刀弩手,"授以闲田,散居边境,教以武艺",亦免租税④。荆湖虽是内地,但就防御蛮夷而言,土丁及刀弩手具有戍边性质,其营田法类似陕西弓箭手。辰州刀弩手有3405人,将校人给田200亩,节级120亩,长行100亩。沅(湖南芷江县)、澧(湖北澧县)、靖(湖南靖州县)三州也有土丁刀弩手。《宋史·邓洵武传》记其事云:邓洵武知枢密院,"五豀蛮扰边,即做陕西弓箭手制,募边民习知溪洞险易者,置所司教以战阵,劝以耕牧,得胜兵几万人以镇抚之。"几万人即近万人。靖康元年,九千余名刀弩手调赴河东抗金,"全军陷没,无一人得返者"。南宋绍兴年间,经"多方招填","专委逐州知通,县责知县,根括元旧刀弩手及见佃成熟田地,置籍,尽行拘收入官,榜谕合格人投募",使澧、辰、沅、靖四州刀弩手恢复到二千余人。政和间,荆湖刀弩手营田达"三十万九千七百余亩"⑤。

南宋初期,淮南招置"归正人"为"使效",给田免赋,设置营田,如陕西弓箭手法。隆兴二年(1164),镇江都统制刘宝措置杨、楚、高邮等处屯田,选士兵和下级军官中"口累重大,情愿屯田者"及有农耕经验的"忠义、归正人",

---

① 脱脱:《宋史》卷一百九十《兵志四》,4711页。
② 《司马光奏议》卷三十一《乞罢保甲状》。山西人民出版社1986年版,343页。
③ 徐松:《宋会要》兵二一之二八,7138页。
④ 脱脱:《宋史》卷一百九十二《兵志六》,4791页。
⑤ 曹彦约:《昌谷集》卷十一《辰州议刀弩手及土军利害札子》。四库全书1078册,138、136页。

分给土地,"官不收课",令"且耕且守"①,除授田较少外,其制度与陕西弓箭手基本相同。绍兴九年,诏除了"后妃国戚坟茔,士庶冢墓,并有主私地"外,"将京城外空闲地土依陕西河东沿边体例,招置弓箭手,给地种莳"②。乾道四年(1168),四川宣抚使虞允文搜集整理了陕西弓箭手旧法一百四十一条,并仿此条法制定出"义士专法",在兴元府(陕西汉中市)、洋(洋县)、金(安康市)、成(甘肃成县)、凤(陕西凤县凤州镇)、阶等州征差"义士",虽无田可授,"许行承籍",而免家业钱③。家业钱是税役负担的基础,免家业钱即免税役。总之,陕西弓箭手营田虽然随着北宋灭亡迅速衰落,但授田、免役或免税的基本精神在南宋乡兵制度中长期存留。

---

① 徐松:《宋会要》食货三之一一,4841 页。六三之一三三,6053 页。
② 徐松:《宋会要》兵四之三〇,绍兴九年二月十日,6825 页。
③ 徐松:《宋会要》兵一之二七,乾道四年正月二十七日,6768 页。

第五章 官庄包耕制

一 引言

官庄之名,宋初即有之,如"福建八州,皆有官庄"①,其中福州十二县"共管官庄一百四,熟田千三百七十五顷八十四亩,佃户二万二千三百人",平均每庄耕地 13.23 顷,每人佃耕 6.17 亩。此官庄五代时期是屯田,天圣四年(1026),监察御史朱谏反对出卖福州官庄,说:"福州屯田,耕田(佃)岁久,虽有屯田之名,父子相承,以为己业。伏望量定租课,罢行估卖。"②福州官庄同私田一样由民户分户承佃,所谓官庄徒有虚名,不过是特定官田的名称而已。

《续资治通鉴长编》卷二百三十二熙宁五年四月己未条注云:"凡言实边者,营田本赵卨,官庄本霍翔",霍翔因制定了"熙河路官庄法"而载于史册,作为一种有别于其他官田的经营形态,具有官庄实质内容的官庄制度始于此时,而此前的"官庄"大部分可作"官田"解。

南宋时期,官庄之名频频出现,屯田、营田常常以官庄为名,官庄的条法更加完备和详尽。虽然许多屯田、营田以官庄的经营形态存在,但名为屯

---

① 徐松:《宋会要》食货六三之一六七,6070 页。
② 徐松:《宋会要》食货六三之一七六,天圣三年十一月,6374 页。

田、营田者并不完全是官庄,也不完全具有屯田、营田耕战结合的内容。《建炎以来系年要录》卷一百八十一绍兴二十九年四月癸卯条载:"初,有诏尽鬻诸司官田,而两浙转运司营田九十二万六千余亩,岁收稻麦杂豆等十六万七千余斛,官庄田四万二千余亩,收稻麦等四万八千余斛。"官庄每亩租课远远高于其他官田,是经营方式决定的。

二 内涵和性质

宋代官田,其大者有屯田、营田、官庄,其中官庄之名是从屯田、营田中衍生出来的,三者既有区别,又相重叠。要说明官庄的内涵和性质,有必要对屯田和营田略作探讨。

屯田之名,始于汉代。汉代屯田者的身份虽有兵、民之不同,但皆称屯田,不叫营田。不过,汉代已开始将屯田百姓按军营编制,所以后世也将屯田称为营田,如《汉书·西域传下》记汉武帝初通西域,"置校尉屯田渠犁",《文献通考·田赋考七》记同一事为"置营田校尉领护"。曹魏时,屯田的基层组织叫"屯"或"营",屯田兵驻在"屯营"或"营屯"之内,营与屯尚无区别。《隋书·食货志》云:"(开皇元年)又于河西勒百姓立堡,营田积谷",已出现营田之名,而主管此事的贺娄子干在奏书中说"比见屯田之所,获少费多,虚设人功"①,并不视屯田、营田有区别。唐代史籍营田已与屯田一样普遍使用,《旧唐书·李翱传》记滑州刺史义成军节度使李复"置营田数百顷",《册府元龟·邦计部·屯田》记同一事为"置屯田"。其管理机构或称"营田务",或称"屯田务",屯田兵士可以称为"营田兵"、"营田官健",而营田民夫也叫"屯丁",屯田与营田并无不同。

北宋初期,"屯、营田皆置务,屯田以兵,营田以民,固有异制"②,始将屯田和营田加以区别。"营田与屯田不同,屯田系使军兵耕种,营田系招募百

---

① 魏征:《隋书》卷五十八《贺娄子干传》。中华书局 1973 年版,1352 页。
② 徐松:《宋会要》食货六三之一七六,天圣三年十一月,6374 页。

姓耕种"①。屯田与营田的区分原则有二：其一是耕者身份有兵、民之不同；其二耕垦方式有派驻与招募的区别。宋代确实存在依据上述原则分别设置屯田和营田的记载，但至宋真宗时期，把二者相互混淆的情况就已出现。如左正言耿望知襄州时，括荒田，"置营田上、中、下三务，调夫五百筑堤，仍集邻州兵，每务二百"，既调民夫，又取军兵，军民杂用。真宗在在采纳耿望建议时说："屯田之废久矣，苟如此，亦足为劝农之始"②。真宗将襄州营田称做屯田，对屯田、营田不加区别。不过，襄州每务有兵二百人，却名营田务，是因为民夫是劳动主体，"每岁于属县差借种田人牛，夏又借耨田夫六百人，秋又借刈获夫千五百人，岁入甚广"③。

　　由于屯田常常不独用军兵，营田也不独用民夫，甚至兵民杂耕，依身份难以划分，同时，宋代不仅对百姓采取招募方式，对军兵也常常强调自愿，而不采取严密的军事组织进行管理。"正是由于屯田和营田之间在实质性内容方面不存在显著的差异，所以才出现两者混淆的现象。"④绍兴三年（1133），左司员外郎张纲等制定屯田条例，其中第一条就说："屯田、营田分为二事，未合古制"⑤，兵屯、民营难以划分，有时就不加区别。宋代经略使、转运使及知州、通判常常以屯田使、营田使系衔，宋有时将屯田务改成营田务，有时将营田务改成屯田务，改换的目的是使名实相符，至少更加接近，却不能做到完全相符。《文献通考·田赋考七》较全面地论述了宋屯田、营田与官庄之间的关系：

> 屯田因兵屯而得名，则固以兵耕。营田募民耕之，而分里筑室，以居其人，略如晁错田塞之制，故以营名，其实用民而非兵也。国初惟河北屯田有兵，若江浙间名屯田者，皆因五代旧名，非实有屯也。祥符九年李允则奏改保州、定州营田务为屯田务，则募兵以供其役。熙宁取屯

---

① 徐松：《宋会要》食货六三之一三八，乾道元年七月五日，6055页。
② 李焘：《长编》卷四十四，咸平二年四月丙子，941页。
③ 李焘：《长编》卷一百四，天圣四年九月辛未，2423页。
④ 郦家驹：《南宋的屯田和营田》，《宋辽金史论丛》，中国社会科学出版社1984年版，140页。
⑤ 徐松：《宋会要》食货二之一〇，绍兴三年二月七日，4831页。

田务罢之,则又收务兵各隶其州以为厢军,则屯、营固异制矣。然咸平中营田襄州,既而又取邻州兵用之,则非单出民力。熙、丰间屯、营多在边州,土著人少,则不复更限兵、民,但即给用即取之,于是屯田营田,实同名异,而官庄之名最后乃出,亦往往杂用兵民也。其间又有牧地者,本收闲地以给牧养,后亦稍取可耕者以为之田,而边地荒弃者又立顷亩,招弓箭手,其不属弓箭手而募中土人往耕者,壤地租给,大抵参错,名虽殊而制相入也。

认为营田、屯田有所不同,是宋代较为流行的观点,只不过因相互参错,形成名异实同的现状,故宋人对屯营田也常常不加区分。宋代官庄的设置晚于屯田营田,但官庄之名却早已有之,如五代时福州官庄有田上千顷,入宋后仍以官庄为名,像私田一样收取二税。大中祥符二年(1009),"除舒州宿松等县官庄长生牛"①;九年,"免利州官庄经水租十之五"②。这些官庄因五代旧名,入宋后由百姓分户租佃,已无官庄之实。咸平二年(999),"宰相张齐贤请给外任官职田,诏三馆、秘阁检讨故事,申定其制:以官庄及远年逃田充,悉免其税。佃户以浮客充,所得课租均分,如乡原例。"③此官庄与福州、舒州、利州官庄一样,是指地块较大的官田。

南宋末的"公田法",将民户限外之田收买为官田,"每乡创官庄一所,每租一石,明减二斗,不许多收斛面"④。不论每乡所买公田多寡,也不论这些公田是否相连成片,皆作一庄,耕者成为国家的佃户,称做"官佃",原来缴纳给地主的租课改缴给国家。此官庄只是一个管理与收租的单位,民户采用分段承租的方式耕佃官庄地土,并无官庄统一经营的内容。庆历三年

---

① 李焘:《长编》卷七十一,大中祥符二年五六月丁酉,1615页。
② 李焘:《长编》卷八十八,大中祥符九年十月丙戌,2024页。
③ 李焘:《长编》卷四十五,咸平二年七月壬午,955页。徐松:《宋会要》食货六一之三六载:"(淳熙三年)十一月十二日南郊赦:官员职田在法以官荒及五年以上逃田拨充,往往州县不问年限拘占,以致人户无业可归,或间有灾伤,须令旧数输纳课租。如有似此去处,并仰日下依条改正除放。如尚敢违戾,许人越诉〈六年、九年明堂敕同〉。"职田由"官荒"与"逃田"充,而非"官庄"田充,似更符合原条法的本意。疑《长编》所载"官庄"应为"官荒"。
④ 周密:《齐东野语》卷十七《景定行公田》。中华书局1983年版,315页。

(1043),陕西设置营田,参知政事范仲淹说:

> 臣等窃见陕西昨来兴置营田,本欲助边,以宽民力。除沿边有空闲膏腴土地可以开垦外,其近里州县官吏不能体朝廷之意,将远年瘠薄无人请佃逃田,抑勒近邻人户分种,或令送纳租课。又自来人户租佃官庄地土,每亩出课不过一二斗,今亦勒令分种,每亩须收数斗,致贫户输纳不前,州县追扰,无时暂暇……臣等欲乞特降指挥,应陕西近里州军营田,一切废罢。如元系租佃,即令依旧额出课。如元系远年瘠薄逃田,旧税额重,无人请佃者,即与减定税额,召人请佃。所贵疲民受赐,归感睿仁。

陕西地方官员为提高政绩,以"营田"为名强迫民户耕佃贫瘠久荒之田,即使无力耕种,也要认纳租课。原来为鼓励民户耕种官庄荒地,采取轻赋政策,每亩租课为一二斗,略高于二税,民户耕垦已久,成为熟田,地方官勒令民户"分种"即采取租佃制,收获物按比例分成,每亩租课提高为数斗。"官庄地土"是"官田"之同义语,政府采用分段出租制,无经营成本投入,租课较低,与直接经营的官庄无涉。经范仲淹提议,"诏罢陕西内地州军营田"①。

较大块的荒田可以称为"官庄"。政和五年(1115),河东路弓箭手司要求根括沿边官田,招弓箭手,边防财用司言:"河东路熙宁八年以前人户所佃官田,不出民兵,量行出租,从来未曾根括,委是亏官。今来本路申请乞行拘收,招置弓箭手,事理可行。但上件田土元系官庄天荒,人户开耕,并为熟地,岁已深远,若不量与立限,一起拘收,恐于人情未便。"②此"官庄天荒"即官荒田,不是经营方式意义上"官庄"。

宋代官庄有时与屯田、营田连用,如"屯田官庄"、"屯田军庄"、"营田官庄"、"营田军庄"等。《宋会要辑稿》食货二《营田杂录》云,"亦间言庄田,因附之,不另立门",足见二者联系紧密。不过,官庄与屯田、营田并不完全相同。《景定建康志·田赋志》载:"绍兴初,以闲田立官庄,以畸田募耕垦,此

---

① 李焘:《长编》卷一百四十二,庆历三年七月辛巳,3402 页。
② 徐松:《宋会要》兵四之二四,政和五年九月,6832 页。

营田所由始也。初以军耕,后以民耕……今其租入隶于总领所。"可见营田包括在成片闲田设置的官庄和分段出租的畸零土地两部分,无论军耕还是民耕,只有成片闲田可采用官庄形式,而成片官田如果分段出租,或由保持军事编制的军兵集体耕种,统支统收,一般不称为官庄。

北宋前期的河北沿边军兵屯田,屯田士卒的俸粮由国家供给,收获物全部归国家所有。屯田兵卒一边耕垦,一边戍守,"所得物斛并以入官,如遇田事忙时,则将所留军并就田作;若有军事警急,则权罢田作,并充军用"①。军兵按指挥编制集中城、镇、堡、寨之内,不设官庄。

陕西弓箭手按正规军编制,"必使聚居险要,每一两指挥,共修一堡,以完其家,与城寨相应"②。弓箭手以军事组织为基础,分户独立耕作,宋人也不视为官庄。熙宁八年(1075),枢密使吴充请求在熙河路"令弓箭手以为助田",即仿西周井田制将土地分为公田与私田两部分的助田法,按弓箭手每人授田二顷、马口分田五十亩计,"受田大约十顷,置公田一顷,令受田众户共力耕获。夏田种麦,秋田种粟豆。委城寨使臣兼管勾"③。助田收入归官,以增加军粮储备。助田法让弓箭手缴纳近十分之一的劳役地租,而弓箭手一边耕作,一边戍边,助田法使弓箭手双重服役。时因天旱,熙河弓箭手又设置不久,人心未稳,郑民宪建议暂缓实施。至熙宁十年末,"经制熙河路边防财用司言,'州、军、城、寨各有蕃部弓箭手官庄。'"④弓箭手助田官庄由官府提供房屋、牛具、种粮等,是在人授田二顷、马口分田五十亩的基础上,额外"四人同治官庄一顷"。元丰元年(1078),因助田官庄使弓箭手"困于役使",有碍戍边,"罢四人治田指挥,惟收成时听暂应副外,余毋得役使",其所耕官庄由陕西转运司选"厢军投换,以充治田。如不足,益以选中保宁兵"⑤。保宁兵熙宁七年置,是熙河路专门修筑城砦的厢兵,不准调用其他役使,故选其耕垦官庄要特别批准。弓箭手助田官庄实施一二年就中止,未有成效,

---

① 徐松:《宋会要》食货六三之九十,绍兴三年二月七日,6031 页。
② 李焘:《长编》卷一百四十九,庆历四年五月壬戌,3599 页。
③ 李焘:《长编》卷二百七十,熙宁八年十一月庚辰,6625 页。
④ 李焘:《长编》卷二百八十六,熙宁十年十二月癸卯,7001 页。
⑤ 李焘:《长编》卷二九〇,元丰元年六月丙辰,7089 页。

但所置官庄得以继续,由厢军耕垦。

崇宁二年(1103)九月,陕西路都转运运使郑僅奏:"今拓边益远,熙、秦汉蕃弓箭手乃在腹里,理合移出。然人情重迁,乞且家选一丁,官给口粮,团成耕夫,使佃官庄,遇成熟日,除粮种外,半入官,半给耕夫。"①随着边境向外拓展,熙、秦诸州与西夏已无共同边界,成了"腹里",郑僅建议弓箭手家选一丁,像厢兵一样耕佃官庄,缴纳租课。从"家选一丁"推测,只有一丁已充弓箭手者大概不会被差选。《宋史·郑僅传》云:"僅请籍闲田为官庄……会西宁高永年战没熙河,帅臣归咎官庄夺属羌地,致其怨畔。"郑僅籍闲田为官庄,并未收回弓箭手原有授田,实施三年就废止。从此后的史料看,陕西弓箭手仍实施授田免役的沿边法,由弓箭手耕佃官庄的措施未能推广。

宋代还有一种"省庄",也叫"省庄田"、"省田官庄",其前身大多是已经废弃的屯田和营田,由民户分段租佃,有的还可以转佃买卖,如同私产。省庄的庄名和田亩之数由州县置薄登记,收取租课。此外,一部分学田,也有庄名,其经营方式与省庄相似。以上两种官庄,仅仅在田亩和租课多少上有一个固定的数额,政府并不参于官庄的经营管理,耕种同一官庄的民户也无共用耕牛、农具及相互协作之行为,有名无实,作为一种经营形态,不属于官庄的范畴。

南宋魏了翁说:"今两淮、荆襄、西蜀三边之地,田之在官者……曰营田,曰力田,曰屯田,曰荒田,曰逃绝田。"②荒田、逃绝田是未垦之田,"力田"也是官庄,史籍有明确记载。力田之制创于绍兴二十年,"募民就耕淮甸,赏以官资,辟田以广官庄,自今岁始"。其办法是:土豪大姓及其他人开垦了荒闲土地之后,将所垦土地交给国家为官庄,其垦辟之人就"著籍为管官庄户"(后改为力田户)③,并依官庄岁入多寡补官有差,称为"力田出身"。力田是作为兴置营田的辅助措施推行的,其工具、种粮、耕牛同官庄一样由国家提

---

① 脱脱《宋史》卷一百九十《兵志四》,4718 页。
② 魏了翁:《鹤山先生大全集》卷七十六《藉田令知信州王公墓志铭》。四库全书1173 册,188 页。
③ 徐松:《宋会要》食货六一之八三,绍兴二十年四月二十七日,5915 页。

供。力田户被"赏以官资"后,就成为国家管理官庄的代理人,所以,力田本质上就是官庄。

总之,官庄是屯田或营田的组成部分,但以军事编制集体耕作、统支统收的屯田不是官庄,由民户分段租佃、个体经营的省庄或营田有的有官庄名分,却无官庄内容。官庄是在国有土地上由国家投资设置(提供房屋、农具、耕牛、种粮等主要生产和部分生活资料)、以"甲"或"庄"为单位统一管理的国有土地经营方式,实行分田到户的包耕制。

三 组织形式

景德元年(1004),"诏:相州管内不堪牧马草地一段,宜令官置牛具,选习耕农兵士,置屯田庄。"①这是宋代兴置官庄的最早记载。既是选习农厢兵耕种,就打破了原来的军事编制,而以非军事形态重新组合,成为专门的农耕组织,与传统的屯田有所区别。此"屯田庄"租课如何征收,尚不明确。

景德二年,夔州路转运使薛颜言:"施、黔等州垦荒地为屯田,今岁获粟万余石。"②夔州路施、黔等州是少数民族居住区,宋利用当地土豪进行屯田,仁宗朝制定了专门行之于夔州路的"官庄客户逃移法",庄客对庄主有极强的人身依附关系。夔州路屯田带有浓厚的地方色彩,与其他地方的屯田官庄不同。

熙宁十年二月,秦凤路提点刑狱兼提举官庄霍翔建议,将熙州近城一百一十顷七十亩营田兴置为官庄,差现任京官、选人、使臣管理。中书门下省提出先将此百余顷地作为弓箭手助田,"如更有续发到土地,依此施行"③。《续资治通鉴长编》卷二百八十记载此事注云:"本志云:凡言实边者,营田本赵卨,官庄本霍翔。"十二月,霍翔"兼同管勾经制熙河路边防财用事,其提举

---

① 徐松:《宋会要》食货六三之四一,景德元年十月,6007页。
② 徐松:《宋会要》食货六三之四一,景德二年九月,6007页。
③ 徐松:《宋会要》食货二之五,熙宁十年二月六日,4827页。

官庄及营田弓箭手公事并罢,悉归本司"①,强化了对官庄、营田及弓箭手事务的统一管理。次年正月,"经制熙河路边防财用司根括冒耕地为官庄,限年半听民自陈,其方田更不施行(此时正在推行方田均税法)"②。至元丰元年四月,一切准备就绪之后,霍翔正式推出"熙河路官庄法",主要内容是:

(一)土地按肥瘠分成四等,近州城最肥沃的第一等土地八百顷定为官庄。

(二)选知农事厢军耕佃,人授田一顷。

(三)经营官庄的士卒在诸厢军、马递铺卒和保宁军中选募。

(四)官庄士卒专务耕垦,免除其他劳役。

(五)每五十顷为一庄,差治田使臣一员监管,每年根据经营优劣赏罚。

(六)耕牛、农具等统一提供。

(七)收获物第一年扣除种子后,官得四分,客户六分,次年以后,五分缴租,余五分归耕卒。

(八)官庄名以千字文为号,划分各庄的经界。

元丰元年十月,经制熙河路边防财用司言:"'四州军依朝旨标拨官庄田外,乞于近城各更择沃土上腴地二十顷为营田,专差使臣等管勾。'从之。"③营田与官庄的经营方式不同。元丰二年,经制熙河边防财用司言,岷州"营田乞依官庄例募永济卒二百人,其永济卒通以千人为额,以十六官庄、四营田工役,其请给并从本司自办"。十六官庄每庄五十顷,共需兵卒八百人。二十顷为一营田,每营五十人,每人耕田0.4顷,四营田共二百人。官庄兵与营田卒仍发"请给",官庄实施分田到户的分种制,租课对分,而营田则集中耕垦,收获物全部归公。霍翔一年中在熙、河、岷(甘肃岷县)、洮四州军近郊各设置官庄八百顷。

官庄在熙河路新收复地区兴置成功后,推广到其他地区。例如元丰二年十二月,"诏开封府界牧地可耕者为官庄"。元丰三年元月,"都大提举淤

---

① 李焘:《长编》卷二百八十六,熙宁十年十二月丁亥,6997页。
② 李焘:《长编》卷二百八十七,元丰元年正月乙丑,7017页。
③ 李焘:《长编》卷二百九十三,元丰元年十月戊辰,7158页。

田司请于雍丘县(河南杞县)黄酉等十棚牧地为官庄田"①。元丰四年九月,把兰州附近肥美地土"除留置官庄地,并募弓箭手"②。官庄耕垦者也从厢军扩大到配军和客户。

南宋初期,受宋金战争的影响,淮南、荆襄、川陕关外等地区的民户大量逃移,官荒田急剧增加,于是以屯田、营田为名,广置官庄。同北宋相比,南宋的官庄制度更加完备。北宋的官庄绝大部分是招募厢军耕佃,民间承佃的很少。南宋的官庄则分二类,一是差拨和选募正规禁军(包括拣汰军兵),我们称之为"军营官庄";一是招募普通民户,我们称之为"民营官庄"。厢军在官庄中与其他军兵混在一起,没有独立的地位。

绍兴五年,四川宣抚使郑刚中在利州路设置屯田官庄,取得成效,受到褒奖。绍兴六年,宋政府为招引民户耕垦江淮旷土,制定了新的官庄条例,其中民营官庄的组织形式主要有以下内容:

(一)根括各州县的系官荒田和无主荒田,登记于簿籍。每县置官庄十个。

(二)每庄所占田亩四至,县彩画成册,以千字文为号,上报都督行府备案。

(三)每五顷为一庄,招客户五家相保为一甲,共同耕种。甲内推选一人为甲头,以甲头姓名为庄名。

(四)每庄由政府盖草屋十五间,每间用钱三贯,家给二间,其余五间作仓库,存放农具和收获的粮食。

(五)每庄官给牛五头,合用种子、农具也由官给。除耕地一户一顷外,每户另给菜地十亩。

(六)每户先借支钱七十贯,分两次支给,春耕月支五十贯,蓐田月支二十贯,二年还纳,不付利息。

(七)收成之后,扣除种子,其余一半归官,一半归耕者。

(八)招募官庄客户不得强迫,由客户自愿应募。

---

① 徐松:《宋会要》食货二之五,4827页。
② 李焘:《长编》卷三百十六,元丰四年九月庚戌,7652页。

（九）军队中不能披甲战斗的使臣、兵士及拣汰军兵，如有愿请佃官庄者，其方式与百姓相同，但要单独置籍登记，不与百姓混淆。①

军营官庄的组织形式基本沿袭熙河旧制，每二十或五十顷为一庄。绍兴六年规定："以五十顷为一屯，作一庄，差主管将领一员，监辖使臣五员，军兵二百五十人。如次年地熟，人力有余，愿添田土，听从其便。"②每庄五十顷，二百五十人，人均耕地二十亩。官庄兵卒遇有战事要"抽兵回营"，废耕备战，不像民营官庄和厢兵那样专务耕垦，脱离战务，所以人均耕地较少。光宗绍熙元年（1190）规定，"每五人授田一顷，陆田二三亩"③，人均占田二十亩有余。淳熙十年（1083）淮西屯田，"每田一顷，令三人分耕，每人当三十三亩有奇；每六人为一甲，内差甲头一名；十甲为一保，计六十人差使一员管押"④，则是以二十顷为一庄，每庄六十人。

军营官庄每人耕田二十至三十余亩，民营官庄每人一顷，如以一户五口计，亦为人均二十亩。民营官庄实行招募制，为便于管理，官庄的规模较小，每五顷即为一庄，与军营官庄"甲"的规模相同。不过，从"每庄十招募第三等以上土人一名充监庄"⑤，并授给军职（守阙进义副尉），支给俸禄，以及每县由县尉担任"主管官庄"来看，与军营官庄五十顷为一庄的管理模式相似。

正如屯田以兵、营田以民难以区分一样，民营官庄与军营官庄也相互参错混淆。淳熙十年，"鄞州根括积年荒田九十余顷，与屯田见耕田土参接"，于是仿军营官庄体例招置佃户，"每顷以三人为率"，所招佃户"依做保伍法团结，有犯，从本屯及地分官司照条斟量轻重施行"⑥。此官庄虽招置民户经营，却按周围军营官庄分配土地和管理，并享有与军营官庄相同的提供耕牛、农具等优惠。

淳熙二年，工部郎中徐子寅"于淮东楚、扬、泰州、盱眙、高邮军"兴置官

---

① 徐松：《宋会要》食货六三之一〇〇——〇一，绍兴六年正月二十八日，6036—6037 页。
② 徐松：《宋会要》食货六三之一三七，乾道元年二月二十四日，6055 页。
③ 徐松：《宋会要》食货六三之六二，绍熙元年十二月九日，6017 页。
④ 徐松：《宋会要》食货六三之五四，淳熙十年九月二十三日，6013 页。
⑤ 徐松：《宋会要》食货六三之一〇六，绍兴六年八月十日，6039 页。
⑥ 徐松：《宋会要》食货六三之一五四，淳熙十年五十三日，6063 页。

庄五十四个,"招集流移归正种田人一千三百一十五名,老小五千四百二十七口,盖造屋宇二千四百四十九间,开垦田九百一十四顷九亩"①。这种官庄本属于民营官庄,因地处沿边,官庄客户兼有屯戍自保的责任,所以采取军营官庄的体制,平均每庄十七顷,丁夫二十四名左右,每丁占田约七十亩。

官庄由官府修盖房屋,提供耕地、耕牛和犁、耙、水车等大型农具,以及种子和数月口粮,没有这些生产条件,生产不可能持续、官庄军兵及客户与官庄所有者——国家形成了"合种"关系,收获物要按事先约定的比例分成。口粮有借贷性质,收获后要归还,如鄞州官庄规定"招置到佃户每名欲权借谷三五石以至十石,应副食用,候至秋成日拘收"。耕牛和大型农具由数户共用,农具损毁、耕牛死亡要赔偿。绍兴六年规定,每庄给耕牛五头,合每户一头,因耕牛缺乏,始终未能办到。淳熙十年,鄞州依军营官庄体例"招置佃户,每顷以三人为率",而耕牛则"每顷用牛二头,共用一百八十余头"②,合三户共用二牛。同年,淮西兴置军营官庄,建康府驻扎御前诸军郭刚建议:"合用耕牛,六人耕田〔二〕顷,给牛三头,以一千顷为率,合用牛一千五百头","犁一千五百具,耙一千五百只,水车一千部"。每六丁耕田二顷,共用牛三头,犁、耙各三具,水车二部。后经淮西总领所措置,合用耕牛农具等"并依郭刚已请之数且减半收买制造使用"③,则实际上是六丁耕田二顷,给牛1.5头。在实际操作中,只能六丁一牛,剩余的牛则十二丁共用。开禧二年(1206),濠州官庄招募庄客三百一十九丁,"且以三百二十丁为率,合用牛一百六十头"④,每二丁共用一牛。法理上官庄实行一丁(户)一牛,实际多通行二丁一牛。

官庄合种制的基本单位是"甲"。民营官庄一般每五人(户)结为一甲,甲与官庄的组织构成是统一的。军营官庄的规模较民营官庄大得多,但合种的组织形式与民营官庄相似,一般是每六人为一甲。合种制的意义,就是

---

① 徐松:《宋会要》食货六一之三五,淳熙二年正月二十四日,5891 页。
② 徐松:《宋会要》食货六三之一五四,淳熙十年五十三日,6063 页。
③ 徐松:《宋会要》食货六三之五三、五四,淳熙十年六月十六日,6013 页。
④ 徐松:《宋会要》食货六三之一五七,开禧二年八月二十六日,6065 页。

国家提供耕牛、农具之类,供庄户使用,收获物所有者与耕佃者分成。《续资治通鉴长编》卷五百六元符二年二月己丑条载:陕西沿边空闲地如未招置弓箭手,也未出租,就会被城寨使臣"冒种",他们采取"将钱物借与长行,租种地土,及借与牛具、籽种,与之合种,分收租课,致长行贫乏"。长行是普通军兵,他们与提供耕牛种粮的城寨将官形成"合种"关系,而城寨将官则像地主一样以分成制收取租课。

官庄土地直接分配给一家一夫,不是数家数夫共有共耕,收获物按分成制分配,这叫做"分耕"或"分种"。南宋绍兴年间张嵲建议在荆襄、两淮设置民营官庄,采取"与民分种,官收其二,而民衣食其八"的优惠政策①,说明"分种"具有租课分成之意。庆历三年,范仲淹、韩琦上言:"臣等窃见陕西昨来兴置营田……其近里州县官吏不能体朝庭之意,将远年瘠薄无人请佃逃田抑勒近邻人户分种,或令送纳租课。"②此"分种"是"分田耕种"之意。乾道八年(1172),薛季宣在淮北合肥、黄州地区兴置官庄,"以丁颁田,二丁共一牛……每甲辘轴二,水车一"③。此云"以丁颁田",即为"分种";耕牛和大型农具数丁共用,则为"合种"。合种与分种反映了官庄经营方式中国家提供耕牛农具、又分户耕种、租课分成的不同侧面,体现了官庄包耕制的特点。

四 租税制度

军营官庄与民营官庄的产品分配方式相似,都采取分成制,但性质却不同。民营官庄的租课大多实行四六分,比民间私田租率略低。绍兴六年的官庄条例规定:"收成日将所收到课子,除桩出去年种子外,不论多寡厚薄,官中与客户中停均分。"④这一规定尚未实行,同年七月就改为"将初年收成

---

① 张嵲:《紫微集》卷二十四《论攻取》。四库全书四 1131 册,553 页。
② 李焘:《长编》卷一百四十二,庆历三年七月辛巳,3402 页。
③ 吕祖谦:《东莱集》卷十《薛常州墓志铭》。四库全书 1150 册,91 页。
④ 徐松:《宋会要》食货六三之一〇二,绍兴六年正月二十八日,6037 页。

课子,且令官收四分,客户收六分,次年以后,即中停均分。今后请佃官庄并依此"①。淳熙十六年,淮南运判王之厚追述此制说:"本部照得已降指挥,营田官庄州县除桩出次年种外,将初年收成课子官收四分,客户收六分,次年以后,即中半均分。今后请佃官庄,并合准此。"②绍兴六年扣除种子四六分的规定当即实行,负责淮西营田的王之孚说,当年淮西官庄共"收谷三十万斛有奇,除客户当给六分,官收计十余万斛"③。王弗当时任同提领江淮等路营田公事,他追忆当时的情况说:按照"初年官收四分,庄户六分,次年官与庄户各收五分"的方案,"省记绍兴六年官中所收约七十万石,庄户所收一同"④,施实对分制。

绍兴七年,又有一些新的官庄建立,许多官庄正在筹建,为了使租课有统一的标准,又把"次年以后,即中停均分"改为"诸路营田官庄收到课子,除桩留次年种子外,今后且以十分为率,官收四分,客户六分"⑤。此后,臣僚论及官庄租课,都以绍兴六年七月和绍兴七年十月的诏令为准,如绍兴二十五年,"户部言:'都督府置官庄,召客户共种,官给牛具,所收课子官中与客户中半均分'"⑥。乾道元年,权发遣滁州杨由义说:"营田系招募百姓耕种,逐年将收到子利,依营田元降指挥,除种子外,官中与客户作四六分,官得四分,客户得六分"⑦。民营官庄租课分配的基本原则是:扣除种子四六分,不扣除种子则对分。总的来看,以扣除种子四六分为主。如单位产量提高,四六分可使耕者获得较多的收益,有刺激耕夫生产积极性的意义。如不扣除种子,则次年种子要由客户承担。

军营官庄的产品分配形式也采取分成制,但耕兵仍旧领取俸禄,这是与

---

① 徐松:《宋会要》食货六三之一〇五,绍兴六年七月二十八日,6039页。
② 徐松:《宋会要》食货六三之六一,淳熙十六年五月四日,6017页。
③ 徐松:《宋会要》食货六三之一〇八,6040页。
④ 徐松:《宋会要》食货六三之一三五,隆兴二年三月十四日,6055页。王弗在回忆中说自己在绍兴五六年间"尝同领江淮等路营田公事,经营二年",实则在绍兴六年二月任职,绍兴七年六月罢任。因此,"次年"应为绍兴七年,"绍兴六年"应为"绍兴七年"之误。
⑤ 徐松:《宋会要》食货六三之一一一,绍兴七年十月二十五日,6042页。
⑥ 徐松:《宋会要》食货六三之一一九,绍兴二十五年十二月十三日,6046页。
⑦ 徐松:《宋会要》食货六三之一三八,乾道元年七月五日,6055页。

民营官庄不同之处。元丰二年，总制熙河路边防财用司言："岷州床川、荔川、闾川寨、通远军熟羊寨营田，乞依官庄例，募永济卒二百人。其永济卒通以千人为额，以给十六官庄、四营田工役，其请给并从本司自办。"①，宋政府把厢军耕垦官庄视为"工役"，且发给"请给"。薛季宣说南宋营田兵卒除"衣赐"和"牛种农器"开支外，"岁计钱三十六贯，米九硕"，十卒置一官校，其请给"或十倍于兵"②。韩元吉说："诸军之耕者，一兵之费，岁须粮二十斛，其所耕而得者，殆未及此也。"③军营官庄只能缓解军食紧张的一时之需，减少军费开支，却不能让军兵做到自给自足。这是两宋军营官庄屡兴屡废，最终都"募民为之"的基本原因。崇宁二年，熙河路都转运使郑谨说：

> 朝庭给田养弓箭手，本以藩捍边面，使顾虑家产，人自为力。今拓边益远，熙、秦汉蕃弓箭手乃在腹里，理合移出。然人情重迁，乞且家选一丁，官给口粮，团成耕夫，使佃官庄。遇成熟日，除粮种外，半入官，半给耕夫。

按陕西"沿边法"，弓箭手人授田二顷，不纳租课。熙、秦二州因拓边而成为"腹里"州军之后，政府欲改沿边法为熙河路官庄法，让弓箭手变兵役为耕役，仿厢军例耕种官庄，收获物扣除种子后按对分制分成，但支付口粮。口粮的多寡史籍未载，估计与从役厢军相差不远。官庄法加重了弓箭手的负担，弓箭手缺乏生产积极性，以致"凡五庄之入，乃能支一庄之费"④，至崇宁五年，恢复沿边法旧制。

绍兴三年，德安府复州汉阳军镇抚使陈规建议设置官庄，"将弓兵留一半守御，余一半少增钱粮，令耕种荒田。其牛具、种子以官钱支用，所得斛斗并以入官。如遇田事忙时，则将所留军并就田作；若有军事警急，则权罢田作，并充军用"。陈规的设想是实施统支统收的军兵屯耕，但中央在制定政策时，否定了陈规的意见。左司员外郎张纲等人"参照陈规申请营田并诸臣

---

① 徐松：《宋会要》食货二之五，元丰二年二月二十九日，4827页。
② 薛季宣：《浪语集》卷十九《论营田》。四库全书1159册，318页。
③ 韩元吉：《南涧甲乙稿》卷十一《掖垣试合门策问》。丛书集成初编1981册，210页。
④ 脱脱：《宋史》卷一百九十《兵志四》，4718页。

献议",制定了详细的军营官庄条例,其中关于收获物分配的条款是:

> 今看详欲下诸路安抚使,仿依陈规事理,更合参酌本镇临时事宜,劝诱军兵耕作,如遇农忙时,一面守御人并就田作时,亦合增支钱粮;如至秋成,所得斛斗于内依做锄田客户则例,亦合分给斛斗以充犒赏外,余并入官,庶知激劝,乐就南亩……从之。①

此后,南宋军兵屯田基本按照上述规定实行,一方面支付俸粮,一方面将收获物"依做锄田客户则例"分成,分成的比率一般是扣除种子后对分。由于许多屯田军兵对务农缺乏兴趣,加之屯兵调动不常,无获取长期收益的打算,军营官庄收益较低。淳熙十二年,郭杲上报襄阳木渠军营官庄收获大小麦数量,孝宗说"下种不少,何所收如此之薄?可令郭杲子细开具因依闻奏"②。光宗绍熙元年,知和州刘炜论和州(安徽和县)军兵屯田说:"见管陆田五十余顷,每年止是种二麦,除出种子,官收不过千四五百石"③,平均租课三斗,亩产仅六七斗。

南宋军营官庄除了由正规军集中耕垦外,还有一部分是由"诸军不入队使臣、军兵、及不披带并拣退军兵"自愿耕种的,每月请给减半支给,收获物的分配与民营官庄相似,多采取四六分。绍兴十八年,知鄂州赵叔湾追述绍兴六年的规定说:"令诸军下不入队使臣、军兵及不能披带并拣退军兵等,有情愿请佃之人,并依百姓体例,以五顷为一庄……其所收物斛以十分为率,四分给力耕之人,六分官收。"④按绍兴六年的指挥是扣除种子后官收四分,客户六分,史籍上唯此一处说官收六分,当所记有误,应为"六分给力耕之人,四分官收"。淳熙十年,淮西总领所蔡戡、郭刚制定官庄条例云:

> 将第一年所收物斛,除存留种子外,尽行给与力耕官兵;第二年除种子外,以十分为率,官收二分,第三年除种子外,以十分为率,官收三

---

① 徐松:《宋会要》食货六三之九〇,绍兴三年二月七日,6031页。
② 徐松:《宋会要》食货六三之五七,淳熙十二年)九月十七日。6015页。
③ 徐松:《宋会要》食货六三之六二,绍熙元年十二月九日,6017页。
④ 徐松:《宋会要》食货六三之一一五,绍兴十八年八月二十五日,6044页。

分;四年所收物斛,十分为率,官收四分,其余给与力耕官兵。以后年分,并止以四六分收,庶使官兵乐于劝耕,不致废堕。

此军营官庄是将沿边民户组织为兵,且耕且战,名为"官兵",实为"兵民"。其"部辖将官使臣白直"等管理人员是军人,"量行支犒",给予俸禄,其力耕之兵本为民户,按"六人为一甲……十甲为一保"组成保甲,成为民兵。因"开垦之初,所收利未广,兼起荒劳苦,合行优润"①,为使屯耕更有吸引力,招诱更多的民户到淮西屯耕,采取比扣除种子四六分更优惠的政策,而四六分恰是民营官庄的分配形式。南宋负责屯田的官员在论及屯田与营田时,多次把分配比例的不同作为区别军营官庄与民营官庄的标准。乾道六年,诏建康府军营官庄抽兵回营,另召民户耕佃,淮南转运判官吕企中说:

> 屯田系军人开垦,官给种子等,所收花利主客中半分受。今召人耕种,即与向来军人耕种不同。窃缘当来营田系是四六分,官收四分,客户六分,盖欲优异人户。今来欲乞除种子外,依营田例四六分数官私分受。②

吕企中指出屯田(军营官庄)的分配原则是对分,与营田(民营官庄)扣除种子四六分不同。淳熙十六年负责鄂州江陵府屯田事务的阎世雄说:

> "契勘屯田耕牛最系利害,而牛畜死损不常,若不随宜措置,未免时复申请,支降钱物源源不已。窃见屯田每岁收成物斛,官中与耕作军人中停分给,今相度乞将逐年所收谷麦以十分为率,内八分依旧分给,二分从总领所收籴,支拨价钱付本司置历收附,专充买牛使用。"从之。③

耕兵四分,官中四分,余二分作为补充耕牛死损的"公积金",仍以对分制为基础。总的来看,凡是由正规军集中耕垦的官庄,军兵支全俸,则采取对分制;凡是由拣汰军兵或民兵耕垦的官庄,组织形式与民营官庄相同,则采用扣除种子四六分。

---

① 徐松:《宋会要》食货六三之五四,淳熙十年九月二十三日,6013 页。
② 徐松:《宋会要》食货六三之一四九,乾道六年二月二十八日,6061 页。
③ 徐松:《宋会要》食货六三之六一,淳熙十六年正月二十五日,6017 页。

拣汰之兵的军俸减半支付。绍兴二十七年，中书门下言："军中拣退人或有死亡，州军不支请给，其妻其子遂为穷民。"①拣汰军人只要不脱离军籍，其请给一直支付到本人死亡。南宋的军营官庄已经不再保持军事体制，而是采取五六人为一甲、分田到户的农耕体制。军营官庄的收获物虽然按对分或四六分分配，但因耕兵领取俸禄，所缴纳收获物有的又以月俸或"犒赏"的形式重新支付给耕兵，本质上不是地租。军营官庄的经营方式不是"租佃制"，而是以役补俸的劳役包耕制。

宋代军营官庄全都"所入不偿所费"，根本原因不在于官庄管理不善，而是耕兵的雇佣性质使然。不过，从军营官庄为国家提供相当数量的粮斛收入来看，仍具有减轻军费负担的意义。

五 实施规模

北宋官庄主要实施于西北新拓疆土如熙、河、岷、洮、兰、会诸州，且每州以八百顷为限，其他地区只有零星分布，规模不大，充其量有数千顷而已。

南宋屯田、营田规模大，历时长，但真正实施官庄包耕制的并不多。前述两浙营田九十二万余亩，官庄四万八千余亩，就是这种情况的写照。

南宋官庄的兴起始于绍兴五年末。此年十二月，"诏：淮南西路宣抚使司差李健、淮南东路宣抚使司差陈桷、江南东路宣抚使司差郏浙、川陕宣抚使司差陈远猷、湖北襄阳府路招讨使司差李若虚、荆南府路峡州荆门军安抚使司差李侁，并兼本路屯田公事。"②此后营田在北边一线全面展开，官庄多数设置在荆襄、川陕、淮南三个地区。

荆襄官庄。

绍兴元年，荆南府归州峡州荆门军公安军镇抚使兼知荆南府解潜言："所管五州绝户及官田荒废者甚多，已便宜辟直秘阁宗纲权屯田使，中奉大

---

① 徐松：《宋会要》食货一之三九，绍兴二十七年五月十一日，4821页。
② 徐松：《宋会要》食货六三之九九，绍兴五年十二月十五日，6036页。

夫樊宾权副使,募人使耕,分收子利。"诏令以宗纲为镇抚司措置营田官,樊宾为同措置官,"渡江后营田自此始,其后荆州军食多仰给于营田,省县官之半焉"①。荆南营田以民营官庄为主,是在南宋政权尚未巩固、军饷供应不能保证的情况下采取的自救措施,取得了较大成效。同年,河南府孟汝唐州镇抚使措置营田官任清直说:"'伏见河南残破,民之归业者未众,其所营田全籍军兵,如创置营田官,恐力微难以号令。欲乞特令翟兴带营田使,庶易于措置……'诏并依。"②京西路西部黄河以南地区同荆襄一样也设置了营田,以军营官庄为主。京西路不久大部分被金兵占领,其营田未能继续。绍兴五年十一月,王彦代替解潜为荆南帅,重新"标拨营田八百五十余顷,自蜀中市牛千七百以授官兵。诏彦更切多方措置"③。王彦"乃择田分将士为庄,庄耕千亩",沿河修千户、石塘、瓦窑三堰,王彦"亲督将士具畚锸修筑,计工六万有畸,不浃旬告成",农田得以灌溉。王彦营田以军营官庄为主。徐梦莘说:"天下论屯田、营田实不扰民而得(赵)充国遗意者,必以彦为首称。"④绍兴六年七月,王彦率所部八字军万人赴行在,其营田官庄遂废。绍兴七年,军营官庄的江淮一线兴起。《建炎以来系年要录》卷一百七绍兴六年十二月辛亥载:

> 司农少卿提领江淮营田樊宾等言:……今诸大帅屯戍淮上,而濒淮之地旷土千里,贼马远遁,边境肃清。欲望特降睿旨,令诸大帅标拨系官空闲无主荒田,仿古屯田之制,斟酌多寡,于所部军兵内以十分为率,摘那下等一分或二分,置立屯堡,使就田作,仍差谙晓农事将领主管,使臣监辖,依已降指挥,官给牛具借贷之类,其所收斛斗除桩出次年种子,官与力耕之人中停均分,请给衣粮并不裁减。其官中所得分数内支四厘充主管官、六厘充监辖使臣职田。如遇军事警急,则权住作田,并充

---

① 李心传:《建炎以来系年要录》卷四十四,绍兴元年五月辛酉。中华书局1988年版,805页。
② 徐松:《宋会要》食货六三之八五,绍兴元年十月十五日,6029页。
③ 李心传:《建炎以来系年要录》卷九十五,绍兴五年十一月丁酉,1579页。
④ 徐梦莘:《三朝北盟会编》卷一百六十八《炎兴下帙》。上海古籍出版社2008年版,1216页。

军用。①

刘光世、韩世忠、岳飞三大帅中,刘、韩在淮南屯田成效不大,唯岳飞在鄂州一线屯田所获较多,史载岳飞"于诸军拣拨老弱不堪披带官兵七千余人,立为撞军名额,专使营田于鄂州"②。三大帅绍兴十一年四月被解除兵权,绍兴十二年,总领鄂州军马钱粮鲍琚奏"岳飞军中利源"之数,其中营田稻谷为"十八万余石"③,按亩产二石计,大约是三千六百顷的租课收入。如按三年积储计,营田为千余顷。

孝宗即位之初(1062年),参知政事汪澈督湖北京西军马,他在考察了襄阳耕地状况后说,如果修复疏浚襄阳长渠、木渠二古渠,可溉田三千顷,因此建议官提供庐舍、牛具、种粮,"募民之在边者,或取军中之老弱者,杂耕其中,来秋谷熟,量度收租"④。这一建议被采纳,设京西营田司领其事。淳熙十年,鄂州江陵府驻扎御前诸军副都统制郭杲说:"本司见管屯田谷麦共一十二万二千余石",这可视为襄阳屯田一年的收入。郭杲认为,"襄阳屯田兴置二十余年,虽微有所获,然未能大有益于边计,非田不良,盖人力有所未至,且无专任责者"。他建议扩大襄阳官庄,"本司见有荒熟田共七百五十顷,乞降钱三万缗,收买耕牛农具,使可施工,如将来更有余力,亦可根刷荒田接续开垦"⑤。朝廷支钱二万贯,令郭杲措置,《宋会要辑稿》食货六三之五六载其一年营田功效:

> (淳熙十一年六月)十九日,(郭杲)言:"所有贴买到农具、添修创造屯田庄屋舍,及创行开垦、布种水田六百二十一顷四十亩,内三百七十一顷九十九亩半系旧年拘籍耕种之数,后来缘裁减强壮人归军,复有一半荒废,令(今?)尽行开耕"。

郭杲还差拨官兵二百人带着农具耕牛,开垦襄阳"木渠下荒田实有堪耕

---

① 李心传:《建炎以来系年要录》卷一百七,绍兴六年十二月辛亥,1745页。
② 林駉:《古今源流至论》续集卷一《屯田》。台北,新兴书局,1981年版,963页。
③ 李心传:《建炎以来系年要录》卷一百四十四,绍兴十二年三月庚戌,2316页。
④ 李心传:《建炎以来系年要录》卷二百,绍兴三十二年十一月辛酉,3404页。
⑤ 徐松:《宋会要》食货六三之五二,淳熙十年五月八日,6012页。

种田一百九顷四十四亩"。朝廷诏令郭杲除耕垦水田外,"将高仰田段更切措置开垦,毋致荒闲"①。十二年,郭杲将襄阳"久经旷废,荆棘被野"的荒田"根括田段,标拨界至,分为三屯",派统制官率逢原、王镇、赵晟各管一屯,并"贴差官兵,招召佃客,收买耕牛,置造农具,添修庄寨,增筑堤堰,浚治陂塘,垦开荒田",共"耕熟麦田二百八十余顷,水田四百九十余顷",三名统制官因此受到各减二年磨勘的褒奖②。鄂州军营官庄开耕水田六百二十一顷,襄阳官庄采用军民杂耕的形式,垦田七百七十顷。

宁宗嘉定八年(1215),权知枣阳军孟宗政对中原南迁的遗民"为给田,创屋与居,籍其壮勇号忠顺军,俾出没唐、邓间,威振境外"③。嘉定十六年孟宗政死后,二万忠顺军卒由其子孟珙统辖。理宗绍定元年(1228),孟珙在枣阳修平堰十八里,"溉田十万顷","立十庄三辖,使军民分屯,岁收十五万石"④。宝庆三年(1227),史嵩之判襄阳,一年后就因"经理屯田,襄阳积谷六十八万"而受到嘉奖,升为权知枣阳军,"三年,枣阳屯田成"⑤。从给田创屋、官修水利、军民分屯来看,孟氏父子及史嵩之实施的官庄法。

金朝灭亡后,宋、蒙在襄阳一带的争夺十分激烈,嘉熙三年(1239),孟珙率军收复襄阳后,授枢密都承旨制置使兼知鄂州,不久又兼知夔州。孟珙坐镇荆襄,"大兴屯田,调夫筑堰,募农给种,首秭归,尾汉口,为屯二十,为庄百七十,为顷十八万八千二百八十"⑥。孟珙屯田官庄所收租课扣除"牛种器具,岁时赈贷"等开垦成本和供军兵"月廪"及"南北之应酬,缓急之桩备"诸多开支外,"岁上朝廷物斛不过二十余万石"。淳祐六年(1246)孟珙死后,荆襄屯田官庄由贾似道主管,"极意经理,田莱加辟",规模较孟珙时"推广倍半",岁上朝廷三十余万石⑦。由于战事紧急,开支浩翰,官庄收益由军政长

---

① 徐松:《宋会要》食货六三之五六,淳熙十一年七月三日,6014页。
② 徐松:《宋会要》食货六三之五七,淳熙十二年二月十一日,6015页。
③ 脱脱:《宋史》卷四百三《孟宗政传》,12211页。
④ [清]纪昀等:《续文献通考》卷四《田赋考七·屯田》。台北新兴书局1956年版。
⑤ 脱脱:《宋史》卷四百一十四《史嵩之传》,12423页。
⑥ 脱脱:《宋史》卷四百一十二《孟珙传》,12378页。
⑦ 李曾伯:《可斋杂稿》卷十八《荆阃回奏四事札子》。四库全书1179册,370页。

官支配,将屯田租课总额上报朝廷的制度不被遵循。咸淳三年(1267)的诏书云:"淮、蜀、襄之民所种屯田,既困重额,又困苛取,流离之余,口体不充,及遇水旱,收租不及,而催输急于星火,民何以堪!"由此看来,屯田的租额是很重的。

两淮官庄。

绍兴元年九月,左奉直大夫王实为淮南东路营田副使,驻镇江,此为淮南措置营田官庄之始①。次年二月,淮东提点刑狱公事兼营田副使王实说:"根括到扬州未种水田一万七千顷,陆田一万三千顷,已分给六军趋时耕种。"②因战事频繁,此次军兵营田未取得实质性结果。

两淮官庄实施于绍兴六年二月,司农少卿樊宾、提举粮料院王弗同提举江淮屯田,兴置官庄,当年"收杂色斛斗共三十一万石,除客户六分,并知、通、令、尉职田五厘外,官实收十一万余石"③。绍兴七年"官中所收约七十万石,庄户所收一同",总产量增加近五倍,官府收入增加六倍。按亩产1.5石计,官庄垦田达万顷。

绍兴二十三年三月,"镇江诸军都统制刘宝请民户识认营田者,亩偿开垦工本五千缗,许之。寻诏诸道做此。由是营田渐以还民矣"④。三十一年金完颜亮迁都汴京,分四路南侵,淮南是主战场,宋调兵遣将,与金争战,不少官庄军兵抽调回营,军营官庄大多废弃。

孝宗即位后,重新恢复官庄。隆兴元年(1163)五月,臣僚言:"今日之急务,莫若且休兵营田",建议"下淮南路转运司、两浙、江东、京西提领营田官、江西、湖南北安抚营田使,依已降指挥,将见管系官空闲田土督责所部州县,多方招募可充监庄之人,劝诱客户广行开垦",于是大量设置官庄。《宋会要辑稿》食货六之一三〇隆兴元年五月十七日载:

> 每县以十庄为则,每五顷为一庄,召客户结甲耕种,官给牛具,借贷

---

① 李心传:《建炎以来系年要录》卷四十七,绍兴元年九月丙午,845页。
② 李心传:《建炎以来系年要录》卷五十二,绍兴二年三月己卯,920页。
③ 李心传:《建炎以来系年要录》卷一百九,绍兴七年二月癸卯,1766页。
④ 李心传:《建炎以来朝野杂记》甲集卷十六《营田》,349页。

钱本,其客户仍免诸般差役科配,每庄招募第三等以上土人充监庄,先次借补守阙进义副尉,与免身丁,依军中则例支破券钱,候秋成日比较所收斛斗多寡,如合推赏,许申乞朝廷补正,及将初年收成课子除椿出次年种子外,十分为率,官收四分,客户六分,次年以后即均分。

在兴置民营官庄的同时,军营官庄却时设时废,隆兴元年七月,为了补充正在进行的"北伐"兵力,江淮东西路宣抚使张浚建议改军营官庄为民营官庄:

"总领所诸军营田官庄见占官兵人数稍多,每岁所得不偿所费。欲乞下有司取会立限措置,将见营顷亩、牛具、种粮依官中客户所得子利分数,召人耕种,抵替官兵归军使唤。"诏工部行下逐路总领措置。①

八月,诏赐金降将萧琦田二十顷,从扬州官田内拨付。张俊说:扬州江都县"有镇江府驻扎诸军营田官庄一十七处,皆有耕种田地,乞于上件田内标拨"。官庄田拨付萧琦后,其耕田人户就用原招募的百姓客户耕作,而"力耕军兵却发遣归军"②。可见军营官庄也有百姓佃户。

隆兴二年,镇江都统刘宝"具到见管营田官庄四十二所,田四百七十五顷八十八亩,兵五百五人,客户二百六十五户",建议再抽调家口多、俸禄低、知农事的军兵和归正民户,扩大营田。总领淮东军马钱粮王弗说:"游民今皆著业,往往不肯开垦荒田",建议"拣次等不堪出战及知农务之人,每军以十分为率,差拨一二分,列屯耕作,其置庄、买牛、造农器、分课子并依昨差提领营田司已降指挥施行",对已废弃的民营官庄,"据旧来所管庄数目、所阙客户,招召情愿人户补填"③。宋金隆兴和议后,屯田官庄继续发展。乾道元年二月,郭振在六合(江苏六合县)措置屯田,"已见就绪",授郭振镇江府都统制,并诏郭振、王弗、周宗按照绍兴六年"以五十顷为一屯,作一庄"的条例,在淮南措置屯田。此后,王弗在扬州、楚州(江苏淮安市)、高邮军(高邮

---

① 徐松:《宋会要》食货六三之一三一,隆兴元年七月四日,6052页。
② 徐松:《宋会要》食货六之四九,隆兴元年八月二十三日,5998页。
③ 徐松:《宋会要》食货六三之一三五,隆兴二年三月十四日,6054页。

市)、盱眙军(盱眙县)清查到"系官荒田共五万八十余顷",要求筹措种粮,收买耕牛,置办农器,修盖房舍,"差拨军兵到屯耕作,使臣管干监辖"①。因支拨经费不足,军营官庄进展缓慢。七月,权发遣滁州扬由义言:"已将镇江府都统制拨到不入队军兵五百人,标拨荒废田一百余顷,盖造庄屋、收买牛具,近已分拨军兵前去诸庄居住,趁时开耕,布种二麦。"同时,滁州原有民营官庄七十顷,因"遭北军侵犯,牛畜农具不存,营田庄客衣食不继,星散逃移,致所管营田多成荒废",仅存耕牛二头,佃客二十七户。他要求将二十七户所纳租课不再上缴总领所,而是"给付本州,接济营田",供"措置牛具,招集庄客,更就官庄侧近踏逐良田三十顷,凑成营田一百顷,葺理耕种"②,被批准实施。

乾道三年六月,"罢淮西、江东总领所营田,募人耕佃,壮丁各还本屯,癃老存留,减半请给"③。乾道六年,建康都统制郭呆说,按照"屯田堪披带人充入队带甲,不堪披带人且令依旧屯田"的条令,所辖不堪披带的屯田官兵三千余人因"每年所收物斛"太少,连支付自己的"养赡"都不够,建议"和州界屯田并行废罢,将见占官兵拘收归军"。诏"其田令和州召人租佃,如无人,即估价召人承买"④。军营官庄设置多年,始终朝令夕改,设废不常。

淳熙二年,负责淮东官庄的徐子寅言:在淮东楚、扬、泰州、盱眙、高邮军设五十四庄,"招集流移归正种田人一千三百一十五名,老小五千四百二十七口,盖造屋宇二千四百四十九间",给付耕牛六百二十五头,农具六百二十五副,开垦田九百一十四顷九亩。"诏:徐子寅特转一官,减二年磨勘"⑤。总体上看,淮南民营官庄有所发展,而军营官庄成效不大。

和州屯田持续最久,成效显著。绍兴十年,直徽猷阁充和州无为军镇抚

---

① 徐松:《宋会要》食货六三之一三七,乾道元年二月二十四日,6055页。
② 徐松:《宋会要》食货六三之一三八,乾道元年七月五日,6055页。
③ 脱脱《宋史》卷三十四《本纪·孝宗二》,640页。
④ [元]佚名撰,(今)李之亮点校:《宋史全文》卷二十五上《宋孝宗三》,乾道六年正月丙子。黑龙江人民出版社2005年版,1719页。
⑤ 徐松:《宋会要》食货六一之三五,淳熙二年正月二十四日,5891页。

使赵霖因措置营田"委有劳效，与转行一官"①，和州、无为军（安徽无为县）绍兴十年前就有军兵营田。淳熙十年，建康府驻扎御前诸军都统制郭刚奏：

> 淮西荒田如昨来和州兴置屯田五百余顷，庐州管下亦有三十六围，皆濒江临湖，号为沃壤，自后废罢，拨还逐州，召人请佃，自余荒地皆豪强之户冒耕包占，无由考实。望行下淮西漕臣，分委州县，检踏荒田，仍严立罪赏，根括包占，开具地段田亩数目，申朝廷降处标拨，措置耕垦。②

于是按军兵三人耕田一顷的比率，六人为一甲，租课分成，设置官庄。淳熙十四年，因"和州屯田诸庄开垦田亩皆有增数"，都辖将官滕奇政、王深"各减三年磨勘"、主父振提升为"总辖诸军屯田统领官"③。

光宗绍熙年间（1190—1194），和州屯田官庄有田五百七顷，耕兵一千五百九十二人，除九十二人为"巡庄"外，每人授"膏腴"水田二十亩，菜地二三亩，剩余一百六十余顷较贫瘠的"次田""招募百姓耕种"。每庄耕兵六十人，共二十五庄。所招百姓要"充刀弩手"，仍按军营官庄体制分给牛具种粮和房屋，田土肥沃者分八十亩，较贫瘠的给一百五十亩④。知和州刘炜不按规定实行分成制，而是将耕兵一年口食并次年种子从收获物中扣除，剩余的不拘多少，归耕兵所有。绍熙五年二月，刘炜的分配办法被废止，耕兵口粮仍按月从大军仓支给，收获物仍实施第一年扣除种子四六分的常制。

淳熙十四年，提举淮南西路常平茶盐兼提领措置屯田方有开要求调兵二千，"遵和州已行之例"，在无为军设置营田官庄，得到批准⑤。次年，朝廷从建康都统司"选差到晓农务耕兵一千人"⑥，从马军行司选差一千人，加上部辖官、监庄使臣、医人、兽医等，共约二千一百人，"修筑无为军城南及青冈

---

① 徐松：《宋会要》食货六三之八八，绍兴十年十一月四日。6030页。
② 徐松：《宋会要》食货六三之五三，淳熙十年六月十六日，5891页。
③ 徐松：《宋会要》食货六三之五七—五八，淳熙十四年三月二十一日，6014页。
④ 徐松：《宋会要》食货六三之六二，绍熙元年十二月九日，6017页。
⑤ 徐松：《宋会要》食货六三之五八，淳熙十四年十一月二十三日，6015页。
⑥ 徐松：《宋会要》食货六三之六〇，淳熙十五年二月十三日，6016页。

山、元浦三圩",共设官庄三十四座。刚安置就绪,第二年就"抽回耕兵,令措置募民耕种",由军营官庄变为民营官庄,租课实施初年扣除种子四六分,次年以后中半均分的制度①。和州、无为军地处长江北岸,离宋金边界较远,生产环境较为稳定,这是和州、无为军官庄持续较长时间的重要原因。

川陕官庄。

川陕汉中一线是宋金、宋蒙的重要战场,川陕失则沿江防线危,宋对川陕西防线极为重视。

绍兴五年底,川陕宣抚副使吴玠于兴元(陕西汉中市)、洋(洋县)、凤(凤县)、成(甘肃成县)、岷五郡置办官庄屯田,又调戍兵治褒城(陕西勉县褒城镇)废堰,"民知灌溉可恃,皆愿归业"②。绍兴七年九月,"中书门下省言:'川陕宣抚使司于兴元府、洋州等处劝诱军民营田,耕种六十庄,计田八百五十四顷。今夏二麦并秋成所收近二十万石,补助军储以省馈饷。'降诏奖谕。"③绍兴八年三月,将吴玠营田法颁示诸军,以示效仿。

吴玠绍兴九年病逝。绍兴十一年,郑刚中为川陕宣谕使,继续兴办关外营田。绍兴十三年底,关外营田有"一千三百余顷"④,一年后达"三千余顷,岁收十八万石"⑤。至绍兴二十一年,阶、成、凤、洋四州"收营田五分租,凡二十一万七千余石"⑥,营田规模有所扩大。绍兴二十八年,文林郎邓昂言:"关外营田,行之有叙",因人力不足,诸官庄自创始之初就"多有未曾开垦"的土

---

① 徐松:《宋会要》食货六三之六一,淳熙十六年五月四日,6017页。
② 李心传:《建炎以来系年要录》卷九十五,绍兴五年十一月丙戌,1572页。
③ 徐松:《宋会要》食货六三之一一一,绍兴七年九月二十八日,6042页。马端临:《文献通考·田赋考七》载:"约收二十五万石"。《玉海》卷一百七十七载:"吴玠于兴元、洋州营田收二十万石,诏奖之。"
④ 李心传:《建炎以来系年要录》卷一百五十,绍兴十三年十二月己酉,2422页。
⑤ 王应麟:《玉海》卷一百七十七《绍兴屯田集议》。四库全书947册,570页。李心传:《建炎以来系年要录》卷一百五十三,绍兴十五年正月丁卯,2462页。《建炎以来朝野杂记》卷十六《关外营田》:"休兵后,享仲(郑刚中)又行之关外四州及金州、大安军,所营田至二千六百一十二顷,除种粮、分给外,实入官细色一十四万一千四十九石,而金州垦田五百六十七顷,岁入万八千六百余石不与焉。时十五年春也。"《杂记》载垦田总额为2612顷,实收为141049石,为"细色"收入,而《玉海》、《要录》所载可能包括大麦、杂豆等"粗色"收入,并包括金州募民耕垦567顷之数,故有差额。
⑥ 李心传:《建炎以来系年要录》卷一百六十二,绍兴二十一年十二月壬辰,2650页。

地,应委派官员"躬亲体量亩数,行下诸庄,遍令开垦",诏令四川安抚制置使王刚中措置①。川陕关外营田有很大的发展空间。

乾道四年九月至五年十二月,关外四州、兴州(陕西略阳县)、兴元府等诸州营田官兵相继废罢,改由"募民耕佃"②。此后,军民杂耕的川陕官庄多为豪强包占租佃,其租课收入大幅减少。金亡后,余玠为四川宣抚使兼四川屯田使,《宋史》本传说他派人"开屯田于成都",因战事频繁,未有建树。

六 官庄客户的地位

有三条史料,被研究宋代客户地位的学者经常引用。仁宗天圣五年(1027)十一月的诏书云:

> 诏:江淮、两浙、荆湖、福建、广南州军,旧条私下分田客非时不得起移,如主人发遣,给与凭由,方许别向,多被主人折(应为抑)勒,不放起移。自今后客户起移,更不取主人凭由,须每田收田(衍文)毕日,商量去住,各取稳便。即不得非时衷私起移,如是主人非理栏(拦)占,许经县论详。③

天圣五年前的旧条规定作物收获前不得退佃迁往他处,收获后迁移也要得到地主的批准,由地主发给允许迁移的证明文书即"凭由",没有"凭由"迁走者违法,官府要负责追回。天圣新令规定作物收获之前仍不得迁移,但在农作物收获后,佃户有退佃迁移的自由,不需要地主批准。客户退佃迁徙更加自由,是客户人身依附关系松弛、地位提高的明证。江南地区客户可以退佃迁移,这一规定直到南宋未见改变。夔州路实施与江南不同的客户逃亡专法,不准客户离移:

---

① 徐松:《宋会要》食货六三之一二〇,绍兴二十八年九月二十七日,6047 页。
② 脱脱:《宋史》卷三十四《孝宗本纪》,644 页。
③ 徐松:《宋会要》食货一之二四,天圣五年十一月,4813 页。

皇祐四年(1052)敕,"夔州路诸州官庄客户逃移者,并却(抑?)勒归旧处,他处不得居停。"又敕:"施、黔州诸县主户壮丁、寨将子弟等旁下客户逃移入外界,委县司画时差人计会所属州县追回,令著旧业,同助祗应把托边界。"

夔州路官庄客户、施(湖北恩施市)、黔(重庆彭水县)州旁下客户不准离移,而且不拘离移时间长短,官府都负责要追归旧处。淳熙十一年,夔州路转运司在引述了皇祐四年的客户逃移法后说:

"乞遵照本路及施、黔州见行专法,行下施、黔、忠、万、归、峡(峡)、澧等州详此,如今后人户陈诉偷般地客,即仰照应上项专法施行。如今来措置已前逃移客户移徙他乡三年以下者,并令同骨肉一并追归旧主。出榜逐州,限两月归业,般移之家不得辄以欠负妄行拘占。移及三年以上,各是安生,不愿归还,即听从便。如今后被般移之家,仍不拘三年限,官司并与追还;其或违戾强般佃客之人,以略人条法比类断罪。"从之。①

淳熙法把原实施于夔州路施、黔州不许客户移徙的专法扩大到忠(重庆市忠县)、万(重庆市万州区)州和荆湖北路的归(湖北秭归县)、峡(宜昌市西北)、澧(湖南澧县)等州,对移徙三年以上不愿归业者,即听从便,官庄客户的人身依附关系有所松弛。不过,对此后强般地客者加重处罚,比符"略人法"断罪。按皇祐法,"主户"和"寨将"不仅役使客户,而且役使客户的妻子家属,甚至典卖土地时连同佃户一同转移。开禧元年(1205),夔州路转运判官范荪建议立法禁止富豪之家法外"侵欺"客户:

本路施、黔等州界分荒远,绵亘山谷,地旷人稀,其占田多者须人耕垦,富豪之家争地客,诱说地客或带领徒众,举室般徙。乞将皇祐官庄客户逃移之法稍加校定,诸凡为客户者,许役其身而毋得及其家属妇女皆充役作。凡典卖田宅,听其从条离业,不许就租以充客户,虽非就租,

---

① 徐松:《宋会要》食货六九之六六—六七,淳熙十一年六月二十七日,6362—6363页。

亦无得以业人充役使。凡借钱物者,止凭文约交还,不许抑勒为地客。凡为客户身故,而其妻愿改嫁者,听其自便。凡客户之女,听其自行聘嫁。

在皇祐客户逃移法颁布一百五十余年后,夔州路旁下客户的人身依附关系变化不大。刑部在审查了相关法律条文后,认为淳熙条令把强般地客之人"比附略人法"断罪不当,"既曰比附,则非略人明矣",会造成法令"滋致紊烦",用刑不一,难以执行。"略人法"是很重的刑法,"盖略人为奴婢者绞,为部曲者流三千里,为妻妾及子孙者徒三年"。刑部建议删去"比附略人法"的条款,如果真正犯了掠人之罪,"则以掠人正条治之可也,何以比附哉?"对诱拐他人地客而非掠人者,仍"用皇祐法"①,由官府负责追回,以保护原主户和寨将役使客户的权力,使他们边耕种,边守护边界。

天圣诏书所说的客户是私家地主的佃户,夔州路皇祐官庄客户逃移法是行之于官庄客户及旁下客户的专法。什么是官庄?官庄是由政府提供耕牛、农具、房屋、种粮、土地,将客户按"甲"或"屯"组织起来、兼有农耕与战守二重功能的耕作组织,因其生产资料甚至初期的部分生活资料皆由国家供给,且具有乡兵性质,所以人身隶属关系比一般私家佃户要强烈得多。什么是旁下客户?这里是指与少数民族居住区接壤地区所设堡寨附近的依附于主户(豪民)和寨将的客户,主户(豪民)的"壮丁"与寨将的"子弟"(这些"寨将"即堡寨的首领,也属"豪民",其子弟即其下属)是依附于堡寨的"旁下客户",有"同助祗应把托边界"责任。所谓"主户壮丁寨将子弟等旁下客户",意为主户之壮丁、寨将之子弟等旁下客户,即壮丁、子弟是旁下客户,主户、寨将是"豪民"。壮丁、子弟具有乡兵性质,但这些乡兵属"番兵"系统,宋政府无直接指挥权,其首领是主户与寨将。

既然旁下客户是役属于豪民的佃户,宋政府为什么要对他们实行"官庄客户逃移法",不准他们自由离开主人?这里有三个原因。其一,如同陕西沿边弓箭手一样,豪民所占有的土地是经官府授给或追认的。其二,豪民有

---

① 徐松:《宋会要》食货六九之六八—六九,开禧元年六月二十五日,6363—6364页。

把托边界的责任,而把托边界的直接服役者是这些受豪民驱使的旁下客户,除租佃关系外,旁下客户对豪民还有军事上的依附与隶属关系。其三,旁户迁移"以它帅领之",会使本应共同把守边界的豪民产生矛盾。淳熙间两次修改皇祐法,重点在打击强搬地客的豪户,对诱使客户逃移的豪户加强打击,由此制定了"比附略人法"、"比附和诱他人部曲法"、"比附诡名挟户法"。与其说淳熙法强化了对客户迁徙的限制,不如说强化了对违法强占或诱拐他人客户的豪户的打击力度更恰当。客户处于"被掠"和被诱拐的地位,不能说明有迁徙自由,被迁徙到其他庄寨后,人身依附关系并未减弱。对豪民之间为争夺佃户强令佃户迁移之人,以"略人法"断罪,而略人法大多行之于汉族与少数民族之间,说明这些主户寨将或是少数民族酋长,或是与少数民族杂处的汉人大地主。开禧以后不再实施"略人法",客户仍按官庄客户逃移法追回原籍,重归旧业,但豪户役使客户家属的行为受到很大限制,客户的法律地位得到提升。

  官庄客户逃移法是行之于西南偏远地区部分州府的专法,人身依附关系保留了当地的传统,不同于内地的地主与佃户,不能作为佃户人身依附关系越来越强的证据。仅从实行官庄客户逃移法的地区看,虽然客户对豪户的人身依附关系很强,但从可役使家属到不准役使家属的变化,仍体现了依附关系逐渐松弛的发展趋势。

第六章　分段出租制

一　引言

前述三种官田经营形式,皆以相连成片的大段官田为基础,多实行于人烟稀少或人口逃绝有大片无主荒田的沿边地区,而"内地州县田土,皆系民间税业,虽有户绝逃弃,往拄畸零散漫……其田远近不同,既不相连,难相管照"①,于是官府就把土地分成小块租给民户,由民户独立经营,实行分段出租制,国家除在个别时期提供少量种粮、耕牛贷款外,一般不委派监官管理(少数大片官田如官圩田委有监官),由州县收取租课。

关于官田的地租额,史学界大多认为与民间私租额相似,有的认为以分成制(主要是对分制)为主,也有少数人认为以定额租为主。本人认为,分成制在宋代官田中只占很小的比例,定额租受官田来源、地理环境及私家对官田所有权的侵蚀分割诸因素制约,租额高低差别悬殊,总的来看,大大低于私田租。元丰六年(1088)荆湖北路转运司在要求废罢沅州(湖南芷江县)屯田务时说,"若募人租种纳租,不费官本,利害甚明"②。分段出租制不用官府投资,简便易行,成为采用最广的官田经营方式。

---

① 徐松:《宋会要》食货六三之九三,绍兴三年四月四日,6033页。
② 李焘:《长编》卷二百九十,元丰元年六月丁卯,7093页。

分段出租制国家一般不参于土地的生产经营,多采取定额租制。有的虽名为"营田",甚至官府为招诱民户而赊贷钱种、耕牛,但并不委派监官。分段出租制的租课与其来源、地理位置、肥瘠有关,低的每亩不足一斗,高的一石有余。现就分段出租制的租课制度加以分析。

二 低于或相当于二税的特殊租

在特殊情况下,有些官田只纳二税,或缴纳相当于二税的租课。北宋河东、陕西,南宋两淮、荆湖沿边荒田租课较低。

宋真宗大中祥符年间(1008—1116),升州(江苏南京)城北有后湖,"因旱,百姓请佃计七十六顷,钮租五百五十余石贯",平均每亩0.072石贯。天禧元年(1017)改田为湖,依旧蓄水灌田,"其租钱特与减放"①。此湖田并未修成圩田或围田,收成无保障,政府无人力物力投入,租课较低。

熙宁六年置熙河路后,新辟疆土缺少弓箭手,"诏以官地召弓箭手,仍许近里百姓强勇者占射,依内地起税,排保甲,即义勇愿受蕃部地者听之,其顷亩令经略司以肥瘠定数。"②"义勇"是在近里州军的主户中"三丁选一"强行征差的,他们在沿边占射官地投充弓箭手后,仍保有"主户"的身份,不能像土著居民那样享受免赋的优待,所以依内地例交纳二税。

政和五年(1115),提举河东路察访司奏:"本司勘会本路沿、次边诸州军县寨,熙宁八年以前人户租佃合招弓箭手系官地土不少",因熙宁八年规定"应系官庄屯田已有人出租承佃及五年者,并不在招置弓箭手请射之限",所以沿边许多膏腴地土"尽被有力之家量出些小租课佃种,其硕斗不及弓箭手合纳租课十分之一二,亏损官课,大为侥倖"。如忻州秀容县(山西忻州市)"先次根括到熙宁八年以前人户出租承佃官地七十八顷,每年出纳租课二十九硕",每亩租课0.37升,原因是"上件田土元系官庄天荒,人户开耕,并为

---

① 徐松:《宋会要》食货七之五,天禧元年六月十一日,4908页。
② 脱脱:《宋史》卷一百九十一《兵志五》,4739页。

熟地,岁已深远",这些土地原来为鼓励民户垦荒,只规定"量行出租,从来未曾根括",在民户将荒地开垦为熟田数十年后,政府又将占田民户招为弓箭手,按弓箭手例纳租,不愿当弓箭手就将土地"即行拘收,别行召人"①。

五代末,福州"官庄田地一千一百一十顷八十二亩,配纳人户租米八万一千二百四十八石有奇",平均每亩租课7.3斗。太平兴国五年(980),"诏与私产均作中下定税"。大中祥符六年,转运使王赞建议将福州官庄一千二百余顷"改征租米五万九千余石",未被采纳。天圣四年(1026),屯田员外郎辛惟庆在福州措置出卖官庄事宜,对官庄田土重新进行根括,查明福州有官庄104个,出租土地1375顷84亩,佃户有22300人,平均每庄13.23顷,每人耕佃6.17亩。从太平兴国五年到天圣六年出卖为止,福州官庄"止(只)纳夏秋二税,更不他输物色",每年纳夏税钱五百二十五贯二百八十一文足,秋税米九千四百九十八石有奇,租额为"中田亩钱四文,米八升,下田亩钱三文七分,米七升四勺"②。太平兴国三年钱俶纳土归宋后,福州官庄只令纳二税,当属特例。

南宋荆襄荒地极多,为招诱民户垦荒实边,政府采取轻徭薄赋的政策,使官荒田尽快成为可以承担税役的私田。绍兴元年十一月,德安府复州汉阳军镇抚使陈规"以境内多官田荒田",上屯田营田条例,规定军兵屯田"官给牛种,收其租利",而"民户所营之田,水田亩赋粳米一斗,陆田赋麦豆各伍升,满二年无欠输,给为永业"。次年七月,"下其法于镇使行之"③。德安府(湖北安陆市)、汉阳军兴营田的目的是招诱民户归业,故营田租课与二税同,并在二年无欠输后给为永业。

绍兴三年二月,宋政府根据陈规所奏制定出营田条例,令诸路安抚镇抚使,"依做陈规立到租课数目,更切参详本镇地土瘠肥,官司曾无借给牛具种粮,及岁事丰荒、土俗所便,随所收种斛斗临时增减着中数目,拘收租课,务

---

① 徐松:《宋会要》兵四之二二—二四,政和五年九月,6831—6832页。
② 徐松:《宋会要》食货六三之一七五,天圣三年十一月,6374页。
③ 李心传:《建炎以来系年要录》卷四十九,绍兴元年十一月丁未,875页。徐松:《宋会要》食货六三之八八,6030页。

要便民"①。营田租课可根据当地状况自行确定,总体而言围绕亩一斗浮动。

绍兴元年八月,臣僚言:"'两浙、淮南州县,昨因兵火之后,民间荒废田土甚多,虽合仿古屯田之制募人耕,缘难以遥度措置,欲委官躬亲前去,相度措置,条具利害以闻。'从之。"②此为南宋措置民户营田之始。九月,左奉大夫王实为淮南东路营田副使,与浙西安抚大使知镇江府兼淮南京东路宣抚使刘光世共同措置淮南营田③,淮南、两浙营田正式实施。十月,河南府孟汝唐州镇抚使措置营田官任清直在京西营田。江南西路安抚大使李回言:"'江州、南康军界赤地千里,无人耕种,乞依淮南两浙路专委监司措置营田。'诏令帅臣同共措置。"④绍兴二年二月,知高邮军钟离浚言:

"宣抚司指挥,令营田之民有警旋行勾集出战。本县四十村,归业之民仅千八十家,少有耕种。又虑秋成或为贼有,欲分为二十社,社三百人,择精强可仗者二人为巡社首领,其余十人为甲,甲有队长,如遇警急,递相救援。二十社计六千人,约耕田六百顷,若无耕牛,可以人代,每亩收一斗五升,共收谷九千斛。计贷种钱万六千缗。"诏宣谕使傅崧卿以永丰圩禾稻给之,如其请。⑤

淮南营田在困难的条件下开始推行,初年规定"募民耕荒,顷收十五斛",即每亩租课1.5斗。淮南宣谕使傅崧卿"言其太重,故百姓归业者少",于是"诏损岁输三之二,俟三年乃征之"⑥,即每亩岁课5升,且蠲免三年。绍兴五年,知泰州邵彪言:"应有人请射荒田,并许即时给付,每亩依元降指挥,纳课子五升,田土瘠薄者量与裁减。耕种五年,仍不欠官司课子,许认为己业。"⑦淮南是宋金战争的主战场,民户逃移十之七八,为招诱民户开荒,对民户采免租三年,三年后只纳0.5斗的政策。

---

① 徐松:《宋会要》食货六三之九一,绍兴三年二月七日,6032页。
② 徐松:《宋会要》食货六三之八四,绍兴元年八月二十三日,6028页。
③ 李心传:《建炎以来系年要录》卷四十七,绍兴元年九月丙午,845页。
④ 徐松:《宋会要》食货六三之八六,绍兴元年十月十五日,6029页。
⑤ 李心传:《建炎以来系年要录》卷五十一,绍兴二年二月已卯,906页。
⑥ 李心传:《建炎以来系年要录》卷五十一,绍兴二年二月丁丑,905页。
⑦ 徐松:《宋会要》食货六三之九七,绍兴五年三月二十八日,6035页。

非沿边地区有许多逃荒田,有的也分段租佃给民户营田。《宋会要辑稿》食货六三之九七载:

> (绍兴五年)八月二十四日,内降德音:应潭、彬、鼎、沣、岳、复州,荆南(疑当作荆门)、龙阳军,循、梅、潮、惠、英、广、韶、南雄、虔、吉、抚州、南安、临安(当作临江)军、汀州管内,已降指挥,人户附种营田并主户下客丁,官中科种收课数多,缘此流移,未肯归业。应人户已请官种,种苗在地,比每年减半送纳,自来年并免附种。

上述州军分布在今湖北、湖南、江西、福建、广东各省,再加上两淮、荆襄、川陕,营田"也就是遍及全部南宋辖境了"①。有的营田租课低于二税。如南宋隆兴府(江西南昌)奉新县"有营田,征赋比他为最薄,民竞耕之。久而营田罢,以鬻于民,履亩取税,比旧已增"②,说明营田租课比二税还低。

三 高于二税的低额租

宋代实行"请佃法"的主要是"天荒、逃田、省庄之类",省庄即"系省官庄地土",是转运司所辖官田之意。天荒、逃田经人耕佃后,有时也称做"省庄"或"官庄"。在一般情况下,由天荒、逃田转化形成的省庄田租课较低,是高于二税的低额租。庆历元年(1041),因陕西用兵,"诏转运司度隙地置营田以助边计"③,范仲淹反对说:"自来人户租佃官庄地土,每亩出课不过一二斗",而兴置营田则"每亩须收数斗,致贫户输纳不前"④。此租课归转运司的"官庄地土"即"省庄田",实施分段出租,租课为一至二斗。天荒、逃田的

---

① 郦家驹:《南宋的屯田和营田》,载《宋辽金史论丛》第一辑,中华书局1986年版。
② 陆游:《渭南文集》卷三十八《朝奉大夫直秘阁张公(管)墓志铭》。四库全书1163册,603页。
③ 脱脱:《宋史》卷一百七十六《屯田》,4267页。
④ 范仲淹:《范文正奏議》卷上《答手诏条陈十事》。李焘:《长编》卷一百四十二,庆历三年七月辛巳,3402页。

租佃一般以自愿为原则,如租课过重,则无人请佃,又致荒闲,故租课较低。河东路沿边熙宁八年一度实施将占耕荒地的民户招为弓箭手的政策,河东路弓箭手司奏言:

> 本司体访得沿边州军逐处招置弓箭手,多是将人户久来用力开耕到熟地指射,划夺住佃,其旧佃人户便致失业。又所出租课只比佃户五分之一,显是官私不便。①

河东路弓箭手的租课为每亩三升,"系省官庄地土"租课为1.5斗,所以河东路弓箭手司认为将租佃官庄地土的民户招为弓箭手得不偿失。一斗至二斗是北方省庄田较为通行的租额。据元丰八年统计,陕西、河东、河北"三路百姓佃官田者甚众","见佃户绝、荒田都共一万一千六百八十顷有零"②,如以每亩租课1.5斗计,一年租课可达17.52万石。

南宋江南东西路、两浙路的天荒田、逃田大部分由转运司按"请佃法"出租,征收高于二税的低额租。绍兴三年,江南东西路宣谕使刘大中言:"欲将江南东西路应干闲田立三等租课,上等每亩令纳米一斗五升,中等一斗,下等七升,更不须临时增减……自起催日令纳租课,更不别纳二税。"这一建议经户部议定后施行,但改为"所立租课比较夏秋两料税额别无亏损,即依逐等所立定数目召人承佃;若于税额却有减损,即依旧来税额输纳。"刘大中反对这一更改,认为江南累经兵火,人多逃移,"今若令依旧来税额输纳,全不减损,委是无人愿佃,愈见失陷财赋"③,于是诏令三年后再行增租。绍兴六年,司农少卿提领江南等路营田公事樊宾等言:

> "今相度欲乞将江南东路州县并镇江府管下县分,除可以标拨充官庄田土外,有不成片段闲田,委逐县自行根括见数,比民间体例,只立租课。上等立租二斗,中等一斗八升,下等一斗五升……"从之。④

---

① 徐松:《宋会要》兵四之二二,政和五年九月,6831页。
② 李焘:《长编》卷三百九十七,元祐二年三月辛巳,9685页。陕西8671顷,河东3178顷,河北3878顷,共15687顷,疑"一千"当为"五千"之误,则租课为23.5万石。
③ 徐松:《宋会要》食货六三之二〇〇,绍兴三年十月七日,6086页。
④ 徐松:《宋会要》食货六三之一〇七,绍兴六年十月十日,6340页。

江南路刘大中所定租课三年后已经增长,租额在1.5到2斗之间。南宋初两浙荒田颇多,兴置营田"九十二万六千余亩,内二十四(五?)万元无二税,只纳租课一色,外有六十七万六千余亩系元有二税,更令贴纳租课"①。《宋会要辑稿》食货四〇之二八绍兴十九年六月二十四日载:

> 诏:两浙路应管天荒、逃绝田土,已措置作营田耕种,随乡村土色纽立租课。内已有二税田亩豁出,令人户自行送纳,外将剩余租课折纳大麦稻子。如上等田合纳租课二斗,其田原有二税一斗,于租课内除豁一斗与佃户自行送纳税外,其余一斗折纳马料。

两浙营田有二税和租课两个名目,但二税包括在"合纳租课"之内,成为租课的一部分。绍兴二十六年,"将浙西见行营田尽罢,并拨其田复归省司,立定租米,以给佃人"②。营田虽罢,营田之名仍存。两浙转运司已被承佃纳租的营田有92.6万余亩,"岁收稻麦杂豆等十六万七千余斛"③,平均每亩租课为1.8斗。平江府(苏州)有"省田"即转运司所辖官田16.6728亩,"岁收租米三万九千零四十七石",租课2.34斗④。常州无锡县有"省田"16.6万亩,"岁得上供省苗近四万石"⑤,租课2.4斗。平江府和常州是单产最高的地区,租课比两浙的平均租课高一些。至淳熙十年,平江府有"自淳熙三年以前出卖不尽官田及以后新收田亩"124203亩,"岁收官租二万一千二百三十三石一斗二升九合",每亩租课1.6斗⑥,这是因为尚未出卖的官田多是下等瘠田,故每亩租课有所减少。两浙民田二税宋初定为亩一斗,北宋时省田有9万余亩,南宋时因天荒、逃绝增加到150万亩,其中92.6万余亩实行分

---

① 徐松:《宋会要》食货六一之三〇,乾道三年六月一日,5888页。
② 李心传:《建炎以来系年要录》卷一百七十二,绍兴二十六年三月壬寅,2823页。
③ 李心传:《建炎以来系年要录》卷一百八十一,绍兴二十九年四月癸卯,3012页。
④ 马端临:《文献通考》卷七载,绍兴二十九年,"两浙转运司言:'申括到平江府省田十六万六千六百二十八亩,每亩上供省苗三斗三升六合,计米三万九千七十四石,系民世业,今若出卖,仍为私田,上输二税,暗失上供岁额苗米。'乃止。"以39047石除以166728,每亩租课为2.342斗,疑原文"三斗"乃"二斗"之误。
⑤ 徐松:《宋会要》食货六一之二九,隆兴元年十一月十五日,5888页。
⑥ 徐松:《宋会要》食货六一之三六,淳熙十年十月十七日,5891页。

段出租制,其租课高于二税一倍左右,低于每亩一石上下的私租额。

另外,凡由官府出资组织修建的圩田、湖田,所有权属国家,其租课在垦就之初同荒田相似。天禧二年,都官员外郎张若谷言:"宣州(安徽宣城市)化成圩水陆地八百八十余顷,岁纳租米二万四千余硕"①,每亩租课2.73斗;嘉祐六年修建的芜湖万春圩,"为田千二百七十顷",初实行分成租,"岁出租二十而三,总为粟三万六千斛"②,平均每亩2.8斗。政和八年(1118),明州(浙江宁波市)广德湖围田576顷,每亩纳租3.2斗③。围湖造田需修筑堤岸,较费工力,其租课开始比较低;但因是官府出资修建,又比耕垦荒田高一些。

越州鉴湖"熙宁中盗为田九百余顷,尝遣庐州观察推官江衍经度其宜,凡为湖田者两存之,立碑石为界,内者为田,外者为湖",于是,"官因收其租,岁二万斛",平均每亩2.2斗。政和间,鉴湖"涸以为田,衍至六倍"。鉴湖湖田是民间"盗耕"鉴湖而形成的,政府未投资而坐收其租,租课较低④。

总的来看,官荒田的租额1.5斗左右,官圩田、官围田的租额在围垦之初3斗左右,民间修筑的湖田在二斗以上。北宋自澶渊之盟后宋辽关系长期保持稳定,宋夏之间虽然边衅不断,但夏只能在宋边境进行一些或大或小的骚扰,难以攻入宋境内地。由于沿边农业经济受到有效保护,所以,连陕西、河东地区的官荒田租课也是1.5斗。南宋时期,宋金关系长期紧张,宋处劣势,两淮、京西路的荒田租课为0.5斗左右,江南、荆湖的官荒田租课为1.5斗左右,两浙地区为2斗左右,大部分在2斗以上。官荒田的租课与边防形势有较大关系,总体而言围绕着1.5斗浮动。

四 接近私田租的高额租

宋初统一以后,除两浙福州外,南方诸国原有屯田多沿用旧制,征收高

---

① 徐松:《宋会要》食货七之六,天禧二年十二月,4908页。
② 沈括:《长兴集》卷九《万春圩图记》。四库全书1117册,297页。
③ 徐松:《宋会要》食货六三之一九八,绍兴二年七月七日,6085页。
④ 脱脱:《宋史》卷九十六《河渠志七》,2407页。卷四百四十六《刘翰传》,13163页。

额租。大中祥符六年,福建转运使王贽提高福州官庄的租额:

> 建、剑、漳、泉、汀、邵、兴化七郡官田皆课租,惟福州止同私产输税,请依漳、泉例,课一色斛斗,上田亩九斗,中田上园亩六斗,下田中园亩四斗五升。岁总羡米度可得五万余石。①

"羡米"即比元收税多征之数。天禧四年,差屯田员外郎张希颜与福建路转运使方促荀"同共依漳泉州例,均定租课闻奏"②,福州官庄1215顷均定租米为65000硕,平均每亩5.35斗。福州官庄无上等田,故平均租课在中、下等租课之间。此二次福州官田税改租虽均未实施,却反映出福建官庄田定额租平均五六斗,高的可达九斗。

熙宁二年三司言:"天下屯田省庄,皆子孙相承,租佃岁久,兼每亩所收子斛,比田税数倍。"③北宋时屯田主要集中在陕西、河北、河东三边地区,归经略司和兵部管理;归转运司和三司管理的"屯田省庄"有的是前朝遗留下来的,有的是宋朝"屯田务"、"营田务"废罢后归转运司管理的一些徒有其名的"屯田"和"营田"。四川有"省庄田","自二税外,仍科租,应大小麦、豆、糙白米谷、桑麻、荞芋之数十有八种,无不必取之"④。政和元年,诏卖官田,总领措置官田所言:除河北、河东、陕西有关边防的屯田存留外,"'三路外名屯田者悉以民耕,与凡官田无异,无系边防,自应鬻卖。'从之。"知吉州徐常反对说:江西虽处内地,但屯田"所立租则比税苗特重,所以祖宗时许民间用为永业",如果出卖,变租为税,仅吉州就"失租米八万七千余石",江西路"一岁失折上供无虑二十余万斛",于是江西屯田"遂止不卖"⑤。如二税以亩一斗计,每亩租课以比之二税多收4斗计,87000余石合2175顷,江西官田二十余万石合五六千顷田亩的租课收入。绍熙四年(1193),杨万里谈到吉州吉水县的屯田时说,"屯田之为吉水病,三四百年于此矣……盖自唐末五代

---

① 梁克家:《淳熙三山志》卷十一《版籍二·官庄田》。宋元方志丛刊,7881页。
② 徐松:《宋会要》食货六三之一六七,天禧四年四月,6070页。
③ 徐松:《宋会要》食货五三之八,熙宁二年二月八日,5723页。
④ 李心传:《建炎以来朝野杂记》甲集卷十六《省庄田》。中华书局2000年版,345页。
⑤ 马端临:《文献通考》卷七《田赋考七》,80页。

以还,吉水之屯田在一郡为加多,而其租为已重。"①陆九渊在谈到抚州的"系省额屯田"时说:

> 其租课比之税田虽为加重,然佃之者皆是良农,老幼男女皆能力作……所收往往多于税田……故老相传,以为元祐间宣仁垂帘之日,捐汤沐入以补大农,而俾以在官之田,区分为庄,以赡贫民。籍其名数计其租课,使为永业。②

这类"省庄田"因民户"租佃岁久"而取得了永佃权乃至转佃权,官田的所有权在一定程度上已被分割,但在交纳租课方面,政府始终把它看作官田。从租课高于二税数倍来看,民户缴纳的是定额租。永佃权和转佃权以缴纳地租为前提,表明官府在所有权方面仍占主导地位。

嘉祐四年,诸州牧地除留足牧马用地外,其余剩田"听下户请佃",其中"河北一路诸军牧地剩三千三百五十余顷,得岁课斛斗一十一万七千八百二石,绢万三千二百五十一匹,草十六万一千二百三十束"③,平均每亩3.52斗,绢0.04匹,草半束。

南宋初营田租课虽低,但随着政府财政的恶化和战争费用的不断增加,到南宋后期,租课已与私田租不相上下。建康府五县营田始于绍兴初年,"初则优其课,蠲其征而民乐趋之,后则民畏之,畏欲避之,而籍不能改矣"。至景定年间(1260—1264),五县营田27775亩,租课粮13930石,钱会4421贯,平均每亩租粮5斗,钱会159文④。明王鏊撰《姑苏志·赋税》云:"民用工本耕种系官空闲田"为营田,南宋末"租四斗或二斗二升",比南宋初为鼓励民户垦荒所定租课增加一至二倍。

因种种原因田产被籍没而形成的官田皆是熟田,租课多与私田相似。南宋初籍蔡京、王黼等人田入官,"诏见佃者就耕,岁减租二分"⑤。如原为对

---

① 杨万里:《诚斋集》卷七十四《吉水县除屯田租记》。四库全书1161册,35页。
② 陆九渊:《陆九渊集》卷八《与苏宰》。中华书局1980年版,114页。
③ 李焘:《长编》卷一百九十,嘉祐四年十二月甲申,4602页。
④ 周应合:《景定建康志》卷四十一《田赋志二·营租》。宋元方志丛刊,1598页。
⑤ 脱脱:《宋史》卷一百七十三《食货上一》,4191页。

分,减二分后则为四六分。嘉定初年,籍韩侂胄等权臣田隶安边所。北宋末,为"括公田"成立了营缮所和西城括田所,"凡民间美田,使他人投牒告陈,皆指为天荒",拘为公田,"使田主输租,佃本业",据地所出,增立赋租,"一邑率于常赋外,增租钱至十余万缗"①。在京西、京东等地区共括田343万亩。南宋末贾似道又限民名田,以"买公田"为名,将民间限外之田征收入官,而付给"不得售"的官告、度牒、会子之类,仅浙西六郡就括买了350万亩。据《至顺镇江志》卷五引《咸淳镇江志》,镇江丹徒、丹阳、金坛三县共买公田16.82万余亩,岁得租米13.46万余石,平均租课亩8斗。苏州"公田""每亩起租上自一石五斗,下至七斗一升四合"②,平均租额在镇江之上。

南宋时期,"诸籍没田募民耕者,皆仍私租旧额,每失之重",这是因为"州县胥史与仓庾百执事之人,皆得为侵渔之道于耕者",佃户除按原私租额纳租外,还要受到官吏的勒索,以至"公租额重而纳重,则佃不堪命"。因此,宋代大规模籍没田纳高额租的状况都未能持久,如蔡京等人的庄产在数年后就行出卖,北宋末、南宋末的"公田法"实行十年左右诏令废罢。不过,公田废罢之令因南宋王朝的覆亡而未能贯彻,至元末明初尚沿袭未改,故《宋史·食货上一》云:"宋亡,遗患犹不息也"。

由官府出资兴建的圩田、围田,在围垦之初征收高于二税的低额租,但在土地变为熟田之后,就提高租额。圩田和围田大多数是北宋末修建的,到南宋初绍兴三年,始"定州县圩田租,充军储"③。绍兴三年永丰圩已耕熟田有260余顷,当年租额2万石,每亩租额为7.7斗。自绍兴五年后,租米以3万石为额。永丰圩北宋时垦田达九百余顷,南宋初圩岸毁颓,绍兴二年仅存290余顷,绍兴三年又降至260顷,原因是"此圩旧例止是令客户纳谷在仓,官自粜卖变转,自去年都督府差官须要民户春变苗米,又勒客户甲头等起发,故客户有逃田者,所以垦田减少"④。绍兴四年恢复"纳谷在仓"的旧例,

---

① 脱脱:《宋史》卷四百六十八《杨戬传》,13664页。
② [明]王鏊撰:《姑苏志》卷十五《赋税》。四库全书493册,308页。
③ 脱脱:《宋史》卷一百七十三《食货上一》,4183页。
④ 徐松:《宋会要》食货六三之二〇〇,绍兴四年二月十三日,6086页。

增加租额。明州广德湖围田政和八年租课为3.2斗,共收租米1.9万硕,绍兴四年上等田增为4斗,七年"令见种之人不输田主,径纳官租,增为四万五千余硕"①,每亩租课0.8石。

有的圩田租课采用对分制。合肥瀕湖有圩田四十里,孝宗初年,司农少卿叶衡奏:"'募民以耕,岁可得谷数十万,蠲租税,二三年后阡陌成,仿营田官私各收其半。'从之。"②圩田面积较大,政府派监官直接管理。

越州鉴湖湖田在重和元年(1118)不隶转运司而归属"中宫应奉"即归皇室,此时王仲嶷知越州,"内交权臣,专事应奉",废鉴湖以为田,租课"衍至六倍"即十二万石。因"租太重而督索严",民多逃亡。宣和三年(1120),诏发运使陈亨伯调查,"如租税过重,即裁为中制"。四年,知越州刘韐将鉴湖湖田租课"请而蠲之"③,可见鉴湖租额增加不少。

职田收入归在职官僚享用,租额较高。职田不许出卖和包佃转租,耕佃者"职田户"由无产客户或四等以下主户充当。职田"免纳二税",咸平二年(999)规定"租课均分,如乡原例"④,名义上是对分制。每到收成之日,即"预差公人诣地制扑合收子斗。公人畏惧威势,并于所佃内拣地土肥沃、苗稼最盛之处,每亩制定分收一石至八九斗者",不论地土肥瘠,一概征收定额租八九斗至一石,"以此佃户供纳不易,多是陪备;或更催督紧急,便至逃窜,不能安居"。庆历三年修定职田条例,将对分制改为"应职田地土,如瘠薄处

---

① 徐松:《宋会要》食货七之四五,绍兴九年正月二十一日,4928页。
② 脱脱:《宋史》卷三百八十四《叶衡传》,11822页。
③ 脱脱:《宋史》卷四百四十六《刘韐传》,卷九十六《河渠志六》,2390页。《建炎以来系年要录》卷五十、《旧闻证误》卷三载:绍兴元年,李光请废鉴湖为湖。绍兴二年,上虞县令赵不摇奉诏考究:自宣和元年至建炎四年,湖田凡得米三万三千余斛入御前,沿湖民田因"民失水利,而官失省税",减放税米十四万六千余斛,得不偿失。于是诏废余姚、上虞二县湖田。十一年间收御前应奉米三万三千余斛,平均每年三千石,比之王仲嶷政和末年废湖为田之前的二万石少数倍。首先,赵不摇所言三万三千余斛只是余姚、上虞二县应奉米,"而他未及也",即并不是鉴湖湖田的全部租课收入。其次,宣和四年后并无应奉米入御前,三万三千余石应不包括宣和四年以后的应奉额,两县鉴湖湖田入御前米是三年间的数额,即每年约一万一千石。"秦桧议于鉴湖为田,云岁可得米十万斛"分析,鉴湖湖田租课确实曾达十二万石。
④ 李焘:《长编》卷四十五,咸平二年秋七月壬午,955页。

即据亩垄分收,如肥沃处,每亩不得过五斗"①,把职田的最高租额定为 5 斗。《姑苏志·赋税》载咸平二年苏州六县职田"通管六万六百八十八亩有奇,租一万八千二百石有奇",平均每亩 3 斗,南宋末租额为"上自八斗七升,下至六斗三合五勺"。

像职田一样收入归地方政府支配的官田还有广惠仓、慈幼庄、养济院等田产,其租额也较高。如建康府慈幼庄田上等夏秋租额为 1.26 石(军斗),中等 0.847 石,下等 0.54 石,地上等夏秋租额为 1.08 石,中等 0.54 石,下等 0.482 石。慈幼庄的这部分田产来自籍没,因籍没于不同县乡的不同人户,地段分散,租额可能是沿用原来的私租旧额。

学田的租额低则 0.2 石,高则 1.5 石,除少数地区外,一般在 0.5 石以上,其中 0.7 石至 1.3 石的占多数②。如《江苏金石志》卷十四《吴县置学田记》载:"一丘,光字十七号,田三亩一步四厘……上租米二石七升"。"一丘,霸字十三号,田二亩二九步……租米一石六斗"。此二段学田买自民产,租额近一石,与私租额相同。

沙田即"民自经理江湖沙涨地为田"③,绍兴二十八年始收三等以上户沙田租课,绍兴三十二年,"淮东、浙西、江东三路沙田、芦场之籍总二百八十万亩有奇"。乾道元年,置"措置官田所",根括沙田芦场,六年,规定"沙田即立租二分,芦场立租三分",沙田纳米,芦场纳钱,此年芦场收取租钱六十万七千七十余缗,后又改为沙田沙地皆纳钱。据《景定建康志》载,淳祐八年(1347)以前沙田租皆收钱,上元县"每亩一百九十四文,沙地每亩五百二文,并钱会中半。芦场每亩起四束,雁儿芦苇每亩起二束,每束并折四百二十文足"。淳祐八年后,"沙田每亩纳米一斗五升,沙地每亩一贯二百文,芦场每亩一贯,雁儿芦苇每亩四百文,草塌藕池茭荡每亩二百文,白面沈水沙每亩一百文,并纳十八界官会"。景定年间,建康五县"沙田沙地共计一十六万二

---

① 徐松:《宋会要》职官五八之八一九,3705—3706 页。
② 漆侠:《宋代学田制中封建租佃关系的发展》,载《求实集》。天津人民出版社 1982 年版,172 页。
③ [明]王鏊撰:《姑苏志》卷十五《田地》。四库全书 493 册,308 页。

千三百五十八亩六角五十四步六分,租以米计者四万二千四百四十七石四斗四升二勺",平均每亩2.6斗。《姑苏志·赋税》说苏州沙田"租三斗或二斗",与建康府基本相同。沙田沙地受江河冲刷影响,收入不稳定,绍兴二十七年前基本不收租课,只摊派"和籴",南宋末二至三斗,已属较重的租额。

分段出租制的租额不论是高是低,国家都不提供耕牛、农具、种子等生产条件,而由民户自主经营,缴纳定额租。除了职田规定"招置客户每顷不得过三户"①外,其他土地并不限制承佃额的多寡,加之租额多为二斗左右的低额租,即使高额租也常常与私田租有一定的差额,这就为地主包佃官田、获取差额地租留下了余地。

五 官田租课的发展趋势

宋代统支统收的军兵屯田制已经衰落,以役代租的授田制虽在陕西沿边得到发展,却很难推广。北宋西北熙河地区和南宋江淮、荆湖沿边有大片荒田,劳动人手奇缺,招诱的农户大多缺乏耕牛农具,不具备租佃土地、独立经营的生产条件,在此情况下,由国家投资设置的官庄就发展起来了。

官庄"须先立规模",如括田、授田、市牛、立庐舍、给种粮、置农具之类,"悉当有条理,乃可施行"②,加之"地段之零碎,土色之不等,庄屋之难置,耕客之难招",受诸多条件的限制,官庄包耕制始终未能成为官田的主要经营方式,"若招募土居人户佃种,取其情愿,而轻立租税,庶几可也"③。南宋军兵屯田废罢以后,多采取募民耕垦的方式。以孝宗朝为例,绍兴三十二年十二月,"罢建康镇江营田官兵",乾道三年(1167),"罢淮西江东总领所营田,募人耕佃,壮丁各还本屯,癃老存留,减半请给",四年九月,"罢关外四州营

---

① 《宋大诏令集》卷一百七十八《定职田诏》。中华书局1962年版,1992年第二次印刷,643页。
② 李心传:《建炎以来系年要录》卷一百八十七,绍兴三十年十二月丙寅,3123页。
③ 李心传:《建炎以来系年要录》卷一百一十,绍兴七年四月庚子,1783页。

田官兵,募民耕佃",五年三月,"罢利州路诸州营田官兵,募民耕佃",五年闰六月,"罢兴州都统司营田官兵,募民耕佃",十二月,"罢兴元都统司营田官兵,募民耕佃"①。淳熙五年(1178),阶、成、西和、凤州官庄"令州县招民户请佃,将军兵抽还教阅"②。军兵屯田废罢后,有的虽不是分成小块由个体农户承佃,而是由豪绅大户包佃,但对官府而言,"募人租种纳租"的性质和收益是一样的。

地方官为兴置官庄,提升业绩,经常"奉行峻急,抑配豪户,或强科保正,田瘠难耕,多收子利,民间类有鬻已牛以养官牛、耕已田以偿官租者"③,特别是强迫民户"附种",让民户服劳役助耕官庄,加重了官庄周围农户的负担。"官庄设,即百里之民应籍者皆赴庄以待耕耨,已业荒废,多不能举;附种行,则斗升之种户种("种"字疑衍)给于民,散敛之扰,率以为常。"④有的官庄徒有其名,并不给予民户种粮、耕牛等优惠,只是按官庄征收高额地租,称为"附种"。洪适论荆门军营田之弊云:

> 所谓营田者,前此邑官缘以营田结衔,既上司督责,即指荒闲田土称为官庄,初不遵依元降指挥修盖屋宇,置造农具,召人耕作,便行追集税户,以物力多寡,勒令认租,谓之附种营田,至两年一替,供纠本乡未曾附种之户,轮次认纳。吏缘为奸,转更教令,纠挟善良,每一户替免,至于追逮五七户,纷拏推托,贿赂公行,源源不绝,举县咸被其扰。⑤

从北宋咸平初襄州设营田务至南宋灭亡,官庄附种是制约官庄发展的重要弊端。即使耕牛、农具提供充足,由于农具数年内即会损坏,耕牛十年也会死亡,官庄在租佃条件上的优势随之丧失;加上"形势之家,诡请冒佃,

---

① 脱脱:《宋史》卷三十三《孝宗本纪上》。621页。卷三十四《孝宗本纪二》640、644、645页。卷三十五《孝宗本纪三》668、669页。
② [元]佚名撰,[今]李之亮点校:《宋史全文》卷二十六下《宋孝宗六》,淳熙五年闰六月丁酉。黑龙江人民出版社2005年版,1826页。
③ 李心传:《建炎以来系年要录》卷一百九,绍兴七年二月癸卯,1765页。
④ 李心传:《建炎以来系年要録》卷一百三十八,绍兴十年十一月甲子,2222页。
⑤ 洪适:《盘洲文集》卷四十九《荆门军奏便民五事状》。四库全书1158册,568页。

见官庄不利于己,遂百端鼓唱,意在沮坏良法美意"①,官庄制度难于持久,最终采取分段出租的方式,少部分由原佃户耕种,大部分落入包佃者之手。宋代官庄屡兴屡废,只能成功于一时,无法成效于久远,原因就在于此。

在南宋的官庄中,吴玠、郑刚中在川峡关外阶、成诸州兴置的官庄时间早,成效大。关外官庄初创于绍兴五年,绍兴七年,营田854顷,岁收约20万石,以对分制计,每亩租课1.27石。绍兴十四年,营田2600余顷,扣除种粮和屯田户所得,实收细色租课14.1余万石。按通例每亩种粮以一斗计,如将种粮计入租课之数,则每亩租课约0.6石。加上粗色杂粮收入,租课为0.885石②。绍兴二十一年,官庄规模继续扩大,"关外四州收营田五分租,凡二十一万七千余石"③。隆兴和议(1164年)后,"强将豪民利于承佃,故为欠输,得不偿费",而且"军民杂处,侵渔百端",乾道四年,宣抚司"召人承佃,抽兵归营"④,改军营官庄为募民营田。淳熙初年,营田"及七千四百顷,仅收九万石",平均租课为1.2斗。到嘉定十五年(1222年),"以籍没逃亡,增至万顷,止得十万石"⑤,租课为亩1斗。关外营田的租课从对分制一石左右降为定额租一斗,是经营方式由官庄包耕制变为分段出租制的必然结果。

实行分段出租制需要佃户具备独立耕作的条件,在争夺这部分劳动人手方面,官府较之私家地主处于劣势。地主可以利用提供农具以及高利贷束缚佃户,而官府除了"轻立租税"之外别无良策。低租课使官田与民田之间产生较大的地租差,这为地主包占官田敞开了方便之门。"若租额稍轻,往往尽为有力之家所佃;若租额稍重,未必有人承佃,一年以后,复为荒田"⑥。面对这一矛盾,政府几乎一筹莫展,只得对地主包占官田采取容忍态度。南宋淮南在设置民营官庄时,就允许民户广占荒田。尽管政府允许无

---

① 李心传:《建炎以来系年要录》卷109,绍兴七年二月癸卯,1766页。
② 徐松:《宋会要》食货六三之六四,嘉定十五年臣僚言:"自郑刚中宣抚川峡,首行经画,当时营田止二千六百顷,岁入已二十三万石,遂罢西路和籴。"罢四川和籴在绍兴十五年正月,则此言为绍兴十四年事,每亩租课为0.885石。
③ 李心传:《建炎以来系年要录》卷一百六十二,绍兴二十一年底,2650页。
④ 李心传:《建炎以来朝野杂记》卷十六《关外营田》,359页。
⑤ 徐松:《宋会要》食货六三之六四,嘉定十五年十二月十七日,6018页。
⑥ 徐松:《宋会要》食货六三之一四七,乾道五年九月六日,6060页。

地和少地的农户享有耕佃官田的优先权,绍兴末年还允许原田主(包括自耕农和地主)在缴纳开垦工本费后收回已成为官营田的土地,但由于地主经济力量雄厚,加上他们与政府官吏有千丝万缕的联系,所以在租佃官田方面总是捷足先登,土质好产量高的官田大部分都落入包佃主之手。

第七章 户绝田与户绝条贯

一 引言

宋代"官中条令,惟交易(此处指田产交易)一事最为详备,盖欲以杜争端也"①,这是地权转移受到更严密的法律确认和保护的反映。北宋末李新云:"某窃惟户绝之法,朝廷行之最为周密"②。户绝田不仅面临产权重新确认的问题,而且包含田产交易的重要内容,其条令较之其他土地交易更为详尽。

《唐律疏议》卷十二云:"无后者,为户绝","无后"指无男性继承人,既无嫡子,又无庶子,下至嫡孙、庶孙乃至养子养孙均无,即为户绝。户绝田大多是已耕熟田,"户绝之法"也称"户绝条贯",包括对户绝之家财产(主要是田宅等固定资产)的检括、分割继承、估价出卖或出租诸内容。宋初颁布《宋刑统》,户绝条贯基本继承唐法,真宗朝开始立宋法,仁宗朝已基本完备,其后仍不断补充,或出租、或出卖,反复变化,出卖是政府处置户绝田的基本方式。

户绝田一般隶属于常平司,常平司的主要职能是平抑粮价,各州按州郡

---

① 袁枚:《袁氏世范》卷下《治家》。四库全书 698 册,637 页。
② 李新:《跨鳌集》卷二十二《与家中孺提举论优恤户绝书》。四库全书 1124 册,589 页。

人口多寡、紧望等级,量留二三千贯至一二万贯钱粮为籴本,丰年秋熟价贱时收籴,歉岁价贵时出粜,以平抑粮价。户绝田租课和出卖户绝田的收入是常平司籴本的主要来源。常平司的主旨是"取之于民,用之于民",户绝田产本属民产,故其租课收入或出卖本钱仍用于具有赈贷作用的贵籴(相对于丰年贱价而言)贱粜(相对于灾年贵价而言)。

二 户绝财产检估法

户绝田的检估是实施继承或没官的基础。宋代重视对土地的检核,以民户财产人丁多寡制定"五等丁产簿",户绝之家产业的检核要在户绝五日以内进行(因战争等原因造成民户大批逃绝,无法按时检核的情况除外),"法有被差官五日起发,盖以防欺,故虽替移,不交与后官",检估时有的甚至"耆邻守门,官吏据堂,括出籍入,恐其死者目未瞑,一簪不得着身",这种"披出括入,无所不至"①的方法,目的是防止亲邻等其他民户将户绝财产冒占隐匿。检括的方法是:由县令佐派官吏责耆长、户长及本姓族长等,以绝户丁产簿为基础,共赴户绝之家,将户绝之家的姓名、籍贯、田产顷亩、四至、合纳税赋、屋舍间架、耕牛水磑等一起清点验收,估计定价,除量留丧葬费给付财产继承人或近亲操办后事外,凡当没官者即经检估后上报州府置籍备案,州府委通判或幕职官再行覆核,报诸路常平司(陕西、河东、河北沿边无常平司州军上报转运司或边防财用司)拘收处理。州军官吏不将检估的户绝财产上报所属监司拘收,而是自行作主,擅自处理,如拨充赡学田、职田或寺观田,或者将租课移作他用,许人告首,科违制之罪,处以"杖一百,吏人仍勒停,永不收叙"②的处罚。

土地典卖在宋代较为普遍,它造成了土地所有权的复杂化和不完整。

---

① 李新:《跨鳌集》卷二十《上王提刑书》,卷二十二《与家中孺提举论优恤户绝书》。四库全书 1124 册,563 页,589 页。
② 徐松:《宋会要》食货六一之三九,绍兴十三年四月十八日,5893 页。

对于在典卖期间一方户绝使双方契约难以继续执行的情况,为了保证双方的权益,宋政府制定了专门的政策。大中祥符七年(1014)规定:如果承典者(典主)户绝,这部分田产在"纳官检估"之后,由官府核实典当者(业主)的身份及出典产业,如果属实,即登记在案,"许典限外半年,以本钱收赎"。如果典期超过三十年,或无典卖文契,或虽有文契却经审理后仍难辨文契真伪,无法确定业主为典卖土地的所有者,则"不在收赎之限"①。如田土典当或买卖"契要不明,过二十年,钱主或业主死者,不得受理"②。

天禧二年(1018),针对"业主户绝,本人(指典主)不经官自陈,便为己业,直至邻里争讼,方始承伏出钱估买"的状况,规定如果业主在典当期间户绝,许承典人在一年内"具事白官,估直召人收市。限满不告,论如法,庄宅纳官"③。一年内不将所典田产申报官府,不仅剥夺承典人的使用权和购买权,而且不能收回承典押金。在一方户绝的情况下,官府在一定期限内承认和保护另一方的合法权益,使典卖契约得以继续履行;超过规定时限、没有典卖契约、契约不明或另一方有违约行为,这部分田产就被没收归官。

在检估户绝田产的过程中,如果州县除"划刷失实"外"别无情弊",则依"被差检复户绝财产根括不尽条法",给以增加磨勘即延缓迁转的处罚。"如有情弊,或为隐漏不实,从所委监司具事因申取朝廷指挥,重赐施行"④。所谓重法,即依照《隐匿户绝财帛物法》,"计所直,准盗论断罪。许人告,以所告田产准价三分充赏"⑤。

《唐律疏议》云:"称以盗论者,与真犯同。"⑥这是一种极重的处罚。宋盗律基本沿袭唐律,分"强盗"和"窃盗"两类,强盗持杖得财三千足陌者死(天圣四年改为得财五千者死),不持杖得财为钱六千,与持杖罪不至死者罪

---

① 徐松:《宋会要》食货六三之一六五,大中祥符七年六月,6369页。
② 佚名:《名公书判清明集》卷四《户婚门·争业上》,范西堂《王九诉伯王四占去田产》。中华书局1987年版,106页。
③ 徐松:《宋会要》食货六三之一六六,天禧二年二月,6069页。
④ 徐松:《宋会要》食货六一之八,绍兴五年四月二日,5877页。
⑤ 徐松:《宋会要》食货六一之二,建炎四年七月十三日,5874页。
⑥ [唐]长孙无忌等:《唐律疏议》卷十九《贼盗》。中华书局1983年版,362页。

同,刺配千里外牢城。窃盗四百文以上,即科杖罪,二贯以上,遂断徒刑,满五千文,宋初处以死刑,后废死刑,改刺为兵。景祐二年(19035)改为窃盗计财为钱十千刺为兵,但京城等"重法地分"例外,凡窃盗得财为钱四千即刺为兵。隐匿户绝财产准窃盗断罪,六千足陌不过是二三亩上等田的价值,隐匿田产计值一般都在六千以上,所以多处以"官员取旨窜责,人吏杖配海南岛"①的重罚。

宋法有"律"与"敕"之别,"律"是历代相传,是经常之法,"敕"是皇帝之谕命,是临时之法。在法律意义上律高于敕,但在执行过程中敕往往高于律。宋代把先朝编敕奉为"家法",崇奉备至。南宋朱熹云:"今之断狱,只是用敕,敕中无,方用律。"②"敕"具有比"律"更大的法律效力,这种"朕言即法"的特点是皇权至上的体现。熙宁五年(1072),侍御史陈次升言:"祖宗仁政加于天下者甚广,刑法之重改而从轻者至多,惟是强盗之法特加重者,盖以禁奸宄而惠良民也。"③元祐六年(1091),礼部侍郎兼侍讲范祖禹说:编敕所定盗赃,犹重于律三倍,建议"改峻法为平法"。对盗罪"止(只)用常典"④,未被采纳。宋代盗法主要依据临时之敕而非常典之律,其死罪虽较前代为宽,但总体而言,要比唐律严厉得多。隐匿户绝财产准盗论罪,其刑律是很严酷的,由此可见宋政府对检估户绝财产的重视。

三 户绝田出卖法

无人继承的民户田产,没官后成为官田,称为"户绝田"。户绝田出卖以后,即为民田,既要"起理二税",户主又要承担差役⑤。国家出卖户绝田既可获得货币收入,又有助于版籍和税赋的稳定,出卖成了处置户绝田的主要

---

① 徐松:《宋会要》食货六一之二,建炎四年二月三日,5874页。
② [宋]黎清德编。[今]王星贤点校:《朱子语类》卷一百二十八。中华书局1986年版。
③ 脱脱:《宋史》卷一百九十九《刑法志一》,4979页。
④ 李焘:《长编》卷四百六十八,元祐六年十二月乙卯,11181页。
⑤ 《庆元条法事类》卷四十七《拘催税租》。燕京大学图书馆藏版,1948年印。

方式。

　　出卖户绝田始于大中祥符八年。此年敕云:"户绝田并不均与近亲,卖钱入官。肥沃者不卖,除二税外,召人承佃,出纳租课。"①但是,有的地方反其道而行之,"官司以户绝田肥沃者市于人,而以瘠土租课",以至肥田多归富室,瘠土抑贫民佃种。天禧三年(1019)七月重申此制,"诏:户绝庄田自今才有申报即差官诣地检视,其沃壤、园林、水磑止令官司召人租佃,及明设疆界数目,附籍收系,其硗瘠田产即听估直出市。"②户绝田贫瘠者卖钱入官,征收二税,肥沃者召人承佃,征收租课,承佃法与出卖法并行。相对于"均与近亲"而言,这是一个巨大的变化,工作量要比"旧条"大得多,如土地肥瘠的区分、出卖价格的高低、征收租课的多少等,都要制定相应的标准,已经习惯于旧制的官吏感到"无所稽据,深成烦扰"。天圣元年(1023),殿中丞齐嵩建议,"自今后如不依户令均与近亲,即立限许无产业及中等以下户不以肥瘠全户请射,如须没纳入官,即乞许全户不分肥瘠召人承佃"。齐嵩建议的实质,是废止户绝田出卖法,改为在一定期限内允许无产业及中等以下户"全户请射",无偿拥有户绝田,承担户绝田原有的税赋。如超过期限无人请射,则不限户等"召人承佃",收取租课。这个建议省略了将户绝田分割"均与近亲"的过程,宗法色彩有所减弱,与"旧制"相比,更为便捷易行。

　　国子博士张愿更重视户绝田承佃法的弊端,他反对齐嵩废止出卖户绝田的观点,主张全面实施出卖法。他说:

　　　　累有百姓陈状,称为自来官中定年深户绝租课,积累物数已多,送纳不前,盖是元差到官务欲数多,望成劳绩,定租重大,累蒙校科,摊配在邻人户下,送纳不办,遂至逃移,官中更均摊在以次逃户邻人名下,起惹词讼。国家富有万方,三司是聚敛之臣,必虑不能蠲免,乞不下三司定夺。③

---

① 徐松:《宋会要》食货六三之一七一,天圣元年七月,6072 页。
② 徐松:《宋会要》食货六三之一六六,天禧三年七月,6069 页。
③ 徐松:《宋会要》食货六三之一七二,天圣元年七月,6072 页。

齐嵩是从官吏操作的角度看待大中祥符八年敕令中出卖户绝田的弊端，张愿则侧重于租佃法对民户造成的危害。实施户绝田肥沃者出租、贫瘠者出卖产生两个弊端，一是瘠土"无人请买"，荒废不耕，"亏失税额"，二是地方官吏"望成劳绩"，高定租额，承佃者无力完纳，年复一年，越欠越多，就把所欠租课摊配给邻户，邻户逃移，再均摊给逃移人户的邻人名下，致使民户词讼不已。为革此弊，经三司与大理寺、审刑院议定，颁布《户绝田敕》，"变易旧条"，将户绝田不分肥瘠，均实施出卖法。基本内容是：

（一）由县令、佐检括户绝田产、财物多寡，估计钱数，申报州府。

（二）州府再行检核后，将户绝田产的顷亩、价格公开印榜，示见佃户，由见佃户按估价纳钱，竭产收买。

（三）见佃户无力购买，即问地邻，地邻不买，许其他中等以下户收买。

（四）购买者必须将户绝田不分肥瘠全户买下，不得挑段请买；如一户收买不尽，可以数户联合，共状购买。

（五）户绝田购买款限一年纳足，在未纳足之时，仍要缴纳租课，直到纳足之后，才将田土划归购买者户下，只征二税。

（六）如官吏与买田户勾结，小估地价，有亏官钱，许知情人论告，科以违制之罪，公人决配，并以原卖田价的十分之三赏告事人。

此后，对户绝田出卖法又陆续作了一些补充：

（七）佃种户绝田已达五十年者，如自己购买所佃之田，于十分中减价三分，限二年内纳足。

（八）如见佃户和地邻无力或不愿承买，许其他人户购买，不只限于中下等户。

（九）如果承买人不能一次付清田款，而采用分期付款方式，则将田价与租课以十分为率，每付一分钱款，则减一分租课，直至钱款付清，才将租课豁免，只留二税。①

---

① 徐松：《宋会要》食货六三之一七二，天圣元年七月，6072页。食货六一之五九，天圣六年十二月，5903页。食货六三之一七八，天圣七年五月，6075页。食货六三之一八二，治平四年十一月，6077页。

宋神宗推行青苗法(也称常平新法),采取"诸色人实封投状"的方式,出卖诸路户绝田,以"增助诸路常平本钱"①。"实封投状"即由众户竞买,购买者暗自报出买价数额,密封投状,官府开拆检视众人报价,按最高价格出卖。出卖时先问现佃人,如现佃人同意按最高价承买,则减价二分。如现佃人不愿或无力购买,则给出价最高之人,现佃人交割离业。元祐元年(1086),罢"实封投状",改成按"买扑坊场法"公开唱价②,购买者进行公开的竞争,谁报价高,户绝田就归谁所有。无论是实封投状还是买扑坊场法,对购买者的身份都不再有限制,户绝出卖法中原有的优惠原佃人和中下户的色彩消退殆尽。

南宋初,为解决财政危机,加大了出卖官田的力度。有些地方采取"召人实封投状"的方式出卖原来多被"形势户诡名请田(佃)"的"户绝抵当诸色没官田宅",以卖田收入为"赡军支用"③。绍兴二十八年(1158),"诏:户部据常平没官户绝田产,已佃未佃、已添租未添租,并行拘收出卖。"为此,户部制定出卖条例,补充了以下条款:

(十)在检括所卖官田之后,界内如有坟墓,"克留四至,各自三丈",墓主之家原从官地出入者,买主不得阻障。

(十一)所买官田内如有多年不曾耕垦的荒地,与买人免二年税赋。

(十二)州军造木柜,上锁后分送属县,以接收买卖实封文状;主持买卖的人吏书写投状日时,封皮押官盖印后入柜,限九十日内将柜押解赴州,当厅开拆,给价高之人。如最高价有相同者,先问现佃人,给五日时限,愿依此高价承买,即给现佃人,现佃人不买,给先投状人。

(十三)承买人限六十日纳足钱款,如六十日内纳未纳足,已纳钱款不予退还,所买田产也拘收入官。

(十四)所卖田产如现佃人已施工力,耕作播种,听佃人收获后再交割,现佃人仍要认纳租课;如承买人愿意补偿现佃人种子劳务费,现佃人同意即

---

① 徐松:《宋会要》食货六一之六〇,熙宁七年三月三十日,5903页。
② 徐松:《宋会要》食货六一之六一,元祐元年八月二十二日,5904页。
③ 徐松:《宋会要》食货六一之二,建炎四年二月三日,5874页。

时交业者也可。

（十五）所卖地内如有现佃人自盖房屋，而承买人无力购买，现佃人可依旧居住，但要缴纳白地租钱。如不愿缴纳白地租钱，则可将房屋拆移。①

除人户自然死亡、田产无人继承外，户绝田的形成与灾荒、战争等有关。淳熙十四年（1187），"臣僚言：'在法，没官户绝之产逐时牓卖，收到价钱常平封桩。近年州县不复牓卖，其产岁岁增多，尽为猾吏隐匿，顽民冒占。乞举行出卖指挥，尽数委官籴米，添桩州县常平米少处，增修水旱之备。'从之。"② 政府一旦停止出卖户绝田，其数量就会"岁岁增多"，却被"猾民冒占"。对官府而言，出卖可得到一笔钱币收入，保持二税的稳定，又省去管理费用，利大于弊。

南宋叶适云：在授田制度下"出以与民"的户绝田，在宋代成为"官自卖田"，"其价与私买等，或反贵之。然而民乐私自买而不乐与官市，以为官所以取之者众而无名也。是官无以属民也"③。政府不再有田土授属于民，而是卖田与民，但官府卖田之弊多于民间田土买卖，政府将卖田当成敛财的手段，不仅价格有时高于私田，而且常常营私舞弊，使卖田成为苛政。

四　户绝田租佃法

出卖是宋政府处置户绝田的主要方式，但在未有人承买的情况下，为使田土不致荒废，仍要将户绝田出租，征收租课，户绝田承佃法遂成为与出卖法并行的辅助政策。

天圣元年全面推行出卖法时，对无人请买的户绝田，"许全户不分肥瘠，召人承佃"；天圣五年六月十五日敕："若未有承买，且令见佃人出税"，天圣

---

① 徐松：《宋会要》食货六一之一六—一九，绍兴二十八年十月十七日，5881—5883页。
② 徐松：《宋会要》食货六一之四〇，淳熙十四年六月十三日，5893页。
③ 《叶适集》别集卷之二《民事上》。中华书局1961年版，1983年第一次印刷，652页。

七年五月三司牒:"若未有人买者,官定租课,令请射户供输"①。绍兴二十八年,户部措置出卖户绝条例,"未有人承买田地宅舍,听见佃赁人依旧管纳租课"②。在实施户绝田出卖法时,总有一部分无人承买,致使户绝田租佃法长期存在。

嘉祐二年(1057),户绝田出卖法已全面推行二十余年,宋仁宗诏令"置天下广惠仓","罢鬻诸路户绝田,募人承佃",以夏秋租课输于广惠仓,作为城市老幼不能自存者的救济储备。广惠仓条令规定,十万户以上的州军留租课一万石,七万户八千石,五万户六千石,三万户四千石,二万户三千石,万户二千石,不满万户一千石,"有余则许鬻之"③,即超过法定数额的户绝田仍旧出卖。广惠仓要想有每年一千到上万石的粮食储备,需要近千到近万亩的租课收入,而且,只要中止户绝田出卖,其顷亩数额和租课会逐年增加。从嘉祐二年至熙宁四年(1071)"诏鬻天下广惠仓田",以鬻田所得为青苗法籴本④为止,租佃法一度成为处置户绝田的主流。元祐三年(1088)"复广惠仓"⑤,户绝田仍实施租佃制,其方法是:"应户绝田土合入广惠倉者,立定租课,先问元佃人,两户以上者亦许分佃,无见佃人,或不愿承佃,则遍问四邻,及不愿,即给余人承佃。"⑥元祐八年,又罢广惠仓,行户绝出卖法。此后直到南宋后期,广惠仓屡兴屡废,户绝田或出卖,或出租。崇宁三年(1104)宋徽宗大兴办学之风,诏户绝田停止出卖,"拘收租课充外学支费"⑦。数年后,又恢复户绝田出卖之制。南宋高宗、孝宗、光宗朝基本实行户绝田出卖法,至宁宗嘉泰三年(1200),"臣僚言:'今天下州郡户绝籍没之田往往而有官司出卖,类皆为强豪挟恃势力以贱价买之,官司所获无几。自今后宜止勿鬻,只令元租户承佃,岁收禾谷入官,令(另)项桩贮,或有水旱之灾,民食阙乏,用

---

① 徐松:《宋会要》食货六三之一七一,天圣元年七月,6072页。六三之一七八,天圣七年五月,6075页。
② 徐松:《宋会要》食货六一之一九,绍兴二十八年十月十七日,5883页。
③ 李焘:《长编》卷一百八十六,嘉祐二年八月丁卯,4488页。
④ 李焘:《长编》卷二百一十九,熙宁四年正月壬辰,5321页。
⑤ 李焘:《长编》卷四百零八,元祐三年正月庚戌,9919页。
⑥ 李焘:《长编》卷四百五十七,元祐六年六月甲辰,10942页。
⑦ 梁克家:《淳熙三山志》卷十一《版籍二·官庄田》。宋元方志丛刊,7884页。

此赈济,以为常平之助。'从之。"①嘉定初年(1208)再次根括逃绝田出卖,卖钱"不过一百八十万缗而已",嘉定十二年停止估卖,绍熙以前未卖的户绝田"请佃之家不欠租课者并免估卖",嘉定初"为人划卖者给价还划买之人"②。总之,出卖是宋政府处置户绝田的主流,但间或实行一段时间的租佃法,且因有的田土无人承买,租佃之制始终存在。

户绝田租佃与出卖一样,原佃人和四邻有优先权,这虽然有助于农户与土地的结合,保持地块的完整和生产的连续性,但终究是宗法关系在土地租佃关系上的反映,说明户绝田出卖和租佃均受宗法关系的制约。户绝田的所有者是国家,但佃户的经济地位同私家佃户没有区别。户绝田租佃原则上是"招募",由民户自愿承佃,但不乏强制抑勒的事例。例如:有的地区"因估量田宅牙人等乞觅,逐处社甲不从,故重立租课",以致户绝田"无人愿佃"。有的上户与胥吏牙人相勾结,以低租承佃,然后转手租给佃户,收取差额地租。民户虽不愿承佃高额租的户绝官田,仍被抑勒。户绝田原规定"许人全业承佃",佃人逃移,无有愿佃,就"勒有邻人分佃",分佃时上户"计嘱"官吏,结果"屋宇新丽,田园膏腴,悉归上户,其贫乏下户,虽有佃名,实无所得"③。

在一般情况下,农户承佃户绝田只要不拖欠租课,就可以长期承佃,甚至取得永佃权。按宋代"人户请佃条法",官田承佃人"如本人身故,许子孙接续承佃"④,但官府出卖户绝田的政策,又给承佃户绝田的民户巨大的冲击,他们有的"卖牛破产,竭力送纳",也难以凑足买田之费;在钱未纳足之时,又被"勒纳租课",一年之内,负担双重,大部分佃户无力承担。经过多年耕佃的户绝田已是熟田,"豪强之家乘此卖田指挥,计较逼迫划买",迫使原佃户流离失业,这又给社会安定和赋役之源造成威胁。有鉴于此,宋政府一度规定"所有第四等、第五等民户元佃官田官地为豪强划买者,并依旧给元

---

① 徐松:《宋会要》食货六一之四四,嘉泰三年五月十六日,5895 页。
② 刘克庄:《后村集》卷四十四《玉牒初草》。四库全书1180 册,479 页。
③ 徐松:《宋会要》食货六一之三,绍兴元年六月九日,5875 页。
④ 徐松:《宋会要》食货六三之二一〇,绍兴三十一年正月五日,6091 页。

佃人为业,仍给还元钱"①,以保护按时缴纳租课的佃户租佃户绝田的权利。不过,同宋政府屡屡颁布的出卖官田条例相比,这种对土地兼并的限制只是杯水车薪,收效不大。

五 户绝条贯的影响

户绝田严密的检估、继承、出卖和租佃法,与土地所有权密切相关,这种对土地所有权明确与详尽的法律认定,是土地产权明晰化的重要表现,表明土地产权制度达到一个前所未有的高度,是土地制度发展的重要标志。

宋政府处置户绝田的方式主要是出卖,其次是出租,在灾荒、战争造成大片户绝荒田的情况下,也用于营田或召民户耕种,收取二税。户绝田出卖与租佃法对宋代官田影响很大,成为宋政府处置官田的基本政策。熙宁八年(1075),"诸畸零不成片段田土"依"出卖户绝田产法,召人承买"②。元丰元年(1078),民户借贷官府钱物,如到期不还本息,"其没纳抵挡依卖户绝田产法"③。绍圣四年(1097),内侍梁惟简、陈衍因"交通执政,变乱朝廷","屋宅、产业、园地、钱物并根括籍没入官,在京者拨与后苑房廊所,京城外者拨与提举常平司,在外州县者拨与转运司,如有隐漏减落,许人陈告,罪赏依户绝法"④,即籍没财产依户绝检估法对官吏和告事人进行赏罚。建中靖国元年(1101),"诏市易折纳田产并依户绝田产法"⑤。建炎四年(1130),宋金交兵,人多逃移,平江府户主逃亡而由"佃户主之"的逃田,官府"立定租课"令现佃户缴纳,"以三分为率,一给佃户,一以上供,一拘籍在官",户主归业,"并田归还",如"二年不归,即依户绝法"⑥,后展期三年。逃田一般给五年

---

① 徐松:《宋会要》食货六三之二二四—二二五,绍熙四年八月十六日,6098—6099页。
② 徐松:《宋会要》食货六三之一八八,熙宁八年二月二十八日,6080页。
③ 李焘:《长编》卷二百九十四,元丰元年十一月戊子,7169页。
④ 李焘:《长编》卷四百八十七,绍圣四五年月甲子,11569页。
⑤ 马端临:《文献通考》卷七《田赋考七》,80页。
⑥ 李心传:《建炎以来系年要录》卷六十四,绍兴三年四月丁未,1094页。

期限,限内不归,即籍其田归官,依户绝田法处置,特殊情况例外,如隆兴元年(1163),"诏:应人户抛下田屋,如有归者,依旧主业,已请佃者即时推还,出二十年无人归认,依户绝法。"①总之,折纳、抵挡、籍没乃至一直有人耕佃的逃田,都按户绝田法实施出卖,无人承买则出租。

户绝田无论出卖或出租,原佃户、四邻及缺地的中下户拥有一定的优先权,且不许当地在任官吏购买。由于户绝田采用全户出卖的方式,而中下等户多无购买能力,加上豪强上户与地方官府有千丝万缕的联系,所以他们在占有官田方面总是捷足先登,贫民下户很难得到实惠。

---

① 马端临:《文献通考》卷五《田赋考五》,64页。

第八章 马监与牧地

一 引言

"国之大事,在祀与戎,戎事之中,马政为重"①。周朝即有"司马"一职,职权相当于隋唐之兵部尚书与宋之枢密使。宋沿边地区长期驻扎重兵,马政是两宋政府十分关注的问题。马政包括监牧与买马两部分,监牧即设置马监牧养官马。北宋初建立了监牧制度,至真宗大中祥符(1008—1016)年间,发展迅速,马监数量多,占地广。大中祥符至宋英宗末年(1087),监牧数量基本稳定,牧地维持在九万顷左右,是监牧的平衡发展期。熙宁以后,牧地大多成为农田,监牧逐渐衰落,至北宋末而废弛。南宋所买官马直接分配给诸军,一般不设监牧养,监牧成为买马事务之附庸。宋光宗(1190—1194)以后,除杭州尚有御马监外,不再设置监牧。

---

① 赵汝愚:《宋朝诸臣奏议》卷一百二十五,文彦博《上神宗论马监不可废》。上海古籍出版社1999年版,1385页。

二　管理架构与法规

监牧的最高管理机构是枢密院。枢密院主管军政，"掌军国机务、兵防、边备、戎马之政令，出纳密命，以佐邦治"①。北宋枢密院与主管政务的中书门下（政事堂）是最高权力机构，号东府、西府，合称"二府"。南宋枢密院最高长官多由宰相兼任，签书枢密院事也多兼参知政事，宰相（丞相）、参知政事与枢密院使、副名义上分掌政、军，实际上已合为一体，但在政令发布上，马政事务多以枢密院的名义签发。尚书省兵部北宋时基本是闲职，仅掌图籍、仪仗、卤簿等，也参与少量的厩马事务管理。元丰改革后，兵部职权有所加强。南宋时马政事务名义上由兵部管理，实际上权力分散，由提举买马监牧司及各地都统制司、安抚制置司分掌，仍隶枢密院。

宋承唐末五代之旧制，东京监牧称飞龙院，置飞龙使。京畿置左、右飞龙二院，称"内厩"，诸州马务称"外厩"。因"诸州监牧多废，官失其守"，置"闲厩使"，以图恢复。宋太祖"始置养马二务，又兴葺旧马务四，以为放牧之地。分遣中使，诣边州岁市马，自是闲厩之马始备"②。太祖时京畿有马务二，诸州除继承前代马务外，修复旧马务四。

宋太宗太平兴国四年（979），平定北汉，"得汾、晋、燕、蓟之马，凡四万二千余匹，国马增多"。五年正月，"于东京景阳门外新作四厩，名曰天驷监，左、右各二"。同时，改左、右飞龙院为左、右天厩坊。"内厩马既充牣，始分置诸州牧养"③。雍熙二年（985）十月，置左、右骐骥院，各领天驷二监，天厩一坊，勾当官各三人，以诸司使、副及内侍充。"国马之政，皆骐骥二院监官专之"④。骐骥院"掌牧养国马，以供乘舆，及颁赐王公、群臣、蕃夷、国信，给

---

① 脱脱：《宋史》卷一百六十二《职官二》，3797页。
② 李焘：《长编》卷二十一，太平兴国五年正月庚辰，471页。
③ 脱脱：《宋史》卷四《太宗本纪一》，64页。《长编》卷二十一，太平兴国五年正月庚辰，471页。
④ 王应麟：《玉海》卷一百四十九《马政下》。四库全书946册，835页。

骑军厩置之用"①。内厩六监,外厩十二监,"凡十八监"②。

此后,监牧管辖马匹增多,事务繁杂,咸平三年(1000)九月,始置群牧司,命枢密直学士陈尧叟为制置使。自骐骥院及诸州马监厩牧之事,"悉听命于群牧司"③。群牧司设制置使一人,以枢密使、副充,群牧使一人,以两省以上人充,副使一人,以内侍都知充,都监二人,以诸司使充,判官二人,以京朝官充。各监牧置监官,以三班使臣充。同时,"令诸州有牧监处,知州、通判并兼管群牧事"④。治平元年(1064),襄邑县"卫士牧马以践民稼",知县范纯仁杖责之,因县官无管理监牧职权,受到弹劾。"诏释之,且听牧地隶县。凡牧地隶县自公始"⑤,县令有管理本县牧地之权。群牧司之下,设左、右厢监牧提点所,分管河北、河南监牧。监牧管理机构完备,群牧司及诸州监牧官员级别提高,反映宋政府对监牧的重视。

熙宁元年(1068),分设河南、河北监牧司,"命刘航为河南监牧使,崔台符为河北监牧使,诸马监分属两使"⑥。以朝臣二人充监牧使,取代职权较轻的左、右厢提点所。"凡外诸监并分隶两使,各条上所当行者。诸官吏若牧田县令佐并委监牧使举劾,专隶枢密院,不领于群牧制置"⑦,群牧司的职权大大削弱。熙宁五年五月在京畿推行"保马法",令保甲户饲养监牧马,熙宁六年在京东、京西、河北、陕西、河东五路推行"义勇保甲养马法",令义勇、保甲户养马,以备证调。八年,罢河南、河北监牧司,诸州监牧大多废弛,牧地招民户租佃,以其租入为市易司本钱,以其赢利为买马之费。监马或给诸军,或给养马户代养,群牧司虽存,职能却是收租以给市易务,及协助推行保马、养马法。设"提举买马监牧司",监牧与买马职能开始合流。熙宁十年,

---

① 马端临:《文献通考》卷五十六《职官考十》,506页。
② 章如愚编:《群书考索》后集卷四十四《兵门·马政类》。四库全书937册,618页。
③ 李焘:《长编》卷四十七,咸平三年九月庚寅,1025页。
④ 李焘:《长编》卷四十七,咸平三年十月乙卯,1029页。
⑤ 范纯仁:《范忠宣集》补编《宋观文殿大学士许国公谥忠宣尧夫公传》。四库全书1104册,820页。
⑥ [清]《钦定历代职官表》卷三十一《太仆寺》。四库全书601册,759页。
⑦ 脱脱:《宋史》卷一百九十八《兵志》十二,4940页。

罢提举买马监牧司,"置群牧行司,以往来督市马者"①,同州沙苑监隶属群牧行司,群牧司的职权进一步削弱。元丰三年(1080),"罢群牧行司,复置提举买马监牧司"②。沙苑监等陕西、熙河等路监牧事务由买马司兼管。

元丰五年官制改革后,监牧之政隶太仆寺,但太仆寺的职能未能恢复晋、唐旧制,其地位与群牧司相似,仍隶枢密院或尚书省兵部及驾部。元祐元年(1086),"诏:应缘内外马事,旧系群牧司管勾者,专隶太仆寺,直达枢密院,更不经由尚书省及驾部,余并依官制。"③群牧司职权仅为"所管牧租钱物、并卖不堪马、死马肉脏、户绝(田)、券马糜费等钱物","及后来有封桩保马户赎铜钱,及废监省费等钱物文帐"④。元祐三年,群牧司废罢,复置左右厢提点所,管理新复马监,实施原河南北监牧司的编敕条例,但监牧颓废之势已不可逆转。

宋徽宗崇宁二年(1103),诏"太仆寺依旧制不治外事,归尚书驾部;应马事,上枢密院所隶官司"⑤。监牧事务已无独立的中央专职机构管理,仅隶属枢密院之支马房,职权大为降低。

南宋监牧不受重视,监牧与买马事务混同管理,成为买马事务的附庸。南宋在买马地区设置"提举买马监牧司"或"提举茶马司",以提举买马官或地方军事长官如经略司、都统制司主管监牧事。临安府仍有骐骥院,规模很小,没有管理全国马政的职权。

监马由监牧军兵饲养。每年三月至九月牧草旺盛时节,在外屯戍者的战马就近监牧放养,京畿战马于近京监牧放养。秋冬天寒,则上槽养喂。对上槽专门制定了"刍秣之法","其法:马上槽时,先饲空草,然后加秣料伴喂,不得水多,饲毕歇一两食时,乃可饮以新水。春夏宜数饮,不明乘骑来,候喘定汗解方得饮喂,仍不得饲以旧草,多成肠结。冬月勿饮水,水草中无使有

---

① 脱脱:《宋史》卷一百九十八《兵十二》,4951 页。
② 李焘:《长编》卷三百三,元丰三年四月甲寅,7386 页。
③ 李焘:《长编》卷三百九十三,元祐元年十二月戊戌,9554 页。
④ 李焘:《长编》卷四百九,元祐三年四月丁酉,9973 页。
⑤ 脱脱:《宋史》卷一百六十四《职官四》,3894 页。

沙石粪土,食之肺及肠胃成病。初乘时勿便纵走,骤走多,肺病皆由此致也。"①监牧兵士要进行培训,学习喂马方法。

宋真宗时,监牧管理条例经多次修定,已较为完备。大中祥符元年,"立牧监赏罚之令",规定诸监马"一岁终以十分为率,死一分以上勾当官罚一月俸,余等第决杖。牧倍多而死少者,给赏缗有差"。孳生监"生驹不及四分,并罚俸,死数少,生驹多,即奏第赏"。监官三年任满,"以该赏者闻"。牧马"凡生驹一疋,兵校而下赏绢一疋"②。在京及外厩非孳生坊监,"生驹及一分,死失不及分者,使臣军校等第支赐。生不及数而死失及分者,差级科罚。其生驹倍多、死益少者,就迁一级"③。嘉祐八年(1063),重定孳生监赏罚标准,"每监岁定牝马二千,牡马四百,岁约生驹四百,以为定数"④,即以牝马为率,以岁生驹二分为赏罚基准。

对养马务所辖病马,每季考核其死损数,"明立赏罚",岁终或"量与迁补",或"等第赐赏钱"⑤。病马每年死三分以下,监官有赏,"三分四分已上不支赏,六分已上罚一月俸,七分已上罚一季俸,八分已上勘罪以闻,乞行严断"⑥。

外监病马原规定送在京牧养监,因或押送不及时,或不堪奔走之劳,常常延误治疗,治愈者"百无三四"。大中祥符元年,令病马由"本坊监养喂,岁终比较"⑦,进行赏罚。诸军母马怀驹,在京"具数牒送群牧司纳换,在外者即令逐处差人牵送别往侧近州府有马监处送纳,不得随群下槽牧放,枉致抛死驹子"⑧,如不按规定投换孕马,致使马驹死亡者,重加处罚。

---

① 徐松:《宋会要》兵二四之五,淳化二年十二月,7181 页。
② 脱脱:《宋史》卷一百九十八《兵志十二》,4929、4931 页。
③ 徐松:《宋会要》兵二四之八,大中祥符三年七月二十六日,7182 页。
④ 脱脱:《宋史》卷一百九十八,《兵志十二》,4932 页。
⑤ 徐松:《宋会要》兵二四之七,大中祥符元年四月,7182 页。
⑥ 徐松:《宋会要》兵二一之二,大中祥符四年十二月,7125 页。
⑦ 徐松:《宋会要》兵二四之七,大中祥符元年正月六日,7182 页。
⑧ 徐松:《宋会要》兵二四之六,景德四年九月,7181 页。

三 监牧分布

经过太祖、太宗两朝的大力发展,至真宗大中祥符年间,马监已颇具规模。东京马监有左、右骐骥院,领天驷四监,天厩二坊。六监之外,有牧养监。真宗景德二年(1005)二月,"以郑州养马务病马于京城置坊养饲之",大中祥符四年十一月,在东京城西开远门外正式置牧养上下二监,为病马牧养之所,"马重病者送下监,轻者上监"①,负责调养在京诸监及在京诸军病马,以一千五百匹为额。天圣八年(1026),"言者谓上监去京城远,送病马非便,诏废之"。病轻马由在京六监牧负责调治。明道二年(1033)复置,易名天坰,"养无病马,病马并属下监"。

牧养监牧地不多,以上槽喂养为主,成本较高,景祐二年(1085),"诏:以牧养监马团群于陈、许州界凤凰陂,免耗刍菽,岁以为常。"凤凰陂隶原武监。治平二年,"诏:院坊监马不堪估卖者,送淇水第一监,别为一群以牧养之"②,则原武监、淇水监兼病马监。

宋初承唐五代之旧,诸州监牧多称养马务或马坊,太平兴国五年统称牧龙坊,景德二年七月,"将诸州牧龙坊改为监,以本州军土地为名"③。至大中祥符末年,诸州监牧有十八个:

河南府洛阳监。负责"牧养在京送去少嫩马"。天圣六年废,"见马支配诸军,兵级充本京厢军,其地募民耕佃"。明道二年复置,牧养河北诸监孳生少嫩马。

大名(河北大名县)三监。景德二年五月,分为二坊。七月,改为大名第一、第二监,或称上、下监。大中祥符二年,在洺州境置第三监,名元城监④。

---

① 徐松:《宋会要》兵二一之一,大中祥符四年十一月,7125页。
② 脱脱:《宋史》卷一百九十八《兵志十二》,4931页。
③ 徐松:《宋会要》兵二一之六,景德二年七月四日,7127页。
④ 徐松:《宋会要》兵二一之四,7126页。

洺州（河北永年县）广平二监。原为一监，大中祥符三年闰三月，增置第二监，"共占邢洺赵三州民田万五千顷"①。景祐元年，诏废广平二监，遭臣僚反对，二年，诏"废其一"②，牧地面积缩减至二千余顷。

卫州（河南汲县）淇水二监。周显德中为御马监，景德二年改为淇水监。后又分为第一、第二监。熙宁七年四月，合为一监③。元祐六年，复为二监④。

管城（河南郑州）原武监。景德二年二月，分为第一、第二监。七月，改为广武监。大中祥符二年，复称原武监，仍合为一。熙宁七年四月废，分擘群马于洛阳、单镇两监放牧⑤，牧地"四千二百顷以予民"租佃⑥。元祐初复置，绍圣四年（1097）又罢。

同州（陕西大荔县）沙苑二监。沙苑监历史悠久，是最重要的地方监牧，景德二年改名为沙苑监。咸平六年十一月，分为二监。每监牧马四千五百匹⑦。庆历五年"见管草地一万一千四百六十余顷"⑧，大观元年（1107）占牧地九千余顷。

相州（河南安阳市）安阳监。周显德中置马坊，景德二年改今名⑨。景祐二年废广平监时，将广平监"赵州界草地二千顷"⑩隶安阳监。

澶州（河南濮阳市）镇宁监。建隆初，濮州置养马务。开宝八年，移于澶州。景德二年改此名。乾兴元年十二月（1023年初）废。

滑州（河南滑县）灵昌监。旧名龙马监，景德二年改今名。天禧三年（1019），黄河决口，群牧司请以监马送大名、淇水五监牧放，后遂废。

---

① 李焘：《长编》卷一百六十六，皇祐元年三月丁巳，3997 页。
② 王应麟：《玉海》卷一百四十九《马政下》。四库全书，946 册，836 页。
③ 徐松：《宋会要》兵二一之四，7126 页。
④ 李焘：《长编》卷四百六十五，元祐六年闰八月甲戌，11113 页。
⑤ 徐松：《宋会要》兵二一之四，7126 页。
⑥ 脱脱：《宋史》卷三百四十七《章衡传》，11008 页。
⑦ 徐松：《宋会要》兵二一之四，7126 页。
⑧ 徐松：《宋会要》兵二一之七，庆历五年闰五月二十八日，7128 页。
⑨ 徐松：《宋会要》兵二一之五，7127 页。
⑩ 李焘：《长编》卷一百十六，景祐二年二月庚申，2720 页。

邢州（河北邢台）安国监。大中祥符二年八月置，景德二年春废。

郓州（山东郓城县）东平监。大中祥符元年十一月置，天禧五年正月废，牧地听民租佃。数年后复置。熙宁七年二月，"群牧司请以监马分配诸处，其地分募民分佃之"①。此后多次兴废。

中牟县淳泽监。大中祥符四年置，乾兴元年四月废。

许州（河南许昌市）单镇监。大中祥符六年七月置，天圣五年十一月废，明道二年复置。

此后仍有马监设置，如治平四年十一月，"诏河东路都总管司于太原府交城县置马监"②。次年，置汾州（山西临汾市）监。诸军骑兵集中屯驻的州郡也置马监。北宋末靖康元年李纲说："祖宗以来，养马于监，择陕西、河东、河北美水草高凉之地处之，凡三十六所。"③内外坊监有二十余所，则诸军马监有近十所。

上述马监中，"大名府（三监）、洺、卫（二监）、相州七监多择善种，合牝牡为群"，为"孳生监"，承担马匹繁殖责任。群牧判官"岁以十二月巡行坊、监"，检查马驹繁衍状况。熙宁元年将诸州马监分属河南、河北两监牧司后，"诏河南诸大马监为孳生监"④。

福建泉州、福州和宁化军原有牧马地十一处，规模小，不设监官，不称监而称牧，"每牧置群头牧户以主之"，每州"以使臣一人提点"。大中祥符二年，废湄州、秀屿、南匿三牧后，福州有四牧，泉州及宁化军各二牧。其马"皆低弱不披甲，唯以给本道厢军，及江浙诸处铺马"，号"洲屿马"⑤。

马监占有大量牧地，"淳化、景德内外坊监总六万八千顷，诸军班又三万九百顷不预焉"，共9.89万顷。因"官失其籍，界堠不明"⑥，有的牧地被侵占为农田。如卫州新颖县东有"草地百余里，为户民所占"，遣官按视，"得六百

---

① 徐松：《宋会要》兵二一之五，7127页。
② 徐松：《宋会要》兵二一之七，治平四年十一月十四日，7128页。
③ 李纲：《梁溪集》卷四十六《备边御敌八事》。四库全书1125册，881页。
④ 徐松：《宋会要》兵二一之七，7128页。
⑤ 徐松：《宋会要》兵二四之三，7180页。
⑥ 脱脱：《宋史》卷一百九十八，4936页。

九十余顷。冒佃三分之一,并伏(乞?)还官"①。

大中祥符二年正月,群牧制置使陈尧叟请根括牧地:"'除旧系官草地外,应古来坊监旧牧龙坊草地、系官闲田,即标立封堠,其远年逃土及今闲田有与民田相接者,官利市之,或易以沃壤,无妨农种,仍令判官李克勤、田谷往来巡视,俟标定讫,本司上其勤课,请行旌赏。'从之。"至三月,内外监牧所管草地,均"已各起立封堠识",于是规定各马监"每季具帐付群牧司管系"②。大中祥符四年,陈尧叟言:"'京师马旧留二万,今留七千,自余悉付外监。仍欲于七千之中,更以四千付淳泽监'……从之。"③此后,骐骥院六坊监仅养好马二三千匹,以备朝廷给赐等不时之用。东京"诸班不自放马,寄两院牧放",骐骥院成为京畿的军马牧场。此时"凡京城、诸州饲马兵校万六千三十八人,坊监及诸军马二十余万",牧地额"诸坊监总四万四千四百余顷,诸班诸军又三万九百余顷,以为定制"④。熙宁元年,"牧地总五万五千,河南六监三万二千,河北六监则二万三千"⑤,加上东京内坊监一万余顷及诸军牧地,总数仍在九万至十万顷之间⑥。

四 废置沿革

北宋曾三次废罢监牧,废罢后均又诏令恢复。每次废罢,都造成监牧规模萎缩,牧地流失,最后终不可复。

---

① 徐松:《宋会要》兵二一之二五,景德二年八月,7137 页。
② 徐松:《宋会要》兵二一之二五,大中祥符二年正月、三月,7137 页。
③ 李焘:《长编》卷七十六,大中祥符四年十一月壬午,1741 页。李焘在此条下注云"会要于明年四月始载尧叟言,又马数不同,今从实录"。《宋会要》兵二一之二大中祥符五年四月条载,"群牧制置使言:'左右骐骥六坊监见饲马万七千匹,所费刍粟四百万。今请止留马二千,余悉遣就淳泽监放牧。……'从之。"
④ 徐松:《宋会要》兵二四之一,7137 页。
⑤ 脱脱:《宋史》卷一百九十八《兵志十二》,4937 页。
⑥ 内坊监左右骐骥院有兵士 2948 人,内外坊监共有兵士 16038 人,内坊监占监牧总人数的 18.4%。如以此比率计算内坊监牧地,大中祥符年间为一万顷,熙宁元年为一万二千余顷。

"澶渊之盟"后,宋辽、宋夏多年无战事,"兵久不试,言者多以牧马费广而亡补",要求减罢监牧。天禧三年,黄河决口,灵昌监马送其他监收养,后不复置,此为监牧废罢之始。天禧五年废东平监,乾兴元年废淳泽、镇宁监,天圣五年废单镇监,六年废洛阳监,至此,"河南诸监皆废,悉以马送河北"①。此次废罢时间较短,影响有限,明道元年,提点左厢监牧王舜臣相度恢复河南监牧时说:"镇宁、灵昌、东平、淳泽四监虽废,然其地犹牧本监及骐骥院马。"监牧虽罢,监马尚存,仍在牧养。此年恢复洛阳、单镇二监,景祐二年复广平监。灵昌监虽未恢复,但"移原武下等马于灵昌镇废监",隶属原武,实为灵昌监合并于原武监。没有恢复的仅淳泽、镇宁二监。

宋神宗熙宁年间,第二次废罢监牧。熙宁元年二月,"将监牧马剩地各立田官,仰专管耕种之政,以成牧养之利"。以每匹马占地五十亩为率,将多余牧地招民户耕佃。大名、广平四监一万五千余顷及原武监所管凤凰陂八百余顷"剩地不多",依旧存留,"原武、单镇、洛阳、沙苑、淇水、安阳、东平等监,地三万二千四百余顷,马三万六百匹",其中应留牧地一万五千三百顷,剩地"一万七千余顷,召人租佃,收草粟以备寒月支用"②。河南诸监虽未废罢,其牧地一半以上成为农田。十二月,"权河北监牧使崔台符言:'乞应系牧地人户已占佃者,并令供析所出租税,今后尽归本路监牧司支用。'从之。"③牧地减少后,出牧时间由三月至九月缩减为四月至八月,其余月份上槽养喂。

熙宁四年,命同修起居注曾孝宽比较诸军监牧利弊,曾孝宽说:"诸班直、诸军牧马乞不下槽牧放,许民出租请佃牧地。"以牧地租入粟刍养马。诏自次年四月开始实施。诸军马监牧地相继出租为农田,"计租入以补草粟,犹有羡也"④。熙宁五年,东京开始推行保马法,招募保甲户认养官马,每年不超过三千匹,废太原监。次年,将保马法推广至京东、京西、河北、陕西、河

---

① 脱脱:《宋史》卷一百九十八《兵志十二》,4930 页。
② 徐松:《宋会要》兵二一之二六,熙宁元年二月四日,7137 页。
③ 徐松:《宋会要》兵二一之二七,熙宁元年十二月,7138 页。
④ 李焘:《长编》卷二百二十七,熙宁四年十月庚午,5530 页。

东,称"五路义勇保甲养马法":"凡五路义(勇)保(甲)愿养马者,户一匹,有物力养马二匹者听,以监牧见马给之,或官与其直使自市,毋或强与"①。七年,废广平、原武、东平监,合淇水两监为一监。八年,废大名及高阳、真定、太原、定州共八监。外厩马监仅留沙苑监等数处,废罢诸监"可充军马用者"大部分送沙苑监,其余给驿传和出卖给民户,结果"诸监马送沙苑者止四千余匹,在道羸死者殆半,国马尽于此矣"②。《宋史·兵志十二》载:"以其善马分隶诸监,余马皆斥卖。收其地租,给市易茶本钱,分寄籍常平出子钱,以为市马之直。"③京城左、右天厩坊亦罢,天驷四监合并为二监④。此次废罢与义勇保甲养马法相辅相成,大部分牧地租给民户,五千余名马监兵士"以为广固、保忠指挥,修完京城焉"⑤。

诸监既废,所需官马"仰给市马,而义勇、保甲马复从官给,朝廷以乏马为忧"⑥。为解决缺马问题,除买马外采取了两个办法。一是推行"户马法",作为保马法的补充,故户马法也称保马法。元丰三年规定,在京畿及北方五路"坊郭户家产及三千缗,乡村及五千缗,养一匹,各及一倍增一匹,三匹止。须四尺三寸以上及八岁以下,令提举司注籍,仍先下逐路,具民户家业等第及合养马数以闻。"⑦苏辙论户马法之弊云:"元丰之中,为保马之法,使民计产养马,畜马者众,马不可得,民至持金帛买马于江淮,小不中度,辄斥不用。郡县岁时阅视可否,权在医驵,民不堪命。"⑧地方官吏为追求政绩,令民户限期买马,"猾商乘时射利,以高价要养马户",有碍户马法的推行,于是"令群牧司简骁骑以上马千匹,定价与民交易,毋得市与不养马户"⑨。骁

---

① 李焘:《长编》卷二百四十六,熙宁六年八月丁酉,6001页。
② 司马光:《涑水记闻》卷十五。中华书局1989年版,304页。
③ 脱脱:《宋史》卷一百九十八《兵志十二》,4941页。大名三监属群牧司,高阳等监此前未见记载,应属诸军马监。
④ 徐松:《宋会要》兵二一之三,熙宁八年二月二十一日,7126页。
⑤ 李焘:《长编》卷二百六十二,熙宁八年四月戊子,6412页。
⑥ 脱脱:《宋史》卷一百九十八《兵十二》,4949页。
⑦ 徐松:《宋会要》兵二四之二一,元丰三年二月二十八日,7189页。
⑧ 苏辙:《栾城后集》卷十五《民赋叙》。上海古籍出版社1987年版,1331页。
⑨ 徐松:《宋会要》兵二四之二一,元丰三年八月十九日,7189页。

骑是左骐骥院马之一个编号,属上等马。义勇、保甲马是官给,养马户免支移等劳役,马死由养马户赔填;户马是民户自买,买马户免税赋,马死政府不予赔偿,马被征调,死则支付价钱,不死则归还民户。二是专设孳生监。元丰二年,经制熙河边防财用司奏请于岷州、通远军置十孳生监,宋神宗要求先在京畿试行。元丰六年,在京畿置十个孳生监,占牧地三千余顷,计划母马每年繁殖以五分为率,如成功则"推之诸路"。

元丰八年三月,神宗病逝,十岁的哲宗继位,宣仁太后听政,"言新法之不便者,以保马为急"①,连变法派的重要成员章惇也说:"保甲、保马,一日不罢,有一日害。"②四月,诏罢京畿、京东、京西路保马法,"保马分给诸军,余数废(发?)赴太仆寺,仍以格尺不逮者还民变易之,纳元给钱"③。八月,因京畿新置孳生监设置二年间"死损马已过五分",而繁殖率"不满一分四厘",诏罢之,同时罢户马法,"借到户马并私马,并给还主,支到官马,均配诸军填阙"④。至元祐元年元月,诸路保马法相继废罢。

元祐元年二月,差官前去京畿、陕西、河东、河北路"相度置监"⑤。右司谏王严叟言:"臣乞尽收退还民间马三万余匹,复置监如故。然不必置监牧使,止委转运使领之,足治办矣。今郓州之东平监,北京之大名上下监、元城监,卫州之淇水监,相州之安阳监,洺州之广平监,以至瀛、定之间,相望皆是棚基草地,经界具存。牧养之方,画一尽在使臣,犹有旧人,可充选任。牧兵尚余大半,略假招填,指顾之间,措置可定。"⑥此后,"洛阳、单镇、原武、淇水、东平、安阳等监皆复"⑦。不过,已废监牧未全部恢复,如大名三监受黄河多次决溢与河道不稳定影响,不再恢复。已出租牧地很多未能收回,如元祐四年"诏:在京院坊监牧马草地,近系太仆寺拘收者,听民间仍旧承佃。"⑧新复

---

① 脱脱:《宋史》卷一百九十八《兵志》十二,4948页。
② 邵伯温:《邵氏闻见录》卷十一。中华书局1983年版,119页。
③ 徐松:《宋会要》兵二四之二五,元丰八年四月八日,7191页。
④ 李焘:《长编》卷三百五十九,元丰八年八月丁亥,8587—8588页。
⑤ 徐松:《宋会要》兵二四之二六,元祐元年二月十六日,7191页。
⑥ 李焘:《长编》卷三百七十四,元祐元年四月辛卯,9068页。
⑦ 脱脱:《宋史》卷一百九十八《兵志十二》,4943页。
⑧ 李焘:《长编》卷四百二十五,元祐四年四月壬戌,10288页。

监牧养马未复旧观,曾布说:"元祐中,复置监牧,两厢所养马止万三千匹",只及熙宁元年六万余匹的五分之一,"而不堪者过半"①,大部分劣等马。

哲宗亲政后,改元"绍圣",以图恢复神宗政令,再一次废罢监牧。绍圣三年枢密院言:"元祐初,兴复监牧,所费不赀,殊未见效。"于是,实施"给地牧马法":"应有牧地县分,许[等]第人户投状,指请上色一顷,给付人户,自得耕佃,而蠲其租,令养官马一匹,各于所属县籍其毛色、尺寸、齿岁给付,每岁分番就县令佐点[集]。若马有死失,许即时申县,自备印给。非点集日,许私自乘骑,不得出本州界若干里。如元佃地人户愿养马者,祇令将文契批凿,除其租数。若请不尽,并不愿请者,依条召人租佃。"②四年,"废淇水、单镇、安阳、洛阳、原武监,罢提点所及左右厢,惟存东平、沙苑二监"。宋朝众马监中,沙苑监气候凉爽,牧地宽广,适宜养马,"凡诸监废罢不一,而沙苑监独不废"③。东平监"地美且广",养马设施完备,"棚厂甚宽,冠绝诸监"④,亦不废。哲宗时期新旧党争激烈,政策多变,"法虽已具,而犹未及行",至宋徽宗即位后的崇宁元年,诸路给田养马仅"一千八百疋有奇",其中河北西路一千四百匹,开封府界、京西南路、京东东路无人应募养马,河东路仅养九匹,"他路自二百疋以下"⑤。

崇宁二年,宋徽宗"追述先王寓马于农之意,募人给地,免租牧马",颁行"崇宁牧马令",继续推行给地牧马法,东平监再遭废罢。因民户"恐养战马,缓急朝廷别有差拨",故多养骒马。骒马生驹归官,民户积极性不高,给地牧马推行缓慢。大观元年,规定养马户所养骒马生驹,可抵充死损之数,且每户不论养马几匹,每生三驹,"以二驹纳官,一驹充赏,其骒马户不得过堪出战之半"⑥。二年,"令县、镇、城、寨、关、堡官衔内并带管勾给地牧马事,佐官

---

① 脱脱:《宋史》卷一百九十八《兵志》一二,4944 页。
② 徐松:《宋会要》兵二一之二八一二九,绍圣三年七月六日,7138—7139 页。
③ 脱脱:《宋史》卷一百九十八《兵志十二》,4944 页。
④ 赵汝愚:《宋朝诸臣奏议》卷一百二十五,文彦博《上神宗论马监不可废》,1385 页。
⑤ 脱脱:《宋史》卷一百九十八《兵志十二》,4944 页。
⑥ 徐松:《宋会要》兵二一之三〇,大观元年四月二十八日,7139 页。

同管勾,庶使人各知任责"①。遣官根括"土豪侵冒"的牧地,"被差括地之官限一日起发,亲诣地所,如违及不实不尽,杖一百,故隐落者以违制论"②,增加可以发放的牧地额,招置更多的养马户。给地牧马法不再强调自愿原则而具强制性,牧地出租的实施力度增强。

宋徽宗任用蔡京等奸佞之臣,执政大臣争权夺利,朝令夕改。大观四年复东平监,"罢京东西路给地养马"③,民户所养马拘收归官。政和二年十二月,"诏于京东西、河北以旧牧地募人牧马,以次推行于诸路。"同时,"尽括泽(山西晋城市)、潞(长治市)、京西、山东、河北等田,即陕右军蕃羌马一分给之"④,把陕西以东军马十分之一分给养马户。为推行给地牧马法,三年四月,复罢东平监。宣和二年(1120)九月,又罢给地牧马法,诏:"民户见养官马,令枢密院相度拘收,支填见今阙马禁军,仍令逐路守臣兵官专一钤束,应租佃牧地及置监去处并如旧制。内牧地先问旧佃人,如不愿佃,即令见佃人依旧法租佃,又不愿,即依条别召人承佃。"⑤给地牧马法虽罢,但并未恢复监牧,而是把养马户免纳租税的牧地出租,收取租课。对宋代军政起过重要作用的监牧土地,除"以赐诸苑囿及道宫"外,已完全租佃化,成为农田,不再恢复了。拘收的户马"尽给赐童贯及补陕右诸军阙马者,凡九万余匹,即不加恤,道毙者十八九"。民户养马的成果,损失殆尽。宣和六年宋金交战,宋军战马奇缺,无处筹措。至金兵迫近东京,尽括京城内外民马,加上在京骑军,才"不及二万"匹,全部交给宦官梁方平去守卫黄河,"至则大败,马俱歼焉"⑥。此年又诏复给地牧马法,靖康初又罢,但北宋政权已摇摇欲坠,不能落实这些法令了。

---

① 徐松:《宋会要》兵二一之三一,大观二年四月一日,7140页。
② 徐松:《宋会要》兵二一之三一,大观二年五月一日,7140页。
③ 徐松:《宋会要》兵二四之二九,大观四年五月七日,7193页。
④ 马端临,《文献通考》卷一百六十《兵考》十二,1393页。
⑤ 徐松:《宋会要》兵二一之三二,宣和二年九月四日,7140页。
⑥ 马端临,《文献通考》卷一百六十《兵考》十二引蔡絛《国史补》,1393页。

五　南宋监牧

南宋战马极阙,财政困难,买马额少于北宋,且买马之后,多随即分配给诸军,并不收监牧养,所以监牧甚少,规模不大。

临安府牧马监。绍兴四年(1134)置①,沿袭北宋旧名,为左右骐骥院,仅饲养御马、以供皇室乘舆及赏赐大臣。北宋骐骥院有牧养及驯马兵士近三千人,南宋绍兴八年仅有二百人,绍兴二十六年,"诏:骐骥院左右教骏四指挥,每指挥通见管人数,权作一百人为额。"②人数为四百人,规模不能北宋同日而语。

饶州孳生监。绍兴二年,命三省、枢密院措置兴置孳生监,"命守臣提领,括神武诸军及郡县官牧马隶之"③。次年,设监于饶州,左朝请大夫郏渐为提举孳生监牧事,有"厩卒二百人"④。饶州湿热多雨,马多病死,至绍兴五年三月,共牧养马五百六十二匹,"毙者三百有五",死亡率高达54%,生驹成活者仅二十七匹,于是"罢饶州孳生监"⑤,郏渐因失职降两秩。

临安府孳生监。绍兴四年,诏在余杭县南上下湖置孳生监,给马五百匹,"牡一而牝四之,岁产驹三分,毙二分以上,皆有赏罚"⑥。除设监官外,余杭县知县、县尉兼"主管牧地"。绍兴十九年,宋高宗说:"方二三年,已得驹数百"⑦,取得了一定成效。乾道九年(1173)罢,"所占地令转运司拘收,召

---

① 刘时举:《续宋编年资治通鉴》卷三《宋高宗三》:绍兴四年四月"置临安府牧马监"。四库全书328册,922页。
② 徐松:《宋会要》兵二一之三,绍兴二十六年八月二十一日,7126页。
③ 李心传:《建炎以来系年要录》卷五十九,绍兴二年冬十月戊子朔。中华书局1988年版,1017页。
④ 李心传:《建炎以来系年要录》卷六十七,绍兴三年七月己未,1128页。
⑤ 李心传:《建炎以来系年要录》卷八十七,绍兴五年三月庚子,1449页。
⑥ 李心传:《建炎以来系年要录》卷七十九,绍兴四年八月乙未,1296页。
⑦ 李心传:《建炎以来系年要录》卷一百四十九,绍兴十三年五月庚申,2393页。

人请佃,内有侵占民地,照契给还"①。

应城(湖北应城市)、龙居山(湖北京山县一带)孳生监。乾道四年底,四川宣抚使虞允文奏请,利用川陕所买骒马,在京西、荆南置孳生监。乾道六年,分别在荆南管下龙居山、德安府应城县置孳生监,至乾道九年,应城监"收到监马六百三十疋,除倒毙外,见管三百三十疋。占破养马军兵三百三人,用过钱米草料添支共约十万余贯,收到驹子五十一疋,除倒毙外,见管三十五疋"②。龙居山监"见在骒马一百二十疋,置监数年,止生到驹子十余疋,不堪披带乘骑。见今差破军兵一百五十余人,岁费万缗"③。李心传言其事云:"置监于郢、鄂之间,牝牡千余,十有余年,才生三十驹,而又不可用。"④乾道九年二监罢。

隆兴二年(1164)二月,扬州置孳生监,"将不中披带发付扬州监",共一百二十八匹,且"皆弩驼下驷,设有孳生,亦不堪用"⑤,数月后即罢。

汉阳军收发马监。南宋从川、陕买马,每五十匹为一纲,押送临安或江上诸军,纲马多毙。汉阳马监原是汉阳驿临时停泊纲马之所,隆兴元年底,诏川陕纲马先押至汉阳军,再令三衙及江上诸军去领取,在汉阳军"选择宽广平易、好水草处充牧放之地"⑥,设收发马监为纲马交接之所。乾道四年,诏令鄂州都统制赵搏在汉阳军"踏逐地段,修盖马监",选差军兵五百人,设置监官,"以收发马监为名"⑦。纲马到监,休养五至十日,病马休养一月,再由诸军取押至本军。

最迟至孝宗淳熙(1174—1189)末年,三衙及江上诸军就派兵士直接到兴元府等地接收纲马,汉阳军收发马监失去作用而废罢。宁宗嘉泰年间

---

① 徐松:《宋会要》兵二一之一六,乾道九年五月十九日,7132页。
② 徐松:《宋会要》兵二一之一五,乾道九年闰正月二十三日,7132页。
③ 徐松:《宋会要》兵二一之一五,乾道九年五月六日,7132页。
④ 李心传:《建炎以来朝野杂记》甲集卷十八《孳生监牧》。中华书局2000年版,432页。二监置监时间仅三四年,李心传言"十有余年"误。
⑤ 徐松:《宋会要》兵二一之一三,隆兴二年二月十二日、五月十四日,7131页。
⑥ 徐松:《宋会要》兵二一之二三,隆兴元年十二月三十日,7141页。
⑦ 徐松:《宋会要》兵二一之一三,乾道四年正月二日,7131页。《宋史》卷三十四《孝宗本纪二》载置监时间为"四月乙未"。

(1201—1204),黄干知汉阳军,曾亲自点检遗址,只见"监皆颓败,不复有马矣"①。

三衙牧场。殿前司、侍卫马军、步军司合称三衙。南宋三衙并不统领全国军马,同北宋侍卫马军辖马军、侍卫步军辖步军不同,南宋侍卫马军和侍卫步军虽为两司,却同时下辖马军和步军。三衙军兵驻扎在杭州附近州郡,其地位相当于一支屯驻大军。其马"遇暑,放牧于苏、秀,以就水草",因牧地多占民田,"亦为逐处之患"②。如绍兴二十八年,赐殿前司钱十二万二千缗,"造平江府牧马瓦屋",并"标拨收买民田为牧马寨地"③。乾道四年,将侍卫步军战马于和州"措置不系民田荒坡水草地,牧养御前驹马"④。因和州牧草不足,乾道七年,又将部分军马移至真州牧放⑤。浙西"地气卑湿,并喂饲茭草,多至病瘦",乾道六年,诏令侍卫马军司战马"就移前去建康府,就水草丰美去处牧放"⑥。扬州至高邮军邵百镇一带,"多是湖荡,茭草茂盛去处",乾道七年初,殿前司将战马"二千五百匹改移前去扬州牧养"⑦。次此兵马调动,实为北伐作准备,故三衙牧场有较大变更。淳熙年间,侍卫步军司"诸军递年将肥壮马差往湖州下菰城牧放,其新纲病瘠驮负马往(苏州)西溪牧养"⑧。湖州下菰城为侍卫步军司牧场。

绍兴十一年高宗解除韩世忠、张俊、岳飞三大帅兵权后,收其兵归枢密院,至绍兴末(1162),相继在镇江、建康、鄂州等沿江重镇及金州、兴元府、利州川陕一带设置十个御前都统制司,统领本地军马,各都统制司虽需要占据草地养牧军马,却无专用马监,如乾道七年,镇江都统制司"发战马七百一十六匹,马军并隈兵等共一千二十人,前去扬州就草地牧养"⑨。四川、陕西沿

---

① 黄干:《勉斋集》卷二十四《汉阳条奏便民五事》。四库全书1168册,268页。
② 洪迈:《容斋续笔》卷五《买马牧马》。上海古籍出版社1978年版,276页。
③ 李心传:《建炎以来系年要录》卷一百七十九,绍兴二十八年正月壬申、丙戌,2954、2956页。
④ 徐松:《宋会要》兵二一之三三,乾道四年七月十六日,7141页。
⑤ 徐松:《宋会要》兵二一之三三,乾道七年二月十三日,7142页。
⑥ 徐松:《宋会要》兵二一之三四,乾道六年九月八日,7141页。
⑦ 徐松:《宋会要》兵二一之三四,乾道七年正月二十四日,7141页。
⑧ 徐松:《宋会要》兵二六之一,淳熙十六年闰五月十七日,7227页。
⑨ 徐松:《宋会要》兵二一之三五,乾道七年六月一日,7142页。

边买马,要凑零团纲,再发往内地,所以,买马场附近也有牧马场,为临时聚马之所。所置买马官多兼监牧衔,如"四川提举茶马监牧公事"、"提举秦州买马监牧公事"等。马场规模也很小,不设专官,不称监牧。宁宗开禧(1205—1207)北伐后,除南宋杭州尚有豢养御马的马监外,其他数量不多的孳生马监都不复存在了。

第九章 买马制度

一 引言

两宋与辽、夏、金、蒙为邻。需要强大的骑兵阻抑北方游牧民族的侵扰。发展骑兵的关键是马源,确保马源的方略有二:一是设置监牧,养马生息,二是购买。宋境内产马不多,合格的战马更少,监牧孳生效果不佳,从宋初开始,买马就成为缓解战马不足问题的基本方针。

买马的对象一是境内民间,二是周边少数民族,形式可分为民间买马及边州市马二种。民间买马形式有二,一是括买,"军兴,籍民马而市之以给军",二是官助民(或兵)买,组织买马社。周边买马也有两种形式,一为券马。券是政府发放的证明,持券者可享受沿路官驿供给口食、住宿及马匹食料的待遇,券马即"结券进卖"之马。"戎人驱马至边,总数十、百为一券,一马预给钱千,官给刍粟,续食至京师,有司售之,分隶诸监,曰券马。"从"官给刍粟"和至京师给钱的意义上言,贡马也属券马。蕃部贡马没有定额,少则三两匹,多则数千匹,宋政府对贡物按物估值进行回赐,使贡赐具有商业交易的色彩。二为省马。省为中央机构之意,省马即由中央财政出资、在沿边置场购买之马。"边州置场,市蕃、汉马,团纲,遣殿侍部送赴阙,或就配诸军"①。省马数十匹团成一纲押送京师或指定州军,也称纲马。括买是临时之政,买马社是以特定军种为对象的局部之政,而券马与省马则长期实施,是官马的主要来源。南宋战马全部来自购买,买马之后,押运困难,死亡率高,奖惩的重点在押纲而非购买,所买马称做"纲马"而不称"省马"。

二 括买马

太平兴国四年(979),太宗准备伐辽,"诏市吏民马十七万匹"②,规定"有敢藏匿者死"③。雍熙三年(986)北伐失败,辽军南下攻掠,四年,"以北虏未平,方资战骑,分遣使臣收买京城及诸道私家所畜之马,凡胜衣甲者,三等定价,颇优以市之,次弱者不取。有逸群驵骏,不拘常价,皆厚给其直。"④虽曰厚价购买,但"凡胜衣甲"者均买充军马,实为括买。

宋仁宗康定元年(1040),诏置场和买三岁以上、十三岁以下"堪充带衣甲壮嫩好马","第一等五十千,第二等四十千,第三等三十千,第四等二十五千。在京以浙绢估实价,外处支见钱"。外地"堪充带衣甲壮嫩好马赴京进卖,经过馆驿支给熟食草料"⑤。为安置进京卖马者,在开宝寺、锡庆院等地设买马场五处。

和买不能满足需要,改为括买。庆历初年(1041),正当宋与夏元昊打得财匮兵疲之际,辽屯兵边境,作出南下姿态,并于次年正月派使臣赴宋,索要被周世宗收复的瓦桥关以南十县之地。宋加强防御,"诏河北置场括市马",为避免与辽发生正面冲突,"沿边七州军免之"。在与辽和谈的同时,"诏河

---

① 脱脱:《宋史》卷一百九十八《兵志》十二,4932 页。
② 脱脱:《宋史》卷一百九十八《兵志》十二,4933 页。
③ 李焘:《长编》卷二十一,太平兴國五年正月丙子,470 页。
④ 徐松:《宋会要》兵二二之一,雍熙四年五月,7144 页。
⑤ 徐松:《宋会要》兵二二之二,康定元年二月十一日,7144 页。

北都[转]运司籍民间所养马,沿边有警,则给价市之"①。宋辽和谈成功,括市民马并未停止,皇祐二年(1050),群牧司言:"河北州军诸军阙马至多,乞依韩琦奏,别降宣命下河北诸州军,令依旧收买第一等[至]第五等鞍马,相兼配填诸军阙数。"②此时辽禁马入宋,河北买马大部分来自民间。

宋神宗熙宁、元丰之交,交趾入侵广西。元丰二年(1079),"诏旨江南诸县市广西战马",每县十匹。江东诸路"素乏马","而诸县括民马,吏缘为奸,有马之家为之骚然"。此时苏辙任江南东路绩溪县(今属安徽)县令,深知括马会对民户造成骚扰,为应对上级的括马令,乃"召诸乡保正副问之",落实"汝保谁为有及格马者"的情况,准备"广西取马者至郡则马出,若不至则已矣"③。后广西取马使臣未至,绩溪县未括买民马,成为苏辙一大德政。

元符元年(1098),"枢密院言:'河东路买马,科定州军匹数,致令市户于别路倍钱收买。'"④河东路将买马额分配给各州军,各州军按户等摊派给市户,"令人户往陕西买马,并抑勒市户,结揽马中官"⑤。结揽即官府预支买马本钱,市户结保承揽官府规定的买马额,完不成者受处罚。科买强令市户为官府买马,与括买马性质相同。

五代及宋初私人买马盛行,民间有较多好马,故太宗括买马至十七万匹。太平兴国以后,私人买马之禁越来越严,如太平兴国六年,"禁富人市内属戎人马","违者许人告,每疋赏钱十万,私市者论其罪"⑥。咸平五年(1002),审刑院制定"秦州私贩马条例":"自今一匹仗一百,十匹徒一年,二十匹加一等,三十匹奏裁。其马纳官,以半价给告事人"⑦。官府沿边市马,"市良而弃驽",又不许私卖,"往来道死者甚众,戎人少利,由是岁入之数不充。自今委长吏谨视马之良驽者,印以识之,许民私市"⑧。诸蕃进奉券马,

---

① 徐松:《宋会要》兵二二之三,庆历元年八月、二年六月,7144页。
② 徐松:《宋会要》兵二二之三,皇祐二年八月,7145页。
③ 苏辙:《龙川略志》卷四《江东诸县括民马》。中华书局1982年版,22页。
④ 徐松:《宋会要》兵二二之一四,元符元年五月二十九日,7150页。
⑤ 徐松:《宋会要》兵二四之二七,元符元年十月二十九日,7192页。
⑥ 佚名:《宋大诏令集》卷一百八十一《政事》三十四《马政》。中华书局1963年版655页。
⑦ 李焘:《长编》卷五十一,咸平五年二月甲午,1117页。
⑧ 李焘:《长编》卷二十四,太平兴国八年十二月己酉,562页。

"委是老小不堪中官入券,即与相度印退,取便货卖"①。除走私外,民间只能买卖劣马,故宋仁宗时括买马的数量比太宗时少得多。

三 买马社

利用民间的人力与资金,设置买马社,简便易行,颇有成效,对北宋马军建设起了不可忽视的作用。

买马社设于至道元年(995)。《宋史·兵志一》载:宋太宗时组建广锐马军,"本河州忠烈、宣勇能结社买马者,马死则市补,官助其直。至道元年立。"忠烈、宣勇是乡兵番号,宋政府采取"官助其直"的方式,让乡兵结社买马,组建成一支新的禁军——广锐马军。河州地处陕西,熙宁六年前尚未纳入宋版图。据《宋史·兵志三》和《宋史·兵志四》载,忠烈、宣勇是"河北乡兵",但河北马军却未有广锐番号。范镇《东斋记事》云:"河东忠烈、宣勇乡兵结社买马,以增广锐禁军。"②范镇撰《东斋记事》的目的,是"著书以述当时之事,后数百年有可考证"③,内容全是范镇耳闻目睹,有较高史料价值,河东既有忠烈、宣勇乡兵,又有广锐马军,上引"河州"当为"河东"之误。

《宋会要辑稿》兵二四之五载:"河东广锐兵悉是土人,其马皆本军团甲选良马而置,谓之马社,故广锐之马壮勇而少亡失。"广锐马军选自结社买马之乡兵,战马由兵士自己选购使用,故所得马匹优良,兵士对马也倍加爱惜。宋政府利用买马社的优势,在五六年内就组建了一万余人的马军。宋真宗说:"广锐三十指挥,各自置马,甚利国家"。

宋政府对结社买马升充禁军的乡兵给予资助。"广锐兵官给中金以充马价,相与立马社,死则共市而补之"④。中金即中价,政府所给价钱相当于

---

① 徐松:《宋会要》兵二四之九,大中祥符四年二月,7183 页。
② 徐松:《宋会要》兵二三之一四引《东斋记事》逸文,7255 页。
③ 范镇:《东斋记事》点校说明,裴汝诚点校。中华收局 1980 年版。
④ 徐松:《宋会要》兵二二之二,咸平六年七月,7233 页。

马价,故政府对马有所有权。因为马是先由兵士"团甲"、"率社"集资购置,马死要由兵士赔填,故兵士有永久使用权,官府不能任意和无偿调拨、更换。兵士逃亡,其马先由本军内"阙马兵士承之",超过两月"无承者,即配别军"①。兵士老病者,由亲属或非亲属替代,仍使用其马。马死,本军负责出卖死马皮骨,"以助买马"②。结社买马使马匹的国家所有权与个人使用权分离,既刺激了买马的积极性,又增强了兵士对马匹的责任感,是一种行之有效的方法。

结社买马在河东成功后,很快推广到陕西路。咸平六年,"诏陕西振武兵依河东广锐例,官给直以市战马"③。振武是从陕西路乡兵保毅军选募而成立的禁军番号,成立于咸平五年,"遣使往邠、宁、环、庆、泾、原、仪、渭、陇、鄜、延等州、保安军选保毅军,取二万人,各置营本州,号振武,升为禁军。"④振武步军的兵士买得战马后,就升充广锐马军。开始组建了七指挥三千余人,至宋仁宗时增为十一指挥。

马军如有缺员,也令买马社填补。庆历五年,河东广锐指挥"人数不足",枢密院建议依河东旧例,在乡兵中"许结社买马",升填广锐马军,"诏:并代路许宣毅、义勇乡军结社买马,官助其价,以升填广锐兵之阙。"⑤宋代有转运司(漕司)路与经略安抚司(帅司)路等不同,主管一方军政的帅司路所辖地域一般小于漕司路,并代路辖河东路北半部州府。宋军缺马严重,骑兵十分之三四无马骑。熙宁元年,"诏:河北马军并令立社,依陕西、河东例,共备钱助买马,其先给官价钱并等第增加,仍出内库珠千余万,卖以充用。"⑥买马社从广锐、振武马军推广到其他马军,在河东、陕西、河北路实行。

在宋代名目众多的乡兵中,陕西、河东弓箭手战斗力最强,这与弓箭手

---

① 徐松:《宋会要》兵二四之五,咸平四年十一月,7181页。
② 李焘:《长编》卷一百五十八,庆历六年正月癸卯,3819页。
③ 徐松:《宋会要》兵二二之二,咸平六年七月,7233页。
④ 李焘:《长编》卷五十二,咸平五年五月丙辰,1133页。
⑤ 徐松:《宋会要》兵二二之三,庆历五年七月十一日,7145页。
⑥ 徐松:《宋会要》兵二二之六,熙宁元年八月二十六日,7146页。

骑兵较多相关。弓箭手人给地二顷,有马者另给"马口分田"五十亩,为鼓励买马,在弓箭手中推行结社买马。曹玮在创立弓箭手授田制不久,就令环庆路弓箭手"立马社,一马死,众出钱市马"①。皇祐元年,诏秦州弓箭手"同社助钱买马",因弓箭手"贫不能自给",无力市马,政府"市属户接汉界土田以资赡之"②。《宋史·吕公绰传》记载了知秦州吕公绰推行这一诏令的举措:"时弓箭手马多阙,公绰谕诸砦户为三等,凡十丁为社,至秋成,募出金帛市马,马少则先后给之。"弓箭手的户等按家业钱划分,"月集社钱买马,上等二百,中等一百五十,下等一百",即使已经有马,也照纳不误,"以备死损添填"。弓箭手结社买马有强制性,马社钱成为一种按月缴纳的税费,每月一百到二百文。政和五年(1115),逐路弓箭手"阙马甚多",因弓箭手马社钱"所积不多,马价倍贵",每年买马不过三五匹,仅靠马社钱"无缘增置骑兵",除熙河路仍旧令弓箭手自行买马、官支价钱外,其他诸路改由政府"支降纲马,均配逐路弓箭手"③。此时童贯主持军政,将大量弓箭手调离本土,与正规禁军一起参加战斗,故弓箭手战马也与禁军一样由官府发派。

弓箭手自己筹款买马,政府不支买马钱,买马后仍为平时耕牧、战时戍边的乡兵,身份不变。政府除对有马者给五十亩土地外,对买马者"每匹给抚养库绢五匹为赏"④。马的所有权、使用权归弓箭手,政府不予干预。

由乡兵结社买马组成的禁军,善骑射,爱家乡,这是结社买马得以实施的基础。结社买马使宋政府既得战马,又得骑士,对北宋骑兵的发展作出了贡献。结社买马节省了政府的买马开支。既省费用又省人力,简便易行,效果颇佳。北宋时买马、牧马、养马之政变更多次,而结社买马之制从创立至政和五年推行如一,原因就在于此。

由沿边州军民户结社买马的制度使这些骑兵具有地方军的特色,对北

---

① 李焘:《长编》卷一百九,天圣八年正月甲戌,2534页。
② 李焘:《长编》卷一百六十七,皇祐元年七月癸丑,4009页。
③ 徐松:《宋会要》兵四之二〇,政和五年四月二十七日,6830页。
④ 徐松:《宋会要》兵二四之二三,元丰七年八月十一日,7190页。

宋的军事战略产生了很大影响。太祖时,禁军几乎全是中央军,后来河北、河东、陕西等地区陆续添置了不实行"更戍法"的地方禁军,叫做"就粮禁军",到宋仁宗时,地方禁军已占禁军总数的三分之二。同"大率不能辛苦,而摧锋陷阵非其所长"的中央禁军相比,"并边士兵虽不及等,然骁勇善战"①,无论是人数还是战斗力均超过中央禁军。但是,地方军占优势的军事体制使兵力分散,难以统一指挥调遣,虽便于在沿边城寨处处设防,保卫乡土,却难以迅速集中兵力,展开大兵团作战。北宋马军人数比夏、辽少,且不能组成独立的、机动性强的骑兵战团,无法发挥骑兵快速灵活、攻击力强的特点,不仅不能建立秦皇、汉武时期长驱北进的功业,甚至在防御战中也只被当作步军的附庸,无力单独与夏、辽、金的骑兵抗衡,这与骑兵精锐多是地方军有较大关系。

四 券马

券马是由周边蕃商将马押送宋东京出卖,或由部族首领贡马,宋政府发给驿券证明,沿路驿站提供食宿及马匹草料的制度。贡赐贸易虽不严格按照贡物的市场价值,但宋政府要先对贡物价值进行评估,根据贡物价值回赐,另赐官服等与政治封赏相关的器物。蕃商往往就是蕃部大小首领,宋采取"贵市于外夷"的买马政策,"所市戎马,直之少者,匹不下二十千,往来赍给赐与,复在数外"②。宋初券马虽有最低价,却"未有定直",价格没有统一的标准,真宗咸平元年,在东京"置估马司,铸印以为常制"③,制定马价标准,将原来的十等细分为二十三等。《续资治通鉴长编》卷四十三咸平元年十一月戊辰条载:

> 招马之处,秦、渭、阶、文之吐蕃、回纥,麟、府之党项,丰州之藏才

---

① 脱脱:《宋史》卷一百八十七《兵志一》,4574 页。
② 李焘:《长编》卷二十九,端拱元年十二月,660 页。
③ 脱脱:《宋史》卷三百九《杨允恭传》,10162 页。

族,环州之白马、鼻家、保家名市族,泾、仪、延、鄜、火山、保德、保安军、唐龙镇、制胜关之诸蕃。每岁皆给以空名敕书,委缘边长吏择牙吏入蕃招募诣京师,至则估马司定其直,三十五千至八千凡二十三等。其蕃部又有直进者,自七十五千至二十七千凡三等,有献尚乘者,自百一十千至六十千亦三等。

所谓"直进"即非招买而由蕃部直接进纳之马,"献尚乘"即贡献给宋皇帝之良马,二者皆为入贡。入贡之物除马外还有其他土特产,宋对贡物价值进行评估,回赐优厚,以显示怀柔之意,故马价只粗分三等。蕃商卖马是商业行为,细分等级彰显交易公平。

北宋券马主要集中在西北地区。西北地区分布着吐蕃、回鹘、党项等族,他们有的居住在宋统治区,成为"熟户",多数居住今甘肃西部、青海、宁夏、陕北、新疆地区,有的还建立了割据政权。西北少数民族经济上对宋有一定的依赖性,宋是他们马匹外销的主要市场。宋初西北各族就与宋王朝建立了贡赐关系,不少蕃部首领入宋贡马,如乾德三年(965)甘州回鹘与瓜沙州回鹘"同入贡马千匹,驼五百"[①]。太平兴国七年,夏州李继捧举族内附,而其族弟李继迁则以收复"故土"为名,拉开宋夏战争序幕。此后直到宋真宗即位之前,西北回鹘贡马受宋与李继迁战争阻隔,基本中止。

宋初金多次入贡或卖马,如建隆二年(961),"遣使来贡名马五十六疋"[②]。开宝六年(973),"女真遣使来贡马"[③]。真宗朝张齐贤说:"旧日女真卖马,岁不下万匹,今已为契丹所隔。"[④]女真卖马要从辽东渡渤海,经登州至东京。太平兴国四年宋灭北汉后,契丹采取禁止马匹南输的政策,基本停止了对宋的马匹供应,辽圣宗统和九年(991),于鸭绿江口修建三城,派兵驻守,切断女真的卖马通道。澶渊之盟后,这一商路一度恢复,但不久又被阻绝,宋辽间的马贸易也基本中止。

---

① 徐松:《宋会要》蕃夷四之二,朝廷三年十二月,7714 页。
② 徐松:《宋会要》蕃夷三之一,建隆二年九月,7711 页。
③ 李焘:《长编》卷十四,开宝六年十一月丁卯,311 页。
④ 李焘:《长编》卷五十一,咸平五年三月癸亥,1122 页。

宋真宗时,常派使臣至周边诸蕃招诱入宋朝贡,而诸蕃为获取更高的政治地位和经济利益,也乐于入贡。李继迁死后,李德明采取"西扩东和"的策略,与宋签定和约,宋赐李德明赵姓。宋真宗对周边民族采取"结以欢心,啗以厚利"①的政策,优给马价,加官授爵,入贡者络绎不绝,成为券马入贡贸易的鼎盛时期。宋真宋时期党项族入贡情况如下:

党项贡马

时间	贡马者	贡马数	时间	贡马者	贡马数
咸平元年四月	李继迁	名马	三年十二月	赵德明	725 匹
元年八月	夏州赵保吉	名马	四年十一月	赵德明	500 匹
二年十一月	丰州藏才八族	名马	四年闰五月	赵德明	马
四年八月	李继迁	马	四年六月	赵德明	150 匹
六年二月	环州野狸族	马	祥符二年六月	府州兀泥族	名马
景德元年 12 月	环庆州二族	马	三年八月	赵德明	马
三年五月	赵德明	马	四年元月	丰州藏才族	马
三年七月	赵德明	150 匹	四年四月	赵德明	马
三年八月	赵德明	1000 匹	九年十月	赵德明	24 匹

李德明是西北最强大政权,其他各部族过夏境入宋卖马,要交纳"过境费"。原住在黄河北的藏才族经夏至宋丰州卖马,"每匹纳买路绢一匹,大茶十斤"②。贡赐受政治、军事因素制约,如李继迁与宋交战,但仍受宋之封号,当其向西扩张时,有时仍向宋入贡。李德明与宋、辽均保持良好关系,受辽、宋册封,自景德三年(1006)与宋签定和约后,经常向宋贡马,且每次朝贡,都带大批商人随行。其子元昊统治时期,夏宋贡赐贸易中止。

贡赐贸易既受对外关系的影响,也受内部矛盾的制约。西凉吐蕃六谷联盟是西北实力较强的政权,与向西扩张的夏矛盾尖锐。真宗咸平元年,六谷联盟首领折逋游龙钵向宋"献马二千余匹"③,多次要求配合宋军"戮力讨

---

① 李焘:《长编》卷五十一,咸平五年三月癸亥,1122 页。
② 徐松:《宋会要》兵二四之一二,大中祥符六年十一月,7184 页。
③ 李焘:《长编》卷四十三,咸平元年十一月丙辰,920 页。

继迁"。咸平五年,李继迁派人招诱六谷首领潘啰支归服,潘啰支拒绝,并遣使入宋,"贡马五千匹",以求结盟,夹击李继迁。宋真宗"诏厚给其直,别赐彩百疋,茶百斤,仍宴犒其部族"①。此后,六谷联盟几乎年年向宋贡马,直到大中祥符八年李德明攻下西凉府、六谷吐蕃联盟瓦解,其大首领厮铎督投奔河湟唃厮啰为止。吐蕃各部族是券马贸易最重要的参与者,真宗朝贡马状况如下②:

吐蕃贡马

时间	贡马者	贡马数	时间	贡马者	贡马数
咸平元年十一月	折逋游龙钵	2000余	元年十二月	厮铎督	马
二年七月	凉州卑宁族	名马	二年二月	厮铎督	5匹
四年闰十二月	凉州卑宁族	名马	三年八月	渭州绰克宗	
200余	五年十一月	潘啰支	5000匹	三年十月	厮铎督
马	五年十一月	潘啰支	50匹	四年二月	吐蕃
六年七月	潘啰支	名马	五年十一月	厮铎督	马
六年八月	西凉者龙族	名马	八年二月	唃厮啰等	名马
景德元年正月	潘啰支	3000余	八年五月	厮铎督	马
元年七月	潘啰支	良马	九年正月	唃厮啰	582匹
二年三月	厮铎督	马	九年三月	唃厮啰	名马
三年十二月	厮铎督	马	九年九月	唃厮啰	马
四年五月	厮铎督	名马	天禧元年11月	唃厮啰	名马
祥符元年十一月	西凉宗哥族	名马			

真宗朝瓜、沙州(甘肃安西县、敦煌)、甘州(张掖市)回鹘贡马次数最多,统治于今新疆吐鲁番一带的西州回鹘也常派使贡马,共遣使贡马三十六次。

---

① 李焘:《长编》卷五十三,咸平五年十一月甲午,1162页。
② 关于西北各族贡马次数,参见汤开建《北宋与西北各族的马贸易》,中华书局1992年版《中亚学刊》第三辑,本文略有补充。

回鹘贡马

时间	贡马者	贡马数	时间	贡马者	贡马数
咸平元年四月	甘州	马	祥符二年元月	于阗	马
二年二月	沙州曹延禄	名马	三年闰二月	龟兹	12匹
四年二月	龟兹	名马	三年十一月	龟兹	名马
四年四月	西州禄胜注	名马	三年十一月	甘州	马
景德元年五月	西州	名马	四年二月	甘州	马
元年四月	瓜。沙州	名马	五年五月	甘州夜落纥	马
元年六月	高昌	良马	六年十一月	龟兹	
元年九月	甘州	战马	六年十二月	回鹘	御马20
二年二月	瓜沙曹宗寿	良马	八年十二月	甘州	马
二年四月	瓜沙州	名马	九年十二月	甘州	马
二年十二月	瓜沙州	名马	天禧元年二月	龟兹	马
四年三月*	瓜沙州	名马	元年三月	甘州	马
四年五月	瓜沙州	名马	元年四月	龟兹	
四年闰九月	瓜沙州*	名马	元年六月	龟兹	
四年十月	甘州夜落纥	10匹	二年正月	甘州	
四年十二月	甘州夜落纥	15匹	四年三月	甘州	
祥符元年11月	甘州夜落纥	名马	天禧四年12月	龟兹	马
元年十二月	龟兹	名马	乾兴元年五月	龟兹	马

*注:《续资治通鉴长编》卷四十九咸平四年十一月甲午载:"按《国史》,但有回鹘传,无龟兹传,《会要》云或称西州回鹘,或称西州龟兹,又称龟兹回纥,其实一也。龟兹,回纥之别种也,居西州,或称西州回鹘。"

宋仁宗天圣六年(1028)至明道元年(1032),甘、瓜、沙、凉州(武威市)相继被西夏控制,甘州、瓜沙州回鹘对宋的朝贡终止。仁宗在位四十年,随着西夏对河西地区控制的扩大与加强,除西夏在与宋关系较好时有数次贡马外,其他各党项部族贡马基本终止。宋神宗西北拓边,经营熙、河,开拓新的买马渠道是重要原因。

此外,西南诸蕃也有贡马。西南蕃马匹低小,质量较差,绝大部分不能用于征战,但各蕃夷部族为了得到中央政府封官认可,经常争相入贡。

西南蛮贡马

时间	贡马者	贡马数	时间	贡马者	贡马数
咸平元年四月	黎州蛮乌怕	马	二年十一月	邛部川	马
元年十月	古州向通展	马	二年十一月	雅州阿黎	马
二年九月	邛部川诺驱	名马	二年十二月	南宁龙涨侥	马
二年九月	张文黔等	65匹	三年正月	雅州	马
五年五月	南宁州龙汉侥	460匹	七年八月	宜州龙光进	名马
五年八月	邛部川	名马	八年二月	密州张声进	马
景德三年八月	风琶蛮曩娑	130匹	天禧二年八月	黎州阿善	马
祥符元年九月	邛部川阿酉	名马	二年八月	富州向通汉	名马

嘉祐七年(1068)以前,券马是宋马的主要来源。北宋买马不同时期差额很大,少则数千匹,多则四五万匹,一般为二万匹左右。真宗咸平年间(998—1003)是买马最多的时期,有二十三州军设买马场招买蕃马。多买马引起马价高涨,"诸州市蕃马给直渐高,务增数以为课绩"。澶渊之盟后,"戎事已息,故诏条约之",限制马价,减少开支,买马额逐步回落。天禧三年(1019)减罢监牧后,买马额更加萎缩,仁宗天圣中(1023—1031),买马场减为十三州军,至明道年间(1032—1033),"止(只)环、庆、延、渭、原、秦、阶、文州,镇戎军"九州军置场买马。天圣前半期买马多的年份"犹得蕃部、省马总三万四千九百余匹"①,较真宗朝少万匹。景祐三年(1036),以天圣年间最高额为依据,"再定诸州买马额",以应对日益紧张的宋夏关系。《宋会要辑稿》兵二四之二载:

> 景祐三年四月,再定诸州买马额,比除自前放券时病患马数各二分,又正额外更有省买额。秦州蕃部马万八千七十匹,省马五百匹。渭州蕃部马二千五百六十匹,省马二百四匹。府州蕃部马千一百匹,省马四百六十匹。阶州蕃部马五千匹,省马千匹。环州蕃部马三百一匹,省

---

① 李焘:《长编》卷一百四,天圣四年九月戊申,2421页。

马不立额。麟州蕃部马四百二十匹,省马不立额。火山军蕃部马千五百一十匹,省马不立额。保德军蕃部马三百二十匹,省马不立额。文州蕃部马二千匹,省马七百二十匹。岢岚军蕃部马不立额,省马三百五十匹。夏州唐龙镇、丰州、仪州、庆州、泾州、原州皆不立额。

"蕃部马"即券马。立额的十州军(其中招买券马处为九州军)买马总额为34515匹,其中券马31281匹,占90.63%。此买马额较真宗时减少二分,则真宗朝买马额为43144匹。加上"不立额"州军及西南州军买马,年买马不少于4.5万匹。

宋真宗景德、祥符年间,监牧养马数及买马额均达高峰。元昊即位(1032)前后,西夏加强马禁,券马大减,景祐三年所定买马额未能完成。景祐五年,群牧使丁度言:"祥符、天圣间,牧马至十余万。其后,言者以天下无事,不可虚费,遂废八监,然犹秦、渭、环、阶、麟、府、文州、火山、保德、岢岚军岁市马二万二百匹。"废除第八个牧马监在天圣六年,则此后五年间岁市马二万二百匹,较此前天圣中的最高额又减少万余匹。自景祐元年宋夏开战,四年间"所市马才三万"①,平均每年七千余匹,买马场也缩减为秦州一处。宋不得不括买民马以补充军马。省马额只有三四千匹,所减买马额绝大部分是券马数。

庆历四年六月,宋夏签定协议,此后双方持续了近二十年的和平,因战争而停废的买马场有所恢复,买马额逐步回升。庆历五年,"出内藏库绢二十万,市马于府州、岢岚军"②。拨款于沿边州郡市马,是省马。至和元年(1054),群牧司"请于环、庆州、保安军、德顺军仍旧市马。从之"③。"仍旧"即仍以券马为主。嘉祐五年,因马政"积习成弊",仁宗"选差臣僚,相度更

---

① 马端临:《文献通考》卷一百六十《兵考十一》,1390页。《文献通考》载丁度言在皇祐五年,然丁度皇祐五年正月卒,通考误。《宋史·丁度传》将丁度所言系于庆历二年丁度为河东宣抚副使前,从丁度所言"西鄙用兵四年"推测,元昊景祐元年进攻府州,则丁度所言应为景祐五年事。
② 李焘:《长编》卷一百五十六,庆历五年七月壬子,3793页。
③ 李焘:《长编》卷一百七十七,至和元年十二月丙午,4295页。

改"①，八月，"诏权陕西副使薛向专领本路监牧及买马公事，仍相度于原州、渭州、德顺军置买马场"②。薛向认为，真宗朝九州军有买马场招买券马，"岁月寖久，他州郡皆废，唯秦州一处券马尚行"，券马成本高，所买多下等劣马，建议减少券马，多买省马，"以解盐交引招募蕃商，广收良马，不支度支钱帛。其券马且以来远人，宜存不可废"③。

解盐收入大部分用于支付陕西入中粮斛，嘉祐六年薛向以陕西转运使兼制置解盐与买马监牧公事，总揽陕西财政大权，改革解盐法，增加了收入。《宋史·薛向传》云："以羡盐之直市马"，在保证军粮入中的前提下，以官榷解盐收入作为买马本钱的补充。兴置买马场要与"泾原、秦凤两路帅臣同议"，进展缓慢。嘉祐七年，薛向上《议买马利害疏》言：

> "秦州古渭、永宁寨并原州、德顺军，今悉置场。请自京师岁支银四万两，绸绢七万五千匹充马直。银以二万两并绸绢并充边库钱，余阙万缗，以解盐钞并杂支钱给之。"诏皆施行。④

新置马场嘉祐七年正式运行，买马本钱仍以银、绸绢为主。熙宁三年群牧判官王海言："嘉祐六年以前，秦州上京券马岁不下万四五千匹。嘉祐七年置买马司于原、渭、德顺三州军，皆选良马售以高价，于是券马法坏，类多死损，枉费钱帛。"⑤陕西是银产区，"自有坑冶，兴发银货已多"，买马银不须从京师支拨。治平三年(1066)，绸绢增为十万匹，每年"从京畿支拨一十万匹，差使臣管押，递铺般运，赴陕府下卸，应副买马支用"⑥，不再支付银。银绸绢及解盐钞等都在沿边买马场直接支付，而不是送马至京师支付，所买马属"省马"。

宋夏关系又复紧张，是券马法坏的重要原因。熙宁元年宋神宗指责西

---

① 《欧阳修全集》卷一百一十二《奏议卷十六·论监牧札子》。中华书局2001年版，1702页。
② 徐松：《宋会要》兵二二之四，嘉祐五年八月，7145页。
③ 徐松：《宋会要》兵二二之四—五，嘉祐五年九月，7145—7146页。
④ 李焘：《长编》卷一百九十二，嘉祐五年八月甲申，4644页。
⑤ 李焘：《长编》卷二百十八，熙宁三年十二月癸未，5312页。
⑥ 徐松：《宋会要》兵二二之六，治平三年七月二十一日，7146页。

夏:"自嘉祐七年春至今秋以来,夏国人骑或胁略近边熟户,或侵践当界民畴,或假以金钱购亡命之卒,或诳以官爵诱无图之夫,为日滋深,为害未已。"①同时,宋、夏加强对青塘羌的争夺,青塘蕃族入宋卖马减少。为尽快补充战马,采用沿边直接高价购买,是比券马更为便捷、可靠的形式。券马在东京交易,要先将马从东京送至马监牧养,再分配诸军。熙宁元年缩小监牧规模,多半牧地出租,收取租课,券马到京后不能及时安置,大规模购买券马的条件不复存在。

券马成本高,除估马司估值给马价外,尚须支出"每匹至场支钱一千,逐程给以刍粟,首领续食。至京师,礼宾院又给十一日并犒设酒食之费"。蕃部首领回程,又有"朝辞分物、锦袄子、银腰带"等,蕃商"以所得价钱市物,给公凭,免沿路征税,直至出界。计其所直,每匹不下五六十千。然所得之马皆病患之余,形骨低弱,格尽止及四尺二寸以下,谓之杂支。然于上品良马,固不可得至"。宋真宗认为,券马"不独蕃收国马,亦欲招来蕃部,以伺敌情,不可轻易"②。券马的政治意义大于经济意义,虽难得合格好马,且费用高昂,但企图以封禅等虚名"镇服四海,夸示戎狄"③的宋真宗却不思改更。至仁宗末年,才逐渐以省马取代券马。此后直至南宋末,除少量贡马及绍圣初年因省马死损过多诏令"复行券马法"④而未见实施外,省马成为官马的主要来源。

五 省马

省马是由中央财政支出本钱,沿边买马场直接用钱银、绸绢、茶盐等买马的制度,每数十匹为一纲,由使臣负责、军兵押送至京师或诸军驻地。北

---

① 王珪:《华阳集》卷十八《赐夏国主令发遣熟户仍不得侵践地界诏》。丛书集成初编1914册,210页。
② 徐松:《宋会要》兵二二之四—五,嘉祐五年九月,7145—7146页。
③ 李焘:《长编》卷六十七,景德四年十一月庚辰,1506页。
④ 徐松:《宋会要》兵二四之二七,绍圣元年八月八日,7192页。

宋省马大多数直接运至陕西、河东、河北骑军驻地,即使运至京师,道路也较为通达,政府关注的重点是筹措本钱招买,每纲马数不定,一般为三五十匹至百匹,有时也称"纲马"。《宋会要辑稿》兵二四之一载真宗时买马制度云:

> 凡市马之处,河东则府州、岢岚军,陕西则秦、渭、泾、原、仪、环、庆、阶、文州、镇戎军,川峡则益、黎、戎、茂、雅、夔州、永康军,皆置务,遣官以主之,岁得五千余匹。

马价以铜钱计算,而"以布帛、茶他物准其直"。省马与券马的买马场大多重叠,如陕西、河东十二州军市马场中,有秦、渭、阶、文、环、泾、仪、府、岢岚军九州军兼买券马。景祐三年西北十州军省马额为3234匹,西南诸州岁买省马二千匹左右。

庆历四年宋夏停战之后,省马的比例逐步提高。如庆历六年,"诏保安、镇戎军榷场岁各市马千匹"①。至和三年,"诏三司以绢三万匹,市马于府州以给河东马军"②。嘉祐七年置原、渭、德顺军买马场后,开始并未达到薛向每年买省马八千匹的定额,"初,三州军买马,三年共万七千一百匹",平均每年不足六千匹。《续资治通鉴长编》卷二百十八熙宁三年十二月癸未条载:

> 诏:原、渭州、德顺军自今三年买马三万匹,买马官以十分为率,买及六分七厘转一官,余三分三厘均为三等,每增一等更减磨勘一年。岁给三司及成都府、梓利州三路纳绢共十万,与陕西卖盐钱相兼,偿马价。

各买马场完成买马定额的67%即转一官,其余33%以三分为率,每完成一分减一年磨勘。每年买马额万匹,三年买及六分七厘即20100匹就重加酬奖。秦州本是最重要的买马场,景祐年间买马占全部券省马的54%,受宋夏关系恶化及青塘内部分裂、与宋关系疏远等影响,地位大大削弱。

治平三年青塘蕃族分裂后,势力大减,有可能被西夏控制,这对宋而言是潜在威胁。熙宁五年,在京畿推行保马法,招募保甲户认养官马,次年将

---

① 徐松:《宋会要》兵二二之三,庆历六年五月十二日,7145页。
② 徐松:《宋会要》兵二二之四,至和三年八月十五日,7145页。

保马法推广到北方五路,招义勇、保甲户养马。除把监牧马分给民户外,需有稳定的马源支持保马法。熙宁五年,宋对青塘地区吐蕃部族发动进攻,拓展疆土,首先占据熙州(甘肃临洮县),六年得河州(临夏县)、洮(临潭县)、岷(岷县)、叠(迭部县)、宕(宕昌县)等州相继纳入宋版图,即置熙州场买马,"其马价止以茶、银、物帛计折偿之"①,停止支付解盐。

熙宁七年五月,"诏三司勾当公事李杞等罢相度成都府置市易务,止(只)具经画买茶,于秦凤、熙河路博买[马]利害以闻"②,以相度成都府利州路收买茶货为名,简称四川买茶司。六月,"命知熙州王韶都提举熙河路买马,权提点刑狱郑民宪同提举。以中书言,熙、河出马最多,虽已置买务于熙州,立法未尽故也"③,简称陕西买马司。王韶言:"'今黑城夷人颇以良马至边,乞指挥买茶司速应副。'从之,仍令李杞据见茶计步乘、船运,具已发数以闻。"④此后,川茶大部分"应副熙河路博马"⑤。此时川茶未榷,茶货不足,绢帛、铜钱仍是主要的买马本钱。

至熙宁八年,共"置熙河路买马坊六,而原、渭、德顺诸场皆废"。此间因河东"麟、府所市马羸,直多",岢岚、火山军"边人多盗马越界趋利",将盗马卖给买马场,引起夏国抗议,"寻皆罢之"⑥。旧买马场除秦州外,全部废罢,"置熙、河、岷州、通远军、永宁寨买马场"⑦,另一买马场为河州宁河寨⑧。陕西买马的重心移至熙河路。从熙宁七年六月至八年五月,一年间熙河路买

---

① 李焘:《长编》卷二百五十,熙宁七年二月己卯,6092页。
② 李焘:《长编》卷二百五十二,熙宁七年五月壬申,6151页。
③ 李焘:《长编》卷二百五十五,熙宁七年六月丁卯朔,6205页。
④ 李焘:《长编》卷二百五十四,熙宁七年六月辛卯。"船运"《宋会要》为"般运",川茶入蜀皆陆运,《宋会要》为是。
⑤ 徐松:《宋会要》职官四三之四七,熙宁七年九月十六日,3297页。
⑥ 马端临:《文献通考》卷一百六十《兵十二》,1392页。
⑦ 李焘:《长编》卷二百七十二,熙宁九年正月庚午,6659页。此载五买马场。永宁寨马场原属秦州,是旧买马场,在秦州西数百公里,熙宁五年划归通远军(原古渭寨)。
⑧ 徐松:《宋会要》兵二二之八载,在诸买马场买马不足一纲的情况下,将数场马团纲起运,"熙州马务受纳熙、河并宁河寨买到官马"。方域十八之二二载:"宁河寨在熙河路河州宁城县,熙宁七年以香子城改。"宁河寨即今甘肃和政县。

马"万四千六百余匹"①,取代了秦州的地位。

熙宁九年,陕西"永兴、秦凤两路连岁灾伤,财用艰阙",而"熙河路军食阙乏,人心未安"②,于是,将熙河路买马司与四川买茶司钱帛"并拨与秦凤路都转运司籴买粮草"③,权停买马。此年四川诸产茶州军相继榷茶,为陕西买马奠定了财政基础。此后,宋一直坚持以川茶博马的政策,掌握了对吐蕃马贸易的主动权。元丰四年,四川买茶司、陕西买马司合为一司,以陕西提举买马官通管茶场,简称"茶马司"。榷川茶后,即使在元祐更化、否定熙丰变法时期,榷茶及买马制度无大变化,均以省马为主。

宋对吐蕃控制区域不断扩大,神宗元丰四年占据兰州,哲宗时湟(青海乐都县)、积石军(青海贵德县)、鄯(青海西宁)也成为宋之州郡,崇宁二年还"置湟州茶马司"④,进一步巩固了熙河路买马的地位。"自熙宁十年差官买马,以一万五千匹为额,至元丰三年,每岁常买及数",从元丰四年设置提举茶马司,买马额定为二万,因战争及以茶籴买粮草等原因,多未及额,此后数年所买马在一万五千匹左右⑤。

哲宗元祐元年(1086)至八年,岁买马额为一万八千匹,绍圣元年(1094)以后,除个别年份未买马⑥外,均以二万匹为额。陕西买马场主要购买战马,西南买马以黎州为中心,"大率皆以互市为利,宋朝曲示怀远之恩,亦以是羁縻之"⑦,故称"羁縻马"。原限定二千匹,额外不得超过千匹,元符二年及三年,因青塘蕃叛,陕西二年未买马,黎州买马额大增,"元符二年买五千二百八十余匹,元符三年买四千一百余匹"。建中靖国元年(1101)以后,"且依元

---

① 李焘:《长编》卷二百六十四,熙宁八年五月己卯,6476 页。
② 李焘:《长编》卷二百七十一,熙宁八年十二月乙未、丙申,6638 页。
③ 李焘:《长编》卷二百七十一,熙宁八年十二月庚戌,6648 页。
④ 陈均:《九朝编年备要》卷二十六,崇宁二年十月。四库全书 382 册,723 页。
⑤ 徐松:《宋会要》职官四三之六八,元丰七年十二月十一日,3307 页。
⑥ 赵汝愚:《宋朝诸臣奏议》卷一百四十一载任伯雨元符三年十二月《上徽宗论湟鄯》云:"国家岁买马二万匹,而青唐十居七八。今既为仇,则马不复出。二年一匹不买,亦可见矣。"上海古籍出版社 1999 年版,1594 页。
⑦ 脱脱:《宋史》卷一百八十四《食货下六》,4511 页。

条,收买三千匹"①。

西南买马限制额外多买,而陕西买马则鼓励额外多买。设置茶马司后,买马本钱较为充足,多数年份能及额,有时额外还增买数千至数万匹。如绍圣三年,诏提举茶马司"陆师闵于岁额外市马三万疋"。崇宁四年(1105),"提举程之邵、孙鳌抃以额外市战马及二万疋,各迁一官"。大观元年(1107),"庞寅孙等又以买御前良马及三万疋,推恩如之邵例"。徽宗时期,"赏典优滥,官属利于多市马,取充数而已"②,官员以较少本钱买较多劣马以获取酬奖,所买马大部分不能充战马。

六　南宋纲马

南宋"凡战马悉仰川、秦、广三边"③,川即四川诸路,广即广南西路,秦即陕西秦凤路。北宋时陕西买马务设在秦州,购买来自秦州以西的战马,称"西马"或"秦马"。南宋时陕西买马仍以秦马为名,秦州短时期设过买马务,但已不是买马中心。淳熙二年周必大说:"臣伏见朝廷岁买西马五千余匹,川马三千六百匹,广马三千匹"④,反映了三地买马的大致比例。南宋买马经费主要来自截留地方收入,所买马运至杭州或沿江大军屯驻州军,跋山涉水,路途艰难,死亡率高,政府对马之运输十分关注,每纲一般限定为五十匹,以每纲死损数考核奖惩押纲官兵,不称"省马"而称"纲马"。

建炎元年六月,高宗驻跸南京(河南商丘市),随军"马不满五千,可披带者无几"。李纲建议括买民马,"又请命川陕茶马司益市马,募商人结揽广南之马,以给诸军",高宗只令"陕西每州令买百匹"⑤,不准括买民马及募商人结买广南马。建炎二年十一月,成都府路转运使兼同提举川陕买马赵开至

---

① 徐松:《宋会要》职官四三之八〇,崇宁三年二月二日,3314页。
② 脱脱:《宋史》卷一百九十八《兵十二》,4954、4953页。
③ 马端临:《文献通考》卷一六〇《兵十二》,1393页。
④ 周必大:《文忠集》卷一百三十七《论马政》。四库全书1148册,528页。
⑤ 李心传:《建炎以来系年要录》卷六,建炎元年六月丙戌。中华书局1988年版,167页。

成都府,总领四川财赋,改四川榷茶法为合同场卖引法,以卖引所得一百七十余万贯为买马本钱。此时陕西大部分州军尚由宋军控制,赵开买马法沿袭北宋旧制而略有改革。"旧制,川陕买马及三千匹即转一官,故有一任转数官者。主管茶马赵开以为滥,乃奏用马到京实数,若毙于道则有罚。立为定格。"①奖惩重点从买马转移到押送纲马,是南宋纲马制度与北宋省马制度的主要区别。

广西买马。

广西邕州(南宁市)是南宋最重要的买马基地。邕州买马宋初即有之,北宋元丰年间,广西帅司即经略安抚司置干办公事一员,"专切提举左右江峒丁,同措置买马"②,即由提举左右江峒丁兼买马使。大观年间,定买马价格标准,称"大观买马格",自十三贯至四十五贯分八个等级。南宋初,广西买马仍隶帅司。建炎年间,命广西提举峒丁李棫兼提举买马,李棫募人入大理国请求市马,大理王许之。后因"李棫罢归,事遂寝"③。绍兴元年,令广西经略司用韶州未起发上供内币钱三十万缗市战马。二年正月,高宗来到临安府,为整建军队,加快了买马步伐。六月,因马价较大观上涨四五倍,重修邕州马价标准,令收买四尺一寸以上战马。三年正月,广西经略安抚使知桂州许中"奉诏市战马千四百匹,而弱不堪用,上命降中二官"④。左丞相兼枢密使吕颐浩言:

> 关陕诸州半陷敌中,四川道路通塞不常,战马难到行在。惟广西一路与西南诸蕃接连,密迩黎、雅等州,日进纲马节次到来,诸军颇以谓堪备出入行阵。欲望明诏有司,于邕州置买马司,差有风力臣僚一员充提举官收买纲马。⑤

---

① 熊克:《中兴小纪》卷九,建炎四年十二月。四库全书313册,888页。
② [宋]周去非著,[今]杨武泉校:《岭外代答校注》卷五《经略司买马》。中华书局1999年第一版,2006年第二次印刷,186页。
③ 李心传:《建炎以来系年要录》卷三十三,建炎四年五月戊辰,653页。
④ 李心传:《建炎以来系年要录》卷六十二,绍兴三年正月壬午,1065页。
⑤ 吕颐浩:《忠穆集》卷五《论乞于邕州置买马司状》。四库全书1131册,307页。

广西买马的作用日益重要,"诏邕州置买马司,收买高及四尺二寸以上、口齿四岁以上、八岁以下堪披带马战"①,并规定"凡买马事,经略司毋得预"②,广西买马独立设司,有自行任命属官等的职权,不再是经略司的下属机构。

建炎四年,广南西路提举峒丁李械兼提举广南西路买马,李械与经略安抚使许中关系不协,绍兴初被免职,许中"遣属官任彦辉代领其事"。任彦辉时任宾州通判,移买马司于宾州,但仍于邕州横山寨置场买马。宾州"去横山寨十二程,道远不便",且大理至宾州"道里迂远,大理马遂不至"③,绍兴三年三月,任命李预提举广西买马。李预于七月到任,四年二月,"诏广西提举买马官移司邕州"。④

买马司招马官从寨官中选任,寨官隶属帅司,李预奏请招马官由买马司提举官与经略安抚使"同衔奏辟"⑤。买马、运马要调用当地寨堡军兵,军兵属帅司管辖,买马司不能调动。买马本钱的筹措由邕州知州掌管,买马司运作十分不便。绍兴六年三月,令邕州知州同提举买马。五月,因"去岁所市马弱不堪用",罢买马司提举官李预,而以经略安抚使与邕州知州同提举买马⑥。此后,买马司不再设专职提举官,买马事由广西帅司兼领。

买马司设右江东、西提举各一员,驻扎于邕州买马场所在地横山寨(广西田东县)。东提举掌给马定级、交易,西提举掌入蛮界招马。招马官二员,后有时增至四员,"从本司溪洞谙晓蛮情人充"。横山寨溪洞官"依旧兼管本司招马,仍带衔"⑦。招马官可招募本地土人为效用军兵,充招马人,给彩帛等活动经费,分批赴大理国(今云南大部)、自杞(今黔西南布依族苗族自治

---

① 徐松:《宋会要》兵二二之一六,绍兴三年正月二十六日,7151页。
② 李心传:《建炎以来系年要录》卷六十三,绍兴三年二月辛卯,1068页。
③ 李心传:《建炎以来系年要录》卷六十三,绍兴三年二月,1069页。卷六十四,四月戊申,1096页。
④ 李心传:《建炎以来系年要录》卷七十三,绍兴四年二月戊戌,1214页。
⑤ 徐松:《宋会要》兵二二之一七,绍兴三年二月二十四日,7152页。
⑥ 李心传:《建炎以来系年要录》卷九十九,绍兴六年三月辛未,1624页。卷一百一,绍兴六年五月辛未,1652页。
⑦ 徐松:《宋会要》兵二二之一七,绍兴三年二月五日,7152页。

州南部兴仁、兴义、贞丰地区及云南东北部,国都在兴义)、特磨道(今云南文山壮族苗族自治州东部),劝诱入宋卖马,"及三百匹补守阙进义副尉,每三百匹转一官资"。如招到"一百匹各高四尺六寸以上八岁以下阔壮无疾驯熟堪披带马",则与押纲使臣一起押纲,"前来在路无遗阙,倒毙不及一分,与依前项招买三百匹指挥推恩"①。广西本地马大多矮小,不堪征战,战马多从境外蕃蛮部族购买。大理与被宋称为"西戎"的吐蕃、羌诸族统治区相连,常将"西戎"马转卖与宋,自杞、特磨道又从大理贩马,《宋史·兵十二》云:大理马"虽互市于广南,其实犹西马也"。广西沿边羁縻州的有马部族如罗殿州(贵州罗甸县)蕃部也是招买的对象。

买马司设"同巡检一员,亦驻札横山寨,候安抚上边,则率甲兵先往境上警护",诸蕃入界卖马,"西提举出境招之,同巡检率甲士往境上护之"。入境之后,自泗城州(广西凌云县)行六日,至横山寨买马场。交易时,"东提举乃与蛮首坐于庭上,群蛮与吾兵校博易,等量于庭下"。横山寨知寨、主簿、都监三人"主管买马钱物"②。邕州知州常亲临横山寨视察交易,但不与卖马蕃人直接接触。

广西买马司设置之初,"命拨本路上供封桩内藏钱合二十七万缗,钦州盐二百万斤为买马费"。不久规定买马本钱由本路上供钱七万余贯、韶州(广东韶关市)铸钱监、内藏库钱各十万贯、赡学经制钱、盐钞钱及廉州石康(广西合浦县石康镇)盐,成都府锦帛构成。"盐二百万斤,约计二十四万缗",其他钱通计实际筹措了十七万贯,"计四十一万"贯③。此后本钱构成时有变化,且盐法多变,买马或用盐,或用卖盐钞钱。绍兴二十一年,"岁捐黄金五十镒,白金三百斤,锦二百[端],𫄨四千[匹],廉州盐二百万斤,而得马千有五百匹"④。"白金"即银,三百斤为4800两。广西买马以银为本位货

---

① 徐松:《宋会要》兵二二之二一,绍兴四年正月十五日,7154页。
② [宋]周去非著,[今]杨武泉校:《岭外代答校注》卷五《经略司买马》,187页。徐松:《宋会要》兵二二之二六,7156页。
③ 李心传:《建炎以来系年要录》卷六十三,绍兴三年二月,1069页。《岭外代答》卷五《经略司买马》,187页。
④ 李心传:《建炎以来系年要录》卷一百六十二,绍兴二十一年二月丁未,2629页。

币,经略司要用诸色钱买银,或从四川诸州回易锦帛。以盐、锦、帛买马时,要折算成银计算马价。马高"必四尺二寸以上乃市之,其直为银四十两。每高一寸,增银十两,有至六七十两者"①。孝宗乾道初(1065),平均"每匹价直大约用银四五十两"②。此时官定钱银的交换价为银一两兑钱3300文③,按每匹马价50两计,1500匹用银75000两,折钱24.75万贯。如买"出格马,钱数倍多"④,买马司每年要买一定比例的壮嫩好马充"御前马",买马1500匹,支钱近三十万贯。

周去非《岭外代答·经略司买马》云:广西买马司"岁额一千五百疋,分为三十纲,赴行在所"。1500匹名义上一直法定买马额。岁额之外,常令添买,添买之数岁有增减。1500匹为"常额",增损之后的买马额才是真正的"岁额",故云"岁额增损无定"。绍兴二十七年,令添买三十一纲,则岁额三千五十匹。《宋会要辑稿》载:

> (绍兴三十年)九月二日,臣僚言:"……国家于广西买马,岁额增损无定,如帅臣沈晦任内,一年之间计买发马三千匹,今岁率不及二千疋。若欲增置千骑,且以中价计之,亦不下十余万贯。况皆用本路上供钱买银,每两三贯或四贯以上,折与蛮夷,每两只作二贯文足。计一岁之间,银亏折不知几万贯。"⑤

按每匹马介50两、银每两3.3贯计,绍兴二十九年和三十年买马额三千匹,每年买马支出近49.5万贯,每匹165贯。广西是宋最重要的银产区,银是卖马部族乐于接受的货币,且便于运输,在急需战马的年份,银是重要的支付手段。银是广西主要的上供物资,市价较高,而官盐、䌷绢等常有剩余,市价较低,所以广西买马多以盐、䌷绢等作为买马本钱。

---

① 李心传:《建炎以来朝野杂记》甲集卷十八《广马》。中华书局2000年版,427页。包括四尺一寸堪征战马在内,马分八等,以"每高一寸,增银十两"计之,最高等则达百两以上。疑"增银十两"应为"增银四两"。
② 徐松:《宋会要》兵二五之一〇,乾道元年二月十日,7205页。
③ 参见王文成《宋代白银货币化研究》,云南大学出版社2001年12月版,204页。
④ 徐松:《宋会要》兵二二之一八,绍兴三年三月十七日,7152页。
⑤ 徐松:《宋会要》食货二七之五—六,绍兴三十年九月二日,5258页。

买马及额或超过岁额有奖。招马军兵每招买 300 匹转一资。招马官于 1500 匹年额外买溢额马,每二百匹减一年磨勘,至千匹转一官。买马不及 1500 匹,展一年磨勘①。绍兴十年,广西"买发纲马敷额",经略安抚使胡舜陟"特转一官";十一年,买马二千四百五十匹,相关官吏十余名受到转秩、减磨勘等酬奖②。

除邕州知州"专管买马"外,宾(宾阳县)、横(横县)、宜(宜州市)、观(南丹县境内)四州"并系接连外界",要"协力收买"。绍兴三年十一月,"令宾、横、宜、观等四州并依邕州例,专管买发战马"③。六年,"诏宜州守臣兼带提点买马"④。不过,邕州外其他州郡一般不设买马场,主要责任是"招诱收买",即招诱蕃蛮至横山寨卖马。邕州横山寨一直是广西最主要的买马场。

宋对广西沿边少数民族部族采取羁縻政策,既给与一定的政治、经济利益,又防止他们"审我之利害,伺我之虚实"。宜州在邕州北约三百里,西距自杞、大理,东距广西首府桂州比邕州近二十天路程。邕州是沿边军事重镇,境内军兵众多,防守严密,蛮人入界,"见吾边面阔远,羁縻州数十,为国藩篱,峒丁之强,足以御侮",可展军威,防止蛮夷产生轻视之心,侵扰边界。宜州地近内地,驻军少,故买马场不设在宜州,而设在远离邕州的横山寨。自杞至横山寨卖马,需假道于羁縻州罗殿,"罗殿难之,故数致纷争"。绍兴三十一年,自杞"乃由南丹[州]径驱马,直抵宜州城下,宜人峻拒不去,帅司为之量买三纲,与之约曰:后不许此来"。宜州买马较邕州便利,且多次有人建议宜州设买马场,但"前后帅臣皆以宜州近内地不便。本朝堤防外夷之意可为密矣"⑤。

邕州买马场设置之初,"蕃蛮将马至横山寨货卖,被洞官并店户等人众私与蛮人交易",影响官司买马。于是"行下买马司遍下诸州寨约束。如有

---

① 徐松:《宋会要》兵二二之三〇,隆兴二年二月二日,7158 页。
② 徐松:《宋会要》兵二二之二四,绍兴十二年四月五日,7155 页。
③ 徐松:《宋会要》兵二二之二一,绍兴三年十一月二十六日,7154 页。
④ 李心传:《建炎以来系年要录》卷一百五,绍兴六年九月丙戌,1710 页。
⑤ [宋]周去非著,[今]杨武泉校:《岭外代答校注》卷五《宜州买马》,190 页。

马月分,令经过地分预先申闻,令买马司尽数收买"①。买马所需本钱要从广南诸州筹措,运至横山,有时本钱支尽,"诸州般运钱盐未到,无钱可支,蛮人尚有数中卖,官司买之未尽",卖马者不得不"牵控退回",十分不满,影响买马额的完成,绍兴三年后改为:

> 许本寨脚店户、百姓及溪洞官典、头首有力之家,将钱物明赴官,专差编拦使臣一员监视,就蕃蛮博买,各将之寨,等量呈验,置簿书具色样记其格尺,依旧给付买马人喂养,俟官中般运钱盐彩帛到库,即依簿内姓名马样,令各牵赴官,重行等量,印卖入官,依格更给价钱,官私两便,亦不失远人怀慕远来之意。②

民户代官买马要先把与马价等值的钱物交与买马场,所买马要赴官呈验,官置簿书记其色样、格尺,暂由买马民户喂养,俟官府买马钱物运到,除归还民户的买马本钱外,按照马之等级,另外支付给养马户一笔费用。

横山买马后,每及百匹,结为一纲,先在邕州集中,经十八程押运至静江府(桂州)。每纲"差官二人管押,将校一名,节级二人,牵马禁军或厢军五十人,兽医一名,军典一名。兽医许募百姓,其禁厢军于一路通差,即不得差寄居待阙官及峒丁土丁"。广西经略司对发到马数逐一检验,"堪充披带战马即行交收。如有不依条法,并行退还,令变转别买"。经过检验的合格马以每纲五十匹重新编纲,每纲押纲官一员,将校五人,兽医一人,牵马兵士二十五人。如押运出格马充"御前马",则每纲三十匹,牵马兵士十五人。一纲五十匹是宋代纲马的通用形式,称"常纲"。纲马各于两胯下用火印"纲马"字,发赴行在。每匹马颈上挂一木牌,牌上刻写编号,标记此马格尺、齿岁、毛色等。每纲马编制"纲解状"即纲马档案,并"用纸画逐马毛色"等特征,木牌所记与解马状应完全相同,经略司负责"如法对记,务要辨验",如"稍有不及格尺而阔壮堪披带,许量添收买,亦须及四尺一寸以上,仍于纲解状内分明开说"。纲解状要"实封发遣,预申枢密院",纲马押送行在后,枢密院根据解马

---

① 徐松:《宋会要》兵二二之一七,绍兴三年二月十五日,7152 页。
② 徐松:《宋会要》兵二二之一九,绍兴三年八月二十七日,7153 页。

状"照验交收"。

峒丁土丁无正式兵籍，押纲后"回程口食州县不肯支给，遂于沿路寻于驻军去处，计会截留"①，故禁差峒丁土丁。寄居待阙官平时不支俸禄，受差则要支给，因财政困难，钱无出处，故尽量不差寄居待阙官。"管押马纲，并于逐州见任使臣内差，如此则州郡无横费之财，使臣无户禄之忧"②。见任使臣由经略司从广南路"昭、贺、藤、容、高、雷化、钦、廉、宜、柳、融、贵、浔、郁、林"诸州选差，"前来横山押马。不足，听募寄居待阙官"③。

纲马一般在"二月已后次第排发，至四月间发尽"，此时春草茂盛，气候适宜，纲马病患死亡者少。绍兴三十二年，令押马使臣于"见逐州任指使内差拨"，不差寄居待阙官。指使为低级武官，阶级相当于小使臣，而广西经略司所辖指使"各差押诸般钱银纲运，少有见任人可差，遂致邕州横山寨买下战马阙官管押，常是稽留，至夏秋间，起发未毕"，宋廷只得诏令"许令招募寄居待阙或无差遣小使臣通行差拨，依条给券外，量支与赡家钱"④。纲马途中病患，应寄留所在州县调养，俟病愈发运。纲马至行在，枢密院承旨司派官验收。《宋会要辑稿》兵二四之三四绍兴三年三月二十一日条载：

> 诏：广西起发纲马到日，委枢密院检详、计议官各一员，亲赴省马院当官，以元解发纲马状并图画到毛色、齿岁、尺寸逐一点对，并验认火印、封记、鬃毛讫，具有无异同，日下申枢密院呈验，仍令省马院候纲马到院，即时依数交收，如法喂养。

如押马官兵在押运路上以劣马换易纲马，致与解马状所载不符，许人告，给于惩处。如检查出纲马有疮疥瘦病，其押纲使臣依寄留倒弊条法赏罚。牵马兵士每人牵马二匹，内一匹疮疥，赏钱减半，二区皆疮疥，不推恩给

---

① 徐松：《宋会要》兵二四之三三，绍兴三年正月二十六日，7195页。兵二二之一六，绍兴三年正月二十六日，7151页。
② 徐松：《宋会要》兵二四之三八，绍兴二十七年五月十日，7197页。
③ [宋]周去非著，[今]杨武泉校：《岭外代答校注》卷五《马纲》，192页。
④ 徐松：《宋会要》兵二四之四三，绍兴三十二年十一月十二日，7200页。

赏。纲马运至沿江诸军,由诸军仔细验收,将验收情况"分明开具,申枢密院"①。

买马司设干办公事一员充"提点纲马驿程官",绍兴末改为两员,分别设司在桂州和抚州。提点纲马驿程负责"点检沿路驿舍、槽具、动使,供应草料无阙误,及纲马死失、病患、寄留、减膘"②等事。两驿相距过远,量行添置,驿舍有疏漏损坏,即行修整。纲马草料要在纲马到前备足。纲马在路,沿路州县驿站要供给押纲人兵食宿及马匹草料。草料一般按标准支给七分,由纲马停留州县派养马军兵打割,"每驿各差人兵五人,日支给食钱五十文省,于系官钱内支,季一替"③,余三分由押马官兵牧放补足。

押纲官兵赏罚,以至行在路程远近为标准。"广西经略司自静江府起发常纲马至行在,二千八百七十七里,至建康府三千五百八十六里,至镇江府三千七百六十里,至池州三千里"④,建康、镇江、池州路程均比行在杭州远,赏罚与行在相同。原规定广西常纲马每人牵马四匹,乾道八年改为牵马二匹。每纲押纲使臣一员,"全纲到,使臣转一官资,更减三年磨勘"。如死损一匹,转一官,减二年磨勘,二匹,转一官,减一年磨勘,三匹,转一官,至十八匹,降两官。以下每五匹降一官。如全纲到,将校医兽转一资,并支犒设钱十贯。如不愿转资,折钱三十贯。死损一至三匹,转一资。四匹至七匹,支钱十五贯,八至十二匹,不理赏罚。十三匹至十七匹,降一资。以下每五匹降一资。军兵每人牵马二匹,二匹全到,无疮疥瘦瘠病,转一资。如不愿转资,折钱三十贯。二匹全到,内一匹疮疥瘦瘠病,与减半推赏,支钱一十五贯,如不愿支钱,可给半资公据,积二次赏,转一资。二匹全到,并疮疥瘦瘠病,或死损一匹,并不推恩。二匹全不到,降一资,无资可降者,杖脊八十⑤。"将校、军兵各以所牵马为赏罚,赏则补以阶级,不愿则请钱,罚则加杖而遣

---

① 徐松:《宋会要》兵二四之三八,绍兴二十六年闰十月十五日,7197页。
② 徐松:《宋会要》兵二四之三六,绍兴十八年十一月十六日,7196页。
③ 徐松:《宋会要》兵二五之二〇,乾道四年七月二十八日,7210页。
④ 徐松:《宋会要》兵二五之二四,乾道七年九月二十三日,7212页。
⑤ 徐松:《宋会要》兵二五之四五,乾道九年四月二十八日,7222页。

之"①。

广西经略司至襄阳府二千三百六十二里,至鄂州一千八百八十二里,比至行在路程近,其赏罚按路程比例降低。如牵马军兵二匹全到,无疮疥瘦瘠病,至行在为转一资,至襄阳府则支钱二十五贯,或给半资公据,另支钱十贯②。

押纲提升迅速,"押马乃武臣、军校速化之途,而副尉累以赏转至正使者,不可胜数"③。副尉是无品的武臣即高级士兵,由副尉至最低等的正使(正七品武翼大夫),按正常四五年转一资,需数十年。押送马纲是比战功和其他劳绩迁转快得多的捷径。

宋政府有时降低马格以多买马。除将四尺一寸堪披带马视为合格马购买外,绍兴三十年,因格尺不达标而被广西经略司拒绝购买的马匹有四千余匹,于是诏令次年"不限格尺"收买"阔壮齿嫩堪披带马"④。买马司官员为超额完成定额以获得酬奖,常买不合格马充数。买马不及格的主要原因,是官吏贪渎,中饱私囊,"官吏为奸,博马银多杂以铜",盐百斤为一畚,"脧减至六十"。卖马蕃人"不肯以良马来所市,率多老马病驽,且不能登数"。乾道九年,广西经略使范成大"为之约束",改革前弊,买马本钱按标准如数支付,至淳熙二年(1175),买马恢复到3000匹⑤。

自绍兴三年至孝宗末年(1189),广西岁买马1500匹以上,少数年份达3000余匹,多数年份在2000匹左右。宋光宗以后,马价飞涨,至宁宗庆元年间(1195—1200),买马本钱日益不足,买马数日益减少,且押纲经费、军兵严重不足,纲马在路,照料不周,死亡率高,甚至有一纲五十匹"倒毙四十九匹"⑥者。为降低买马成本,宋政府更多地从荆湖、淮南买本地马充数。宋理宗淳祐四年(1244),蒙古开始入侵大理,引起宋朝警觉,"连年朝廷指挥住

---

① [宋]周去非著,[今]杨武泉校:《岭外代答校注》卷五《马纲》,192页。
② 徐松:《宋会要》兵二五之二四、二五,乾道七年九月二十三日,7212页。
③ [宋]周去非著,[今]杨武泉校:《岭外代答校注》卷五《马纲》,192页。
④ 徐松:《宋会要》兵二二之二六,绍兴三十年八月四日,7156页。
⑤ 李心传:《建炎以来朝野杂记》卷十八《广马》,428页。
⑥ 徐松:《宋会要》兵二六之一三,嘉泰二年十二月十四日,7233页。

买"马,后虽一度恢复,但已无定额,"有马到则从官买",不再派人招买,也"不用朝廷买马银两"①,而由广西经略司安抚司与邕州自筹本钱,量力而行。

川陕买马。

四川买马宋初即有之,北宋四川市马地主要有文(甘肃文县)、益(四川成都)、黎(汉源县)、戎(宜宾市)、茂(茂县)、雅(雅安市)、夔州(重庆市奉节县)、永康军(四川灌县)。南宋设成都和兴元府(陕西汉中)两个买马务,成都买马务称"川司",辖文、黎、叙(即北宋戎州)、南平(贵州平塘县)、长宁(四川长宁县)五州军买马场,后珍(贵州道真仡佬族苗族自治县旧城镇)、利(四川广元市)、雅等州也曾设买马场。兴元府买马务称"秦司",辖西和州宕昌寨(甘肃宕昌县)、阶州(武都县东)峰贴峡寨买马场。文州所买马系西马,有时隶川司,有时隶秦司,这与利州路时而分东西两路、时而合为一路有关。建炎元年金兵入侵陕西,为防止金兵从陕西入侵四川,设川陕宣抚制置使,统辖川陕军事财政。川陕(或称川秦)买马司虽分设二处,实为一司,后与四川茶司合为一司,简称四川茶马司或川陕茶马司。

绍兴五年,"诏:川陕宣抚副使邵溥同提举买马官赵开措置,即永康军、威(四川汶川县)、茂州置场,以茶博马,俟就绪日,起纲赴行在。"赵开上奏说:"三郡蕃部自来不系产马地分",且熙、河等州被金控制,而"威州后蕃有路,接连熙河蕃部,切恐茶货转至后蕃,蹋开生路,引惹边事"②。此诏未实施。

川马格尺短小,大多不堪征战,北宋时"止给本处兵及充铺马"③,宋人称之为"羁縻马"。孝宗时兵部侍郎陈弥作言:"祖宗设互市之法,本以羁縻远人,初不藉马之为用。故驽骀下乘,一切许之入中。"④不堪战阵的下等马除用于邮传、运输外,"有小弱不任支配者,委峡路钤辖司估其直出卖"。南宋时川马每纲五十匹,发赴行在或沿江诸军,"其间良驯不过三五匹,中等十余

---

① 李曾伯:《可斋杂稿》续稿卷五《再条具备御事宜奏》。四库全书 1179 册,664 页。
② 李心传:《建炎以来系年要录》卷九十四,绍兴五年十月壬寅,1552 页。
③ 徐松:《宋会要》兵二四之三,1180 页。
④ 徐松:《宋会要》兵二三之三,乾道四年八月一日,7161 页。

匹,余皆下乘不可服乘"①,可服乘者仅占三分之一,却仍是南宋军马不可或缺的来源。

所买西马要求"四尺二寸以上、十岁以下,方许起纲",不合格尺口齿者,"其间多骨相、虎骏而驰骤超逸者,例以不及格弃之,又不许民间收买",这给远道而来的卖马人带来损失。淳熙八年,诏令"其不及格尺之马,令买马官等验,用退印给据,令民间从便交易"②,以提高蕃部卖马的积极性。

南宋初建炎二年末,总领四川财赋赵开开始买马,至建炎四年末,川陕"买马乃踰二万匹"③,平均每年一万匹。因宋金交战,陕西马路一度中断,绍兴三年,"知秦州节制阶文军马吴璘始以茶、彩招致小蕃三十八族以马来市。西马复通,盖起于此"④。四川买马虽未中断,但买马司"互市岁马亏损常直,沮格拣退,减落元数,致马不得售,则或委弃杀食而去",使宋与西南蕃族关系紧张,买马受阻。绍兴六年,"申敕有司,悉循蕃规,革去宿弊"⑤,稳定了川马贸易。

买马州军买马有定额。绍兴十四年,都大提举茶马司言:"契勘川路岁额,黎州三千匹,文州一千匹,叙州八百五十匹,长宁军三百九十五匹",共5245匹,其中"长宁军累年不敷岁额"⑥。绍兴十五年兵部言:"自绍兴后,川秦茶马司岁市马九千八百有奇。黎、叙、文、长宁、南平五州军[六?]千匹系川司,宕昌寨、峰贴峡三千八百匹系秦司。"⑦绍兴十九年,重定川陕纲马额:"岁发川马二百匹进御,而以四千匹付江上诸军:镇江、建康、荆、鄂军七百五十,江、池军各五百。又以秦马三千五百付三衙:殿前司千五百,马步司各千,自是岁为定例。"⑧川司纲马4200匹,秦司3500匹,共7700匹。秦司马有十分之二留川陕自用,加上兴元府、金州(陕西安康市)、兴州(略阳县)都

---

① 李心传:《建炎以来朝野杂记》卷十八《川秦买马》,425页。
② 徐松:《宋会要》兵二三之一六,淳熙八年二月四日,7167页。
③ 李心传:《建炎以来系年要录》卷六,建炎元年六月丙戌,167页。
④ 李心传:《建炎以来系年要录》卷六十六,绍兴三年六月癸丑,1125页。
⑤ 徐松:《宋会要》兵二二之二三,绍兴六年八月二十七日,7155页。
⑥ 徐松:《宋会要》职官四三之一〇五,绍兴十四年二月十一日,3326页。
⑦ 李心传:《建炎以来系年要录》卷一百五十四,绍兴十五年十一月癸亥,2493页。
⑧ 李心传:《建炎以来系年要录》卷一百五十九,绍兴十九年二月庚辰,2577页。

统制司进奉数百匹,秦司买马数要多于纲马额,约5000匹,川陕总额为9000匹左右。绍兴二十九年,重申绍兴十九年买马额。隆兴元年,孝宗即位,举兵北伐,诏川陕"今年额外添买马二十六纲,应副江淮宣抚司"①,二十六纲共1300匹,则买马万匹以上。

《建炎以来朝野杂记》载:"乾道间,川、秦买马之额岁为万一千九百有奇,川司六千,秦司五千九百。"其中"宕昌寨五千一百,峰贴峡八百"。庆元初,"文州改隶秦司,而川司增珍州之额,共为四千八百九十六",其中"黎州三千,叙州八百,南平军四百,长宁军三百九十六,珍州二百五十"。秦司买马额六千一百二十,其中"宕昌寨三千九百二十,文州千五百,峰贴峡寨七百",川秦"两司为万一千十有六匹"。嘉泰末(1205),"川司五场又增为五千一百九十六匹,秦司三场增为七千七百九十八匹,合两司为万二千九十四匹。然累岁所市,多不及额焉"②。从南宋初到嘉泰末,川马岁额波动不大,川陕买马岁额增长数,几乎全部来自西马。

"多不及额"从诸大臣奏疏中得到佐证。乾道三年大理少卿陈弥作言:"四川茶马司每年合起江上诸军马八十纲,并行在殿前、马、步军三司马七十一纲,宣抚司二分马七百二十匹。"③共8270匹。淳熙二年周必大说:"朝廷岁买西马五千余匹,川马三千六百疋。"④共8600余匹。隆兴以后,买马额虽为一万一二千匹,但多未完成。如隆兴元年至乾道二年四年间,共拖欠"江上诸军马九十三纲",拖欠殿前、马军、步军"三司马五十五纲,宣抚司马六百二匹",共计8002匹,平均每年拖欠二千匹。"缘蕃蛮中马有限,仅能更敷足本年之数",不得不将拖欠之数"特赐蠲放"⑤,实际每年买马九千余匹。

市马由牙侩做中间人,牙侩与买马务胥吏勾结,多取牙利,"假如良马一驷直一百五十余千,则必中卖二百以上",官支马价二百贯,其中五十贯落入

---

① 徐松:《宋会要》兵二五之六,隆兴元年十二月三十日,7203页。
② 李心传:《建炎发来朝野杂记》卷十八《川秦买马》,425页。《宋史》卷一百九十八《兵十二》。4955页。庆元川司买马总额与所属五州军买马之数不合,疑五州军细数有误。
③ 徐松:《宋会要》兵二三之一,乾道三年二月八日,7160页。
④ 周必大:《文忠集》卷一百三十七《论马政》。四库全书1148册,528页。
⑤ 徐松:《宋会要》兵二三之一,乾道三年二月八日,7160页。

牙侩之手。买马成本提高,"官失其货,私取其利"。加之买马官为得恩赏,以多凑数,"监买不职,以病为壮,以短为长,以齿多为齿弱"①,增加了纲马的死亡率。乾道四年,提举茶马监牧公事张松言:"'将宕昌马场买到马赤(尺)寸于马项下印烙引卖人姓字火印,排纲起发。若将来到行在,内有短寸匹数,及齿岁不同,乞看验火印姓字,降下责凭,根究退理短寸亏官价钱。'从之。"②

北宋熙宁年间,"一驮茶易一上驷"。马分十等,每匹价十八至三十八贯。一驮百斤,熙宁八年,熙、河州买马,一驮名山茶官卖价三十七贯。元丰四年,马价平均为一驮茶二十六贯。崇宁四年,上等良马支名山茶二驮,"买良马一万匹,约用名山茶二万驮"③。南宋初,马价较北宋末又有所提高。孝宗淳熙时,茶价益贱,马价益贵,"宕昌四尺四寸下驷一匹,其价率用十驮茶。若其上驷,则非银绢不可得"。宕昌"岁市马三千匹",支茶二万驮,仍不足用,"而以银绢绸及纸币附益之"④。四川"益、梓、利三路漕司岁出易马䌷绢十万四千匹"⑤。淳熙十五、十六年,因军费不足,停买"阔壮马"二年⑥。庆元元年,宕昌"边场买马每疋钱引一百三十四道半,其殿前司每疋约一百五十道"⑦。这是政府支拨的买马本钱,买马实价要高于此数,故政府不得不减少五纲买马额。

买马本钱由四川总领所及转运司筹措。产茶州县置合同场,买马地置买马场,茶马司措置般运茶货,以茶博马。合同场与买马场主管官由茶马司和转运司奏辟,以知州、通判、知县或都监兼。"成都、潼川府、利州路漕司岁应副博马䌷绢十万余匹。成都五万,潼川三万,利州二万余匹"⑧。其他银、

---

① 员兴宗:《九华集》卷七《议国马疏》。四库全书1158册,45页。
② 徐松:《宋会要》兵二三之二,乾道四年二月十四日,7160页。
③ 徐松:《宋会要》职官四三之八四,崇宁四年七月二日,3315页。
④ [元]佚名:《宋史全文》卷二十六上《宋孝宗五》,淳熙四年七月庚子。黑龙江人民出版社2005年版,1811页。
⑤ 脱脱:《宋史》卷一百九十八《兵十二》,4955页。
⑥ 徐松:《宋会要》兵二三之一九,淳熙十五年二月十五日、十六年五月二十四日,7169页。
⑦ 徐松:《宋会要》兵二六之八,庆元元年十月二十六日,7230页。
⑧ 李心传:《建炎以来系年要录》卷一百五十四,绍兴十五年十一月癸亥,2493页。

钱也常用于买马。孝宗以后，买马本钱更为不足，中央有时支拨度牒、官诰，变卖以为本钱。

买马场买马及额，即与恩赏，川、秦买马司各置干办公事官二至四员，初规定"任满，催督诸场买马岁额敷办，提举司保明，与减二年磨勘。不及八分，展二年磨勘"①。同是买马及额，西和州知州、通判"任满得转两官"，对招买马的干办公事恩赏大大轻于"应办粮草马驿等事"的知州、通判。淳熙六年，规定宕昌寨买马及额，"其西和州知、通及本司干办公事官三员任满各与转一官"②。文州买马额一千，当职官"每岁各博买到四尺三寸以上堪披带马，每一千匹与转一官。如买到出格堪好马，更与优异推恩"③。绍兴十五年，"通判黎州张松兑转一官，以任内市马及额故也"④。州官一任为二至三年，黎州年额三千，任内买马及额，予转官，即二至三年加转一官。南平军绍兴十八年以三百匹为额⑤，后改为四百，每岁完成四百匹定额，知州、通判"与减半年磨勘，五百匹减一年磨勘，不及四百匹，展半年磨勘"⑥。同是完成年额，各州的恩赏差别很大，西和、文州马为西马，而黎州、南平马为南马。为鼓励多买西马，对西和、文州的恩赏优于黎州和南平。

纲马每纲五十匹，押纲军兵"差使臣二员，将校医兽各一名，牵马军兵五十人"⑦。后又令"挂备马五匹附纲牵拽"，但仍按五十匹进行赏罚，即损死五匹，仍按全纲给赏。军兵押马一匹到行在，转一资，不到，降一资。三衙或江上诸军直接到陕西押纲，一人牵马二匹，二匹到转一资，一匹到不推恩，"二匹全不到，与降一资"⑧。如不愿推恩，可折支赏钱，每一资支钱三十贯。

押纲使臣人等的赏罚，根据地里远近及全纲实到数目实施。陕西宕昌寨、峰贴峡买马后，至兴元府集中编纲，川马大部分在成都府编纲。从兴元

---

① 徐松：《宋会要》职官四三之一○五，绍兴十四年二月十一日，3326 页。
② 徐松：《宋会要》兵二三之一五，淳熙六年四月二十四日，7167 页。
③ 徐松：《宋会要》职官四三之一○四，绍兴五年十月四日，3325 页。
④ 徐松：《宋会要》兵二二之二五，绍兴十五年十月十八日，7156 页。
⑤ 徐松：《宋会要》职官四三之一○六，绍兴十八年七月一日，3326 页。
⑥ 徐松：《宋会要》兵二二之二九，隆兴元年十一月十七日，7158 页。
⑦ 徐松：《宋会要》兵二五之六，隆兴二年二月七日，7203 页。
⑧ 徐松：《宋会要》兵二五之一八，乾道四年三月十四日，7209 页。

府押纲马至汉阳军和荆南府,"全纲至,倒毙不及二分,谓九匹以下,使臣减三年磨勘,将校医、兽执色合干人各转一资。倒毙寄留及二分至不及三分,谓十匹至十四匹,使臣展二年磨勘,将校、医兽执色合干人更不推恩。倒毙寄留及三分,谓一十五匹,使臣、将校、医兽执色合干人各降一官资。每增及一分,使臣更展一年磨勘,余分数准此递展。其将校、医兽执色合干人别无加罚。"如押纲军兵无资可降,则"杖八十科断"①。乾道九年,进一步加大赏罚力度,三衙派军兵押纲至行在,赏罚如下:

> 全纲到,使臣转两官资。寄毙一匹,转一官,减四年磨勘,二匹,转一官,减三年磨勘……十匹,不理赏罚。十一匹,展一年磨勘,……二十匹,降二官资。以后匹数依此展降。全纲到,将校、兽医等转二资,寄毙五匹,转一官资。十匹,不理赏罚。十五匹,降一资。二十匹,降二资。以后每五匹依此更减一资。无资可降人,从杖一百科断。

沿江建康、镇江府等地驻军到茶马司取马,依三衙取马至行在例,因路程较近,"三分减一分赏罚",如"全纲到,使臣转一官资,减一年八个月磨勘。寄毙一匹,转一官,减一年磨勘"②,依此类推。

除茶马司纲马外,沿边金州、兴州、兴元府都统制司进奉马,每次四五匹至数十匹,各予恩赏。进马分"有体例"与"无体例",有体例是在皇帝生辰等重大节日按规定例行进奉,无体例即不定时无定额进奉,也称"非泛进马"。有体例每进奉四匹,押马五人各转一官资,六匹,八人各转一官资,八匹,十一人各转一官资,至五十匹,七十一人各转一官资。无体例进奉马五匹,六人各转一官资,七匹,九人各转一官资,至四十九匹,六十一人各转一官资③。进奉马的奖励优于纲马,有鼓励各地及时和额外进奉的意义。

"川陕马纲法"规定:如有人"附私马随行,以致换易,及侵夺纲马草料",致马病疥,"重赐责罚"。纲马沿路病患,于所在州军寄留喂养。纲马倒毙死

---

① 徐松:《宋会要》兵二五之二一,乾道四年五月十八日,7210页。
② 徐松:《宋会要》兵二五之四一—四三,乾道九年四月二十八日,7220页。
③ 徐松:《宋会要》兵二五之一三,乾道元年八月二日,7206页。

亡,所在州军开具"公据",以为"照验"。如"将沿路逃走人名下一般毛色马,抵填见到人名下死损数目,侥求推赏",或修改公据,将倒毙马"改易作逃走姓名",许本纲诸色人告,"重立赏钱,将犯人送所属重作施行"①。如"有疮疥瘦瘠马数,其管押使臣依寄留倒毙赏罚"②。军兵牵马二匹,皆有疮疥,不推恩。二匹到,内一匹疮疥,减半推恩,支钱十五贯。如不愿支钱,可累计转资。

纲马押运路途艰难,从宕昌寨至杭州,沿路驿站由各地军政长官负责。经兴元府(辖15驿)、金州(辖13驿)、江陵(辖14驿)、鄂州(辖14驿)、江州(辖11驿)、广德军(辖12驿)六个都统制司和杭州(辖6驿)殿前司辖区,共85驿③。两驿间距多为一日程,有的为二日程,如宕昌至兴元府15驿,为20程。有些驿停留二日,在兴元、江陵府停留三五日至十余日,押纲一次,历时四五个月。加上回程,共需七八个月。

纲马一般由茶马司派兵卒押送,有时和雇民户代役。西和州宕昌寨、阶州峰贴峡寨所买西马是南宋战马的主要来源,供应驻扎行在杭州周围的三衙驻军。三衙即殿前司、侍卫马军、步军司,也称三司。南宋三衙并不统领全国军马,其地位相当于一支屯驻大军而已。其他各地驻军称"御前诸军"。由于茶马司"每岁起发纲马赴枢密院,押纲使臣往往不得其人,喂养失时,多致倒毙",和雇民户多为市井"游手","往往坐视倒毙,甘心逃窜"。纲马运达,有的"疮疥瘦瘠,仅存皮骨,往往喂养不成"。绍兴二十四年底,诏陕西所买马轮流分配给马步军司和殿前司,绍兴二十五年分给马、步军司,二十六年分给殿前司,"循环拨付"。马、步军司和殿前司派所属兵卒自行到买马场取马,"逐司当拨马年分中,每一纲选差有心力使臣一员,军兵三十人,就买马场团纲起发,赴枢密院交纳,赏罚依已降指挥"④。绍兴二十七年,川马也实施诸军自行押运之制,由鄂州、建康府、镇江府、池州驻扎诸军"差人前去

---

① 徐松:《宋会要》兵二五之三,隆兴元年六月十八日,7201页。
② 徐松:《宋会要》兵二四之三八,绍兴二十六年闰十月十五日,7197页。
③ 徐松:《宋会要》兵二三之二〇,淳熙十六年五月十二日,7169页。
④ 徐松:《宋会要》兵二四之三七,绍兴二十三年正月二十五日,二十四年十二月二日,绍兴二十六年十二月十七日,7197页。

取押"①。

为防止诸军争夺纲马,绍兴三十年,诏令"三衙收押到纲马"至行在,经承旨司验收后,在马胯下烙上火印字号,分配诸军,如"殿前司甲字,马军司乙字,步军司丙字"等。三衙火印令军器所制造,"江上诸军委总领所,江州、池州、荆南委使臣"制造。淘汰的不合格马"右胯'出'字印。"②

三衙取马初直接到宕昌、峰贴峡买马场,因二寨民户只有百余,"寨屋窄隘,难以屯泊取马官兵",后改为"令三司官兵就兴元府马务团纲起发"③。宕昌寨、峰贴峡至兴元府约二十程,"旧来买到马,和雇人夫牵送"至兴元府,因和雇人夫"并不用心养喂,致有损坏",改为"和雇人夫将所买马自宕昌寨、峰贴峡牵送五程",宕昌马至西和州,峰贴峡马至阶州,"交付吴璘所差官兵牵送七程",至兴州,再"接连交付姚仲官兵牵送八程,至兴元府马务,团纲施行"④。押纲使臣、军兵每日钱粮由四川总领所支给。吴、姚二人分别是兴州与兴元府都统制使,二人负责本辖区押纲。

三衙、江上诸军派人至兴元、成都府领取纲马,有时到达时茶马司不能按期买到纲马,押纲官兵长期等候,虚耗资粮。隆兴元年,茶马司提议,将买马月份买到马分作六批,将押纲期限告知各军,押纲官兵"若依限到来,自无积压留滞"⑤。乾道九年,又将买到马"逐一排定纲数,依资次预行关报合得逐军,到彼月分,依次序差人前去取押"⑥,把押纲时间由六批细分为每一纲,进一步减少诸军取马的等候时间,节省虚费。押纲官兵长期滞留的矛盾有所缓解。

川马自"成都府起发御马至行在,六千一百一十九里",起发纲马至江上诸军,有五千里左右,自"兴元府起发常纲西马至行在,四千八百八十九里"。沿路纲马不得休整,病患瘠瘦得不到治疗和保养,死损颇多。隆兴元年底

---

① 徐松:《宋会要》兵二四之三九,绍兴二十七年七月十九日,7198页。
② 徐松:《宋会要》兵二四之四一,绍兴三十年二月十七日,三十一年正月十一日,7199页。
③ 徐松:《宋会要》兵二四之三九,绍兴二十八年四月十九日,7198页。
④ 徐松:《宋会要》兵二四之四〇,绍兴二十八年七月二十八日,7198页。
⑤ 徐松:《宋会要》兵二五之一,隆兴元年三月二十四日,7200页。
⑥ 徐松:《宋会要》兵二五之五〇,乾道九年四月二十八日,7226页。

(1164),诏川陕纲马先由茶马司押至汉阳军,再令三衙及江上诸军前去汉阳军领取。在汉阳军"选择宽广平易、好水草处充牧放之地"①,设置马监。乾道四年,诏令鄂州都统制赵撙在汉阳军"踏逐地段,修盖马监",选差军兵五百人,置监官,"以收发马监为名"②。川陕纲马到监,"并许歇泊一月,将肥壮者拨发,其病瘠者责令养喂医治"。病马在监,新到纲马有受传染之患。乾道九年,"令三衙并江上诸军差人前去取押,所有汉阳军马监系歇泊去处,将病马权留,医治后痊,可附纲起发"③。无病患马在汉阳军只许歇泊三五日,汉阳军收发马监成为病马滞留之所。最迟至孝宗淳熙(1174—1189)末年,又恢复三衙及江上诸军派官兵直接到兴元府和成都府接收纲马的旧制,汉阳军收发马监失去作用而废罢。

茶马司所差押纲官是八、九品的低级武官即大小使臣,牵马兵卒为无品的军校。每押纲一次,官转一官,兵升一资,提升迅速,殿前、马、步军三司到兴元府取马,每年七十一纲,使臣、兽医、押纲兵士"岁凡用二千三百余人",其中兵士转资者"岁有二千人"④。绍兴二十九年,枢密院承旨洪遵言:"川路所遣押马纲使臣多是见任大夫者,一岁之间当转官者无虑数十人,积而计之,盖不鲜矣。"大夫即正使(自武翼大夫以上至正五品通侍大夫称正使),官品越高,升迁越难,而通过押纲迅速升迁,于是规定"文臣承议郎以上不得押纲",武臣"比附文臣条例,今后武臣不得以纲赏转至武翼大夫以上"⑤。承议郎为从七品、武翼大夫为最低阶的正七品,即只许八、九品的文、武官押纲,升至承议郎和武翼大夫就不再押纲,即使押纲也不再迁转。绍兴三十二年二月,一度诏令"茶马司差拨牵马军兵,止转至十将,更不许转行副都头。自副都头以上资级,并支给赏赐"。"都"是军队编制单位,每百人为一都,其统兵官为正、副都头,是最低等级的入品武官。兵士最多转至无品级的武官

---

① 徐松:《宋会要》兵二一之三三,隆兴元年十二月三十日,7141页。
② 徐松:《宋会要》兵二一之一三,乾道四年正月二日,7131页。《宋史》卷三十四《孝宗本纪二》载置监时间为"四月乙未"。
③ 徐松:《宋会要》兵二一之一五、一六,乾道九年二月二十三日、十一月十二日,7132页。
④ 王之望:《汉滨集》卷八《乞免差三司等处取马人朝札》。四库全书1139册,759页。
⑤ 徐松:《宋会要》兵二四之四〇,绍兴二十九年六月二十四日,7198页。

十将,十将以上该转为副都头时,只给赏钱而不迁转。这一规定"赏轻罚重",致使"军兵在路,不肯用心管照,致寄留倒毙数多",实施一年又恢复旧制,"诏令兵部遵依自来立定赏格升转施行"①。

端平二年(1236),蒙古分三路攻宋,西路从秦、巩(甘肃陇西县)入侵四川,于次年十月攻占利州、成都府,马路不通,马源断绝,川陕买马中止。

---

① 徐松:《宋会要》兵二五之二,隆兴元年五月四日,7201页。

第十章 市易法的经营模式

一 引言

市易法是宋神宗时期的一项重要立法。从熙宁三年(1070)陕西沿边设市易务至熙宁五年正式推行市易法,制定的时间长,遇到的阻力大。皇亲国戚、官僚士大夫结成反对派联盟,与城市"兼并之家"内外呼应,掀起了王安石变法以来最大的一次反对浪潮。同时,宋神宗对市易法产生怀疑动摇,令权三司使曾布调查市易务的违法行为,引发变法派分裂和王安石的罢相①。

宋代市易法的经营模式,分赢利与非赢利两类。市易务放贷收息,债务人或结保赊请、或用契书金银抵当,赊贷付息,是市易务赢利的基本方式。贱买贵卖违背市易法通流物货、平抑物价的本旨,却未能禁止。经商之利不纳入政府财政收入,而由市易务官吏支配。在市易务年年完成收息定额、官吏获得酬奖的背后,赊贷本钱流失、规模萎缩的现象日趋严重,市易务最终沦为发放高利贷的机构。市易法创立了承包政府采买的"结买"制度,本欲

---

① 关于市易法的斗争,参见漆侠《王安石变法》(增定本)第190—200页,河北人民出版社2001年版。俞兆鹏《论北宋熙丰时期的市易法》,《江西社会科学》1988年二、三期;《论所谓曾布反对市易法的问题》,《中国史研究》1984年4期。李涵《从曾布根究市易违法案的纷争看新党内部的矛盾与问题》,《宋史研究论文集》,浙江人民出版社1987年版。刘子健《王安石曾布与北宋晚期官僚的类型》,台湾《宋史研究集》第三辑,台北中华书局,1966年。

节省政府开支,却因官吏滥用职权、违规占用承包资金,半途而废。对市易法已有诸多研究成果,本章拟结合市易法经营模式的内在矛盾,对市易法再作分析。

二 赢利方式——从放贷收息到高利贷

熙宁三年初,同管勾秦凤路经略机宜文字王韶言:"沿边州郡惟秦凤一路与西蕃诸国连接,蕃中物货四流而归于我者,岁不知几百千万,而商旅之利尽归民间。欲于本路置市易司,借官钱为本,稍笼商贾之利,即一岁之入亦不下一二十万贯。"于是令王韶提举秦州西路蕃部兼营田、市易,初置市易司于秦州(甘肃天水市),后将市易司移于沿边重镇古渭寨(陇西县),拨钱三十万贯作本。设置市易司前,"蕃商以行铺赊物货,多滞留耗失",商户采用延期付款方式与蕃商交易,蕃商不能及时收回货款,回买茶绢等,双方交易受到限制,政府也未获交易之利。实施市易法后,"官为出钱市之,复令坐贾量出息,以赊价入官,蕃商既得早售,坐贾亦无所费,官又收息"①。蕃商可以及时收到货款,宋商户仍旧延期付款,双方贸易更为便捷,"既足以怀来蕃部,又可收其赢以佐军费"②。王韶市易法的基本方式是:蕃商物货由市易务收买,随即将蕃货赊给本地商户,同时货款也转到本地商户名下。形式上是市易务出钱买蕃货,实质上是商户贷款购得蕃货。这样,市易务出钱,成为本地商户的债权方,本地商户"无所费"即赊得蕃货,官府获"收息"之利。在这种交易方式中,市易务充当了本地商户的贷款人和汉蕃交易中间人双重角色,市易务除获取利息收益外,还收取交易费即牙钱。

熙宁四年,神宗采纳王韶招抚洮(甘肃临潭县)、河(临夏县)地区蕃族,进图西夏的建议,"置洮河安抚司,自古渭寨接青唐武胜军,应招纳蕃部、市

---

① 徐松:《宋会要》食货三七之一四,熙宁五年三月二十六日,5455页。
② 李焘:《长编》卷214,熙宁三年八月辛未,5205页。

易、募人营田等事,并令韶主之"①。武胜军(临洮县)当时属蕃族辖区,宋对此地蕃族实施招抚,在沿边城镇设市易务,加强与吐蕃诸部族的联系。熙宁五年七月,武胜军正式纳入宋之版图,并设市易司。王安石说:

> 洮河东西,蕃汉集附,即武胜必为帅府。今日筑城,恐不当小。若以目前功多难成,城大难守,且为一切之计,亦宜勿隳旧城,审处地势,以待异时增广。城成之后,想当分置市易务,为蕃巡检,大作廨宇,募蕃汉有力人,假以官本,置坊列肆,使蕃汉官私两利,则其守必易,其集附必速矣。②

洮河是黄河重要支流,在今甘肃南部。古渭寨(熙宁五年五月升为通远军)"令坐贾量出息,以赊价入官"和武胜军(熙宁五年十月改为熙州)"募汉蕃有力人,假以官本",意义相同,是赊贷官钱给本地商人,收取利息。

熙宁五年,正当市易务随着王韶"欲取西夏,当先复河、湟"③的策略推进之时,魏继宗建议实行市易法。魏继宗"自称草泽",从他熟知榷货务收入状况分析,大约是榷货务一小吏。魏继宗说:

> 榷货务自近岁以来,钱货实多余积,而典领之官但拘常制,不务以变易平均为事。宜假所积钱别置常平市易司,择通财之官以任其责,仍求良贾为之辅,使审知市物之贵贱,贱则少增价取之,令不至伤商;贵则少损价出之,令不至害民。出入不失其平,因得取余息以给公上,则市物不至于腾踊,而开阖敛散之权不移于富民,商旅以通,黎民以遂,国用以足矣。④

魏继宗建议将实施已久的常平法推而广之,以榷货务钱贯为本,募"良贾"操作,而官收"余息"。宋借鉴王韶的成功经验,首先在东京开封推行市易法。《续资治通鉴长编》卷二百三十一熙宁五年三月丙午条载:

---

① 李焘:《长编》卷二百二十六,熙宁四年八月辛酉,5501 页。
② 王安石:《临川文集》卷七十三《与王子醇书之一》。四库全书 1105 册,609 页。
③ 脱脱:《宋史》卷三百二十八《王韶传》,10579 页。
④ 李焘:《长编》卷231,熙宁五年三月丙午,5622 页。

诏曰:天下商旅物货至京,多为兼并之家所困,往往折阅失业;至于行铺稗贩,亦为[较固]取利,至多穷窘。宜出内藏库钱帛,选官于京师置市易务。商旅物货滞于民而不售者,官为收买,随抵当物多少,均分赊请,立限纳钱出息。其条约委三司本官详定以闻。

市易务经营过程大致如下:拨内藏库钱一百贯、京东路钱八十七贯,如不足,则以榷货务茶盐钞引等充市易本钱。市易务根据行户的需要,从客商收购物货,再赊贷给行户分销。行户以田宅金银等为抵押,从市易务赊贷钱款或物货,半年付息一分,一年二分,另纳相当于利息10%的市例钱。市例钱用于吏禄开支。逾期不能还本付息,每月加罚息钱2%。行户赊贷钱物的数量不得超过抵当的价值,拖欠市易务本息不能偿还者,其抵当产业(房屋、田产等)就要被籍没拍卖,一时卖不出去就先出租,以租抵欠。自籍家产日,与免罚息。拍卖收益超过所欠本息(包括罚息)的部分,退还给行户。

王安石说:"市易之法,起于周之司市,汉之平准,今以百万缗之钱,权物价之轻重,以通商而贳之,令民以岁入数万缗息。"①"贳"即出借、赊贷,将"官为收买"的物货以本钱的形式赊贷给市易务内外商人,收取利息,平抑物价,是市易法的主要功能。知彭州吕陶言:"国家置市易司,笼制百货,岁出息钱不过二分,须以一年为率。盖为今年支出官本一百万贯,至年终要见息钱二十万贯,即不是早买一百贯物,晚卖一百二十贯钱。"②市易务不是从商品交易中赚取差价利润,而是以通过放贷获取利息。虽然市易务也从事商品买卖,收买"滞于民而不售"的客商物货,但随即赊卖给本地行户。表面上行户赊买的是物货,本质上赊贷了以物货为载体的市易本钱。行户每年出息二分,即获得赊买物货出卖权。

市易务吸收不少商人参与市易务,使这些商人具有市易务官吏的身份,他们对市易务的本息负有责任,关心市易务买卖物货的价格。如果行户从市易务赊买的物货不能以高于赊贷本息的价格卖出,行户就不能获得利润。

---

① 王安石:《临川文集》卷四十一《上五事札子》。四库全书1105册,311页。
② 李焘:《长编》卷二百八十二,熙宁十年五月庚午,6914页。

有的商品季节差价不大,"物价增减,难以定期,而一州、一县价所增减,相去亦必不甚远,则货或积而难售",行户就有赔钱之虞,亏欠市易本息。市易务利用科买物品时的时估上报制度,"每旬令一路州军估定物价,报提举司,提举司报辖下州,州下所属,榜募人出抵当或见钱",赊买市易务物货,使商人遍知"州县物价",从地区差价中赚取利润。这样,"市易司收息至一分、至二分,令商人自卖,则官已收二分之息,而又有余利以资贩者"①。从市易务收入的计算方式和以所获本息考核官吏看出,官府是以一个放贷者的身份介入商品流通的。市易务"每岁收息钱二分,市易官以收息之多,岁岁被赏"②,追求的是赊贷收益。官收二分年息,令商人自卖,是市易务赢利的基本方式。《续资治通鉴长编》卷二百五十二熙宁七年四月甲戌条载:

> 诏:"杂买务近支借钱一千三百五十缗,依条有息钱三百缗以下,今年息收一千七百余缗,委根究市易务利害所根究施行。"其后乃云,此本息共收数也。

杂买务是负责购买宫廷日常消费的机构,原隶内东门司,熙宁五年隶提举市易务。市易务收息超过标准属违法,要追究原因和责任。杂买务支借钱1350缗,按息钱和市例钱22%计,应收息297缗,杂买务多收了数十缗,应是罚息或牙利收入。

市易息钱和市例钱有固定比率,市易官吏为扩大政绩,重视征收"罚息"。商户从市易务借贷100贯,一年后本息和市例钱应还122贯,逾期不能偿还,每月罚息2%。市易法实施不久,就成立了"市易抵当所",负责追讨罚息,处理商户抵当事宜。随着欠款和罚息的增加,市易法包含的高利贷色彩越来越浓重。

罚息成为商人不堪忍受的负担。熙宁七年,市易法推行仅二年,罚息问题引起宋神宗的关注,要王安石调查"百姓为贷市易抵当所钱,多没产及枷

---

① 徐松:《宋会要》食货三七之三一,元丰七年五月二十五日,5463页。
② 李焘:《长编》卷三百九十一,元祐元年十一月戊午,9508页。

锢者",被关押者多至"无人可监守"①的情况是否属实。熙宁九年,"诏:都提举市易司,今日以前赊请过钱物,限外送纳本息已足,其罚钱并与免放。本息未足者,更展半年,足日准此。诸路诏到日以前见欠罚钱人户,亦准此。"②此后直到元祐元年(1086)市易法废罢,每年都要颁布减免市易罚息的诏令。罚息是是导致民户破产的主要原因。

商户亏欠本息越来越多,无法收回,市易赊请法难以为继。元丰二年(1079),"诏市易务罢立保赊钱法"③;元丰三年,罢"赊请物货旧法"④,对赊贷物货也严加限制,规模大大缩小。对官吏的考核不再以收息多少衡量,而以追收多少欠款为标准。元丰四年四月,"诏:茶场司条令中书别立抵当法。先是,特旨令市易司罢除请官钱,令民用金帛抵当,公私便之,故欲推广其法也。"⑤元丰四年底,"都提举市易司贾青乞于新旧城内外置四抵当所,委官专管勾,罢市易上界等处抵当,以便内外民户。从之。"⑥抵当所的规模扩大,功能加强。市易法的商业营运和赊贷规模大大萎缩,高利贷功能却不断扩展。抵当所利用存留不多的现钱,发放高利贷,"许以金帛质当见钱,月息一分"。抵当所监官以市易务官兼,"以岁终得息多寡为赏格"⑦。一个月后,将抵当法"行之畿县"⑧,称为"畿邑抵当之法"。六年初,抵当法推广至京畿以外诸路,京东、京西、河北、河东、陕西"五路各借钱十万缗,余路各借五万缗,充抵当本钱"⑨。七年,"诏:诸路提举常平司存留一半见钱,以二分为市易抵当。"⑩市易抵当法脱离了取息二分的轨道,年息120%,成了不折不扣的"倍称之息",且放贷规模不断扩大。元丰五年七月,针对"赊贷人户所欠至多"

---

① 李焘:《长编》卷二百五十一,熙宁七年三月戊申,6117页。
② 徐松:《宋会要》食货三七之二四,熙宁九年十一月三日,5460页。
③ 徐松:《宋会要》食货三七之二七,元丰二年正月九日,5461页。
④ 李焘:《长编》卷三百〇八,元丰三年九月甲子,7478页。
⑤ 徐松:《宋会要》职官二七之一二,元丰四年四月十九日,2942页。
⑥ 李焘:《长编》卷三百二十一,元丰四年十二月庚申,7741页。
⑦ 李焘:《长编》卷三百三十一,元丰五年十一月壬辰,7974页。
⑧ 李焘:《长编》卷三百二十二,元丰五正月辛亥,7771页。
⑨ 李焘:《长编》卷三百三十一,元丰六年正月乙未,8001页。
⑩ 徐松:《宋会要》食货三七之三一,元丰七年八月二十四日,5463页。

的状况,宋神宗令展限三年还纳,对官吏追欠的奖罚也改至三年后实施,原来每年按"追到分数"已获得酬奖的官吏"重行追夺"。《宋会要辑稿》食货三七之三一载:

> (元丰五年)七月五日,上曰:"朝廷市易法本要平准百货,盖周官泉府之政。官失其职,一切赊贷,公私颇不便之。虽云有收息之数,名存实亡。今已改用金银、钞帛抵货(贷?),最为善法。"

结保赊贷完全废止,契书抵当不再实施,金银抵当虽在继续,却完全改变了性质,由原来年息二分改为月息一分。赊贷收息名存实亡,市易务沦为主营高利贷的机构。元祐元年六月,监察御史韩川上疏说:

> 臣伏以朝廷更市易之法,捐减所收息数,宿逋放释殆尽。自罢赊卖以来,实用钱物交易,日入不过三百千,收一分之息,月得九百千,又未必满一分也。虑货之陈积,但及五厘,足以免罚,则亦出之,月息才四百五十千。

所谓"实用钱物交易",指在赊贷收息二分之法废罢后,民户只能用金银钞帛抵当现钱。在京市易务抵当所每日交易额为三百贯,每月为九千贯,月息一分,可收息九百贯。元丰八年,废罢州府县镇市易务,在京市易务只有抵当所高额放贷的功能尚存,而"所收之息"不足支付吏禄"所费之半"。韩川"请于市易务监官监门内各留一员,及实用公人催纳欠负外,结绝见在物货,画日更不收买"。于是,"诏罢在京市易务"①,彻底废除了市易法。元祐之后,市易法时废时兴,其通流物货、平准物价的功能已被废弃,高利取息的功效却备受青睐。《宋会要辑稿》职官二七之一七载:

> 崇宁元年(1102)八月二十七日,太府少卿郑僅言:"窃见朝廷岁用金不少,每下诸路和买,不免骚扰。欲乞应内外抵当库出限不赎金更不估卖,并赴元丰库送纳,以备朝廷支用。所有抵当本钱如有阙少,却于

---

① 赵汝愚编:《宋朝诸臣奏议》卷一百十八《财赋门》,韩川《上哲宗乞罢市易》。上海古籍出版社1999年版,1298页。

内外户部右曹所隶封桩钱内应副,候金稍有余,即依旧估卖。"从之。

民户抵当的金货上缴中央财政,用于放贷的本钱由户部另行支拨,以保持放贷规模不至萎缩。政和元年,"诏:诸路抵当出限不赎金银珠子并有匹绫䌷绢,令起发赴大观库送纳,其元当本钱却于本路诸司封桩钱内拨还。"①抵当所已完全等同于私家质库,出限不赎的金银等抵当物被没收处理,收归国库。宋徽宗时,抵当法的实施范围大大扩展,《宋会要》食货三七之三五载:

> (崇宁二年)六月十八日,诏:府界诸县除万户及虽非万户而路居要紧去处,市易抵当已自设官置局外,其不及万户处、非冲要、并诸镇有监官却系商贩要会处,依元丰条例,并置市易抵当,就委监当官兼领。

元丰时京畿地区只在万户以上及交易繁盛、居交通要道的县设抵当所,而崇宁时期扩大至万户以下的县和设有税务监官的镇,只要是"商贩要会处"均设抵当所。崇宁五年,"诏:诸路抵当所可令提刑司相度户口繁庶,职事多处即存留,余令监当官兼管勾。仍具状闻奏。"②抵当所遍及诸路众多州县,并有专职官管理。抵当所成了市易务的主要机构。

南宋初建炎二年(1128),"罢在京及诸路市易务,以其钱输左藏库,惟抵当库仍旧"③,抵当库成为独立机构。绍兴五年(1135),泗、楚、濠、庐、岳、潭州、寿春、建康府等军队集中屯驻地相继设市易务,"本钱十万缗已上,收息一倍,即与转一官,仍减二年磨勘。亏折元本钱者,展二年磨勘。每万缗收息钱三分已上,给五十千,官吏均给。折一分已上,仍与专副备偿,其余以是为差。"④市易务只以多赚钱为务,收息20%的条款被完全抛弃。绍兴六年,"诏诸路常平司于管下客旅会聚州军权置市易务,候事平日罢"⑤。收息越多,奖赏越重。除发放高利贷外,还直接经营茶、盐等多种商品买卖,类似

---

① 徐松:《宋会要》职官二七之二〇,政和元年三月一日,2946页。
② 徐松:《宋会要》职官二七之一九,崇宁五年二月四日,2946页。
③ 李心传:《建炎以来系年要录》卷十三,建炎二年二月癸亥。中华书局1988年版,284页。
④ 李心传:《建炎以来系年要录》卷八十七,绍兴五年三月己丑,1443页。
⑤ 李心传:《建炎以来系年要录》卷九十八,绍兴六年二月戊午,1618页。

"回图贸易",性质与熙宁市易法大相径庭。

三 赊贷方式——结保赊请与抵保赊请

都提举市易司王居卿说:"市易之法有三,结保赊请,一也;契书金银抵当,二也;贸迁物货,三也。"①前二条是放贷方式,属赢利性经营。第三条是促进商货通流,平抑物价。贸迁物货"出入不失其平",从政府财政的视角分析,与常平法的功能类似,属非赢利性经营。

"结保赊请"法适用于没有资本的赊贷者。"市易旧法,听人赊钱,以田宅或金银为抵当,无抵当者,三人相保则给之,皆出息十分之二,过期不输息外,每月更罚钱百分之二。"②如是皇族宗室,则不需抵当,只要"三人以上同保",经大宗正司将"料钱历"即收入证明交付市易务,就可获得市易务的贷款。结保只能得到小额赊贷,宗室赊贷额为所还本息"不得过两月料钱之数"③,逾期不能归还本息,由市易务"取料钱历批上克折",经大宗正司扣除料钱抵偿本息。普通民户的赊贷额更低。

最早施行"结保赊请"的是东京果子行。围绕果子行商人"结保赊请"的问题,王安石与宋神宗产生了很大的分歧。《续资治通鉴长编》卷二百四十熙宁五年十一月丁巳条载:

> 上谓王安石曰:"市易卖果实,审有之,即太繁细,令罢之如何?"安石曰:"市易司但以细民上为官司科买所困,下为兼并取息所苦,自投状乞借官钱出息,行仓法,供纳官果实。自立法已来,贩者比旧皆即得见钱,行人比旧官司、兼并所费十减八九,官中又得好果实供应。此皆逐人所供状,及案验事实如此……止是此等皆贫民,无抵当,故本务差人,逐日收受合纳官钱,初未尝官卖果实也。"

---

① 李焘:《长编》卷三百〇八,元丰三年九月甲子,7478页。
② 李焘:《长编》卷二百九十六,元丰二年正月己卯,7196页。
③ 李焘:《长编》卷二百七十一,熙宁八年十二月丙申,6638页。

从市易务赊贷的果子行人的都是无产业抵当的贫下行户,他们按照市易法的规定借贷官钱,承担利息,从客商手中以现钱交易的形式购买果实,并负责向官府衙门供应果实。市易务对果子行户与客商的交易进行监督,每日派胥吏收受牙钱,防止未从市易务贷款的大商人重操旧业,从事果实批发。同时,果子行的科配得以废除,负责供纳官府果实。王安石强调市易务并未经营果子买卖,只是将本钱借给果子行人,由果子行人直接与客商交易。所谓"贩者比旧皆即得见钱",是指果子行户有了从市易务赊贷的本钱,不再拖欠客商的货款。在市易务的支持下,果子行的行户占领了果子市场。枢密使文彦博针对这一情况上疏说:

> 臣近因赴相国寺行香,见市易务于御街东廊置叉子数十间,前后积累果实,逐日差官就彼监卖,分取牙利。且瓜果之微,锥刀是竞,竭泽专利,徒损大国之体,只敛小民之怨。遗秉滞穗,寡妇何资?况密尔都亭,虏使所馆,岂无觇国之者?将为外夷所轻。

御街乃东京的繁华之所,只有从市易务赊贷的果子行人才能在此营业,其营业额之大,足以排斥传统的兼并势力。文彦博因此攻击市易法是"官作贾区,公取牙利","斯乃垄断之事"①。市易务每日"差官就彼监卖","公取牙利",充当客商与果子行人的中间人。牙利一般为交易额的5%以上②,市易务牙人是官牙,牙利同市例钱一样,作为市易务胥吏的俸禄支出,王安石称之为"合纳官钱"。右司谏王觌说:"市易之患,被于天下,破民之产,而利皆归于牙侩胥徒。"③牙钱不上缴政府财政,而由市易务支配,大部分落入官吏的腰包。

宋神宗看了文彦博的奏章,深为所动,认为市易务买卖果子"太繁细","有伤国体",故欲罢之。王安石对宋神宗说:"今设官监酒,一升亦卖;设官监税,一钱亦税,岂非细碎?人不以为非者,习见故也……今为政,但当论

---

① 文彦博:《文潞公文集》卷二十《言市易》。山右丛书初编,山西省文献委员会,民国印,第77册,2页。
② 参见宫泽知之:《宋代的牙人》,《东洋史研究》第39卷1号。
③ 李焘:《长编》卷三百九十一,元祐元年十一月年戊午,9506页。

所立法有害于人、物否,不当以其细而废也。"王安厂认为市易务监卖果子不但于国体无损,而且是为政的当然之道:"至于为国之体,摧兼并,收其赢余,以兴功利,以救艰厄,乃先王政事,不名为好利也。"经过王安石的一再劝解,宋神宗认识到"买得果实诚比旧极佳,行人亦极便"的优越性,不再追究市易务监卖果子事,但对市易务经营此类琐细物货仍心存疑虑。王安石说:"市易务如果子行人事才立得七行,法如此类甚众,但以陛下检察太苛,故使臣畏缩,不敢经制。"①结保赊请法推进缓慢。

对缺少营运资金的贫下行户而言,结保赊请法是优惠政策,但市易务直接介入批零贸易,连木梳、芝麻、蔬菜等细微之物也参与经营,垄断牙利,"遣吏坐列贩卖,与细民争利,下至菜果油面,狙侩所得皆榷而夺之,使道路怨嗟,远近羞笑,商旅不行,酒税亏损。夺彼与此,得少失多"②。市易法改变了传统的大商批发、小商零售的市场结构,干扰了正常的市场秩序,必然产生强迫客商、抑勒配卖等弊端。

契书金银抵当法涉及到的民户众多,是市易法最重要的条款。典卖、抵当要有他人作保,故此法也称为"抵保赊请"法③。抵当的对象分为二类,一是市易务的官吏,二是未参与市易务的普通商户。市易法规定:市易务监官、提举官、勾当公事官"以地产为抵,官贷之钱",市易务官对市易本钱负有保本付息的职责。市易务提举官由朝廷委派,监官与勾当官则募商人充任。又规定"许召在京诸行铺牙人充本务行人、牙人,内行人令供通己所有,或借他人产业金银充抵当,五人以上充一保",参与市易务的行人要有五人以上作保。非市易务的普通民户,"以抵当物力多少,许令均分赊请"④,赊请额不得超过抵当价值。

抵保赊请的原则是保证本息的回收,但在执行中问题很多。由于市易

---

① 李焘:《长编》卷二百四十,熙宁五年十一月丁巳,5828—5829 页。
② 司马光:《传家集》卷十七《遗表》。四库全书 1094 册,179 页。
③ 李焘:《长编》卷二百五十六,熙宁七年九月壬子,6256 页:"都提举在京市易司言:'……诸卖买、博易并随市估高下,毋得定价。其当给三司变转物,即依三司所估。民愿以抵保赊请折博,岁出息二分。计月理息者听。'从之。"
④ 李焘:《长编》卷二百三十一,熙宁三年三月丙午,5622 页。

务以收息多寡作为官吏赏罚标准,市易务为提高政绩,以多收息钱为能事,强迫、引诱民户接受贷款的事件频发。

参知政事冯京说:开封府祥符县在民户"缓急丧葬之日"将市易本钱贷给民户,允许民户以"银绢、米麦"抵押,类此非法借贷有"七八种"①。《历代名臣奏议》卷三百〇三载吕大防的奏文云:有的市易官吏"乘民之急,而掊刻无已,徒欲收赢取赏,而不顾事体之宜与法令之本意。诱陷无赖子弟以隳产者有之,子民者高其物估,以巧取息都有之。"市易钱本是贷给经商之人的,像此类为多收息而不分对象发放的非商业贷款,必然演变为纯粹的高利贷。有的民户"抵产只及一千贯,则与吏胥、邻保计会,估为二千贯"②,增大了市易务的放贷风险。

市易务违背借贷原则的事例很多。熙州市易务提举官汲逢把市易本钱贷借给自己的母亲及其家族人等,且在帐籍上不登录借贷人姓名,使熙州市易务本钱流失十二万余缗③。宗室及官吏借贷市易钱经常拖欠不还,熙宁九年,诏令都提举市易司"自今不得赊请钱货与皇亲及官员公人"④,可见此类借贷对市易法有破坏作用。

市易法实施前期,赊贷本钱逐年增加,至元丰元年达到高峰,为七百万贯。在市易本钱持续增加的表象之下,钱本流失造成的赊贷本钱缺乏危机已经显现。因现钱缺乏,市易务可供赊贷的本钱主要是需要变转的茶盐钞引。《宋会要辑稿》职官二七之三七载:

> (熙宁九年十一月)二十八日,都提举市易司言:"自置市易务上界,所用本钱并是新法末盐等钱,及于内藏库借拨到五百万贯作本,内五十万贯与河北收籴斛斗封桩外,三百五十万贯已还,止有一百万贯系未拨还,及准朝旨,自十年为头年,每年于息钱内拨二十万贯赴内藏库送纳。今见在本钱除官员将物货变转外,只有四百一十六万余贯。深虑朝廷

---

① 徐松:《宋会要》食货三七之一九,熙宁七年四月八日,5457 页。
② 李焘:《长编》卷三百七十六,元祐元年四月乙卯,9137 页。
③ 李焘:《长编》卷二百九十四,元丰元年十一月丁亥,7169 页。
④ 徐松:《宋会要》食货三七之二四,熙宁九年正月二十五日。

非泛取拨,乞除每年已认钱二十万入内藏库外,岁终更办积钱数,即从本司别具取旨。"从之。

置市易务上下界在熙宁五年七月。至熙宁九年十一月,市易务借内藏库钱本五百万贯,按年息20%计,每年归还一百万贯,五年还清,市易司可净落五百万本钱。市易司确实归还了三百五十万贯,只剩一百万贯尚未归还,本可供赊贷的钱为416万贯,务担心如按每年一百万贯上缴息钱,现钱借贷就无以为继,故都提举市易司要求每年只归还二十万贯。

416万贯是账面上的"现在"钱数,其中一半以上是呆帐。市易本钱耗折的主要原因,是商户亏欠过多,大量本息无法收回,"积息罚愈滋,囚系督责,徒存虚数,实不可得"。元丰二年,都提举市易司王居卿建议"以田宅金帛抵当者减其息;无抵当徒相保者不复给",于是,"诏市易司罢立保赊钱法",有物力产业抵当且有营运者,所贷钱贯"毋过旧数三之一","并拘留契书,岁收息一分半"。赊请物货也要"检估本家物力,所请不得过所有之半"①。在结保赊请现钱法废罢一年后,结保赊请物货也基本废止,规定放贷额为"通欠数不得过三百万贯"。此时民户亏欠市易息罚上百万贯,赊钱法已经中止,则此年发放的市易物货不过百余万贯,且"惟听旧户请赊,以接济在京行铺之家",维持旧欠行铺的还贷能力,"其非旧请人户惟用抵当、贸迁二法"②。市易法虽然仍在推行,但优惠下等商户内容已完全废弃,市易本钱也迅速耗折,赢利能力大打折扣。

市易务赊贷的物货或因质价不符,"物货损恶",或脱离市场需求,"滞而不售",或因市易务官吏抬高价格,"贱买贵卖",都会给赊买者造成损失,最终造成市易务赊贷本钱无法收回,商户破产。苏辙论述市易法之弊云:

> 小民好利,类无远见,争取官债,以救目前,欺谩父兄,妄引抵当,期限既迫,逃窜无所。妇子离散,行路咨嗟,奈何为此陷阱,诱而纳之也?

---

① 徐松:《宋会要》食货三七之二七,元丰二年正月九日,5461页。李焘:《长编》卷二百九十六,元丰二年正月己卯,7196页。
② 李焘:《长编》卷三百〇八,元丰三年九月甲子,7478页。

至于奸民巨贾,窥伺间隙,取利则多。或输滞积不售之货,以易见钱,或指残破无用之屋,以赊实货。巧智百出,难以具言。有司蒙蔽,指以为利。泉币一散,汗漫难收。官之所藏,徒文具而已。①

左司谏王觌说:市易官吏为获取酬奖,"恣为欺罔",支钱在外,亏折不予登记,购进物货,不计能否变买,"并先计息而取赏",结果"物货损恶,本钱亏损,则皆上下相蒙而不复根究。故朝廷有得息之虚名,而奸吏有冒赏之实弊也"②。

在元丰二年以前,市易官吏年年因收息达标而得到酬奖,将赊贷亏折、不能回笼的本钱仍挂在帐上。到元丰二年都提举市易司王居卿改革市易法时,钱本流失、民户破产已到积重难返的境地,所以元丰三年王居卿建议五年内保持放贷二百万不变,按20%的年息计算,五年后如收回本钱,再重新实施"赊借之法"。此后,抵保赊请一直处于勉强维持的低水平,直到五年后市易法废除也未改观。

四　理论与实践的冲突——贸迁物货法

贸迁物货的含意是买卖物货,使物货通流,物价稳定。熙宁七年,当宋神宗听说市易务"收买货物,有违朝廷元立法本意",而从王安石口中又难以了解真实情况时,夜下手札,令市易务的上级长官——权三司使曾布调查,这就是在王安石变法中掀起巨大波澜的"根究市易务违法案"。在调查中,最早倡议实施市易法的魏继宗对曾布说:"主者(指在京市易务提举官吕嘉问)多收息以干赏,凡商旅所有必卖于市易,或市肆所无必买于市易。而本务率皆贱以买,贵以卖,广收赢余。"曾布对宋神宗说:"诚如此言,则是挟官府而为兼并之事也。"③市易务买卖应以自愿为原则,"抑兼并"是为了平抑

---

① 苏辙:《栾城集》卷三十五《画一状》。上海古籍出版社1997年版,975—976页。
② 李焘:《长编》卷三百九十一,元祐元年十一月戊午,9508页。
③ 徐松:《宋会要》食货三七之一九,熙宁七年三月二十五日,5457页。

物价,故市易法也称"平准法",市易务也曾改称"平准务"。市易务垄断市场的作法违背了实施市易法的初衷,遭到许多人反对。曾布在根究市易务违法案时,曾论及市易法的主旨:

> 曾布为三司使,极论京师市易不便,其大概以为:天下之财匮乏,良由货不流通;货不流通,由商贾不行;商贾不行,由兼并之徒巧为挫抑。故朝廷设市易司于京师,以售四方之货,常低昂其价,使高于兼并之家,而低于倍蓰之直,而官不失二分之息,则商贾自然无滞矣。虽然,官中非觊利也,特欲抑兼并耳,必也官无可买,官无可卖,即是兼并不敢侵谋,而市易之法行也。今吕嘉问提举市易,乃差官于四方买物货,集客旅,须候官中买足,方得交易。以息钱多寡为官吏殿最,故官吏牙人惟恐衷之不尽,而取息不夥,则是官中自为兼并,殊非置市易之本意也。①

市易法的主旨,是遇价贱增价买进,价贵则损价卖出。此价高低是与当时市价相比较而言,按市易法"出入不失其平"的原则,既不亏蚀本钱,也不谋求赢利。虽然市易务"售四方之货",但并非觊觎交易利润,而是为了抑制兼并之家垄断物价、侵谋细民。所谓"必也官无可买,官无可卖",即是经过市易法调控,商货通流、物价平稳,达到市易务不用再买卖物货的理想境界。吕嘉问把市易务办成"贱以买,贵以卖"的官营买卖机构,强迫客商把物货卖给市易务,这样,大部分商户只能从市易务赊买物货,从而扩大赊贷额,提高市易本钱的发放率,市易务可获取更多的利息,此即"惟恐衷之不尽,而取息不夥"的含义。

市易务违法强买强卖是很普遍的。监楚州市易务王景彰"榷买商人物货",然后"立诡名籴之,白纳息钱,谓之干息",即垄断货源,假借他人之名从市易务卖掉,让没有赊买的人白出息钱。"又勒商贩不得往他郡,多为留难,以沮抑之"。王景彰及"干系官吏"受到处罚,"其违法所纳息钱"退还原主。宋神宗还诏令杭州、广州等市易务"勘会违法事,许令自首改正"②。《续资

---

① 魏泰:《东轩笔录》卷四。中华书局1983年版,46—47页。
② 徐松:《宋会要》食货三七之一九,熙宁七年四月十九日,5457页。

治通鉴长编》卷二百九十四元丰元年十一月乙酉条载:

> 诏:"闻熙河路商贾所至州军,并市易司权买,令提举成都府等路茶场司李稷体量。"后稷言:"熙、河、岷州、通远军等处商贩匹帛等,经制司实令市易务拘买。"

成都市易务提举官韩玠"以灵泉小县收息增羡,遂督诸县以灵泉为比,务令多得息钱"。要想多得息钱,就必须多筹措和发放借贷资本,而不关心该资本是否投入商业营运。此类"以户口比较息钱"①的方法,必然使市易法成为苛政。

市易务从事商品的贱买贵卖,其批零收入不归政府财政,而由市易务官吏支配。市易务实现"贱买贵买"的前提,是市易务官吏捷足先登,动用市易务本钱,从客商"贱买"物货,再批发"贵卖"给本地商人零售。在此过程中,本应由"贱买"物贷的市易务官吏承担的赊贷风险,全部转嫁到零售商户身上,由零售商户支付本息。零售商户只能从市易务批发物货,可提高市易本钱发放率。只有把市易本钱都贷出去,才能回收足额的利息。市易务官吏为了获取批零差价,扩大赊贷额,转嫁赊贷本息,强迫商户"必买于市易",使市易务成为"挟官府而为兼并"的市场垄断机构。

市易务垄断客商物贷,必然产生压低价格以获取垄断利润的弊端,而价格太低,客商不至,又会引起物价上涨,损害债务人和消费者的利益。例如:东京酒户岁用糯米三十万石,在京市易司"榷籴糯米以贷酒户收息,犯者听人告,赏钱至三百千,米没官"。客商以官籴价贱,不再贩运,"又至(值?)岁俭,京师糯米价益高,本息钱厚",酒户难以承受,熙宁八年,"诏:酒户贷市易司糯米,自去年中限至末限息钱并减半"②。减少息钱虽可减轻债务人负担,但客商不至,米价高企,酒户高价赊贷的弊病就不能消除。第二年二月,提举市易司"欲选官往出产处,预给钱,至秋成折纳"③,意欲低价买到糯米,未

---

① 李焘:《长编》卷三百六十九,元祐元年闰二月丙午,8907页。
② 徐松:《宋会要》食货三七之二二,熙宁八年二月一日,5459页。
③ 李焘:《长编》卷二百七十三,熙宁九年二月壬寅,6685页。

获成功,十一月即罢。酒户高价赊贷糯米,增加了酿酒成本,酒价高,销售不畅,造成酒户无力还贷,最终阻滞市易法的推行,这是市易务降低酒户息钱和欲购买低价糯米的原因。《续资治通鉴长编》卷二百七十四熙宁九年四月庚寅条载:

> 上批:"零卖熟药宜罢,恐太伤鄙细,四方观望,有损国体。他事更有类此者,亦与指挥。"时太医局卖熟药,而市易司出钱买之,复使零卖,故降是诏。已而执政进呈不行。

本来太医局熟药直接卖给药行铺户,市易务却把太医局熟药买下来,再批发给行铺户,增加了行铺户的购买成本。神宗欲罢市易务买卖熟药,但在王安石等人的反对下,诏令未能颁行。市易务涉足了不少"细碎"商品的买卖,宋神宗对此大多持反对态度,而王安石却纵容之。熟药买卖利润很高。二个月后,太医局不再将熟药交由市易务经营,而设立"熟药所",自"熙宁九年六月开局,至十年六月,收息钱二万五千余缗,计倍息。"①熟药所年赢利100%,而交由市易务经营,其20%的息钱上缴,其余利润成为市易务自行处置的收入。

总之,通流物货、平抑物价是贸迁物货法追求的理想境界,在实践中,贱买贵买虽属违法,却很难稽查,即使查明了也不可能禁止。强买强卖虽可以稽查,对此类不法行为也做过处理,但强买强卖与贱买贵卖如影随形,难以禁止。市易务"贱买"的物贷如不转卖给零售行铺,赊贷本息就要由市易务承担,这是强买强卖的原动力,并成为导致民户破产的重要原因。元丰元年,"都提举市易司请货滞于本司者,听临时依时价转易,如亏元直,即于每年比较桩留准备失陷钱豁除。从之。"②市易务如不强卖赊不出去的物货,只有上报朝廷,亏折本钱变卖,这种影响官吏政绩的方式,市易务一般是不会采用的。

市易务不仅把客商贩来的商品批发给铺户,而且变卖官府库存积压的

---

① 徐松:《宋会要》职官二七之一二,元丰元年四月二十四日,2942页。
② 李焘:《长编》卷二百八十八,元丰元年二月癸丑,7044页。

物货。宋在河北、河东、陕西沿边州郡屯集大批䌷绢,作为籴买军储的本钱。变卖䌷绢等筹措和籴本钱是宋政府经常采取的措施,此前或出售于市,或科配于民。科配虽是强行配卖而不管民户是否需要,但价格以市价为基础,并不收取利息,不以赢利为目的。熙宁七年,"知大名府韩绛言:'本路安抚司累岁封桩䌷绢,或致陈腐,乞下转运司用新绸绢或钱银对易,或依市易法令民户入抵出息,其余经略安抚司封桩物亦乞依此。'从之。"①把即将"陈腐"的䌷绢赊卖给有抵当的民户,不用强制的方式是做不到的。

债务人不能还本付息、造成钱本流失,在市易法实施之初就已产生,且越来越严重。然而,从熙宁五年到元丰二年,在京市易务官却年年因完成息钱、市例钱定额而受到酬奖,本钱流失似乎从未发生,也未产生任何影响。《续资治通鉴长编》卷二百七十七熙宁九年九月辛未条载:

> 中书言:"市易务收息钱、市例钱总百三十三万二千余缗,法应酬奖。"诏:提举官金部员外郎吕嘉问、太子中允吴安持各迁一官,升一任,赐钱三百千,嘉问更减一年磨勘,余监官以下等第推恩。

此为熙宁八年八月至熙宁九年七月收入之数,其间本钱为五百万缗,息钱、市例钱占本钱的26.64%。《宋会要辑稿》食货三七之二六载次年(熙宁九年八月至熙宁十年七月)"市易本息、市例钱帐",岁收缗钱739.713万贯,其中本钱587.8787万贯,息143.0351万贯,市例钱9.7992万贯(贯以下数省略),息钱、市例钱占本钱的26.05%。市易务获得酬奖的条件是:按本钱全额发放计算,息和市例收入不低于22%。从理论上说,市易本钱不可能全额发放,即使全额发放,本息也不可能毫不流失,而这二年的市易息钱均多出应收数二十万贯左右。

从王韶设通远军市易务始,就"令市易司息钱别封桩"②,每年市易息钱"封桩听朝廷移用"③已成制度,朝廷将市易息钱纳入可支出帐,随时调拨他

---

① 李焘:《长编》卷二百四十九,熙宁七年正月丁巳,6070页。
② 李焘:《长编》卷二百三十四,熙宁五年六月癸亥,5678页。
③ 李焘:《长编》卷二百八十二,熙宁十年五月甲子,6907页。

用,即使仍由市易务掌管,也充下年度本钱。市易息钱是每年上缴的实帐,那么,在市易息钱根本不可能全额回收的情况下,市易务要足额上缴息钱,只能将其他收入如罚息、贱买贵卖的收入充息钱之数。市易本钱始终处于全额出贷状态,即使流失,只要作为贷款仍挂在帐上,就难以稽查。为了提高政绩,得到酬奖,那些无法追回的呆帐、死帐,帐面上并未显示。到罚息和贱买贵卖等收入不能弥补本钱大量流失造成的亏空时,这些呆帐、死帐就会全部暴露,市易法的成功就会嘎然终结。市易务贱买贵卖、强买强卖的违法行为,多次有人告发,宋神宗几次过问,派人追查,均未得到处理,这与市易法存在重大的法律漏洞、市易务官追求酬奖有很大关系。

贱买贵卖、强买强卖违背了市易法的初旨,却是市易法实施的必然结果。王安石说:"市易务若不喻于利,如何勾当?"①他深知要推行市易法,增加财政收入,就不能因噎废食,禁止市易务贱买贵买。市易法规定:"贱则少增价取之,令不至伤商;贵则少损价出之,令不至害民",市易务拥有"增""损"物价的权力,贱买贵卖就披上了合法的外衣。市易务官大多是从被称为"兼并之家"的大商人中招募的,一旦大权在手,强迫客商低价卖给市易务,再转手高价强卖给行铺户,对他们来说是驾轻就熟的勾当。对市易务官的考核奖罚只限于本钱是否发放,22%的利息(含市例钱)是否足额收缴。交易牙利、批零差价不归中央财政,无须查核,部门利益使市易务官吏对此趋之若鹜。市易务事务烦杂,吏人众多,如市易法规定在京市易务设勾当公事官一员,但从设置之初就突破了这一限制②。连果实交易都要每天派人监管,收取牙钱,吏人自然不能少。法定的市例钱远不够支付增设吏人的俸给,缺口要由市易务自行解决,庞大的行政开支压力促使市易务不择手段地增加收入。

市易务除招募牙人、行人充吏人外,还有许多仓库管理、催欠人员等,如

---

① 李焘:《长编》卷二百六十四,熙宁八年五月丙子,6468 页。
② 李焘:《长编》卷二百三十六熙宁五年闰七月丙辰条载:宋神宗曾诘问王安石:"或云吕嘉问(吕为在京市易务提举官)少年不谙事,所置勾当人尽奸滑。"王安石说:"所置勾当人如沈可道、孙用勤,如不收置务中,即必首为兼并害法。今置之务中,所谓御其道,狙诈咸作使也。"可见在京市易务勾当官至少有好几人。

第十章 市易法的经营模式 223

抵当所"仓务占官六员,仓场专副、书吏、库级等不减百人,月给俸食几千缗"①。据苏辙说,元祐元年市易法废罢时,京师欠市易务钱的行户计27155户,共欠237万余贯。"市易催索钱物凡用七十人,每人各置私名不下十人;掌簿籍,行文书,凡用三十余人,每人各置贴写不下五人,共约一千余人。以此一千余人,日夜骚扰欠户二万七千余家。都城之中,养此蟊贼,恬而不怪。"为防止欠户逃亡,市易务白天"差人监逐",夜晚"公行寄禁"。吏卒对欠户"得钱即放,无钱即禁,榜笞捽缚,无所不至"②。机构的膨胀迫使市易务多方筹措钱款,贱买贵卖、抑勒行户在所难免。熙宁六年开始实施"免行钱"法,让行户纳免行钱以增吏禄,也与吏禄压力不断增加有关。

熙宁五年,"诏以榷货务为市易西务下界,市易务为东务上界"③。元丰七年,"改市易下界依旧为榷货务,上界为市易务"④。榷货务掌以茶、盐"折博斛斗、金帛之属"⑤,商贾欲贩卖茶、盐,或在沿边入中斛斗,官给茶盐钞引,或"入钱若金帛京师榷货务,以射六务十三场茶,给券,随所射与之。愿就东南入钱若金帛者听,计直予茶如京师"⑥。榷货务冠以市易务之名,所以有许多市易务买卖茶、盐等物的记载,如《贯资治通鉴长编》卷二百八十一熙宁十年四月辛卯条载:

> 诏:今后客盐入京,并于市易务中卖,本务依市价收买。虽贱,每席不得减十贯,并画时支还见钱。其京城内外诸路贩卖盐人,并于本务给印历请买,愿立限赊请者听。如私自买卖,许人告首,等次给赏,盐没纳入官。

客商贩盐入京,只能卖给市易务。不仅"贩卖盐人"要从市易务批盐,而且"民盐皆买之市易",客商如直接与民户交易,"许告,没其盐"。榷货务的

---

① 赵汝愚编:《宋朝诸臣奏议》卷一百十八《财赋门》,韩川《上哲宗乞罢市易》,1298页。
② 苏辙:《栾城集》卷三十九《乞放市易欠钱状》,869页。
③ 李焘:《长编》卷二百三十五,熙宁五年七月壬子,5696页。
④ 李焘:《长编》卷三百四十五,元丰七年四月辛巳,8275页。
⑤ 徐松:《宋会要》职官二七之五〇,2961页。
⑥ 脱脱:《宋史》卷一百八十三《食货下五》,4478页。

经营范围本不属于市易法,买卖茶盐虽属"贸迁物货",本文不予论述。

五 采购制度改革——承办政府采买

承办政府采买是市易务的重要职能,从通流物货的角度看,也属"贸迁物货"范畴。市易务在承办政府采买时,不再是客商与行户交易的中间人,其主旨不是赊贷取息,而是降低政府的采买成本,属政府消费行为,而非赢利性经营。

市易务承办政府采买的新方式,是"结买"、"结揽"政府所需物货,如承包粮食供应则为"结籴"。李晓把这种定额承办方式称为政府采购制度的创新。

首先实施结买的是各地"上供科买"的物货。熙宁三年三月颁布的市易法规定:"其三司诸司库务年计物,若比在外科买省官私烦费,即亦一就收买。"①十二月,"诏罢诸路上供科买,以提举在京市易务言,'上供荐席、黄芦之数六十色,凡百余州,不胜科扰'",改由市易务"计钱数,从本务召人承揽以便民"②。"从本务召人承揽"即由市易务官吏或由市易务招募的商人承办上供物品。

《宋会要辑稿》食货三四之三九记载了记载了市易务结买上供物品的一份清单,今转录于后:

  结揽:市易司每年结揽三司住抛买炭、墨、席、枣木、荔枝等,计一百五十二万九千五百六斤、挺、领、颗。

  歙墨六百挺。

  蒲席三万领,京东。

  荐席一万六千八百五十五领,京西。

---

① 李焘:《长编》卷二百七十一,熙宁三年三月丙午,5623页。
② 李焘:《长编》卷二百四十一,熙宁五年十二月乙亥朔,5874页。

甘草二千八百九十余斤,环州。

黄菒席一万三千七十四领,京西。

枣木二万四千八百五斤,河北、京东。

桦叶六千九百四十七斤一十四两,京西。

乌梅六千二百五斤,洪州等处。

槐花六千二百零九十四斤,西京等。

黄芦一万七千七十五斤,金、商州。

蓝靛二万五千六十七斤,河北、京东。

黄檗七千二百一十四斤,筠、房、金、商州。

炭九十三万八百秤。

乌李梅一万二千八百三十七斤半。

林擒片子八千九百三十斤。

杏李片子一万八千七十三斤。

荔枝旧二十万至二十五万颗,见年每年承揽口口(四十?)万颗。

龙眼二十万至三十万颗,见每年承揽三十万颗。

关于"结买"、"结籴"制度,只有数十年前日本学者日野开三郎先生进行过深入研究,此后再无研究这一问题之专文。他认为,结买与揽买、结揽与承揽有相同的意义,"是从商人中招募志愿者,按官府制定的价格承包入纳"官府所需物品。"结籴作为被称作结揽、结买、承揽买纳物品的承包制之一,同样是政府粮草的籴买承包法",所以,"结"含有承包的意义和用法。结买、结籴与市易法关系紧密,"施行赊请法是理所当然的"。这样,"市易司采用结籴法,使没有资本的商人根据承包法也参与兵粮调运,与此相应,收取赊请的利息,以补充支费过多的边境财源。"[1]朱家源、王曾瑜认为:"当时粮草有结籴,其他物品有结买,应是商人五人以上结成一保,用金银、田地房产等契书作抵押,向市易司赊贷本钱,贩运粮草或其他物品。"[2]李晓认为,

---

[1] 日野开三郎:《神宗朝を中心として觀たる北宋时代の結糴》,《史渊》24辑,昭和十四年(1939年)三月刊。

[2] 朱家源、王曾瑜:《宋代的和籴粮草》,《文史》24辑,中华书局1985年版。

"结"有二种含义,一是"结"字常有订立某种契约关系的涵义,如"结保赊请",二是"结"字为"结揽"之省略语,所谓"结买"、"结籴"也就是"结揽买(或籴)之义",而这两种含义"都属于承包政府购买事务"①。上述研究都认为结买、结籴一种是承包政府购买的行为,且由市易务预支本钱,抓住了本质,但似未理解"结"字之真正含义。

政府预支给本钱,承办人以契书金银作抵押,承办政府采买事务,是结买、结籴的基本内容。但结买、结籴之有保人,与市易法"结保赊请"意义不同。"结保赊请"是没有抵当的贫下户相互结保,从市易务赊贷,此"结"为联合、聚集之意。结买、结籴并非承办人相互作保,而是另找保人作保。结买、结籴要有资产作抵押,日野开三郎认为没有资本的商人也参与结买、结籴缺乏根据。市易赊贷法要支付利息,而结买、结籴本钱不是赊贷款,而是预付款,不计利息。《续资治通鉴长编》卷二百十一载:

> 制置条例司言:"诸路科买上供羊,民间供备几倍,而河北榷场博买契丹羊岁数万,路远,抵京则皆瘦恶耗死,屡更法不能止,公私岁费钱四十余万缗。近委著作佐郎程博文访利害,博文募屠户以产业抵当,召人保任,官豫给钱,以时日限口数斤重供羊,人多乐从,得以充足岁计。除供御膳及祠祭羊依旧别圈养栈外,仍更栈养羊常满三千为额,以备非常支用。"从之。博文所裁省冗费凡十之四。人甚以为便。

市易法实施不久,就改科买上供羊为募屠户承办,实施结买法。由于承办额达数十万缗,按市易法,承办人要有高于承办额的家产作抵押,承办上供羊的应是屠户中的上等户。结买"官豫给钱",开支比科买节省十分之四。结买的意义在于省钱,而非收息赢利。日野开三郎认为结买、结籴同市易赊请法一样要收取利息,有以下二条证据:

> 诏:河北都转运使塞周辅乞:"应结籴封桩谷所收息钱,并令措置籴便司收。"从之。②

---

① 李晓:《王安石市易法与政府购买职能》,《历史研究》2004年6期。
② 徐松:《宋会要》食货三九之三三,元丰五年正月十八日,5505页。

录故左侍禁李公度男适为三班差使。公度监熙州市易务市籴场，收息计缗钱一十八万有畸故也。①

所谓"结籴封桩谷所收息钱"，非结籴所收息钱，而是将用结籴法购买的粮谷再行放贷所收息钱。所谓"封桩谷"，指已封存在州府国库里的粮谷，地方官不得擅自支用。河北常平司、市易司隶属于河北都转运司，为统一粮食管理，使州仓粮谷增值，故把封桩谷按青苗法放贷，收取利息。粮谷放贷所收利息本应归主管青苗法的常平司所有，河北都转运司要求拨归籴便司，以补充专门负责军粮购买的籴便司的籴粮本钱，不能说明结籴本钱要支付利息。熙州市易务籴场按市易法赊贷钱贯给商户，让商户以粮食还本付息，十八万缗是市易之息，而非结籴之息。

当粮价飞涨，难以完成结籴额时，市易务有时要求延迟或免除结籴。熙宁九年，诏河北路诸州广籴粮斛，分储诸州省仓②，其中有的就采用结籴。因河北连遭荒旱，"谷价翔实"，"盗贼窃发"，诏令"祁、定州民欠市易、水利、淤田司结籴粮，可止(只)依常平法出息二分纳钱"。预支的结籴本钱原不支付利息，因结籴者入纳粮斛被豁免，故所预取的结籴本钱按常平法(即青苗法)出息二分，所缺粮斛由河北籴便司和转运司根据现存粮斛的多少，"乘贱以钱收买"③。在结籴不能达到节省经费的目的，或因灾荒可能导致已预支价钱的结籴者大幅亏损时，就免除结籴，而采用支移税粮或置场市籴等方法取代结籴，满足政府的粮食需求，原来预支给结籴者的本钱按青苗赊贷法支付二分利息。结籴者如按时完成结籴额，就不用支付利息。祁、定州民户因欠"结籴粮"而支付的利息，是按青苗赊贷法支付的青苗之息，非结籴之息。

结买、结籴本钱由三司、司农寺等中央财政部门支付专款，承办方为市易务。承办方式有两种，一为直接承办，即由市易务官吏经营，二为间接承办，即由市易务招募(实为从自愿者中指定)商人承办。所谓"从本务召人承揽"，既可由市易务官吏承办，也可由市易务招选其他商人承办。从结买、结

---

① 李焘:《长编》卷三百六十八，元祐元年闰二月壬辰，8866页。
② 李焘:《长编》卷二百七十三，熙宁九年二月乙巳，6686页。
③ 李焘:《长编》卷二百八十，熙宁十年正月庚午，6853页。

籴的实施状况看,这两种形式都存在。熙宁七年,"上批:'河北修刱楼橹、守具及军器合用物料,可速相度,差官往出产路划刷计置,或令市易务募商人结买。'"①"募商人结买"即由市易务招募商人承办。结买只有支出低于"差官计置"购买,且有人自愿承揽,才能实施。熙宁八年,"都提举市易司言:'昨遣刘佐体量川茶,因便结籴熙河路军储,得谷七万余石。'诏运致给本路。"②刘佐原是在京市易务监官,因"以市易务岁收息钱有羡"③受过褒奖。他善于经营,被委为特使,任提举成都府利州熙河诸路都茶场。都茶场因榷茶而掌握相当数量的钱本茶利,熙河路市易司隶属于都茶场,故令刘佐利用榷茶收益"因便"承办熙河路军粮供应。这是市易务官直接承办结籴④。

"结"是下级主管官员对中央呈送的一种含有保证内容的公文形式。宋代官吏奏疏要承办某件事,常在呈文末书写"结罪保明,以候敕旨",表明对呈文内容负责,一般称之为"结罪文状"。《宋会要辑稿》食货三七之一一载:

> (天圣五年)十一月十六日,诏:应三司逐年于诸州军科买物色,访闻甚是劳扰,仰三司速具逐年科买诸般物色名件,开坐数目及作何准备使用,具委无漏落**结罪**文状申奏,当议特差近上臣僚与三司详定蠲减。

结罪文状既可个人上呈,也可上下级联名向更上级上呈,如元祐元年,令市易官与转运司及州、县官共同取索各地"逐户元请官本若干,经今多少年月,合出息钱若干,逐户从请出官钱后来已纳到官本若干、息钱若干,通计本息,未及官本而家业荡尽者"等详细情况,"官吏**结罪保明**奏闻,听候敕裁"⑤。也可以同一部门数名官吏联名,如元祐三年,为堵黄河决口,令都水

---

① 徐松:《宋会要》食货三八之二,熙宁七年七月十六日,5467页。
② 李焘:《长编》卷二百七十,熙宁八年十一月辛未,6622页。
③ 李焘:《长编》卷二百四十五,熙宁六年五月庚午,5962页。
④ 徐松:《宋会要》食货三七之二七元丰二年五月二十六日载:"都提举市易司言:'前市易务监官刘佐负息钱十八万缗,乞籍本家日入屋租偿官,限二年输纳。不足,物产没官,又不足,责保人代输。自今负市易钱违限有物产仿此。自籍家产日,与免息罚。'从之。"市易务监官招募大商人充任,既有房地产抵押,又有保人,具有结买、结籴的资格和优势。
⑤ 李焘:《长编》卷三百七十,元祐元年闰二月壬子,8942页。

使者王孝先、俞瑾等"供**结罪保明状**"①。此类文状为官员自愿保证,也称"甘结",如宋宁宗时,"诏:监司部守荐举改官,并于奏牍前**甘结**声说'非伪学之人'。"②"结罪文状"即官员的保证书,保证上报内容属实,如上报不实或保证不能兑现,甘受处罚。结买、结籴、结揽的意义,是承办人向中央主管部门出具文状,为承办政府采买而作出保证,即承办人立下按时完成承办定额的文状,此文状含有"结罪承买"、"结罪揽买"、"结罪而籴"即具保承买的意义,保证承担责任,否则甘受处罚。

结买、结籴的主体是市易务官吏,如募商人承办,市易务官要与商人一起承担责任。上述结买上供羊的屠户要"召人保任","任"即任命,招募屠户的官员要承担荐举责任。结买人凭个人的田宅契书作抵押,且有其他有资产的人作保,从市易务预支本钱,按政府的要求购买物货,盈亏自负。不能按要求完成采购额,结买人及市易务官吏要受处罚。

结买的原则,是要比原来科买"省官私烦费",结籴则要低于政府市籴的支出。结买、结籴含有承包的意义,它与买扑税务、酒务的不同之处在于:买扑承包实施竞标制,给承包费最高者,而结买、结籴不实施竞标,政府根据历年购买成本,定出承包额,然后由市易务官吏承办,或由市易务联合、指定商人承办。结买、结籴以自愿为原则,如果承办定额过低,则无人应募。所以,凡实施结买或结籴,承办定额一般不会定得过低,使承办人有一定的获利空间。

前引结买上供清单仅有十八种,而诸路上供远不止此数,绝大部分上供未实施结买。结买上供的本钱基数是科买支出额,而原来的科买绝大部分是低价摊派,所以,政府设定的上供承包额大多是没有吸引力的。既然结买价低于政府低价摊派的科买价,为什么有的商人还会应募承办呢?主要原因是科买支出的成本包含政府于高价处购买(如在非产地科买)、因管理不善而损耗、经手官吏贪污等支出。以上供羊为例,每年宫廷及在京官衙消费的食用羊达数万头,科买一头羊实际支出两头的价钱。从契丹购买的羊运

---

① 李焘:《长编》卷四百一十六,元祐三年十一月甲辰,10106页。
② 刘时举:《续宋编年资治通鉴》卷十二《宋宁宗一》。四库全书328册,1000页。

至京师,"皆瘦恶耗死",不能食用,每年支钱四十余万贯。把宫廷及在京官衙所需羊改募屠户承包,实施结买法,官钱支出节省十分之四。上述实施结买的十八种上供物品一半以上是时鲜水果,其余多是蒲席、甘草等体大物轻或易于腐烂的物品,也就是说,商人结买的是不便运输、储存,损耗率高的商品。商人结买比官府科买可降低损耗率并因此获利,这是结买得以推行的重要原因。另外,上供只占政府采买的少部分,绝大部分采买仍采用传统的置场和市或科配方式,如元丰二年,"吉州言:'奉诏市箭杆三十万,既非土产及民间素畜之物,乞预给钱,限一年和市。'从之。"①在多数情况下,因政府所给市买本钱不足,或期限紧迫,按和市不能完成采买额,则仍实施科配。元丰五年,提举江南西路常平等事刘谊上书云:

> 湖南买弩桩,官估二十,百姓实费二千,户有及二十条者。近江西买军须衲袄,官估八百,实费三千。其他翎毛、竹箭无不数倍……是谓百色配买,贱价伤民。

宋神宗指斥刘谊"辄敢张皇上书,惟举一二偏僻不齐之事"攻击新法,"意欲概坏大法,公肆诞谩,上惑朝廷,外摇众听"②,将刘谊罢官。结买上供只在支出少于科买时才实施,而且科买仍合法存在,所以结买上供难以推广。

熙宁五年,"诏以榷货务为市易西务下界,市易务为东务上界"③,把榷货务改名市易务下界,职能仍旧,且仍独立于市易务(上界)之外,但冠以市易务之名,与市易务上界业务相通,使都提举市易司可以调配包括茶盐收入在内的榷货务钱为市易本钱,以承揽需要大批钱本的沿边军需物品及粮草购买。六年,"改提举在京市易务为都提举市易司,应诸州市易务隶焉"④。不过,地方市易务对在京市易务的隶属关系是极松散的,各地市易务同时隶属于地方州府、转运司、籴便司、经略司等。

---

① 李焘:《长编》卷三百二,元丰三年正月己巳,7342 页。
② 李焘:《长编》卷三百二十四,元丰五年三月乙本,7800、7801 页。
③ 李焘:《长编》卷二百三十五,熙宁五年七月壬子,5696 页。
④ 李焘:《长编》卷二百四十七,熙宁六年九月辛未,6018 页。

结籴以原来的市籴本钱为基数,长期以来,沿边市籴成本极高,故结籴价要比上供结买价对承办人更有吸引力。结籴本钱主要来自中央拨款,熙宁七年十月,"三司使章惇乞借内藏库钱五百万缗,令市易司选能干之人,分往四路,入中算请盐引及乘贱计置籴买。诏借二百万缗。"①所谓"选能干之人",或是市易务内部之官吏,或是市易务招募之人,"四路"即河北、河东、陕西、熙河四路。市易务熙宁六年四月至七年三月赊贷收息八十万贯②,以20%利率计之,市易务用于赊贷的本钱一共只有400万贯,而此处一次支出籴粮专款就达200万贯。结籴预支钱不是市易务的赊贷本钱,而是市易务下界(即榷货务)茶盐等收入和朝廷另拨专款。

结籴由市易务(下界)预支钱本,按政府要求的数量、期限、地点交付所购物货。"缘贩物至极边获利甚厚",且"结籴免打扑"即免缴商税,结籴者还可趁机"影挟私籴"③,所以,结籴本钱常常分配给官吏或与政府有关系的人。熙宁八年,刘佐和提举熙河市易司汲逢因结籴入中熙河路粮草"各减磨勘二年"④,这是官吏结籴军储的例子。熙河路市易司作为地方财政机构,同时隶属于熙河路经略安抚司、转运司等,知熙州高遵裕就同领熙州市易务。熙宁九年,商人王震等言:"熙河路入中刍粮,多是闲官、举人及四方浮浪之人结籴,有经年方输到",这些结籴者不能完成籴买定额,就用䌷绢等物折纳充数,"类皆伍次轻弱,久之不能结绝"⑤,影响了结籴法的推行。

结籴法主要实施于熙河路。王震的上言引起朝廷重视,派措置熙河路财利孙迥调查。调查结果显示,熙河路经略安抚制置司"用结籴为名",将官盐钞"赊借与持服人胡渊等",以至"贾贩拖欠",盐钞流失。"持服人"意义不明,大约是正在为父母服丧的官员,按宋代官制,非有朝廷特旨,服丧期间要辞官守孝,不再承担官方事务。市易务让"持服人"违法参与结籴,是因为"持服人"与上述闲官、举人一样,是当权者的"关系户"。对此,朝廷专门立

---

① 李焘:《长编》卷二百五十七,熙宁七年十月庚寅,6280页。
② 李焘:《长编》卷二百五十二,熙宁七年四月甲申,6159页。
③ 李焘:《长编》卷二百八十九,元丰元年五月甲戌,7073页。
④ 李焘:《长编》卷二百七十八,熙宁九年十月辛亥,6808页。
⑤ 李焘:《长编》卷二百七十一,熙宁八年十二月己酉,6647页。

法,诏令"自今应官员及子弟并举人,非见有熙河路本贯,辄至彼中纳籴请官物者,徒二年,官司知情与同罪,许人陈告,赏钱二百千"①。不过,熙河路现任官结籴仍未受限制,不少军政要员参与结籴,以分割政府大额购买粮草的利益。知熙州高遵裕、熙河路总管王君万等人以结籴为名,挪用结籴钱不还,用于"回易"即地方官府的赢利经营,以其利润补充供官员个人支配的"公使钱"、"公用钱"。熙河路"诸州军公使库共借结籴钱二十余万缗,回易取利"②,其中"总管王君万等三十二人拖欠熙、河两州结籴十四万三百六十余缗,银三百余两"。他们占用了熙河路军储结籴钱,使熙河路无法支付商人的入中粮草款。仅从熙宁八年十一月至熙宁九年正月,熙州籴场就"欠入中斛斗商人刘义等四百二十户钱钞共四万一千三百六十余缗"③。熙河路结籴违法案的相关责任人均受到责罚,王君万、高遵裕、知河州鲜于师、权秦凤路转运副使张穆知、岷州通判黄察等大批官员"坐违法结籴及回易公用"而受到降职等处分④,所欠结籴钱追还,没钱偿还就籍没家产,连原熙河路经略安抚使、刚刚提擢为枢密副使的王韶也因在此事件中"阿庇旧日将校"和"支借百姓刘昌立钱钞"而"落职知鄂州"⑤。众多官吏一起受到处罚,是因为"结籴"有"结罪"的意义。

  结籴者多是官吏和与政府相关部门有关系的人,弊病难免,自熙宁十年末处理过熙河路市易违法案后,结籴法就很少实施了。不过,结买制逐渐推广到科买上供土特产以外的领域。《续资治通鉴长编》卷三百三十二元丰六年正月癸卯条载:

> 荆湖南路提点刑狱司言:"被诏买修京城楠桑檀木等,欲依河防例,于民间等第科配。"上批:"只令于出产处采买,及置场募人结揽和买,不得配扰。"

---

① 李焘:《长编》卷二百七十三,熙宁九年二月辛卯,6679页。
② 李焘:《长编》卷二百八十五,熙宁十年十月壬千,6973页。
③ 李焘:《长编》卷二百七十四,熙宁九年四月戊子,6702页。
④ 李焘:《长编》卷二百八十,熙宁十年二月戊子,6862页。
⑤ 李焘:《长编》卷二百八十五,熙宁十年十月壬千,6973页。

结买出自承办人自愿,也称"结揽和买"。修河所需梢草、竹木等,一般采用科配方式,元祐三年,黄河数次决口,签枢密院事赵瞻建议修河司结揽准备所需"人夫物料,以防疎虞"①。元祐二年,"令出卖解盐司召人结揽般运"②解盐。南宋初,因"陕西纲马,管押至京,馈养不时,死损过半",李纲建议川陕茶马司"令客人结揽"承办官府押马事务,"则达者必多"③,未能实施。"结揽"是"结罪承揽"之意,不限于购买官府所需之物,比结买涵盖的范围广。市易法废罢后,结买、结揽仅偶尔为之,规模和范围不能与市易法时相比。

北宋末蔡京在陕西恢复结籴法,但其性质已与熙宁法不同。知庆州曾孝序上疏反对蔡京结籴法时说:"既结又俵,民力殚矣"④。俵籴是预支钱给农户,令农户秋成后随税纳粮,结籴是预支钱给商人,令商人沿边供纳军粮,二者均为强制性摊派。俵籴后农户已无余粮,再令商人结籴,则城乡皆困。靖康元年五月诏书云:"常赋之外,横加籴买,均籴、贴籴、结籴、括籴,其名甚众,惟以官告度牒之类等第科配。"结籴的自愿原则已荡然无存,故宋钦宗诏令并用现钱置场籴买,"不得复行科配"⑤。

结买、结籴是王安石推行市易法时实施的政府采购方式的变革,这一方式采用官府预支本钱、令市易务官吏或由市易务招募大商人承办的方式,以达到完成政府采购指标和节省开支的目的。这种定额承办方式不是契约关系,而是由官府预支钱本,承办人单方面出具结保证书,保证按官府要求的时间、地点交纳规定数量的合格物品。结买、结籴以低于实施市易法前官府采购支出成本为标准,承办者出于自愿,实施的范围不广。市易务承办政府采买的主要方式,是像其他机构如转运司、籴便司、经略司一样"差官计置",即或设场市买,或科买于民户,或以优惠价格召商人入中。因军粮购买、和买绅绢等政府采购事宜多以茶盐钞引为本钱,而茶盐纱引由市易务掌管,所

---

① 李焘:《长编》卷四百一,元祐三年十一月甲辰,10110 页。
② 李焘:《长编》卷四百一,元祐二年五月乙丑,9760 页。
③ 李纲:《梁溪集》卷六十一《乞括买马札子》。四库全书 1125 册,987 页。
④ 陈均:《九朝编年备要》卷二十七《徽宗皇帝·窜曾孝序》。四库全书 328 册,732 页。
⑤ 佚名:《靖康要录》卷五,靖康元年五月十二日。四库全书 329 册,514 页。

以,一些由其他机构承担的职能被市易务分割。

市易务经常像其他机构一样市籴军粮。熙宁八年,市易务言:"被旨籴定州军储,数多,谷价以故增长。乞移大名、澶州、辅郡夏秋苗税往彼,以便般辇。"定州是河北军需粮草的储备中心,当时河北大名(河北大名县)、澶州(河南安阳市)、京畿等定州附近州县税粮有十万余石,于是"诏:诸路近河北州县令民输税于河北,以足定州军储;其借过税数令市易司于本路籴还。"①支移的税粮由市易司从转运司借支,以后粮价降低,市易司再籴买归还。

在河北路,市易务将钱粮预支给农户,令民户秋成以后支移到河北沿边,称作"俵籴":

> 中书言:"近诏运米百万石往澶州、北京,计道路糜费不少,请岁给米(末)盐钱钞、在京粳米总六十万贯石,付都提举市易司贸易。度民田入多寡,预给钱物,至收成时,令于澶州、北京及缘边州军入米粟麦封桩。候有备,遇物价贵,听籴便司权住入中,借兑支用须岁丰补还。其市易司所籴如价高,令以渐计置。"从之。②

王安石认为,俵籴可省漕运之费,裕军粮储备,这样,粮价贵时可暂停购买,到粮价贱时再加以补充,籴便司和市易务就可大大降低市籴成本。河北粮运至沿边,京畿多余的粮食可贩卖河北,既防止京畿谷贱伤农,又可进一步充实军储。俵籴的本质,是把政府所需军粮摊派给乡户,令乡户支移到沿边州军。如预支价格合理,不失为一时可行之策,但如价格偏低,或遇灾伤,乡户无足额余粮,则成苛政。市易务还介入了预买绢事务。熙宁八年,"都提举市易司言:'袁州和买䌷绢旧以盐准折。今乞依诸路例每匹给钱千,从本司遣官,据合支盐数,以末盐钞赴州出卖。'从之。"③皇祐五年(1053)陕西转运使李参就曾实施俵籴,虽有别于传统的税粮征派,但同样含强制性;预买绢创于太宗时期,神宗时已广为实行。除了执行机构有所改变、采买本钱

---

① 李焘:《长编》卷二百六十八,熙宁八年闰四月庚午,6445页。
② 李焘:《长编》卷二百六十五,熙宁八年六月戊申,6489页。
③ 李焘:《长编》卷二百六十九,熙宁八年十月辛卯,6591页。

第十章 市易法的经营模式 235

便于调配外,市易务的此类采买无创新可言。市易务承办政府采买常常与其他职能部门发生冲突。《续资治通鉴长编》卷二百八十熙宁十年正月庚申条载:

> 中书言:"近许市易司与江南西路转运司兑洪、抚等五州军盐,和买紬绢,及差属官欧阳成总领,以盐引从便移易,与转运司财赋并场务课额有妨。欲令以诸州所支和买盐数委转运司相度裁定,罢还市易务所差官。"从之。

元丰二年,市易务俵籴终止,现存粮斛"并兑换与河北籴便司,更不计置"①。此类用传统方式承办政府采买事宜,并不因市易务退出、废罢而受影响。

市易务承办政府采买的本钱,除内藏库、左藏库支拨外,主要是茶、盐、酒税、坑冶等收入。以熙河路为例,熙宁八年:"诏陕西都转运司与都提举市易司协力兴治银、铜坑冶,以其所入为熙河籴本,从王韶知熙州日请也。"②熙宁九年,"诏:先定熙河每年籴买人粮二十二万硕,马料一十万石、草八十万束,以本路市易并茶、盐、坊场息钱,并熙河州酒税课利充籴本。"③除茶、盐、缗钱外,其他可以变转的物货也常充作"贸迁物货"的本钱。熙宁九年,诏令在京市易司从京城筹措银紬绢等物货二十万,变易现钱为熙河路籴本,"内十万贯充熙州市易司本钱,十万贯令在京市易司入中本路粮草"④。有的虽非市易务本钱,也令市易务购买上供物品,如熙宁八年,"诏:坊场钱令司农寺下诸路,岁发百万缗,于市易务封寄,仍许变易物货至京。"⑤上述巨额钱物市易务不曾用于放贷或经商,只是根据政府的需要购买军需粮草或上供,无利息或利润可言。

市易本钱常被调拨他用。如熙宁九年四月,"都提举市易司言:'支金六

---

① 李焘:《长编》卷二百九十六,元丰二年正月甲申,68 页。
② 李焘:《长编》卷二百六十,熙宁八年二月丁丑,6339 页。
③ 徐松:《宋会要》食货三九之二四,熙宁九年正月二十八日,5500 页。
④ 徐松:《宋会要》食货三九之二五,熙宁九年四月三日,5501 页。
⑤ 徐松:《宋会要》食货三七之二三,熙宁八年九月十四日,5459 页。

千两应副安南,及支物货五十万缗与淤田水利司作籴本,皆无拨还指挥。今上界阙钱本,乞支末盐钞五十万缗贸易为本。'从之。"①九月,诏令"市易司发钱三十万缗"付鄜延、环庆两路,"同经略司籴谷封桩,其钱令本司指射拨还",并拨钱十万缗给秦凤等路转运司,"计置熙河粮草",其钱由市易司从本年度息钱内扣除②,中央不再归还。在陕西、河东、河北沿边地区,市易务经常协助沿边政府购买粮草,体现了"贸迁物货"的职能。每年军储调拨或水旱赈灾所需粮斛,市易司也参与筹办。《长编》卷二百五十七熙宁七年十月己巳条载:

> 淮南东路转运司言:"频年水旱,乞差官以楚州市易务本钱籴苏州米三十万石,应副军储,或乘用淮南价,拨还市易。"从之,令提举楚州市易司施行。如兑充军粮,令转运司依和籴价偿之。

楚州(安徽淮安)属淮南路,苏州属两浙路,楚州市易务到苏州籴粮,以完成淮南的和籴额。转运司拨还市易务本钱时,用淮南和籴价,可能会高于苏州购买及运输成本,但市易务并未将低价买的苏州米在淮南高价买出,获取地区差价,只是降低了政府的支出成本,不具有赢利性质。

---

① 李焘:《长编》卷二百七十四,熙宁九年四月庚寅,6704 页。
② 徐松:《宋会要》食货三九之二六,熙宁九年九月七日、二十五日,5501 页。

第十一章 常平仓与青苗钱

一 引言

常平仓源于春秋管仲"通轻重"与战国李悝"平籴"政策。管仲的具体做法没有流传下来。李悝平籴法是粮食专法,成为历代王朝制定粮食政策的依据。西汉五凤四年(前54年),大司农耿寿昌"请置常平仓,以谷贱时增其价而籴以利农,谷贵时减其价而粜,民便之"①。此后,贱籴贵粜以平抑粮价成为历代王朝的重要国策。

宋朝设常平仓,本为平抑粮价。夏秋丰熟时粮价低,高其价而籴,遇灾伤粮价高,低其价而粜。常平粮斛是赈灾专用储粮,非有朝旨一般不得挪用,故宋人视常平仓为赈灾救荒之备。每年春夏青黄不接与夏秋收成时的正常季节差价,不属常平仓调控范围。

熙宁、元丰年间实施的青苗法也称常平新法,或仍简称常平法,是将常平、广惠仓现存钱谷大部分用于赊贷,年息20%,通过春季粮价高时放贷、秋成粮价低时收回本息,调节季节差价,达到平抑粮价和消除饥荒的目的。青苗法并未完全取代常平旧法,每年有一定比例的青苗钱斛用于赈粜或赈给,

---

① 徐天麟:《西汉会要》卷五十《食货一》。中华书局1957年版,513页。

丰籴荒粜、平抑粮价的赈灾功能仍在发挥作用。

二 常平仓的建立与发展

宋常平仓设于淳化二年(991)。此年六月底,"京畿大穰,物价至贱",于是"分遣使臣于京城四门置场,增价以籴,令有司虚近仓以贮之,命曰常平,以常参官领之。俟岁饥,即减价粜与贫民,遂为永制"①。真宗景德三年(1006),以工部员外郎王济、比部员外郎孙崇谏权判司农寺,主管常平仓,常平仓法推行于京畿外诸路。《续资治通鉴长编》卷六十二景德三年正月月辛未载此事云:

> 始置常平仓也。先是,言事者以为水旱灾沴,有备无患,古有常平仓,今可复置。请于京东西、[河北]、河东、陕西、江淮、两浙计户口多少,量留上供钱,自千贯至二万贯,令转运使每州择清干官主之,专委司农寺总领,三司无得辄用。每岁夏秋,准市估加钱收籴,贵则减价出粜,俟十年有增羡,则以本钱还三司。诏三司集议,请如所奏,而缘边不增置。于是,司农官吏创廨舍,藏籍帐,度支别置常平仓案。大率万户岁余万石,止于五万石。或三年以上不经粜,则回充粮廪,别以新粟补之。其后,有诏灾伤州军粜粟,斗勿过百钱。

常平仓州级主管为通判,路级主管为提点刑狱,有时以转运使同提举。天禧四年(1020)八月,"工部郎中姜遵言:'陕西、利、夔等路州军多无常平仓,或岁歉赈粜,即发军粮。望令创置,量民数蓄谷。'诏可。"②于是,"诏:益、梓、利、夔州、湖南北、广南东西路并置常平仓"③,除福建路外,均设了常

---

① 李焘:《长编》卷三十三,淳化三年六月庚申、辛卯,737页。
② 李焘:《长编》卷九十六,天禧四年八月乙酉,2212页。
③ 徐松:《宋会要》食货五三之七,天禧四年八月六日,5723页。

平仓。沿边州军如河东代、忻州，河北沧、定、雄州等地也有常平仓①。常平仓景德三年规定小州常平本钱二三千贯，大州二万贯，每州储谷最多五万石。天禧二年细划了常平储谷的标准：

> 诏：诸州常平仓籴斗，其不满万户处许籴万硕，万户已上不满二万户籴二万硕，二万户已上不满三万户籴三万硕，三万户已上不满四万户籴四万硕，四万户已上籴五万硕。②

景祐三年（1034），"淮南转运副使吴遵路言：'本路丁口百五十万，而常平钱粟才四十余万，岁饥不足以救恤。愿自经画，增为二百万，他毋得移用。'许之。"③淮南共有二十州军，二百万贯石即平均每州十万贯石，比原定四万户以上州军量籴常平谷五万石的规定高出不少。

前引景德三年的常平条令云，每州量州军大小留上供钱作为常平本钱，"俟十年有增羡，则以本钱还三司"。常平籴粜之法的本意是要获取差价利润的，但在实行过程中，因常平本钱有限，储备不足，遇灾伤严重、民力凋敝，有时以收籴价赈粜，不能获取籴粜差价。天禧元年，"诏灾伤州军所粜常平仓谷止收元籴价"④。《宋会要辑稿》食货五三之七—五三之八载：

> 皇祐三年十月十八日，淮南两浙路体量安抚使陈升之等言："灾伤州军乞出粜常平仓斛斗。"诏："逐仓初粜并当丰年价贱，如依元价出粜，缘置场、差官收籴、积贮铺衬折耗费用不少，宜令淮南、两浙、江南东西、荆湖南北等路提刑司勘会元籴价上每斗量添钱十文至十五文足出粜"，升之复言："如添钱，即非恤民之意"。乃诏"依元籴价出粜"。

皇祐三年十二月，"诏天下常平仓其依元籴价粜以济贫民，毋得收余利

---

① 李焘：《长编》卷九十五，天禧四年二月癸巳，2182页。徐松：《宋会要》食货五三之七，景祐元年正月二十一日，5723页。《长编》卷七十七，大中祥符五年正月戊申，1755页。《长编》卷一百七十四，皇祐五年六月丁亥，4213页。
② 徐松：《宋会要》食货五三之六，天禧二年正月，5722页。
③ 李焘：《长编》卷一百一十五，景祐元年七月乙巳，2890页。
④ 李焘：《长编》卷八十九，天禧元年二月庚午，2039页。

以希恩赏"①。此类"发常平仓粟,减价出粜"②的史料很多,"减价"是相对于市价而言,非指在籴买价基础上减价。出粜价要高于收籴价是常制,但在灾伤严重或籴价过高时,经过批准可以收籴价出粜。平价而粜和储存耗折使常平本钱减少,与通常实施的加价而粜盈亏相补,常平仓大至处于收支平衡的状态,十年归还本钱的设想未能实现。

为弥补常平本钱的不足和损耗,中央及地方政府采取多种措施补充常平本钱。前引淮南路将常平仓储增为二百万石,其本钱为本路"自经画"。至和二年(1056),"知益州张方平言:'益、梓、利、夔路卖到户绝庄田价钱,乞下四路转运司尽拨入提刑司,添籴常平仓斛斗。今后并依此。'从之。"③将出卖户绝田的收入作为常平籴本。皇祐年间,知雄州李纬"治兵颇严,不事厨传,数与宦者争利害,积公使钱,贮米三千斛为常平仓。奏下其法他州"④。节省招待使臣的公使钱为常平籴本。嘉祐四年(1069),"诏:天下常平仓多所移用,而不足以支凶年。其令内藏库与三司共支钱一百万,下诸路助籴粜之。"⑤这是从中央直接拨款增加常平籴本。

常平仓自建立以来,总体而言处于持续发展过程中。天禧五年,常平仓"诸路总籴数十八万三千余斛,粜二十四万三千余斛"⑥。康定元年(1040),"诏司农寺以常平钱百万缗助三司给军费。自景祐末不许移用常平,数年间有余积矣,而兵食不足,故降是诏"⑦,说明常平本钱增加且达到了"有余积"的地步。康定之后,宋夏关系紧张,常平本钱多被移作军费,不少地方仓廪空虚。庆历四年(1044),参知政事范仲淹力图改变这种状况,强化常平仓的功能,他说:

今诸道常平仓,司农寺管辖,官小权轻,主张不逮,逐处提点刑狱多

---

① 李焘:《长编》卷一百七十一,皇祐三年十二月癸巳,4120 页。
② 李焘:《长编》卷九十五,天禧四年二月辛丑,2183 页。
③ 徐松:《宋会要》食货五三之八,至和二年三月五日,5723 页。
④ 李焘:《长编》卷一百七十四,皇祐五年六月丁亥,4213 页。
⑤ 徐松:《宋会要》食货五三之八,嘉祐四年七月十日,5723 页。
⑥ 脱脱:《宋史》卷一百七十六《食货上四》,4276 页。
⑦ 李焘:《长编》卷一百七十四,皇祐五年六月丁亥,4213 页。

不举职,尽被州府惜出常平仓钱本使用,致不能及时聚籴,每有灾沴及遣使安抚,虽民委沟壑,而仓廪空虚,无所赈发,徒有安抚之名,且无救恤之实。……臣请选辅臣一员兼领司农寺,力主天下常平仓,使时聚籴,以防灾沴。并诏诸路提点刑狱,今后得替上殿,并先进呈本路常平仓斛斗数目,方得别奏公事。移任者亦须依此发奏后,方得起离。仰司农寺常切纠举,及委辅臣等速定劝农赏罚条约,颁行天下。①

于是,"诏令司农寺下逐路转运司、提点刑狱朝臣等,今后得替上殿,先具本路常平仓斛斗数目进呈,移任者准此发奏,方得起离。本寺纠察之"②。司农寺也改由辅政大臣兼判。常平仓事务成为考核官员政绩的重要指标,备受重视,功能逐渐恢复。治平三年(1066),"常平入五十万一千四十石,出四十七万一千一百五十七石"③,赈粜规模比天禧五年扩大一倍。《宋会要辑稿》食货五三之八载:

> 熙宁元年九月十四日,司农寺言:"常平仓之法最切要,伏见诸路年岁丰凶,谷价贵贱,自来并无关报。乞下府界提点及诸路提刑司,今后夏秋责辖下州县供析丰荒的实分数文状,类聚以闻,降付本寺,所贵籴粜不至失时。"从之。

直到实施青苗法前夕,常平仓法仍受重视,处于发展和完善之中。熙宁二年实施青苗法时,将常平广惠仓尚存钱粮一千五百余万贯石作为青苗本钱。广惠仓规模较常平仓小,实施青苗法前常平仓储备钱粮在一千万贯石以上。

三 常平仓的基本功能

关于常平仓的功能,不少学者进行了研究。日本学者今堀诚二认为有

---

① 范仲淹:《范文正奏议》卷上《奏灾异后合行四事》。四库全书427册,37页。
② 徐松:《宋会要》食货五三之七,庆历四年八月二日,5723页。
③ 脱脱:《宋史》卷一百七十六《食货上四》,4279页。

赈粜、赈籴、赈贷、赈给、赈工(即工赈)、支借六项,这是综合了两宋史料包括王安石青苗法而得出的结论。"赈籴"即丰年价贱时收籴,是灾伤价贵时赈粜的准备,虽可防"谷贱伤农",但视其为"赈"却属勉强。刘秋根认为"常平仓的经营主要有三种形式:赈、贷、粜"。赈即赈给。张文认为常平仓的主要功能虽包括"粜、贷、给"三项,其他事项"不过是其衍生出的或临时性的作用",但在宋神宗以前,常平仓只有赈粜功能,"经过宋神宗时期的改造,才加入了赈贷和赈给两项功能",而刘秋根认为在宋神宗以前,常平仓即有了赈贷、赈给的功能,而且赈贷是有利息的①。本人认为,宋神宗以前,常平仓只有赈粜、赈贷两种功能,且赈贷无利息。

赈粜是常平仓的主要功能。赈粜有两种形式,一是在市场低价售粮,使民户不致因粮价过高而缺食。如大中祥符二年(1009)二月,京城置八粜场,"出常平仓粟麦","减价粜之,以平物价"②,四月,在"已减价"的基础上再"斗减五钱",至六月,"凡粜九千余斛,京市物价以故稍平"③。大中祥符五年,"京城常平仓置七场,分粜米粮,趋市者众,或至壅隘。诏分为十四场以便民"④。《长编》卷一百一天圣元年八月甲寅条载知江宁府王随事迹云:

> 随在江宁,会岁大饥,转运使移府发常平仓米,计口日给一升。随置不听,曰:"民所以饥者,由兼并闭粜以邀高价耳。"乃大出官粟,而私价遂平。他郡计口以粜者,不能自足,辄多流死。

只要储备充足,通过扩大市场供给降低粮价,效果最为显著。苏轼说:"臣在浙中二年,亲行荒政,只用出粜常平米一事,更不施行余策,而米价不踊,卒免流殍。"⑤

---

① [日]今堀诚二:《宋代常平仓研究》,载《史学杂志》第 56 编,10—11 号。张文:《宋朝社会救济研究》44—45 页,西南师范大学出版社 2001 年版。刘秋根:《唐宋常平仓的经营与青苗法的推行》,《河北大学学报》1989 年 4 期。
② 李焘:《长编》卷七十一,大中祥符二年二月辛丑,1595 页。
③ 李焘:《长编》卷七十一,大中祥符二年四月戊申,1604 页。
④ 李焘:《长编》卷七十七,大中祥符五年正月壬辰,1752 页。
⑤ 《苏轼文集》卷三十三《乞将上供封桩斛斗应副浙西接续籴米札子》。中华书局 1986 年版,932 页。

为防止商人和非缺粮户套购粮斛,赈粜采取小额出粜的方式。大中祥符九年,江南、淮南诸州谷价稍贵,民颇缺食,诏"令本路转运司以常平仓斛斗减价,一斗已下零细出粜"①,每人一次限购一斗以下,可延长常平粮出粜的时日,阻滞赈粜粮落入商人和非缺粮户之手。

　　直接在市场低价出粜要有较充裕的储备,常平仓储有限,赈粜多按户等低价分配。配粜要统计户等高低、人口多寡,工作量大,参与官吏多,存在不少弊端。"常平官本只可令增,不可令耗"②,且采用丰年籴、灾荒粜的方式,是利用市场经济手段通过调节粮价赈灾的有效方法。《宋会要辑稿》食货五七之二一载:

> (绍兴二十九年)闰六月四日,提举两浙路市舶曾惇言:"去秋州县有被水灾伤去处,细民艰食,多方赈济,又将常平米减价出粜,饥民赖以全活。而其间奉行不至者,其弊有三:赈济官司止凭耆保、公吏抄札第四等以下逐家人口,给历排日支散,公吏非贿赂不行,或虚增人户,或镌减实数,致奸伪者得以冒请,饥寒者不沾实惠,其弊一也。赈粜常平米斛比市价低小,既粜者不分等第,不限口食,则公吏仓斗家人等多立虚名盗粜,遂使官储易于匮乏,其弊二也。赈济户口数多,常平桩管数少,州县若不预申常平司于近旁州县通融那拨,米尽,旋行申请,则中间断绝,饥民反更失所,其弊三也。"

　　这种弊端在青苗法实施前就存在,且不止此三项。司马光的奏论云:

> 勘会常平仓法,以丰岁谷贱伤农,故官中比在市添价收籴,使蓄积之家无由抑塞农夫须令贱粜。凶岁谷贵伤民,故官中比在市减价出粜,使蓄积之家无由邀勒贫民须令贵籴。物价常平,公私两利,此三代之良法也。向者有因州县阙常平籴本钱,虽遇丰岁,无钱收籴。又有官吏怠慢,厌籴粜之烦,虽遇丰岁,不肯收籴。又有官吏不察知在市斛斗实价,只信凭行人与蓄积之家通同作弊。当收成之初,农夫要钱急粜之时,故

---

① 徐松:《宋会要》食货五三之六,大中祥符九年十二月,5722页。
② 《苏轼文集》卷三十三《乞赐度牒籴斛斗准备赈济淮浙流民状》,948页。

意小估价例,令官中收籴不得,尽入蓄积之家。直至过时,蓄积之家仓廪盈满,方始顿添价例,中籴入官。是以农夫粜谷止得贱价,官中籴谷常用贵价,厚利皆归蓄积之家。又有官吏虽欲趁时收籴,而县申州,州申提点刑狱,提点刑狱申司农寺取候指挥,比至回报,动涉累月,已是失时,谷价倍贵。是致州县常平斛斗有经隔多年,在市价例终不及元籴之价,出粜不行、堆积腐烂者。此乃法因人坏,非法之不善也。①

季平《司马光反对青苗法》(《西南师范学院学报》1088 年第 4 期)根据司马光此奏,总结了常平法诸如不法官吏"舞弊中饱,粮价确定不公"、"籴粜和赈灾容易误时"等四项弊病。不过,尽管常平仓法存在弊端,其平抑粮价、赈济灾荒的作用是不容否定的。

赈粜是现钱交易,而赈贷则是先把粮斛赊贷给民户,俟收成后再还纳。天圣元年,"诏:徐州仍岁水灾,民颇艰食,已尝发常平仓及以种粮贷中下户"②。嘉祐元年,"诏开封府界出常平仓粟贷中等户以下,户一斛"③。庆历二年,"贷开封府诸县贫民常平粟,人三斗,户不得过二石"④。至和二年,"诏:诸路久不雨,民颇艰食,宜令转运、提点刑狱当职官司出常平及军粮借贷之"⑤。常平仓法规定,粮斛储存三年以上,要以新换旧以防陈腐。兑换的方式,除通过赈粜收回钱贯,俟丰熟再收籴外,可由转运司兑充军粮,再以新粮填补。赈粜、赈贷既可赈灾,又有以陈易新的作用,减少常平粮斛的损耗,是常平仓通用的方式。

熙宁以前,常平赈贷不收利息。景祐二年,枢密直学士杜衍上《常平议》,认为常平仓应该"取贱出贵,差别其熟饥;信赏必罚,责课于官吏;出纳无雍,增减有制。本息之数勿假以供军,敛导之时禁其争利",如常平本钱不足,则"出府库乳香犀象真珠之类,相度随处减价出卖,添备仓本",这样,就

---

① 《司马光奏议》卷三十九《乞趁时收籴常平斛斗白札子》。山西人民出版社 1986 年版,427 页。李焘:《长编》卷三百八十四,元祐元年八月丁亥,9350 页。
② 李焘:《长编》卷一百,天圣元年四月壬寅,2320 页。
③ 李焘:《长编》卷一百十四,嘉祐元年二月癸巳,2663 页。
④ 李焘:《长编》卷一百三十五,庆历二年二月壬辰,3225 页。
⑤ 李焘:《长编》卷一百七十九,至和二年三月癸未,4326 页。

会"本息渐增,公私获利矣"。刘秋根依据此奏以《周礼·泉府》"贷万泉者,入息五百"为理论根据,推断常平仓象青苗法一样赊贷取息。实际上,杜衍所云取息是将籴本视为"母钱",将"府库斥乳香真珠之类"在平时价高时"斥卖"①,以补本钱不足,灾荒时把低价所籴粮斛量添价赈粜给民户,以达"取息"之效,可使常平本息持续增长。杜衍所言是籴粜增值之道,而非赊贷取息之术,不能做为有息赈贷的证据。右正言余靖论常平法云:

> 每年夏秋两熟,准市价加钱收籴,其出息本利钱只委司农寺主掌,三司、转运司不得支拨。自后,每遇灾伤赈贷,使国有储蓄、民免流散者,用此术也。

所谓"出息本利钱","本"指常平仓"以逐州户口多寡,量留上供钱,起置常平仓"②,"息"指是指籴粜价差所得赢利,在此基础上,常平仓可行"赈贷"之术,而常平本息并非来自赈贷。

元祐元年(1086),青苗法已废罢,左司谏王岩叟比较常平仓与青苗法异同时说:

> 臣按:祖宗赈济旧法,灾伤无分数之限,人户无等第之差,皆得贷借,但令随税纳元数而已,未尝有息也。故四方之人沾惠者普,衔恩者深,郡县仓庾以陈易新者多。其后刻薄之吏阴改旧法,必待灾伤放税七分已上方许贷借,而第四等以下方免出息,殊非朝廷本意……

> 臣乞复如旧法,不限灾伤之分数并容借贷,不拘民户之等第均令免息。庶几圣泽无间,感人心于至和,天下幸甚!如允臣所奏,其河北、京西、淮南等路昨来水灾州县,乞先次指挥施行。

> 贴黄:臣窃见诸处借贷斛斗,必依年分支给,往往皆是陈次。次年人户所纳,尽是一色新物。陈次一石,未得十斗之实;新物十斗,过倍一

---

① 赵汝愚编:《宋朝诸臣奏议》卷一百七《上仁宗乞详定常平制度》。上海古籍出版社1999年版,1153页。李焘:《长编》卷一百十五,景祐元年七月乙巳,2691页。
② 赵汝愚编:《宋朝诸臣奏议》卷一百七《上仁宗论借支常平本钱》,1154页。

石之入。公家虽云无取,而所得亦已多矣。①

刘秋根认为,"祖宗赈济旧法"是指宋太祖、太宗之法,其后,"在赈济借贷中,三等以上户都是要出息的"。常平仓始于太宗,但常平法的制定和推广在真宗时,法规完善则在宋仁宗时。王严叟所说"旧法"是相对于青苗法即"新法"而言,指熙宁前的常平法。"旧法"灾伤赈贷"但随税纳元数而已",并不出息,"其后,刻剥之吏阴改旧法"即指实施青苗法。青苗法规定,灾伤五分,青苗本息可暂倚阁,延迟至下料(即下次收成时)缴纳②。灾伤七分以上,经申报批准,第四等户以下可免出青苗息钱,上三等户只有倚阁缓纳之制,却不能免纳息钱。元祐元年八月虽已诏令罢散青苗钱,恢复嘉祐常平旧制③,但青苗法的许多遗留问题尚未解决,旧常平敕令尚在整理之中,关于青苗法与常平旧法的争论仍在继续。正是因为旧法灾伤赈贷不取息,而青苗法规定灾伤七分以上免息只及四等户,王岩叟才将青苗法与常平旧法的取息之制加以比较,认为旧法贷旧纳新虽不取息,公家"所得已多",建议在河北、京西、淮南水灾州县实行常平旧法,以惠被灾民户。

灾伤"赈给"有两种含义,狭义的赈给指无偿赈济,广义的赈给则包含赈给、赈粜和赈贷。如前引有关王随赈灾的史料中,"计口以粜"即为"计口日给一升"。熙宁以前,有关灾伤免费赈给的史料很多,如"发廪"、"发省仓"、"截拨上供"赈给,以"义仓所储"赈给、用"见储军粮"赈给,或"官设糜粥"赈给等,但以常平仓粟无偿赈给的史料一条也没有。

四 青苗法时期的常平功能

《宋史·食货上四》云:"常平以平谷价,义仓以备凶荒。"实施青苗法后,

---

① 李焘:《长编》卷三百九十二,元祐元年十一月壬午。9543 页。《宋文鉴》卷六十六,王严叟《请依旧法赈济免河北贷钱出息》。
② 李焘:《长编》卷二百一十一,熙宁三年五月庚戌,5132 页。
③ 徐松:《宋会要》食货五之一五,元祐元年八月六日,4868 页。

常平籴粜以平物价的功能并未消失。熙宁二年颁布的青苗条例云：

> 今诸路常平、广惠仓略计千五百万以上贯石，敛散之法，未得其宜，故为人[之]利未博，以致更出省仓赈贷。今欲以常平、广惠仓见在斛斗，遇贵量减市价粜，遇贱量增市价籴，其可以会计转运司用苗税及钱斛就便转易者亦许兑换。仍以见钱，依陕西青苗钱例，取民情愿预给，令随税纳斛斗，内有愿给本色或纳时价贵愿纳钱者皆许从便。如遇灾伤，亦许于次料收熟日纳钱，非惟足以待凶荒，又民既受贷，则于田作之时不患厥食，因可选官劝诱，令兴水土之利，则四方田事自加修益。
>
> 人之困乏常在新陈不接之际，兼并之家乘其急以邀倍息，而贷者常苦于不得。常平、广惠之物收藏积滞，必待年歉物贵然后出粜，而所及者大抵城市游手之人而已。今通一路之有无，贵贱发敛，以广蓄积，平物价，使农人有以赴时趋势，而兼并不得乘其急。凡此皆以为民，而公家无所利其入，亦先王散惠兴利以为耕敛补助、哀多补寡而抑民豪夺之意也。①

常平旧法的功能以赈粜为主，免息赈贷粮斛为辅，青苗法则以赊贷见钱、收取利息为主，赈粜、赈贷为辅。常平、广惠仓现存斛斗仍实施"遇贵量减市价粜，遇贱量增市价籴"的原则，但可由转运司直接兑换成现钱，或充作二税变转为现钱。常平旧法粮斛只能等到灾伤价贵时才出粜，有时数年才出粜一次。有的官吏惰于荒政，不及时出粜，至粮斛腐烂不能食。青苗法改为每年一次或二次贷钱粮给民户，利率二分，夏秋丰熟粮价低时收回本息，通过增加常平钱斛的使用率和收取利息，获取更高的收益。

广惠仓是把户绝田"募人耕，收其租，别为仓贮之，以给州县郭内之老幼贫疾不能自存者"②。具体做法是：

> 每岁十月，别差官检视老弱疾病不能自给之人，籍定姓名，自次月一日给米一升，幼者半升。每三日一给，至明年二月止，有余，即量诸县

---

① 徐松：《宋会要》食货四之一六，熙宁二年九月四日，4854页。
② 脱脱：《宋史》卷一百七十六《食货上四》，4279页。

大小而均给之。①

实施青苗法后,规定"广惠仓除留给孤贫乞丐人外",其余钱斛按青苗法放贷收息②,广惠仓免费赈救老弱孤贫的功能并未取消。对广惠仓的户绝田,青苗法采取"实封投状"的方式出卖,以"增助诸路常平本钱"③。"实封投状"即由众户竞买,购买者各自报买价数额,密封投状,官府开拆检视众人报价,给出价最高之人。出卖时先问现佃人,如现佃人同意购买,则按最高报价减价二分。如现佃人不愿或无力购买,则给出价最高之人,现佃人则要交割离业。

熙宁二年的青苗法规定:"青苗钱半为夏料、半为秋料,使仓储不空,以备非常。"所谓"以备非常",指应对灾伤。熙宁三年四月,制置三司条例司言:

  今诸路农时早晚、夏秋所获多少及民间所须缓急,所在不同,恐不可为一定之法。欲令有司因民缓急,量入为出,各随其时,不拘以数。④

把夏料于正月三十日前、秋料于五月三十日前支散的规定改为因地制宜,各随其时,这对应付灾荒不时之需有一定作用。五月,进一步规定了青苗放贷方法:

  诏:令今后诸路常平、广惠仓出俵青苗钱,委转运、府界提点、提举司每年相度留钱斛准备非时赈济出粜外,更不限定时月,只作一料支俵,或却作两料送纳,以便本处人情。如愿分作两料请者亦听。⑤

京畿、诸路根据本地实际,先留出一部分青苗钱斛作为灾荒赈粜的储备,再按青苗法赊贷收息。此时吕惠卿初判司农寺,《吕惠卿家传》云:"公乃请以本寺见管封桩兑换发运司新米,逐仓寄敖收管。遇物贵贱,即粜籴如本

---

① 李焘:《长编》卷一百八十九,嘉祐四年二月乙亥,4551页。
② 徐松:《宋会要》食货四之一七,熙宁二年九月五日,4854页。
③ 徐松:《宋会要》食货六一之六〇,熙宁七年三月三十日,5903页。
④ 徐松:《宋会要》食货五之六,熙宁三年四月二十五日,4863页。
⑤ 徐松:《宋会要》食货五之七,熙宁三年四月十八日,4864页。

法,以平市价。九月一日行。"①当时京城有常平米五十二万石,吕惠卿认为仅封桩而"无发敛之政,甚可惜也",故建议"遇价稍贵即出之,贱即以其钱籴之,如淳化中故事"②。制置三司条例司说"新法之中,兼存旧法"③,青苗法并未否定常平法。青苗法颁布后,常平赈粜仍经常实施。例如:

(熙宁三年八月丙寅)诏:闻长安、同、华等州秋旱特甚,已有流民往京西路就食。其令陕西、京西转运司速体量赈恤,仍出常平仓粟,减价以利贫民。④

(熙宁六年二月乙酉)诏:司农寺体访西川艰食州县,如有灾伤,发常平仓减价赈济。诸路准此。⑤

(熙宁七年三月甲子)上批:"闻都下米麦踊贵,可令司农寺发京仓常平麦,不计元籴价,比在市见卖之直量减钱出粜"。时米价斗钱百五十,已诏司农寺以常平米三十二万斛、三司米百九十万斛,平其价至斗百钱,至是又减十钱,益置官场出粜,民甚便之。⑥

(元丰二年)二月十三日,诏:闻齐、兖、郓州谷价甚贵,斗直几二百,艰食流转之民颇多。司农寺其谕州县,以所积常平谷通比元入斗价,不及十钱即分场广粜,滨、棣、沧州亦然。⑦

青苗法实施一年后,为保证青苗法救灾功能的落实,宋神宗要求每年岁末司农寺要"具下项事节闻奏":

天下常平广惠仓见在钱斛若干数目,夏、秋青苗钱散过若干数目,合收若干斛斗、已纳若干、未纳若干、倚阁若干、籴到诸色斛斗若干、斗直若干、出粜过若干、都收息钱若干、赈贷过若干。⑧

---

① 李焘:《长编》卷二百十一,熙宁三年五月丙午,5130 页。
② 李焘:《长编》卷二百十五,熙宁三年九月戊子,5231 页。
③ 徐松:《宋会要》食货四之二五,熙宁三年三月四日,4858 页。
④ 李焘:《长编》卷二百十四,熙宁三年八月丙寅,5202 页。
⑤ 李焘:《长编》卷二百四十二,熙宁六年二月乙酉,5902 页。
⑥ 李焘:《长编》卷二百五十一,熙宁七年三月甲子,6137 页。
⑦ 徐松:《宋会要》食货五七之八,元丰二年二月十三日,5814 页。
⑧ 李焘:《长编》卷二百十四,熙宁三年八月甲申,5224 页。

支散青苗钱数、籴粜数目、赈贷多少等帐目要分类上报。青苗法之本意，是通过赊贷收息缓解"人之困乏"，常平赈粜和赈贷功能并未废除。熙宁时期司农寺的职权大大加强，可支用、调配的钱谷增多，本路仓储不足，可调用他路粮斛。尽管青苗钱大部分用于赊贷收息，其赈灾的规模却未缩小。不仅如此，青苗法还拓宽了赈灾的思路。如熙宁六年，淮南、两浙大旱，先"诏各拨常平司粮三万石，募饥民兴修农田水利"，本地常平粮不足，又"增赐两路常平粮斛各三万石"，不久又赐两路"常平米各五万石，付转运司以赈饥民"①。一个月内调拨常平粮斛二十余万石，在熙宁以前是很难做到的。通过募饥民兴修农田水利、发放工钱的办法，即"以工代赈"，是青苗法实施后兴起的举措，在救灾史上有重大意义。

熙宁五年，"诏陕西都转运司，应华州山谷摧陷、地土涌裂处，见存人户地产如因变移不堪耕种者，量口数给与户绝没官田；如阙种粮、牛具，以常平钱谷贷之，免出息，宽为输限。"②这是对地震受灾户进行赈贷。熙宁十年，知卫州鲁有开言："本路值黄、沁两河为灾，民乏食，已用缓急阙乏条借给常平钱谷，乞与免息。"鲁有开还违法动用免役宽剩钱贷给灾民，诏"特释罪"③。这是根据青苗法"缓急借给"的规定赈贷水灾户。元丰元年，河北水灾，"诏：以瀛州陈次米依灾伤及七分例贷第四等以下户，不得抑配，免出息。"④元丰四年，"诏：闻阶、成、凤、岷州人户阙食流移，令逐州第四等以下人户支借常平粮斛，每户不得过两石，仍免出息。"⑤青苗法赈贷免息一般只限四等以下户，与常平旧法免息赈贷先从贫下户开始，只贷给中下等户的原则一致。

王安石否定常平旧法、推行青苗法的依据，是常平、广惠仓赈灾作用有限，"以致更出省仓赈贷"。实施青苗法后，这种状况并未改变。青苗法以赊贷和取息多寡考核官吏，所以赈粜、赈贷不受重视，遇有灾伤，仍经常动用省仓。熙宁四年，河北怀州等地受灾，要求转运司"贷以米粟"。通常灾伤要先

---

① 李焘：《长编》卷二百四十七，熙宁六年十月戊申、辛酉、丙戌，6011、6014、6025 页。
② 李焘：《长编》卷二百三十九，熙宁五年十月庚辰，5807 页。
③ 李焘：《长编》卷二百八十四，熙宁十年八月辛卯，6954 页。
④ 徐松：《宋会要》食货五三之八，元丰元年四月七日，5814 页。
⑤ 李焘：《长编》卷三百十一，元丰四年二月丙戌，7547 页。

用常平粮斛赈贷,而河北提举常平司虽有粮斛,却拒不支付,"止(只)令转运司以省仓米赈贷"。神宗因此下诏曰:"省仓岁计有限,必不能多赈给,常平广惠仓斛斗须相兼支借。令河北转运、提点刑狱、提举司觉察"①。熙宁七年,"河阳言:连年灾伤,常平仓赈济斛斗不足,乞兼发省仓"②。为缓解淮南灾荒,"诏三司借上供粮十万硕与淮南西路提举常平司,准备出粜或借支用"③。熙宁八年,秦凤路转运判官刘定言:"'泾原路民阙食,常平米不足,乞借省仓,渭州二万石,泾州、德顺军、镇戎军万石。'许之。"④元丰元年,"赐广济河辇运司上供米十万石付徐州、淮阳军,粜与水灾饥民"。二年,"三司言:'济、淄等州谷贵,春夏之交虑更艰食,请辍广济河所漕谷二十万石,减价粜之。'从之。"⑤青苗法除拥有原常平、广惠两仓的一千五百万贯石外,中央又支拨了许多钱贯、交子、布帛甚至度牒,本钱比原常平仓增加不少。如熙宁四年,"赐提举成都府路常平司交子钱二十万缗为青苗本钱"。"诏借内藏库钱六十万缗为淮南、江东常平籴本"⑥。在这种情况下,遇到灾伤,仍要动用省仓和漕粮,说明青苗法同常平旧法一样,不能独当赈灾重任。熙宁六年冬至熙宁七年春,京畿、河北、河东、陕西、淮南、两浙、荆湖、梓州等路不少州军旱灾严重,宋神宗下诏自责曰:

  朕涉道日浅,晻于致治,政失厥中,以干阴阳之和。乃自冬迄今,旱暵为虐,四海之内,被灾者广。间诏有司,损常膳,避正殿,冀以塞责消变。⑦

青苗钱斛"七分以上,散在民间",有的州县甚至将青苗钱"使者督之,须散尽乃已,官无余蓄",遇灾伤"未能赈济",宋神宗对此作了反省,《续资治通鉴长编》卷二百五十六熙宁七年九月壬子条载:

---

① 李焘:《长编》卷二百二十一,熙宁四年三月丁亥,5367页。
② 李焘:《长编》卷二百五十,熙宁七年二月辛未,6082页。
③ 徐松:《宋会要》食货五三之一一,熙宁七年十月二十二日,5725页。
④ 李焘:《长编》卷二百五十九,熙宁八年正月戊戌,6309页。
⑤ 徐松:《宋会要》食货五七之八,元丰元年正月十二日、二年二月十三日,5814页。
⑥ 李焘:《长编》卷二百十九,熙宁四年正月壬子、二月甲子,5330、5347页。
⑦ 李焘:《长编》卷二百五十一,熙宁七年三月乙丑,6137页。

上以诸路旱灾,常平司未能赈济,谕辅臣曰:"天下常平仓,若以一半散钱取息,一半减价给粜,使二者如权衡相依,不得偏重,如此民必受赐。今有司务行新法,惟欲散钱,至于常平旧规,无人督责者。大凡前世法度有可行者,宜谨守之,今不问利害如何,一一变更,岂近理耶?"

宋神宗诏令"宜速指挥诸路州县,据所管已支、见在钱谷通数,常留一半外,方得给散。其见有倚阁户毋更给"①。常平旧规"无人督责",不是说常平旧法已被废除,而是指没有将赈粜、赈贷作为官吏考核的标准严加监察。青苗钱谷一半放贷,一半赈粜,则要把已贷七分的青苗钱收回二分,削减赊贷收息的功能。熙宁九年和元丰元年又重申此制,要求诸路提举常平司将粜籴数目"每岁终类聚,于次年春季点校"②。青苗钱用于赈粜的规模可能未达到神宗要求的50%,但因青苗本钱比常平旧法增加许多,所以赈粜、赈贷的规模不亚于熙宁以前。

宋代用于赈灾的方式有许多种,仅全国性仓储就有常平仓、义仓、惠民仓、广惠仓、丰储仓等多种,动用省仓储备屡见记载,有时甚至截留军粮、上供漕粮以应急需。把不能独立完成赈灾视为常平旧法弊端,作为实施青苗法的依据,或以此否定青苗法,是当时政策调整的需要和党派争斗的手段,却不应成为今天评价常平法和青苗法的依据。

五 青苗钱的利率

邓广铭先生在《中国十一世纪的改革家——王安石》一书中认为,在王安石推行的诸种新法当中,"受到守旧派人物攻击最猛烈,进行攻击的人数最多,次数也最多的,莫过于青苗法了。"关于宋代青苗法的利弊功过,学术界至今有分歧,二十世纪九十年代前后还进行过针锋相对的争论。不过,对

---

① 李焘:《长编》卷二百五十一,熙宁七年三月乙丑,6137页。
② 徐松:《宋会要》食货五三之一一,熙宁九年八月六日,5725页。李焘:《长编》卷二百八十七,元丰元年正月戊辰,7018页。

于青苗法赊贷的法定利率为40%的问题,争论各方无大分歧。否定青苗法者认为不少地方的实际利率要高于40%,达60%甚至一倍,肯定者则认为高于40%属个别违法现象,40%是利率上限。王曾瑜《王安石变法简论》认为青苗法实施时为40%,熙宁七年后改为20%。

漆侠先生在《王安石变法》一书中,明确提出青苗钱的利率为40%。他认为:青苗钱一年借贷两次,"一次在正月三十日以前,称作'夏料',一次在五月三十日以前,称作'秋料'。随夏秋二税缴纳贷款,即在五月、十月以前"。归还时"在原额外缴纳20%的利息",因"一年两次贷款,故年利率实际上是40%"。漆先生的这一推论影响极大,青苗钱法定利率40%,几乎成为学术界的定见。本人认为:青苗钱的法定利率不是40%,而是20%。

青苗钱年利率40%是韩琦首先提出的。现存熙宁二年(1060)九月颁布的青苗法条文,未明载青苗钱的利率,只说"仍以见钱,依陕西青苗钱例,愿预借者给之,随税输纳斛斗,半为夏料,半为秋料。内有请本色或纳时价贵愿纳钱者,皆许从便"①。仁宗嘉祐五年以前,陕西转运使李参在陕西实施曾青苗法,方法是:"令自隐度谷麦之入,预贷以官钱,谷麦熟则偿,谓之青苗钱。"陕西青苗法未言利息,但从其实施的原因是兵食不足,而行之"数年,兵食常有余。其后青苗法盖取诸此"②分析,应为收取利息使军储增广。在青苗法颁布前,苏辙"自大名府推官上书召对",曾参与青苗法的审核。他对王安石说:

> 以钱贷民,使出息二分,本非为利。然出纳之际,吏缘为奸,虽有法不能禁。钱入民手,虽良民不免非理费用。及其纳钱,虽富民不免违限。如此则州县不胜烦矣。

苏辙明确反对青苗法,认为原来的常平仓法"见在而患不修,公诚举而行之,刘晏之功可立俟也"。王安石听了苏辙的话,曾"逾月不言青苗"③。

---

① 马端临:《文献通考》卷二十一《市籴考二》,208页。
② 李焘:《长编》卷一百七十四,嘉祐五年四月庚午,4204页。
③ 徐松:《宋会要》食货四之一七,熙宁二年九月四日,4854页。

苏辙言"出息二分",而不言半年或一料出息二分,表明他理解青苗条例为年利率二分,或青苗条例明载年取息二分,而现存史料阙如。

青苗法颁布不久,翰林学士司马光、范镇、右正方李常、孙觉、侍御史知杂事陈襄及判大名府韩琦、知青州欧阳修等众臣均上疏反对。韩琦是前朝重臣,其奏疏影响最大。制置三司条例司对反对观点逐条进行分析,"使知法意",对韩琦所言王广廉在河北"每借一千,令纳一千三百,则是官放息钱,与初诏抑兼并、济用乏之意,绝相违戾"的言论,进行了专门批驳。制置三司条例司言:

> 言者谓:"元敕云'公家无所利其入'。今河北提举官乃令出息三分,失信于百姓。"本司今按:《周礼》泉府之官,乃云贷者取息有至二十而五,凡国家之财用取具焉。今常平新法,豫给青苗钱,但约熟时酌中物价。熟时物贵,即许量减市价纳钱。既言量减市价纳钱,即是未定合纳实数,故河北约束州县纳钱不得过三分。京西、陕西等路大抵不过二分而已,凡此,盖谓量着时价指挥未有约定实数,恐纳时倍贵,州县量减钱不多,致亏损百姓,即非法外擅为侵刻也。就诸路所约,唯河北最多,然云不过三分,即非定取三分之息。若物价低平,即有当纳本色,不收其息,或止取一二分息时。多少相补,比《周礼》贷民取息,立定分数,已不为多。近又令预给价钱,若遇物价极贵,亦不得过二分。既比《周礼》所取尤少,于元条欲广储蓄、量减时价指挥不相违戾,固无失信之理。①

王安石推崇《周礼》,其改革法规均从《周礼》找出理论依据。《周礼》官府赊贷年利率为10%以上,最高不超过25%,宋人一般认为《周礼》借贷利率为20%。制置三司条例司将青苗钱利率与《周礼》相比,指出青苗钱利率为二分。只有利率为年利率时,二者才有可比性,"比《周礼》所取尤少"才能成立。如二分是青苗钱半年利率,不可能进行这样的比较。

---

① 赵汝愚:《宋朝诸臣奏议》卷一百十一,韩琦《上神宗乞罢青苗及诸路提举官》,1208 页。参见徐松:《宋会要》食货四之一九,熙宁三年二月一日,4855 页,及韩琦《韩魏公集》卷十八《家传》(丛书集成初编2366 册)。

青苗法借贷的主要是钱,归还时随二税还纳,要将粮斛换算成钱,换算价的高低会影响利率。河北提举常平官王广廉令出息"不得过三分",并不是把三分作为取息的标准,而是防止还纳时物价贵,借贷者如仍按借贷换算价缴纳本色粮斛,实际利率会提高,故设此上限以防止百姓亏损。青苗法规定,民户借贷钱贯,夏秋随税还纳粮斛,还纳时"取当年以前十年内逐色斛斗一年丰熟时最低实直价例,立定预支,召人户情愿"①。其含义是:假如十年有三年丰年(其余年份为平年或欠年),丰年中最低粮价分别为石850、800、750文,则取800文为率,此即为"熟时酌中物价"。百姓借贷一贯,按每石价800文计,相当于借贷粮斛1.25石。利率二分,本息共1.5石,即还纳1.5石粮斛,或相当于1.5石粮斛即1200文现钱。如还款时粮价高于借贷时的换算价,石为千钱,则1.5石粮斛相当于1500文,远远高于借贷千钱本息1200文的标准。在这种情况下,"许量减市价纳钱",即将每石千钱的时价适当降低,作为钱粮换算的新标准。利率最高不得过三分,则可把换算价比市价降80文,为每石920文,所借千钱换算为1.087石,加上二分利息,则为1.30石,即缴纳1.3石粮斛,而不用缴纳1.5石。如还款时粮价低于换算价,则仍按换算价还纳钱谷。

青黄不接时粮价较高,借贷现钱不按当时市价折算利息,而按丰熟年份中价折算,既可防止官府的赊贷本钱流失,又使百姓不致过多亏损。例如:借钱时粮价石千钱,按粮斛计算,本息应为1.2石,收成时粮价低,如石800文,则还1.2石仅为钱960文,有损于官,故官府以丰年中价将斛斗换算成钱,令民户以钱计算还纳本息1.5石。青苗法还规定"其愿请斛斗者,即以时价估作钱数支给,即不得亏损官本,却依见钱纽斛斗送纳"②,即借贷粮斛者依时价折算现钱,还贷时如归还粮斛,则依所借钱额折算,还本付息。可见,除了收成时市价低于借贷换算价(因换算价以丰年中价折算,故低于换算价的年份很少),不论借贷的是钱还是粮,也不论还纳的是钱、粮还是以银、绢、丝、绸、绸、布折纳,以钱为本的换算方式可确保官府有20%的利息

---

① 徐松:《宋会要》食货四之一七,熙宁二年九月四日,4854页。
② 徐松:《宋会要》食货四之一七,熙宁二年九月四日,4854页。

收益。

河北取息不得过三分的规定很快得到纠正,不管缴纳时粮价高低,均不再折算,借贷者只须按20%的利率缴纳现钱,还本付息即可。

韩琦针对制置三司条例司的条析,上疏进行了再反驳。在此奏疏中,韩琦不再提河北利率三分的事,可见制置三司条例司的条析有道理,且已得到纠正。有的研究者仍以河北三分息之说为依据,认为青苗法年利率为60%的现象普遍存在,似乎缺少韩琦正面事实、修正观点的勇气。韩琦说:

> 今放青苗钱,凡春贷十千,半年之内便令纳利二千,秋再放十千,至岁终又令纳利二千,则是贷万钱者,不问远近之地,岁令出息四千也。周礼至远之地止出息二千,今青苗取息尚过周礼一倍,则制置司言'比周礼取息已不为多'亦是欺罔圣德。①

熙宁二年河北转运司勾当公事王广廉在河北试行陕西青苗法,"春散秋敛以便民,无抑配"②。青苗法最初是春散秋敛,一年实施一次,收二分息,即年息20%。青苗钱主要来自常平钱谷,而常平钱谷原是赈灾的专项资金。实施青苗法后,常平钱谷如在春中全部发放,遇到灾荒将无力赈救,故青苗条法颁布时改为一年分二批发放,使地方政府始终掌握部分常平钱谷,以备不时之需。《续资治通鉴长编》卷二百一十熙宁三年四月乙酉条载:

> 条例司言:"青苗钱以半为夏料,半为秋料,使仓储不空,以备非常。然今诸路农时早晚、夏秋所获多少及民间所须缓急所在不同,恐不可为一定之法。欲令有司因民缓急,量入为出,各随其时,不拘以数。"诏:诸路转运、开封府界提点、提举常平仓司约定岁散青苗钱可以实散若干数目闻奏。

在实施青苗法之初,青苗钱定为正月和五月各发放一半,但不久即改为每次发放"不拘以数",根据民间需要及还贷能力放贷。中国黄河、长江流域

---

① 徐松:《宋会要》食货四之二六,熙宁三年三月四日,4859页。
② 徐松:《宋会要》食货四之一七,熙宁二年九月四日,4854页。

农作,多以夏收为"小季",秋收为"大季",农作物大部分在秋季收获,故大部分民户在春季青黄不接时借贷,秋后归还,是符合农户赊贷需要和青苗法条例的。熙宁七年,负责制定青苗法条例的吕惠卿说:"'常平钱谷并于民阙乏时月作一料给散,陆田多处以二月、水田多处以三月为限,随秋税起催,限年终纳足,入十二月不纳者依欠税法。如蚕麦丰熟,许随夏税催纳,毋得过半。限满不足者勿给后料。其依条倚阁者不在此限。'从之。"①可见,青苗钱谷多为一年发放一次,秋后还纳,且可延至十二月,二分之息为年利率当无疑义。

元祐元年二月,发布了废青苗法、恢复常平法的诏令,但到了四月底,同知枢密院事范纯仁以国用不足,请复散青苗钱,于是诏令"依旧常平仓法"春散秋敛,"主司并合依法推行。元贷常平钱谷,丝麦丰熟,许随夏税先纳所输之半,愿并纳者止出息一分"②。此诏把被否定的青苗法视为旧法,"旧常平仓法"即青苗法。此诏遭众大臣的反对,御史中丞刘挚言:

> 今年二月敕命,用常平旧法施行,故天下已尝鼓舞矣。不意复有四月申明,翻以为旧法者青苗敛散之事也,而人心失望,然而法行如故,迟迟不改,此何义哉?③

青苗法如夏熟时提前还纳本息,半年利息为一分,春散秋敛,年利率为二分。值得注意的是,关于青苗钱"取息二分"的史料有数百条,唯有韩琦此条明指半年取利二分,年利率40%,其他史料均只说取息二分,却没一条说是半年或每料二分。宋代大臣奏疏陈述一件重要的事,常常多次上疏,重复陈述,而韩琦此后再无年息四分的言论。本人认为,韩琦此说不符合青苗条例,所以无人沿袭他的说法。青苗法所言"半为夏料,半为秋料",是把一次借贷分两批发放,"取息二分"与一次借贷相对应,是年利率。韩琦把分两批发放的一次性借贷当作二次借贷,对青苗法理解有误。他很快就认识到这一点,不再重复此说。

---

① 李焘:《长编》卷二百五十五,熙宁七年八月壬午,6238页。
② 李焘:《长编》卷三百七十六,元祐元年四月癸丑,9123页。
③ 李焘:《长编》卷三百八十四,元祐元年八月庚寅,9361页。

韩琦所说青苗法利率40%的史料既为孤证，难以为凭，而主张青苗利率为40%的研究者引用的其他史料，同样不支持韩琦的论断。现对相关史料摭其要者略作分析。《宋史纪事本末》卷三十七《王安石变法》载：

> 京东转运使王广渊言："春事既兴，而民苦乏，兼并之家得以乘急要利。乞留本道钱帛五十万，贷之贫民，岁可获息二十五万。"从之。

此史料被用作青苗钱利率高于40%的证据。实际上，此条史料说的是和买䌷绢，与青苗钱利率毫不相干。"熙宁三年，御史程颢言：'京东转运司和买䌷绢增数抑配，率千钱课绢一疋。其后，和买并税绢，疋皆输钱千五百。'"《宋史·食货上四》称王广渊"假和买绢之名，配以钱而取其五分之息"。和买绢取息五分，是将本应缴纳一匹绢的价值折算成1500文钱所致，并不是规定年息50%，"五分之息"反映的是"折变"之弊，而非青苗钱利率。《宋史纪事本末》将此条系于青苗法中，是该书作者陈邦瞻将王广渊与王广廉混淆，把发生在熙宁三年的王广渊和买䌷绢事系于颁布青苗法的熙宁二年，且言"其事与青苗法合，安石始以为可用，召广渊至京师"。实际上，"与安石意合"且被召至京师的是河北转运司勾当公事王广廉。此条史料不能说明青苗法的利率。左司谏王严叟反对青苗法很坚决，他说：

> 又说者曰二分之息甚轻耳，曾不知官缗不可坐而得也。凡当请时，保长之籍姓名也，甲头之团甲也，书手之点等第也，其城郭之往来也，其门户之经由也，其主库者之出纳也，皆人情之所不能尽禁者也。钞引也，头子钱也，公而不可无者也。通而会之，不知几分息也。复自起催，则吏在门矣。数数饮食之、赂遗之，而苟以免追呼，积日累久，又不知几分之息也。又有违期而必至于追呼者，追呼既至而必鞭挞者，鞭挞既已而必荷校者，要其所耗，又不知几分之息也。复有给陈粟腐麦以与之，而使之偿善价者，论其所折，又不知几分之息也。①

王严叟此奏疏把青苗法称为"出息二分之法"。如果二分为半年利率，

---

① 李焘：《长编》卷三百七十六，元祐元年四月乙卯，9132页。

不可能如此概括。宋代关于青苗利率二分的史料极多,按习惯,如不特意说明,取息二分是年利率,而非半年或一料利率。王严叟在批驳"二分之息甚轻"的观点时,闭口不言二分息是半年息,是因为将"二分之法"看作年息,不会产生异议,不须特别说明。青苗钱名为二分息,实际因应付官吏催纳等额外开支,要远远高于二分。他否定青苗法,不是因为取息二分重,而是官府经营赊贷存在其他弊端。王严叟未否定取息二分是低利率。

熙宁九年,判应天府张方平"举应天府为例",论民户税赋纳钱之弊:

> 今乃岁納役钱七万五千,散青苗钱八万三千六百余贯,计息钱一万六千六百有零贯。此乃岁输实钱九万二千余贯。每年两限,家至户到,科校督迫,无有已时。①

免役钱和青苗息钱分夏秋两次催纳,其中青苗钱一年发放8.36万贯,息钱1.66万贯,利率恰为二分。顾全芳在引用此段文字后说:"一年一次发放青苗钱,当年还本付息,而利率,则是百分之四十即二分之息。"上述史料明载青苗息钱是应天府一年收入,不知缘何将二分之息当作半年收入,而将年利率定为40%。

司马光论青苗法之弊的奏疏很多,其中一段多被研究者引用,而对青苗法持肯定观点者则回避此段史料。熙宁四年正月司马光云:

> 准提举陕西常平广惠仓司牒云云,右谨具如前。本司勘会朝廷元散青苗钱指挥,取利不得过二分。今来提举常平广惠仓司乃依见今饥馑之岁在市贵价,将本仓陈次斛斗纽作见钱支散与人,又豫定将来粟麦之价,粟每斗二十五文足,小麦每斗四十文足。本司看详,向去夏秋五谷有丰有俭,其谷麦之价固难豫定。今将陈色白米每斗纽作见钱七十五文,若折计作小麦价钱支俵,每斗四十文,共折计得小麦一斗八升七合半。则是贫民于正二月间请得陈色白米一石,却将来纳着新好小麦一石八斗七升五合。若折计作粟钱支俵,每斗二十五文足计支,则一斗

---

① 张方平:《乐全集》卷二十六《论率钱募役事》。中州古籍出版社1992年10月版,415页。

白米价钱七十五文足,共折得粟三斗。则是贫民阙乏之时,只请得陈色白米一石,却将来共纳着新粟三石。若只送纳见钱,即又须贱粜斛斗以偿官中本利,使贫下之民寒耕热耘,竭尽心力,所收斛斗于正税之外,更以巧法取之至尽,不问岁丰岁俭常受饥寒,显见所散青苗钱大为民害。①

首先,司马光肯定了青苗钱法定利率"不得过二分"。借贷者只需按二分息还纳一次,而非按四分息归还二次。如归还两次,应为夏纳"新好小麦一石八斗七升五合",至秋再纳"新粟三石"。司马光明言或纳小麦,或纳新粟,则青苗法"不得过二分"为年利率可知。其次,常平仓粮斛多为陈粮,正二月间年尚无新粮上市,常平仓支散"陈色白米",令将来还纳新粮,当属正常,贷陈纳新并非苛政。第三,在出产稻米很少的陕西,又逢"饥馑之岁",把陈次白米价定为每斗七十五文,并未把米价高估。夏秋丰熟时新麦新粟价远远低于正月二月的陈次白米,是符合实际的。按中国北方习惯,与麦价基本对等的是谷价而非米价,如出米率按65%计算,一石白米相当于1.54石谷,加上20%的利息,秋后应还纳1.85石谷,因此,"正二月间请得陈色白米一石,却将来纳着新好小麦一石八斗七升五合",也非苛政。

饥荒之岁赊贷白米,有两点值得注意。其一,陕西出产稻米极少,而常平仓赊贷白米,令民户有折纳之弊。我认为,熙宁三年,陕西长安、同、华等八州郡"秋旱特甚",出现了大批流民,政府早在熙宁三年八月就"令出常平仓粟,减价以利贫民"②,至熙宁四年正月发放青苗钱时,常平仓麦粟已粜卖磬尽。赊贷的白米多非本地所产,其来源应为过去从市场籴买,或从其他州郡调配。常平仓存储和放贷的多是本地所产粮斛,因麦不便储存,所以秋成丰熟、粮价低贱时稻谷是常平仓和籴的首选。陕西受灾州郡赊贷价高的白米,令还纳麦粟,当属特例。其二,按青苗法,借贷钱谷按丰中价换算,故所定麦粟价较低。司马光正月上疏,夏秋丰欠难料,用此低价折纳,有可能加重民户利率负担。不过,青苗法又规定可还纳现钱,白米石七十五文,加上

---

① 《司马光奏议》卷二十九《奏为乞不将米折青苗钱状》,318页。
② 李焘:《长编》卷二百十四,熙宁三年八月丙寅,5602页。

二分利息,借贷一石,秋后还纳90文现钱也可。如麦粟价高,借贷者可卖麦粟还钱,则可减少利率负担。司马光既反对提举常平司定出的换算价,又说"若只送纳见钱,即又须贱粜斛斗,以偿官中本利"。既然夏秋"谷麦之价固难豫定",何言"须贱粜斛斗"?如果麦粟价贱,必是丰熟,借贷者加倍还纳所贷白米,按所借米价折算,当仍在20%利率之内。如粮价高,则可卖粮还钱。或欠收五分以上,尚有倚阁之制,延至来年夏秋还纳本息。司马光一直对青苗法持彻底否定态度,认为不应放贷取息,有把青苗法弊端夸大之嫌。反对青苗法者认为,青苗法在民户税赋已重的情况下,又增加青苗钱重赋,"则人户不易"。王安石反驳说:

  本司各按百姓赋税之外,逐路承例科敛名目诚多,然当缺乏之时不免私家举债,出息常至一倍,此所以贫者愈困也。今贷与常平本钱,乃济其艰急。又止令约熟时中价纳斛斗,时物价贵,然后令纳见钱,比元本不得过二分,即是免于兼并之家举一倍之息,民户有何不易?①

宋人常常把青苗法二分息与民间借贷一倍之息对比,既然一倍之息是年利率,则与之相对应的二分息也是年利率,是不言而喻的。如果认为王安石的言论不足以让人信服,那么,众多反对青苗法臣僚的言论,也一致认为青苗法法定利率为二分。如知青州欧阳修熙宁三年五月上疏说:

  田野之民蠢然,固不知《周官》泉府为何物,但见官中放债,每钱一百文要二十文利尔。是以申告虽烦,而莫能论也。臣以谓等是取利,不许取三分,而许取二分,此孟子所谓以五十步笑百步者。以臣愚见,必欲使天下晓然知取利非朝廷本意,则乞除去二分之息,但令只纳元数本钱,如此,始是不取利矣。②

元祐元年八月,苏轼反对恢复青苗法时说:"今者已行常平粜籴之法,惠民之外,官亦稍利,如此足矣,何用二分之息,以贾无穷之怨?"③司马光说:

---

① 徐松:《宋会要》食货四之二三,熙宁三年二月二十七日,4856页。
② 《欧阳修全集》卷一百一十四《言青苗钱第一札子》。中华书局2001年3月版,1731页。
③ 《苏轼文集》卷二十七《乞不給青苗钱斛狀》。中华书局1985年3月版,785页。

"自今后,其常平仓钱谷只令州县依旧法趁时籴粜,其青苗钱更不支俵,所有旧欠二分之息尽皆除放。"①南宋初杨时说:"青苗取息虽不多,然岁散万缗,则夺民二千缗入官。"②王栢比较朱熹在乾道四年(1168)创立的社仓与青苗法的区别时说:

> 若夫二分之法与青苗异者,盖荆舒托济人之名,罔其利以供上之用,朱先生因济人之实,储其利以复为民水旱之防,心之所发,惠之所及,何啻霄壤。③

社仓春贷秋敛,与青苗法皆是"二分之法",即年利率二分。王栢认为青苗法取利以"供上之用",社仓则取利以济民之困,这使二者有天壤之别。类似史料尚有许多,不再枚举。从青苗法推行直至南宋,除韩琦说过一次利率四分外,青苗钱利率二分,是宋人的共识。为修水利等工役而贷青苗钱,利率为一分。《续资治通鉴长编》卷二百八十九载:

> (元丰元年四月)壬戌,诏:开废田、兴水利、建立堤防、修贴圩埠之类,民力不能役者,许受利人户具合费用数目,贷常平等钱谷,限三年两料输足,岁出息一分。④

季平先生说:"近世各国,农业金融贷款,一般年利仅为一分左右。""青苗法实行年利四分,当然是古今政府贷款与民的高额利率。"不管肯定青苗法论者如何为青苗法辩解,也不论青苗法 40% 的年利率如何低于私人借贷的"倍称之息",如果政府贷款利率确为 40%,属高额利率是不可否认的。对大部分农户而言,这样的利率即使当代农户也难以承受。熙宁五年,王安石推行易市法,将钱贯赊贷给城市工商户作为商业营运的本钱,尚规定"若半年纳,出息一分,一年纳即出息二分"⑤,而贷款给农民却收四分息,这在以重农为基础的中国古代社会里是不可思议的。同时,市易法规定,市易钱如有

---

① 《司马光奏议》卷三十九《乞罢散青苗钱白札子》,430 页。
② 杨时:《龟山集》卷十二《语录三》。四库全书 1125 册,227 页。
③ 王栢:《鲁斋集》卷七《社仓利害书》。四库全书 1186 册,111 页。
④ 李焘:《长编》卷二百八十九,元丰元年四月壬戌,7069 页。
⑤ 徐松:《宋会要》食货三七之一五,5455 页。

剩余,可赊贷给乡村。青苗法规定,青苗钱有剩余,可赊贷给城郭。同是政府贷款,如果市易钱利率二分,青苗钱四分,人们自然都借贷市易钱,青苗法就无法推行了,宋代臣僚必定会因此议论纷纷。但自市易法推行后,反对青苗法、市易法者的言论、奏疏连篇累牍,竟无一人将青苗钱利率与市易钱利率比较,这也是不可思议的。合理的解释是:二者利率相同,均为二分。

青苗钱利率是评价青苗法的重要依据。肯定与否定青苗法的研究者围绕40%的法定利率是高还是低、实际利率是高于40%还是低于40%打了多年笔墨官司,却是为一个并不存在的历史事实争论。

第十二章　粮食籴买制度

一　引言

以农为本是中国古代王朝的传统国策，"国家大事，足食为先"①，粮食是最重要、最大宗的消费品。同前代相比，宋代进入流通领域的粮食数量大大增加，"百里不贩樵，千里不贩籴"②的状况已经改变，远距离的粮食贩卖相当兴盛。宋代粮食商品化程度提高的原因，固然在于农业生产水平有较大的提高，可提供更多的剩余产品投放市场，但从消费方面看，则不能忽视出现了一些刺激粮食商品化的新因素，如城镇的兴盛，茶、林专业经济区的形成等等，其中官府消费尤其是军粮消费的巨额增长，是促进粮食商品化的重要原因。

从籴本构成分析，官府购买粮食可分为现钱（铜铁钱、交子、钱引）、实物（金、银、茶、盐、矾、香药、犀象、䌷绢丝绵等）、官诰（官诰、度牒、紫衣、师号等身份凭证）三类。从支付兑现时间分析，则有预支、现支、期权三种。从市场经营的方式分析，则可分为置场和籴、入中溢价与抑配征购三类。宋朝籴买制度形式多样，名目繁多，朱家源、王曾瑜《宋朝的和籴粮草》列举了北宋籴

---

① 李焘：《长编》卷四十一，至道三年五月庚午，865页。
② 司马迁：《史记》卷一百二十九《货殖列传》。中华书局1959年版，3271页。

本品类十余类,指出南宋出现了交子、关子和会子等新品种,并解释了和籴、博籴、便籴、推置、对籴、青苗钱、坐仓、结籴、俵籴、兑籴、寄籴、折籴、配籴、括籴、劝籴、均籴、敷籴、带籴、借籴、招籴等二十余种籴买形式。粮草籴买是支撑国家政权的重要措施,北宋末和南宋中后期,籴买主要支付贬值的会子、官诰、度牒等,且多采用抑配方式,成了掠夺民间财富和重要手段。

二 籴买的规模

官府籴买粮食的消费主要用于三个方面,其一是军储。"诸州军逐年夏秋例各置场和籴,入中诸般粮草,准备军须。"①其二是平抑物价,应付赈灾。如常平仓法规定:"每岁秋夏加钱收籴,遇贵减价出粜。凡收籴比市价量增三五文,出粜减价亦如之,所减不得过本钱。"②其三是调节上供。熙宁八年(1075),"中书请出钱二百万缗,散在江、淮等七路,遇谷贱籴充年计外,遇价贵亦许量减价粜。从之。"③这是发运司支借中央钱贯作为调节上供粮斛的籴本。北宋规定每年赐发运司籴本百万缗。《续资治通鉴长编》卷三百三十五元丰六年六月戊申条载:

> 制置发运司言:"本司元丰二年被旨赐籴本以一百万缗为率,至今截拨未足;况每年总般江、淮、荆、浙六路上供年额六百二十万石,逐路出限不到万数甚多,全赖籴本钱乘时和籴,起发上供,应办年计。"

在每年漕运京师的六百余万石粮斛中,和籴一百万石以上。如果京城粮斛充足,可将一部分上供粮斛出卖,变转成金银钱帛等"轻货"上供。各地军粮储备充足,也可在粮价高时"听依市直量减价粜,毋损元价。其钱封桩,候岁丰籴入元数"④。

---

① 徐松:《宋会要》食货三九之一五,天圣七年二月六日,5496页。
② 马端临:《文献通考》卷二十一《市籴考二》,207页。
③ 李焘:《长编》卷二百六十九,熙宁八年十月辛亥,6607页。
④ 李焘:《长编》卷二百八十七,元丰元年正月辛未,7020页。

宋代实行募兵制，兵士乃至家属的粮食消费皆仰官府。北宋禁、厢兵在一百万左右，南宋作为正规军的屯驻大军约四五十万人。禁兵月粮2石—2.5石，厢兵1.2—2石，高级军官的月粮可达三五十石，加上乡兵、土兵等非正规军的俸粮，以及马料及各种补贴等等，所费甚广。北宋河北、河东、陕西三路长期屯驻重兵，边防军储不可少缺，调民运粮又扰民太甚；本地租赋"不足以供兵费，屯田、营田岁入无几"①，于是在丰熟之际"市刍粟，广储蓄，以息编氓飞挽之役"②成了惯例。同时，以茶、盐、香药等为支付手段，利用商人在流通领域的作用，以收"贸易商赀以实边，农人不扰，而西鄙足用"③之效，是解决边储的重要措施。

粮草籴买在宋立国之初就实行了。建隆元年，"以河北仍岁丰稔，谷价弥贱，命高其价以籴之"④。随着国家的统一和政权的巩固，粮草籴买逐步制度化，端拱二年（989），"置折中仓，许商人输粟，优其价"⑤。淳化二年（991）设常平仓，丰年粮价低，高其价而籴，以备灾伤。在陕西、河东、河北沿边三路，粮草籴买的重要性高于二税。宋仁宗时期，"每年河北便籴粮斛三四百万石，约支见钱四五百万贯"⑥，"便籴"即支给钞引的入中贸易。河北军粮"一年约支七百万石，或缓急添屯军马，所费转多"⑦，籴买额高于赋税收入。熙宁二年，河北便籴司"准朝旨只籴三百三十三万硕，杆草四百万束"，因不够驻军支用，又"续抛杆草二百万束，及乞许将近里籴五十万硕斛斗，于缘边抛定斛斗三百三十万硕数外籴入"⑧，此年籴粮三百八十万石，草六百万束。河北沿边十一州军岁用粟180万石，豆60万石，刍370万围，而沿边民户稀少，租赋较少，可用于军粮的"并边租赋岁可得粟、豆、刍五十万，其余皆商人

---

① 脱脱：《宋史》卷一百七十五《食货上三》，4256页。
② 徐松：《宋会要》食货三九之一，咸平四年五月，5489页。
③ 李焘：《长编》卷四十九，咸平四年八月戊申，1069页。
④ 李焘：《长编》卷一，建隆元年正月乙巳，6页。
⑤ 徐松：《宋会要》食货五三之三六，5737页。
⑥ 包拯：《包孝肃奏议集》卷九《再请移挪河北兵马及罢公用回易》。四库全书427册，173页。
⑦ 包拯：《包孝肃奏议集》卷十《请支拨汴河纲粮往河北》。四库全书427册，177页。
⑧ 徐松：《宋会要》食货三九之二一，熙宁二年十二月十八日，5499页。

入中"①,租赋仅占军用粮草的8.2%。政和年间,河北中山府路按要求储存三年军粮、二年马草,除诸司封桩入粮马料104万硕,草159.98万束外,人粮马料缺210.78万硕,草缺353.13万束。定州安抚司辖州、府、军、寨十一处,年支人粮103.91万硕,马料22.56万硕,计126.47万硕,而"年计"收入人粮54.73万硕,马料9.68万硕,计64.41万硕,缺额约50%。马草岁支210.41万束,"年计"收入118.12万束②。"年计"是三司或户部的年收入,包括二税、酒税等收入,而"年计"外的消费主要由中央支拨籴本购买才能满足。

景祐元年(1034),三司使陈琳说:"河北岁费刍粮千二十万,其赋入支十之三。陕西岁费千五百万,其赋入支十之五,自余悉仰给京师。"③所谓"悉仰京师",一是中央直接支拨籴本籴买,二是由中央支付茶、盐、香、钱等钞引籴买。西夏元昊继位以来,宋夏关系紧张,军用粮草支出大幅增加。现将景祐年间(1034—1037)三司与内藏库籴本支出状况罗列如下:

> 景祐元年三月乙酉,"出内藏库绢五十万,下发运司市籴军储"。
> 四月丁未,"出内藏绢三十万,下河北转运司市籴粮草"。
> 五月辛酉,"出布十万端易钱,籴河北军储"。
> 五月壬申,"出内藏库缗钱一百万赐三司"。
> 六月壬子,"出内藏库缗钱五十万下三司,于濒河(黄河)州县置场籴麦"④。
> 景祐二年六月丁卯,"出内藏绸绢一百万,下三司市籴军储"⑤。
> 十月辛亥,"诏河北比岁大稔,谷贱伤农,其令转运司并以见钱于缘边平籴,如不足,三司助之"。
> 十月己巳,"出内藏库缗钱七十万、左藏五十万,下河北转运司市军储"⑥。

---

① 李焘:《长编》卷一百八十四,嘉祐元年十月丁卯,4450页。
② 徐松:《宋会要》食货四〇之五,政和五年三月二十一日,5511页。
③ 李焘:《长编》卷一百十四,景祐元年五月乙丑,2675页。
④ 李焘:《长编》卷一百十四,2672、2674、2675、2677、2680页。
⑤ 李焘:《长编》卷一百十六,2738页。
⑥ 李焘:《长编》卷一百十七,2738、2761页。

> 景祐三年九月己丑,"出内藏库缗钱五十万,下河北转运司市籴边储"。
>
> 十月丁未,诏三司以绢二十万下河北路,绢五十万下京西路,市籴军储。①
>
> 景祐四年七月辛酉,"诏三司出银十五万两下河北路,绢十万下河东路,助籴军粮。"
>
> 八月甲戌,"出内藏库绢三十万下河北路市籴军储"。
>
> 十一月己未,"出内藏库绸绵五十万下河北、陕西路,市籴军储。"②

四年间,中央支拨给三边地区和籴现钱、绢、银 655 万贯匹两以上,平均每年约 164 万。不计三司左藏库的支出,仅由皇帝支配的内藏库就支出钱绢 480 万,占总数的 73%。此属"年计"外支出,不包括本地财赋、以茶盐作籴本募人入中等"年计"支出。景祐年间宋夏间尚未发生大的战事,庆历初年,宋夏发生几次大的战役,军费激增,如庆历二年(1044)六月,"出内藏库银䌷绢三百万助边费"③。庆历四年,欧阳修为河北诸州水陆计度都转运使时云:"自河以北州军县寨一百八十有七城,主客之民七十万五千有七百户……厢禁军义勇民兵四十七万七千人骑,岁支粮草钱帛二千二百四十五万,而非常之用不与焉。"④河北每年军费支出粮草钱帛不少于 2245 万石束贯匹。

熙宁以后,西北拓边,军费激增,《宋会要辑稿》食货三九之二四载:

> (熙宁九年)正月二十八日,诏先定熙河每年籴买人粮二十二万硕,马料一十万石、草八十万束,以本路市易并茶盐坊场息钱,并熙河州酒税课利充籴本。仰具自后籴买次第闻奏。

由中央经费籴买的粮草更多于此数,元丰七年(1084),规定"岁给钱二

---

① 李焘:《长编》卷一百十九,2807、2808 页。
② 李焘:《长编》卷一百二十,2835、2840 页。
③ 脱脱:《宋史》卷十一《仁宗本纪三》,214 页。
④ 《欧阳修全集》卷一百一十八《河北奉合奏草·论河北财产上宰相书》。中华书局 2001 年版,1826 页。

百万缗"为熙河兰会路军费①。绍圣末年,陕西六路中仅鄜延、环庆两路就"各费籴本一千万",则"六路之费可知,而民力又不在数"②,足见籴额之高。

河东十三州二税收入为 39.2 万余石,随税科籴 82.4 万余石③。在特殊情况下,科籴额会大大提高。庆历三年,宋夏战争紧急之时,河东"额定和籴粮草五百万石","一年秋税和籴等草共五百余万束",多为随税科籴于民。欧阳修说:

> 兵兴数年,粮草之价数倍踊贵,而官支价直十分无二三,百姓每于边上纳米二斗,用钱叁佰文,而官支价钱三十。内二十折得朽恶下色茶。草价大约类此。④

太宗时,河东科籴"米每斗钱三十文,粟十六文,大豆二十二文,草每束十文",粮价贱,且预付,"民不为病",后多次降低籴价,仁宗嘉祐年间(1056—1063),"米每斗一十二文五分,粟十文,大豆九文五分,草每束四文",科籴数额不变,而籴本减少一多半。神宗熙宁时籴本降为十六万缗,且一半支钱,一半支付盐和布⑤。

此外,尚视丰歉不时和籴,如大中祥符五年(1012),"河东丰稔,米斛百钱",为督责州县即时收籴,朝廷"遣常参官于麟、府置场,和市军粮"⑥。天圣二年(1024),河东转运司请罢所遣官,由转运司选官领和籴事,宋仁宗不许,说:"边计至重,非朝廷遣官,则州县因循,籴不以时矣。"⑦嘉祐三年,"出内藏库绸绢十万下河东转运司,助籴军储"⑧。熙宁三年,"赐河东经略安抚司䌷绢十万匹,令依转运司年计外,变籴麟府路粮草"⑨。除随税科籴外,漕

---

① 徐松:《宋会要》食货三九之三八,元丰七年九月四日,5507 页。
② 李焘:《长编》卷五百,元符元年七月庚申,11909 页。
③ 徐松:《宋会要》食货三九之二八,元丰元年闰正月九日,5502 页。
④ 《欧阳修全集》卷一百十六《乞减放逃户和籴札子》,1761 页。《乞罢刘白草札子》,1770 页。
⑤ 李焘:《长编》卷四百,元祐二年五月乙卯,9746 页。
⑥ 李焘:《长编》卷七十九,大中祥符五年十二月乙亥,1808 页。
⑦ 李焘:《长编》卷一百二,天圣二年六月丁巳,2357 页。
⑧ 李焘:《长编》卷一百八十八,嘉祐三年十月乙巳,4530 页。
⑨ 李焘:《长编》卷二百十三,熙宁三年七月辛卯,5165 页。

司(转运司)、帅司(经略安抚司)也参与和籴。

元丰元年,诏罢支河东籴本,"以其钱付转运司市粮草"①,改科籴为和籴。和籴本钱主要来自河东永利监榷卖盐收入。"商人输钱于麟、府、丰、代、岚、宪、忻、岢岚、宁化、保德、火山等州军,本州军乃给券,于东、西监请盐。"②永利监(《宋会要辑稿》为永兴监)年产盐12.5余万石,"其卖到盐钱系应副本路收粮草,别无盐钞"③。按入中制度,商人于沿边州军每纳钱五六贯,给盐一席。每席约200斤④。盐每石50斤,永兴监产盐625万斤,合3.13万席,按中价每席5.5贯计,年收入约17.2万贯。此外,赐河东"京钞见钱"15万缗⑤,"末盐钱"20万缗"市籴粮草"⑥。加上原来随税科籴的籴本16万贯,中央支付河东的"年额"籴本为68.2万贯,可籴买粮斛100万石左右。此外,还要"岁认籴谷十万石送鄜延路"⑦,其本钱调拨曲垣监所铸铜钱应副。

京畿地区驻军虽多,因有漕粮支持,和籴较少。除本地二税外,汴河每年漕运六百余万石,大部分用于京畿驻军。庆历五年,京畿军粮"每月约支三十四万有余石",马料"每月约支四万余石"。随着军队人数增加,皇祐六年(1054),人粮"每月约支四十万石",马料"每月约支四万七千余石"⑧,京畿地区每年支出军粮近五百万石,马料五六十万石,其来源主要是东南漕运。由于漕运成本较高,每当京畿、京西地区丰穰,政府也会不失时机地和籴,以减少东南漕运粮斛数额,而变转金银钱帛等运抵京师。此外,"开封府诸县第四等以上户,岁共市草三百万束"⑨,以供京畿马草。

---

① 徐松:《宋会要》食货三九之二八,元丰元年闰正月九日。5502页。
② 李焘:《长编》卷二百八十七,元丰元年闰正月丙子朔,7021页。
③ 徐松:《宋会要》食货二三之一〇,5179页。
④ 关于钞价、盐价与席斤数的考证,见载裔宣《宋代钞盐制度》117—130页。
⑤ 徐松:《宋会要》食货三九之二九,元丰元年二月二十五日,5503页。
⑥ 徐松:《宋会要》食货三九之三〇,元丰元年九月,5503页。
⑦ 李焘:《长编》卷三百四十六,元丰七年六月辛巳,8310页。
⑧ 张方平《乐全集》卷二十三《论京师军储事》。中州古籍出版社1992年版,2000年第1次印刷,345页。
⑨ 徐松:《宋会要》食货三九之一九,皇祐四年七月。5498页。

其他各路也常和籴军粮。以京西路为例,大中祥符五年,"诏京西市籴军粮,转运使止当劝诱,无得迫促"①。天圣四年,"出内藏库缗钱二十万,下京西路籴军储"②。景祐三年,以"绢五十万下京西路,市籴军储"③。不仅丰熟时和籴,因灾伤蠲免税赋,造成军储不足,也要和籴。如嘉祐三年,"诏三司,京西比岁旱,屡蠲民租,其以缗钱十万下本路助籴军储"④。熙宁八年,依智高叛,攻陷钦、廉等州,宋政府调兵遣将,广筹军粮,"诏京西两路转运司铲刷财赋羡余,乘时籴谷之可蓄者封桩"⑤,又派试将作监主簿欧阳济"于京西沿江州县籴谷二十万石,应副广南西路,不足,即籴于民"⑥,并"诏广南、荆湖、福建、京西南路转运、提举司各协力应副军兴,如稍误边计,官吏当重黜责;仍特借常平钱十万缗,赐广南西路转运司市籴买刍粟"⑦。遇有战事,和籴额大幅增加。

在没有战争额外开支的情况下,河北每年和籴粮四百万石左右,河东一百万石以上,陕西约七八百万石。马草以束计,其数不低于粮斛。京畿开封府驻军最多,也常籴买。另外,备荒赈灾、修治黄河等,也需要大量粮草。宋英宗即位后(1064),三司使蔡襄汇报三司财政概况,其中粮收支为:

> 粮:收:二千六百九十四万三千五百七十五石。内税一千八百七万三千九十四石。支三千四十七万二千七百八石。管军及军班兵士二千三百一十七万二百二十三石。八分。

二税收入1807万石,与总收入2694万石相差887万石,应为由其他收入"变转"而得,如漕运六百万石中大有一二百万石来自籴买,要计入粮斛总入帐。总收入与二税差额大部分为籴买所得。二税并非全部用于军粮,其用于军粮的部分应扣除官僚俸禄、地方财政等支出。全年收入与全年支出

---

① 李焘:《长编》卷七十九,大中祥符五年十月癸丑,1797页。
② 李焘:《长编》卷一百四,天圣四年十月辛巳,2424页。
③ 李焘:《长编》卷一百一十九,景祐三年十月丁巳,2808页。
④ 李焘:《长编》卷一百一十九,嘉祐三年八月辛亥,4519页。
⑤ 李焘:《长编》卷二百六十三,熙宁八年四月甲寅,6451页。
⑥ 李焘:《长编》卷二百七十二,熙宁九年正月丙寅,6657页。
⑦ 李焘:《长编》卷二百七十三,熙宁九年二月辛卯,6680页。

差额为353万石,另外,军粮支出以八分即80%计为2317万余石,实际支出应为2896万余石,差额为579万石。蔡襄之所以按八分支出计帐,是因为宋代财政分为政府财政与皇家财政二部分,三司只掌握政府财政,而皇家财政(内藏库)的庞大收入由皇帝亲自掌管,三司无权支配,甚至不得预闻。由于政府财政不足以应付军费,只能支付军需粮的80%,缺额部分由皇家财政贴补,贴补的方式,是由内藏库支付钱帛等,交由中央财政变转作为籴本购买。每年内藏库都要支付大量钱帛给中央财政,已成定例。上述差额共932万石,"并是见钱和买,并课利折科诸般博买应副得足"①,即全部来自籴买。无论是置场和籴与抑配征购,均要支付籴本,"博买得足"。932万石与887万石之和为1819万石,均为购买,与1807万石二税收入持平。徽宗时周行已说:"天下租税,常什之四,而籴常十之六。"②粮斛籴买额是租税150%,说明北宋末粮草籴买额更加增广。

南宋时期,户籍流失,税帐紊乱,两税收入不敷支用,粮草籴买、征购的作用进一步增强。如建炎三年(1129),"诏以浙西所籴米四十万斛赴东京,应副留守司支用"③。四年,因杭州"行在仰食者众,仓廪不丰",诏除茶盐及朝廷封桩于地方的钱不许支用外,其他各类钱物"皆许作籴本"收籴粮斛,其中"广东籴十五万斛,福建十万斛",并支降银二十万两,钱十万缗给两浙作籴本④。绍兴二年(1132),"诏江东西路籴米十万石,于建康府、饶州桩管,应副行在及防秋使用"⑤。三年,又诏"浙西州军劝诱博籴米五十万石,马料一十五万石",以供军食,后籴得四十万石⑥。"旧例,朝廷岁降本钱三百六十万缗,约籴米九十万石",至绍兴四年,"诏户部措置钱物二百万缗,增数和籴"⑦,由户部直接支降本钱的岁籴额为120余万石。

---

① 蔡襄:《端明集》卷二十二《论兵十事》。四库全书1090册,516页。
② 周行己:《浮沚集》卷一《上皇帝书》。四库全书1123册,605页。
③ 李心传:《建炎以来系年要录》卷二十三,建炎三年五月己丑。中华书局1988年版,485页。
④ 李心传:《建炎以来系年要录》卷三十四,建炎四年六月甲午,669页。
⑤ 李心传:《建炎以来系年要录》卷五十四,绍兴二年五月庚辰,956页。
⑥ 徐松:《宋会要》食货四○之一五,绍兴三年四月九日,5516页。
⑦ 李心传:《建炎以来系年要录》卷七十八,绍兴四年七月己巳,1281页。

第十二章 粮食籴买制度

江淮一线的镇江、建康、鄂州等军事要镇大军云集,除漕运诸路粮米外,和籴成为军储的重要来源。绍兴十八年,定和籴之额,浙西临安、平江府和籴场岁籴76万石,淮西总领所(即总领某路军马钱粮所或总领某路财赋所的简称)岁籴16.5万石、淮东、湖北总领所各岁籴15万石,共"岁籴米百二十万有奇"①。此后有增无减,如湖北总领所和籴额绍定元年(1228)增至70万石。行在临安"岁用粮一百五十余万石,虽全仰两浙苗米,然所得不过八十余万石,其余七十余万石尽系坐仓收籴及和籴客人米斛"②。坐仓收籴是把发给军兵的俸粮按市价回收,可省运费,减少入籴额。

上述120余万石是户部设在临安、平江府籴场和其派出机构三总领所的籴买量,实际籴买额远多于此数。四川总领所岁用军粮156万余斛,"其十三万余斛岁收",主要是营田收入:"二分税子二万九千斛,兴元府、兴、洋阶、成、利、凤、西和州营田租十万余斛",另有"一百三十七万余斛籴买:关内七十八万石,关外六十万余石。"四川总领所掌管供兴元府、兴、洋、阶、成、利、凤、西和诸州驻军财赋,此地区是宋金重要战场,二税难以征收,二税与营田收入只十九万余石③,军需粮草绝大部分来自籴买。四川总领所"籴买岁为八百三十余万缗","合三总领所支,仅当四川一年之数"④,则四总领所岁支籴本一千六百余万缗,籴买额约260万石。

宋代政出多门,诸路转运司是籴买的主要机构,提刑司监管,其他如发运司、沿边经略司、安抚司、便籴司、常平司、市易司、水利司、屯田司、排岸司,总领所、安边所等,均参与市籴。各地州郡也设粮仓,如社仓、平籴仓、惠民仓、济惠仓、平济仓等,籴粜粮斛,作为地方赈灾之备。

南宋时漕运停废,发运司成为"第职籴买而已"的机构,于绍兴二年废

---

① 李心传:《建炎以来系年要录》卷一百五十八,绍兴十八年闰八月甲子,2565页。
② 徐松:《宋会要》食货四〇之四〇,乾道元年正月二十日,5528页。
③ 李心传:《建炎以来朝野杂记》甲集卷十五《四川军粮数》。中华书局2000年版,334页。正文数字籴买、岁收之和与总额不符,应有误。从本书《关外营田》分析,关外诸州营田收入为十六万斛。疑"十三万"应为"十九万","营田租十万"应为"营田租十六万"。
④ 他心传:《建炎以来朝野杂记》卷十七《淮东西湖广总领所》,390页。

罢。绍兴八年复置,以"专掌籴事"①,"降本钱四百万缗,令于六路丰熟之地置场和籴"②,所降籴本多为官诰、度牒,岁籴粮一百二十万石左右。绍兴十八年,罢发运司和籴,以其事隶临安、平江籴场和三总领所。绍兴二十七年,"命江、湖、浙西五漕司增价籴米二百二十万石,赴沿江十郡"③。二十八年,"除荆湖北路总领所已承朝旨,于鼎、澧、岳州及京西襄阳府、郢州取拨钱,收籴客贩米斛一十五万石充戍兵岁用外",又"支降本钱二十万贯,专委转运司选委有心力清强官,于本路(荆湖南路)丰熟沿流州县置场,招诱措置收籴并客贩米斛"。当时荆湖大稔,"米升不过六七钱"④,以每石七百文计,转运司可籴近三十万石,超过荆湖总领所的年额。隆兴元年(1163)至二年,江西每年和籴米一百万石,"起发付淮东总领所送纳"⑤,其中"知吉州葛立象措置和籴米三十万硕,职事修举,特转一官"⑥。淳熙五年(1178)七月,"以岁丰,命沿江籴米百六十万石以广边储"⑦。总之,诸路转运司的籴买额远高于四总领所。

省仓、丰储仓是中央储备粮仓,省仓主要收纳各地上供粮斛,丰储仓建于绍兴二十六年,"韩尚书仲通在版曹,乃请别储粟百万斛于行都,以备水旱。其后,又储二百万斛于镇江与建康"⑧。丰储仓为上供年额外的储备。省仓也常自籴粮草,丰储仓粮斛主要来自籴买。绍兴四年,"诏:今省仓和籴米岁终及二十万石,监官各转一官"⑨。乾道九年(1173)规定,省仓、丰储仓"收籴客米系户部专一置场,招接收籴,客人贩到米斛,每籴及十万硕,监官二人员各减磨勘一年"⑩。

---

① 李心传:《建炎以来系年要录》卷一百二十,绍兴八年六月乙卯,1935页。
② 李心传:《建炎以来系年要录》卷一百二十一,绍兴八年八月乙丑,1960页。
③ 脱脱:《宋史》卷三十一《高宗八》,592页。
④ 徐松:《宋会要》食货四〇之三〇,绍兴二十八年九月十六日,5523页。
⑤ 徐松:《宋会要》食货四〇之三七,隆兴二年八月三日,5527页。
⑥ 徐松:《宋会要》食货四〇之四〇,乾道元年正月十一日,5528页。
⑦ 脱脱:《宋史》卷三十五《孝宗三》,668页。
⑧ 李心传:《建炎以来朝野杂记》甲集卷十七《丰储仓》,389页。
⑨ 徐松:《宋会要》食货四〇之一九,绍兴四年三月二十六日,5518页。
⑩ 徐松:《宋会要》食货四〇之五五,乾道九年正月十一日,5536页。

三 置场和籴

中国古代社会的经济是自然经济,这不仅表现在一家一户的小农经济是自给自足的经济实体,构成古代社会有机体的"细胞",而且表现在国家把整个社会有机体变成一个封闭的消费系统,形成一个庞大的自给自足的经济实体。

利用民间商业补充政府粮食消费的不足,并保持社会经济结构的稳定性,是宋政府长期坚持的政策。置场和籴一般在夏秋丰熟之际,此时市场粮食供应充足,价格较低,便于收籴。丰年和籴常被视为德政。建隆元年,"诏江北频年丰稔,谷价甚贱,宜命使置场,添价□籴粳糯以惠彼民"①。丰年和籴可提升粮价,有助于增加农民的收入,降低和籴成本。《宋会要辑稿》食货四一之一载:

> 宋时和籴之名有三,和籴以见钱给之,博籴以他物给之,便籴则商贾以钞引给之。太祖建隆中,河北谷贱,添价收籴,以惠贫民,自后,诸道丰稔,诏诸道漕司增价和籴。②

这是依籴本不同对籴买方式加以区别,其中现钱和籴是最市场化的方式。博籴要将布帛等籴本配卖给民户,或直接支付给粜粮商户,有一定的强制性。宋真宗说:"夏麦虽稔,至于和籴,当优给其价,仍支见钱。"③在实践中,现钱和籴与博籴、便籴经常混同,难以区分,宋仁宗时,"赐内藏缗钱四十万,䌷绢六十万,下河北便籴粮草"④。钱与䌷绢共同作籴本,而称便籴。"诏三司:自来河东和籴粮草,支一分见钱,三分茶。自今并以见钱给之"⑤。一

---

① 徐松:《宋会要》食货三九之一,建隆元年正月,5489 页。
② 徐松:《宋会要》食货四一之一,5537 页。
③ 徐松:《宋会要》食货三九之六,大中祥符六年六月十七日,5491 页。
④ 李焘:《长编》卷一百六十九,皇祐二年闰十一月丙辰,5498 页。
⑤ 徐松:《宋会要》食货三九之二〇,嘉祐五年三月,5498 页。

分现钱三分茶,系给钞引,属便籴而称和籴。神宗时,"河东都转运司请汾、石等十二州军和籴粮草,许以钱布中给,从之"①。钱与布共作籴本,而称和籴。

"和"之本意,是相互协商,与强制性摊派的科配不同。唐孔颖达说"非以威逼买之,谓之和买",元李冶《敬斋古今注》说"和价买物曰和买",和买、和籴是非强制摊派的自愿交易,但实际上往往成为强买,宋政府常把强制性摊派称为和买、和籴。

用银绢或度牒、官诰为籴本,难于做到民户情愿,常常敷配于民,即使名为"和籴",也无和籴之实。宋政府虽然经常支拨非现钱的金银绢帛等做籴本,但多数情况下,并不是把金银绢帛等物直接按其价值支付给卖粮者,而是将其先变转成钱,再以钱做为支付手段。如咸平六年(1003),"河北大稔","出内府绫罗锦绮,计直百八十万,命盐铁判官朱台符与转运使定价出市,籴粟实边"②。宝元二年(1039),"出内库真珠估缗钱三十万,赐三司。上谕辅臣曰:'此无用之物,既不欲捐弃,不若散之民间,收其直助籴边储,亦可少纾吾民之敛也。'"③这些非现钱的籴本先被出售,出售时虽多采取抑配给民户的方式,但在市籴粮草时,却仍用现钱和籴。灾伤年月缺粮,仍要籴粮救荒,会推高粮价。苏舜钦论王雍说:

> 明道中为府界提点,时岁旱虫孽,近甸艰食。中出缣帛五十万,科卖民间,取赀以市粟。公曰:"岁凶当发而敛,民将不堪。"建议封帛中帑,易缗钱,坐仓以籴,众以为便。④

科卖缣帛骚扰于民,从市场和籴使市场供给更加紧张,王雍建议把中央直接支拨缗钱为籴本,回收军兵的俸粮,再投放市场,被视为德政。非现钱的籴本一般要变现,配卖是强制性摊派,变现后籴买粮草多采用和籴。只要

---

① 李焘:《长编》卷二百四十八,熙宁六年十一月丁卯,6051 页。
② 李焘:《长编》卷五十五,咸平六年九月丙申,1212 页。
③ 李焘:《长编》卷一百二十五,宝元二年十一月戊子,2938 页。
④ 《苏舜钦集》卷十五《两浙路转运使司封郎中王公墓表》。上海古籍出版社 1981 年版,194 页。

籴粜双方情愿,不管籴本是钱还是物,均为和籴。《续资治通鉴长编》卷五十二载:

> (咸平五年七月己亥)施州屯兵备溪蛮,岁仰它州馈饷,峡民甚苦之。权知州事临汝寇瑊请行和籴之法,而偿以盐,兵食遂足。

施州(湖北施恩市)溪蛮缺盐,为得盐而"数扰边"。寇瑊以盐和籴蛮人粮,既消除了蛮人骚扰,又使宋军"边谷有三年之积"。

和籴加强了官府与商人尤其是行会商人间的联系,行会商人在置场和籴中充当重要角色。官府要依靠行会商人供报粮价,掌握市场行情。"物价高下,随时低昂,官司收籴之初,略集行(音 háng)人,供俱三等价直,后有增减,更不复问。"物价波动不常,所以官方籴场只能依据在市现卖价估定价钱,称为"时估"。时估每十天上报一次,在此其间,即使市价有变化,官府也"更不复问"。如果市价的波动不高于时估,官府和籴就能成功,但当市价高于时估时,就无人到籴场入纳粮斛。于是,户部令各州长官每旬根据时估,"每石增市价一二百钱收市"①。皇祐五年的诏令"诸路转运使上供斛斗依时估收市之,毋得抑配人户"②。只有时估相当或高于于市价,这种和籴法才行得通。总的来看,置场和籴价依市价而定,"其价随时低昂,为之增减,常使官中比市价十分中多一二分"③,以增强官场籴买的竞争力。

粮食流通信息也从行会商人处获悉。元祐六年,苏轼知颖州(安徽阜阳市),遇旱,民缺稻种,颖州乏食,而外地粮米不见入境。苏轼向行人杨佶等调查,得知是"淮南官场籴米,出立赏钱",在固始等沿淮州县设卡,"禁止兴贩米斛过淮"④,苏轼立即上报朝廷,请求撤除了淮南路的闭籴禁令。

籴场要雇请牙人、商户协助收籴。有的籴场"令卖米牙人充斗子"⑤。在

---

① 李心传:《建炎以来系年要录》卷一百八十二,绍兴二十九年闰六月癸酉,3034页。
② 李焘:《长编》卷一百七十四,皇祐五年六月壬辰,4214页。
③ 徐松:《宋会要》食货四〇之二三,绍兴八年九月四日,5520页。
④ 《苏轼文集》卷三三《奏淮南闭籴状二首》。中华书局1986年版,945页。
⑤ 徐松:《宋会要》食货二一之四,隆兴元年十月二十三日,5146页。

置场和籴时,官府要明出告示,或"责令牙人前往诸县招诱籴者"。禁止遏籴,"如有米舡经过口岸,辄遇邀阻,仰米主及牙人赴州陈诉"①。如果牙人引至客商到籴场粜卖,则支给一定比例的牙钱②。官籴场为完成籴买额,有时将和籴本钱"随时价高下,责付牙侩收籴"③。在招诱困难、米客不至的情况下,有时籴场干脆"追集牙人及卖米铺户,多支本钱,勒令承买"。预支本钱强令承买的弊端,是当牙人铺户完不成承买额时,有"请钱而去,即便走窜"④的风险。

商人还协助籴场检验粮食质量、估定粮食损耗。如果籴场监官不负责任,"容信专斗及诸色人作弊,致得粗弱斛斗泊装",充作上供运赴京仓,先由仓库监官及运粮纲梢人等当众"子细看验",如果"委实粗恶不堪"食用,"便勒行人定验,纽计亏官价钱并枉费搬輂请受,牒元籴州军堪断"⑤,追究相关人员的责任,责原籴场监官、斗级等相关人员赔偿。

招诱客商的基本方法是向客商和储米之家传达和籴信息,如"京师米阙"时,就"下两浙、江淮诸路转运司,出榜晓示客旅通行知委"⑥。政府采取减免流通税、允许纲运船夫夹带一定比例私货的措施,开放粮价,促进粮食流通,平衡供求关系。宋真宗大中祥符六年十一月诏云:

> 乘彼丰稔,有敛籴之期;阻于往来,非通商之道。务从便民,特轸朕怀。应今后百姓客旅将带斛斗,各任便逐处籴货,官司不得辄有禁约。如敢固违,当行朝典。

粮食流通有助于克服官府"敛籴"之弊,以较低价格收籴粮斛。"国家著令,米谷不税;凶年饥岁,闭籴有诛"⑦,遏籴之禁与物价开放相辅相成,虽不为地方州县严格遵循,却始终是政府奉行的基本政策。

---

① 欧阳守道:《巽斋文集》卷四《与王吉州论郡政书》。四库全书1183册,532页。
② 秦九韶:《数学九章》卷九下《推知籴数》。四库全书797册,108页。
③ 王炎:《双溪类稿》卷二十三《申省论马料札子》。四库全书1155册,692页。
④ 汪奕辰:《文定集》卷四《再奏蜀旱状》。四库全书1138册,616页。
⑤ 徐松:《宋会要》食货三九之一一,天圣三年十月十二日,5494页。
⑥ 徐松:《宋会要》食货四〇之一三,建炎二年正月二十七日,5515页。
⑦ 高斯得:《耻堂存稿》卷二《经延进讲故事》。四库全书1182册,39页。

置场和籴存在诸种弊病，常常使官府多支籴本，却收籴不到相应的粮斛。《宋会要辑稿》食货三九之一〇载：

> （天圣）三年十月五日，权三司使公事范雍言：……天下和籴和买夏秋粮草，虽逐处开场，多被经贩行人小估价例，外面添钱收买，候过时，乘官中急市，即添价，却将籴买者中卖，兼多方拌和均减，至粮草怯弱，又枉费官钱不少。乞自今和籴和买须及时早开场，委知州军同通判与监官当面勒行人，依在市见卖价例，估定钱数，仍须趁时籴买，不得容信作弊，直至过时，大估价钱，得怯弱粮草，枉费官钱，更委转运司专切提举，违者勘罪以闻。仍乞每年约束遵守施行。

范雍所言和籴之弊：一为行人坐贾与官场争籴。在官场开籴之前，贱价收买，或在官场外用高于官场的价格收籴。二为操纵粮价。利用为官场定价之机，让官场低价开场，收籴不到，等秋收已过，官场未能完成籴买额而"急市"之时，再添价卖给官场。三是掺水拌假，把质量低劣的粮斛卖给官场。官、商勾结、借和籴之机亏公肥私，是产生弊端的主要原因。当时有人分析说："察其弊源，盖逐处官员自将收获职田及有月俸余剩，或籴买粗弱斛斗中籴，是以互相容隐，不惟亏损官钱，兼且仓库守支易为损恶。"为此，宋立法严加止绝：

> 如今后尚敢辄将职田月俸及粗弱粮草假立他人姓名中纳入官者，许诸色人告论，其粮草不计多少，收没入官，所犯官员科违制罪，仍于所犯人处每一石收钱五百，一束收钱五十文，给与告者，更别许指射本州优轻厢镇或酒税场务勾当一次，以为酬奖。①

实施告首之法，重奖揭露者，"诏诸路籴场以滥恶高估入官，许人陈告，百石者全给，百石以上予半，余皆没官"②，同时加强监管，除要求诸路转运司、提刑司履行监管职责、定期核实粮价、及时和籴外，"住籴之后，选差官遍

---

① 徐松：《宋会要》食货三九之一五，天圣七年二月六日，5496 页。
② 李焘：《长编》卷一百一，天圣元年九月丁亥，2334 页。

诣便籴州军点检,如不及分数,及有糠秕夹杂,应干系官吏乞重置于法"①。此类诏令经常颁布,对和籴中存在的种种违法行为按罪"加一等"处罚②。南宋时,和籴的种种弊端更为普遍。《宋会要辑稿》食货四〇之四九载,

> (乾道)六年正月十四日,户部尚书曾怀等言:"访闻从来委官置场和籴米斛,多是被牙侩公吏与中卖之人通同作弊,比之市直高抬价例,赢落官钱,所委官恬不省察,或籴湿恶米斛,不耐久贮,因而腐烂,失陷官物。今来已降本钱,令浙西、江东、湖北和籴,窃虑循习前弊,欲下三总领所及两浙、江东、湖北转运司,严行约束,所委官究心措置,趁时收籴干好米斛,如敢依前作弊,仰具名奏劾,重置典宪。"从之。

不断"申明行下"的"籴买条法",对限制和籴之弊有一定的作用,不少官吏因作弊而受到处罚,如天圣元年,秦州"三阳寨主荆信监仓,自籴粟入中",违反了当职官吏不得参与入中的条法,受到"贷死,杖脊,配广南牢城"③的惩处。天圣七年,三司言:陕西转运使"躬亲点检"沿边诸州军储,对"籴下粗恶斛斗,久远不堪军食"的手分、专副当即处置,建议对责任官员"虽已替移,并令申奏,特重行遣,仍理科罪"④。和籴枉法的弊端始终未能消除,而且在北宋末和南宋中期以后更为严重。王之道说:

> 和籴之弊,不患乎吏之为奸,而常患乎监官之不得其人,不患乎监官之不得其人,而常患乎监司守倅知县之不得其人。使监司守倅知县诚得其人,则监官有所畏惮,而不敢犯过。监官有所畏惮不敢犯过,则吏之得肆其奸欺者亦鲜,以类推之,今日天下事,往往如是,岂特和籴而已哉。⑤

在重"人治"而轻"法治"的社会里,与吏治清明与否相关的和籴之弊虽时轻时重,却一直存在。

---

① 徐松:《宋会要》食货三九之二一,熙宁二年八月十八日,5499 页。
② 徐松:《宋会要》食货四〇之八,5512 页。
③ 李焘:《长编》卷一百一,天圣元年十一月戊戌,2342 页。
④ 徐松:《宋会要》食货三九之一六,天圣七年八月十九日,5496 页。
⑤ 王之道:《相山集》卷二十《论和籴利害札子》。四库全书 1132 册,681 页。

四　入中贸易

入中是是北宋长期实施的制度,对筹措军费、收购粮斛有重要作用。入中包括两个方面的内容,其含义戴裔煊《宋代钞盐制度研究》有准确的分析,今简录于后:

"所谓入中,即商人以刍粟等物输纳于政府之义,所以亦称为'中纳'或'入纳'。不论入纳刍粟或实钱或其他物,又不论入纳于塞下或其他州军,不论入纳在京榷货务或折中仓,凡此种入纳之事,俱得谓之'入中'。从宋代载籍上随在可以证明之。至于'折中'则谓将商人所入中货物,优其值以缗钱或茶盐香矾等物折合而偿还商人之谓,故亦谓之'折博'。宋初在京师置折中仓,其名即由此而来。折中仓在淳化中又改称折博仓,'折中'与'折博'所以同其义。所以,'入中'与'折中'为一件事之两面,彼此有联系而不可分割。"

"入中"指商人对政府的入纳关系而言(中卖),"折中"指官府对商人的支付关系而言(偿值)。这种买卖关系有两个特点,第一,商人入纳得到的酬偿,不同于市场上的现钱现货交易,而是期权交易,异地兑付,由入纳地政府发给有价凭征钞引,到其他州军或京师兑现。第二,对商人入纳物货的酬偿,并不按当地市价,所支酬的茶盐等物货,也不与商人入纳的钱粮等物等值,而是根据入纳地的远近等多方面因素,高其值进行折算。"入中"是以入纳钱斛换取指定地点的相对应物货(或钱),"折中"则有以酬偿物货折算所入钱斛的含义。

钞引之制源泉于唐代飞钱。戴裔煊《宋代钞盐研究》认为"飞钱以券,折中以券,以言性质,两者固相同",并举《宋会要辑稿》食货二四之八、二四之一七、张舜民《画墁录》卷一等史料,证明"宋人心目中,以钞引为飞钱"。飞钱便换,宋初即有之。《续资治通鉴长编》卷八十五载:

　　商人先经三司投牒,乃输左藏库,所由司计一缗私刻钱二十。开宝三年置便钱务,令商人入钱者诣务陈牒,即日辇致左藏库,给以券,仍敕诸州俟商人赍券至,即如其数给之,自是无复留滞。

商人入钱于便钱务,"一缗私刻钱二十","刻"即克,克扣之意,即缴纳2%的手续费。至他州"如其数给之",无溢价,这是与入中不同之处。

入中最早实施于京师。陈均《九朝编年备要》卷一载:乾德二年(964)八月,"置榷货务于京师及沿江,令商旅入金帛京师,执引诣沿江给茶。"京师入中给解盐宋初已有之。解盐承五代遗制,分东、西、南三个销售区,唐、邓、金、商、均、房、襄、蔡、郢、信阳、光化十二州军为"南盐"通商区,监榷货务供应库副使安守忠说:解盐"元许客人于在京榷货务入中金银钱帛,纽算交引,就解州两池榷盐院请盐,往南区兴贩"①。商人入纳现钱金银于京师榷货务,算请解盐在南区销售,戴裔煊《宋代盐钞制度研究》认为"应在太祖开宝二年或相差不远之时期"。此时入中的目的是充实中央财政,与边防军费无直接关系。

沿边入中始于太宗雍熙北伐之时。《续资治通鉴长编》卷三〇端拱二年十月癸酉条载:

> 自河北用兵,切于馈饷,始令商人输刍粮塞下,酌地之远近而优为其直,执文券至京师,偿以缗钱,或移文江、淮给茶盐,谓之折中,有言商人所输多敝滥者,因罢之,岁损国用殆百万计。冬十月癸酉,复令折中如旧。又置折中仓,听商人输粟京师而请茶盐于江、淮,膳部员外郎范正辞、洛苑副使綦仁泽、作坊副使尹崇谔同掌其出纳。每一百万石为一界,禄仕之家及形势户不得辄入粟,御史台纠之。会岁旱,罢。

李焘在此条下注云:"塞下纳刍粮,京师纳粟,皆谓之折中,其实两事。塞下折中自雍熙始,既罢复行。京师折中,今始行之,又以旱罢。实录与范正辞传并两事为一事,故载其行罢辄差谬,取本志删修,庶不失实云。淳化二年五月,复置折博仓,即此折中仓也。"边郡入中与京师折中实施时间不

---

① 徐松:《宋会要》食货三六之五,景德二年十二月,5434页。

同,且均经过即罢复行的过程。《文献通考·征榷考二》卷十五引止斋陈氏语:

> 雍熙二年三月,令河东、北商人如要折博茶盐,令所在纳银,赴京请领交引,盖边郡入纳算请始见于此。端拱二年十月,置折中仓,令商人入中斛斗,给茶盐钞,盖在京入中斛斗算请始见于此。天圣七年,令商人于京榷货务入纳钱银,算请末盐,盖在京入纳见钱算请始见于此。而解盐算请始天圣八年,福建、广东盐算请始景祐二年。

边郡入中最早施行于太宗雍熙北伐之时,始令于大军所在之地纳银,赴京请领交引,给江、淮茶盐。雍熙北伐太宗酝酿已久,令所在纳银,大概是便于对参战军兵进行犒赏。北伐失败后,河北、河东沿边军储丧失殆尽,而边防驻军增多,粮饷不继,罢入中纳银,改为于沿边入纳刍粮,给现钱或茶盐钞引,钱钞赴京请领,茶盐由在京榷货务批转至江、淮请领。端拱二年京师入中斛斗入折中仓,给江淮茶盐。

端拱二年京师入中是以斛斗算请东南茶盐,入纳现钱金银算请东南盐始于天圣七年。宋真宗即位后,"河北阙钱银粮草,许客人就彼入中,赍文抄赴京翻换省帖,下本务支给解盐。"河北入中算请解盐大约在咸平初年,但河北入中一直以茶为主,茶利不敷支用,又实施"三说"法(以茶、钱、香药折中支偿)、"四说"法(以茶、钱、香药、东南盐折中支偿),解盐主要用于陕西及河东部分州郡折中支偿。咸平三年六月,"禁断青盐,通放解盐于鄜、延等二十一州军,许客旅入中粮草兴贩,及许于南路唐邓等州货卖",将解盐通商扩大至西区。陕西沿边入中算请解盐始于咸平三年,《文献通考》引止斋陈氏所言"解盐算请始天圣八年",是指解盐东区(含三京及京东、京西、河北等三十一州军)也实施通商。此后,因"其逐州军所入粮草又虚抬时估,重叠加饶,又却支解盐极多,以此隔绝客旅,在京全无人纳金银钱帛,亏损榷课"①,时而改为入纳现钱金银,时而部分地区恢复禁榷,多次改法,但或入中粮斛,或入中现钱金银以给茶盐或钱的基本原则未有大的变化。陕西入中算请东

---

① 徐松:《宋会要》食货三六之五一六,景德二年十二月,5434页。

南茶,约始于咸平年间解盐西区通商之时。咸平五年,度支使梁鼎言:

> 陕西缘边所折中粮草,率皆高抬价例,倍给公钱。如镇戎军米一斗,计虚实钱七百十四,而茶一大斤止易米一斗五升五合五勺,颗盐十八斤十一两止易米一斗。粟一升,计虚实钱四百九十七,而茶一大斤止易粟一斗五升一合七勺,颗盐十三斤二两止易粟一斗。草一围,计虚实钱四百八十五,而茶一大斤止易草一围。又镇戎军在蕃界,渭州在汉界,渭州斗米高于镇戎军二十。环州在蕃界,庆州在汉界,而庆州斗米高于环州六十,粟亦高三十。以日系时,潜耗国用,倘不厘革,必恐三二年后,茶盐愈贱,边食愈亏。①

咸平五年以前,陕西入中粮斛,茶和解盐同为籴本。《宋会要辑稿》食货三六之五载:

> 景德二年(1005)二月,三司言:"请募人于陕西入粟,镇戎、保安军、环、渭、延、原("原"应为"鄜")、庆州比河北定州等处,泾、原、仪、邠、秦、陇、凤州比河北洺州等处,永兴军、凤翔、河中、陕府、同、华、解、乾、丹、坊、虢、成、阶州比河北怀州等处。"从之。

陕西、河北入中算请茶盐,各州军定价之制因地理远近而分为沿边、次边、近里三类区域。茶、盐一般是支付物货,但有时也成为入中物品。宋辽榷场贸易,茶是宋输出的主要物货。"先自京辇茶至榷场,最为烦扰,又多所损败",淳化三年至咸平二年间,索湘任河北转运使,"请许商旅缘江载茶诣边郡入中,既免道涂之耗,复有征算之益"②。庆历八年,范祥改革盐法,禁西夏青白盐入境,在陕西延、环、庆、渭、原、保安、镇戎、德顺等地近青白盐的八州军"募人入中池盐,予券优其值,还以池盐偿之,以所入盐官自售,禁人私售"③。商人入中茶于榷场,可节省官府运费及相应折耗,入中解盐于指定州军,不但可节省运费,而且在保障解盐通商法的同时,加强官盐销售,以落实

---

① 李焘:《长编》卷五十四,咸平六年正月壬寅,1175页。
② 李焘:《长编》卷四十四,咸平二年闰三月庚寅,935页。
③ 脱脱:《宋史》卷一百八十一《食货下一》,4418页。

青白盐之禁。

入中以粮刍、现钱为主，但其他物资也一度成为入中对象。如大中祥符六年，"河北榷务入中布，其数甚多，用为博籴，亦所未便。自今除北界互市仍旧外，悉罢之。"①天圣四年，知雄州张昭远言："请下转运司，每至年终，将四榷场入中到见钱银布羊畜数目，委官磨勘。"磨勘是为了对交易进行限制，有违榷场"欲南北往来，但无猜阻"②之宗旨，未被采纳。榷场贸易数额有限，虽募商人入中钱银布等，但入中过剩，反而不便，故加以限制。天圣元年，"罢在京竹木场入中"③。官府所需竹木一般用科买方式，募人入中仅偶尔为之。《续资治通鉴长编》卷一百三十五载：

> 自元昊反，聚兵西鄙，并边入中刍粟者寡。县官急于兵食，且军兴用度调发不足，因听入中刍粟，予券，趋京师榷货务，受钱若金银；入中他货，予券，偿以池盐。由是羽毛、筋角、胶漆、铁炭、瓦木之类，一切以盐易之。猾商贪人，乘时射利，与官府吏表里为奸，至入橡木二，估钱千，给盐一大席，大席为盐二百二十斤，虚费池盐不可胜计。盐直益贱，贩者不行，公私无利。④

元昊建西夏国后，于康定元年(1040)攻宋。章如愚《群书考索》后集卷五十七载：

> 旧制，陕西秦、延、环、庆、渭、原州、保安、镇戎、德顺军听商人入中粮草，算解盐。自康定后，入中者皆以交引于在京榷货务给见钱银绢。猾商与官吏通弊以邀厚价，岁耗官钱不可胜计。

解盐作为羽毛筋角等物的支偿物，实施的时间是"自康定后"，庆历八年初范祥改革后就终止，不足九年，是战争时期的特殊政策。入中或以粮刍等实物，或以现钱(现钱是购买粮刍的籴本)，或二者兼行，折中或以茶、盐，或

---

① 李焘：《长编》卷八十一，大中祥符六年九月丁未，1848页。
② 徐松：《宋会要》食货三六之二〇，天圣四年七月，5441页。
③ 李焘：《长编》卷一百，天圣元年九三月辛巳，2318页。
④ 李焘：《长编》卷一百三十五，庆历二年正月丁巳，3215页。

以现钱,或以茶、盐、香药犀象和现钱兼行。入中、折中政策多变,茶、盐专卖制度随之变化,但变来变去,无非是实物入中与现钱入中的交替,实物折中与现钱折中的反复,其本质是在保障边防刍粮供给和政府茶盐课利收入的前提下,协调官、商分割茶盐之利的矛盾。

真宗即位后,边防形势更为严峻,李继迁攻陷灵州,并改灵州为西平府,建都于此,同时,北方辽大举南下,于景德元年底宋辽订立"澶渊之盟"。宋在西北地区大量屯驻兵马,入中成了解决军储的重要手段。《续资治通鉴长编》卷六十景德二年五月辛亥条叙述当时入中状况时说:

> 自有事二边,戍兵寖广,师行馈运,仰于博易,有司务优物估,以来输入。河北有水运,而地里差近,亦有京师辇送者。其入中大约入粮斗增六十五钱,马料增四十五钱。西鄙回远及涉碛阴,运载甚难,其入中之价,灵州斗粟有至千钱以上者,自余州率不下数百钱。边地市估之外,别加抬为入中,价无定,皆转运使视当时缓急而裁处之。如粟价当得七百五十钱者,交引给以千钱,又倍之为二千,切于所须,故不吝南货。初,商人以盐为急,皆竞趋焉,及禁江、淮盐,又增用茶,当得十五六千至二十千,辄加给百千。又有官耗,随所饶益。

虚估和加抬是实物入中的主要弊端。在战争的紧急状态下,水运便利、成本较低的河北入中每斗增六十五钱,当时河北粟价每斗三十文左右,虚估率为二倍。陕西灵州地处极边,交通不便,粟每斗千钱,虚估率约二十倍,一般州府斗粟数百钱,虚估为十倍左右。虚估之外,又有加抬,所给茶交引价在虚估基础上再溢价三分之一至一二倍。也就是说,不计灵州,虚估与加抬使政府为入中粮斛多付四五倍至一多倍的茶盐价值。咸平五年李继迁围攻灵州之际,真宗"诏君臣议弃守之宜",知制诰杨亿上疏说:"国家募人入粟,偿以十倍之直,发卒转送,涉兹不毛之地"①,建议放弃灵州,以省戍卒,节边费。杨亿所说"偿以十倍之直",是指陕西"一般州府"的入中,可见十倍是当

---

① 赵汝愚:《宋朝诸臣奏议》卷一百三十《边防门》,杨亿《上真宗论弃灵州为便》。上海古籍出版社 1999 年版,1440 页。

时入中粮斛的基本溢价率。景德中,丁谓为三司使,曾计算此次战争中茶利之得失,"以为边籴才及五十万,而东南三百六十余万茶利尽归商贾"①。入中请算茶的溢价率在 7 倍以上。

非战争状态下的入中虚估加抬率也不低。以镇戎军、定州为例,"镇戎军入粟直二万八千,定州入粟直四万五千,给茶皆直十万。"②即镇戎军入中粟的溢价率为 3.7 倍,定州为 2.2 倍。镇戎军是陕西、定州是河北主管本区域数州的"经略安抚司"所在地,驻军较多,其入中状况很有代表性。

入中贸易为商人创造了利润最为丰厚、投机性最强的经营机会。河北路有黄河水运,且离京师较近,所以有不少京师商人参与入中。天禧四年(1020),"许滑州入中粮储,行商辇运奔赴,京师谷食踊贵"。为降低粮价,政府只得在京城"置场十四,发常平仓粟贱粜以济贫民"③。滑州地处黄河边,交通便利,当政府采取优惠政策募商人入中时,京师的粮商就捷足先登,把京师的粮食大批运往河北滑州。入中的价格至少要高于粮价暴涨后的价格加上运费,否则京师商人不会"辇运奔赴",积极性这么高。

参与入中的有不少东南及川蜀商贾。"关陕以西至沿边诸路,颇有东南商贾,内如永兴军、凤翔府数处尤多。"这些商贾以贩运茶货和布帛为主,但"自来患在卖到见钱别无回货"④。铜钱每贯五斤,搬运不便,商人"亦决不肯雇脚却般回"⑤,入中制度给商人以飞钱变转的机会。他们根据政府不同时期不断变更的入中规定,或者直接入钱换请茶盐等钞引,或者入粮换钞,即使在支付给客商现钱时期,因"粜客得钱,不能致远,必来买钞是用",所以"边籴不匮,抄法通行"⑥。

本地的中小商人也参与入中,却很难享受虚估的高额利润。"其输边粟

---

① 李焘:《长编》卷一百,天圣元年正月壬午,2314 页。
② 李焘:《长编》卷一百二,天圣二年七月壬辰,2360 页。
③ 李焘:《长编》卷九十六,天禧四年闰十二月庚午,2232 页。
④ 李焘:《长编》卷三百四十四,元丰七年三月癸丑,8260 页。
⑤ 李复:《潏水集》卷四《与运判朱勃正言书》。四库全书 1121 册,31 页。
⑥ 张舜民:《画墁录》。四库全书 1037 册,166 页。

者,非尽行商,率其土人。既得交引,特诣冲要州府鬻之,市得者寡至京师。"①沿边中小商人在入中过程中可能获得的超额利润,在未到手之前就被城市中的大商人以收购钞引的方式截取了。"所得交钞,皆为富人贱价收蓄,转取厚利"②,有些"富人"成为当地的"蓄钞豪户"③。中小商人和农民没有财力到京城换请现钱或茶盐等物贩卖,不少人"既不知茶利厚薄,且急于售钱"④,其入中所得钞引遂被"富人"贱价收购。入中所得到的茶引、盐钞、钱钞之类,需到京城榷货务兑付,由于钞引交易利润丰厚,所以成为十分兴旺的行业,京城的蓄钞大户成为入中制度的最大受益者。客商入中所得钞(交)引之类,需到京城兑付,兑付时京城的行户享有特权,并利用特权排斥客商。《宋史·食货下五·茶上》载:

> 其输边粟者,持交引诣京师,有坐贾置铺,隶名榷货,怀交引者凑之。若行商,则铺户为保任,诣京师榷货务给钱;若非行商,则铺贾自售之,转鬻于茶贾。

《宋会要辑稿》食货三六之一一载:

> (大中祥符)八年六月,上封者言:商客将沿边入中粮草交引赴京师请钱,榷货务须得交引铺户为保任,方许通下。其铺户邀难客旅,减克钱物与本务公人。请废铺户为保,止令诸色人自赍通下。

宋政府规定,商人兑付钞引时,要有交引铺户为之作保,以防钞引有假和冒名支请。交引铺户以个人家业为抵押,方能取得交引交易资格,并由榷货务发给允许经营交引交易的凭证(印历),以便核查。客商持交引至京师,必须由这些官府特许的交引铺引领,到榷货务兑付。尽管宋廷诏令交引铺户对客商"不得邀滞"⑤。但交引铺户利用官府给予的保任特权,排斥非行会的商人。如果是城内行户,就无条件做保,使其很快能得到钞引的实际价

---

① 李焘:《长编》卷六十,景德二年五月辛亥,1336 页。
② 韩琦:《韩魏公集》卷十八《家传》,丛书集成初编 2366 册,245 页。
③ 李焘:《长编》卷五百一十九,元符二年十二月己未,12351 页。
④ 李焘:《长编》卷一百,仁宗天圣元年正月壬午,2313 页。
⑤ 徐松:《宋会要》食货五五之二三,大中祥符六年七月,5759 页。

值。如果不是城内行户,就拒绝做保,客商的钞引不能及时兑付,只得低价卖给交引铺户,交引铺户则再转卖给茶商,获取厚利。即使同意给客商做保,也要索取贿赂,"减克钱物",与榷货务官吏坐地分赃。大中祥符八年,废除交引铺保任制度,允许客商直接到榷货务兑付或出卖交引,但因钞引之法多变,政府经常不能及时兑付,而外地商户很难长久滞留京师,故京师交引铺收购交引的买卖仍十分兴盛。

京师交引铺户都是财力雄厚的行户,据《东京梦华录》卷二《东角楼街巷》云:"南通一巷,谓之'界身',并是金银彩帛交易之所,屋宇雄壮,门面广阔,望之森然。每一交易,动即千万,骇人听闻。"此类"金银彩帛交易之所"大多兼营交引交易。南宋杭州有"金银盐钞引交易"铺,"金银钞引交易铺"。钞引交易由金银铺、彩帛铺兼任,与金银彩帛是高价值的支付手段有关。

对沿边参与入中的当地中小商人而言,那些"蓄钞豪户"是当地的坐贾。对沿边的钞引持有者(包括沿边州军的"蓄钞豪户"和东南及川蜀的客商)而言,京城交引铺户是坐贾。在入中贸易中,以坐贾为主体的大商人是主导力量。王安石说:"小贾不能入中,惟大贾能之。惟大贾始能,则边籴之权制于大贾,此所以籴价常高而官重费也。"[①]王安石此言是论及官榷茶法利弊时说的,其目的是强调入中与茶法弊坏的关系,小商人不能完成入中的全过程,得不到茶利,并非说小商人没有参与入中。造成"边籴之权制于大贾"的直接原因,不仅是因为大商人是参与入中贸易的主体,更重要的是因为国家发放的钞引几乎全部流入大商人之手。"茶商及交引铺或以券取茶,或收蓄贸易以射厚利,由是虚估之利,皆入豪商巨贾"[②]。交引的兑付是入中之利实现的中心环节,大的茶商可以从东南贩茶到陕西沿边,出售后在当地买粮入中,再到东南贩运茶货,如此循环经营。而中小商人缺乏长途贩运的能力,只能将入中所得钞引卖给茶商或交引铺。另外,入中所得钞引并非单一的茶引,无论是"三说法"还是"四说法",茶引只占入中所得的一部分,所以,即使是大茶商,也要与交引铺户打交道,把其他钞引卖给交引铺,并从交引铺

---

① 李焘:《长编》卷二百二十,熙宁四年二月戊辰,5349页。
② 李焘:《长编》卷一百,仁宗天圣元年正月壬干,2313页。

购买茶引,才能保证其循环经营的连续性。总之,具有坐贾身份的交引买卖者是入中制度的最大受益者。

实物入中的虚估加抬造成政府开支增加,茶盐课利流失,"所得不偿"。茶引发放过多,无法兑付,"商旅所得茶,指期于数年之外,京师交引愈贱,至有裁得所入刍粟之实价,官私俱无利"①。盐引发放过多,盐价大跌,商贾无利,丧失入中积极性。针对入中之弊,宋政府多次变法。《文献通考》卷十八引"止斋陈氏"论茶法变革时说:

> 祖宗以西北宿兵,供亿之费重困民力,故以茶引走商贾,而以虚估、加抬以利之。其后,理财之臣往往以遗利在民,数易更张,然大概无过李咨、林特二法。②

以下对二人改革略作分析,以了解入中制度沿革之概貌。

景德元年,盐铁副使林特令陕西入中请领解盐至西、南区贩卖者"于逐州军入纳见钱铤银、实价粮草"。入中以现钱、铤银为主,入中粮草则按实价计算,支给盐引。同时,制定了"陕西州军入中钱文则例",把各州军入中折算解盐价依地理远近、入中难易限制在每一大席(二百二十斤)二贯六百文至四贯四百文之间,原依虚估所得旧交引"赴解州榷盐院请领,更不入京翻换",但每席要贴纳钱"一贯一百文足",已请而未卖之盐,也缴纳同样数额的"歇驮商税钱",以降低虚估额。因影响到京师财政储备,景德二年底又改为请领解盐至南区十二州军贩卖者"依旧例于在京榷货务入中金银见钱绢绵䌷布等",但要"依去年新定则例算买交引"③,至西区等二十五州军贩卖者依旧在陕西州军入中。

庆历八年,范祥对解盐法进行改革,实施现钱入中法,"旧禁盐地一切通商",并许解盐运往四川。延、环等八州军采取"募商入中池盐,给券优其直"的政策,所入盐"官自出鬻,禁人私售",以打击西夏青白盐走私。"并边九州

---

① 脱脱:《宋史》卷一百八十三《食货下五》,4480 页。
② 马端临:《文献通考》卷十八《征榷五》,174 页。
③ 徐松:《宋会要》食货三六之六—七,景德二年十二月,3434—3435 页。

军入中刍粟,第令入实钱,以盐偿之","以所入钱缗市并边九州刍粟"。原虚估旧券"及已受盐未鬻者,悉计直使输亏官钱"①。范祥的现钱入中及解盐通商法,实以林特为滥觞。陕西入中以支偿解盐为主,此后,范祥钞盐法数次废罢,又数次恢复,是实施时间最长、影响最大的盐法改革。

景德二年,林特主持茶法改革,规定入中以实钱计算,限制虚估加抬。"京师入金银绵帛实直钱五十千",给100千实茶。河北缘边入金帛刍粟实直50千,给110千实茶,次边给105千。河东、陕西次边、缘边入中金帛刍粟实直50千,所给实茶自106千至115千不等。入中的溢价率为100%—120%。

同时,林特以"时价"回购旧交引,所谓"时价",即大大贬值时市场交引铺收购价。回购采取分期方式,每千贯回购二百,五年给足,把入中溢价从十倍降为一倍左右,茶盐课利增溢,林特受到迁升为祠部郎中的嘉奖。

林特改革使沿边入中与京师入中的溢价率基本相同,而京师入中风险小,成本低,虽有助于茶利集中于京师,却打击了商人沿边入中的积极性。茶货不足以支付入中,于是改用"三说法"。但是,三说法并不能解决虚估加抬问题。天圣元年设置的茶盐矾计置司"考茶法利害"时说:三说法"每券直十万,鬻之,售钱五万五千"。五万五千是入中所得十万茶引的平均折价,按此计算,淮南十三茶场天禧五年(1021)名义上岁课收入23万缗,除去给茶园户的购茶本钱九万缗,"岁才得息三万余缗,而官吏廪给不与焉"。三说法的茶课收入是"虚数虽多,实用殊寡",离"岁课缗钱五十万"的要求甚远。

一倍左右的溢价率仍造成茶盐课利大量流失。天圣元年,权三司使李咨改革,实施现钱折中法,以除高额溢价之弊。"商人入刍粟塞下者,随所在实估,度地理远近增其直,以钱一万为率,远者七百,近者三百,给券至京师,一切以现钱偿之,谓之现钱法。"如不愿请京师现钱,而"愿得金帛若他州钱,或茶、盐、香药之类者听"②,按入中粮草的实价,于在京榷货务按实价折算。商人于在京榷货务纳钱百贯,算请沿江榷货务茶125贯,即给25贯加耗,溢

---

① 李焘:《长编》卷一百六十五,庆历八年十月丁亥,3990—3991页。
② 李焘:《长编》卷一百,天圣元年正月壬午、丁亥,2314、2315页。

价率25%。算请海州、荆南榷货务茶,纳钱与金帛之比为45∶55,算请真州、无为、蕲口、汉阳军四榷货务茶,钱与金帛之比为40∶60。在六榷货务纳钱请茶,规则与京师相同。

算请淮南十三山场茶,实施贴射法,"贴"即商人要补足政府损失的净利收入,"射"即允许商人根据自己的意愿选择茶场,直接与园户交易。商人于在京榷货务"贴纳净利钱二千一百"文,算请淮南茶百斤,平均再给45斤"饶润";在淮南各山场入钱,每百斤茶"贴纳净利钱三千一百"①,再给35斤的"饶润"。"饶润"是不用支付净利钱的买茶额度,园户的茶本钱仍要全额支付。官府不再支付园户茶本钱,商人与园户直接交易,按"中估"付给园户茶本钱。园户卖不尽茶,"则官市之如旧"。园户过期而未完成定额,"计所负数如商人入息"②,即每百斤缴纳三千一百文净利钱。

贴射法令商人直接与园户交易,增大了对茶贸易的监管难度,走私盛行。商人所得皆为好茶,劣茶积压不售,使茶课收入减少。现钱折中法加大了中央政府的现钱流出,加重了中央财政困窘。溢价率大幅降低,商人获利不多,入中积极性不高,"豪商大贾不能为轻重,而论者谓边籴偿以见钱,恐京师府藏不足以继,争言其不便"③。天圣三年,李咨的改革以失败告终,仍实施以实物入中的三说法。此后,入中之制仍数年甚至数月一变,景祐元年以后,宋夏交战,虚估加抬复行。嘉祐四年后四十年间,茶法实施通商,不再做为入中支付的手段,盐、钱成为沿边入中的主要付价物。解州盐池自元符元年(1098)因淡水冲注而废坏,陕西入中的财政基础不复存在。北宋崇宁以后,蔡京对茶盐法进行更大规模的改革,大大增加了茶盐收入,但其目的是将茶盐之利全部集中于京师,供中央政府支用,少用于折中,入中制度陷于困境。侍御史毛注奏曰:

自崇宁来,钞法屡更,人不敢信。京师无见钱之积,而给钞数倍於昔年。钞至京师,无钱可给,遂至钞直十不得一,边郡无人入中,籴买不

---

① 徐松:《宋会要》食货三〇之五,天圣元年三月,5321页。
② 李焘:《长编》卷一百,天圣元年正月壬午,2314页。
③ 脱脱:《宋史》卷一百八十三《食货下五》,4485页。

敷,乃以银绢、见钱品搭文钞,为籴买之直。民间中籴,不复会算钞直,惟计银绢、见钱,须至高抬粮草之价,以就虚数,致使官价几倍於民间,斗米有至四百,束草不下百三十余钱。军储不得不阙,财用不得不匮。①

解池废弃之后,入中盐钞支付东南末盐,后解池虽得恢复,但蔡京屡变钞法,"民间无所适从人,每一改更,法未及行,钞未及用,边商入中方在道,已复变矣"②。每次改法,都是对商人的掠夺。方轸《论蔡京章疏》云:

> 数年间,行盐钞法,朝行夕改,昔是今非,以此脱赚客旅财物。道途行旅,谓朝廷法令,信如寒暑,未行浃旬,又报盐法变矣。钞为故纸,为弃物,家财荡尽,赴水自缢,客死异乡,孤儿寡妇,号泣呈天者,不知其几千万人,闻之者为之伤心,见之者为之流涕。③

入中制度难以为继,向民户抑配征购成为满足军需粮草的主要方法。

五 抑配征购

入中贸易是靠溢价招诱商旅入纳粮草,本质上仍属和籴。随着置场和籴的衰落,抑配征购的逐步兴起,比例增大。至北宋末,其重要性已超过置场和籴。

抑配征购宋初即已有之。宋太宗平定北汉以后,减太原、汾州等河东十三州军的二税额,同时以和籴为名,籴买82.4万余石,吕惠卿追述河东和籴演变之制说:

> 始据田亩,视其苗稼,等第科籴,米每斗钱三十文,粟十六文,大豆二十二文,草每束十文。虽估价颇贱,而民于登稔之际,先期得钱,未以为病。中间有司弥失其指,四分中一分见钱、三分折茶,而又以一时科

---

① 脱脱:《宋史》卷一百八十二《食货下四》,4447页。
② 徐松:《宋会要》食货二四之三五,崇宁元年七月二十九日,5212页。
③ 王明清:《挥麈录》后录卷三。四库全书1038册,446页。

籴之数立为定法,遇有典卖推割,一如正税,而夏秋灾伤,乃执和籴之虚名,不得与正税检放,於是民始病之。

仁宗嘉祐年间,废支茶,其价"米每斗一十二文五分,粟十文,大豆九文五分,草每束四文,并支见钱。则其价又减大半矣"。神宗熙宁时,籴本改为"盐布、见钱中半支给"①,和籴数增加,籴本减少,"民间所输一石,才及和市一斗之直"②,元丰元年,罢支民户籴本,令转运司"趁时赴沿边州军籴买粮草封桩",如遇灾伤,以籴买数"折充人户纳数",如无灾伤,"三年一次充折茶",以茶折充应支籴本,"于是和籴始不用钱"。哲宗元祐二年,科籴额十分中减二分,随税缴纳,不再支给民户籴本,遇灾伤可随税减免,"以转运司应给价钱补之",改和籴之名为"随军粮草"③。河东科籴完全税制化了。河东随税科籴是在收复北汉后,大幅减少二税额以示优惠的特殊政策,其演变过程却是宋代抑配征购发展的缩影。

河东科籴为宋代抑配征购之始,此后征购的范围渐广,如大中祥符六年,"诏京西市籴军粮,转运使止当劝诱,无得迫促。时转运使于西京市籴,条约过当,民不如约则杖之,故特禁止。"④市籴采用"杖之"的强迫方式,属抑配征购无疑。七年,"诸路和籴均于民户,颇的烦扰"⑤,即使按市价支给价钱,也属抑配。"开封府诸县第四等以上户,岁共市草三百万束",官府不支付现钱,而是以"登、莱州端布每匹折价一千三百六十,沂州匹布千一百文"支付,仁宗因折价太高伤农,令"减端布为千二百,匹布千钱"⑥。

宋神宗以前,抑配征购较少,且多依市价支给价钱,河东科籴价虽低,却是以科籴方式补足正税额,尚未形成苛政。"自熙宁以来,和籴、入中之外,又有坐仓、博籴、结籴、俵籴、兑籴、寄籴、括籴、劝籴、均籴等名"⑦。抑配征购

---

① 李焘:《长编》卷四百,元祐二年五月乙卯,9745—9746 页。
② 李焘:《长编》卷二百七十五,熙宁九年五月辛巳,6735 页。
③ 李焘:《长编》卷四百,元祐二年五月乙卯,9745—9746 页。
④ 徐松:《宋会要》食货三九之六,大中祥符六年十月,5491 页。
⑤ 徐松:《宋会要》食货三九之七,大中祥符七年十月,5492 页。
⑥ 徐松:《宋会要》食货三九之一九,皇祐四年七月,5498 页。
⑦ 脱脱:《宋史》卷一百七十五《食货上三》,4243 页。

的作用逐步加强,其方式主要有:

俵籴。熙宁八年,宋政府要运百万石京城漕粮往河北澶州、大名府,因运费高昂,改为"度民田入多寡,预给钱物,至收成时,令于澶州、北京及缘边州军入米粟麦封桩,候有备,遇物价贵,听籴便司权住入中,借兑支用,须岁丰补还"。俵籴是据民户田亩多寡预贷民钱粮,秋成后令民输粮于澶州、大名及沿边州军,支移运费由民户承担。政府以较低成本预买粮斛,充实沿边军储,解军储之急,如入中价高,可暂缓入中,故王安石说俵籴不仅省数十万缗运费,且"可权河北入中价"。哲宗绍圣三年(1096),改为"农民相保,豫贷官钱之半,循税限催科,余钱至夏秋用时价随所输贴纳"①,仅支付一半籴本,余钱用少纳正税的方式折算。夏秋收成时物价低贱,用时价贴纳,民户就要多纳粮斛。用保甲法,一人无力还纳,其他保户代纳,强制性比熙宁法严酷。徽宗崇宁年间(1101—1106),"蔡京令坊郭、乡村以等第给钱,俟收以时价入粟,边郡弓箭手、青唐蕃部皆然。用俵多寡为官吏赏罚"②。俵籴遍及城乡及沿边弓箭手及蕃部所有民户,强制贷款于民,"俟收以时价入粟",对免纳正税、余粮较多的弓箭手"加倍征之,人极为苦"③,造成弓箭手不堪重负,大量逃亡,致使边备废坏,加速了北宋灭亡。

括籴。庆历二年,"诏知永兴军郑戬兼管勾陕西转运司,计度粮草公事",郑戬"奏罢括籴,以劝民积粟"④。括籴是强制籴买民户余粮。庆历初宋夏战争处于紧急状态,括籴是沿边实施的临时举措。熙宁九年,因"诸路军粮有余","诏福建、广东、湖南和籴、配籴、括籴指挥,令提举粮草司详度,如不须施行,即一面指挥讫奏"⑤。括籴仍是临时举措,实施范围却扩大至沿边以外区域。元符元年,"泾原经略使章楶请并边籴买,豫榜谕民,毋得与公家争籴,即官储有乏,括索赢粮之家,量存其所用,尽籴入官。"⑥禁民与官争

---

① 李焘:《长编》卷二百六十五,熙宁八年六月戊申,6489页。
② 脱脱:《宋史》卷一百七十五《食货上三》,4245页。
③ 陈均:《九朝编年备要》卷二十七。四库全书328册,725页。
④ 李焘:《长编》卷一百三十八,庆历二年十一月辛卯,3326页。
⑤ 李焘:《长编》卷二百七十五,熙宁九年五月庚辰,6735页。
⑥ 脱脱:《宋史》卷一百七十五《食货上三》,4245页。

籴,把民户余粮"尽籴入官",是十分严厉的榷粮政策。

配籴。景德三年,西京转运使郑文宝"请于部内等第分配坊郭之民籴买刍粟,以充储蓄",知河南府温仲舒"请等第配籴",真宗"以其扰民,弗许"①。对坊郭户而言,配籴是按户等分配民户籴买刍粮,以备官府征购。庆历三年,河北大旱,殿中侍御史赵祐说:"河北配籴民粟至二百万石,民蓄谷尽籍加督责,户不聊生",建议暂缓配籴,"俟秋成听民自入粟"②。配籴是强行分配民户卖粮额度,如无储粮,需购买以俟官购。皇祐三年,包拯奏言:江淮六路"连岁亢旱",民户租税"尽已蠲复",六百万石漕运年额无所从出,于是"州县配籴,以充其数,由是民间所蓄悉输入官,民储已竭,配者未已,纵有米价,率无可籴"③,度支副使梅挚奏减漕运额。此"配籴"意谓分配给州县民户的卖粮额,将民间储粮全部征购。熙宁九年,"知太原府韩绛言:'河东夏秋大熟,乞以封桩钱帛预散于民,候收成入粟于缘边、次边。'诏听以一年配籴。"④河东配籴与俵籴相似,预给民户钱帛,秋成纳粟于边。宣和七年(1125),徽宗下诏:河北、京东、京西地区"其分籴、结籴、敷籴、配籴更不输纳"⑤。配籴属苛政,废除以示宽恤之意。

敷籴。敷籴之名,北宋末始有之。敷籴为敷配民户之意,不支现钱,而支盐、度牒、官诰等。绍兴三年,湖州"例敷籴军粮于民户"⑥,光宗时,"用苗头敷籴",即按顷亩分配卖粮额,籴本"科降官告、度牒准折","敷籴则派付上户,上户不敢不受"⑦。理宗时,浙东提举马光祖上疏奏知温州吴泳"折支度牒,低价敷籴,以致客舟望风奔遁,米不入境"⑧。南宋末黄震说:"籴以不均而扰,则敷籴固宜也。然数亩之家,斗升之租亦敷之,可乎?"⑨敷籴系低价摊

---

① 徐松:《宋会要》食货三九之五,景德三年九月,5491 页。
② 晁补之:《鸡肋集》卷六十八《殿中侍御史赵君墓志铭》。四库全书1118 册,996 页。
③ 李焘:《长编》卷一百七十一,皇祐三年十一月乙亥,4119 页。
④ 李焘:《长编》卷一百七十一,熙宁九年六月丁亥,6738 页。
⑤ 徐松:《宋会要》兵一二之二九,宣和七年正月一日,6966 页。
⑥ 李心传:《建炎以来系年要录》卷六十三,绍兴三年二月丁亥,1067 页。
⑦ 李曾伯:《可斋杂藁》卷十九《奏总所科降和籴利害》。四库全书1179 册,386 页。
⑧ 吴泳:《鹤林集》卷二十三《与马光祖互奏状》。四库全书1176 册,221 页。
⑨ 黄震:《黄氏日抄》卷八十三《吴县拟试策问三道》。四库全书708 册,848 页。

派,主要是按田亩税额和户等摊派,有时也摊派给客商。

均籴。大中祥符七年,"诏:今岁秋成,如闻诸路和籴,均于民户,颇有烦扰,可令河北、陕西、京西转运司各蠲其半,可令中等户以下免之。"①均籴是把和籴额按户等分给民户,支付价钱。政和元年(1111),"熙河兰湟秦凤路宣抚使措置陕西河东路边事童贯奏:'乞下转运司推行均籴之法。'诏依所奏。"具体做法是:"摊定一州一县逐等第,都计家业钱,纽算每家业钱几文,合籴多少石斗,所贵均一"。坊郭户、官户"无减免之文"②,连弓箭手、蕃兵也行均籴,"贱入民粟,增估金帛以偿之,下至蕃兵、射士之授田者,咸被抑配,全陕骚然,几至生变"③。初行于陕西、河东、河北,按家业钱多少均摊,支与籴本,后行于诸路。政和二年,规定"以本县人户今匀敷役钱文簿,籍定合纳钱数,于役钱数上纽算合均籴之数,均与逐户",并按青苗法"先期支钱"④。以民户应纳役钱折算籴本,政府就不用先付籴本,所谓"先期支钱"就成空文。民户缴纳粮斛多而役钱少于籴本者,再支付差额。鄜延经略使钱即言:"均籴先入其斛斗乃给其直,于有斛斗之家未有害也。坊郭之人素无斛斗,必须外籴,转有烦费。"先纳粮斛,后支价钱是均籴的通用方式。政和五年,反对均籴法者上言:"均籴法严,然已籴而不偿其直,或不度州县之力敷数过多,有一户而籴数百石者。"⑤李纲说:崇宁、大观以后,"兴造既多,用度浸广,于是设法以取之。盐钞、茶引类多抑配,和买、均籴无钱可敷"⑥,或长期拖欠价钱,或给官诰、度牒等无用之物。南宋时,按家业均籴法盛行,高宗末年,四川剑州夏秋二税"不过米麦二万四百余石",而和籴"粮六万八千余石,马料二万六百余石,系以人户家业钱均敷",且不支现钱,而支钱引和绢,"又更高折绢估,以目今时值计之,民间不得半价。至于搬运输纳之

---

① 徐松:《宋会要》食货三九之七,大中祥符七年十月,5492 页。
② 徐松:《宋会要》食货四一之二二,政和元年五月十七日、二十九日、十一月一日,5547 页。
③ 杨时《龟山集》卷三十三《钱忠定公墓志铭》。四库全书 1125 册,416 页。
④ 徐松:《宋会要》食货四一之二三,政和二年七月二十八日,5548 页。
⑤ 脱脱:《宋史》卷一百七十五《食货上三》,4245—4246 页。
⑥ 李纲:《梁溪集》卷六十三《乞减上供之数留州县养兵禁加耗以宽民力札子》。四库全书 1125 册,1001 页。

费,又在其外"①。四川和籴"大抵以人户家业钱敷派",实为均籴。李曾伯论宋理宗时四川均籴之弊云:

> 民间米直大约七八百贯,官司秋籴,每米一石增支作第一料川引八十贯文,以京券价揆之,亦只比十八界八百文,仅是铜钱一百六十文足耳。使此钱尽到民户,止得偿时价之十一,况又取赢于斛面,减克于吏手,采之众论,但白输尔。②

推置、对籴。主要实施于北宋前中期,"京东西、陕西、河北阙兵食,州县括民家所积粮市之,谓之推置;取上户版籍,酌所输租而均籴之,谓之对籴,皆非常制。"推置与括籴相似。徽宗崇宁五年,"以星变讲修阙政,罢陕西、河东结籴、对籴"③,可见河东也有对籴。南宋时,对籴是四川军需粮斛的重要来源,"对籴者,谓如甲家岁输米百斛,则又对籴百斛,以备军储,蜀民始困矣"④。"盖每民户税产一石,则科籴一石,故谓之对籴焉"⑤。

北宋前期,抑配征购多非常制,河东科籴虽长期实施,因是在减免正税的基础上实施,所支籴本与市价不甚相远。神宗以后,抑配征购的作用日益重要,逐渐成为与置场和籴并行的籴买方式。至北宋末和南宋,抑配征购成为满足军粮需求的主要来源。

随着从置场和籴到抑配征购的转变,政府籴买粮草的籴本构成也发生了变化,现钱及银绢布帛的比例降低,官诰、度牒等身份凭证的比例增大。

景德二年,宋制定了河北、陕西授官条例,如河北沿边定州、广信军、安肃军、北平寨四处"纳斛斗千石与本州助教、文学,二千石与出身,三千石与簿尉借职,四千石与奉职,五千石与诸寺监主簿,六千石与正字校书郎,七千石与太祝奉礼,八千石与大理评事、殿直,九千石与诸寺监丞、侍禁,万石与

---

① 汪应辰:《文定集》卷四《御札问蜀中旱歉画一回奏》。四库全书1138册,614页。
② 李曾伯:《可斋杂藁》续稿后卷三《乞贴科四川制总司秋籴本钱奏》。四库全书1179册,604页。
③ 脱脱:《宋史》卷一百七十五《食货上三》,4241页、4244页。
④ 李心传:《建炎以来系年要录》卷四十,建炎四年十二月丁酉,750页。
⑤ 李心传:《建炎以来朝野杂记》乙集卷十六《四川宣抚司科对籴米》,805页。

大理寺丞、供奉官"。洺州、邢州等沿边非紧要州军及次边二十四个州军千二百石与本州助教、文学,逐级递增二百石,至万二千石与大理寺丞、供奉官。怀州、卫州等近里七州军千五百石与本州助教、文学,逐级递增五百石,至万五千石与大理寺丞、供奉官。陕西逐州军纳粟授官体例与河北相同。①

将官诰折钱出售,充当籴本,盛于神宗时期。《续资治通鉴长编》载熙宁七年记事云:

> 赐度僧牒二千五百,试监主簿、斋郎、州助教敕告、补牒总五十,赈贷泾原、环庆路汉蕃饥民,及为永兴路常平籴本。

> 又赐秦凤路都转运使度僧牒二千,试监主簿、斋郎、州助教敕牒三百,变置籴本②。

熙宁九年,交趾骚扰邕、钦、廉等州,宋派兵讨伐,"诏赐监主簿、斋郎、州助教告身补牒,共为钱十五万缗,付广南东路转运司市粮草"③,又"赐坊场钱五万缗,监主簿告、斋郎牒、州助教敕,总三十三,为钱五万缗",付京东西路"籴军粮"④,平均每道敕诰价1500余贯。

度牒是僧徒的身份凭证。神宗治平四年(1067)十月,"始鬻度牒","赐陕西转运使度牒千道,籴谷赈济"⑤。熙宁二年,"降空名祠部二千道,付鄜延安抚司,召童行及客人进纳见钱,收籴斛斗,充安抚司封桩,如情愿入纳折充钱数者亦听。"⑥在鄜延路出卖度牒的同时,"罢诸路卖度牒",提高度牒的市价,"令商人并趋鄜延入钱,以助边计"。熙宁三年七月,二千道度牒即将卖尽,又"赐度牒千付经略司,令依鄜延法召商人入钱封桩,以备支费"⑦。九

---

① 徐松:《宋会要》职官五五之三〇—三二,景德二年正月,3613—3614页。
② 李焘:《长编》卷二百五十四,熙宁七年七月戊申、壬寅,6221、6225页。
③ 李焘:《长编》卷二百一十五,熙宁九年十月辛亥,6808页。
④ 李焘:《长编》卷二百一十五,熙宁九年十二月辛卯,6831页。
⑤ 李心传:《建炎以来系年要录》卷二十六,建炎三年八月丙辰注,520页。《宋史》卷十四《神宗本纪》载此事于治平四年十月庚戌。
⑥ 徐松:《宋会要》食货三九之二一,熙宁二年闰十一月,5499页。
⑦ 李焘:《长编》卷二百一十三,熙宁三年七月辛卯,5165页。

月,赐泾原路度牒五百道,"付陕西宣抚司易见钱籴谷"①。熙宁时,每道度牒之值"为百二十千"②,每年售三四千道;元丰时"为钱百三十千"③,每年限售一万道。建中靖国元年(1101),度牒一道"增至二百二十千"。大观四年(1110),"岁卖及三万余纸,新旧积压,民间折价至九十千"。④ 官价二百二十贯,因发放过滥,承买者少,民间交易价为九十贯,最低时仅二十贯。宋钦宗诏书云:"常赋之外,横加籴买,均籴、贴籴、结籴、括籴,其名甚众,惟以官告、度牒等第科配。"⑤

南宋时期,官诰、度牒成为籴本不可或缺的部分。绍兴二年五月,诏县令以上官员"言省费裕国、强兵息民之策",右文殿修撰季陵言:

> 自军兴以来,朝廷所降,类多诰、牒,非强以与民则莫售。师旅所须,最先粮草,非强取于民则莫给。民之倍费,已莫能堪。⑥

南宋初度牒官价一百贯左右,湖南年籴米一十万石,支降籴本四十四万贯,其中度牒、紫衣、师号、官诰为十三万八千五百贯,占总籴本的三分之一。发放过滥,只能用科配方式鬻卖,"鬻爵之令一切增价,且如修武告,鬻四万五千缗,朝廷以此抛降籴本,例须抑配"⑦。绍兴末年,"朝廷已降指挥,出卖度牒二千道,每道钱五百贯,共计钱一百万贯,其钱令诸路附纲起发,解赴行在交纳。"⑧淳熙以后,增为七百贯至八百贯。王之道曾要求"权造绫纸度牒五千道,每道立价钱一千贯"⑨。官诰、度牒除用于购买粮斛,还用于军需和赈灾,甚至用出卖所得为官员俸禄、宗子请给。度牒出卖过多,价格又高,只能抑配于民。宋宁宗时,王之道论和籴之弊云:

---

① 李焘:《长编》卷二百十五,熙宁三年九月丙辰,5249页。
② 李心传:《建炎以来朝野杂记》甲集卷十五《祠部度牒》,331页。
③ 李焘:《长编》卷三百四十一,元丰六年十二月辛卯,8214页。
④ 王栐:《燕翼诒谋录》卷五《出卖僧道度牒》。中华书局1981年版,50页。
⑤ 佚名:《靖康要录》卷五,靖康元年五月十二日。四库全书329册,514页。
⑥ 李心传:《建炎以来系年要录》卷四十七,绍兴二年五月丙戌,961页。
⑦ 李心传:《建炎以来系年要录》卷四十七,绍兴元年九月戊午,850页。
⑧ 王之道:《相山集》卷二十《论和籴利害札子》。四库全书1132册,680页。
⑨ 王之道:《相山集》卷二十一《乞卖度牒籴军粮札子》。四库全书1132册,682页。

自(嘉定)十一年,又蒙札下本州,支降官会度牒以为籴本,会价折阅已不便于民旅,而度牒经年无人承买,于是官司不获已,以科配从事,每岁州以度牒科之县,县以度牒抑之民,凡户管田一千亩以上者,纳度牒米,一千亩以下者,认中籴米。每牒一道,率三四户共之,寺观亦然。一岁所科,虽十余万石,而所纳实不及半。县吏并缘,由此致富,则在在有之。甚至乡胥之走弄,场吏之邀求,价直之减削,斛面之增加,其纳中籴米者,比之市价每石折钱多至八百文足,少亦不下官会一贯。而纳度牒米者,折阅尤甚,且无变转之所。词诉盈庭,怨嗟载道,民之脂膏,朘削极矣。①

出卖度牒、官诰、会子成为掠夺民户的手段。南宋铜钱产量比北宋大大减少,交子、会子等成为籴本的主要成份。交子南宋印行二百万贯,因无现钱可供兑换,实施不久即废罢。会子是以铜钱作本位的纸币,绍兴初年开始发行,至绍兴末年,发行额度为每界1000万,并扩大了纸币的流通区域。在高宗、孝宗时期,虽不断出现纸币贬值的问题,因有便于携带流通等优点,每界1000万贯的纸币发行量还可以被市场容纳,加之当时宋廷比较重视币值的稳定问题,采用民间交纳税赋可以钱会中半、发新币收回旧币等措施,纸币贬值尚不严重。宋宁宗(1195—1224年)时期,每界纸币的发行量已达1亿贯以上,开禧(1205—1207年)用兵后,发行量激增至二亿三千万贯。到宋理宗绍定六年,已达一界三亿二千万贯,嘉熙四年(1240年),发行五亿贯,淳祐六年(1246年),竟达六亿五千万亿贯。宋廷虽大量投放纸币,回收时却有种种限制,甚至不能用于纳税,以至会子大幅贬值,物价飞涨。宋理宗时期,贬值的纸币有时"轻如毛"②,"市井视之,粪土不如"③,许多商人拒收纸币,在这种情况下,政府仍以会子为籴本,抑配民户,开庆元年(1259),令沿江制置司、湖南安抚司、两浙、江西、湖南转运司、淮浙发运司、江东提刑司及太平

---

① 真德秀:《西山文集》卷十七《回申尚书省乞裁减和籴数状》。四库全书1174册,253、254页。
② 李昂英:《文溪集》卷七《淳祐丙午十月朔奏札》。四库全书1181册,162页。
③ 李曾伯:《可斋杂稿》续稿后集卷三《救蜀楮密奏》。四库全书1179册,606页。

州、淮安州、高邮军、涟水军、庐州共籴米五百六十万石,"并视时以一色会子发下收籴,以供军饷"①。朱家源、王曾瑜《宋朝的和籴粮草》指出:"以当时贬值甚烈的十七界、十八界会子征购,实际与无偿强征差不多。"

征购的主要方式,朱家源、王曾瑜分析了"或按户等,或按家业钱,或按税钱,或按顷亩"等四种方式,并指出"抑配征购的主要对象,应是拥有田产的乡村主户,至于坊郭户,有时也成为摊派对象。"因家业、税钱、顷亩与户等相关连,简而言之,抑配征购的主要依据是户等,与二税原则相同,且常随二税一起缴纳。因不经过市场而强行摊派,征税中的种种弊端在征购中均有表现,宋高宗说:"朝廷所降本钱,往往州县妄作名目,移易他用,不即时给还人户,纵有给还去处,又为胥吏多端乞觅,十不得一二。"②南宋大部分地区都有征购定额,不少地区的征购额高于二税,宋理宗时常熟县秋税为七万二千五百余石,而每年征购"多至三十万,少亦不下十四五万石"③。宝祐五年(1257),丞相兼枢密使程元凤说:"去岁所籴,视宝祐三年以前,多三分之一"④,抑配征购额不断增加。

抑配征购虽有买卖的外壳,且经常以"和籴"为名,却使粮食买卖完全脱离了商品流通的轨道,造成民户负担越来越重。南宋末会子贬值,国库空虚,连抑配征购也难以为继,于是贾似道推行"公田法",低价强购民田,设想收公田租为军饷,取消抑配征购。这种竭泽而渔的方式,未能缓解财政危机,实施十余年,南宋就灭亡了。

---

① 脱脱:《宋史》卷一百七十五《食货上三》,4250 页。
② 徐松:《宋会要》食货四〇之二七,绍兴十八年闰八月五日,5522 页。
③ 《宝祐琴川志》卷六《叙赋》。宋元方志丛刊,1208 页。
④ 佚名:《宋史全文》卷三十《宋理宗五》。黑龙江人民出版社 2005 年版,2337 页。

第十三章 榷 茶

一 引言

宋代饮茶习俗十分兴盛,城市茶肆林立,文人名士以品茶为时尚。在西北地区,茶已成为少数民族不可或缺的生活必需品,茶叶贸易的市场较唐代更为广阔。茶是经济作物,成为商品性最强的农产品。王祯《农书·茶》云:"夫茶灵草也,种之则利博,饮之则神清,上而王公贵人之所尚,下而小夫贱隶之所不可缺,诚生民日用之所资、国家课利之一助也。"茶产地较为集中,宋政府对茶贸易长期实施官榷。大中祥符二年(1009),三司盐铁副使、户部郎中林特改革茶法,编成《茶法条贯》,其序云:"夫邦国之本,财赋攸先。山泽之饶,茶荈居最,实经野之宏略,富国之远图也。"①茶成为仅次于盐、酒的官榷产品。茶叶以户生产的分散性和销售过程中对商人的依赖,使政府不可能对茶进行完全的官榷,必须兼顾茶园户与商人的利益,茶法是宋代变动最多、争议最大的经济立法。对于宋代茶的生产、收购、销售诸问题,已有许多研究成果,宋代茶法中有些统计相互矛盾,不少数字所体现的折价关系未受到重视,有些条法的具体内容没能得到准确的解读。本章以前人研究成

---

① 徐松:《宋会要》食货三〇之三,大中祥符二年五月二十五日,5320页。

果为基础,对宋代茶政再作研讨。

二 茶的生产

宋代出现了不少以植茶为业的专业户,形成植茶专业区。淮南蕲、黄、庐、舒、光、寿六州,官府设置了十三山场,"六州采茶之民隶焉,谓之园户。岁课作茶输租,余则官悉市之。其售于官者,皆先售钱而后入茶,谓之本钱"①。茶园户卖茶"多者岁出三五万斤,少者只及一二百斤"②,出茶万斤的是茶园主,一二百斤的多是自耕农,也有租佃他人茶园的佃户。他们均是植茶专业户,"不务耕织,唯以植茶为生"③,"又有百姓岁输税者,亦折为茶,谓之折税茶",以植茶为副业的农户可用茶抵税。江南、两浙、荆湖三十余产茶州军"岁如山场输租、折税,余则官悉市而敛之"④。江南对茶园户的政策与淮南相同,植茶者纳租或折税,余茶由政府征购。

在官榷制度下,园户对官府有较强的人身依附关系,其户籍、资产、植茶株数由官府统计。茶价主要由官府控制,园户没有自主定价权,植茶成为官营商业的附庸,茶园户所产茶的商品性大打折扣。官府收购要考虑园户的利益,使他们有利可图,也要受市场影响。突破政府禁令、私贩茶货要受到严厉处罚,但私贩屡禁不止。

宋代官营茶园规模较小。吴越钱俶在杭州有"茶园二十六所",入宋后"历年滋久,枯柄仅存,每岁役兵三千,责办常课,因缘采摘,恣挠田间"。大中祥符八年,知杭州马亮"悉命芟燔,变收庸调,地征无失,民患不生"⑤,将茶

---

① 脱脱:《宋史》卷一八十三《食货下三》,4477 页。
② 吕陶:《净德集》卷一《奏具置场买茶旋行出卖远方不便事状》。丛书集成初编 1921 册,4 页。
③ 沈括:《梦溪笔谈》补笔谈卷二。上海书店 2003 年版,256 页。
④ 李焘:《长编》卷一百,天圣元年正月壬午,2313 页。
⑤ 杜大珪:《名臣碑传琬琰之集》中卷一,晏殊《马忠肃公亮墓志铭》。四库全书 450 册,229 页。

园改为民田。宋灭蜀后,原后蜀官僚毋守素授工部侍郎,"籍其蜀中庄产茶园以献,诏赐钱三百万以充其直,仍赐第于京城"①,毋守素的庄产茶园价值三千贯,但并无四川有官茶园的记载。南唐时,建州建安等六县有官茶园,入宋后只有建安官茶园保留了原有的规模,其中北苑因产茶上乘而闻名。宋仁宗时,建安官焙有三十二座,所产茶全部上供,北苑有茶园二十六座,茶质量最佳。"庆历中,漕台益重其事,品数日增,制度日精。厥今茶自北苑上者,独冠天下,非人间所可得也"。宋徽宗时,建安官不断推出新品种,如大观二年,"造御苑玉芽、万寿龙芽",四年,"又造无比寿芽,及试新銙"。政和三年,"造贡新銙"。宋徽宗撰"茶论二十篇"②,专门介绍建安茶。

南宋初,建安官茶园"壅培卤莽,岁颇不登",贡茶"循习取足私园,乡户买茶输纳,病于侵扰"。绍兴十二年后,福建路转运使王浚明"始议补治,区垄增茂,岁入优裕,民力益苏,土人德之,建生祠镵碑以颂其美,公止绝之"③。宋孝宗淳熙年间,建安官焙扩大为四十六座,"广袤三十余里,自官平而上为内园,官坑而下为外园",至采茶时,"采夫日役二百二十五人"。摘茶夫采取招募制,"募夫之际,必择土著及谙晓之人,非特识茶发早晚所在,而于采摘,亦知其指要。盖以指而不以甲,则多温而易损;以甲而不以指,则速断而不柔。故采夫欲其习熟,政为是耳"。采茶招募内行及指法熟练之人,在五更后晨露未干之时,击鼓为号,始进茶园采茶,为此在凤凰山上设有击鼓亭,"监采官人给一牌入山,至辰刻,则复鸣锣以聚之,恐其踰时贪多务得也"④。庞元英《文昌杂录》卷四记北宋后期事云:"建州是春采茶时,茶园人无数,击鼓闻数十里。"庄绰:《鸡肋编》卷下亦云"采茶工匠几千人,日支钱七十足"。每天有近千人采茶,规模不小。熊蕃《宣和北苑贡茶录》云:

> 云腴贡使手亲调,旋放春天采玉条。
> 伐鼓危亭惊晓梦,啸呼齐上苑东桥。

---

① 脱脱:《宋史》卷四百七十九《西蜀孟氏·毋守素传》,13893 页。
② 熊蕃:《宣和北苑贡茶录》。四库全书 844 册,248 页。
③ 苏籀:《双溪集》卷十五《故中奉敷文阁王公墓志铭》。丛书集成初编 1971 册,210 页。
④ 赵汝砺:《北苑别录》。四库全书 844 册,264 页。

> 采采东方尚未明,玉芽同护见心诚。
> 时歌一曲青山里,便是春风陌上声。
> 共抽灵草报天恩,贡令分明使指尊。
> 逻卒日循云堑绕,山灵亦守御园门。
> 纷纶争径踩新苔,回首龙园晓色开。
> 一尉鸣钲三令趣,急持烟笼下山来
> (注:采茶不许见日出)。
> 红日新升气转和,翠篮相逐下层坡。
> 茶官正要灵芽润,不管新来带露多。

采茶人五更闻鼓而作,日出而止,士兵巡逻守护,监督采茶者。连"山灵"也在守卫茶园,监管很严。

官营茶园合种植、加工为一体,北苑茶的焙制有蒸茶、榨茶、研茶、造茶、过黄等工序,每道工序都有官吏监督。其中研茶"研茶之具,以柯为杵,以瓦为盆,分团酌水,亦皆有数"①。在研茶过程中,"先是,研茶丁夫悉剃去须发",至道二年(996),诏令"自今但幅巾洗涤手爪,给新净衣。吏敢违者,论其罪"②,管理十分严格。

官营茶园以上贡为目的,制作精细,讲求质量,不断推出新茶品种。北苑茶园造茶"岁费常万缗。官焙有紧慢火候,慢火养数十日,故官茶色多紫。民间无力养火,故茶虽好,而色亦青黑"③。庆历年间(1041—1048),福建造小片龙茶,二十饼重一斤,每饼"价值金二两,然金可得而茶不可得。每因南郊至斋,中书、枢密院各赐一饼,四人分之……盖其贵重如此"④。官营茶园提高了建茶技术含量和知名度。成书于两宋之交的《南窗纪谈》记北宋末事云:"今建州岁造日新岁异,其品之精绝者一饼直四十千。盖一时所尚,故豪贵竞市以相夸也。"建州腊茶成为市场上追逐的珍品,此建州腊茶不只指官茶,且包括私茶。

---

① 赵汝砺:《北苑别录》。四库全书 844 册,268 页。
② 徐松:《宋会要》食货三〇之二,至道二年九月,5319 页。
③ 庄绰:《鸡肋编》卷下《韩岂论茶》。中华书局 1983 年版,100 页。
④ 欧阳修:《归田录》卷二,《欧阳修全集》一百二十七卷。中华书局 1981 年版,1931 页。

宋代习惯饮末茶,即把茶磨成碎末冲饮。元丰六年(1083),在通津门外置水磨百盘,利用汴水加工末茶。"不许在京卖茶人户等擅磨末茶出卖,许诸色人告首,依私腊茶科罪支赏"①,在京水磨茶实施官榷。至元丰七年六月,开封府界各县茶铺"为见在京茶铺之家请买水磨末茶货卖,别无头畜之费,坐获厚利",纷纷要求按在京水磨茶铺的方式"请买水磨官茶"②,同时禁止私磨及诸路末茶入京畿货卖,使开封府及京畿诸县成为官末茶专卖区。王安石变法失败后,水磨茶法废罢,绍圣初又行恢复,至绍圣四年(1097)在长葛、郑州等处增磨 260 盘,加上东京的 100 盘,用于磨茶的水磨已达 360 盘。元符三年(1100)罢东京诸县水磨茶法,崇宁二年(1103)又行恢复。崇宁四年,政府把官水磨委托给 60 户茶磨户经营,每户年出息 5000 贯,共纳 30 万贯,允许"商贾贩茶入京与籍定铺户从便交易"。"汴河都大使臣主管"为水磨茶"均调水势"③,并设官管理承包户与茶商的交易。宋代承包官营资产,要以个人房产地契及金银抵押,完不成承包额即没收其资产,此 60 户可抵押资产都在 5000 贯以上,是茶商中的大户。崇宁五年,废铺户买扑水磨,水磨茶事仍由提举汴河堤岸司主管。政和二年(1112),因水磨茶"有置官之冗,般辇之劳,致妨客贩,收息减少,乃至商贾不通,内外受弊",且京畿等地区已划为"客贩南茶地分",与水磨茶销售区产生矛盾,于是"客贩茶许至京城,与水磨茶兼行,除京城水磨留外,余路水磨并罢"④。南茶可入京城贩卖,侵消水磨茶的市场,此后,水磨茶仅在京城仍占有一定的市场份额,收入大减。

三 北宋前期的东南茶法

东南六路(淮南、江南东西、荆湖南北、两浙诸路)是宋代最重要的产茶

---

① 李焘:《长编》卷三百四十三,元丰七年二月甲戌,8237 页。
② 李焘:《长编》卷三百四十六,元丰七年六月己巳,8303 页。
③ [清]黄以周辑:《续资治通鉴长编拾补》卷二十五,崇宁四年正月乙未。中华书局 2004 年版,830 页。
④ 徐松:《宋会要》食货三〇之三九、四〇,5338 页。

区,嘉祐通商法前一直实行官榷茶法。东南茶法与沿边粮刍入中相联系,成为变动频繁、争议极多的经济立法。

宋初榷买法(乾德二年至淳化三年)。榷买法是商人在京师入纳钱帛金银,给茶钞引,至淮南山场和沿江榷货务取茶贩卖的制度,官府垄断茶源,再发卖给商人。建隆三年(962)正月,宋太祖"以监察御史刘湛为膳部郎中,湛奉诏榷茶于蕲春,岁入增倍"①,在淮南蕲州州府所在地蕲春(湖北蕲春县)设榷茶场。乾德二年(964),江南产茶地区尚未纳入宋之版图,对宋境内及江南销入宋境的茶全面官榷。宋境内产茶区"令民茶折税外悉官买,民敢藏匿而不送官及私贩鬻者没入之"。"民茶"即茶园户生产之茶。同时,"初令京师、建安(大中祥符六年改为真州,今江苏仪征市)、汉阳(湖北武昌市汉阳区)、蕲口(湖北蕲州镇)并置场榷茶"②。建安、汉阳、蕲口镇均在长江北岸。"置场"即设置榷货务。陈均记此事云:榷货务"置于京师及沿江,令商旅入金帛京师,执引诣沿江给茶"③。此时江南茶非宋所产,也未有入中之名,但官府垄断茶货,令商人京师入纳钱帛金银,持茶引异地支付茶货,已具有入中的基本特征。

乾德三年,对宋境内的淮南茶实行榷买,淮南转运使苏晓"建议榷蕲、黄、舒、卢、寿五州茶,置十四场,笼其利,岁入百余万缗"④。官设买茶场,委派官吏统一管理,后加上光州,"六州采茶之民皆隶焉,谓之园户,岁课作茶、输其租,余官悉市之。其售于官皆先受钱而后入茶,谓之本钱"⑤。太祖建立了江南沿江榷货务和淮南山场,垄断了茶源,实施榷买法。

开宝八年(975)平定南唐后,沿袭南唐榷茶制度,"江南诸州茶官市十之八,其二分量税取其什一,给公凭,令自卖"。茶园户可自销18%的自产茶货,官榷与通商并行。因茶商"踰江涉淮,乘时取利,紊乱国法,因缘为奸",冲击了榷茶制度,太平兴国二年(977)正月,江南转运使樊若水建议严禁江

---

① 李焘:《长编》卷三,建隆三年正月丁亥,61页。
② 李焘:《长编》卷五,乾德二年八月辛酉,131页。
③ 陈均:《九朝编年备要》卷一,乾德二年八月。四库全书328册,39页。
④ 李焘:《长编》卷六,乾德三年九月己卯,157页。
⑤ 李焘:《长编》卷一百,天圣元年正月壬午,2312页。

南私茶。同时,鉴于"官所市茶,价直未称"①,提高收购价,由官府全额收购。江南榷茶与淮南不同,淮南是在产茶区设置山场,园户于就近茶场将茶出售给官府,而江南则是"于沿江置榷货八务"。沿江榷货务离产茶州军远近不一,因此要在产茶州县建造仓敖,设买茶场,收购附近园户茶货后,由转运司负责运至沿江榷货务储存,以备商贾请买。园户必须把茶全部卖给官茶场,"民有私藏茶者等第科罪,许邻里论告,第赏金帛有差"②。沿江榷货务有特定的受茶州县,如江陵(即荆南府)"受纳潭、鼎、岳、归、峡州、荆南府"茶,无为军"受纳潭、筠、袁、池、饶、建、歙、江、洪州、南康、兴国军"③茶。两榷货务均受纳潭州(湖南长沙)茶,是因为潭州东南部至无为军较为便利,故由无为军受纳。

  太平兴国三年,吴越钱俶纳土归宋。此后,宋对江南、两浙、荆湖园户所产茶均实施榷买,"岁如山场输租折税,余则官悉市而敛之"④,与淮南一同。对荆湖、江淮、两浙诸州茶园户的榷买沿袭统一前的旧额,园户负担过重。茶场及榷货务监管使臣"务买数多,用为劳绩",对茶的质量监管不严,"拣选不精",以致"人户启幸,多采粗黄晚叶,仍杂木叶蒸造,用填额数,并于额外别利价钱,名为不及号茶。新时出卖不行,积岁渐更陈弱"。茶货质次价低,积压严重,影响榷茶收入。太平兴国九年,盐铁使王明建议园户卖新茶入官,限以时日,"至八月终中卖送纳了毕"。元定买茶额过高,"乞递年数内只买八分"。有的园户"茶园荒薄,采纳不办",不得不"每年衷私于有茶人户处收买供纳",以完成卖茶额。对此类名不符实、定额过高的园户,"委自州县检验不虚,别无体量,依例定地税",即将非茶园地土的茶课按普通农地改征二税。收复江南后,有些杂税"科折茶货,亦有送纳不办者,乞许人户取便送

---

① 徐松:《宋会要》食货三〇之一,太平兴国二年正月,5319页。
② 徐松:《宋会要》食货三〇之一,太平兴国二年二月,5319页。据黄纯艳《宋代茶法研究》18页分析:"八务为乾德二年所置京师、建安、汉阳、蕲州四务,加上太平兴国二年所置江陵、襄州、复州、无为军四务。端拱二年又置海州务,而淳化四年废襄州、复州二务。此后余七务。但京师榷货务只给交引而不积茶,因此一般皆称六榷货务"。
③ 沈括:《梦溪笔谈》卷十二《官政二》。上海书店2003年版,108页。
④ 李焘:《长编》卷一百,天圣元年正月壬午,2312页。

纳。元无税物愿以茶折纳者亦听"①。王明的建议均被采纳,免除了无茶园农户的茶课,降低买茶额20%。包拯总结宋初茶法说:

> 臣窃见国朝茶利课额自收复江浙之后,总山场、榷货务逐岁共得钱四百余万贯,太平兴国之初,并是实钱,其后,西北边急于刍粟入中,遂添估耗。②

在雍熙二年(985)沿边入中实施之前,入钱京师请江淮茶,钱与茶价相当,尚无虚估。

端拱二年(989),政府进行了一次茶法改革的讨论,"献议者言货茶利害有二焉,一曰榷山,二曰放法"。"榷山"即官府垄断收购园户所产茶货,从官府与商人的关系而言,就是正在实施的榷买法。放山即官府不再收购园户茶货,而让商人与园户直接交易,也就是此后实行的贴射法。户部郎中张洎总结此次讨论时说,"榷山"法之对园户有三弊:一是"官榷茶山,利归公室",园户"衣食之源日削",造成"州县凋残,民不聊生"。二是园户"铢两之茶即该宪网,公私追扰,狱论繁兴"。三是园户不堪重负,"日有逃亡",茶园"岁有荒废",官吏"追呼觉察,已失程课"。对官府而言,榷山法造成茶货积压,茶课减少。政府榷买园户茶要花费收购、运输、保管等费用。州县买茶场收购园户茶后,要"水运计纲分送沿江榷货务算卖"③。张洎说:"比来般运,尽出公家,涉历江洛,方舟巨舻,经途万里,岗涛没溺,官吏奸偷,陷失茶纲,比岁常有。"④如咸平二年(999),"盐铁使陈恕言:'袁州牙吏晏贤部茶纲至舒州,江中值风覆舟,估直千余缗,已籍其赀产。'诏释其罪,所籍悉还之。"⑤

刘式贴射法(淳化三年七月至淳化四年七月)。雍熙二年后,河北沿边

---

① 徐松:《宋会要》食货三○之一,太平兴国九年十月,5319页。
② 包拯:《包孝肃奏议》卷八《论茶法》。四库全书427册,158页。
③ 徐松:《宋会要》食货四六之一,5604页。
④ 赵汝愚:《宋朝诸臣奏议》卷一百八,张洎《上太宗乞罢榷山行放法》。上海古籍出版社1999年版。
⑤ 李焘:《长编》卷四十四,咸平二年七月丁酉,956页,1162页。

实施商人入中粮刍,端拱二年,令商人入粟京师折中仓,茶成为主要的支付物,如何鼓励商人入中,成为政府关注的重要问题。因茶货积压及收购、储存、运输周期较长,淮南山场及沿江榷货务将大量陈茶配售给商人,商人利润不博,入中积极性不高,榷货务茶货积压严重。端拱二年的讨论总结了榷买法的弊端,为贴射法的实施奠定了理论基础。淳化三年(992)七月,"诏:淮南茶场今后商旅只得于园户处就贱收买,将赴官场贴射,违者依私茶例区别。"①所谓"贴射"指商人根据自己的意愿选择茶场,直接与园户交易,向官府贴纳净利钱,补足官府的专卖收益损失。如原榷买法官收购茶一大斤,用本钱220文②,运费100文,出卖给商人,售价960文,"合收净利钱"640文。因有陈茶减价出售和腐坏烧弃,实获净利要大大低于640文,约为300余文。贴射法官府不再榷买园户茶,商人与园户直接交易,每一大斤"茶户纳钱一百文,茶商纳钱三百文,茶商出卖地头更纳二百文",共600文,加上茶商买茶时所带金银匹帛等沿途商税,则官府所入与榷买法合收净利"不相悬矣"③。

淳化三年八月,秘书丞刘式等上言:"向者朝廷制置缘江榷货八务,以贮南方之茶,便于商人贸易。今四海无外,诸务皆宜废罢,令商人就出茶州府官场算买。"于是,以三司盐铁副使雷有终为诸路茶盐制置使,"令商榷利害"。南宋陈傅良追述刘式之制云:"淳化三年,秘书丞刘式起请,令商旅自就园户置(买?)茶,于官场贴射,废榷货务。"商人在产茶州县官场算买,与园户交易,属贴射法。淳化四年二月,"诏废沿江榷货务八处,应茶商并许于出茶处市之,自江之南悉免其算。"贴射法推广到江南诸州。

贴射法有"大省辇运,又商人皆得新茶"④的优点,为鼓励商人至江南官场买茶,弥补商人增加的运费开支,大减茶价:

---

① 徐松:《宋会要》食货三〇之二,淳化三年七月,5319页。
② 华镇:《云溪居士集》卷二十六《湖南转运司申明茶事札子》:"茶每一大斤,权以省秤,得九斤之重"。按每大斤220文计,每斤价24.44文。四库全书1119册,589页。
③ 赵汝愚:《宋朝诸臣奏议》卷一百八,张洎《上太宗乞罢榷山行放法》,1162页。
④ 马端临《文献通考》卷十八《征榷五》,174、175页。

据地里远近,减旧价钱,仍免放自江已南缘路商税,及严切铃辖出茶处场务不得住滞及有乞觅。其禁榷茶盐条例并算买交引,一切依旧施行。如有客旅已入交引算买旧榷场茶货者,亦许客旅取便。①

商人于沿边入中粮斛,至京师请领交引,并"许商人输钱京师,给券,就茶山给以新茶。县官减转漕之直,而商贾获利矣"②。

贴射法本应由商人与园户自行交易,而上述诏令云"其禁榷茶盐条例并算买交引一切依旧施行",商人仍用旧榷买法从官场算买茶,原因何在?贴射法买茶的方式是"商人赍券诣茶山,官以新茶给之"③,表面上与榷买法相似,只不过交易地点由沿江榷货务改换成产茶州县官茶场而已。实际上,商人入中获得的有价证券即钞引,在榷买法中是提前支付的茶价,园户茶先由官府榷买,再由榷货务买给商人;在贴射法中,则成为提前预付的茶本钱与贴射费用的凭证,榷货务不再收购园户茶,而由商人与园户直接交易。实施贴射法时,由于朝廷已支付过园户本年度茶本钱,园户所产茶(即课税与定额部分)已归朝廷所有,园户不是自产茶的所有者,故官府可以"大减茶价"而无须征得园户的同意。茶场是商人与园户的交易场所,以监官为代表的官府是交易双方的中间人,仍控制着茶价。交易时商人用茶引支付茶价(即官府收购园户茶的价格,实为茶本钱)和贴射费用(即原榷场卖给商人茶的茶利部分)。这样,既充裕了京师财政,商人也免除了钱帛般运之累。商人购买园户茶,要按实价支付给园户茶本钱,此年园户已从官府得到预支的茶本钱,所以商人不必再支付给园户茶价,只需用茶引支付官府茶本钱,并缴付贴纳钱即完成交易。这就是"官以新茶给之"和"令商人就出茶州官场算买"的含义。

商人在官场的监督下与园户交易,对茶货有选择权,而园户对茶却无定价权。商人所得皆为好茶,劣茶难以销售,且因官府已支付茶本钱,不能出售的劣茶积压官库。为鼓励商人赴江南茶场,官府并未按理论上的要求足

---

① 徐松:《宋会要》食货三六之三,淳化四年二月,5433 页。
② 徐松:《宋会要》食货三〇之二,淳化四年二月四日,5319 页。
③ 徐松:《宋会要》食货三〇之二,淳化四年七月二十日,5319 页。

额收取茶本钱和贴射钱，而是大幅降价，致使茶课收入减少。同时，虽废除了沿江榷货务，新茶不再运至榷货务，但商人仍可持旧引至榷货务算买陈茶，影响州县茶场出货。旧榷货务名无实存，仍行使卖茶职能，商人也未将茶本钱支付给园户，此次贴射法实施得很不彻底。

榷货务设于江北交通便利处，主要功能是"贮南方之茶，便于商人贸易"，罢榷货务后，"商人颇以江路回远非便，有司以损其直亏失岁计为言"①，贴射法未达到维持原课利定额的效果。江南江河纵横，从产茶地贩运至江北，路途遥远，不少商人地理不熟，"积习斯久，颇惮江波之险"。商人从榷货务买茶，可一次挑选数州所产多种品类的茶货，以满足各阶层消费者的不同需求，而州县茶山品类不多，不具备此优势。淳化四年七月，正当新茶上市，贴射法可真正实施之时，诏曰："将徇群情，宜仍旧贯。其沿江榷货八务并令仍旧。诸路制置司宜停，雷有终等并发来赴阙。"②贴射法实施一年就遭废止。

陈恕茶法（淳化四年七月至景德二年五月）。沿江榷货务虽然恢复，争论仍在继续。直到至道初年，刘式仍坚持"请废缘江榷货务，许商人过江，听私货鬻"的贴射法。西京作坊使同领漕运及经度茶盐等事杨允恭主张"依旧江北置务"③，实施由榷货务集中发卖的榷买法。"太宗欲究其利害之说，命宰相召盐铁使陈恕与式、允恭定议"。陈恕"召问商人"征询意见，商人"皆愿如淳化所减之价"行贴射法，"不然，即望仍旧。有司职出纳，难以减损，皆同允恭之说，式议遂寝"④。至道元年七月，"以西京作坊使杨允恭为江南淮南两浙发运兼制置茶盐使，西京作坊副使李廷遂、著作郎王子兴副之"⑤，正式恢复榷买法。榷买法由十三山场或沿江榷货务将茶货批发给持有交引的商

---

① 马端临《文献通考》卷十八《征榷五》，175页。
② 徐松：《宋会要》食货三〇之二，淳化四年七月二十日，5319页。
③ 脱脱：《宋史》卷三百九《杨允恭传》，10161页。
④ 脱脱：《宋史》食货一百八十三《食货下五》，4479页。
⑤ 徐松：《宋会要》食货三〇之二，至道元年七月十九日，5319页。

人,从商人与官府的关系而言,榷买法也称为交引法①。此次改制是在盐铁使陈恕主持下完成的,一般称之为"陈恕茶法"。

恢复榷买法后,陈茶积压未能缓解。至道二年,江淮发运使杨允恭奏请榷江淮盐,停止以江淮盐支付入中,"又请令商人先入金帛京师及扬州折博务者悉偿以茶"②,停止以钱帛、香药、象牙等作为入中支偿物。因陕西、河北地区大肆增兵,为招诱入中,茶货支出增加,茶货积压的状况得以改善。

至道、咸平年间宋夏、宋辽关系紧张之时,"师行馈运,仰于博易",为招诱商人入中粮刍,"有司务优物估,以来输入",大副提高粮刍收购价,称为"虚估"。宋、夏灵州之战时,"入中之价灵州斗粟有至千钱以上者,自余州率不下数百钱"。虚估之外,还有"加抬","价无定,皆转运使视当时缓急而裁处之,如粟价当得七百五十钱者,交引给以千钱,又倍之为二千,切于所须,故不吝南货"③。咸平五年,知制诰杨亿上疏说:"国家募人入粟,偿以十倍之直"④,虚估与加抬使政府为沿边入中粮刍支付十倍价值的茶货,成为榷买法的主要矛盾。

咸平二年(999)正月,"诏:如闻榷茶之所,官不售者必毁弃之,斯可惜也。自今令第其品而受之,轻其价而出之,使物无弃而民获利。"⑤由于园户所产茶"精粗不较,咸输榷务",质量差的陈茶"商人弗肯"算买,而官府"均其色号,以年次给之"⑥。为应付茶货不敷支用的局面,以降低茶价的方式,将劣茶、陈茶配售给商人。

林特现钱入中法(景德二年五月至天禧元年四月)。虚估、加抬使茶货

---

① 宋人将茶法称做榷山、放山、交引、现钱、贴射、通商、三说、四说法等等。交引法是于京师或沿边入中,给交引请领茶、盐、香药、现钱等的榷买法。交引有解盐交引、香药交引、现钱交引、茶交引等多种,"三说"、"四说"法也属交引法。因交引法包含在任何茶法中,因此,本文不用"交引法"作为与其他茶法相区别之概念。
② 李焘:《长编》卷四十,至道二年十一月丁卯,855 页。
③ 李焘:《长编》卷六十,景德二年五月辛亥,1336 页。
④ 赵汝愚:《宋朝诸臣奏议》卷一百三十《边防门》,杨亿《上真宗论弃灵州为便》,1440 页。
⑤ 徐松:《宋会要》食货三〇之二,真宗咸平二年正月,5319 页。
⑥ 徐松:《宋会要》食货三〇之三,咸平三年七月二十三日,5320 页。

支出大增,但茶产量有限,官府"不吝南货",所给茶引远远超过产茶量,"交引停积,故商旅所得茶指期于数年之外",引价大跌,"官私俱无利"。入中者少,边备日蹙,茶法大坏。景德元年(1004),党项族首领李继迁死,宋夏战事结束。十二月,宋辽签订"澶渊之盟"。"及和好罢兵,边储稍缓,物价差减",为茶法改革提供了良好的外部环境。景德二年五月,"命盐铁副使林特与宫苑使刘承珪、崇仪副使李溥,就三司悉索旧条制详定,特呼豪商问讯,别为新法"。

林特茶法仍属榷买法,主旨是降低虚估与加抬,稳定引价,增加收入。主要内容是:

(一)确定各地入中折支比价。

"其于京师入金、银、绵、帛,直钱五十千者,给百千实茶"。陕西、河北、河东州郡按地理远近分为沿边、次边和近里三等,河北沿边入金帛刍粟实直50千,给110千实茶,次边给105千。河东沿边入中金帛刍粟实直50千,给108千,次边给106千。陕西沿边给115千,次边给108千。三路近里州军"所给皆如京师"①,即入中50千,给100千实茶。海州榷货务茶易售,商人喜得之,故无论京师或三边何地入中,"每实钱五十五贯,给海州实钱茶百贯"②。海州茶入中溢价率为82%,其他茶的溢价率为100%—130%。林特实施现钱入中法,入中粮草则按实价计算,支给解盐,或按实钱折茶,含现钱折中法的萌芽。

林特改革使沿边入中与京师入中的溢价率差别不大,京师风险小,成本低,入中的钱帛大部分集中于京师,充裕了中央财政。此时丁谓当权,与参政事王钦若、直史馆陈彭年、宫苑使刘承珪、盐铁副使林特结党,时人称之为"五鬼"。林特茶法成为中央敛财的手段。

(二)贱价回购和兑付旧交引。

南宋陈傅良说:"林特以见钱买入中贱价交钞,而以实钱算茶。"③改法

---

① 李焘:《长编》卷六十,景德二年五月辛亥,1335—1336页。
② 徐松:《宋会要》食货三六之五,景德二年九月,5434页。
③ 马端临:《文献通考》卷十八《征榷五》,174页。

前,因交引发放过滥,豪商大贾趁机"抑其价值",贱市交引,积储以待,谋取暴利。入中商人不能获利,"致入中艰阻"。林特分期回购旧交引,"自新法之行,旧有交引而未给者,已给而未至京师者,已至而未磨者,悉差定分数,折纳入官"①。"未磨者"是未经在京榷货务批验给茶的交引。商人持旧引千贯,每年兑付不超过二百贯,计划五年回购完成。回购价"元定百千交钞,官给十九千",但旧引尚未购完,新引又积压,且分五年兑付造成持旧引者恐慌,引价持续下跌,大中祥符七年,"依市所买每百贯有加抬者,官给十二千;无者官给十一千收市之"②。如不愿出售给官府,则依回购价给陈茶。百千交引以十一二千回购,虚估加抬之利被剥夺殆尽。商人所持旧引仅能保本,"至有裁得所入刍粟之实价"③,运费商税则全部损失。入中溢价从十倍左右降为一倍左右,加上贱价回购的收益,使茶盐课利一度增溢,景德四年,林特、刘承珪、李溥因此得到升迁的嘉奖。

（三）规定程限,逾期贴纳。

林特改法其间,"以京师切须钱",改变过去商人持引可随时到场务算茶的制度,商人至京师兑付交引后,限期至产茶场务算茶,不如期至者,"每十分别输二分缗钱,谓之贴纳"。商人算请茶货,"以交引至先后为次",先至者可领取新好茶,后至者配售陈劣茶。"大商刺知精好之处,日夜走僮使赍券诣官,率多先焉"。程限对大商影响不大,"豪商率能及限,小商或不即知,或无贴纳,即贱鬻于豪商",于是小商"益不能行"④,处于破产境地。

林特制定监当官使臣赏罚条例、加强对茶场的监管。改法之初,给园户茶定级,有"入等则给价直,不入等者既不许私卖,亦皆纳官"的条款,对等外茶实施掠夺政策。真宗认为:"若令一切精细,岂不伤园户耶?"令"裁损"此条⑤。

林特改革使茶利集中于京师,商人于三边地区入中获利不多,积极性不

---

① 李焘:《长编》卷八十五,大中祥符八年闰六月丙戌,1937 页。
② 李焘:《长编》卷八十四,大中祥符八年二月癸丑,1916 页。
③ 脱脱:《宋史》卷一百八十三《食货下五》,4480 页。
④ 脱脱:《宋史》卷一百八十三《食货下五》,4481、4482 页。
⑤ 李焘:《长编》卷六十三,景德三年七月庚午,1415 页。

高。为了满足沿边军储的需要,不得不恢复加饶、虚估制度。天禧元年（1017）,因茶货积压,"所给茶多不精,商人罕有饶益",陕西"商人入中粮草,交引愈贱,总虚实钱百千,鬻之才得十二千",知秦州曹玮"请于永兴、凤翔、河中府官出钱市之,奏可"①。交引贬值,茶利流失,商人也未获利。

李迪现钱折中法（天禧元年四月至天圣元年二月）。大中祥符九年十月,宋真宗因林特茶法"厚敛",令"翰林学士李迪、给事中权御史中丞凌策与三司同议茶盐制度,俾茶园盐亭户不至失所,客旅便于兴贩,百姓供用不匮"②。次年,李迪进行茶法改革,对京城入中加以限制,规定"在京榷货务入便钱"以大中祥符七年261万贯为额。林特茶法规定,商人京师入中金银、帛绵或钱贯,"悉从商人所有而受之",即入中金帛均按入中现钱折算,李迪"令十分输缗钱四五",现钱与金帛之比为45∶55,不久改为现钱不得低于40%,抑制了京师入中的规模。李迪"仍定加饶、贴纳之差"③,降低京师入中的加饶率,《续资治通鉴长编》卷一百天圣元年正月丁亥条载：

> 诏：京师入钱八万给海州、荆南茶,入钱七万四千有奇给真州、无为、蕲口、汉阳并十三场茶,皆直十万,所以饶裕商人……其入钱者,听输金帛十之六。

加饶率分别为25%和35%。对沿边路分入中实行现钱折中法,商人入中刍粮,不能直接溢价折成茶货,而是"斗束量增其直,计实钱给钞,入京以见钱买之"。商人得到现钱之后,如想要茶交引,"令榷货务并依时价纳缗钱支茶,不得更用刍粮交钞贴纳茶货",即不准在规定溢价率外再"加抬"。诏令"每入百千,增五千茶引与之,余从其请"④。河北、陕西每入中实值百贯刍粮,比在京入钱多给五贯茶货,即请荆南、海州茶,加饶30%,给其他地区茶,加饶40%。

因详定茶法的实权仍掌握在丁谓集团成员李溥的手中,"凡有条奏,多

---

① 李焘:《长编》卷八十九,天禧元年二月五日,2039页。
② 徐松:《宋会要》食货三〇之四,大中祥符九年十月二十六日,5320页。
③ 李焘:《长编》卷八十九,天禧元年四月甲戌,2053页。
④ 脱脱:《宋史》卷一百八十三《食货下五》,4482页。

令李溥裁酌。溥务执前制,罕所变革"①,包括现钱折中法在内的李迪茶法推行艰难,沿边路分多未执行。终真宗一朝,林特茶法仍处主导地位。

沿边入中以实价折算成钱给券,宋人称为"现钱法",为与入中现钱区别,本文称之为"现钱折中法"。入中不以实价折算成钱,而按虚估给券,至京师算请钱,或算请茶盐香药等,本文称之为"虚估折中"或"实物折中"。

无论是林特的现钱入中法,还是李迪"量增其直"的现钱折中法,以入中现钱为主,均未达到刺激沿边入中粮刍的效果。天禧五年,"陕西入中刍粮甚少,淮南茶货停积"②,河北"入中刍粮,诸州有多增其价者",入中粮草不多,江淮茶货积压,增高虚估、引价贬值的弊端再次出现,陕西百贯钞引,至京师市价"才直五千",三司不得不出钱五十万贯,"于京城市而毁之",以提高引价。为降低虚估,令沿边州军每月呈送粮刍在市实价,"约所定价,视其亏官之甚者而裁损之"③,这只能减少政府亏损,却不能增加商人入中。

林特茶法以实直计算入中金帛刍粟,加倍支付交引,仍是溢价。《文献通考》引南宋陈傅良曰:"林特以见钱买入中贱价交钞,而以实钱算茶,犹以五十千或五十五千算茶百千,则是去虚估加抬未远也。"④林特茶法降低了虚估,但茶货积压的矛盾越来越突出。陈茶质次价低,难以吸引商人入中,为强化官府的支付能力,林特、李迪改法期间,数次实行"三说法",即用茶、钱、香药象齿作为入中支付物。三说法的实施说明茶在入中支付中的作用降低。天禧五年,淮南十三山场名义上岁卖茶收入23万贯,实际远远低于此数。按林特茶法,价值百贯茶引平均售价55贯,此年十三山场实际卖茶共入13万余贯,除去给茶园户的茶本钱9万余贯,"有利钱三万余贯"。按虚额23万贯计,即使达到年卖茶五十万贯的定额,"裁得实利钱七万余贯,监官请给费用不在数"。此年的茶课收入"经此折算课额,虚数甚多",如果"交引价减,必转陷失"⑤。林特、李迪茶法难以为继,改革之议又起。

---

① 脱脱:《宋史》卷一百八十三《食货下五》,4482页。
② 李焘:《长编》卷九十七,天禧五年十一月壬子,2256页。
③ 李焘:《长编》卷九十七,天禧五年五月己亥,2247页。
④ 马端临:《文献通考》卷十八《征榷五》,174页。
⑤ 徐松:《宋会要》食货三〇之五,天圣元年三月,5321页。

李咨现钱折中法与贴射法(天圣元年二月至天圣三年十一月)。天圣元年(1023)二月,权三司使事李咨主持改革。李咨借鉴了淳化年间刘式贴射法废除沿江榷货务失败的教训,贴射法仅在交通便利的淮南十三山场实施,而江南茶仍实施由沿江六榷货务集中发卖的制度。主要内容是:

(一)沿边入中粮刍用现钱折中法。李咨认为,交引法造成入中溢价、茶课流失,"以镇戎军、定州为率,镇戎军入粟直二万八千,定州入粟直四万五千,给茶皆直十万"。镇戎军粟直不到茶本钱的三分之一,"所得不偿,其弊在于茶与边籴相须为用"①。镇戎军、定州是屯驻军兵较多的沿边州郡,是管辖沿边数州的安抚司治所,有代表性。李咨沿用李迪的现钱折中法,切断沿边入中与茶的直接联系,"商人入刍粟塞下者,随所在实估,度地理远近增其直,以钱一万为率,远者七百,近者三百,给券至京师,一切以现钱偿之,谓之现钱法"。"实估"即"时估"、"市估",也称"旬价",是州县官每旬上报的粮刍收购实价,"虚估"则是在市估基础上虚增加饶后的价格。"实估"与市价接近,但有差别,市价随时波动,而实估一旦确定,就一旬不变。州县官每月把每旬实估制成表状,县送州,州送本路监司(转运司或经略司),监司上报三司户部。入中粮刍根据地理远近,以当地时价为基础,溢价7%—3%,比李迪现钱折中法不分远近均溢价5%合理。如不愿请京师现钱,"愿得金帛若他州钱或茶盐、香药之类者听",但仍按入中粮草的实价(含3%—7%的溢价)先换算成钱,再以京师纳钱的溢价率算请茶,"大率使茶与边籴各以实钱出纳,不得相为轻重,以绝虚估之弊"。

(二)降低入中溢价率。天禧年间李迪令京师入钱80贯,给海州、荆南榷货务茶百贯,入钱74贯,给真州、无为、蕲口、汉阳并十三场茶百贯。天圣元年正月李咨建议,京师入钱86贯,给海州、荆南榷货务茶百贯;入钱80贯,给真州、无为、蕲口、汉阳军榷货务茶百贯,入中溢价率分别为16%和25%,"其入钱者听输金帛十之六"②,进一步降低了入中溢价率。不过,在此年四月正式颁布的条令中,将六榷货务的入中溢价率均定为25%,只不过入中现

---

① 李焘:《长编》卷一百二,天圣二年七月壬辰,2360页。
② 李焘:《长编》卷一百,天圣元年正月丁亥,2315、2316页。

钱与金帛的比率有所不同。"如愿靖蕲口、真州、无为、汉阳军四务茶",于在京榷货务入实钱百千,"内四十千见钱,六十千金银紬绢小绫,共支百二十五千茶",即给25%的加耗。愿请荆南、海州两务茶,于在京榷货务入实钱百千,"内四十五千见钱,五十五千金银紬绢小绫,共支百三(二?)十五千茶"。如在逐处榷货务入纳钱物,荆州、海州钱物比例为45：55,四榷货务为40：60,与在京榷货务相同,且均"支与百二十五千茶"①。

沿边入中刍粮,依当地时价给钞引,至京师折算成钱,再以钱数按京师溢价率请领沿江六榷货务茶,或于在京师榷货务纳净利钱,指射淮南十三场茶。李咨最初规定沿边州军按粮刍时价给3%—7%的加价,脱离现实,在具体实施过程中,沿边入中粮草"算射茶货,其间多有加增价费,以虚钱支请实茶数多,因此交引价钱(贱?)"。沿边为了招诱商人入纳粮刍,增给虚估,使官府多支茶货,"即今十三山场、四榷务茶交引,每百斤止卖六十三斤",价值百斤的茶货,只卖得63斤的实钱,价值百贯的茶"比元定则例小十七千"。原定价例为在京入钱80贯,给茶百贯,少17贯为63贯,即百贯粮刍钞引的实价相当于63贯茶货。按此比率,百贯茶货的粮刍钞引,按票面价值应兑换158.7贯茶货,高于京师入纳百贯给125贯茶的溢价率,有亏于官。定夺茶盐所规定:"今日已后陕西、河北虚实钱交抄,于在京榷货务算买六榷务茶别(引?)者,每百千于在京别纳见钱五十千,更无加抬,共支与天禧五年茶百五十斤。"②原来百贯粮钞实值63贯,再纳50贯,为113贯,给150贯茶,相当于实价粮刍钞引百贯兑付133贯茶,溢价率为33%。所给茶是近年陈茶而非新茶,故溢价率高于25%。

(三)淮南十三山场行贴射茶法。"贴"即贴纳,主要指商人纳钱补足政

---

① 徐松:《宋会要》食货三〇之六,天圣元年四月,5321页。按:"海州、荆南茶善而易售,商人愿得之",故贵于其他四务,此处"支百三十五千茶"疑有误。入钱六榷货务,给茶的溢价率均为25%,以此推算,"百三十千五"应为"百二十五千"。《宋会要》食货三六之二七载,"景祐三年五月十四日,详定茶法所言:'检详天圣元年旧制,商人皆自东京榷货务纳钱,买荆南、海州榷货务茶,每价钱百贯,听纳实钱八十贯。'"则知京师入钱给荆南、海州茶的溢价率为25%。

② 徐松:《宋会要》食货三〇之六,天圣元年四月,5321页。

府损失的净利收入,"射"即允许商人根据自己的意愿选择茶场,直接与园户交易。"以十三场茶买卖本息并计其数,罢官给本钱,使商人与园户自相交易,一切定为中估,而官收其息"①。如舒州罗源茶场中等茶价每斤官预支给园户本钱二十五文,卖给商人斤价为五十六文。其二十五文本钱由商人给园户,"官支本钱更不反给,止收净利三十一文,令客人贴纳"。商人与园户自行交易,交易价按官府原购买园户中等茶的价格。园户对自产茶无定价权,贴射法未使园户价格自主。商人要买十三山场茶,"并于在京榷货务纳净利实钱",每百贯纳五十贯现钱,五十贯用金银䌷绢小绫折纳,现钱率比算买沿江榷货务茶高。"如无本色,即纳见钱"。园户原来卖茶入官,每百斤纳耗茶二十至三十五斤,"今既许客与园户商量贴射,其耗茶并请除放",园户负担有所减轻。"园户既不于官场请本纳茶,且免官场上下邀难侵尅"②。商人与园户交易,要"赴官场贴射",官场官吏是茶货交易的中间人,负有监管与定价之责。贴射法减少了官吏对园户的勒索。园户卖不尽茶"则官市之如旧"。园户逾期而未卖足定额,"计所负数如商人入息"③,即每斤缴纳31文的净利钱。

商人京城纳钱请买十三场茶,每百斤"贴纳净利钱二千一百",并依各场离京师"地理远近,合有分数则例饶润"。如蕲州王琪场每百斤饶润六十斤,黄州麻城场每百斤饶润五十斤,光州光山场每百斤饶润四十斤。十三山场平均每百斤饶润四十五斤。所谓"饶润",指"客人卖(买?)茶赴场,却于在京出纳钱物者,每百四十五斤,内百斤依前项则例,余四十五斤饶润"。饶润并非无偿加饶给商人,而是允许商人每纳百斤净利钱,可购买一百四十五斤茶货,买茶本钱仍要全额支付。如商人在山场入纳钱物,每百斤茶"贴纳净利钱三千一百",较在京多一千文,"比在京入纳则例,于饶润茶数内与减十斤",平均饶润三十五斤。以饶润价除以百斤全额茶价,在京纳钱饶润

---

① 脱脱:《宋史》卷一百八十三《食货下五》,4483—4484 页。
② 徐松:《宋会要》食货三〇之五,天圣元年三月,5321 页。
③ 李焘:《长编》卷一百,天圣元年正月丁亥,2314 页。

20.5%,十三山场纳钱饶润19.4%①。饶润茶也称耗茶。十三山场距京畿及三边茶消费区较近,故加耗比沿江榷货务低。

商人从山场买茶后,"给与公引放行",到指定的地区贩卖,"如要于沿路通商地分破卖亦听"。"公引"具路引性质。宋将江淮茶分成数个销售区,如河北主要为十三山茶销售区,江南茶则分为京畿、陕西等销售区,分配至某区销售的茶不许至其他销售区贩卖。公引内"将正耗各别开坐数目,令经过沿路州军税务验引"。凡贴纳净利茶,"沿路所经及住卖之处悉收税利",饶润茶不收过税,至住卖处则缴纳住税。如贩者"别无正茶,只称是耗茶,缘官中难以辨明,沿路州军据数收纳税钱"。园户要将自产茶贩卖至外地,依商人例纳贴射钱,但"止得于通商地分货卖"②,不许贩茶到沿边及京畿等专门销售区。

(四)合理回收旧钞引,或令商人贴纳钱兑付旧引。天圣二年规定:"旧以虚估给券者,至京师为出钱售之,或折为实钱给茶,贵贱从其市估。"商人入中所得旧钞引的票面价是虚估价,至京师兑付时,在京榷货务不按钞面价批验,而按各地州军每月上报的当地粮刍市估收购,或按粮刍市估折算成钱给茶,与新钞的兑付方式相同。如已经在京榷货务批验,按钞面价"贱售于茶商者",只能请领天禧五年以前陈茶,"券钱十万,使别输实钱五万"。十万文即一百贯,按天圣元年改法以后每百贯粮刍钞实值63贯,再贴纳50贯,即113贯,"共给天禧五年茶直十五万",即给价值150贯的陈茶,溢价率为33%。陈茶支尽,则给新茶,"增别输钱五万者皆为七万",溢价率为25%,与新券溢价率相同。"小商百万已下免输钱",每券百贯,依地理远近折给价值70贯至75贯的天禧年间陈茶,"天禧茶尽,则给乾兴已后茶",与大商一样每百贯贴纳钱70贯。按此法处理旧引后,天圣元年至二年一年间,"省合给茶及香药、象齿、东南缗钱总直缗钱二百七十一万"。

---

① 在京:(每斤净利钱21×饶润斤数45)÷(每斤茶本钱25×100+每斤净利钱21×100)
 ≈ 20.5%。
 六榷货务:(每斤净利钱31×饶润斤数35)÷(每斤茶本钱25×100+每斤净利钱31×100)
 ≈ 19.4%。
② 徐松:《宋会要》食货三〇之五、六、七,天圣元年三月,5321、5322页。

李咨茶法对增加边籴、降低虚估有明显的效果。李咨说:自新法推行一年,"茶及香药、东南缗钱每给直十万,茶入实钱七万四千有奇至八万,香药、象齿入钱七万三千有奇,东南缗钱入钱十五万五百。"商人于京师及沿边入中,每得茶百贯,输钱74余贯至80贯;得香药犀象百贯,输钱73贯。入中支偿茶的溢价率为25%—35%,支偿香药、象齿的溢价率为37%。现钱折中法以京师榷货务缗钱支付沿边入中,所支付的京师缗钱均为"东南缗钱"。入钱京师请领东南茶货,是东南榷茶钱,商人支付给园户的茶本钱及买茶运费等支出,也多采用先在京师入便钱,再到十三山场或沿江榷货务支取的方式。即使在十三山场或沿江榷货务入纳的钱帛,也由中央支配。香药、象齿来自广南。商人入中沿边粮刍,至在京榷货务兑付现钱,现钱来自东南茶和香药、象齿等收入,而东南茶及香药、象齿已给商人25%以上溢价。因沿边粮刍另有加价,因此,商人入中价值百贯的粮刍,政府要支付150.05贯的东南缗钱。对商人而言是溢价,对官府来说则是折价,也就是说,商人沿边入中粮刍,请领现钱,折合官府折价出卖茶、香药、象齿收入的东南缗钱,溢价率为50%。

改法前乾兴元年用三说法,"京师实入缗钱七十五万有奇,边储刍二百五万余围,粟二百九十八万石"。改法一年后,"京师实入缗钱增一百四万有奇,边储刍增一千一百六十九万余围,粟增二百一十三万余石,所省及增收计为缗钱六百五十余万"。京师缗钱增入近40%,边刍增入570%,粟增入71%。与林特一倍左右的溢价相比,现钱折中法不仅溢价率低,且使沿边入中量增加。

李咨茶法存在先天的弊端。天圣二年七月,江淮茶盐制置司言:"茶有滞积坏败者,请一切焚弃。"朝廷疑变法有弊,"遣殿中侍御史王硕、内殿承制朱绪点检山场所积茶"。李咨上言辨解,枢密院与中书门下大臣支持改法,说东南茶货并无积滞,"其制置司请焚弃者,特累年坏败不可用者尔"①。一年后,"论者犹争言其不便",于是命翰林侍读学士孙奭等"再加详定"②。孙

---

① 李焘:《长编》卷一百二,天圣二年七月壬辰,2360—2361 页。
② 李焘:《长编》卷一百三,天圣三年八月丙寅,2387 页。

奭等经调查后上言:"十三场茶积未售六百一十三万余斤,盖许商人贴射,则善茶皆入商人,其入官者皆粗恶不时,故人莫肯售。"贴射法虽然规定商人贴射新茶要"带请旧茶",但商人与园户直接交易使此法成为空文,劣茶不售使旧茶不断增多,焚弃陈年旧茶不能掩盖茶货积压的弊端。

贴射法规定园户卖茶未达定额者,"如商人入息",缺额由茶场"勾收入场中卖,支与价钱,须管敷及年额"。商人所买"并是好茶",而"官中定作中色";园户剩茶多是次茶,而官中仍要让以中等价责园户缴纳好茶,"承认课利",园户"难为送纳"。后虽规定所欠定额茶"以三十斤为则"①,即园户最高贴纳三十斤茶的净利钱,园户欠息钱者仍不少,如"太湖等九场凡逋息钱十三万缗"②。"园户皆细民贫弱,力不能给,烦扰益甚"。同时,贴射法增加了对私茶的监管难度,"又奸人倚贴射为名,强市盗贩,侵夺官利",走私增多,茶课流失。现钱折中法加大了中央政府的现钱流出,中央财政困窘。"其弊如此,不可不革"。

孙奭榷买法与三说法(天圣三年十一月至景祐三年三月)。天圣三年八月,令翰林学士孙奭等"再加详定"茶法,十一月己卯朔,孙奭制定出了新茶法,上言:

>"请罢贴射法,官复给本钱市茶,而商人入钱以售茶者宜优之。请凡入钱京师售海州、荆南茶者,损为七万七千,售真州等四务、十三场茶者,损为七万一千,皆有奇数。入钱六务、十三场者,又第损之,给茶皆直十万。"庚辰,诏从奭等议。③

对园户茶仍实施榷买法,李咨被黜知洪州。商人入钱京师,请海州、荆南茶的溢价率为30%,请真州等四务及十三场茶的溢价率为41%。沿边入中粮刍,给交引,其中河北"给以香、茶、见钱三色交引,住(往?)十三山场算茶"④,恢复了以虚估折中的三说法。陕西、河东入中给解盐、矾、江淮茶、京

---

① 徐松:《宋会要》食货三〇之七,天圣元年八月,5322页。
② 李焘:《长编》卷一百四,天圣四年闰五月戊申,2408页。
③ 李焘:《长编》卷一百三,天圣三年十一月己卯,2391页。
④ 徐松:《宋会要》食货三〇之七,天圣三年十一月一日,5322页。

师及诸州钱,其中请算解盐至南区十二州销售者,仍入钱京师,至东区、西区销售者,入钱于陕西州军。为了减少京师现钱开支,令延、渭、环、庆、镇戎军五州军"依秦州例入纳粮草,于四川益州支给见钱或交子,取客稳便请领"①。河北、河东、陕西入中粮刍于在京榷货务请领的现钱,可"于在京榷货务依入纳见钱算买加饶则例翻换交引文字,往指射去处请领",每贯给1%—3%的"加支",依便钱法扣除0.5%的"润官钱"即手续费。如翻换河东忻州、宪州、岚州、石州、宁化军、岢岚军、火山军、保德军八处现钱,"每十千加支三百,每贯上到京克下润官钱五文。汾州、交城监、平定军三处每十千加支二百,每贯上到京克下润官钱五文。晋州、绛州、慈州、隰州、潞州、辽州、威胜军八处每十千加支百文,免克润官钱。"②

孙奭的实物折中必然造成高额虚估,课利减少。"以天圣九年至景祐二年较之,五年之间,河北缘边十六州军入中虚费缗钱五百六十八万"③。商人入中沿边请射茶盐,在京榷货务"直批往逐处算买,遂致在京无见钱入纳"④。

李谘现钱折中法(景祐三年三月至康定元年)。明道元年(1032),李谘重任权三司使,朝廷已有改法之意。次年,李谘升任枢密副使。景祐元年(1034),李谘说:"今三司言岁课益亏,请复用天圣初所定法",诏因天圣初改法"皆坐黥配"的王举等人恢复名誉,"依三司出职例,各迁一资"⑤。景祐三年正月,三司吏孙居中言:"自天圣三年变法,而河北入中虚估之弊复类乾兴以前,蠹耗县官,请复行见钱法。"⑥诏知枢密院事李谘、三司使程琳等同议茶法。三月,"李谘等请罢河北入中虚估,以实钱偿刍粟、实钱售茶,皆如天圣元年之制"。五月,"陕西入中交抄并勒赍至京师,给以见钱,愿请它处茶或香药及外州见钱者并听"⑦。河北、陕西均实施了现钱折中法。

---

① 徐松:《宋会要》食货三六之一九,天圣四年三月六日,5441页。
② 徐松:《宋会要》食货三六之二二,天圣五年五月,5442页。
③ 李焘:《长编》卷一百十八,景祐三年三月丙午,2782页。
④ 徐松:《宋会要》食货三〇之八,景祐三年五月十四日,5322页。
⑤ 李焘:《长编》卷一百十五,景祐元年九月丁未,2701页。
⑥ 李焘:《长编》卷一百十八,景祐三年正月戊子,2773页。
⑦ 徐松:《宋会要》食货三〇之八,景祐三年五月十四日,5322页。

孙奭茶法其间,为了增加税课,像京师交引铺一样买卖收蓄交引,"竞市虚估之券以射厚利。而入钱者寡,县官日以侵削,京师少畜藏"①。李咨为充裕京师现钱储备,提高了京师入钱折支茶货的溢价率,"令在京输纳见钱,仍比天圣元年价量减数贯,以利商旅"②。天圣现钱法规定京师入钱80千,给茶百千,改为入钱70千,溢价率由25%提高至43%;京师入钱算请香药象牙,每百贯再给5贯"加饶",70贯合给3.5贯,溢价率为48%。沿边入中粮刍,天圣现钱法据地理远近溢价3%—7%,新法"入中增直,亦视天圣元年数第加三百",即加6%—10%。按8%计,沿边入中粮刍到京师算请茶货,为实价64.8贯算请百贯茶,溢价率为54%,算请香药象牙103.5贯,溢价率为60%。

为使商人多入钱京师,允许"商人输钱五分,余为置籍召保,期年半悉偿,失期者倍其数"。鼓励京师入钱的目的,是保证沿边现钱折中的顺利实施,避免出现京师钱入少出多、不足支付的局面。次年,恢复京师入钱"每一百贯六十贯见钱,四十贯许金银折纳"③的旧制。康定元年(1040)正月,废除沿边入中钞引"必得交引補为之保任"的制度,"命商持券径趋榷货务验实,定偿之钱",以革除"京师坐贾卒多邀求,三司吏稽留为奸"之弊,防止"蓄钞豪户"操纵引价,投机谋利。但因入中之制多变,在京榷货务常常不能及时兑付商人所持钞引,京师交引铺贱价收购钞引、投机谋利的现象仍很兴盛。

现钱折中法仍允许商人算请茶、香药、象牙等物,但要到京师以入中实价按现钱折算。改法以前旧引,"给茶如旧,仍给景祐二年已前茶"④。为增加京师现钱收入,"每旧交引百贯令客人别买新例交引一百贯三说抄",称"对买"。不买三说新钞而算请香药、象牙,"每百贯别买新例香药象牙五十贯"⑤。

---

① 李焘:《长编》卷一百十八,景祐三年三月丙午,2781页。
② 徐松:《宋会要》食货三六之二八,景祐三年五月十四日,5445页。
③ 李焘:《长编》卷一百二十,景祐四年正月壬午,2819页。
④ 李焘:《长编》卷一百十八,景祐三年三月丙午,2781页。
⑤ 徐松:《宋会要》食货三六之二八,景祐三年二月十九日,5445页。

虽然李咨采取了鼓励商人京师入钱的种种措施,京师钱货不足的状况仍未缓解。宝元元年(1038),"上封者言:'自变茶法,岁辇京师银绢易刍粟于河北,配扰居民,内虚府库,外困商旅,非便。'"①因入中者少,朝廷支拨银绢至河北,配卖给民户,换成现钱,再置场和籴粮刍,成为比入中折茶更重要的方式。朝廷命张观等与三司别议茶法。七月,详定茶法所张观请进一步增加溢价率。诏令每算请真州等四榷货务及十三山场茶十万,"入钱京师止为钱六万五千,入中河北为钱六万四千"。京师入钱算请香药象牙,每入钱百贯加饶由五贯增为 7 贯,河北增为八贯②,原规定沿边入中按地理远近每实值百贯粮刍溢价 6%—10%不变。京师算请茶溢价率为 54%,算请香药象牙按每百贯加饶 7 贯计,65 贯加饶 4.55 贯,溢价率为 61%;河北按粮刍 64 贯算请茶百贯,合实价粮刍 59.3 贯算茶百贯,溢价率为 69%,实价粮刍 59.3 贯算请药象牙 105.12 贯,溢价率为 77%。

实物折中的弊端主要是虚估加抬提高入中粮刍之价,官府按虚价支付。现钱折中法以实钱折算,政府可以控制折中价,本为降低虚估,而溢价率的不断提高,使降低虚估的难以实现。

康定以后茶法。康定元年十二月(1041 年初),"会河北谷贱,三司因请内地诸州行三税法,募人入中,且以东南盐代京师实钱。诏籴至二十万石止"③。不久陕西也行此法,庆历二年,陕西"仍令转运司听商人于缘边及内地入见钱,给以香药象牙、盐、茶,或与恩泽"④。三说法一般以茶、香药象牙、现钱为入中支付物,以东南盐代京师钱,是因为此时宋与西夏元昊交兵,京师现钱紧缺。三说法属虚估折中,李咨的现钱折中法又告终结。

在不实施三说法时期,香药象牙仍是入中的支付物,只不过商人算请何物"惟所欲,商人便之"。香药象牙是奢侈品,不如茶易于销售,故溢价率比茶高。香药不被商人算请时,政府常常把香药在市场上出售,如康定二年,

---

① 李焘:《长编》卷一百二十一,宝元元年正月甲子,2856 页。
② 徐松:《宋会要》食货三〇之九,宝元元年七月二日,5323 页。
③ 李焘:《长编》卷一百二十九,康定元年十二月戊申,3072 页。
④ 李焘:《长编》卷一百三十二,庆历二年五月甲子,3127 页。

"三司言：'乞从京支乳香赴京东等路，委转运司均分于部下州军出卖，其钱候及数目，即部押上京，充榷货务年额……'从之。"①三说法规定了茶、香、钱的比例，"定立分数，不许从便"②，既增大了政府的支付能力，又可避免香药象牙的积压。

康定元年三说法大约行之一年左右即废，庆历二年，河北又行三说法。"入中陕西、河东者，持券至京师，偿以钱及金帛各半之；不愿受金帛者，予香药、茶、盐，惟其所欲。而东南盐利特厚，商旅不复受金帛，皆愿得盐。"陕西、河东入中，主要给解盐，不受解盐者给京师现钱、金帛各半，但并未按入中粮刍的实价折算，并非现钱折中法。不愿受京师钱帛者，给香药、茶、盐，"惟其所欲"，说明与三说法一样仍是虚估折中。行之数年，虚估弊出。三司使张方平言当时陕西军费支出时说："本道财赋支赡不足，募商人入中粮草，度支给还钱帛，加抬则例价率三倍，茶盐矾缘此法贱，货利流散，弊悉归官。"③，于是又行现钱法。庆历八年，三司言："自见钱法行，京师之钱，入少出多。庆历七年，榷货务缗钱入百十九万，出二百七十六万。以此较之，恐无以赡给。"三司建议"加以南末盐为四税而行之"④。诏河北沿边行四说法，近里州军仍行三说法。陕西、河东入中自庆历八年十月范祥进行改革，实施现钱入中法，入中粮刍者按实价折成现钱，以实钱请领解盐。解盐在东、西、南三个销售区均实施通商法，茶不再是陕西、河东入中的支付物。

河北四说法、三说法行之数年，"茶法复坏。刍粟之直大约虚估居十之八，米斗七百，甚者千钱。券至京师为南商所抑，茶每直十万止售钱三千。富人乘时收蓄，转取厚利"。商人入中，钞面价值百贯，至京师仅卖三贯，"北商无利，入中者寡，公私大弊"⑤。皇祐三年（1051），"诏三司，河北入中粮草复行见钱法"⑥。而陕西、河东的范祥解盐改革取得成功，沿袭二十余年无大

---

① 徐松：《宋会要》食货三六之二八，康定元年二月二十一日，5445页。
② 李焘：《长编》卷二百二十，熙宁三年二月戊辰，5349页。
③ 李焘：《长编》卷一百六十一，庆历七年十二月庚午，3895页。
④ 李焘：《长编》卷一百六十五，庆历八年十二月丙子，3976页。
⑤ 脱脱：《宋史》卷一百八十四《食货下六》，4492页。
⑥ 李焘：《长编》卷一百七十，皇祐三年二月已亥，4079页。

变化。三说法每过几年就实施一次,实施一至数年就废止。宋人范镇《东斋记事》卷一云:

> 庆历八年后,以茶、盐、香药、见钱为四说,沿边用之。茶、盐、香药为三说,近里州军用之。议者谓四说与见钱之法皆不可常守,必视边计之厚薄与物价之高下,以时变通之乃可也。

与茶相关的现钱折法中与虚估折中法(包括三说、四说法)各有利弊,每次改变,既是沿边入中粮刍与京师入中缗钱矛盾的反映,也是政府茶利与商人收益矛盾的平衡。

河北实施现钱法后,"京师积钱少,不能支入中之费,尝出内藏库钱帛百万以赐三司。久之,入中者浸多,京师帑藏益乏。商人持券以俟,动弥岁月,则至损其直以售于畜卖之家。"交引价贱,商人利薄,入中减少。沿边军需粮刍多采用中央拨钱帛运至河北直接和籴,如皇祐四年三月出绢十万,七月又出钱三十万、绢十万,五年七月出缗钱十万、绸绢二十万、绵十万,至和元年(1054)六月出绸绢五十万、缗钱三十万①,嘉祐元年(1056),"出内藏库银十万两,绢二十万匹,钱十一万贯,下河北市籴军储"。《续资治通鉴长编》卷一百八十四嘉祐元年十月丁卯条载:

> 提举籴便粮草薛向建议:"……请罢并边入中粟,自京辇钱帛至河北,专以见钱和籴。时杨察为三司使,请用其说,因辇绢四十万匹,当缗钱七十万;又畜见钱及择上等茶场八,总为缗钱百五十万储之京师,而募商人入钱并边,计其道里远近,优增其直,以是偿之,且省辇运之费,惟入中刍、豆,计直偿以茶如旧。"②

河北军需粮斛或将左藏、内藏库钱帛运至河北籴买,或令商人入中现钱,用现钱和籴,只有入中马料刍豆才给钞偿茶。现钱法废,"刍豆虚估益高,茶益贱"③,茶作为入中支付物的作用进一步降低。

---

① 李焘:《长编》卷一百七十六,至和元年八月癸巳,4269 页。
② 李焘:《长编》卷一百八十四,嘉祐元年十月丁卯,4450 页。
③ 李焘:《长编》卷一百八十八,嘉祐三年九月辛未,4526 页。

庆历八年陕西、河东入中不支茶后，茶货支出日益减少，皇祐三年河北现钱法使茶与入中的联系更少，支付园户本钱成为财政负担，官场收购茶货的数量锐减，即使如此，"山场榷务见积压累年茶货一千一百余万斤，并无客人算请"①。嘉祐三年，河北"入中刍豆，罢勿给茶，所在平其市估，至京师以银、绸、绢三物偿之"。自此以后，茶法与边籴脱离，"而通商之议起矣"②。嘉祐四年，除福建茶外，"余茶肆行天下"③，均实施通商法。四川茶熙宁七（1074）年又行禁榷，而东南茶通商达四十余年，至崇宁元年才再行禁榷。

四　北宋后期的蔡京茶法

嘉祐通商茶法未能明显增加财政收入，崇宁元年始，蔡京再次实施榷茶。蔡京茶法曾数次变更，不断增改，"其科条纤悉纷更，不可胜记"④。至政和二年推行和同场法后，南宋沿用百余年无大变更。黄纯艳《宋代茶法研究》指出："蔡京茶法所创行的以引榷茶的制度是宋代实行时间最长、地域最广、影响最持久的榷茶制度"⑤，其深层原因值得探讨。

现钱入中与长短引发放法（崇宁元年二月至四年五月）。马端临等：《文献通考·征榷考五》载：

> 右仆射蔡京议大改茶法，奏言："自祖宗立额榷之法，岁收净利凡三百二十余万，而诸州商税七十五万贯有奇，食茶之算不在焉。其盛时，几五百余万缗。庆历之后，法制寝坏，私贩公行，遂罢禁榷，行通商之法。自后，商旅所至与官为市四十余年，利源寝失。谓宜荆湖、江淮、两浙、福建七路所产茶，仍旧禁榷官买，勿复科民，即产茶州县随所置场，

---

① 包拯：《包孝肃奏议集》卷八《论茶法》。四库全书427册，159页。
② 李焘：《长编》卷一百八十八，嘉祐三年九月辛未，4526页。
③ 李焘：《长编》卷一百八十九，嘉祐四年二月己巳，4549页。
④ 脱脱：《宋史》卷一百八十四《食货下六》，4505页。
⑤ 黄纯艳：《宋代茶法研究》，云南大学出版社2002年版，103页。

申商人园户私易之禁，凡置场地园户皆籍名数，岁斠于官，吏皆用仓法。园户自前茶租折税仍旧。产茶州军许其民赴场输息，量限斤数，给短引，于旁近郡县便斠，余悉听商人于榷货务入纳金银缗钱，或并边粮草，即本务给钞，取便算请，于场别给长引，从所指州军斠之。商税自场给长引，沿路登时批发，至所指地，然后计税尽输，则在道无苛留。买茶本钱以度牒及盐钞、诸色封桩坊场、常平剩钱通三百万缗为率，给诸路。诸路措置，各分命官。"诏悉听焉。

蔡京总结了此前通商与禁榷茶法之利弊，选其可用者继承修订，其着眼点是茶利收入。自宋太祖乾德二年至真宗大中祥符年间的榷茶法最有成效，有的年份茶利颇丰，"自乾德二年立法禁榷，官置场收买，许商贾就东京榷货务纳钱给钞，赴十三山场、六榷货务，至祥符中，岁收息五百余万缗"，因此，蔡京"检会大中祥符所行旧法并庆历后来私贩害公之弊，取今日可行者，酌中修立，接续为法，颁降施行"①。首先，在淮南、江南东西、荆湖南北、两浙六路产茶区设提举茶事司，"湖南于潭州，湖北于荆南，淮南于扬州，两浙于苏州，江东于江宁府，江西于洪州"，负责本路榷茶改法事宜。福建自太平兴国二年后一直榷茶，熙宁（1068—1077）时已设提举茶事司，由转运司兼领，置司建州。诸产茶州县设茶场：

> 蕲州即其州及蕲水县，寿州以霍山、开顺，光州以光山、固始，舒州即其州及罗源、太湖，黄州以麻城，庐州以舒城，常州以宜兴，湖州即其州及长兴、德清、安吉、武康，睦州即其州及清溪、分水、桐庐、遂安，婺州即其州及东阳、永康、浦江，处州即其州及遂昌、青田，苏、杭、越各即其州，而越之上虞、余姚、诸暨、新昌、剡县皆置焉。衢、台各即其州，而温州以平阳。

商人于在京榷货务入纳金银缗钱，或于沿边输纳粮草，按实价折算成缗钱，至在京榷货务给茶钞引，到选定的茶场算请茶货。茶园户仍要缴纳茶

---

① 徐松：《宋会要》食货三〇之三二，崇宁元年十二月八日，5334页。

税,税外不得额外科纳。茶是经济作物,产值较高,茶税是土地税,即使按十税一的比率,每亩茶税比每亩粮税高不少,一般称之为茶租。"园户皆籍名数",根据各园户拥有地亩、种茶株数及原来缴纳的茶租额,确定税后产茶量,立为茶额,"岁鬻于官",实施榷买。同时,"申商人园户私易之禁"①,官府独占茶的收购与批发权。商人于东京或沿边入中,以现钱价值算请茶货,与林特在景德至大中祥符年间实施的现钱入中法基本相同。

崇宁元年(1102)茶法未恢复沿江榷货务,代之以诸路提举茶事司。茶事司是管理机构,与作为经营机构的沿江榷货务不同。嘉祐以前淮南有十三茶场,淮南产茶州县园户要把茶货运至茶场集中,沿江有六榷货务,荆湖、江南、两浙茶场要把茶货运至沿江榷货务,商人至淮南茶场或沿江榷货务请茶。蔡京在江淮六路产茶州县设三十六茶场,福建设三茶场,商人直接到各茶场与园户交易,官府节省了将茶货集中到茶场、沿江榷货务的收购、运输及其仓储等费用。北宋前期榷茶法园户不纳土地税,嘉祐通商法则向园户征收"茶租",蔡京恢复榷茶,仍征收茶税。特别值得注意的是长、短引的使用。"引"是官方凭证,钱引、钞引(或称交引)、盐(钞)引、茶(钞)引、矾(钞)引、香药(钞)引等是有价信用凭证,崇宁元年的长、短引是贩茶资格凭证,不含价值,本质上是贩茶路引。于东京、沿边入中钱、粮的商人先从东京请买茶钞引,再持茶钞引赴茶场请买茶,茶场发给长引,到指定路分贩卖。商人于茶场纳钱买茶,发给短引,限定于本路州县贩卖。商人凭借长引,沿路税务只在引上签字,不得阻滞和征收商税,至指定州府后再一次完纳。短引则于所过税务纳税。

与以前的榷茶法相比,崇宁元年茶法增加了园户的茶税与商人的商税收入,沿江榷货务废除,增设可供交易的茶场,缩减了流通环节,运输、仓储等管理费用大大降低,官、商间的交易费用有所节省。长、短引削弱了榷茶与了沿边入中的联系,加抬、虚估得到遏制。

卖引输息法(崇宁四年六月至政和二年八月)。

---

① 马端临:《文献通考》卷十八《征榷考五》,176页。

园户税后茶货不论优劣由茶场收购,而商人只愿请买好茶,劣茶积压不售的矛盾难以解决。如搭配劣茶,又会打击商人请买的积极性。沿边入中粮草、茶场发给长引,政府不再加抬、虚估,却于沿边入中无补,商人持长引者少,又会减少商税收入。崇宁四年六月中书省言:"'榷茶本以便园户、通商贾,而奉行官吏全失法意,务增课额,抑勒科配,致不辨美恶。乞立条约。'从之。"①对园户高立课额、全部官买,劣茶积压日趋严重,"便园户、通商贾"的目标未能实现。马端临《文献通考·征榷考五》载:

> (蔡)京复议更革,遂罢官置场,商旅并即所在州县或京师请长短引,自买于园户。茶贮以笼篰,官为抽盘,循第叙输息讫,批引贩卖。茶事益加密矣。长引许往他路,限一年,短引止于本路,限一季。

所谓"罢官置场",即"罢官场卖茶,许商贾与园户交易",商人买茶仍要到指定的茶场。崇宁四年六月的更革改变了长、短引的性质,长短引不再是商人买茶后发放,而是买茶前出售。商人在京师请买长引,或于产茶州县请买短引,均要缴纳缗钱,长、短引不只是贩茶的路引,且是有价凭证,即商人向政府缴纳"茶息"后取得的买茶、贩茶许可证。商人以此凭证,可自主选择园户,购买茶货,官茶场不再经营茶货买卖,仅对商人与园户交易加以监管。马端临《文献通考·征榷考五》认为:"是年所行乃通商之法,但请引抽盘,商税苛于祖宗之时耳。"把商人请买长短引视为预付商税,把"许商贾与园户交易"视作通商。实际上,商人与园户直接交易和指射贩茶地点形式上虽与嘉祐通商法相似,但与淳化年间的刘式贴射法一样,仍属榷茶。商人与园户的交易必须在茶场管理者的监督下进行,未买引的商人不能与园户交易,买引的商人凭引买茶,不得超额,否则按私茶处置。指射贩茶地点限制了商品的趋利流通,与自由通商不相干。

此次茶法更革之初,官府就"虑私相贸易,亏损官课"而"增立法禁"②,所谓"私相贸易",即商人与园户避开官场监督私自交易,商人与园户直接交

---

① 徐松:《宋会要》食货三〇之三六,崇宁四年六月九日,5336页。
② 徐松:《宋会要》食货三〇之三六,崇宁四年六月二十四日,5336页。

易并未改变榷茶的本质。派巡卒、奖告讦、重处罚等禁私茶的措施严密,连装茶的笼篰都由官府制造,既增加了官方收入,又便于查处茶货走私,非官笼篰所装茶货视为私茶。官府参与茶货的评级与定价,按等级价值计算息钱,商人买引支付的价值要与所买茶的价值相对应,而不是只与茶的斤重相联系,更具合理性。

卖引输息并非蔡京的发明,熙宁八年提举成都府等路茶场公事李杞、同提举蒲宗闵就已实施。熙宁八年四月,四川部分州府开始榷茶,提举成都府等路茶场司建议"雅山名山县发往秦、熙等处茶乞听官场尽买,不许商贩",对用于博买战马的名山茶榷买,"商人就官场买者听之,每驮纳长引钱千,指定州军货易"①。一驮百斤,斤纳长引钱十文。通商时"住税每斤六文"②,长引钱大致相当于过税与住税之和。官场收园户茶转卖给商人时,熙宁八年加价30%,熙宁十年后定为10%,"每贯收息钱一分出卖,仍沿贯纳长引钱"③,即在每贯茶加价10%的基础上,另收长引钱10文。四川彭州九陇县的茶"每斤货卖得九十至一百文",官榷以后,"官中置场收买,每贯上出息钱三百文,招诱客人货卖",压低园户茶价,熙宁十年,园户"只卖得六十至七十文"④,加息30%转卖给商人,茶价是七十八至九十一文。铁钱四折铜钱一,以铜钱计,茶价约为20至25文。元祐年间的四川私茶法规定"以钱八百私买茶四十斤者辄徒一年"⑤,每斤茶价二十文。吕陶说川茶"贱者三二十文"指园户卖茶价。榷茶每斤加价10%为二三文,加价30%为六文至九文。长引价为每斤十文,与其他榷茶法相比,卖引输息法的茶息是较高的。

此后,蔡京长短引输息法不断增补,除打击私茶的条款越来越严外,大观二年(1108),禁止"影带旧引,冒诈规利",对与商人勾结作弊或查处私茶

---

① 李焘:《长编》卷二百六十二,熙宁八年四月庚辰,6402 页。
② 吕陶:《净德集》卷三《为缴连先知彭州日三次论奏榷买川茶不便并条述今来利害事状》。丛书集成初编1921 册,31 页。
③ 李焘:《长编》卷二百八十二,熙宁十年五月庚午,6914 页。
④ 吕陶:《净德集》卷一《奏为官场买茶亏损园户致有词诉喧闹事状》。丛书集成初编1921 册,10 页。
⑤ 脱脱:《宋史》卷一百八十四《食货下六》,4501 页。

不力的官吏严加处罚①。"客贩诸路茶货,依乡原旧例,加饶耗茶分数不一,亦有元无加耗去处,恐客人只就有耗茶处收买,致兴贩未广",大观三年正月,都大提举茶事司建议"诸路旧例元无加饶耗茶去处,并依江东例加饶一分",每请买十分价值的茶,给一分加耗,既处理了积压的陈茶,又利于"招诱客人,广行兴贩"②,得到批准。因各茶场"逐路重别立到息钱多寡不等",引价不统一,差价较大,三月,"诏令逐路茶事司将逐路茶货以见今所搭息钱,每斤各量添钱一十文",通过提高引价,在扩大官府收益的同时,缩小各路引价的差价率。尚书省认为,不计茶货价值和以引买茶之多寡,每斤均增添十文,有失公允,建议"其见纳息钱不及一十文"如七八文者,最高只增一倍;"内元买价小"而输息超过定额者,"不得过元买价一倍",即每斤本应输息七文,买引时已输息八九文或十文以上,提高息钱后最多纳息至十四文。原引价每斤十文以上者,加价十文。原引价低于十文者少,高于十文者多,平均每斤纳引钱为十五至二十文,提高后为二十五至三十文。按斤计算,提高引价前后卖引输息的差价率缩小。

与四川长引法相比,蔡京的卖引输息法使商人与园户直接交易,放弃了官场买卖茶货的批发利润;长短引价格主要以买贩茶的总价为基准,其征税(即卖引的息钱)虽有所提高,却比四川按斤重征收长引钱的方法更贴近市场规律。

卖引输息法割断了榷茶与沿边入中的联系,商人只于在京榷货务请买长引,于诸路茶场请买短引,历年榷茶不能避免的入中加抬、虚估之弊彻底消除。在京榷货务官员因卖引课额增羡,"较计积累以为功劳,一岁之内率当五六迁。人皆指目谓之侥倖",大观二年,宋徽宗"诏今后赐束帛或降敕书奖谕"③,任满后再量加升迁。政和元年,"诏:有司重行参定私茶赏格,无使太重"④。经营茶事成了获赏升迁的捷径,反映出蔡京茶法在打击私茶、增加

---

① 徐松:《宋会要》食货三〇之三六,大观二年十二月十二日,5336 页。
② 徐松:《宋会要》食货三〇之三六,大观三年正月二十四日,5336 页。
③ 徐松:《宋会要》职官二七之一九,大观二年七月九日,2946 页。
④ 徐松:《宋会要》食货三〇之三八,政和元年四月二十四日,5337 页。

收入方面卓有成效。

合同场法(政和二年九月至北宋末)。

卖引输息法使东南茶商可指射川茶销售区外的路分卖茶,但此前川茶是政府以茶博马的主要资源,宋神宗时西北拓边,把川茶博马置于优先地位,川茶销售区逐步扩大,元丰六年甚至规定"诸陕府西路并为官茶(即川茶)禁地"①。永兴、鄜延、环庆、泾原四路民庶原来习惯"食用南茶",川茶榷买后划入川茶区,而南茶"多有私贩,抵冒刑宪"。东南茶禁榷后,崇宁二年八月,永兴等四路"许令商贩通入南茶"②,熙河、秦凤等地依旧为川茶地分,川茶、南茶不得相互侵越,"如违,依私茶法"③。川茶销售区的缩小使川茶积压,政和元年,官府收购未售的川茶达"七万五千余驮,占压本息共四百余万贯缗"④。永兴军等四路虽再度划入南茶销售区,但部分民庶已"嗜食川茶",川茶走私盛行,"以夺官中厚利",于是规定永兴军等四路"复作川茶地分",但已运至陕西的南茶仍可销售。南茶、川茶销售区划分无常,茶商无所是从。茶商请买长引可指定包括京畿在内的非川茶区销售,但作为最大消费区的京畿仍实行水磨茶法,官府垄断水磨茶的贩运、销售,排斥买引茶商贩卖,商人买引买贩南茶的积极性受到限制,水磨茶的销售量也大幅降低。

政和二年八月,蔡京再次更改茶法,以协调川茶、南茶、水磨茶的利益分配,扩大榷茶收益。此次改革以卖引、验引为核心,有四十余条,此后多有增加。因政府印造与发卖茶引时使用合同簿,州县茶场、市易务或税务与京师都茶务(或称都茶场)据合同簿书写、勘验与回收茶引,商人与园户在茶场按具有合同性质的茶引交易,茶场也称合同场,故蔡京的此次茶法称合同场法。长短引均由京师都茶务统一发卖和回收,又称都茶场法。据《宋会要辑稿》食货三〇之三九至三〇之四四载,主要内容如下:

(一)长短引的印造与管理。

---

① 徐松:《宋会要》食货三〇之一九,元丰六年闰六月十三日,5327页。
② 徐松:《宋会要》食货三〇之三四,崇宁二年八月二十八日,5335页。
③ 徐松:《宋会要》食货三〇之三六,崇宁二年十月二十九日,5336页。
④ 徐松:《宋会要》食货三〇之三八,政和元年八月二十三日,5337页。

茶引仍分长、短两种,"长引许往他路,短引止于本路兴贩"。印造归太府寺,发卖归都茶务。"长、短引令太府寺以厚纸立式、印造、书押,当职官置合同簿,注籍讫,每三百道并籍送都茶场务"①。合同簿一式两份,每印三百套,太府寺备案后交付都茶务。都茶务出卖时,当职官要签字用印,注明商人姓名、请引月日、用引期限、指射买茶及卖茶州县,一份交付商人,一份都茶务存底。请引商人要"正身赴场,不得假请他客",否则"请人或请之者各杖一百"。期限内茶货卖完,由所诣住卖州县官府批凿后,商人亲自或遣他人赴京师,将住卖处官府批验过的茶引回缴都茶务引务官。都茶务官将此引与存档的合同底簿对验无误,即将此引注销,申报太府寺备案。

长短引有时效期,有效时限由请引商人自行呈报,以商人从园户处买到茶为始,至赴都茶场注销为终,"长引不得过一年,短引一季"。持引贩茶的商人要从官府购买装茶笼䇭,短引从买笼䇭到请买茶的间隔期不超过一季,长引未立限。短引从买到茶至所指住卖地也有限定,"约度所指住卖处远近,计程分立日限",一至二程限五日,二程至十程限十五日,十程以上二十日,二十程以上三十五日,三十程以上五十日。程限由茶场在引上注明。到达住卖州县后,赴当地市易税务在引背上批注到达日期。"若出违所给日限",沿路或住卖处官府可"立便拘收元引,茶货没官"②。如茶引愈限未回缴都茶务,都茶务可通报相关州县市易税务,"追人并引赴务",依法处置,愈限"一日笞一十,三日加一等,至徒一年止",并取消愈限人的贩茶资格。如有特殊原因而请示延期,由所在官府申报都茶务,展限期不得过一季,"已展而违者"仍按愈限法处罚。为保证商人在期限内买贩茶,不仅禁止沿途商税、市易务等机构借故阻滞客商,而且客商"所雇舟车若为人以他事惹绊,因致留阻者,杖一百。若长引客有罪,杖以下听留家人受罪,其茶限一日放行"③。

商人贩长引茶至所指州县,如茶未卖完,"余限未满",愿入本路其他州

---

① 徐松:《宋会要》食货三〇之四〇,政和元年八月二十三日,5338页。
② 徐松:《宋会要》食货三二之二,政和三年正月十四日,5358页。
③ 徐松:《宋会要》食货三〇之四二,政和元年八月二十三日,5339页。

县住卖者,"经所属批引前去,卖讫缴引如上法"。买引商人"赍引辄改易、揩改徒一年,若添减斤重、日限者加二等"。茶引丢失、例如遇水、火损毁或遭偷窃,"随处经所属自陈",经核实后,"召保赴茶场再请买"。丢失茶引要召请保人,再次请买,请买后所贩茶取得合法证书,不再当作私茶没官。不向官府申报和无人作保丢失不被认可,"依私贩法"。

除京城为水磨茶与南茶兼行地分外,"京畿、京东、京西、河北、河东、淮西、两浙、荆湖、江南、福建、永兴、鄜延、泾原、环庆路并为客贩南茶地分",四川、熙河、秦凤为川茶地分,"辄以茶侵越本地分者,罪赏以私茶论,已至而未卖者减一等"①。京畿、河北等原水磨茶销售区划为南茶销售区,官营水磨茶的区域大大缩小,有利于南茶流通。短引茶只限本路内销售,"辄出本路,坐以二千里流",告者"赏钱百万"即一千贯,以违规贩茶人的家财充赏②。

合同法颁布后,对长短引的请买及茶货的住卖、转鬻又作了不少补充。商人请买长引时,要到指定的产茶州县买茶。如买引后又想改为到本路其他州县买茶,可经原请买州县办理改签手续,由原请买州县"于引上批凿某月日据某人陈乞,翻改往某县买茶,当职官签书、用印施行"③,并书面报知都茶务及所改指州县备案,每引只可改签一次。商人贩茶到自指州县住卖,如"未到所指地,愿改指别处者听,内远指近卖者仍认元指税钱"。所指住卖地远,商税高,虽签改为近处州县住卖,税额不减。如果已到所指卖茶州县,"限未满,愿批往别路者亦听从便"④。凡改签均要由当地官府在引上批注说明,并书面报知都茶务和原指州县,回缴引期限不因改签而延期。

小商人到京师都茶务请买短引,再回本路买卖茶,增加了贩茶成本。政和三年规定,短引"许大商带买,前去产茶路分转卖与本路小客",大商带买短引时发给"公凭",限半年内将此凭证赴京师都茶务注销,从大商手中购买短引的小商人不必再到京师。不久,"长引如大商愿带买转卖者,亦许依短

---

① 徐松:《宋会要》食货三〇之四一、四〇,政和元年八月二十三日,5338 页。
② 脱脱:《宋史》卷一百八十四《食货下六》,4504 页。
③ 徐松:《宋会要》食货三二之二,政和三年正月十四日,5358 页。
④ 徐松:《宋会要》食货三二之三,政和三年二月七日,5359 页。

引法施行"①,其所给公凭仍限半年缴纳,但持转卖长引的商人仍要在一年内赴都茶务办理注销手续。

有的商人从都茶务请买长引后,已到茶场请买了装茶之笼篰,却在长达一年的时间内未有买茶记录,其引因未逾期而未予注销。都茶场认为此类行为"显见往复影带私贩",宣和七年规定,"今后依短引法,自请买笼篰日立限一季,须管赴合同场秤发"②。期限仍以买到茶为始,但从买到笼篰到买茶的期限定为一季。

对无引而贩茶的商人处罚严厉,"客贩茶不请引而辄贩者,加私茶法一等,告赏亦如之"。虽请买引而"增数搭带,或以一引两次行用,若踰限不申缴者,罪赏准此"③。

(二)长短引的出卖。

政和二年改法之初规定,长引价百贯,短引价二十贯。《宋史·食货下六》、《文献通考·征榷考五》载:

> 凡请长引再行者,输钱百缗,即往陕西加二万,茶以百二十斤。短引输缗钱二十,茶以二十五斤。私造引者如川钱引法。

此段文字难以通晓。"百二十斤"、"二十五斤"有误,"斤"应为"缗"。此段文字的意思是:商人输钱百缗,买长引一道,可贩引价百缗的茶货,往陕西贩茶者,可贩引价一百二十缗的茶货。短引价二十缗,可贩引价二十五缗的茶货。此长引20%、短引25%的溢价,为可多买贩之茶货,不是加耗。自崇宁四年商人与园户直接交易后,官茶场已七年未收购园户茶,无积压的耗茶贴送茶商。《宋会要辑稿》食货三〇之四〇载:"客请长引,每引纳钱一百二十贯,短引二十五贯",对商人而言,一百二十贯与二十五贯是获得优惠后之引价。

按崇宁四年的长短引出卖法,每引可买贩茶之总量主要以茶价为基准,

---

① 徐松:《宋会要》食货三二之二,政和三年正月十八日,5358 页。
② 徐松:《宋会要》食货三二之一八,宣和七年八月十日,5366 页。
③ 徐松:《宋会要》食货三〇之四一,政和元年八月二十三日,5339 页。

"初,客贩茶用旧引者,未严斤重之限",商人凭引贩茶,如果挟带引外私茶,沿途市易税务既难估茶之价值,又无茶货重量限制可供稽查,故"影带者众"。长引一道商人纳钱百贯,可买价值多少贯的茶货,史无明载。从四川茶场熙宁十年后收购园户茶后加价 10% 卖给茶商推算,不计园户的茶租和商人的商税,如卖引仍以 10% 为息钱,出价百贯的长引一道可买贩价值不超过千贯的茶货,至陕西者可买贩价值不超过一千二百贯的茶货,出价二十贯买价值二十五贯的短引,可买贩价值不超过二百五十贯的茶货。以大观三年每斤提高引价不超过十文、每斤引钱按平均二十五文计算,卖引输息法长引可买贩茶四千斤(贩往陕西者为四千八百斤),短引千斤。《宋会要辑稿》食货二九之八至二九之十载有元丰年间官方在诸路茶场的"买茶价",分上、中、下、次四级,以淮南路散茶价为例,价高者每斤 38.5 文,低者 15.4 文,14 个茶场的平均茶价为每斤 28.74 文。上等茶只占少数,如不计上等茶,中、下、次等茶的均价为 24.27 文。散茶(或称草茶)是粗加工茶,片茶(含腊茶、团茶)是精加工茶,末茶依据加工的茶原料质量而不同,大部分为中档茶。如请引买价高片茶,买贩数量相应减少。

为便于查处私茶,合同场法对以引买茶之重量加以限制。由于原来持旧引买贩的茶货仍在流通,而旧引茶无重量可考,故制定了"新旧对带"法。《宋会要辑稿》食货三〇之四一载:

> 客人已贩旧法茶至元指住卖处,仰所至州县委抄札封讫,如未至元指处愿抄札者听。其合纳税息并依旧法外,将今来新法茶引贩到茶对带出卖,如愿赴茶务请新引出卖旧茶者,并依兴贩新茶法。如违,并依私茶法。

已到指卖处的旧引茶由所在地官府登记封存,未至指卖处的旧引茶愿就地登记封存者听,商税依指定住卖地标准征收,不愿者可运至住卖处再登记封存。不登记或隐漏旧引茶数量以私茶论。商人只有再买新引茶,旧引茶才能解封贩卖。旧引茶"斤重及三千斤者,须更买新引对卖",买新长引一道,可买贩茶三千斤,附带售卖旧引茶三千斤。如旧引茶不及三千斤,买新引一道,"以一斤带二斤鬻之"①,意思是买新引一道,可给新引茶千斤,旧引茶二千斤,共三千斤,此即所谓"请新引出卖旧茶者,并依兴贩新茶法"的含意。旧引茶就地封存,持旧引商人再赴京师请买新引茶,赴茶场购买新引茶,再到住卖地以旧带新,路途遥远,所需资本翻倍,贩茶成本提高,不久即废罢封存之令,允许客商将旧引茶卖给住卖地铺户,但铺户转卖旧引茶时,转贩客商需再投买新引,使旧引茶成为限定斤重的新引茶后才能出卖。

总之,合同场法对以新引买贩茶的数量加以限制:价值百贯的长引可买贩茶三千斤,价值二十贯的短引可买贩茶六百斤,合每斤引价 33 文,比四川长引及崇宁四年的引价都高。草茶和末茶是客商买贩的主要品类,价值较低,故只限制斤重而不限价值,以便于稽查夹带私茶。

买长引商人贩茶量大,多是将茶货买给住卖地铺户,铺户再将茶货零售给当地民户,或再转卖给外地客商。特别是东京开封"聚四方商旅万亿物货",长期以来,西北商人持钱本到京城,从京师客商或铺户买茶贩至西北。合同场法规定买引商人必须到产茶州县买茶,受地理生疏与沿路食宿关系等限制,西北等转贩商人多感不便。政和三年正月,提举陕西路茶事郭思建议"许四方客人赴都茶务,依新法钱数买引,只于阙下客人、铺户处依园户批数法"买茶,即外地商人只要从都茶务购买长引,就可以从贩茶客商或京师铺户处买茶,其方式、法规与持引商人与茶园户交易相同。这样,"阙下铺户肯多停蓄,及客人滞留者亦易于发泄",铺户、客商两便,可促进茶货流通。对都茶务而言,"是一件茶得两重卖引,又系南客北人情愿,兼于法有利"。装茶的"笼箅或罐袋"等器具由都茶务提供,来不及制造者可从外地购买。"诏并从之,余路依此"②,重复卖引法推广到产茶区外的各路州府。

为方便铺户买贩茶,又发行了五分引、三分引,商人有更多的选择,可量力买引贩茶。东京水磨末茶是官府垄断产品,水磨茶铺户是有特许经营权的茶商。重复卖引法实施后,东京水磨末茶"许诸色人买引兴贩。长引纳钱五十贯文,贩茶一千五百斤,三十贯文贩茶九百斤。短引纳钱二十贯文,贩

---

① 脱脱:《宋史》卷一百八十四《食货下六》,4504 页。
② 徐松:《宋会要》食货三二之三,政和三年正月二十八日,5359 页。

茶六百斤"。同时,京畿、京西、河北诸路不再官运官卖水磨茶。此前一月,"贩草茶更印给一等十贯文短引",于是"诏:贩末茶更印给十贯文短引,许兴贩三百斤"。短引末茶限在京畿销售。查东南茶发行一等十贯短引的诏令为:"太府寺更印给一等十贯短引,许贩茶一百五十斤"①,二十贯短引可贩东南茶六百斤,十贯短引应贩茶三百斤,因限定只能购买价值高的"一等"茶,故买贩数量减半。《文献通考·征榷考五》载官府从茶园户买茶的价格及等级为:

> 凡买价:蜡面茶每斤自三十五钱至一百九十钱有十六等,片茶每大片自六十五钱至二百五钱有五十五等,散茶每一斤自十六钱至三十八钱五分有五十九等。

即使是普通民众食用的散茶(即草茶),一等茶价格也比下等茶高一倍左右,如果是精加工的片茶蜡茶,其买价差达三五倍,卖出价更达十余倍。买引客商直接从园户处买茶,其价差应与官府从园户买茶差不多。中低档草茶请买者多,高档茶积压不售,故发行十贯短引以促销之。长引分为百贯、五十贯、三十贯三种,短引为二十贯、十贯二种。从此诏分析,买引百贯贩陕西茶给引价百二十贯、买短引二十贯给引价二十五贯之优惠似已取消。草茶和末茶价值较低,故只制定了斤重标准。

铺户从持引茶商中买到"限定斤重成笼篰茶"即新引茶,"令逐处差官专一秤制,如无剩数,许先次出卖"。商人在茶场买茶后,官府封记时已在笼篰盖内用纸书写其斤重,如实际斤重超过原来的记录数,或是未限定斤重之旧引茶,即为"剩数"茶。客商从铺户处买茶,要重新秤量每引可买之斤重,百贯长引可买贩三千斤,五十贯长引可买贩一千五百斤,即以总量不超过一千五百斤或一千五百斤的整数倍为标准,在保持笼篰茶货原装的前提下,由逐处差官监督拆封,秤量后重新封记,确定每引可买贩之数,再由铺户转卖给请引的客商。如不封记,则零售给当地民户。官府以此掌握铺户买贩茶的斤重数量,征收商税。对"剩数"茶"并行籍记,许请买引后才能出卖,每纳钱

---

① 徐松:《宋会要》食货三二之四,政和三年八月十七日,5360、5359页。

一百贯文,许卖茶一千五百斤,不及,据数纽算给引"①,即铺户不能把经官府监督拆封并重新秤量的"剩数"茶直接出售,转贩客商纳钱一百贯,买百贯长引一道,可从铺户处买新引茶一千五百斤,旧引茶一千五百斤。如旧引茶不足一千五百斤,则可买五十贯长引,各给新旧引茶七百五十斤,或多给新引茶,凑足一引买贩之数。经此程序后,重新秤制后的旧引茶成了"限定斤重成笼筯"的新引茶。

转贩客商纳引钱百贯,买贩包括旧引茶一千五百斤在内的三千斤茶货,已不具有"带买"之性质。对都茶务而言,是重复卖引。由于合同场法中有"或只愿贩新带卖者,亦听从便"的条款,不少商人"只愿带卖,不肯别请文引",即只愿买百贯(或五十贯)新引买贩茶三千(或一千五百)斤,带卖旧引茶三千(或一千五百斤),这使都茶务对旧引茶失去了重复卖引的收入。政和三年七月,监都茶务魏伯才"乞于已得指挥内删除""或只愿贩新茶带卖者亦听从便"②的条款,此后,新旧对带法只适用于持有旧引茶而未出售的商人。旧引茶一经出售给在城铺户,官府就重新秤制,按新引茶限定斤重,重复卖引。崇宁四年的长短引出卖法规定:

> 应在任官亲戚及非在任官僧道伎术人、军人、本州县公人及犯罪应赎人,不得请引贩茶,如违,其应赎人杖一百,余人徒三年。犯罪应赎人送邻州编管,许人告,赏钱五十贯。

合同场法律法严密,从与园户交易到贩茶重量均有规定,违法作弊的空间缩小,"即与以前事体不同",于是放宽了买引贩茶人的资格限制,"崇宁四年指挥内见任官、公人合依旧不许买引兴贩外,余更不施行"③。

(三)对园户的管理。

商人可自主选择园户买卖茶货,但园户并未获得自由交易的权力。合同场法规定,园户"仰赴所属州县投状,充茶户,官为籍记,非投状充户人不

---

① 徐松:《宋会要》食货三二之六,政和三年十二月三日,5360页。
② 徐松:《宋会要》食货三二之五,政和三年七月三十日,5360页。
③ 徐松:《宋会要》食货三二之六,政和三年十二月六日,5360页。

得与客人买卖"①。园户本已有户籍,崇宁元年园户就已经"皆籍名数",重新投状再次登记骚扰于民,"未几即罢"②。园户有的专一种茶,有的只种几十株,其余土地仍种粮食,不系籍园户大多身兼二税户与茶户双重身份。是否是系籍园户无明确的标准,系籍与不系籍园户只要遵守法令,均可与持引商人交易。园户如不将茶卖给商人而自行贩卖,与商人同,要先买引才能卖茶,不请买引而自卖所产茶货与私贩同,"杖一百,许人告,赏钱五十贯",已卖的茶货"依私茶法"③。福建腊茶上贡和供京师量大,对园户控制最严,崇宁三年就建立保伍法,政和三年修订保伍之制:"诸园户五家为保,若与无引人私相交易者,互相觉察,告赏如法,即知而不告,论如五保不纠律,加一等。"④

园户卖茶价受政府控制。每到春天采茶时,茶场就招集园户,以前三年的产量和价格为基数,预估上报本年产量和各级茶价,县报州,州核实后报户部,户部批复后即定本年度茶价。"若申价不实,虚抬大估者",当职官"杖一百,受赃者以盗论,赃轻徒一年,吏人、公人、牙人配千里",可见当职官、牙吏对茶的定价起主导作用。茶货定价不合理,许商人越诉,州县处置不当,可经茶事司上诉至尚书省。园户所产茶的等级以历年所定为依据,"不得以上等为中等,以次等为上等,余等亦如之,违者各杖一百"。在商人与园户交易中,园户仅能参与定价,茶价以前数年价为基础制定,且要得到官府与商人的认可,一经确定,就保持稳定。

商人于园户处买茶,"并令园户于引内批凿的实色号、斤重、价钱,于所在州县市易税务点检封记"⑤,不得使用超限额大笼籯收盛茶货,搭带私茶。每引所买贩茶货一旦验实封记,在到达指射住卖地之前不得开拆。如果"其园户故不批引,及客铺藏匿文引,不令园户批凿"⑥,都要受到处罚。

---

① 徐松:《宋会要》食货三〇之四〇,政和元年八月二十三日,5338 页。
② 脱脱:《宋史》卷一百八十四《食货下六》,4504 页。
③ 徐松:《宋会要》食货三〇之四四,政和元年八月二十三日,5340 页。
④ 徐松:《宋会要》食货三二之四,政和三年三月二十五日,5359 页。
⑤ 徐松:《宋会要》食货三〇之四一、三〇之四二,政和元年八月二十三日,5339 页。
⑥ 徐松:《宋会要》食货三二之一七,宣和七年正月三十日,5366 页。

寺观有免税役特权,产茶区的不少寺观"种植茶株",福建寺观用自产茶叶"造品色等第腊茶",并以"远乡馈送人事为名,冒法贩卖"。为规范寺观贩茶,政和三年,"诏:诸寺观每岁摘造到草茶,如五百斤以下听从便吃用,即不得贩卖。如违,依私茶法。若五百斤以上并依园户法。"①寺观贩茶依园户法,可以像园户那样在茶场的监督下把茶卖给有引客商,或请引贩卖自产茶。

(四)笼箬及封印管理。

商人从园户买茶前,要从官府购买装茶笼箬或"筴杈袋之类"。笼箬等由产茶州军通判负责生产,依照都茶务颁下的样式"选人匠制造",其"长阔尺寸并笼叶斤重"均有标准,容量分为二等,大的以装茶一百三十斤为标准。笼箬完工后,用火印"燻记题号",交市易务或税务出卖,售价"每只除工费外"加价"不得过五十文",以所获利润"充工料之费,不得增损"。如果"制造不如法",或商人用私造笼箬,杖八十,"增损大小高下者杖一百"②。

商人于园户处买茶后,如本州县市易税务距买茶处较远,可到"最近处县(市易税务)或合同场秤制"。如近处县或茶场虽近而不通水路,宣和六年又规定,"其次远处却可通水路,委于客人顺便,即自合于通水或顺便去处秤制"③。

政和二年前的茶法已规定商人买茶后要"秤盘封记",因方法是"虚套封头",封记不严,商人在不破坏封记的情况下可以打开笼箬,"沿路私折添填私茶"的现象十分普遍,沿路市易税务"只是点检封讫记",不能开拆,对添填私茶的行为难以查处。合同场法改为:"今后客茶笼箬并用竹纸封印,当官牢实粘系,不得更容私拆,如擅拆封及擦改者杖一百,许人告,赏钱三十贯。"④禁止茶场官吏及沿路税务等刁难客商,延误茶商行期。商人到税务秤盘封记时,税务人员限期查验封记,"如敢阻节住滞,当行人吏杖一百,勒

---

① 徐松:《宋会要》食货三二之三,政和三年二月十九日,5359页。
② 徐松:《宋会要》食货三〇之四三,政和元年八月二十三日,5340页。
③ 徐松:《宋会要》食货三二之一五,宣和六年五月十一日,5365页。
④ 徐松:《宋会要》食货三〇之四二,政和元年八月二十三日,5339页。

停"①。商人持引贩茶,沿路州县税务要在引上批验,不能撕开封头,打开笼箅,或借故留难客商,如无私茶,应即时放行。合同场法规定:

> 客人赍引贩茶,所至州县若商税、市易务、堰闸、桥镇、栅门辄邀阻留难,一日杖六十,二日加二等,三日徒一年,又三日加一等,至徒二年止。公人并勒停,永不[收]叙。即受财者以自盗论,赃轻,吏人公人配千里。②。

商人尚未到住卖地,途中茶货遭受风水淹浸,须开拆笼箅烘焙,要在当地官员的监督下进行,"令所至委验引官开拆,候烘焙讫,称见斤重,别行封记,批凿元引,照验货卖"③。

持引商人到住买地,所至州县税务要开封查验,茶引、笼箅盖内的记录与茶货相符,才能出售。"如敢辄将成笼箅茶旋行开拆,许人告,罪赏并依客人避免秤制已得指挥"④,即私自开拆后不经官府"秤制"出售,依私茶法,私自开拆后才委官府验实"秤制",按"剩数"茶论,重新买引后才能出售。

蔡京茶法的特点。

蔡京茶法的基本内容是买引输息,禁止无引商人贩茶,实现以引榷茶。购买长短引的商人取得买贩茶的专卖权,是官府与通过买引取得特许经销权的商人联合专卖。

蔡京茶法与北宋前期榷茶法的最大不同,是完全切断了榷茶与沿边入中的联系,避免了虚估、加抬造成的茶利流失。合同场法把茶引的发卖权全部收归都茶务,"茶利自一钱以上皆归京师"⑤。

合同场法为请引贩茶的商人提供诸多便利:茶引有百贯至十贯多种价格,适合众多商人购买;京师和诸路州府铺户与商人可把收购的茶货转售于其他客商;请引贩茶的商人可指射和更换买茶和卖茶地点;商税到达住卖地

---

① 徐松:《宋会要》食货三二之五,政和三年八月四日,5360 页。
② 徐松:《宋会要》食货三〇之四二,政和元年八月二十三日,5339 页。
③ 徐松:《宋会要》食货三二之一一,宣和三年闰五月八日,5363 页。
④ 徐松:《宋会要》食货三二之六,政和三年十二月三日,5360 页。
⑤ 马端临:《文献通考》卷十八《征榷考五》,175 页。

后一次征收,沿途市易税务等不得阻滞;严重禄之法,对阻滞贩茶的不法官吏严加处罚等。蔡京茶法打击私茶不遗余力,违法贩茶者依私茶法加一等处罚,对查处、告讦私茶的奖励也加大力度。私茶得到有效遏制,既减少了政府的茶利流失,又维护了请引贩茶商人的权益。

蔡京茶法改革以东南茶法为重点,统筹分配川茶、南茶、京畿水磨茶销售区。川茶主要用于买马,官榷严于南茶,主要在四川、熙河、秦凤博买战马路分销售。川茶或官搬官卖,或由商人从官场购买,到指定买马州军贩卖,与南茶商人自买于园户、至指定州县出卖的销售方式不同。合同场法实施之初,"除京城水磨留外,余路水磨并罢",官营水磨茶的规模大大缩小,原来官府垄断的水磨茶市场由东南茶填补。如河北路原是"水磨地分",每年官运京畿水磨茶,每驮百斤,也称"驮茶"。实施合同场法后,水磨末茶"截日住卖,其卖不尽茶具数申尚书省。今后水磨更不起发驮茶赴诸处出卖"①。水磨茶只限于在东京城生产和销售,置官之冗,搬辇之劳得以免除,节省了政府开支。合同场法规定:"产茶并通商路分茶事并令盐事司管干,无盐事官处从朝廷专委官管干"②,茶、盐管理机构合并为一,有利于官榷法令的实施。

合同场法把原来独立的福建茶法、京畿水磨茶法与东南茶法统一为一体。"福建路腊茶旧茶法禁止不许通商,今并许客人依草茶法兴贩"。此前福建腊茶大部分上供,政和二年福建榷法改为合同场法,京师官府所需腊茶由商人兴贩供应。京师官营水磨茶的原料"每年所阙约二十余万斤",一部分从官库调拨,不足部分"以合用茶所出处,取客愿,赍引收买,附带前来",水磨茶原料商税全免,并"计茶本免引钱",即假如原来茶每斤引价合33文,每道长引贩茶3000斤,茶本钱22文被豁免。商人每引可贩9000斤茶货,或每引退还三分之二的引钱。如无人愿买引供应水磨原料茶,就"依市价和买"③。合同场法减少了官搬官买的福建茶消费模式,把一部分官茶消费与商人买贩结合起来,并给予较大的优惠。

---

① 徐松:《宋会要》食货三〇之四〇、三〇之四二,政和元年八月二十三日,5338、5339页。
② 徐松:《宋会要》食货三〇之四三,政和元年八月二十三日,5340页。
③ 徐松:《宋会要》食货三〇之四〇,政和元年八月二十三日,5338页。

蔡京茶法以多变著称,"大抵茶盐法主于蔡京,务巧掊利,变改法度,前后罢复不常,民听眩惑"①。分析蔡京茶法"改变法度"的诸项举措,多有促进流通、集中财利之作用。崇宁元年商人于沿边和京师入中,持茶引到茶场请茶,茶场发放具有路引性质的长短引;崇宁四年长引纳息于京师,短引纳息于茶场,由京师和茶场分别发放长引和短引;政和二年长短引均纳息于京师,由京师都茶务发放。此类改法,对商人请引贩茶成本影响不大,对集中财利则效果显著。初令长短引由"正身"亲自购买,后改为允许他人带买。商人买引后,由从官场买茶改为与园户直接交易,也有利于商人买卖。合同场法初令园户投状置籍于官,"未几即罢"。旧引茶初令就地封存,不久又许交易,"初限计斤重,令买新引"带卖,后"以带卖者多",课利流失,"又罢其令"②,令旧引茶重新秤制后按新引茶出售。商人买茶和卖茶初限定州县,后允许商人改换买茶和卖茶地点。重复卖引法增加了中央财利收入,亦有利于茶货的中转流通,且未增加初次买引商人的贩茶成本。蔡京茶法虽然"罢复不常",不断增减补充,总体而言,是向不断完善而便于以引榷茶法推行的方向发展。

合同场法商人与茶场园户直接交易,官府节省了仓储、运输、交易等费用,管理成本大大降低,茶利大幅增加。王应麟说:茶利"崇宁以后岁入至二百万缗,视嘉祐五倍矣。政和元年正月始创引法,置都茶场,岁收四百余万缗"③。李心传称,蔡京"创引法","岁收息钱至四百余万缗"④,茶租、商税尚不包括在内,是宋代茶利收入最高额。

蔡京是北宋的权臣,《宋史》将其列入《奸臣传》,其兴党狱,结佞臣,运花石,建艮岳,卖官爵,贪财货,助宋徽宗大兴土木,铸当十钱戕害百姓,诸多作为与北宋灭亡相关。然其茶法改革却在宣和二年蔡京离开权力中心甚至被抄家后仍在执行,至南宋不改其法,连一直独立运行的四川茶法也改行合同

---

① 马端临:《文献通考》卷十八《征榷考五》,177页。
② 脱脱:《宋史》卷一百八十四《食货下六》,4504页。
③ 王应麟:《玉海》卷一百八十一《嘉祐弛茶禁》。四库全书47册,660页。
④ 李心传:《建炎以来朝野杂记》甲集卷十四《总论东南茶法》。中华书局2000年版,303页。

场法。南宋引钱之额重于北宋,市例、头子、商税一再加征,茶法之苛不在蔡京之下。蔡京茶法之弊,不在息钱之重,而在收息之用。南宋陈傅良评论说:

> 至蔡京始复榷法,于是茶利自一钱以上皆归京师。其子蔡绦自记之曰:"公始说上以茶务若所入厚,专以奉人主。"此京本意。而西北边粮草名曰便籴,而均籴、结籴、贴籴、括籴之名起,盖以官告、度牒之类等第抑配,而边民不聊生矣。京之误国,类如此。①

茶息、茶税一直是籴买军粮的主要支付物,蔡京合同场法茶息、茶税收入颇丰,却既不用于民,亦不用于兵,在常税之外,巧立名目,强征暴敛,以充军粮,结果是民贫兵弱、四海结怨。宋徽宗时代歌舞升平、奢侈繁华的表象一旦被北方铁骑踏破,政治苛虐,国力衰渐的本象就暴露无遗,北宋灭亡的命运就无法挽回了。

---

① 马端临:《文献通考》卷十八《征榷考五》,175 页。

第十四章 榷 酒

一 引言

酒之官榷即专卖,又称榷酤、榷酒或酒榷,始于西汉桑弘羊,然直至中唐,实施酒榷的时候并不多。唐代宗广德二年(764)十二月,"诏:天下州县各量定酤酒户,随月纳税,除此之外,不问官私,一切禁断。"①由官府指定的酒户缴纳特许经营税,其他酒业买卖一概禁止,含有酒业经营以政府特许为前提和政府独占酒利的意义,是一种具有政府垄断经营性质的榷酒政策。

唐代酒榷大致有四种方式:一为特许酒户制,二为榷曲制,三为官酤制,四为榷酒钱制。榷酒钱制放任酒业经营,对私酤不限制,而授权地方州府把前三种榷酒制时某年所得酒利钱额,确立为每年征收的榷酒钱总数,按比例分配给酒户或税户。榷酒钱制是否属于榷酒制学术界存在争议,肯定者认为仍属政府垄断酒利的一利形式,否定者认为是以榷酒为名而摊派的一种新税,有人称之为"税酒制"。为了行文方便,本文把榷酒或酒榷作为酒、曲专卖的总称,把官府垄断曲蘖称为榷曲制,把官设酒务直接经营称为官酤制或榷酤制,把官酒务交由民户承包经营称为坊场买扑制。

---

① 王钦若等:《册府元龟》卷五百四《邦计部·榷酤》。中华书局1960年版,6042页。

宋初沿袭五代榷酒之政,规范榷酒之法,对酒或曲实行专卖。榷酒方式除沿袭唐五代的上述数种外,由官酤制衍生出买扑坊场制,由官监与买扑结合产生隔槽酒法等多种形式。前代灾荒年份常常禁止饮酒以节省粮食,渡过灾荒,宋代则采取鼓励消费的办法,即使灾荒年份,也未禁酒。甚至"群饮者唯恐其饮不多而课不羡也"①。榷酒收入在宋代财政上的重要性大大提高,汪圣铎《两宋财政史》云,"榷酒收入在宋朝财政中仅次于两税、榷盐而居第三位"②。张方平说:"景德中收酒课四百二十八万余贯,庆历中收一千七百一十万余贯"③,略低于景德(1004—1007)、庆历(1041—1048)中的商税收入,超过榷茶收入数倍。此后商税收入减少,而酒榷收入保持在一千二百万贯以上,超过商税。酒成为官榷制度中执法最严的一种,收入不菲。清人赵翼《陔余丛考》卷十八《宋元榷酤之重》说:"史策所载历代榷酤,未有如宋之甚者",酒榷法制之严超过前代。

二 榷曲法

曲是制酒发酵的必需物,俗称酒母或曲蘖。榷曲对造酒所用曲蘖实施专卖,允许购买官曲的酒户酿酒沽卖。这些酒户需获得官府的特许经营权,没有经营权者不得酿酒销售。榷曲制本质上仍为特许经营制。李华瑞《宋代酒的生产与征榷》称之为"间接专卖"。对官府而言,榷曲比官酤的管理成本低,对特许经营户的限制也较宽松。

榷曲之制始于唐。贞元二年(786),"复禁京城畿县酒,天下置肆以酤者,斗钱百五十,免其徭役,独淮南、忠武、宣武、河东榷曲而已"④。四地为方镇名,治所分别在今江苏扬州、河南许昌,开封,山西太原,辖区大至相当于

---

① 周辉:《清波杂志》卷六。四库全书1034册,40页。
② 汪圣铎:《两宋财政史》第二编第一章《禁榷收入》。中华书局1995年版,265页。
③ 张方平:《乐全集》卷二十四《论国计事》。中州古籍出版社1992年版,2000年第一次印刷,355页。
④ 欧阳修:《新唐书》卷五十四《食货志四》。中华书局1977年版,1383页。

今山西、河南大部,河北南部、山东西部、安徽和江苏长江以北地区。会昌六年(846),榷曲又增襄州道(治所在湖北襄樊)。五代时期北方地区仍以榷曲为主。后梁(907—923)时,"民有犯曲三斤"①处死。后唐天成三年(928),东都留守孔循曾"以曲法杀一家于洛阳"②。后汉(947—950)王章为三司使,"有犯盐、矾、酒曲之禁者,锱珠涓滴皆罪死"③。后晋(936—946)、后汉虽仍榷曲,但由于武将专权,方镇强盛,"诸道州府皆榷计曲额,置都务以沽酒",各道州府地方官不把依据中央下达的额度踏造曲蘖卖给民间酒户,而是在各自主管的地盘设置"都务"即官酒坊,酿卖低劣官酒,垄断经营,造成"民间酒醋皆漓薄"。后周显德四年(957),随着中央集权的加强,诏令"酒曲条法依旧施行",恢复榷曲制:

> 诸道州府曲务今后一依往例官中禁法卖曲。逐处先置都务处,候到日并仰停罢,据见在曲数准备货卖,兼据年计合使曲数依时踏造,候人户将到价钱据数给曲,不得赊卖、抑配与人。

州府之外的县镇道店已置官酒务不废,仍实行官酤酒制。"乡村人户今后并许自造米醋"④,从官酒务买糟造醋者可在所属县镇城内沽卖。

五代时榷曲法十分严酷。《宋史·食货上七》载:"五代汉初,私犯曲者并弃市,周至五斤者皆死。"建隆二年(961)四月,宋太祖颁布"货造酒曲律",规定百姓私造曲一两以上即行处罚,"私造曲十五斤者死,酿酒入城市者三斗死,不及者等第罪之。买者减卖人罪之半,告捕者等第赏之"。次年三月,改为州府县镇城郭内私造曲"二十斤以上处死",犯私酒者"至五斗处死"⑤。乾德四年(966),再改为城市私造曲五十斤以上、乡村一百斤以上处死。天禧三年(1019)十一月,"自今犯酒、曲、铜鍮等有死刑者去之。中书参详,请

---

① 脱脱:《宋史》卷二百六十二《张锡传》。9068页。
② 薛居正:《旧五代史》卷三十九《唐书第十五》。中华书局1977年版,539页。
③ 司马光:《资治通鉴》卷二百八十九,乾祐三年十一月。中华书局1957年版,9429页。
④ 王溥:《五代会要》卷二十六《曲》。上海古籍出版社1978年版,418页。
⑤ 徐松:《宋会要》食货二〇之一,建隆二年四月,5133页。

令所在杖脊黥面,配五百里外牢城。诏可。"①对犯私酒、私曲者取缔死刑,改为杖脊刺配。酒禁量刑逐步减轻,但酒榷条例则更为严密,辑私组织更加完备,加之榷酒、榷曲收入大部分作为地方经费,各地政府对榷酒、榷曲不遗余力,酒榷力度有不断加强之势。

宋初承五代旧制,有的州府实行榷曲,有的官酤。前引建隆二年四月诏云:"应百姓私造曲十五斤者,醖酒入城市者三斗死,不及者等第罪之。"州县城内禁曲而不禁酒,私酒刑律只涉及外地酒到城市禁榷界内销售者,说明多数州县实施榷曲,不禁酒户买官曲造酒。《宋会要辑稿》食货二〇之三载:

> 乾德五年三月,诏:"诸州府军监今后官曲并依先降勒命,悬秤出卖,不得别有抑配。"时贝州言:"承前节度使盖充随监当曲务,除官曲外别抑配酒户买属州曲,民受其弊",故有是诏。

榷曲是对特许酒户酿酒用曲实行配售,有的地方节度使为增加地方酒利收入,在中央规定的配售曲额外配售属州曲以获取法外利润,这是正在强化中央财权的宋太祖不能容忍的,故下诏禁止。类似事件太宗朝也发生过,如"威塞节度使判颍州曹翰在州岁久,专务苛酷掊敛",颍州(安徽阜阳)"判官山元羽掌官曲,(曹)翰又取其常额外钱五百万、绢百疋"。"常额外钱"即配曲额外多征收的钱。曹翰受到"削夺在身官爵"、没收侵占的官钱物、"送登州禁锢"②的处罚。

四川后蜀时榷曲,且曲价高,开宝二年(969),宋太祖诏令曲价"于十分中减放二分"。太平兴国五年(980),四川多数州府改行官酤,"踰年未见其利","民庶颇极怨咨"。七年八月,宋太宗下诏:"诸州官置酒酤并从除放,依旧造曲市与民。"③从榷曲到官酤又改官酤为榷曲,十一年间两改榷法。

宋人常视榷曲非榷酤,如方勺《泊宅编》卷六云:"京师不榷酤,官置院造曲,增其直出卖,凡酒户定年额斤数占买,虽不榷亦榷矣。"《宋史·太宗本

---

① 李焘:《长编》卷九十四,天禧三年十一月己卯,2170页。
② 李焘:《长编》卷二十四,太平兴国八年五月壬申,546页。
③ 徐松:《宋会要》食货二〇之三,开宝二年九月,5134页。

纪》云:淳化五年九月,"罢诸州榷酤",即罢诸州官营酒务,改为募民买扑或榷曲。

无论是官酤法还买扑法,其中亦含榷曲的内容。民间"凶吉聚会",可到所属地区的酒务请买官曲,自造酒以供饮用,但私自售卖则违法。有些酒务为增加收入,不管是否有凶吉聚会,或有聚会是否造酒,就把官曲"违法抑配,大收价钱",侵渔百姓。假凶吉聚会之名,或借凶吉之家名义请买官曲造酒,即使不出卖而供自家饮用,因影响到官酒务售酒课利,亦属违法,要受到"杖八十"①的处罚。

《文献通考·征榷四》云:"宋朝之制,三京官造曲,听民纳直;诸州城内皆置务酿之;县镇乡间或许民酿而定其岁课。若有遗利,则所在皆请官酤。"曾巩说:"王城之中则征其蘖不征其市;闽蜀之地则取其税而不禁其私;四方郡国则各有常榷。"②马端临和曾巩对宋代榷酒之制从不同层面加以概括,不十分精确。具体而言,榷曲并非仅实施于三京,三京地区榷曲时间有早有晚。现就京城榷曲状况概述如下。

北宋东京始终榷曲。开宝七年,"诏:在京买曲人户自今特与减价,每斤止收一百文足陌。"③曲由都曲院酿造,根据各酒户售酒量确定配卖曲额,买曲多少决定其酿卖酒额,超额卖酒即按私造酒曲法处罚。大的酒店叫正店,有造酿权,小的酒户叫"脚户"或"脚店",从大酒店批发零售,无酿酒权。宫庭所需酒由内酒坊酿造,内酒坊所需酒曲从都曲院直接调用。榷曲制不许外地酒进入榷曲区域销售,即对外地酒实行禁榷。东京榷酒的范围为开封府周围五十里内,"去京五十里外村坊道店酒务并令依旧,各随县分界至管属,不得一例停闭"。如去京五十里外酒务主管人员发售卖酒凭证,"许人户于京城五十里内醞酒开沽,侵占曲院课利,其勾当人等并科违制之罪"④。

景德四年八月,定都曲院考功条例,"永为定制"。东京都曲院有步磨30

---

① 徐松:《宋会要》食货二〇之一二,政和元年四月四日、四月六日,5138页。
② 曾巩:《曾巩集》《辑佚·议酒》。中华书局1984年版,745页。
③ 徐松:《宋会要》食货二〇之三,5134页。
④ 徐松:《宋会要》职官二六之一,咸平元年五月,2936页。

盘,用驴600头,役兵士428人,另有少数"百姓匠",其中3人充作头,23人充拌和、板头、脱醮、炒焦、6人充踏匠。每年磨小麦4万石,收面322.7392万斤,出粉率近81%。按宋太宗至道三年(997)规定,麦1斗收曲6斤4两,4万石可造曲约250万斤。其中供给内酒坊"法糯曲"74342片,用小麦2165石,收曲140348斤,合1斗麦收曲6.48斤。"法糯"是专供祭祀等高级酒之名称。都曲院兵士每日"四更动磨,未时磨绝",每日劳作十小时。

都曲院对酒户买曲制定了严格的管理条例。(1)酒户买曲实行赊买制,"限本年内赊次年春曲,须旧钱足,方称新曲"。(2)赊买以家业为抵当,且有三至五户联名作保。如酒户欠曲钱无力偿还,就出卖抵当产业抵偿。抵挡不足由则众保人代偿。(3)都曲务卖曲时,先由酒户抽"牌子"以确定先后顺序,都曲务将曲蘖整碎搭配,按顺序卖给酒户。卖曲官称过曲后,监官复称,以防卖曲官"亏压斤两"①,或与酒户串通多出曲额,亏损官私。(4)酒户实买曲额、曲价及买曲的月日,都曲院按旬登记在册,年终上报三司检验。(5)"京师赋曲于酒户有常数"②,每家买曲有定额。定额配曲制使政府收益稳定,但各酒户经营状况常有变化,曲额少欲多造酒者不能增,曲额多欲少造酒者不能减,使榷曲收益难有增长。(6)酒店售酒有各自的范围,不得侵越。各脚店只能从属于一个正店,从正店买酒酤卖,正店不得将酒卖给非所属脚店代售。

太祖、太宗时,西京洛阳府酒法与州府酒法相同,有时榷酒,有时榷曲。景德四年,诏令废西京清酒务,"一依东京体例"③榷曲。西京榷曲范围与州府同,为城周围二十里内,不许外来酒入界。

景德三年,为庆贺宋太祖诞日,升宋州(河南商丘)为应天府,大中祥符七年(1014)再升为南京,诏令榷曲,不久卖曲课利由五家酒户"买扑",五酒户每年纳三万贯承包费。因定额过高,至天禧三年"逋欠积久,其两户已破产",另三户也债务缠身,"累尝披诉",请求减免。于是,"诏依东、西京例,令

---

① 徐松:《宋会要》职官二六之一,景德元年八月,2936页。
② 李焘:《长编》卷二百,治平四年三月丁酉,4853页。
③ 徐松:《宋会要》食货二〇之五,景德四年二月,5135页。

民取便买曲酝酒,其三户逋欠悉除之"①。官府收回制卖曲蘖权,实行榷曲,榷曲范围与东京同,为府城五十里以内。

庆历二年,升大名府为北京,"售曲如三京法"②。神宗即位以前,北京榷曲就已终止,此后大臣论京城榷曲法时,只及东、西、南三京,无人提及北京。《宋会要辑稿》食货一九之一《酒曲杂录》记嘉祐旧额及熙宁十年四京酒课,西京、南京皆云"官造曲如东京之制",北京无此语,且把北京与属县官监酒务酒课混同计算,说明北京与诸县酒务一样实施官酤。

北宋中期,东京有酿酒权的"正店"七十家,北宋末徽宗朝有七十二家,绝大部分为私酒店。苏颂《魏公谭训》载:孙赐原是"酒家博士"即酒店伙计,"诚实不欺,主人爱之,假以百千,使为脚店",不足一年,孙赐提前归还借款,因善于经营,"人竞趋之,久之,遂开正店,建楼,渐倾中都"③。徽宗时,东京城北蔡市桥有一商人号"姜殿直","家富于财,见开四所正店"④。东京规模最大的白矾楼酒店是官酒店,监官"日输钱二千,岁市官曲五万,主掌三岁无逋负者与班行"⑤。白矾楼酒店除与私酒店同样配买官曲为课利外,每日缴纳二贯利润,一年内完成此定额者,予以升迁。天圣五年(1027)八月,诏"白矾楼酒店如有情愿买扑出办课利,令于在京脚店酒户内拨定三千户,每日于本店取酒沽卖"⑥。有的学者认为"三千"乃"三十"之误,此说为是。以30计之,且将脚店的经营规模(即售酒额)以平均数计算,如售曲额以仁宗朝"旧额"222万斤计算,5万斤曲约占222万斤的2.25%,2.25%的官曲所酿酒由30家脚店出售,222万斤官曲需脚店约1332个,加上正店70个,东京酒店为1402个,平均每个正店辖脚店44个。白矾楼酒店所属脚店低于平均数,承包者需提高正店卖酒额才能完成承包额。东京熙宁十年(1077)榷曲收入为36万贯,南京应天府熙宁十年卖曲收入3.07万贯,是东京的

---

① 李焘:《长编》卷九十四,天禧三年十一月辛未,2172页。
② 脱脱:《宋史》卷一百八十五《食货下七》,4516页。
③ 苏颂:《苏魏公文集》附录《魏公谭训》卷十《杂事》。中华书局1988年版,1177页。
④ 李焘:《长编》卷四百四十九,元祐五年十月戊戌,10789页。
⑤ 徐松:《宋会要》食货二○之五,天禧三年八月三日,5135页。
⑥ 徐松:《宋会要》食货二○之七,天圣五年八月,5136页。

8.53%，按此比率脚店有 116 家左右，正店有八家。西京洛阳在太平兴国初年实行榷曲，"以(孔)承恭为监西京酒曲，岁增课六千万"①。是增至六万贯还是在原课利基础上再增六万贯，意义不明，以课利六万贯计，西京酒店数应当在 240 家左右。

榷曲法实质是酒户配曲法。"京师赋曲于酒，人有常籍，毋问售不售，或蹶产以偿"。即使酒卖不出去，也要按配额购买官曲。治平元年（1064），户部副使张涛"请罢岁额，严禁令，随所用曲多寡以售"，即根据酒户实际造酒额配售酒曲，以减少官曲积压，使酒"课增益"②。在都曲务售曲总额不得减少的前提下，曲额少欲多者从其所欲，曲额多欲少者难得减额，张焘的措施未能落实。嘉祐（1166—1063）年间，定东京年售曲额为 222 万斤，曲额过高，造酒也多，酒多则价贱，价贱则酒户获利不多，有的甚至赔本经营，酒户亏本倒闭又影响官曲的配售和酒课的征收。这种状况在张焘建议后未能改观。熙宁四年，详定编修三司令式所删定官周直儒奏请，将曲额定为 180 万斤，同时提高曲价，从每斤 168 文提高到 200 文。这样，酒曲减少 42 万斤，可省小麦六七千石及相应人功，而榷曲收入并未减少，以期收到"用曲无余，官物无积"③的效果。周直儒的建议得到批准。元丰元年（1078），曲额再减为 150 万斤，同时"量增在京酒行曲钱"④，曲价每斤 240 文。周直孺希望通过增加曲价、减少配曲额度的方式，达到既不减少收益、又缓解酒户配曲过多之扰。不过，曲价高则酒价升，酒价升则酒销量降，销量降则请曲少，官府收益虽未减少，仍保持改法前的 36 万贯，但官曲积压的状况仍未解决。《续资治通鉴长编》卷二百九十九元丰二年八月戊申载：

> 京师曲法，自熙宁四年定以百八十万斤为岁额，斤钱二百，后多不能偿，虽屡倚阁未请曲数，及减岁额为百五十万斤，斤增钱至二百四十，犹不免逋欠。酒户又负市易务白糟、糯米钱五十余缗。至是，命户房

---

① 脱脱：《宋史》卷 276《孔承恭传》，9390 页。
② 脱脱：《宋史》卷三百三十三《张涛传》，10700 页。
③ 徐松：《宋会要》食货二〇之九，熙宁四年六月四日，5137 页。
④ 徐松：《宋会要》食货二〇之九，元丰元年正月二十五日，5137 页。

检正官毕仲衍、太常博士周直孺同三司讲究利害,乃请减曲酒额为百二十万斤,斤为钱三百,均给七十店,令月输钱,周岁而足,月输不及数,计所负倍罚。又炊酝不以时、擅增器量及用私曲,皆立告赏法。悉施行之。

裁定曲价为每斤 250 文,酒户所欠"曲数十万斤悉蠲之",欠白糟、糯米钱"展限二年"。配曲额比 150 万降低 20%,曲价仅增 4%,榷曲收入减少至 30 万贯,诏令"候卖及旧额,复旧价"①。元丰二年降低售曲额只是缓解酒户债负压力的权宜措施。连酒户酿酒是否及时都加以监管,不能按时缴纳曲钱者征收罚息钱,法令森严,曲价又高,售酒量大幅下降,官府榷曲收入有所减少,酒户的经营状况却未有改善,甚至每况愈下。

除酒曲提价外,熙宁五年三月,东京设置市易务,实行市易法,进一步增加了酒户的经营成本,对榷曲法产生了巨大影响。市易法实施官营赊贷,在京市易务垄断外地客商贩至京城的货源,再将市易本钱或物货赊贷给民户,年收息 20%。实施市易法之前,酒户所需糯米等酿酒原料由酒户直接从市场购买,市易法对糯米实行官榷,酒户必需从市易务赊购糯米,支付利息。酒户用酒糟造醋也加收经营税即"白糟钱"。酒曲收益纳入市易法的赊贷体系之中。如不能按时偿还赊买的曲价和糯米之值,及不能按时缴纳"白糟钱",每月加征 10% 的"罚息"。酒户债负越来越重,所欠官钱越来越多,尽管宋政府多次赦免民户所欠罚息钱,至元祐元年(1086)废除市易法时,东京市民共欠市易务钱 237 万余贯,"其间大姓三十五、酒户二十七,共欠钱一百五十四万余贯"②,平均每户欠 2.484 万贯。近 40% 的大酒店欠市易务钱无力偿还,周直孺的曲法改革未取得预期的效果。

自熙宁五年实施的官曲增价、市易赊贷、重收罚息等措施,对西京、南京也产生了影响。在熙宁十年以前,西京因"曲户败折,列状求罢,官不得已而听",即官置酒务,改榷曲法为榷酒法。元丰二年,京东东路转运使章楶引西

---

① 李焘:《长编》卷二百九十九,元丰二年八月戊申,7282 页。
② 苏辙:《栾城集》卷三十九《乞放市易钱状》。上海古籍出版社 1987 年版,868 页。

京例,要在南京"罢卖曲",设"城内与河上为两务",置监官榷酒。时苏辙任南京签书判官,以"南都曲户未尝欠官一钱","恐榷酒之利不如卖曲"为理由,坚决反对。此年苏轼因作诗讥讽新法而被捕入狱,次年,章惇在南京实行官酤法。实行官酤法本为增加课利,结果却是"酒课不旋踵而败"。元祐元年,苏辙"预议郊赦,乃罢酒榷而复卖曲,南都人大喜"①。估计西京榷曲也在此年恢复。此后直到北宋灭亡,三京榷曲法未有改变。

三 官监酒务与官酤法

《宋会要辑稿》食货二〇之三载:

(太平兴国)二年十月,京西转运使程能言:"陈、滑、蔡、颍(颍)、随、郢、均、邓、金、房州、信阳军未行榷酤,今请并置酒务。"诏遣太常丞冯顿与内品一人同共监当,比较所收一年课利。②

今人常将此条理解为京西路陈、滑等十一州原不榷酒,实际上此条是说京西路陈、滑等州原未设官监酒务,程能为多收酒课,建议改榷曲为官酤。诏令"比较所收一年课利",即比较官酤法与原榷曲法一年收益孰多孰少。如原不禁榷无酒课,则无比较之理。此后,官酤法逐渐推行到各路州府。

自(程)能建榷酤之议,所在置官吏局署,取民租米麦给酝酿,以官钱市樵薪及官吏、工人、役夫俸料,岁计所获利无几,而主吏规其盈羡,又酝齐不良洁,酒多醨坏不可饮。至课民婚葬,量户大小令酤,民被其害,州县苦之。岁或小俭物贵,殆不偿其费。

官酤法的目的是通过垄断酒的酿造和批发销售,增加酒课收入,但官酒务首先要设置踏曲酿酒之所,《景定建康志》卷二十二《诸库》载南宋建康府

---

① 苏辙:《龙川略志》卷四《议卖官曲与榷酒事》。中华书局1982年版,21—22页。
② 徐松:《宋会要》食货二〇之三,太平兴国二年十月,5134页。

公使酒库"为屋凡七十间",官监酒库的规模比公使酒库大得多。设置官监酒务初期投入很大,即使是只有房屋数间的偏远县镇酒务,因酒销售额少,官吏及工匠俸料所占比率大,要想很快收回成本也非短期之功,加之管理经验不足,酿造技术不精,造成官酒务推广初期获利无几。宋太宗"知其弊",淳化五年四月改其法:

> 下诏募民自酤,输官钱减常课十之二,使其易办。民有应募者,检视其资产,长吏及其大姓共保之,后课不登者均偿之。①。

官酒务募有资产的民户承包,缴纳酒务课额80%的承包费,改官酤法为坊场买扑法。九月,"有司言:'诸道州府先置榷酤,募民掌其事,内四百七十处岁课无几,愿一切罢之,但卖曲收直。'诏从其请。"②宋代州府军监不足三百个,此言撤罢酒务四百七十二处,是指各州府所属县镇村寨酒课少的官酒务。"卖曲收直"指废除官酒务的县镇村寨许民自酿,但要从州府曲院或官监酒务购买曲蘖,通过榷曲对酒户征收酒税。宋人常把酒税法所纳酒税称为"曲钱",如宋神宗说:"如天下百姓纳曲钱、盐钱,异时盐酒既榷,其钱不能免也。"③酒税即曲钱。

宋太宗诏令官酒务募民买扑,但"民应募者寡,犹多官酿"④。景德四年,宋真宗诏曰:"榷酤之法素有定规,宜令计司立为永式,自今中外不得更议增课以图恩奖。"⑤官监酒务成为地方州府县镇榷酒的主要方式。熙宁年间,王安石推行免役法,许多坊场募民买扑,不过,从《宋会要辑稿》食货一九《酒曲杂录》所载熙宁十年各地酒务酒课及买扑收入看,官监酒务收入占榷酒收入的86.4%,远远多于买扑坊场的13.6%。官酤法自宋太宗以后一直占主导地位。

---

① 李焘:《长编》卷三十五,淳化五年四月戊申,780页。
② 谢采伯:《密斋笔记》卷一。丛书集成初编2872册,15页。
③ 李焘:《长编》卷二百四十六,熙宁六年八月丙申,5998页。
④ 徐松:《宋会要》二〇之四,淳化五年九月,5134页。
⑤ 佚名:《宋大诏令集》卷一百八十三《榷酤不得增课诏》。中华书局1962年版,665页。

两浙宋初属吴越,建隆元年九月,"吴越始榷酒酤"①。太平兴国三年钱俶纳土归宋后,改为"募民掌榷"②即买扑制,承包人缴纳曲钱为酒税。雍熙元年(984)九月,"废杭州榷酤之禁,以酒曲课额均赋于民,依秋夏税期输纳,其酒更不禁榷"。把曲钱额均与民户随两税输纳,允许民间私酿。在此制度下,城郭富豪之家可自由开设酒店,"坐收榷酤之利",乡村贫弱之户"例纳配率之钱",却未享受到开放酒禁的利益。次年五月,诏令"自今宜依旧置清酒务,差官监当,依江南例减价酤卖,其所均钱并罢"③。清酒务即官监酒务。南唐开宝八年统一于宋后,江南路官监酒务一度降低酒价,以示宽恤之政,两浙与江南路一样,虽有反复,但最终实行了官酤制。

湖北、湖南的割据政权乾德元年即被统一,大部分州府实行官酤法。

官监酒务设在州、县和部分人烟稠密、酒税额高的村镇,州府官监酒务下属有多个酒店,县镇酒务下属有乡村道店,称"支坊","酒坊"或"坊场"。熙宁时期,宋神宗推行免役法,把原为酬劳服役衙前、分给衙前经营的二万六千余处坊场,用招标的方式,给出价最高的的买扑者经营,以其买扑坊场钱为雇募役人之费。坊场指收费的河渡和官酒坊,其中官酒坊占绝大部分。熙宁十年,全国有官监酒务1861个,买扑坊场中的官营酒坊是官监酒店的支坊,其数目远远多于官监酒务。

官酤法并非不许私家开酒店。南宋时杭州酒楼、酒店林立,有官营也有私营。杭州户部点检所下属有东、西、南、北、中酒库,各酒库又有子库(或称外库、上库、下库),每库均有酒店、酒楼,有的有二三处。有记载的官营酒店约二十所。私营酒楼、酒店如熙春楼、三元楼等,规模不亚官店,但不得自酿酒,而是从官酒库批发贩卖。"大抵酒肆除官库、子库、脚店之外,其余谓之拍户,兼卖诸般下酒,食次随意索唤。酒家亦自有食牌,从便点供。"此处的脚店是从官酒库批发零售的专营小店,又称"直卖店"。拍户从官库批酒零售,规模较大,兼营饮食,且以饮食特色招揽顾客,如包子酒店"专卖灌浆馒

---

① 李焘:《长编》卷一,建隆元年九月丁未,25页。
② 脱脱:《宋史》卷一百八十五《食货下七》,4514页。
③ 徐松:《宋会要》食货二〇之三,雍熙二年五月,5134页。

头、薄皮春茧包子、虾肉包子、鱼兜杂合粉、灌煎大骨之类",肥羊酒店"零卖软羊、大骨归背、羊杂鸢四软、羊撺四件"①,其中著名的有丰豫门归家、省马院前莫家、后市街口施家、马婆巷双羊店等。

造酒用曲由曲院提供。绍兴七年(1137),定杭州为行在,十年,设"户部行在点检赡军酒库所",下辖杭州十一酒库,另有曲院和钱库各一所,共十三库。绍兴十六年,周紫芝云:"户部之有曲院,其在西湖六七年,为曲六百余万斤,官获其利三十余万缗,不为不多矣。"②杭州曲院年造曲近百万斤,供十一所酒库使用,是因为杭州实施官酤法,曲院造曲主要供官酒库使用。此云六七年间卖曲获利三十余万缗,平均每年约五万缗,应是私家婚丧大事等酿造自饮酒时,曲院卖曲的收入。官酒务酿酒用曲,不计入曲院卖曲收入。除边远小州如河东麟州无曲院,曲从并州、岢岚军调拨外,诸州府官酒务与杭州类似,均有曲院。如明州(浙江宁波)曲院宝庆三年(1227)造曲用麦2288.4硕,每硕3.6贯,曲麦成本为8238.4贯③。

拍户从官酒务批发零售,批零差价大约为20%。太平兴国三年,李惟清为荆湖北路转运判官,实行"民市清酒务官酿转鬻者,斗给耗二升"的政策。雍熙三年,太宗伐辽,三司为筹措军费,改为给耗一升,"民多他图,而岁课甚减",一二年后,"诏复其旧"④。绍兴三年,宋对两浙、江南东西路等地酒务进行全面清查,"其官务若管酒价钱,而柏户沽卖私价大段高贵,赢落厚利,自合随宜增添。仍令逐州军每季具官务酒价与市价有无亏[折],申转运司检察"⑤。批发与零售差价太大时,官酒务就提高批发价,以获取最大利益。

官酒务赢利有定额,下属拍户也要完成分配的定额,即"省额"。南宋前

---

① 吴自牧:《梦粱录》卷十六《酒肆》。浙江人民出版社1980年版,141页。北宋东京有脚户而无拍户,是因为东京榷曲,酒店多为私营,以是否有酿酒权划分正店与脚店。南宋杭州榷酤,私营酒店无酿酒权,故不再以酿酒权划分正店与脚店,而以拍户下属分置酒店和规模较小的直卖店为脚户。直卖店隶属于官监酒务,同拍户一样从官监酒务批发酒贩卖,故此类脚店有时也称拍户。

② 周紫芝:《太仓稊米集》卷五十九《与张尚书论移曲院》。四库全书1141册,421页。

③ 罗浚:《宝庆四明志》卷五《郡志五·叙赋上》。四库全书487册,74页。

④ 脱脱:《宋史》卷二百七十六《李惟清传》,9216页。

⑤ 徐松:《宋会要》食货二〇之一五,绍兴三年十一月二十三日,5140页。

期,临安人口在数十年内处于增长状态,拍户完成销售额容易,获利颇丰,遂有"若要富,赶着行在卖酒醋"①的谚语,吸引仕宦子弟至临安卖酒醋。酒利是国家财政攫取的重要对象,也是地方财政的主要来源,各地方政府想方设法多收酒课,多数拍户完成定额并不容易。宋孝宗时,承节郎元汝楫监复州(湖北天门市)酒务,尽职尽责,按时完成酒税定额。复州太守责令酒务变卖"衋酝酸腐"的公使库酒,元汝楫说:"在城拍户困于省额,不聊生矣,岂能认无用之酒、陪无名之钱乎?"坚决拒绝。拍户是官监酒务的零售商,对公使库酒无代售义务。太守怒,"押汝楫下签厅供责,吏稍侵之,汝楫曰:'我直彼曲,何供之有?'遂取印,一抹而归"②。面对太守加重拍户负担的无理要求,酒务监官元汝楫只有挂印辞官以示抗议,却不能阻止太守非法盘剥拍户。

酒户作为官营垄断行业的组成部分,少数可分享垄断利润,大部分则生活艰难。北宋开封与南宋杭州酒政较为宽松,酒户赢利空间大,不乏至富者。前引苏颂《丞相魏公谭训》载孙赐从酒店伙计到经营脚店,后来建酒楼"开正店",就是卖酒致富的典型。有的拍户与官吏勾结,获取非法利益。如秀州崇德县石门酒库辖区"居民鲜少,又多贫乏之家",只有拍户钱福"所居地名钱林,有僧寺颇大,有居民颇众,其地阔狭几及本库地界四分之一"。钱福不赴官库打酒而造卖私酒,私置脚店越界销售,遂使官库地界日蹙,销量日少,完不成定额,亏损败坏。钱福"挟库吏之势,而监官莫能察,恃保正之力,而乡民莫敢问。又金钱买求州县吏胥,而州县亦莫能较之",获利颇丰,而石门酒库其他拍户三十人,却"衰老贫困,每恨卖酒极少"③。

拍户分销官库酒通常采用赊买法,如欠钱逾期未还,或分销酒额过高,所赊酒卖不出去,完不成定额,官府就要"差巡尉捕抑填纳"④,以至有的破竭家产。拍户死亡或逃亡,要由其他民户充替,有时官府甚至"抑勒家属子孙

---

① 庄绰:《鸡肋篇》卷中。中华书局1983年版,67页。
② 杨士奇等:《历代名臣奏议》卷一百四十七《吏部尚书赵汝愚奏荐张汉卿、元汝楫状》。四库全书437册,121页。
③ 黄干:《勉斋集》卷二十九《申提领所乞惩治钱福》。四库全书1168册,319页。
④ 黄震:《黄氏日抄》卷八十四《附通新漕季厚斋书》。四库全书707册,861页。

充拍户"①。

南宋后期,有的酒务经营不善完不成定额,就招募或强令数家或数十家拍户承包酒务课额,而赋予承包者酿酒专卖权,称为"拍户抱额"。如明州慈溪酒务隶属经总制司,原由明州支付酿酒本钱,每年缴纳经总制司"生煮酒额钱"即酒课二千二百余贯。嘉熙年间,遇风涝之灾,"务屋颓毁,遂令拍户抱卖,取净息"。后因私酒盛行,侵占市场份额,抱额拍户酿酒量减少一半,所承包的酒课不减,"拍户屡词,乞复旧务"。淳祐五年(1245)九月,"重建务屋"②,恢复官酒务,拍户才解除抱额,仍为官酒务的分销商。

官酒务的工役来源,或差募民匠,或设置厢兵。太平兴国二年程能建议推行官酤法后,官酒务的酒匠及役人多从民间差雇,宋真宗大中祥符以后,多调配厢兵。《宋会要辑稿》食货二〇之五载:

> (大中祥符六年)十二月十二日,诏:诸州军酒务委监官亲视兵匠尽料酝酿,其有酸败不任酤者官吏悉均偿之。初,汉阳军监酒梁绍熙委兵酝造不如法,而酸败数百斛,计价钱踰二百万,三司因请条制故也。

梁绍熙用兵匠取代民匠,而兵匠技术不精,酿造不按规定,损失二千余贯,故诏令酒务监官对兵匠加强监管,说明此时已有部分官监酒务使用厢兵。杭州酒务原来"雇民充役",乾兴元年(1022),改为"置杭州清酒务指挥四百人,以隶酒官"。天圣三年,"江宁府请如杭州例置百五十人,亦许之"③。明道二年(1033),"置苏州清酒务指挥三百五十人,以隶酒官"④。《宋史·食货下七》云:"清务者,本州选刺供踏曲、爨蒸之役,阙人募人以充",此"清务者"指清务指挥,指挥是军事编制的基本单位,每指挥法定不超过五百人,供役厢军指挥因事而设,多不足额。杭州、江宁府、秀州均是人烟稠密的大州,熙宁年间,杭州在城及县镇酒务有11,江宁府有7,秀州有10,

---

① 《庆元条法事类》卷三十六《库务门》。燕京大学图书馆藏版,1948年印。参见李华瑞《宋代酒的生产和征榷》第十二章,河北大学出版社1995年版。
② 梅应发、刘锡同撰:《四明续志》卷四《兴复经总制诸酒务坊场》。四库全书487册,390页。
③ 李焘:《长编》卷九十八,乾兴元年四月丙寅,2280页。
④ 李焘:《长编》卷一百十二,明道二年二月乙未,2606页。

平均每务有厢兵30人左右。

天圣八年规定:"诸路州军差酒务杂役、酒匠人等,乞拣选无过犯军人充,不立年限,如作过犯,临时相度替换。"①此后,厢兵逐渐成为官监酒务的主要供役者,但各地并不统一,"亦有准祥符编勅,月给钱佣匠之处",有的地方"醞匠多新犯配军之人"。九年,三司制定条例,普通役兵"以一年为替",有技术的醞匠"不计年"。有过犯配军之人至酒务役后"无大过者,且留充役",有大过犯者"即时选替"。已募民匠的酒务"亦仍旧贯"②,继续供役。总之,官监酒务以厢兵(包括因犯罪而刺配为兵者)供役为主,募民为辅,兼征差服役的民匠。

北宋时期,真正设置清务指挥的州府不多,大部分酒务虽有厢兵供役,却未编制清酒指挥。据《宋史·兵志三》载,熙宁以前,仅杭、苏、婺(浙江金华市)、温、潭(湖南长沙)有清务指挥,江宁有"酒务杂役"指挥。熙宁时期,除上述六州外,池州有"酒务营"指挥。宋徽宗时,淮南路"唯真州有清务兵士",政和四年(1114),转运司徐宏中"乞于其余去处亦各专置。得旨,从所请"。设置清务指挥的酒务仍可保留民匠,"酒匠得力听留阙,或须雇人者听和雇"③。

绍兴三十一年,权户部侍郎赵子潚、钱端礼言:"'在法,诸州县酒务刷差强壮厢军充杂役,三万贯以上二十八人,以下十五人,已雇夫之费及依条帮支、专一监官重难钱自合依数支给。'从之。"④人口稠密的州府酒务规模较大,下辖数县亦有酒务,每州酒务有厢兵一二百甚至三四百人,可组成一指挥。如仍不足用,可雇夫充役。沿江屯驻诸军及驻扎杭州周围的殿前、马军、步军三衙,或管辖州县酒务,或自行置务开酤,不仅影响州县酒课,且"占破官兵数多,妨废教阅",故限制其人数,并逐步把屯驻诸军及三衙所领酒务收归户部,仍以"赡军酒库"为名,酒课大部分作为军费支用。

---

① 徐松:《宋会要》食货二〇之八,天圣八年十二月十一日,5136页。
② 徐松:《宋会要》食货二〇之八,天圣九年正月四日,5136页。
③ 徐松:《宋会要》食货二〇之一三,政和四年十月二十三日,5139页。
④ 徐松:《宋会要》食货二一之一,绍兴三十一年正月六日,5144页。

酒务造曲原料用麦,磨面是繁重的杂役。磨面主要依靠水力或畜力,有的酒务磨面科配民户完成。天圣八年陕西转运司言:"秦州路岁造曲用麦数万石,止合于在州及近郊水硙户分配变磨",所用麦子由转运司供应。被科配的水硙户多达八十余户。水硙户在请领麦子和交回面粉时,经常被官吏"邀滞骚扰",他们联名投状,愿为官府打造水磨五盘,"只乞官自变磨应副"①,免除他们的科役。秦州知州张纶采纳了这一建议。庆历三年,保州通判石待举"申请乞更不差磨憔驴子,只以厢军兵士推磨",河北转运使张沔竟然"依所申行下"本路推广。厢兵有俸料,其俸料不计入酒务成本,用厢兵代驴拽磨可"省得草料"钱。欧阳修出使河北,发现此事,上奏制止,"依旧却差驴子"②,以免引惹兵士闹事。怀州酒务用面原来采用"均麦于民,率众力以供"的方法,科配民户代磨,仁宗皇祐年间,晁仲衍任知州,利用境内沁水,"创碾硙,借水势,岁破麦数千斛,以给榷酤"③。

四 万户酒法

在不榷酒、允许民户私酿的福建、四川等地区,或原有官监酒务、后又废罢的地区,政府并未放弃酒利,而是"取其税而不禁其私",把酒课敷配于民户缴纳,实行税酒制,宋人称之为"万户酒"。

《宋史·食货下七》载:宋太宗太平兴国七年以后,多数州府设置官监酒务,"惟夔、达、开、施、泸、黔、涪、黎、威州、梁山(重庆梁平县)、云安(云阳县)军及河东之麟、府州,荆湖之辰州,福建之福、泉、汀、漳州、兴化军,广南东西路不禁"。这些边远地区人烟稀少,有的是少数民族居住区或汉戎杂居区,宋为巩固这些地区的统治基础,未推行榷酒,而实施万户酒法。据《宋会

---

① 徐松:《宋会要》食货八之三三,天圣八年四月,4951页。
② 《欧阳修全集》卷一百一十七《乞一面罢差兵士拽磨》。中华书局2001年版,1786页。
③ 王珪:《华阳集》卷五十《提点京东诸路州军刑狱公事晁君墓志铭》。四库全书1093册,373页。

要辑稿》食货一九载,熙宁以前江南西路永平监(江西波阳县东)、荆湖北路沅州(湖南芷江县)、淯州监(四川长宁县南)、利州路剑门关、河东路大通监(山西交城县)均无酒课定额,熙宁十年秦凤路沙苑监(陕西大荔县南)、太平监(甘肃清水县西南)、司竹监(陕西周至县司竹镇)、河东路丰州(陕西府谷县北古城)、梓州路戎州(四川宜宾市)、夔州路忠州(重庆忠县)、渝州(重庆市)、大宁监(巫溪县)亦无定额,说明这些地区也相继实行了万户酒法。章如愚《群书考索》后集卷五十八云:

> (汉武帝)天汉三年始置官自卖,榷取其利以供国用。行之才十四年,迨昭帝,因贤良文学议而罢之,乃令民自卖,以所利而输租。既又限其酒,使不得厚取民财,此后世所谓万户酒也。

《汉书·昭帝纪》载:始元二年(前81)"令民以律占租,卖酒升四钱",意为卖酒者自报卖酒额并纳税,自报不实则论如律。宋代万户酒多是民户随二税缴纳酒税,章如愚认为汉之税酒即宋之万户酒,表明在宋人眼中二者均不榷酒,"令民自卖",无本质不同。万户酒法即税酒法,它不只是指对私家卖酒征税,而且包括把酒税均敷于百姓。宋仁宗时税酒法逐步推广,南宋时许多州府实施。南宋扬时认为,万户酒之名产生于嘉祐末年,率先实行的地区是福建南剑州。扬时说:

> 榷法自祖宗以来行之久矣,至嘉祐末年,流弊之久,民间苦官务酒恶不可饮,比户私酝,故官中每岁酒课不敷,而民间犯法者亦众,此公私通患也。吾乡陈氏名广者,乡人目为陈万户,经由朝廷献利害,乞会计每岁官中所得酒课若干数目,均在人户作酒利钱送纳。吾郡合五邑人户,衷金资以往朝廷。下有司相度,从之。迄今六十余年,上下安便,官中无一毫之费而坐收厚利,民间亦免冒禁抵刑之患,此公私两利也。①

陈广把南剑州的酒务课额分摊给众民户缴纳,废官酒务许民自酿,南剑州人感其德,称之为陈万户,其所行酒法即万户酒。乾道四年(1168),左司

---

① 杨时:《龟山集》卷二十二《与梁兼济》。四库全书1125册,323页。

谏陈良祐曾建议在全国"行万户酒,却将坊场钱于亩头均纳",宋孝宗以为此事"难行,浸其奏"①。坊场钱是把官监酒务及下属子坊的课利令民户买扑,缴纳承包费,承包期三年一替,是熙宁免役法后出现的新税目。万户酒以税的形式令民户(或酒户,或税户)缴纳榷酒课利,是宋人的共识。叶适云:万户酒"始自南剑,他郡效之",福建八州之地,相继皆行此法。宋孝宗时,林浞通判南剑州,州太守拟实行"官自卖酒",林浞反对说:"闽地俱万户也。今始自南剑,他郡效之,君不畏八州民怨已乎?"二人均把自己的意见上奏朝廷,朝廷认为"闽近瘴,故二税有酒钱,而民自酤。今创禁之,非旧制也"②,否定了太守的意见。漳、泉等州宋初不榷酒,亦随二税缴纳酒钱,由此看来,原不榷酒地区的万户酒同样为税酒性质。

湖南不少州县也行此法。孔仲武说:"湖外事体与北方异,以酿酒自业者家家有之,虽重其法禁,其势不止。"私酒多而难禁,是改官酤为税酒的主要原因。熙宁时,"潭州之安化、衡州之常宁、永州之安东、彬州之宜章,道州之宁远",实行"散坊场钱于民间,视其等第以为厚薄,随两税输入,而罢其酒禁"③的政策,至南宋仍在实施且区域扩大,宁宗时,真德秀说:"今全、永、郴、道等州,或听民自酿而输税于官,或于夏秋正赋并输酒息,未有专行禁榷如江浙诸路者也",即实行税酒制。

税酒法有两种形态,一是将榷酒课利均敷于税户,随二税缴纳,即"于夏秋正赋并输酒息",二是实行酒户自酿自卖,根据其卖酒额征收酒税,榷酒课利由酒户承担,即"听民自酿而输税于官"。此法与特许酒户制的区别是不限制酒户数量,民户可自由开业,无地界限制,但开业后要纳税。实行税酒

---

① 徐松:《宋会要》食货二一之七,乾道四年五月七日,5147 页。
② 《叶适集》卷十九《中奉大夫直龙图阁司农卿林公墓志铭》。中华书局1961 年版,1983 年7 月第1 次印刷,373 页。
③ 孔武仲:《清江三孔集》卷十一《代论湖南酒禁奏状》。四库全书1345 册,304 页。《宋会要》食货十九之一五载,衡州之常宁、永州之东安熙宁十年仍有酒务和"祖额",李华瑞《宋代酒的生产和征榷》认为这可证明"熙宁时期这一地区又恢复官榷制。"祖额大约是宋仁宗时的酒税额,有祖额说明仁宗时尚实行官酤制。熙宁十年有酒务,并不能否认把酒务课额均敷于民的事实。在坊场无人买扑而官酒务又败阙不经营的情况下,把酒务课额均敷于民,使其课额得以完成,是衡州之长宁、永州之东安有酒务和祖额的原因。

法的地区有的原未榷酒,如福建之福、泉等州,有的原有官监酒务废罢,如湖南之全、永等州。虽不榷酒,却有酒税,只不过榷利由民户(税户或酒户)分担罢了。南宋真德秀分析实行税酒制的原因云:

> 窃惟酒之有榷,本朝家所藉以佐经费,其来尚矣。然后行于江浙诸路而不可行于广南、福建者,盖瘴乡炎峤,疾疠易乘,非酒不可以御岚雾,而民贫俗犷,其势不能使之必沽于官,故特弛其禁以从民俗之所便。

湖南全、郴等州与闽、广"风土气候,往往相似",也不榷。实行税酒制的根本原因,是这些地区有私酿传统,榷酒的管理成本高。税酒法"官无尺薪斗米之费而坐获利入,民无逮捕抑配之扰而得饮醇美",可保证官有收益而无亏本,减少榷酒对民户的骚扰,在官酤法难以赢利的地区得以推广。南宋时,榷酒在政府财政中的地位日益重要,地方军政官员常常"以拖欠、停闭为名,欺陷数多",截留中央财政的酒利。乾道六年规定:拖欠酒课的坊场"召人承买",由承包人缴纳酒课;已停闭坊场如差官开沽经营,其酒利一半上供,一半归地方支配;如官不开沽,即"为万户酒,均输课扑,从便沽卖"①。凡不赢利的官营坊场,或实行买扑制,或实行万户酒,以保证酒税的征收,使万户酒在福建、广南、湖南之外的地区也多有实施。

只要官酤之利高于税酒,税酒可改为官榷,反之官酤可改为税酒。官监酒务日有所入,利在目前,税酒法多随二税缴纳,夏、秋收税时才见酒利,所以在军费急缺时常行官酤。以潭州为例,北宋时一直实行官酤法,南宋初潭州屡遭兵燹,户口锐减,"城市萧条",官监酒务入不敷出,难以为继,绍兴元年改行税酒法。乾道二年,荆湖南路安抚使、知潭州刘珙为镇压荆南、广南地区李金等起义,增置新兵,"调度百出",就"添创南、北、楚三楼,量从官卖,稍分酤户之利而已",以税酒法为主,兼行官酤。淳熙七年(1080),辛弃疾驻兵潭州,创置飞虎军,为筹措军费,"献议于朝,悉从官卖"。次年,宣抚使、知潭州李椿改行税酒法,建议"帅司楼店亦且开沽,俟税课登羡日止",得到批准,即暂时实施李珙时的酒制,候秋成酒税收毕就取消官营酒店,实行税酒

---

① 徐松:《宋会要》食货二一之八,乾道六年三月二十四日,5148页。

制。嘉定七年(1214),安丙知潭州,改行官酤,严禁私酒,"搜逻之卒,旁午逵道,连坐之人,填溢犴圄"。嘉定十六年,真德秀知潭州,又奏改为税酒:"募酝户造酒城外,而募拍户卖之城中。入城之时,数斝以税"。潭州在城酒法"或税或榷,前后屡变",目的是最大限度和最便捷地获取酒利。潭州周围的州郡如衡州"依仿其法"①,也实行税酒法。

两宋之交,江南西路已是"通放万户造酒去处",建炎四年(1130),隆祐皇太后及扈从万人在金兵追击下逃至虔州(江西赣州)时,曾在一些州县"权置酒务沽卖"以筹措军费,但不立额。绍兴三年,因"所收课利不赏监专作匠等人请给之费",江南西路转运司"乞行住罢"②,恢复税酒法。赵彦卫论万户酒之弊云:

> 将一坊酒额尽均苗头上。旧坊户既有酝具,上户亦有力造酒酤卖,五等下户白令出钱,数且零细。家至户到,贻害良农。目今浙东、湖北皆有斯弊,悉缘达官慕爱民之虚名,忘久远之利病,为无穷之害。予向在汉东(湖北随州市),偶有为此举,力争得免,故书以告来者。③

浙东台州天台县税务"旧兼酒及茶盐,后以行万户,废酒务,惟存税务"④。把酒课随二税缴纳,有增加贫民下户负担之弊,但实施简便,税额易办,宋宁宗时,原为官监酒务的浙东、湖北已行万户酒法。万户酒已不限于偏远之地,人烟稠密地区也有实施。

夔州路"系万户酒地分",不榷酒,只对酿卖酒的酒户收税。北宋末,纳税场店"有一百四十五处",建炎三年十月,赵开总领四川财赋,"增为六百余所,岁收钱四万三千九百余引"。引即钱引,以贯为单位。赵开未改变许民自酿的万户酒法,却增加酒户数量以增加酒课。新增场店应有两类,一是原来不纳税的小场店,二是强迫有一定资产的民户纳酒税,而不管是否开酒店。绍兴十五年,四川宣抚副使郑刚中言:夔州路"乡村荒僻,民物萧疏,与东西两川事体不

---

① 真德秀:《西山文集》卷九《潭州奏复税酒状》。四库全书1174册,144页。
② 徐松:《宋会要》食货二一之一三,绍兴三年五月五日,5150页。
③ 赵彦卫:《云麓漫钞》卷十。中华书局1996年版,167页。
④ 陈耆卿:《嘉定赤城志》卷七《公廨门四》。四库全书486册,626页。

同",多开场店是扰民之政,"人不以为便",于是诏令"建炎三年后来应系添置酒店悉行放罢"①,所增赡军酒钱由宣抚司从其他收入中垫拨。

刘挚诗曰:"粤岭酒万户,酝者无刑章。以兹于酿事,家家致其祥。"②广南宋初就不榷酒,北宋中期已有万户酒之名。《宋会要辑稿》食货二一之七载:

> (乾道二年)十二月十二日,臣僚言:"赣州并福建路、广南等处以烟瘴之地,许民间自造服药酒以御烟瘴,谓之万户酒。小民无力醖造,榷沽之利尽归豪户。乞将应造酒之家将所造之酒经官税毕,然后出卖,仍将税钱桩发行在。"户部看详:"逐州军风俗不同,又事干财计,乞下江南西、福建、广南东西路转运司从长相度。"从之。

宋人常把广南酒法与福建酒法相提并论,认为二地酒法相同,均为万户酒。官不榷酒,许民自酿自卖,实际上只有豪户才能开办酒店,等于豪户享受了政府放弃的榷酒利益,臣僚建议征酒税以增加财政收入。万户酒已令民户随二税缴纳酒利钱,再对酒户征税,是重复收税,故户部建议谨慎行事,"从长相度",未付诸实施。朱熹比较万户酒法与其他酒法之利弊云:

> 唯万户抱额最为简便,然须以一州或一县通计田亩、浮财物力而均出之,使无官户民户之殊,城居村居之异,一概均敷,立为定籍,乃为尽善。若舍官户而敷民户,舍城居而困村居,不立官簿而私置草簿,使吏得以阴肆出没,走弄于其间,则又病矣。③

宋代户口不实、田赋不均现象十分严重,清查田产物力以均平税赋进行过多次,多无成效,在此基础上征收的酒税,同二税一样存在弊端。贫民下户增加了纳税负担,却享受不到放任私酒买卖的利益,成为一部分有识之士反对万户酒的主要原因。

---

① 徐松:《宋会要》食货二〇之一九,绍兴十五年七月一日,5142页。李心传:《建炎以来系年要录》卷一百五十四,绍兴十五年七月乙巳,2477页。
② 刘挚:《忠肃集》卷十五《天苏酒成次路韵》。中华书局2002年版,337页。
③ 朱熹::《晦庵集》卷十八《奏盐酒课及差役利害状》。四库全书1143册,339页。

第十五章 纺织业

一 引言

纺织手工业包括布、帛的生产、印染、制衣、刺绣等行业。宋代布帛生产较前代有显著的发展,布帛品类增多,产量提高,特别是高档丝织品除上供宫廷外,有许多进入市场,以至宋政府多次频"禁奢侈"的法令,限制高档丝织品的消费。布帛在宋代财政上的地位十分重要,夏税主要征收布帛,且宋政府把布帛作为仅次于铜钱的财政储备,经常把布帛作为军粮籴本变转使用。宋代官营纺织手工业采用多种经营形态,生产高档丝织品,官营纺织业有较大发展。

二 东京的官营纺织业

东京绫锦院是最重要的纺织机构。绫锦院初称机杼院,在昭庆坊,"掌织纴锦绣以供乘舆及凡服饰之用"①,产品以高档丝织品为主,"所织有锦、鹿

---

① 马端临:《文献通考》卷五十七《职官考十一》,514 页。

胎、花罗、绉縠、绫、絁"①等,其工匠称"锦工"或"锦绣工人"②,简称"织匠"、"工匠"或"匠人"。乾德四年(966),"以平蜀所得锦工二百人"为基础,"置内绫锦院",乾德五年始置监官一人,此后不再称内绫锦院而称绫锦院,后监官改为三人,以京朝官、诸司使副和内侍充。太平兴国二年(977)分为东西二院,端拱元年(988)合为一,"领兵匠千三十四人"③。《宋史·兵志三》载,"西染院、绫锦院、裁造院"厢兵指挥与东京其他厢兵"分隶三司提举司","三司"即马军、步军、殿前三司,也称三衙,说明平蜀所得二百名锦工为男姓,被纳入厢兵编制。厢兵要按其服役年限进行"转资"即提升,熙宁八年(1065),绫锦院监官李果"被旨与工匠转资,稽留五十余日"未予办理,被罢官。李果"稽违圣旨",三司有失察之责,宋神宗诏令追究,"后三司言:'绫锦院直受传宣,而三司不预知。'乃释之"④,撤销了对三衙稽违圣旨的指控。开宝年间,周翰监绫锦院,"杖锦工过差,为所诉",宋太祖"怒甚",严责周翰说:"尔岂不知人之肤血与已无异,而忍肆其酷毒?"⑤太祖初平诸国,收编不少原割据政权的军兵,以严明军纪、稳定军心为要务,锦工身份是厢兵,所以周翰杖锦工过当的行为受到太祖的特别关注。

绫锦院工匠除厢兵外,尚多女工,《宋会要辑稿》载"领兵匠千三十四人"有误,疑"兵匠"应为"工匠"。李焘《续资治通鉴长编》卷八载,"先是,平蜀得锦工数百人"⑥。曾巩言:"绫锦院,乾德五年置。时已平蜀,所得锦工六百人隶焉。"⑦李焘言平蜀所得锦工数百人,曾巩言六百人,均比《宋会要辑稿》所言二百人多。绫锦院设置之初,设"户头"一职,每一户头管理织机三四张,女工三四名,产品质量达不到标准,"即科较匠人",户头却不负任何责任。户头是下级军官,每月俸料七百文,粮三石五斗,开宝四年(971),监绫

---

① 马端临:《文献通考》卷二十《市籴考一》,195页。
② 徐松:《宋会要》食货六四之一六,6107页。
③ 徐松:《宋会要》职官二九之八,2991页。
④ 李焘:《长编》卷二百六十六,熙宁八年七月壬戌,6521页。
⑤ 李焘:《长编》卷十二,开宝四年十月甲申,272页。
⑥ 李焘:《长编》卷八,乾德五年十月丙辰,196页。
⑦ 曾巩:《隆平集》卷一《官司》。四库全书371册,7页。

锦院梁周翰建议"不置户头,令工匠自管供机,各与女工一分请受",此后罢户头,由监官直接发放给工匠原料,工匠按所领原料多少上缴成品。绫锦院分工较细,有"供应事袯,丝线,染练,纺络"①等工序,每张织机约有二名女工负责"供机"即丝线的整理加工等辅助工作,其工钱原由户头发放,罢户头后,改为由织匠发放。曾巩言"所得锦工六百人",应包括锦工二百和辅助女工四百。

宋真宗咸平元年(998)以前,绫锦院就"有锦绮机四百余"张②,其厢兵身份的织匠应有四百人。熙宁六年,"详定编修令敕所言:'裁省绫锦院织匠,以四百人为额。'从之"③,裁省前织匠超过四百人,裁省后织机仍为四百张,其锦工及辅助女工人数,应在千人以上,有工匠1034人与绫锦院的规模相符。

绫锦院建立了严格的原材料与产品管理制度。绫锦院一人一机,劳动时间没有强制性规定,而是以产品数量作为衡量其劳动量的标准。领取物料、交纳产品均要登记在册,叫"上历"。绫锦院有"月供物料帐",对每名锦工每次领取的物料进行登记,按月结算,如至月底上缴的产品未能把领取的物料用尽,则以"见在"名目转入下月帐。锦工每过数日上缴产品时,要登记"具某月日至某日织造若干数,于某库送纳",产品的"长阔轻重"要符合标准,"依例不须更错应在"④,即上缴的产品应与其领取的物料多少及产品定额相符。为防止"散失物料"⑤,对匠人中的贫者规定只有将本次物料用尽并上缴产品后,再发给下次的物料。熙宁七年规定,如遇到工作量大、织匠不足时,"即令依旧勘会的实合要造作得力人,却申三司勾抽归院填阙",工作完成后,再"发遣归原处"⑥。东京其他一些官营机构中也有厢兵织匠。

染色业与布帛纺织密切相关。东京染坊也称染库、内染院、染院,在金

---

① 徐松:《宋会要》食货六四之一七,6108页。
② 徐松:《宋会要》食货六四之一八,咸平元年九月,6108页。
③ 李焘:《长编》卷二百四十六,熙宁六年八月丁丑,5990页。
④ 徐松:《宋会要》职官二九之八,大中祥符六年十一月,2991页。
⑤ 徐松:《宋会要》食货六四之一六,开宝四年三月,6107页。
⑥ 徐松:《宋会要》职官二九之八,神宗熙宁七年十月五日,2991页。

城坊,开宝八年置①。太平兴国三年分为东、西二染院。东院屋舍少,空间窄狭,柴蒿场与工匠营房相去遥远,用水不便,染练用工多,成本高,咸平六年,"有司上言:'西院水宜于染练',遂并之",此后染院或称西染院。西染院"掌染丝、帛、絛、线、绳、革、纸、藤之属,以京朝官、诸司使副、内侍一人监,别以三班一人监门,领匠六百十三人"②。

西染院用金水河水,有"洗濯疋段池五所",各长二丈五尺,宽六尺,深五尺。从西染院至护城河修有排水渠,洗濯后的浊水放入护城河。每日染练,换水两次,遇匹段多时,换水三次,消耗金水河水量3%左右。金水河水源为荥阳黄堆山之祝龙泉,下游为京水,建隆二年即引京水至东京,乾德三年引金水河"贯皇城,历后苑,内庭池沼,水皆至焉"③。金水河水清而甘,是皇城内的饮水源。宋真宗时,在东京城内修渠十余里,沿渠作井,广大市民得饮金水河。染院以水质上佳的金水河水进行染练,保证了布帛的染练质量。

染院之外,尚有西染色院,掌红花、紫草等"受染色之物,以给染院之用"④,监官二人,有兵士十七人,实为附属于染院的仓库。

染院劳动强度大,西染院离柴蒿场四五里,日担柴草四五次。东院离柴蒿场十余里,往返近三十里,加上营房驻地到染院的距离,日搬一次,回到营房时天已黑,营门关闭,兵士"无处安泊",这是东西染院合并的原因之一。开宝八年,监察御史刘蟠监领染院,得知太祖将到染院视察,"伺上将至,辄衣短后衣芒屩,持梃亲督役,头蓬不治,遽出迎谒。上以为能勤其官,赐钱二十万"⑤。监官提棍棒监督工匠劳作,得到皇帝的恩赏。宋仁宗时,张美人生一女,仁宗赐内藏库绫罗八千匹,"染院工匠当此大雪苦寒之际,敲冰取水,染练供应,颇甚艰辛",欧阳修认为"劳人枉费"⑥,上疏请裁减染练额。

---

① 李焘:《长编》卷十六,开宝八年五月甲申,340页。
② 徐松:《宋会要》职官二九之七,2991页。
③ 脱脱:《宋史》卷九十四《金水河》,2341页。
④ 徐松:《宋会要》职官二九之七,2991页。
⑤ 李焘:《长编》卷十六,开宝八年十月戊午,349页。
⑥ 赵汝愚:《宋朝诸臣奏议》卷二十九《帝系门》,欧阳修《上仁宗论美人张氏恩宠宜加裁损》,278页。

裁造院乾德四年置，初在利仁坊，后迁延康坊，"掌裁造衣服以供邦国之用"，主要为皇室后宫服务。宋初有针线院，左藏库有缝造针工，"给裁缝之役"。设裁造院后，以京朝官、三班、内侍二人监，"领匠二百六十七人"①，均为女工，另有厢兵或禁兵剩员二十人，负责"巡宿，看管官物"。

裁造院兼制"绣造物色"，本院"绣造不逮者"，则由负责京城管理的侍卫司分配给"百姓绣户"绣造，由裁造院监官直接"支散工钱"，不许减扣。承办官物绣造的百姓绣户"不得抑勒差配"②，含有雇佣的意味。

随着宫廷服饰刺绣量的增加，裁造院远远不能满足需求，北宋末年，上自"乘舆服御"用绣，下至"宾客祭祀用绣"，有严格的规格要求，但"每遇造作，皆委之闾巷市井妇人之手，或付之尼寺，而使取直焉"。崇宁二年（1103），置文绣院一所，招绣工三百人，并"下诸路选择善绣匠人以为工师"③，以满足宫廷的刺绣需求。宫廷衣饰交由民间制作，或招募民间绣匠到宫廷授艺，使民间刺绣工艺得到了相互交流与表现的机会，促进了刺绣工艺的发展。

其他机构如后苑造作所和文思院也有纺织业。后苑造作所"掌造禁中及皇属婚娶名物"，共七十四作，其中有丝鞋作、裁缝作、克丝作、绣作等与纺织相关。宋神宗时，包括此四作在内的后苑造作所十作并入文思院。宋代的官诰、度牒用绫制作，由文思院织造。

克丝也称刻丝、缂丝，用专用织机织作，其织机分大机和小机二作，大机能织宽副，小机则织小副，织法基本相同。宋人庄绰云：

> 定州织刻丝不用大机，以熟色丝经于木棦上，随所欲作花草禽兽状，以小梭织纬时，先留其处，方以杂色线缀于经纬之上，合以成文，若不相连。承空视之，如雕镂之象，故名"刻丝"。如妇人一衣，终岁可就，虽作百花，使不相类亦可，盖纬线非通梭所织也。④

---

① 徐松：《宋会要》职官二九之八，2991 页。
② 徐松：《宋会要》职官二九之八，大中祥符五年二月，2991 页。
③ 徐松：《宋会要》职官二九之八，崇宁二年三月八日，2991 页。
④ 庄绰：《鸡肋编》卷上《定州刻丝与各地工艺》。中华书局 1983 年版，33 页。

刻丝以织品呈"雕镂之象"而得名,比刺绣还要费工,织一衣要用一年时间。传世的刻丝遗物,多为书画珍品,其工艺水平高超,堪称绝技。

三 州府的官营纺织业

宋代纺织业发展的重要标志,是一批以纺织为主要手工业的工商业城市的形成。如四川成都"连甍比室,运箆弄杼"①,梓州有"机织户数千家"②。浙江婺州(金华市)"万室鸣机杼,千艘隘舶舻"③,丝织业及其贸易很发达,州治所金华县"城中民以织作为生,号称衣被天下,故尤富"④。婺州东阳县(浙江东阳市)"孤城秋枕水,千室夜鸣机"⑤,刘子翚更以"小箔鸣机几万家"⑥描述东阳纺织业之盛。河北丝织业产量高,质量优,有"河北衣被天下"⑦之誉。庄绰云:"婺州红边贡罗、东阳花罗,皆不减东北,但丝缕中细不可与无极(指定州)、临棣(指棣州)等比也",说明定州、棣州罗的质量优于婺州罗。特别是定州的"刻丝",工艺独特,是重要的贡品,其工艺被引入东京绫锦院。

城市中专门从事纺织业的工匠叫"机户"、"织户"或"机织户",又因其产品的不同而分为"锦户"、"绫户"、"䌷户"等。官营织院主要设置在川蜀、江浙及北方的河北、京东等纺织业发达的城市中。

在政府的布帛丝绵总收入中,两浙192万匹两,为诸路之冠,四川166万匹两,居第二位。江南东西路132万匹两,少于河北东西路的142万匹两,居第四位。居第五位的是京东路109万匹两。官营纺织业主要生产锦、绮、绫、

---

① 扈仲荣等:《成都文类》卷二十六,吕大防《锦官楼记》。四库全书1354册,584页。
② 徐松:《宋会要》食货六四之二三,景祐三年七月九日,6111页。
③ 司马光:《传家集》卷十四《送王伯初通判婺州》。四库全书1094册,141页。
④ 刘敞:《公是集》卷五十一《先考益州府君行状》。丛书集成初编1906册,621页。
⑤ 《欧阳修全集》卷十《送祝熙载之东阳主簿》。中华书局2001年版,162页。
⑥ 刘子翚:《屏山集》卷十七《过东阳》。四库全书1134册,490页。
⑦ 脱脱:《宋史》卷一百七十九《食货下一》,4362页。

罗等高级丝织品,紬绢麻布等普通丝织品则由二税、和买获得。政府的高级丝织品收入排行为:两浙:67110 匹。河北东路:22325 匹。四川梓州路:21822 匹。四川成都府路:17411 匹。江南东路:13413 匹。其余各路多者五千余匹,少者数十匹。政府高级丝织品的收入排名,与官营纺织院的分布基本一致。

四川"茧丝织文纤丽者穷于天下"①,其中成都织锦"擅名天下"。自宋初把成都锦工数百人迁至东京组建东京绫锦院后,成都长期未设锦官,然上贡锦帛的负担并未减免,"岁贡锦绮、纨罗,度以疋者万四千",其中上等极品"尤难治者七百三十"匹。蜀锦征收的方式是:对民间具有手艺和织机的机户予以登记,将上贡锦绮份额分配给民间机户,同时按份额"豫支丝、红花、工直与机户雇织",织锦户在规定期限内上缴产品。此种官供原材料、预支工钱,利用民间机户定额加工的方式,可降低官府的经营成本,但质量监管困难,遇到上缴产品"苦恶不中程"即达不到标准,或贫下机户把预支工钱"得辄私费,急无以偿",加之官吏贪渎,截留机户工本费,"众为蟊贼,实有出于公而不入于织纴之家者,盖亦多矣",不少机户"破产而不能赡"②。

元丰六年(1083)二月,知成都府吕大防奏请创设成都锦院,"令军匠八十人,织大料细法锦、透背、鹿胎,共七百三十余匹",平均一人年织约九匹。其上供小料绫绮一千三百余匹,工艺较大料简单易造,"仍旧俵在民间"。次年五月,成都锦院扩大规模,赐名为上供机院,"招军匠三百人",一千三百余匹上供的小料绫绮"亦在院织造"。军匠招置不足,"遂雇百姓助工,日逐勾集三四百人"③。吕大防描述成都锦院的规模曰:

> 大率设机百五十四,日用挽综之工百六十四,用杼之工百五十四,练染之工十一,纺绎之工百一十而后足役。岁费丝杋以两者一十二万五千,红蓝紫莇之类以斤者二十一万一千而后足用。织室吏舍,出纳之

---

① 脱脱:《宋史》卷八十九《地理志五》,2230 页。
② 扈仲荣等:《成都文类》卷二十六,吕大防《锦官楼记》。四库全书1354 册,584 页。
③ 吕陶:《净德集》卷四《奉使回奏十事状》。丛书集成初编1921 册,47 页。

府,为屋百一十七间而后足居。①

成都上供机院共有军匠一百七十余人,民匠近三百人,是地方最大的锦院,规模仅次于东京绫锦院。

成都锦院隶属于转运司,自建立后直到南宋一直存在。南宋初,四川茶及锦绫成为"折支黎州等处马价"的主要支付物,在成都"应天、北禅、鹿院寺三处置场织造"。乾道四年(1168),因三织场过于分散,不便管理,创设茶马司锦院,"悉聚机户"就院居止,专一织造,不许在外私织。后成都府锦院与茶马司锦院均划归四川宣抚司,严禁民间私贩蜀锦,"俾所隶工匠各以色额织造,盖马政既重,则织造益多,费用益伙,提防益密,其势然也"②。成都锦院成为南宋规模最大的纺织机构。对未在锦院织作的其他民匠,由茶马司以出卖茶引收入"市丝织锦,分支机户"③,机户织锦由官府供给原料,产品按质量高低分为三等,全被收购,以杜绝蜀锦流入市场。

梓州(四川三台县)是四川第二大纺织中心,"有绫绮场"④,城内机织户数千家,纺织品以绫为主,其中熟绫、白花绫最为有名。宋人张邦基撰《墨庄漫录》卷二载:梓州曾"织八丈阔幅绢献宫禁,前世织工所不能为也",足见纺织技术之高。

梓州机户除轮流到绫绮场服役外,其产品常常由官府作为"贡品"征购,当政府突然停止征购时,机户常因无法适应而陷入困境。宋仁宗即位后,一度推行"禁奢侈"的政策,于明道二年(1033)十月大幅削减了四川"岁贡绫、罗、绮、透背、花纱之属"的数量,"其以三分之二,易为䌷绢,供军需"⑤。虽然䌷绢仍由官府收购,但用织锦的高挡织机生产低挡次的䌷绢,技术含量和政府收购价低,机户收益大幅减少,以至影响生计。景祐三年(1036)七月,龙图待制张逸上奏说:

---

① 扈仲荣等:《成都文类》卷二十六,吕大防《锦官楼记》。四库全书 1354 册,584 页。
② [元]费著:《蜀锦谱》。丛书集成初编 1482 册,1 页。
③ 员兴宗:《九华集》卷七《议国马疏》。四库全书 1158 册,45 页。
④ 马端临:《文献通考》卷二十《市籴考一》,195 页。
⑤ 李焘:《长编》卷一百十三,明道二年十月甲辰,2638 页。

>昨知梓州,本州机织户数千家,因明道二年敕,每年绫织三分只卖一分,后来消折,贫不能活。欲乞于元买数十分中许买五分。

梓州承包上供的机织户达数千家,不是为市场生产,而是为"上供"生产。为维护机户的简单再生产以维持机户"上供"的能力,诏令把绫罗的征购额提高至三分之二,仅留"一分织造䌷绢"①,到景祐五年,干脆完全取消机户的䌷绢生产,"依旧织买绫纱支用"②,说明官府不能真正推行"禁奢侈"的政策,同时反映出民间机户对官府消费的强烈的依附关系。

这种由官府强制征购的加工包织关系,把民间机户纳入官营织造的轨道,使其成为官营纺织业的补充形式。机户或因摊派定额过高而备受"暴吏抑配"③之扰,或因"已请钱物破用",到期无力交差而遭受追讨赔纳之害,或因官吏"逐年减丝数工钱",无力完成定额而惨罹"刑棰监锢,乃至家业并尽"④之祸,甚至因无力偿付官债而沦为官府的债务奴隶。而当官府削减上供额度、减少政府包买额时,又因产品无销路而陷入困境。

这种利用民间织机加工包织的生产形式,使民间机户与官府间产生了相互交换的买卖关系,反映政府消费被卷入到商品经济的漩涡之中。同时,机户必须按照官府规定的质量、定额进行生产,预付工料使产品的所有权归政府所有,机户无权自行销售,生产处于依附于官府的被动地位,不能与市场发生直接联系,从而堵塞了他们向商品生产发展的道路。加工包织把民间机户纳入官营织造的轨道,从本质上看,机户的生产被阻隔在市场之外,除了拥有自己的生产工具织机以外,其经济地位与官府的雇佣工匠类似。

《文献通考·市籴考一》载,四川"彭、绵、汉、邛、蜀、陵、简、遂、资、荣、普州,怀安军皆织大小绢、歇正、花钞",其中有的州军有织院或织务,如汉州有"绫务"和"绫户"。元丰时,知州席汝明"性好刻剥",每年减克绫户丝数工钱,"以致人户积欠绫四千余匹",虽抄没家产,也"偿纳未足",被"拘管在绫

---

① 徐松:《宋会要》食货六四之二三,景祐三年七月九日,6111页。
② 徐松:《宋会要》食货六四之二三,景祐五年四月九日,6111页。
③ 徐松:《宋会要》刑法二之五五,政和元年七月四日,6523页。
④ 吕陶:《净德集》卷四《奉使回奏十事状》。丛书集成初编1921册,45页。

务,织作克除",以偿逋负。绫户拖欠应纳绫织是"因官司减物料工直",元祐元年,殿中侍御史吕陶奏请"依赦蠲放"①。即便无织务的州军,也有在籍的机户织作上供绫绢。蓬州丝织业发达,宋罗畸畴撰《蓬州志》云:"蚕事自三月至九月乃止,谓之九熟蚕"②,乾德四年,蓬州"请以租丝配民织绫,给其工直"③,说明利用民间加工包织的经营方式宋初即已出现,宋真宗以后成为上贡优质纺织品的重要来源。

两浙是最重要的丝帛产地,上供量居全国首位。至道二年(996),"诏杭州置织室,岁市诸州丝给其用"④,以诸州丝供杭州织室,其规模不小,后罢。湖州"织绫务"有女工五十人,太平兴国年间废。两浙的官营织院设置的时间虽不长,但利用民间机户纺织上供的数量不断增加,其方式与梓州相似。

西京洛阳府、河北真定府(河北正定县),京东青州(山东青州市)"亦有场院,主织锦绮、鹿胎、透背"等高级丝织品。江南江宁府(江苏南京市)有织务,岁无定额。润州(江西镇江市)织罗务年额万匹。官营工匠有"旬假"制度,每十日休一天,润州罗"十二日为一匹",按一年工作三百二十八天计算,一人一年可织二十七匹,一万匹就是三百七十人一年的工作量。至道元年,王子舆任江南两浙发运兼制置茶盐副使,改为十一日一匹,造成"岁终不如数,至被笞棰"⑤。景德三年(1006),诏令恢复十二日一匹的旧制。从事上供罗生产的不一定全是官营织罗务的工匠,如成都绫锦院在院工匠岁织二千余匹,但上供额达万匹,故绫锦院还具有预支原材料给机户、收买民间机户加工包织产品的功能,兼称"市买院"。润州从事上供罗纺织有三百七十人以上,其中大部分是从事加工包织的民间工匠。熊克:《中兴小纪》卷十三云:北宋末,"镇江府有织罗,岁贡御服花罗数千匹"。如以四五千匹计,则织罗务工匠有一百八九十人。在官民匠采取轮差制,所有从事上供织作的民间工匠在服役期间就成为官工匠。

---

① 吕陶:《净德集》卷四《奉使回奏十事状》。丛书集成初编1921册,45页。
② [明]曹学佺:《蜀中广记》卷五十八《风俗记第四》。四库全书591册,768页。
③ 李焘:《长编》卷七,乾德四年十二月庚辰,183页。
④ 徐松:《宋会要》食货六四之一八,至道二年二月,6108页。
⑤ 马端临:《文献通考》卷二十《市籴考一》,195页。

第十六章　陶瓷制造业

一　引言

陶瓷制作历来受统治者重视。周代专门负责陶业生产的官有陶正、陶人、瓬人。秦汉皇族墓葬中有大批陶俑,出土的秦兵马俑及汉陶俑由官营作坊统一制作。汉代全国各郡设"工官",中央有"考工令",负责官营作坊的生产和私营手工业的收税。隋唐设"甄官署",长官为甄官令,"掌供琢石陶土之事,凡石磬碑碣、石人兽马、碾硙砖瓦、瓶缶之器,丧葬明器,皆供之"[1]。甄官署负责日用陶瓷及丧葬明器的生产,管理匠人,说明存在官营陶瓷作坊。宋改"甄官"之名为"窑务"[2],窑务监官主管陶瓷烧造。

官营手工业有"官用"与"御用"的区别,"御用"品只归皇帝及宫廷使用,臣属使用则属僭越。秦汉南北朝官营手工作坊也生产"御用"品,但"御用"品与其他"官用"品是在同一或同类作坊中生产的,且"御用"品可以赏赐给臣下,即经皇帝批准臣属可使用和拥有"尚方"器物,"官用"与"御用"

---

[1]　[后晋]刘昫:《旧唐书》卷四十四《职官志三》。中华书局1975年版,1896页。

[2]　李焘:《长编》卷七十六,大中祥符四年七月辛卯,1730页:"国史院进所修太祖纪,上录纪中义例未当者二十余条,谓王旦、王钦若等曰:'如以钟鼓楼为漏室,窑务为甄官,岂若直指其名也?悉宜改正。'"

有区别而无明确分界。唐宋时期,"御用"品与"官用"品的生产开始分离,专门为宫廷生产的纺织、刺绣、金银首饰制作等手工业作坊在京城已经出现,但在地方州郡,官营手工业的"御用"与"官用"仍未严格区分。明清时期,"御用"与"官用"的分界更为清晰,作为官营手工业的特殊分支,专门为"御用"生产的作坊在部分手工业中单独析分出来。

宋代是陶瓷业大发展时期,主要表现在产地分布广、内销与外销同时发展、官窑与民窑相互分离等方面。受史料和考古发现的限制,对官营陶瓷业特别是"官窑"的研究学术界一直存在分歧。成彩虹《两宋官窑研究概述》[①]对研究状况作了介绍。本章在前人研究的基础上,对官窑的相关问题阐述己见。

二 官窑与监官

作为与民窑相对立的概念,官窑不只是专门生产御用陶瓷器的作坊或工场。凡由官府出资经营的瓷窑,无论其产品是御用、官用还是出卖,均为官窑。官窑产品有的与上贡无关,如为官酒务制作瓶缶的官窑,烧制砖瓦的官窑等。南宋初,李纲建议在沿长江诸州"置官窑以烧变砖瓦,下傍近州县以摘那工匠,选有材者专董其事"[②]。东京有东、西窑务,每年烧制砖瓦瓶缶1154万件,原隶提举诸司库务司,景德四年(1007)一度废止,大中祥符二年(1009)复置,熙宁以后隶将作监,"掌陶为砖瓦,以给缮营及鉼缶之器"[③]。

宋代官营造酒业发达,东京仅内酒坊就"岁酿糯米八千斛"[④],"杭州酒务每岁卖酒一百万瓶"[⑤],需用瓶缶酒器不少。东京十余所宫廷宫观,经常举行"常定斋醮和非泛道场",所用酒由法酒库供给,装酒之瓶"亦具数预申省,

---

① 成彩虹:《两宋官窑研究概述》,《文物春秋》2007年1期。
② 李纲:《梁溪集》卷九十三《乞用瓦木盖营房札子》。四库全书1126册,209页。
③ 脱脱:《宋史》卷一百六十五《职官五》,3919页。
④ 徐松:《宋会要》食货二〇之八,天圣九年四月五日,5136页。
⑤ 徐松:《宋会要》食货二〇之六,乾兴元年四月,5135页。

下库支拨,本处附帐"①,即报三司批准,由隶属于提举诸司库务司的法酒库供应,各宫观付款。装酒瓶缶是提举诸司库务司的储备物资,东、西窑务烧制的瓶缶,主要供东京酒、醋、油库使用。南宋湖州(浙江吴兴市)长兴县有"和平酒库",下属"和平瓶窑一所",乾道元年(1165)"拨付殿前司交管"②,五年,两浙二十四所"赡军酒库"与湖州瓶窑仍旧拨归户部管理③。

官窑产品不一定御用,质量也不一定上乘。1991年4月7日《中国文物报》头版头条报导《宣州官窑重见天日》,地点在安徽芜湖县花桥乡东门渡村。据《东南文化》1991年第2期刊登的窑址调查报告称,此窑址南北长3千米,东西宽1.5千米,瓷片堆积面积二十多平方米,厚度达几米至十几米。从窑址中采积到一些残破的四系罐,近罐底部有"宣州官窑"四字阴文印记的有十余件,确定此为宣州官窑遗址。无独有偶,在宣州窑址调查报告发表前夕,1991年3月中旬,合肥市阜新南路筑路过程中发现一处酒窖,也出土一批钤有"宣州官窑"印记的四系罐。宣州窑出土的瓷器有小罐、双系罐、四系罐、酱釉钵、盒等。袁南证分析:"瓷质粗糙,制作极不规整,这些产品的粗糙程度可以说是令人难以置信的",认为这是"宣州官窑产品作为商品瓷使用的可靠证据"。官窑产品质量低劣就是商品瓷,逻辑欠严谨。既然与同一时期的民窑相比这批官窑产品的质量"恐怕也是最差的"④,如何与民窑竞争而在市场立足?只有一个解释,就是劣质官窑产品是特供垄断产品,而非市场化意义的商品。

史载宣州有"符裹窑"镇⑤,人烟繁庶,镇上有负责收税的"符裹窑务",熙宁十年收商税"一千四百八贯六百一十二文"⑥,盐课"八百二贯五百二十七文"⑦。盐课按丁或户征收,配售官盐。官窑产品有定额,无商税。宣州官

---

① 徐松:《宋会要》食货五二之二,熙宁三年六月二十三日,5700页。
② 徐松:《宋会要》食货二一之六,乾道元年七月十三日,5147页。
③ 徐松:《宋会要》食货二一之八,乾道五年四月二十六日,5148页。
④ 袁南征:《重新认识官窑——关于官窑概念的探讨》,《文物》1995年6期。
⑤ 王存等撰:《元丰九域志》卷六《江南路》。中华书局1984年版,241页。
⑥ 徐松:《宋会要》食货十六之一〇,5077页。
⑦ 徐松:《宋会要》食货二二之一八,5164页。

窑产品以盛酒器为主,是供应官酒务的产品。宋代实施酒榷,村镇小的酒务多承包给民户,缴纳酒课(承包税),州县大的酒务多由官府经营,设监官管理,酿酒出售。买酒者可以自带酒器打酒,也可购买瓶装罐装酒。宣州官窑瓷器尽管质量低劣,却因独家供应酒务作储酒之器,价格上又有一定的竞争优势,得以随酒出售。

有的官窑瓶质量很好。南宋舒岳祥《阆风集》卷八《初七日》诗云:"山间烟雨闭门高,心事难平着酒消。今日萧萧风物好,官窑瓶里挿红蕉。"方岳:《秋崖集》卷十四《出关》诗云:"到家二月亦晚矣,未辨翠色官窑瓶。"官窑瓶翠色诱人,质地优良,被用作观赏花瓶。

在出土的带有铭记的瓷器中,以"官"、"新官"铭最多,据统计,至2000年至少有出土一百六十七件①,年代为从唐至宋金,大部分为定窑白瓷,越州(浙江绍兴)、耀州(陕西耀县)青瓷也有少量发现。对于"官"之意义,学术界有分歧,有"为官府所造"、"官府所造"等解释,均认为"官"字铭与官府有密切的联系。值得注意的是,有些"官"字铭瓷器并不比同时出土而不带字铭的瓷器质量好,或者说不带字铭的瓷器不比带"官"字铭的瓷器质量差。与同时出土的无字铭瓷器残片相比,有字铭的瓷器极为稀少,应是在烧制某一批瓷器时,只在其中少部分瓷胎上模印或刻、书字铭,表明此批瓷器的类属。"官"与"新官"是不同批次产品的分类,意义相同。"官"、"新官"字铭出土最多,说明是多批次生产,分布也广,是多处瓷窑烧制。"定州公用"等模印字铭出土虽少,也是批量烧制,而采用墨书、朱书或刻写的字铭,如"尚食局"、"尚药局"刻书字铭,则为临时书、刻,非多批次生产。"龙"、"田"、"末"以及"熙宁"、"大观"、"政和"等年号模印字铭,字体小,为团菊、折枝牡

---

① 韩桂华:《略论宋代北方瓷器铭记与民间制瓷业的发展》(《转变与定型:宋代社会文化学术研讨会论文集》415页。台北,台湾大学历史学系主编,2000年版)注云:根据谢良明《有关"官"和"新官"款白瓷官字涵义的几个问题》(故宫季刊),1987年第2期一文统计有一百五十一件,加上宋太宗元德李后陵发掘出土三十七件定窑白瓷中有十六件"官"字铭(河南省文物研究所、巩县文物保管所:《宋太宗元德李后陵发掘报告》,载《华夏考古》1988年3期),故至少有一百六十七件。2000年后考古又发现了部分带"官"、"新官"字款瓷器或瓷片,有人估计共二百余件。

丹等花心,既有区别此批次产品的意义,又有装饰的作用。袁南征认为:"官"、"新官"字款的意义应与"宣州官窑"一样,"也是官府开设的窑场产品的一个标识",是有道理的。

与"宣州官窑"类似的还有"润州官窑"印记①。虔州(江西赣州市)有一税务名"磁窑务",熙宁十年收商税"二千八百八十七贯八十九文"②,税额高于虔州城外各县,表明"磁窑"是商业发达之地。幽州有"瓷窑务",太平兴国三年(978)太宗北伐辽国,"幽州山后八军瓷窑务官三人以所受契丹牌印来献"③,归降于宋。元丰五年(1082)八月,"置饶州景德镇瓷窑博易务"④,博易即换易,官府用钱以外的货物(如官府掌控的茶、盐、布帛等)和买,即为博易,也称博买,"瓷窑博易务"即瓷窑务兼营博易,使瓷窑务具有"市易务"博买交易的功能,博易的本钱应是官窑瓷器。湖田窑址出土的材料中有北宋末或南宋初的"迪功郎浮梁县丞张昂措置监造"铭瓷器⑤,邓州窑有"口(青?)窑司"铭青瓷残片⑥。寺龙口越窑址有南宋地层出土的"官"字铭匣钵⑦,"表明以窑具为代表的生产资料是官有资产,也可证明窑场的官府属性"⑧。

据王光尧《"监瓷窑务"官考辨》,有关瓷窑监官的史料有四条,除《宋会要辑稿》载契丹幽州瓷窑务官外,其余三条为:光绪《曲阳县志》卷十一录有立于后周显德四年(957)三月的"五子山院和尚舍利塔记碑"碑文,其碑阴题记中有"使押衙银青光禄大夫检校太子宾客兼殿中侍御史充龙泉镇使钤辖

---

① 刘兰华:《龙泉窑务的文化特征及性质初探》,《中国古代瓷窑遗址发掘和研究高级研讨班发言提要》,北京大学考古文博院编,1999年版。
② 徐松:《宋会要》食货十六之一一,5078页。
③ 李焘:《长编》卷二十,太平兴国四年六月甲戌,456页。《宋会要》蕃夷一之五:"幽州神武厅直乡兵四百余人来归。山后八军伪瓷窑军三人以所授处牌印来献"。
④ 脱脱:《宋史》卷一百八十六《食货下八》,4553页。
⑤ 张发标:《北宋景德镇的贡瓷问题》,《中国古陶瓷研究》第7辑,紫荆城出版社2001年版,259页。
李放:《张昂监陶小考》,《文物》2001年11期。
⑥ 河南省文物考古研究所:《河南古代瓷窑》。台北历史博物馆2002年版,156页。
⑦ 浙江省文物考古研究所:《浙江考古精华》。文物出版社1999年版,245页。
⑧ 王光尧:《宋代官窑初探》,《文物》2005年5期。

瓷窑税务使冯翔"①。宋代实行官、职、差遣分离制度,(指挥)使押衙是职事官名(武官),银青光禄大夫是阶官名,检校太子宾客是检校官名,殿中侍御史是兼官名,检校太子宾客和殿中侍御史均为职事加官(文官)。龙泉镇使是差遣官名,钤辖瓷窑、税务使是差遣兼官名。差遣官及差遣兼官是实际任职。宋周密《云烟过眼录》卷下云杭州有瓷窑务及监官:

> 李公略收雷威百衲琴,云和样,内外皆细纹,腹内容三指,内题:'大宋太平兴国六年岁次壬午六月望日,殿前承旨监杭州瓷窑务赵仁济,再补修进入。'吴越国王百衲雷威琴,极薄而轻,异物也。②

山西介休县洪山镇源神庙内立有大中祥符元年的源神庙碑,碑阴题名有"瓷窑税务任韬"、"前瓷窑税务武忠"③。洪山镇是今名,有宋金瓷窑遗址。北宋时尚未设镇,是个大的村市,名洪山寺,有"洪山寺务"④负责收商税。所谓"瓷窑税务"即洪山寺所设瓷窑务和税务,瓷窑务监官由税务监官兼。

官窑或瓷窑务设有监官,州军官窑监官多为专职,如"杭州瓷窑务赵仁济";县镇监官多为兼职,如"浮梁县丞张昂措置监造",是县丞兼监窑务,"龙泉镇使、钤辖瓷窑、税务使冯翔"是龙泉镇军事长官即镇官兼瓷窑务和税务监官。宋代镇设税务称某镇税务,龙泉镇无"瓷窑税务"之名,"瓷窑税务"即瓷窑务和税务。镇本是军队镇守之地,后演变为人烟较为稠密的民居点,镇监官多由军人担任,主要职能是征收商税和酒税。商业发达的较大村落也设税务,"瓷窑、税务任韬"指任韬是洪山寺监管瓷窑和收税的监官。商税按商品价值征收,包括过税2%,住税3%。官榷盐、酒单独收税。官窑不征商税而有课额,课额即年定额,正如官酒务或官监坑冶有课额一样。

凡设置瓷窑务的地方均有官窑,设官监管,大的官窑务设专职监官,小

---

① 中国硅酸盐协会编:《中国陶瓷史》《定窑》条。文物出版社1999年版,232页。
② 王光尧:《"监瓷窑务"官考辨》,《考古与文物》2005年6期,引美术丛书本。四库全书周密《云烟过眼录》卷四《廉端甫藏》载,"瓷窑务"为"瓷司务"。
③ 中国硅酸盐协会编:《中国陶瓷史》《山西介休窑》条,249—250页。
④ 徐松:《宋会要》食货一六之二,5073页;食货二二之六,5158页。

的则由税务官、镇监官、县丞等兼。刘毅等学者认为,宋末才设置"官窑"(指御窑),此前实行"贡瓷"制度。贡瓷由民窑烧制,地方官选其质量佳者上贡,并由"贡瓷"演化出民窑搭烧即"设官监窑"制,最后才发展到朝廷自设官窑。"设官监窑"是朝廷对承担贡瓷的民窑"加强了直接控制,派官员赴窑场监督,是"由贡窑制度向官窑制度过渡的桥梁"。这一推论证据不足,纯属臆想。宋人施宿撰《会稽志》卷八《寺院·上虞县》载:

> 广教院在县西四十里,开宝四年,有僧筑菴山下,镇国军节度使口口(阙)事治,因建为寺,易名保安。治平三年赐今额。国初,尝置官窑三十六所于此,有官院故址尚存。

会稽即越州,施宿曾任余姚知县和绍兴府通判,对当地史志了然于胸,《会稽志》完成于嘉泰元年(1201),吴越王钱俶纳土归宋在太平兴国三年,"国初"当指此年前后。越州官窑在吴越时就存在,入宋后仍有"官窑三十六所"。与官窑相关的"官院"经过一百三十年后故址仍存,规模不小,应是集官员办公、原材料及成品仓储和工匠(主要是兵匠)食宿的综合建筑群。监官是低级官吏,如果"官院"只是监官的办公之处,不可能存留百余年。"官窑三十六所"即有官窑炉三十六座,把"官窑三十六所"解释为"官员监烧窑场三十六所"[1],窑场的性质是民窑搭烧贡瓷,过于牵强。官窑就是官窑,宋代从未见把烧制贡瓷的民窑称为官窑的记载。

对民营手工业宋代没有设置监官的实例,"设官监窑"就是设官监管官窑。宋代官营手工业以酿酒和纺织最为发达,酒务、织务(或称织院、织场等)均设监官。元丰时,州军监285个,县1225个,皆有酒务。如果酒务被私家"买扑"即承包经营,则不设监官,由酒户自主经营(卖酒仍有地域限制),缴纳酒课。有的州府有织务。东京有绫锦院,四川成都有锦院有,汉州有"绫务"[2],江宁府、润州有织罗务。潭州初有绫锦务,"西京、真定府、青、益、

---

[1] 刘毅:《官窑制度的形成及其实质》,《中原文物》1994年3期。
[2] 吕陶:《净德集》卷四《奉使回奏十事状》。丛书集成初编1921册,47页。

梓州,亦有场院,主织锦绮、鹿胎、透背"①,织务有监官,无织务的州县也向机户科配织物,但由州县长吏负责,不设监官。

民窑也可烧制出优质瓷器,官府用科配定货的方式就可取得,不合要求就不支付价钱,或实施处罚,使窑户遭受损失,不设窑务,不派监官。宋代有民窑烧制官用甚至御用瓷的现象,如宋室南渡之初,礼器法物被金人席卷一空,朝廷祭祀礼器匮乏,绍兴元年举行明堂大礼,祭祀用瓷令越州烧制。绍兴四年第二次行明堂大礼,因原来烧制的祭器在战火中"烧毁不存",诏令"陶器令绍兴府余姚县烧变",其程序是:"太常寺画图样制,下两浙转运司"②,转运司令绍兴府余姚县制造。窑务是常设机构,监官是常设官,由中央委任,而越州、绍兴府余姚县烧制祭祀用瓷是临时措施,由州县长官负责。州县也要委派官吏监督,所派官吏的身份不是监官,余姚县民窑按官方要求烧制贡瓷,其性质为科配。

不计辽国的幽京,史载宋有"官窑"、"窑务"、"瓷窑务"及其监官的地方有十处:东京开封府,河东路汾州(山西汾阳市)介休县,河北西路定州曲阳县,京西路邓州(河南邓州市),两浙路杭州、越州,江南东路宣州(安徽宣城市)、润州(江西镇江市),江南西路虔州、饶州景德镇。至于出土带有"官"或"新官"瓷的地方更多,除河北定州窑占大部分外,浙江越州窑、陕西耀州窑、内蒙古赤峰缸瓦窑、河北井陉窑及内丘邢窑均有发现,这些地方也应有官窑(有的属唐代、五代设置)。

三 土贡与上供

"贡瓷"可来自民窑,也可来自官窑。"任土作贡"是满足宫廷特殊需要的重要制度,宋代土贡是每逢元旦和皇帝诞辰地方贡献的物品,数量很少。真宗景德元年,"诏:川陕、广南、福建诸州自今承天节三千里内仍旧入贡,其

---

① 马端临:《文献通考》卷二十《市籴考一》,195页。
② 徐松:《宋会要》礼二四之八七,绍兴四年四月六日,943页。

外止具表以闻。"①承天节(十二月二日)是宋真宗诞辰,距东京三千里外州军免除土贡,只送贺表。景德四年,"诏:差减剑、陇等三十九州军岁所贡物,夔、贺等二十七州军悉罢之,每岁正旦止令具表以闻。诸州长吏毋得以土贡为名因缘配率。"②边远州军的元旦土贡多被减免。大中祥符五年,"诏:诸道州府自今土贡并以官物充,如无,以省钱收市,不得配率。"③"官物"包括税赋所入和官营场务的产品,"省钱"即"系省钱",是地方存留而归中央支配的钱款。"土贡"物品主要来源于官物和购买,这种购买有一定的强制性,称"科配"、"配率"、"科索"、"科买"等。

宋境内有自治权的少数民族部族也向宋廷上贡,上贡时间没有定规,一年、数年或十数年一次,宋廷回赐的物品价值常常高于上贡物品,是对少数民族部族"羁縻"政策的体现。开宝九年(976),吴越王钱俶及其长子、明州节度使兼进奉使钱惟治进奉大批金银等物品,其中有"瓷器万一千事,内千事银棱"④,宋回赐金银锦彩等二十余万。太平兴国三年,钱俶进奉银、钱、绢、绫、绵、茶、瓷器、乳香、香药等五十余万(两贯匹斤)及奇宝异珍数百件,并有"瓷器五万事……金扣瓷器百五十事"⑤。吴越"竭十三州之物力以供大国,务得中朝心"⑥,每年数次进奉,仍未逃免"纳土归宋"的命运,其进奉瓷器等大批珍宝是向大宋表示忠心以求自保的非常措施,与地方州县按时土贡及少数民族部族上贡的性质不同。

宋代财权高度集中,地方财赋大部分"上供"中央,不上供的称"留州",仍由中央掌管支配。"土贡"是地方向皇帝的贡奉,"上供"是把地方财赋运到中央即京城所属部门或指定地点。上供中有专供宫廷使用的物品,可称"上贡",却不称"土贡"。一般而言,上供(包括"上贡")属政府正常财政收支项目,"土贡"则属特别收支项目。上供的主体是粮食、布帛,钱币、金银,

---

① 徐松:《宋会要》食货四一之三六,景德元年六月十五日,5554页。
② 李焘:《长编》卷六十五,景德四年闰五月戊辰,1458页。
③ 徐松:《宋会要》食货四一之三九,真宗大宗祥符五年九月二十八日,5556页。
④ 徐松:《宋会要》蕃夷七之六,开宝九年年六月四日,7842页。
⑤ 徐松:《宋会要》蕃夷七之一○,太平兴国三年四月二日,7844页。
⑥ 吴任臣:《十国春秋》卷八十二《吴越六》。四库全书466册,109页。

也有大量土特产品,上供虽设有定额,但中央常常根据库存及需要临时增加或减少上供额,或支拨钱款购买以提高上供额。土贡以土特产为主,也有定额,如无特别敕令减免,要按时贡纳,但因是地方特别供奉,中央财政一般不增加其额度。《元丰九域志》载宋辖州军279个,全有土贡,各类贡品共30488个单位(匹斤两张颗等),如果不计枣11000颗、槟榔1000颗,纸4500张,蜡烛1050条,计17438个单位,其中丝麻毛布纺织品类最多,为2279匹、段,占174382的13%。数十个州军土贡布帛,除东京土贡八十匹外,其余为三匹至四十匹,绝大多数为十匹二十匹,与元丰以后丝绸绢等纺织品岁总收入1135万匹、上供410万余匹相比,微不足道。元丰元年坑冶金课收入10710两,银215385两,其中土贡金79两,银450两①。毫无疑问,"土贡"远远不能满足宫廷需求,宫廷消费作为国家财政的组成部分,主要来源于"上供"。

对于中央需要而赋税未征、征而不足和官营场务不生产或生产不足的物品,多采取科配的方式获取。科配的品类极多,从米豆果蔬、虫鱼禽兽、金银珠玉等饮食玩好到木竹铁炭、牛皮筋角、胶漆翎羽、红花紫草等官营手工业原料,几乎无所不包。《元丰九域志》载有十四个州府土贡草席、竹席、藤席,共三百九十领,而各地科买"上供荐(薦?)席黄芦之数"就有六十种,"凡系百州供纳,不胜科扰"②。宋初设置市买司,太平兴国四年改为杂买务,"掌和市百物,凡宫禁官物所需以时供纳"③。《宋会要辑稿》载:

> (太平兴国)八年四月,诏:内外诸司库务及内东门诸处造作,如官库内有物,不得更下行收市。应要物委三司职官常预计度;若急须物色官库内无,即于出产处收市;若不及,即从三司下杂买务收买,即不得直行(下?)行铺。④

内东门司主管宫廷事务。杂买务隶属于三司,直属提举在京诸司库务

---

① 徐松:《宋会要》食货三三之七、三三之一一,5377、5379页。
② 徐松:《宋会要》食货三八之一,熙宁五年十二月一日,5467页。
③ 徐松:《宋会要》职官二七之五〇,2961页。
④ 徐松:《宋会要》食货五五之一五,5755页(食货六四之四〇"直行"为"直下")。

司(王安石变法时一度隶属于市易司),其职能是负责宫廷及其他中央机构所需物品的收买供应。按条例,"凡中都岁用百货,三司视库务所积丰约,下其数于诸路,诸路度风土所宜扩民产厚薄而率买,谓之科率"①,只要是官库中有的物品就不购买,官库中无而且急切需要来不及到出产州军购买的物品,就科配工商业行户供纳。

设置杂买务的本意是割断宦官与市场工商业行户的直接雇,让政府机构用"平其价值"的方法购买宫廷所需物品,消除宦官欺行霸市的"宫市"之弊。按此规定宫廷购买物品要经过行政机构审批,而官僚机构的效率低下,所以,杂买务下行购买宫廷所需物品,一直是宋代宫廷消费的重要方式。周行已上书宋徽宗说:

> 物出于民,钱出于官。天下租税,常十之四,而籴常十之六。与夫供奉之物,器用之具,凡所欲得者,必以钱贸易而后可。②

在包括宫廷在内的官方物质消费中,租税只能满足40%,60%用钱购买,或用茶盐、香药、布帛等官物变转支付。租税外收入主要是商税、茶盐酒官榷收入、矿产、房产山泽之入等,这与前代土地实物税和人头税(户税)是政府财政的主要支柱有较大不同。

总之,包括瓷器在内的宫廷用物绝大部分来自上供,而非"土贡"。上供中特供宫廷即"上贡"的瓷器,可由官窑提供,也可由民窑提供,民窑产品上贡大部分来自科买。认为元祐以前宫廷用瓷来自土贡,贡瓷由民窑搭烧官瓷,与宋代土贡制度不符。

元丰官制改革后,土贡事宜归殿中省的"六尚局"。六尚局"曰尚食,掌膳羞之事。曰尚药,掌和剂诊候之事。曰尚醖,掌酒醴之事。曰尚衣,掌衣服冠冕之事。曰尚舍,掌次舍幄帟之事。曰尚辇,掌舆辇之事。"③考古发现的定州瓷器残片有"尚药局"、"尚食局"刻字,这些专门为尚药局和尚食局制

---

① 李焘:《长编》卷一百○六,天圣六年四月癸未,2471页。
② 周行已:《浮沚集》卷一《上皇帝书》。丛书集成初编1946册,4页。
③ 脱脱:《宋史》卷一百六十四《职官志》,3880页。

作的瓷器不是"土贡"物品,而是定制的"上贡"物品。按《元丰九域志》,土贡的瓷器仅"三百一十事"①:河南府二百事,耀州、越州各五十事,邢州一十事。定州窑宋神宗时无土贡,上供则不可免。《宋会要辑稿》食货五二之三七载:"瓷器库在建隆坊,掌受明、越、饶州、定州、青州白瓷器及漆器以给用,以京朝官三人、内侍二人监库。"这是宋初的情况。瓷器库在熙宁三年(1070)并入杂物库。瓷器库监官由京朝官和内侍共同监掌,其所储瓷器供宫廷和中央各部门使用,属"上供"物品。吴越钱俶、钱惟治父子一次进纳瓷器11000件,应储于瓷器库。崇宁二年,置六尚局提举官,"总六尚之事,凡事不干外司,若承宣旨供奉应办及事系宫禁,皆专总之"②。只要是宋徽宗须索和宫禁需要的"六尚"物品,六尚局可直接承办而不经过财政部门。考古发现的"尚食局"、"尚药局"之类的瓷器,大部分可认定为宋徽宗时由六尚局定制。庄绰《鸡肋编》卷上云:

  (处州龙泉县)又出青瓷器,谓之秘色,钱氏所贡,盖取于此。宣和中,禁庭制样须索,益加工巧。

越州青瓷在宋初开始衰落,处州逐渐成为南方青瓷制造中心。处州上贡瓷器按"官样"烧造,供宫廷使用。虽然民窑也可按"官样"烧造瓷器,但从越州宋初有官窑三十六所推测,处州"秘色"瓷由官窑烧制的可能性大。北宋末南宋初人周辉《清波杂志》卷五云:

  汝窑,宫中禁烧。内有玛瑙末为油,唯供御拣退方许出卖,近尤艰得。

"宫中禁烧"语意不明,清蓝浦《景德镇陶录》引此文时改为"宫禁中烧",李民举考证此文应为"汝窑,(为)宫禁中烧"③。汝州盛产玛瑙,以珍贵的玛瑙作釉彩原料,非民窑所为。"汝窑为宫禁中烧"的意义,是汝官窑产品为宫廷所用,使用玛瑙油和按官样烧制汝瓷。处、汝州按"官样"烧制瓷器,

---

① 赵与时:《宾退录》卷十。四库全书853册,764页。
② 徐松:《宋会要》职官十九之九,崇宁二年五月二十三日,2815页。
③ 李民举:《宋官窑论稿》,《文物》1994年8期。

合格者上贡，不合上贡要求者可出售。处、汝州等有"上贡"定额的官窑并非"御窑"，贡瓷只是其产能的一部分，贡瓷外产品也不销毁。这种情况与高级丝织品的上贡方式相似。本属上贡的高级丝织品免除上贡后，可在市场流通，或作它用，如成都织锦院的蜀锦就用于博买战马。

史籍可考的宋代上供（包括土贡）瓷器的州军有十处：明州、越州、处州龙泉县、饶州景德镇、耀州、定州、邢州、青州、汝州、河南府（河南洛阳市）。其中河南府、耀、越、邢元丰时期有土贡，处、汝州北宋末有上贡。如前所述，越、饶、耀、定、邢、处、汝有官窑，明、青州及河南府是否有官窑暂无考。"贡瓷"多由官窑承担，而"上供"的瓷器可由官窑与民窑共同承担。

四　御窑与名窑

所谓"御窑"，是指专门生产宫廷用瓷的官窑。考古发现的汝窑遗址有质量上乘的贡瓷出土，并不能说明就是御窑，因为汝窑"供御拣退"后"许出卖"，与御窑制度不符。在宋徽宗设置"京师官窑"之前，御窑制度尚未形成。

史学界多称宋代有五大名窑或六大名窑，此观点约形成于明万历前后，张应文《清秘藏》卷上论窑器条云："论窑器必曰柴、汝、官、哥、定"，在记述上述五窑后，记载了均窑和龙泉窑。清王棠《燕在阁知新录》引明《蓉槎蠡说》云："窑器所传，柴、禹（汝）、官、哥、均、定可勿论矣"，发展了《清秘藏》的观点。

柴窑。世传为后周世宗柴荣时所烧，属青瓷窑，明人谷泰《博物要览》云："昔人论柴窑，曰青如天，明如镜，薄如纸，声如磬。"其色泽透明，号"雨过天晴"。柴窑仅存数年，入宋以后，不见其名。明朝时已不见真品传世，至今亦未有遗址发现。现代人称汝、官、哥、定、均为宋代五大名窑。

东京官窑。东京是否有烧制宫廷用瓷的官窑，至今有争议。争论的依据是南宋人叶寘《坦斋笔衡》和顾文荐《负暄杂录》中的论述。据学者研究，

《坦斋笔衡》成书于嘉定五年(1212),《负暄杂录》则晚数十年①,后者有抄录前者之嫌。此两书被元人陶宗仪分别辑入《南村辍耕录》和《说郛》。

  本朝以定州白磁器有芒不堪用,遂命汝州造青窑器。故河北、唐、邓、耀州悉有之,汝窑为魁。江南则处州龙泉县窑,质颇粗厚。政和(《负暄杂录》作宣政)间,京师自置窑(《负暄杂录》无"窑"字)烧造。名曰官窑。中兴渡江,有邵成章提举后苑,号邵局,袭故京(徽宗)遗制,置窑于修内司,造青器,名内窑,澄泥为范,极其精制,油色莹彻,为世所珍。后郊坛下(《负暄杂录》作郊下)别立新窑(《负暄杂录》加"亦曰官窑"),比旧窑大不侔矣。余如乌泥窑,余杭(余姚)窑,续窑,皆非官窑比,若谓旧越窑,不复见矣。②

产生歧义的关键,是对"京师自置窑浇造名曰官窑"的理解不同。认为京师无官窑的观点,把"京师"解释以成"朝廷",进而把"自置窑浇造"解释为朝廷在汝州设置官窑。不过,下文"袭故京遗制"在南宋杭州设置官窑,不能理解为"袭旧朝廷遗制"。把文中"京师"解释为"朝廷"未免牵强。

官窑一词使用颇广。宋代多以地名为官窑名,如"宣州官窑"、"润州官窑"、"杭州瓷窑"、"景德镇瓷窑"等,东京官窑本名是"东京官窑"或"京师官窑",但宋人称之把地名省略,且京师地位特殊,只说官窑,也可了然,故只以"官窑"为名。此即"名曰官窑"的含义。南宋杭州修内司窑,后郊坛下新窑,也简称官窑,与此同理。此条史料的意思是:定州(官)窑因"有芒",不为朝廷所用,所以命汝州(官)窑烧制青瓷器。原来河北、唐、邓、耀都有(官)窑,以汝窑为魁。江南处州龙泉(官)窑质地粗厚。政和间,京师(东京)自设官窑。建州乌泥窑、杭州余杭窑、续窑,"皆非官窑比",意谓不仅不能与(北宋)京师和(南宋)杭州的官窑比,而且指这些青瓷窑不是官窑,瓷器质量比京师及杭州官窑差得多。至于曾经兴盛的越州青瓷官窑,早已不存在了。明朝方以智《通雅》卷三十三《器用》条引用此条史料时,把此句改为"京师自置

---

① 郑建华:《关于修内司官窑的思考》,《南宋官窑文集》。文物出版社2004年版,50页。
② [元]陶宗仪:《辍耕录》卷二十九《窑器》。文化艺术出版社1998年点校本,404页。

官窑",是对此条史料的正确理解。

明人田艺蘅撰《留青日札》云:官窑"文色上白,而薄如纸者,亚于汝,其价亦然。"东京官窑今无可考,但作为五大名窑之一,在瓷器发展史上占有一席之地。

南宋杭州修内司官窑与郊坛下官窑。修内司官窑位于杭州城南凤凰山与九华山之间的山岙中,当地人称之为老虎洞。1998年5月至12月和1999年10月至2001年3月年进行了两次发掘,发现了官窑作坊及大批瓷器片,特别是第二次发掘影响很大,被评为2001年度全国十大考古新发现之一。第一次发掘清理龙窑3座,素烧炉3座,瓷片堆积坑3处,房基四处及辘轳坑、釉料缸、排水沟、挡土墙等制瓷遗址。第二次发掘发现元代房基、素烧炉等遗迹,出土地大量元代瓷片及窑具,在南宋地层发现采矿坑、澄泥池、房基、道路等遗迹,并清理瓷片堆积(坑)21处,出土数以万计的南宋瓷片及窑具,为老虎洞南宋窑址的研究提供了珍贵的实物资料①。在一件施粉青釉的荡箍表面,刻有"庚子年……匠师……记修内司窑置"铭款,说明争论已久的修内司窑是确实存在的。

老虎洞产品原料中氧化铁含量较高,故胎色较深,以灰色为主色,其中深灰和灰黑居多,浅灰较少。釉色以灰青、粉青、米黄色为主,釉层较厚,也有少量薄釉器。总之,老虎洞官窑产品胎质致密,釉层较厚,釉面明亮。釉面较厚的原因,可能与胎色较深有关。因烧成温度较高,部分釉面特别是青绿釉有较强的玻璃感。瓷片堆积坑中集中了许多质量上乘的瓷片,从拼复的瓷器分析,许多器物的品象并不差,只因小有瑕疵,就被打碎掩埋。修内司官窑处理次品的手法与明清两代景德镇御器厂基本一致,说明具有御窑性质。

郊坛下官窑遗址位于杭州乌龟山西麓,自20世纪30年代开始对此地进

---

① 杭州市文物保护管理所、杭州市文物考古所:《杭州老虎洞窑址考古获重要成果》,《中国文物报》1999年版。杭州市文物考古所:《杭州老虎洞官窑址》,《文物》2002年10期。南宋杭州官窑的内容多摘取于杭州出版社2008年2月出版,邓禾颖、唐俊杰合著和《南宋官窑》,其余部分多参考成彩虹、刘冬梅著《五大名窑史话》,天津,百花文艺出版社,2007年版,特此说明。

行考察和零星发掘,采集了不少瓷片和窑具。1985年,根据已暴露的一座窑炉断面位置,对遗址加以定位,全面发掘,1988年又进行了补充发掘,发掘面积1400平方米,发现窑炉一座,作坊遗址一处。作坊遗址包括房基、练泥池、辘轳坑、釉料缸、堆料坑、素烧炉,以及素烧坯堆、排水沟、道路等,出土瓷片3万余,窑具数千件。作坊遗址反映了从练泥、成型、修坯、上釉、素烧等一整套入窑装烧前的工艺流程。

郊坛下官窑出土的瓷器可分为厚胎薄釉与薄胎厚釉两类,瓷胎色泽以灰色为主,有深灰、浅灰、黄灰等,瓷色以青为主,大体可分粉青、灰青、米黄三种。厚胎薄釉器一般施釉一次,多采用支钉垫烧,属前期产品,比修内司窑产品质量差。薄胎厚釉器施釉两次以上,多者可达四次,装窑器具也由支钉改为垫饼。厚釉器光洁润泽,有玉质感。

老虎洞与郊坛下官窑均采用了多次素烧、多次上釉生产工艺,把青瓷质量提高到前所未有的高度。《坦斋笔衡》说内修司官窑产品"澄泥为范,极其精制,油色莹彻,为世所珍",此评语同样适用于郊坛下官窑的薄胎厚釉产品。郊坛下官窑烧制的薄胎厚釉青瓷,代表了宋代青瓷的最高成就。

汝窑。位于河南省宝丰县清凉寺镇,宋时属汝州。汝州在唐五代就生产瓷器,入宋后渐盛,宋仁宗(1023—1063)时就有官窑,宋哲宗元祐元年(1086)后开始为宫廷烧制瓷器,质量大大提高。汝州有许多瓷器出土,自1987年至2002年,河南省文物考古所对宝丰县清凉寺进行了八次发掘,在1999年第五次发掘以前,出土的多为民用瓷。2000年6月第六次发掘正式发现了官窑遗址。遗址位于宝丰县大营镇清凉寺村及韩庄村。吕本中《官箴》载,宋徽宗时尚书右丞徐处仁曾讲述"前辈尽心职事"云:

> 仁庙朝,有为京西转运使者,一日,见监窑官,问日所烧柴凡几灶。曰:十八九灶。曰:吾所见者十一灶,何也?窑官愕然。盖转运使者晨起望窑中所出烟几道知之。其尽心如此。

转运使主管一路财赋,关心"日所烧柴凡几灶"的原因,是官窑烧柴及人工开支由转运司提供,监窑官把十一灶虚报为十七八灶,是虚增开支,以图贪没财政拨款。如果是民窑,转运使不必关心用柴多少,监窑官也无虚报必要。汝窑、均窑均在京西路,汝州发现了大规模官窑遗址,仁宗时京西路有官窑"十八九灶",地点可能就在汝州。

汝州青凉寺的考古发掘出土了大批官瓷瓷片和部分瓷器。2000 年 6 月开始的第六次发掘面积五百余平方米,发现大型窑炉七座,小型窑炉八座,配釉、上釉作坊二座,过滤池、澄泥池各一处,排水渠 2 条,釉料坑四个,灰坑 22 个,水井一眼,出土一大批形制较完整且品种较丰富的汝官窑瓷器和匣钵、垫饼、垫圈、支钉、火照等窑具,还有一处 2 米×2 米、厚度达 20 多厘米的官瓷瓷片,初步确定为汝官窑遗址。2001 年至 2002 年,在该遗址进行了第七、八次发掘,又发现官窑窑炉四座,灰坑 24 个等遗迹①。面积有限的区域内有官窑炉二十余座,所以官员可以从"出烟几道"判断出烧窑几灶,用柴多少。

汝瓷古朴端庄,造型高雅,其单色釉纯洁素静,釉色有天青、天蓝、月白、豆绿等,明曹昭《格古要论》云:"汝窑器出汝州,宋时烧者淡青色。"第六次发掘出土的瓷片,官窑瓷占 99%,其中天青釉占 65.7%,淡天青釉占 16.8%,因土壤腐蚀、天青退色接近白色或灰色的占 11.7%,因火候过高显豆青釉的占 5.8%,釉色与历史记载基本一致。此前传世汝官窑瓷器仅百件左右,极其珍贵。

钧窑。钧窑宋代无记载,明清时期被列为宋代五大名窑之一,与钧窑产品在明清古玩市场价值大幅提升有关。钧窑与汝窑地理相近,秦大树认为,宋代不是没有钧窑和钧瓷的记载,而是可能把钧瓷混为汝瓷了。如完成于南宋端平二年的《西湖老人繁盛录》"关扑"条载关扑之物有"新窑青器,乳窑楪碟",汝州官窑在北宋亡后停烧,金元续烧的品质大降,很难想象南宋末还会有大批高档汝瓷在市场"关扑"。钧瓷与汝瓷釉色相近,文献中描述汝瓷的记载,有的可能是均瓷,如《清波杂志》云:

> 饶州景德镇,陶器所自出,于大观间,窑变,色红如朱砂,谓荧惑躔度,临照而然,物反常为妖,窑户亟碎之。时有玉牒防御使仲楫年八十

---

① 王团乐:《试析汝州官窑的性质及相关问题》,《中原文物》2005 年 4 期。

余,居于饶,得数种,出以相示,云:"比之定州红甏器,色尤鲜明。"

景德镇宋元时期不生产窑变之红釉瓷,北宋灭亡前后,只有钧窑可生产"朱砂红"的窑变产品,此朱砂红瓷器具钧瓷特征。"可见,在宋代均窑虽不著其名,其产品还是被人关注的"①。

考古发现了不少均窑遗址,官窑遗址在河南省禹州市神垕镇,时期为北宋末。有学者认为钧窑兴盛于金或元,与汝窑的衰落相关。钧州之名始于金代,但禹州古称钧台。产品工艺独特,釉具五色,有朱砂红、葱翠青、茄皮紫等,以青瓷为主。钧瓷以釉色见长,素胎上釉,无它装饰,配料中含有铜等氧化物作为着色剂,在高温烧制过程中变成胭脂红等鲜艳色彩。由于上釉厚重,有的瓷器釉流入胎上的裂纹中,所烧瓷器色彩不一,各具神韵。这种"窑变"技术为陶瓷工艺的发展开辟了一个新境界,影响深远。

所谓窑变,是指把含铜元素的原料加入釉内,再和其他金属元素熔融成红色,在高温下熔融流动,使釉色彩发生变化,紫、红、蓝、白交相掩映,给人一种自然瞬息万变的感受。钧釉在化学组成上的特点是三氧化二铝的含量低,二氧化硅的含量高,同时还含有多种微量元素。钧瓷的配制要求严格,五氧化二磷与三氧化二铝含量的微小变化,或其他成分的一定数量的变化,都可能使釉完全丧失其美丽的光泽效果和窑变效果。钧瓷窑变的另一个关键技术是烧制湿度,钧瓷是在1270—1280高温强还原气氛下烧成的。由于钧瓷的着色剂对窑内气温、湿度等十分敏感,因而用同一种釉料配方,烧出的成品差别很大,有"窑变无双"、"进窑一色,出窑万彩"之说。②

定窑。在河北省曲阳县涧磁村一带,创烧于晚唐,北宋时达到鼎盛。定窑窑址是规模最大的窑场,分布众多窑炉。1961年以来对定窑窑址进行了多次发掘,2009年再次对定窑遗址进行了主动性发掘,清理了包括11座窑炉在内的94处遗迹,出土了数以吨计的瓷片和窑具,其中完整或可复原标本

---

① 秦大树:《均窑三问——论均窑研究中的几个问题》,《故宫博物院院刊》2002年5期。
② 毛保枝、苗锡金:《浅谈钧瓷的窑变技术》,《中原文物》1997年4期。

数千件,标本中不乏精品。发现带有"官"、"尚药局"、"尚食局"、"东宫"等款识和其他文字款的器物残片数十件。类似官款此前就多有发现。1969年,定州博物馆先后发掘两座宋代塔基地宫——北宋太平兴国二年静志寺塔基和至道元年(955)的净众院塔基,出土定窑瓷器160余件,胎釉质量及装饰技法均为上乘,其中带"官"、"新官"字款的有17件。有专家指出,可能是定州官府为表达敬佛之心,在定窑定烧后施入佛寺。

定瓷在技术上有许多创新,如印花装饰,使定瓷的装饰风格趋向清新飘逸,繁缛华丽,线条分明,布局工整。印花装饰技术为众多窑场效仿,影响极大。由于定瓷深受宫廷和世人喜爱,产品供不应求,于是改匣钵装烧法为覆烧法,有效利用窑炉空间,节省燃料。一匣一器的装烧法可防止器物变形,较支烧法是一大进步,覆烧法吸收支烧与匣钵装烧法的优点,以支圈为垫具,结合匣钵使用,将器物坯体口沿向下放在支圈上,上面再放一层支圈和器物坯体,一个匣体内可放四五件器物,产量增加二三倍。由于口沿接触支圈,为避免釉层在高温下与支圈粘连,器物口沿处不施釉,露出白胎,形成俗称的"芒口"。为弥补这一缺陷,一些器物用金、银、铜包镶口沿,形成文献所称的"金银扣",显得更加典雅高贵。器物坯体倒放在支圈上,压力分散,可烧制出胎壁轻薄、造型精致的器物。南宋人叶寘《坦斋笔衡》云:"本朝以定州白磁器有芒不堪用,遂命汝州造青窑器",北宋前中期定州是御用瓷的主要供应地,由此显示出它的官窑身份。北宋后期,定窑虽然因"有芒"而失去了贡瓷的地位,但这一时期定窑的艺术成就是最辉煌的,现存于世界各地的定窑标本多为这一时期的产品。

哥窑。哥窑之名,始见于元,明代将其列为宋代名官窑。元人孔齐在刊行于至正二十三(1363)年的《至正直记》中首次提到哥窑:

> 乙未冬,在杭州时市哥哥洞窑一香鼎,质细虽新,其色莹润如旧造,识者犹疑之,会荆溪王德翁亦云,近日哥哥窑绝类古官窑,不可不细辨也。

明万历十九年(1591)高濂的《遵生八笺》云:"官窑品格大率与哥窑相同……二窑烧造种种未易,悉举例可见,所谓官者,烧于宋修内司中,为官家造也,窑在杭之凤凰山下。"关于哥窑及传世哥窑器的烧制时间,有宋代、元代、宋元(含金元)三种观点,生产地有杭州、处州龙泉、北方、景德镇等歧见。

　　检测世传哥窑瓷片胎釉化学成分,与杭州修内司老虎洞窑出土的瓷片接近,"哥哥窑绝类古官窑"并非虚言,而修内司在凤凰山下老虎洞,孔齐称哥窑为"哥哥洞窑",也隐含二者存在联系,这是认为哥窑产生于杭州、哥窑即宋修内司窑,或哥窑即元代在老虎洞烧制的主要依据。关于哥窑的胎釉特点、烧制时间与窑址研究的诸家观点,成彩虹、刘冬梅著《五大名窑史话》有详实的引证,此不赘述。

第十七章 军器制造业

一 引言

军器制造是宋代规模最大、用工最多的官营手工业,体现了中央集权的特点。北宋开封、南宋杭州是全国最重要的制造中心,集中了全国优秀的工匠,规模宠大,东西作坊与弓弩院的军器制造从业工匠近万人,所造军器数量是地方的数倍。南宋杭州的"御前军器制造所"是军器制造的主要机构。"京师有作坊,诸州有作院,皆有常课"[1]。地方州府作院要按中央颁布的规格样式即"法式"制造。

宋初,军器制造隶三司胄案。三司因分度支、户部、盐铁三部而得名,盐铁分七案,其中胄案"掌修护河渠、给造军器之名物,及军器作坊、弓弩院诸务诸季料藉"[2]。熙宁六年(1073),宋神宗为实施强兵之政,废三司胄案,设军器监"总内外军器之政"[3],提高了军器监及军器制造业的地位。

---

[1] 李焘:《长编》卷十七,开宝九年三月己巳,366页。
[2] 脱脱:《宋史》卷一百六十二《职官志二》,4807页。
[3] 李焘:《长编》卷二百四十五,熙宁六年六月己亥,5973页。

二 北宋开封与南宋杭州的军器制造业

东京开封隶属军器监的机构有四个：

东西作坊。"掌造兵器、旗帜、戎帐、什物，辨其名色，谨其缮作，以输于受藏之府。兵校工匠，其役有程，视精麤利钝，以为之赏罚。"①五代后周时期，京师开封就有军器作坊，广顺二年（952），罢诸州"以器械进贡"而"选择诸道作工赴京作坊，以备役使"②。北宋立国，宋太祖对京师原作坊进行整顿，以满足统一战争的需要。《续资治通鉴长编》卷十七开宝九年三月己未条载：

> 初，上即位，召供备库副使魏丕谓曰："作坊久积弊尔，为我修整之。"即授作坊副使。丕在职甚尽力，居八年乃迁正使。上讨泽潞、维扬，下荆、广，收川峡，征河东，平江南，皆先期谕旨，令治兵器，无不精办。旧床子弩射止七百步，丕增造至千步。三月己巳，以丕领代州刺史，仍典作坊。时京师有作坊，诸州有作院，皆有常课。作坊所造兵器，每旬一进，上亲阅之，列五库以贮焉。寻又分作坊为南、北。

分军器作坊为南、北作坊在开宝九年（976）年九月，南坊兵校及匠3741人，北坊兵校及匠4190人，共7931人。熙宁三年十二月，北作坊坊址改作他用，北作坊搬迁，故改南、北作坊为东、西作坊。熙宁六年设军器监，置监于西作坊坊址，而以捧日左第三军第三指挥营屋为西作坊③。元丰三年（1080）至五年官制改革，设御前军器所，其兵匠以万全指挥为名，也称万全作坊、万全军匠或万全兵匠。宋徽宗时，东、西作坊及万全作坊均隶属军器所，军器

---

① 脱脱：《宋史》卷一百六十三《职官三》，3920页。
② 薛居正等：《旧五代史》卷一百一十二《周书三·太祖本纪》。中华书局1976年版，1485页。
③ 徐松：《宋会要》方域三之五二，7369页。

监无实职掌。东、西作坊兵匠 5000 人,万全兵匠 3700 人①。东、西作坊是宋代规模最大的官营工场,共 51 作。天圣八年(1030),修内司灯毬作拨归南北作坊②,共 52 作。《宋会要辑稿》方域三之五〇载:

> 其作总五十一:木作、杖鼓作、藤席作、锁子作、竹作、漆作、马甲作、大弩作、繖作、棕作、胡鞍作、油衣作、马甲生叶作、打绳作、漆衣甲作、剑作、糊粘作、戎具作、搯素作、雕木作、蜡烛作、地衣作、铁甲作、钉钗作、铁身作、马甲造熟作、磨剑作、皮甲作、钉头车作、铜作、弩桩作、钉弩桩红破皮作、针作、漆器作、画作、蠟摆作、纲甲作、柔甲作、大炉作、小炉作、器械作、错磨作、镟作、鳞子作、银作、打线作、打麻线作、枪作、角作、锅炮作、磨头车作。

作坊物料库。"掌铁、木、铅、锡、羽、箭干、油、蜡、石、矢、镞、麻、布、毛、漆、朱等料,给作坊之用。"③旧三库,景德元年(1004)合为一库。

皮角场库。"掌受天下胄、革、筋、角、脂、硝,给造军器鞍辔、氊毯。"④旧一场三库,景德三年合三库为一库。熙宁年间仍为一场三库,工匠额定五百三十人⑤。

广备指挥。又称广备攻城作,因分东、西两部,也称东、西广备。旧隶东西八作司,东西八作司原隶三司修造案,"乃泥作、赤白作、桐油作、石作、砖作、瓦作、竹作、井作",后兼攻守城之事,有 21 作:

> 曰大木作,锯匠作,小木作,皮作,大炉作,小炉作,麻作,石作,砖作,泥作,井作,赤白作,桶作,瓦作,竹作,猛火油作,钉铰作,火药作,青窑作,窑子作。⑥

---

① 徐松:《宋会要》职官一六之一二,绍兴三十年八月十二日,2727 页。
② 徐松:《宋会要》方域三之五二,天圣八年八月,7369 页。
③ 徐松:《宋会要》食货五二之四,5701 页。
④ 徐松:《宋会要》食货五二之九,5703 页。
⑤ 徐松:《宋会要》食货五五之一四,5755 页。
⑥ 徐松《宋会要》职官三〇之七,2995 页。

广备指挥有"广备、杂役、效役、壮役"①四个指挥名目,其中广备指挥承担攻城守城之责,领杂役广备四指挥,工匠广备三指挥。熙宁六年八月,"诏广备指挥专隶军器监"②后,广备指挥的十一作从八作司分离出来,专门制作火药及火器。王得臣说:

> 其作凡一十目,所谓火药、青窑、猛火油、金火、大小木、大小炉、皮作、麻作、窟子作是也,皆有制度作用之法,俾各诵其文而禁其传。③

元丰官制改革后八作司隶将作监,"掌京城内外缮修之事"④。广备指挥生产攻守城所用火药、火器。曾公亮、丁度等人奉宋神宗之命编写的《武经总要》一书,根据当时广备指挥的生产状况,记载了部分火药武器的名称及样制,如火箭、火药鞭箭、火枪、火鸡、竹火鹞、铁嘴火鹞、烟球、毒药烟球、霹雳火球、火炮等,并记载了三种火药配方。火药以硫磺、木炭、硝为基本成分,外加上易燃的油类、干漆、沥青及砒霜、狼毒等毒药,如毒药烟球有十二种成分,蒺藜烟球有十种成分,砲用火药有十四种成分。火药武器的外壳多用纸、麻等层层包裹,外涂以漆,用箭或砲发射。竹火鹞的样制为:

> 编竹为疏眼笼,腹大口狭,形微修长,外糊纸数重,刷令黄色。入火药一斤在内,加小卵石,使其势重。束杆草三五斤为尾,二物与球同。若贼来攻城,皆以炮放之,燔贼积聚及惊队兵。

霹雳火球用干竹两三节制作,"用薄瓷如铁钱三十片,和火药三四斤,裹竹为球。"薄瓷在火药爆炸时可发出闪光,增强威慑力,广备指挥中的青窑作,正与此有关。霹雳火球可产生大量烟雾,在发现敌方开挖地道攻城时,在地道内施放,烟薰退敌。猛火油即石油,猛火油用于战争,除加热用于守城外,宋代还制有专门的铜柜,下有四足,内可储油,上列四个卷筒,把一巨筒固定,"筒内有拶丝杖,杖首缠散麻,厚寸半",是发射猛火油的主要构件。

---

① 脱脱:《宋史》卷一百八十九《厢兵》,4666 页。
② 李焘:《长编》卷二百四十六,熙宁六年八月庚寅,5995 页。
③ 王得臣:《麈史》卷一《朝制》。四库全书 862 册,599 页。
④ 脱脱:《宋史》卷一百六十三《职官三》,3919 页。

巨筒首、尾细长,首口直径寸半,尾有小窍,"放时,以杓自沙罗中挹油注柜窍中,及三斤许,筒首施火楼,注火药于中,使然(燃),发火用烙锥入拶杖于横筒,令人自后抽杖,以力蹙之,油自火楼中出,皆成烈焰。"①这是一种人工压缩的喷火油装置,射程远近不得而知。宋代火药属黑色火药,硝的比例过小,爆炸尚不能形成杀伤力,主要是利用火药的燃烧功能。广备十一作均与火药、火器制造相关,

不隶属于军器监而制造军器的有:

弓弩院。弓弩是宋军武器配置的主要品类,宋对弓弩制造极为重视,单独立院。开宝九年,置弓弩院,与东、西作坊同隶三司胄案。官制改革后,弓弩院与军器监同隶尚书省兵部,"掌造弓弩、甲胄、器械、旗帜、御镫之名物"②,与军器监一样以诸司使副、内侍二员监领,兵匠1042人。

造箭院。在兴国坊,"掌造长箭、弩箭",旧称南、北弓箭库,咸平六年(1003)合二为一,名造箭院,以三班及内侍二人监领,隶属于弓弩院,有工匠1071人③。天禧二年(1018),与弓弩院合并为弓弩造箭院。

宋神宗还设立了一些不隶属三司或兵部而由皇帝直接统辖的军器制造机构。熙宁六年,设内弓箭南库,"贮内降御前物色,其军器监及提点内弓箭、军器等库并不得统辖"④。鞍子所、斩马刀所、御前生活所生产的兵器归内弓箭南库。熙宁八年,监察御史里行蔡承禧言:

> 闻有鞍子所、斩马刀所、御前生活所之类,凡百司之所取索,及众工之所经营,所茌不领于外廷,而所縻实难于会计。访闻其间不过制造军器而已……兼小臣动以御前为名,百司莫敢违拒,工料过有罢劳。斩马刀之局杀监官者数矣,盖由小臣献议,因令茌之,日趣工程,不计劳弊。⑤

---

① 曾公亮等撰:《武经总要》前集卷十二《守城并器具图》。四库全书726册,429页。
② 徐松:《宋会要》职官一六之二四,2733页。
③ 徐松:《宋会要》职官一六之二三,2733页。
④ 李焘:《长编》卷二百四十六,熙宁六年九月戊申,6011页。
⑤ 赵汝愚:《宋朝诸臣奏议》卷五十八《上神宗乞御前製造悉付所司》。上海古籍出版社1999年版,646页。

这些机构由皇帝派宦官管理,宦官不按法式,不计工料成本,过度役使工匠,唯以数多为务,发生了数起监官被杀的事件。斩马刀刃长三尺余,镡长尺余,是"战阵之利器",原由东西作坊打造,熙宁五年五月以后,"命内臣领工置局",扩大生产规模,年造数万把,由神宗"分赐边臣"①。御前生活所也称御前工作所,熙宁六年后设,由内臣主之,不隶军器监,事可专达于上,故称御前。"在京上等人匠,并差在御前生活所",主要制造衣甲、鞍辔、弓弩等军用物品。原是为了与军器监相互比较,以降低成本,提高效率,但御前生活所常擅改工作程序和法式,与军器监矛盾不断,"内外相倾"。如军器监按法式制造的马鞍桥瓦用全木加工而成,御前生活所未经试验,"改用木合成",大省工料,其"经久牢固"大成问题,御前生活所以成本降低邀功,而军器监却"沮抑不行"②。元丰官制改革后,御前生活所改为御前军器所,所役兵匠以万全指挥为名。宋徽宗时期,重设御前生活所,专门采买、制造皇家奢侈用品,军器生产仍由御前军器所的万全工匠与东西作坊的作坊工匠承担。

南宋绍兴二年(1132)初,宋高宗到达临安后,"别置作院一所,令诸军匠各造器甲"③,以御前军器所为名,"见役军民工匠近千人"④,次年四月,"诏:东、西作坊作匠,人吏,物料并入军器所"⑤,东、西作坊成为御前军器所的组成部分。十一月,恢复因军兴而一度省罢的军器监⑥,仅置丞一员,"令工部相度合管职事归之",主要检验军器的质量,此后军器监有时增设监官及簿,但职权不大,淳熙元年(1174),"诏戎器非进入毋辄出所,由是呈验寖省",军器监逐渐无实际职掌,"特为储才之所"⑦,其管理职能由工部及军器所承担。

绍兴四年,御前军器所有"工匠一千九百余人"⑧,后陆续从诸州征差兵

---

① 李焘:《长编》卷二百三十三,熙宁五年五月良辰,5645页。
② 李焘:《长编》卷二百六十四,熙宁八年五月丁丑,6471、6472、6473页。
③ 李心传:《建炎以来系年要录》卷五十四,绍兴二年五月癸未。中华书局1988年版,958页。
④ 徐松:《宋会要》职官一六之四,绍兴二年闰四月十日,2723页。
⑤ 徐松:《宋会要》职官一六之五,绍兴三年四月九日,2724页。
⑥ 李心传:《建炎以来系年要录》卷二十二,建炎三年四月庚申,475页。
⑦ 脱脱:《宋史》卷一百六十五《职官五》,3921页。
⑧ 徐松:《宋会要》职官一六之六,绍兴四年四月九日,2724页。

匠二千九百余人,至绍兴十一年,在役"匠工四千五百余人"①。此年底宋金签定和议后,久不用兵,军器所兵匠多次裁减,至绍兴二十六年,现役工匠864人,诸州征调1504人,共2368人,宋高宗令诸州兵匠再减十分之二②。绍兴三十年,金完颜亮南侵,宋紧急扩大兵器生产,军器所按照"万全工匠以二千人、杂役兵士五百人为额",东、西作坊按照"作坊工匠以一千六百人,每坊八百人,杂役兵士各四十人为额"的规定,除对逃走兵匠"立限百日,许令出首,特与免罪"外,并令招收兵匠子弟"十五岁以上三十岁以下,不及禁军等样、谙会造作之人补填名阙"③。御前军器所兵匠定额为4180人。此后一年间,御前军器所"制造过诸色军器三百二十三万六千九百四十二件"④。

南宋军器所虽以御前冠名,但绍兴五年即隶属工部,而不隶入内内侍省,常简称军器所。乾道四年(1168)一度隶步军司,景定三年(1262)一度隶殿前司,时间均数月而已。无论隶属何部,所造军均"赴御前交收"。孝宗乾道四年,中书门下平章事兼枢密使陈俊卿言:军器所工匠"聚众四千余人"⑤。淳熙六年(1179),"有工匠三千五百人"⑥。南宋末咸淳年间(1265—1274),工匠仅有七百余人⑦。南宋包括东西作坊、万全工匠的军器所工匠定额为四千余人,少时为2000人左右,比北宋8700人少得多。

南宋中央其他部门也有制造军器者,如御前应奉所有"制造军器处"⑧,提举修内司北宋时"领雄武兵士千人,供皇城内宫省垣宇缮修之事"⑨,由内侍监管。南宋绍兴三年,"诏修内司见造御前军器"⑩。乾道元年四月至八年三月,修内司"造纳过军器一百五十万余件,并各精致"⑪,平均每年21.4万

---

① 李心传:《建炎以来系年要录》卷一百四十,绍兴十一年四月壬申,2245页。
② 李心传:《建炎以来系年要录》卷一百七十二,绍兴二十六年三月癸卯,2828页。
③ 徐松:《宋会要》职官一六之一二,绍兴三十年八月十二日,2727页。
④ 徐松:《宋会要》职官一六之一五,绍兴三十一年八月十七日,2729页。
⑤ 徐松:《宋会要》职官一六之一八,乾道四年四月二十五日,2730页。
⑥ 马端临:《文献通考》卷一百六十一《兵十三》,1404页。
⑦ 潜说友:《咸淳临安志》卷九《监当诸局》。宋元方志丛刊,3435页。
⑧ 潜说友:《咸淳臨安志》卷十《御前应奉所》。宋元方志丛刊,3441页。
⑨ 徐松:《宋会要》职官三〇之一,2992页。
⑩ 徐松:《宋会要》职官三〇之二,2992页。
⑪ 徐松:《宋会要》职官三〇之四,乾道八年三月十三日,2993页。

余件。淳熙元年,拨入内内侍省官会二万五千贯,"充修内司制造点纲凿子、神劲弓箭一百万只"料工物钱①。绍兴七年,曾在建康府置御前军器局,"隶属枢密院并工部",差拨两浙东西、江南东西、福建五路五匠"赴军器局造作"。因工料供应不足,工匠闲适,枉费钱钞,十一月,诏罢军器局,"并归军器所,其人匠物料等令提举官杨忠悯等管押装发,赴临安府军器所交割收受"②。

不制造军器而与军器制造相关的部门有不少。如军器库,也称内军器库,不隶诸司库务司而直接由皇帝掌握,北宋分衣甲、弓枪、剑弩箭、什物、拣选衣甲器械五库,有兵校450人供役事。内弓箭库,北宋时有兵校及匠131人③。北宋末,内弓箭库、南弓箭库并入军器库,有人兵一千余人。南宋建炎四年(1130),金兵南侵,宋高宗南逃直至温州,将七库精减合为一库,以百人为额。返回杭州后,以148人为额④。乾道七年,额定为136人。军器库不仅负责成品的出纳,而且负责保管、检修。保持库房干燥,才能使弓弩胶木牢固,箭羽不腐,故军器库也有部分兵匠。其他如皮剥所有剥手12人、鞍辔库有兵及匠47人,煎膠务有匠12人,事材场有匠1653人,杂役304人等,都与军器制造有关。

三 作院的规模与都作院的产生

作院是地方州军制造军器之所,大约产生于唐藩镇割据之时。随着中央集权的加强,地方作院除维修和制造供本地自用的军器外,还向中央上供军器。薛居正等撰《旧五代史·周书·太祖纪三》载:

(广顺二年十月)庚寅,诏:诸州罢任或朝觐,并不以器械进贡。先

---

① 徐松:《宋会要》职官三〇之五,淳熙元年八月十九日,2994页。
② 徐松:《宋会要》职官一六之八,绍兴七年十一月,2725页。
③ 徐松:《宋会要》食货五二之三〇,5714页。
④ 徐松:《宋会要》食货五二之二八,5713页。

是,诸道州府各有作院,每月课造军器,逐季搬送京师进纳。其逐州每年占留系省钱帛不少,谓之甲料。仍更于部内广配土产物,征敛数倍,民甚苦之。除上供军器外,节度使、刺史又私造器甲,以进贡为名,功费又倍,悉取之于民。帝以诸州器甲造作不精,兼占留属省物用过当,乃令罢之。仍选择诸道作工赴京作坊,以备役使。

诸州以上贡为名,不仅截留归属中央的经费,还横征暴敛,私造军器,且上贡的器甲质量欠佳。周太祖采用选调工匠到京城作坊的方式,削弱地方军器制造能力,强化中央集权。北宋初,宋太祖在加强东京军器作坊的同时,对地方州军的军器制造也进行了整顿。梁克家《淳熙三山志·兵防类一》载:"国初,州有作院,以待朝廷抛造及州自制军器。""朝廷抛造"即按朝廷下达的"法式样制"制造,"自制军器"即由作院按当地惯用的样式制造。"自制军器"只占作院制造军器的小部分,供本地驻军,其规格样式也要上报朝廷,纳入中央的制造指标。诸州作院规模一般不大,福建路福州才有工匠四十人。

宋仁宗庆历二年(1042),驻兵最多的陕西始设都作院。《尔雅·释诂一》曰:"都,大也",宋代常用"都"提升机构和官职的级别,如都转运使、都店宅务、都大发运司等,都作院的工匠为百人以上。

作院(包括都作院)除制作军器外,也制造其他军需物品,如铠甲、衣帽、修筑工事之镢锹、生活用品如铁锅、水桶、升斗、笊篱、雨伞等。作院是地方官营作坊,各有特长,产铁地作院以造刀枪为主,产竹木地作院则多造弓弩、箭杆。如河北"磁、相二州,只是铁作院"①,庆历以前不生产弓弩。作院也造非军用物品,如升斗既可称量军粮,也可用于收购税粮。南宋后期,印习隐驻守澧州(湖南澧县)时,流经城中的澧水淤塞,需排水疏导,印习隐"令都作院造桶一千副",由都木场拨付所需木料,调现役人夫二千人清淤,"日支食钱,五日一犒,半月毕工,民不知也"②。

---

① 《欧阳修全集》卷一百一十八《乞置弓弩都作院》。中华书局2001年版,1805页。
② [元]盛如梓:《庶斋老学丛谈》卷下。四库全书866册,552页。

每所作院的工匠一般为三五十人。《淳熙三山志·兵防类一》载:熙宁六年(1073)诸路设置都作院后,有的都作院"止以三五十人为额,旧弊仍初"。都作院工匠法定人数百人以上,而有的都作院仍像原来的作院一样只有三五十人,不符合都作院的法定要求。元丰元年(1078),"诏:诸路都作院委枢密院选差本路提点刑狱官一员提举点检"①,说明诸路基本上都设置了都作院。

地方军器生产能力小于东京。开宝九年(976),东京南北作坊"岁造涂金脊铁甲、素甲、浑铜甲、墨漆皮甲、铁身皮副甲"及枪、刀、弩等"凡三万二千",弓弩院"岁造角色弓、白桦弓、虎翼弩、马黄弩、床子弩"及箭。镞、旗帜等"凡千六百五十余万。"诸州作院"岁造黄桦黑漆弓弩、麻背弓、素皮器械、环子背枪、素木枪、黑漆木枪、朱红木枪、金漆竹枪、银装、铜装等剑、竹笴箭、木笴箭、皮甲兜、鏊铁甲叶、箭镞等,凡六百十余万。"南北作坊人数最多,所造军器仅3.2万件,比弓弩院1650余万、诸州作院610余万少得多,原因是南北作坊所造多为高级、大型军器,如甲为"涂金脊铁甲"、"浑铜甲"、"墨漆皮甲",弩为"袋皮立弩"、"桩床子弩"等,而弓弩院造弓、弩、箭,兼造箭囊、旗帜。诸州作院所造弓弩箭簇所占比例不小,甲则以"甲叶"为单位计算。南北作坊有兵匠7931人,弓弩院及所属造箭院2113人,南北作坊平均每人每年造军器4.04件,弓弩院平均造7808.8件,南北作坊每件军器的用工成本是弓弩院的1933倍。梅应发、刘锡同撰《四明续志·作院》载,宋理宗时,明州(浙江宁波)作院每年"凡创造到诸色军器衣装等物,总十一万九千五百件",其中弓弩共700张,箭24895枝,箭头75650只,箭与箭头超过十万件,占军器总额的84%。南北作坊与诸州作院制作军器的相同之处,是"别造兵幕、甲袋、櫜衫、钲鼓、炮砂、锅䥶、行槽、锹、镢、镰、斧等,谓之什物,以备军行之用"②。弓弩院所造军器件数是地方作院的2.7倍,弓、弩、箭用工成本应与地方作院相似。作院所造军器包括枪、剑金属军器及诸类什物,用工成本要高于普通弓箭。

① 李焘:《长编》卷二百九十,元丰元年六月丁卯,7093页。
② 马端临:《文献通考》卷一百六十一《兵考十三》,1403页。

南宋初,军器缺乏,工部员外郎李士观言:"'淮南等九路十七州岁造上供军器亦百余万件,多未输者,望令发运司委官催督。'从之。"①。此时南宋立国不足一年,宋高宗驻跸扬州,急需调集上供军器重建军队,文中所言上供额,应为北宋末之指标。东南九路指淮南、江南东、江南西、两浙、荆湖南、荆湖北、广南东、广南西和福建路,其制作军器主要用于上供,此百余万件,应占九路的军器制造额的大部分。

诸州制造军器的总人数要少于东京,约有数千人,最多不超过万人。北宋熙宁以前州军约有二百六七十个,据《宋史·兵志一》载,宋仁宗时驻有禁军的州军有211个,未驻禁军的多为南方偏远州军。既无禁军,则不需造军器自用,既地处偏远,应无上供军器指标,不必设置作院。如有禁军州军皆设作院,每州军以平均工匠四十人计,则地方作院工匠有八千余人。

澶渊之盟(1004)后,久不用兵,工匠裁减,军器制造额大幅减少。天禧二年(1018),"诏:开封府、京东西、河北、河东、陕西、淮南路灾伤处,所募民造军器权停一年。"②减少作院中招募或差募的民匠,即减少军器制造额。天圣四年(1026),"诏减诸路岁造兵器之半"③。地方作院监管不严,军器质量低劣。张方平反映当时情况云:

> 臣窃见今之州郡所上兵物,徒有兵数,实皆滥恶,不足为用。盖天下承平长久,兵未尝试,上吏视为冗务,监长安能尽心选占善工,为家治具?又州郡率少军匠,借役民工,以次奸侵,苟求速就,及输上中府,而主吏因缘为市,惟货是问,阅数而已。其为弓也,角筋无液治之法,故其引之必挠纵。其为矢也,竿羽无深厚之数,故其发之必翔俛。其为刃也,金无煎和之齐,安得敝尽而不恶?其为函也,革无丰约之制,安得长围而便利?④

---

① 李心传:《建炎以来系年要录》卷七,建炎元年七月乙卯,191页。
② 李焘:《长编》卷九十一,天禧二年三月甲午,2102页。
③ 脱脱:《宋史》卷一百九十九《兵十一》,4911页。
④ 张方平:《乐全集》卷十三《武备论·军器》。中州古籍出版社1992年版,166页。

宋宝元元年（1038）后数年，宋夏战事不断，宋加强军器制造。康定元年（1040），"诏江南、淮南州军造纸甲三万，给陕西防城弓手"。庆历二年（1042），"诏鄜延、环庆、泾原、秦凤路各置都作院"①。四年，河北西路磁、相州铁作院升为都作院②。都作院工匠较多，分工较细，监管较严，便于集中采购原材料，有助于提高军器制作的效率和质量。不过，此时仅在陕西、河北少数州军设置了都作院，其他地区尚未出现。庆历四年十月，宋、夏再次媾和以后，作院升为都作院的措施中止，地方军器制造又恢复到质次量少的状态。

四　宋神宗时期都作院的发展

宋神宗推行富国强兵之政，对军器制造进行改革。熙宁六年，王安石之子王雱上奏云：

> 盖今天下岁课弓弩、甲胄之类，入充武库之积以千万数，而无坚完轻利真可为武备者。臣尝观于诸州将作院，至有兵匠乏缺而拘市人以备役，所作之器，但形质既具，则精窳之实一切无所问。武库吏亦惟计多寡之数以藏，而未有责其实用者，故所积虽多，大抵敝恶，不可复举。夫为政如此，而犹用抗威决胜，外摄邻敌之强犷，内沮奸凶之窃发，臣愚未见其可也。

王雱建议对作院进行整合，"更制其法度，敛数州之所作而聚以为一处，若今钱监之比"，以都作院为名。"择知工事之臣"为监官，"使专于其职"。都作院"募天下之良工，散为匠师于诸监"，负责军器的质量。"诸监"即诸都作院。中央"亦当内置工官以总制其事"，依据所造军器优劣，"而重为赏罚"。宋神宗"颇采雱说"，"置军器监，总内外军器之政。置判及同判官各一

---

① 脱脱：《宋史》卷一百九十九《兵十一》，4911页。
② 《欧阳修全集》卷一百一十八《乞置弓弩都作院》，1805页。

员",规定"凡产材州,并置都作院"①。批准设置都作院四十一所,其中"十七处系上供军器,二十四处系应副本路及缓急泛抛军器"。熙宁九年初,枢密院对都作院的组织体制作出规定:

> 诸都作院元额工匠三百人以上,置副、正指挥使各一人,都头五人,十将、将虞侯、承局押官各五人。二百人以上,置都头一人,副都头三人,十将以下各三人。一百人以上,置都头各一人,十将以下各二人,不满一百人置副都头,十将、将虞侯、承局押官各一人,仍编入军防令。②

作院的编制规范化,在编人员被编入"军防令",其俸给、赏罚、升迁等均依令实行。各都作院的规模相差较大,兵匠多者可达四五百人,少者仅百人左右。

熙宁三年,因不少州军厢兵"人数至少、不成指挥,每遇差使,全然畸零",调遣使用不便,枢密院曾对诸路厢军进行整合,"将诸指挥畸零人数,并合成四百人以上,仍令带旧请,其军员据合用数外,余差补别州军见阙"。由于"教阅本城及壮城、作院、递铺、牢城"厢兵属地方必需,尽管畸零,也"难合并"③,仍予保留。王雱建议将熙宁三年未曾整合的作院厢兵加以归并,是熙宁三年厢兵整合政策的继续。

熙宁三年的整合主要在诸州内部进行,而王雱欲把数州作院的厢兵集中为都作院,实施难度较大。有的都作院未按规定组建,周围各州作院也未见省并。元丰六年,京东路都转运使吴居厚奏:"本路徐、郓、青三州都作院及诸州小作院,每岁制造诸般军器及上供简铁之类,数目浩瀚。"④诸州小作院并未因都作院的设立而裁减。三百人以上的都作院以军队编制"指挥"为单位,《宋史·兵志三》所记熙宁以后各州军厢军指挥名目,仅有太原"作院工匠",邠州"省作院",丹州、仪州"作院"。此外晋州、秦州有"弓箭"指挥。这些编制全是沿袭熙宁以前旧制。也就是说,熙宁六年后,三百人以上的作

---

① 李焘:《长编》卷二百四十五,熙宁六年六月己亥,5973 页。
② 梁克家:《淳熙三山志》卷十八《兵防类一》。四库全书 484 册,275—276 页。
③ 李焘:《长编》卷二百十七,熙宁三年十二月庚戌,5281 页。
④ 李焘:《长编》卷三百三十九,元丰六年九月丁卯,8172 页。

院一个也未增加。即便是有厢兵指挥的作院，其兵匠如不足百人，也不能改为都作院，如达百人以上，改为都作院不须做大的调整，很可能是把原来的作院冠以都作院之名而已。熙宁六年以后增设的都作院，工匠多为一、二百人，有的甚至仍保持旧作院原貌，只有三五十人。熙宁九年十月，军器监奏称：

> 近以诸郡各有作院，役匠既少，复无监官拘辖，虽非出产材料之处，一例造作，般请劳费，遂就要便州军团并差官。今闻一路乃数处并置，止以三五十人为额，旧弊仍初。

都作院规定设在出产材料的要便州军，而一路设置数处，有的并非原料产地，工匠也未增加，名不符实，于是对已设的都作院进行核查，把不合标准的都作院重新降为作院。以福建路为例，熙宁六年建州、福州设都作院，其中福州以三百人为额，但至熙宁九年也未达到标准，即遭裁撤，"都作院独置于建州"，而福州"仍为小作院。兵匠七十人，习学十四人"①。神宗时设置的都作院未达到四十一所，特别是东南地区的都作院有的徒有虚名，有的又遭裁撤。厢兵属地方军种，作院兵匠隶属于当地厢军指挥，要集中数州作院的兵匠到设置都作院的州军，牵涉到改变军兵隶属和军俸发放等问题。军俸是按厢兵人数及其所属指挥，发放给指挥所在州军，兵匠被遣送他州都作院，其薪俸就无出处。被裁汰的作院及新置都作院的州军主管都没有积极性，是都作院拓展未能全面落实的重要原因。

都作院实施仿铸钱监设置专职监官的政策。铸钱监设监官一人，"以京朝官及三班使臣充"②，而作院则由当地武官兼管。宋徽宗时，福州重设都作院，额管二百人，"旧以本州都监管辖"，常常"与兵马司混同，差以防护迎送，在院者不过三四十人"，被提刑司"申严违制之法"③。都作院监官由朝廷委任，设置监官可以防止地方军事长官对兵匠的任意差遣。

---

① 梁克家：《淳熙三山志》卷十八《兵防类一》。四库全书484册，276页。
② 马端临：《文献通考》卷五十七《职官十一》，514页。
③ 梁克家：《淳熙三山志》卷十八《兵防类一》。四库全书484册，277页。

按宋代的行政区划,东京开封府之下,州(府、军、监)分京府(西京河南府、北京大名府、南京应天府),次(京)府、望、紧、上、中、中下、下八个等级。与次府级别相埒、高于望州的还有京辅州、大、中、下都督府,其中大都督府高于次府,其余的低于次府。如太原府"元丰为次府,大观元年升大都督府"①。史籍可考的都作院均设在级别不低于"上"的州军。现以王存《元丰九域志》所载州府级别,把见于史籍的都作院资料排列如下:

陕西路(五处。设于北宋)。

华州(陕西华县):级别为为"望",供应鄜延路。

凤翔府(陕西凤翔县):级别为"次府",供应环庆路。

秦州(甘肃天水市):级别为"下都督府",供应秦凤路。

渭州(甘肃平凉市):级别为"下都督府",供应泾原路。

永兴军(陕西西安):级别为"次府",供应永兴军路。

熙宁开边后,陕西帅司(经略安抚司)除新设置的熙河路外,分四路,永兴军路含鄜延、环庆两路,则永兴军都作院承担两路的军器供应。永兴军都作院"委提点刑狱一员提举",其他四都作院"委监司提举"②。武器原材料的供应、武器的运输归漕司(转运司),有时还设陕西经略司以统领协调各路帅司,所以,尽管凤翔府、渭州的军事区划均属秦凤路,但军用物资可由陕西转运司或陕西经略安抚司调遣。

河东路(二处。设于北宋)。

太原:级别为"次府",有厢军"作院工匠"指挥,地处河东中部,是河东交通、战略要地,驻军众多。

晋州(山西临汾市):级别为"望",有厢军"弓箭"指挥。晋州于庆历二年设都作院,很可能是原有作院"弓箭"指挥升格为都作院。晋州地处临汾盆地中部,南北通达,且与秦州一样盛产林木,不乏造弓箭之材,其作院在熙宁六年后应升为都作院。

河北路(四处。设于北宋)。

---

① 脱脱:《宋史》卷八十六《地理志二》,2131页。
② 李焘:《长编》卷三百三十一,元丰五年十一月己亥,7978页。

北京大名府(河北大名县):级别为"京府"。大名府庆历二年升为北京,行政区划仍隶属于河北路,军器制造仿东京体制称"作坊",其规模及性质与都作院相同。至和二年(1055),"置北京作坊军匠两指挥"①,作为河北东路的首府,军器制造的能力不低于诸州都作院。

沧州(河北沧州市):级别为"上"。熙宁七年李复圭知沧州②时,高复明监沧州都作院③。

相州(河南安阳市):级别为"望"。

磁州(河北磁县):级别为"上"。二州原有铁作院,庆历四年,欧阳修任河北都转运使,以铁作院为基础,"置都作院于磁、相州,一道兵械悉仰给焉"④。元丰五年,"相州都作院"奉命"造防城箭三十三万",因河北不产竹竿,于是"依定州用桦木竿"⑤,铁作院改为都作院后,军器制造的综合能力提高。

京东路(四处。设于北宋)。

南京应天府(河南商丘市):级别为"京府"。曾是京东路治所,大中祥符七年(1014)升为南京后,治所移至青州。其机构设置仿东京,应也有军器作坊及作坊工匠。

徐州:级别为大都督府。

青州(山东青州市):级别为"望"。

郓州(山东郓城县):级别为"紧"。元丰六年,京东路都转运使吴居厚奏:"本路徐、郓、青三州都作院及诸州小作院,每岁制造诸般军器及上供简铁之类,数目浩瀚。"⑥郓州设都作院之初,李兟任监官,"工技精密,诸郡遂以其式行"⑦。

---

① 李焘:《长编》卷一百七十六,至和元年四月庚申,4259页。
② 李焘:《长编》卷二百五十四,熙宁七年六月辛巳,6210页。
③ 晁补之:《鸡肋集》卷六十五《奉议郎高君墓志铭》。四库全书1118册,960页。
④ 韩琦:《安阳集》卷五十《故观文殿学士太子少师致仕赠太子太师欧阳公墓志铭》。四库全书1089册,538页。
⑤ 李焘:《长编》卷三百二十七,元丰五年六月丁巳,7873页。
⑥ 李焘:《长编》卷三百三十九,元丰六年九月丁卯,8172页。
⑦ 李昭玘:《乐静集》卷二十八《成州使君李公墓志铭》。四库全书1122册,393页。

开封府(一处)。

陈留县:元丰六年,"诏开封府陈留县置保甲都作院,修二十二县兵器,从提举保甲刘管请也"①。诸路州军作院及都作院均负责维修本地区军器,而东京东西作坊等只负责制造及维修军队军器,在开封府大力推行保甲之际,设都作院以维修保甲军器。

京西路(二处。设于北宋)。

西京河南府(河南洛阳市):级别为"京府"。西京是京西路府治所,机构设置仿东京开封府,人口多于北京和南京,驻兵众多,应有军器作坊及作坊工匠。

汝州(河南汝州市):级别为京铺。宋神宗时,侯子琦曾"监汝州都作院"②。

荆湖北、南路(三处。北宋一处)。

鄂州(湖北武昌):级别为"紧"。熙、丰时期,杨节之曾"监鄂州都作院"③。

澧州(湖北澧县):级别为"上"。南宋后期,驻守澧州的印习隐"令都作院造桶一千副"④。

潭州(湖南长沙):级别为"上"。嘉定三年(1215)八月,"诏潭州船料场、造船场、都作院、在城酒税监官五员见任人,且令终满已差下人,依省罢去。"省罢监官冗员是为节省经开支,"添助赡军支遣"⑤。《宋史·兵志三》载,潭州有厢兵"船坊"和"船坊铁作"指挥,工匠可参与制造军器,设都作院是顺理成章之事。潭州都作院可能北宋时已存在。

淮南路(一处。设于北宋)。

扬州:级别为大都督府。建炎元年(1127),为防金兵渡淮河,"措置教阅水战人兵,及募人许备战船",朝议大夫知通州郭凝"乞下扬州都作院,支降

---

① 李焘:《长编》卷三百四十一,元丰六年十二月甲午,8215页。
② 范祖禹:《范太史集》卷四十六《三班奉职墓志铭》。四库全书1100册,499页。
③ 晁补之:《鸡肋集》卷六十八《右通直郎杨君墓誌銘》。四库全书1118册,1000页。
④ [元]盛如梓:《庶斋老学丛谈》卷下。四库全书866册,552页。
⑤ 徐松:《宋会要》职官四八之一四三,嘉定三年八月二十八日,3527页。

神臂弓,下属县支钱和买战船"①。扬州都作院北宋时就已存在,范成大《吴郡志·营寨》载,扬州有"作院指挥"。

两浙路(四处。北宋二处)。

杭州(南宋称临安府):级别为大都督府。都作院之名见于南宋,绍兴二十二年,因反对绍兴和议,"承节郎监临安都作院王远除名,高州编管"②。临安有都作院指挥,"额管四百八十人"③。杭州是两浙首府,都作院应设于北宋。

明州(浙江宁波):级别为"上"。都作院设于熙宁六年④。

越州(浙江绍兴):级别为大都督府。有"作院指挥,熙宁六年置"⑤。

润州(南宋称镇江府):级别为"望"。南宋嘉泰(1201)以前,赵朴夫曾"监镇江府都作院"⑥。润州有"鼓角匠"指挥⑦,兽、牛皮及其筋角是制造军器的重要材料,鼓角匠是处理兽皮、牛皮及其筋、角的工匠,设都作院较为方便。

江南东、西路(二处。北宋一处)。

江宁府(江苏南京):级别为次府。政和二年,"江东提点刑狱司奏:江宁府都作院岁额合造马甲四百副"⑧。

虔州(南宋称赣州):级别为"上"。绍兴年间,赵育任"赣州都作院"⑨监官。

广南东、西路(二处。见于南宋)。

广州:级别为都督府。元陈大震《大德南海志·兵防旧志·厢军》载,南

---

① 李心传:《建炎以来系年要录》卷八,建炎元年八月戊午,196页。
② 李心传:《建炎以来系年要录》卷一百六十三,绍兴二十二年三月壬寅,2653页。
③ 潜说友:《咸淳临安志》卷五十七《武备》。四库全书490册,608页。
④ 罗浚:《宝庆四明志》卷七《郡志七》。四库全书487册,102页。
⑤ 施宿等:《会稽志》卷四《军营》。四库全书486册,74页。
⑥ 孙应时:《烛湖集》卷十二《宜人宣氏圹记》。四库全书1166册,674页。
⑦ 脱脱:《宋史》卷一百八十九《厢兵》,4684页。
⑧ 周应合:《景定建康志》卷十三《建康表九》。四库全书1147册,405页。
⑨ 周必大:《文忠集》卷七十五《宗室崇道武经公育墓志铭》。四库全书488册,789页。

宋后期,广州都作院工匠额为480人①。

邕州(广西南宁市):级别为下都督府。嘉定六年以前,沈师皋曾"监邕州都作院"②。

川峡四路(二处。设于北宋)。

遂州(四川遂宁市):级别为(中)都督府。

叙州(四川宜宾市):级别为"上"。徽宗时李新上奏说:四川诸州军器"安置不如法",保存欠佳,"梓州一路,遂宁府、叙州有都作院,岁课不少,而两州皆无楼阁架放,非惟枉费官物,缓急警严,殊无犀利可用之器,诚可虑也"③。

以上共三十二处。其中陈留县保甲都作院只负责维修保甲军器,不制造,应不在熙宁所设四十一州都作院之内。潭州、杭州、润州、虔州、澧州、广州、邕州都作院见于南宋,史籍可考的北宋都作院有二十四处(不含陈留县),其中北方诸路为十七处。史籍记载设于南宋的都作院,有的可能北宋时已存在了。

北宋时陕西路驻兵最多,都作院有五处,为诸路之冠。河北、京东驻军也多,紧随其后,各四处。河北、京东是最重要的铁产区,北宋有四铁监,京东居其二(其中兖州莱芜监宋真宗时废)。徐州有利国监、相州有利成监,太原有大通监,此三州均有都作院。江南路是铜、铁产区,北宋时有二个都作院。晋、磁、仪、渭、澧、虔、鄂、建、凤翔府有铁冶或铁务,说明都作院的设置与原材料产地关系密切。

王存在《上元丰九域志表》中概括宋行政区划云:"总二十三路,京府四,次府十,州二百四十二,军三十七,监四,县一千二百三十五,离为十卷。"次府的行政级别仅次于四京。宋代"都督府"的级别埒同"次府",但都督府的主要意义是军事级别,不象"次府"是行政级别。《元丰九域志》载都督府有十五个,其中高于次府的大都督府有徐、兖、陕、扬、杭、越、福州七处,徐、扬、

---

① [元]陈大震:《大德南海志》卷十《兵防·厢军》。宋元方志丛刊,8445页。
② 袁燮:《絜斋集》卷十八《武翼大夫沈君墓志铭》。四库全书1157册,264页。
③ 李新:《跨鳌集》卷十三《乞诏州郡置架阁军器库札子》。四库全书1124册,501页。

越、福四州北宋有都作院。次府有颖昌府（河南许昌）、真定府（河北正定市）、京兆府（即永兴军）、河中府（山西永济西）、凤翔府、太原府、江宁府、江陵府（湖北江陵市）、成都府、兴元府（陕西汉中市），其中京兆、凤翔、太原、江宁四府北宋有都作院。如果大都督府与次府均设有都作院，则北宋时期为三十三处。

五 大观以后东南地区的都作院

大观元年十一月，宋徽宗又一次增设都作院。《淳熙三山志·兵防类一》载：

> 大观元年十一月，御笔：东南州军军器以承平日久，全不修治，亦多阙数。仰帅府封桩三将军器，望州两将，非军须、盗贼，不得支用，仍三年一修。讫申提刑司，帅府、望州未有都作院，各许一处置立。工匠帅府二百人，望州一百人。若帅府、望州人工物料不足，许抛下出产诸州小作院分造所造军器。东南土俗不同，春夏气暖，筋胶不可施用，可三分中计以一分置土俗所用器仗，如偏架弩、纸皮甲之类，令本路官取索讲求便利轻捷可用名件制造，仍具图样、名色闻奏。

按御笔，东南九路的帅府和望州可设都作院，次月，"以江宁、荆南、杨、杭、越、洪、福、潭、广、桂并为帅府"[1]。此次提升十州府级别应与都作院的设置有关。帅府是主管军政的经略安抚司治所，有建立都作院的需求。南方诸路原来帅府很少，此次增加十个，赶上北方。帅府是军事区划级别，而非行政区划级别，常设在行政级别较高的州府如都督府、次府，其级别高于望州。据《宋史》卷八十五至九十《地理志》载，截止至大观二年，望州与帅府共有五十四个，其中东南九路占一半，为二十七个（前带＊者为帅府）：

荆湖南、北路：＊潭州（湖南长沙）、邵州（邵阳市）。＊江陵府（又称荆

---

[1] 脱脱：《宋史》卷二〇《宋徽宗二》，379页。

南府)、靖州(靖州县)。

淮南路：*扬州、亳州(今属安徽)、真州(江苏仪征市)、庐州(安徽合肥市)、蕲州(湖北蕲春南)。

两浙路：*杭州、*越州、苏州、润州、明州、常州。

江南东、西路：*江宁府、江州(江西九江)。*洪州(江西南昌)，赣州(即虔州)。

广南东、西路：*广州、封州(广东封开县)、端州(肇庆市)。*桂州(广西桂林市)、邕州(南宁市)。融州大观二年升为帅府，三年罢，不计。

福建路：*福州、泉州。

大观元年御笔比熙宁六年设置都作院的条件更为宽松。第一，针对东南地区军器制造长期不受重视、都作院设置较少的现状，不再强调都作院要设在原材料出产处，而要求每路各有一个帅府、一个望州设都作院，已有者不再复置。第二，工匠不再从邻近州府的作院调遣，而由本州府自行解决。第三，规定了都作院的工作量，帅府都作院制作、储存的军器供应三将兵员，望州供应二将兵员。储存的军器即上供额。"将"是熙宁以后设置的军事编制，每将少则千人，多则万人，各地不同，一般为四五千人。如都作院受本州人员、材料限制，无法完成此定额，可分派本路其他州作院制造，充都作院定额。都作院定额由中央掌控，其他作院制造的上供军器，包括在都作院定额之内。第四，各都作院制作军器种类三分之二按规定的法式样制制造，三分之一根据本地习俗，制作适合本地区使用的军器或其他装备，但要把名称样制报送中央。

御笔只提东南，不提北方和川峡，是因为北方诸路都作院都已超过两处，川峡地处偏远，无上供额。大都督府与次府的行政规格高于望州，御笔也未提及，原因是九路中的大都督府扬州、杭州、越州、次府江宁府四州均为帅府，无须另列。上述九路的帅府与望州中，史载北宋已设都作院的有明、扬、越、赣、福州、江宁府六处，加上记载于南宋初而可能设于北宋的杭州，共七处(其中五处为帅府)。按每路至少一个帅府和一个望州设都作院的要求，荆湖北路的潭州、邵州，南路的江陵府、靖州、江南东路的江州，西路的洪州、广南东路的广州、封州、西路的桂州、邕州,福建路的泉州及淮南路的一个望州有设置都作院的资格,共十二处。前引建炎元年诏令云:"淮南等九路十七州岁造上供军器亦百余万件",作院的上供额纳入都作院的上供额之内,北宋末东南九路有上供军器的州府为十七个,则有十七个都作院,说明有的路不足两个。且两浙路有三处,说明截止到北宋末,东南有的路不足两个,如广南东路很可能只有广州一个都作院。值得注意的是,熙宁六年规划设置的四十一处都作院中,"十七处系上供军器",即东南地区应有十七处。大观御笔后东南九路恰好设置了十七处,实际上是对熙宁规划的进一步落实。大观御笔后,东南诸路普遍设置都作院,为南宋的军器制造业打下了基础。《宋史·兵十一》载:

> 宣和元年,权荆湖南路提点刑狱公事郑济奏:"本路惟潭、邵二州各有年额制造军器,今年制造已足,躬亲试验,并依法式,不误施用。"诏加旌赏,以为诸路之劝。①

潭州是荆湖南路帅府,如前分析,都作院很可能设于北宋。邵州是荆湖南路唯一的望州,"最处极边,外制溪洞",战略位置重要,大观元年"降敕为望郡"②,与潭州一样依照朝廷法式制造、上供军器,必定已设都作院。

绍兴七年,时任江西安抚制置大使兼知洪州的李纲上言:一年前上任时,本路所储军器已调运杭州和岳飞军中,甲仗库"空空如也","故督责两作院,严其程课,又分委诸州制造,迄今已积三千余副"③。宋人常常将都作院称为作院,或把作院称为小作院。李纲所言江西路有"两作院",即指两个都作院,"诸州制造"即指都作院之外的作院。江西路只有一个帅府和一个望州,则洪州和赣州有都作院。

总之,熙宁六年计划设置的四十一所都作院,其分布大致如下:

北方诸路(应有20处):华州、凤翔府、秦州、渭州、永兴军。太原、晋州。

---

① 脱脱:《宋史》卷一百九十九《兵十一》,4920页。
② 徐松:《宋会要》方域六之二八,大观元年十二月十二日,7419页。
③ 李纲:《梁溪集》卷一百四《与李尚书措置划一札子》。四库全书1126册,282页。

大名府、沧州、相州、磁州。应天府、徐州、青州、郓州。河南府、汝州。共十七处。另大都督府兖、陕州、次府如真定、河中、颖昌府中的三个州府有可能设都作院。

东南九路(应有 17 处):鄂州、江陵府、潭州、邵州。扬州、杭州、明州、越州。江宁府、洪州、虔州。广州、邕州。福州、建州。共十五处,另庐州、桂州可能属十七州之数。见于史籍的澧州、润州应在南宋才设都作院。

川峡四路(应有 4 处):遂州、叙州。另成都府、兴元府应属规划之数。

据《宋史·地理志》载,南宋时期,东南及川峡四路帅府增加不少,从建炎元年至绍兴十年,庐州、洪州、鄂州(湖北武昌)、复州(湖北天门市)、鼎州(湖南常德市)、成都府、绵州(四川绵阳市)、兴元府、金州(陕西安康市)、洋州(洋县)升为帅府,潼川府(四川三台县)、泸州(泸州市)于乾道六年,夔州(重庆奉节县)于淳熙十五年也升为帅府。随着帅府的增多,帅府所辖州军数大幅减少,有的只辖上三五个州军,而北宋时南方多数帅府统辖一路。在未设都作院的新帅府中,有的会设都作院。南宋都作院的数目可能不及北宋,但都作院在军器制造及上供中的地位,比北宋更为重要。

第十八章 矿产采冶业

一 引言

宋代矿冶业较前代大为发展,坑冶多,产量高。南宋洪咨夔《大冶赋》云:"监务坑井,殆几万计"。官府统计的坑冶监场有二三百处,每处有数十甚至数百个坑井,如徐州利国监有铁冶三十六个,每冶百余人,有数个坑井;兴州青阳场有铜坑一百余处,韶州岑水场兴盛时采掘者十余万,坑井至少数百处。如以监务场冶所辖坑井数计算,几乎近万个坑井所言非虚。宋矿产收入大幅提高。宋神宗熙宁后期(1074—1077)铜岁课为2170.4749万斤,铅919.7335万斤,锡615.9211万斤,分别是宋太宗至道末的5.3倍、11.6倍和22.9倍,是唐代宣宗时期(847—859)铜的33倍,铅的80倍。矿产资源属国有,如在私有土地内发现矿产资源,其土地或通过收买等途径收归国有,或令业主采掘,如业主无力开发,则由官府租赁给他人。凡具有一定规模的坑冶,均设官监管,规模较小的私人开发的坑冶通过买扑等形式,也被纳入官营经济的体系。

二 坑冶数量及分布

矿产采掘冶炼之地,称坑、冶、场、务、监,官方统计的坑冶(含场务监)数,为设官监管或未设监官却征收课额之处,违法采冶和未定课额的坑冶不在统计之内。关于宋代坑冶的数量与分布,前人多有研究,王菱菱《宋代矿冶业研究》一书在前人研究的基础上列表分析。在此,对宋代矿产的发展规模及他人考析不详者略作陈述。

宋初的坑冶数量未见记载。《宋史·食货下七·坑冶》首条载:"凡金、银、铜、铁、铅、锡,监冶场务二百有一",下述矿产分布州名及坑冶数。顾炎武《天下郡国利病书》云:"宋开宝中,设诸州坑冶场务二百有一"①。《宋史》在此条下紧接着引述开宝三年减少桂阳监银课的一条诏令,顾炎武依此判定坑冶201处为宋太祖开宝中。开宝年间吴越及福建漳、泉二州尚未入宋,而此条中含漳州和两浙的越、处、衢、虔等州军,顾炎武判断有误。陈洪进与吴越王钱俶纳土在宋太宗太平兴国三年(978),《宋史》所载为此后之数。此条所载坑冶数实为204处,与宋真宗天禧五年(1021)的统计完全相同,《宋史》所载201处误。至道三年(997)三月太宗病逝,《文献通考·征榷五》载银、铜、铁、铅、锡"至道末天下岁课"额,上报新上任的宋真宗知晓。岁课总计以各产地岁课为基础,则至道末已对坑冶数进行过正式统计,但未传诸史籍。

宋代史籍载有以下坑冶数:《文献通考·征榷五》载有自宋初至天禧五年间金、银、铜、铁、铅、锡六类矿产坑冶的分布情况,不计其间废罢的坑冶,共204处。宋真宗于乾兴元年(1022)三月病逝,此统计应为天禧五年之数字。还载有宋英宗治平年间(1064—1067)的矿产分布情况,共264处。英宗治平四年正月病逝,则此数字应为治平三年数。

---

① 顾炎武:《天下郡国利病书》第二十六册《福建·泉州府新志·杂课》。《四库全书存目丛书》,济南,齐鲁书社1996年版172册,454页。

王菱菱根据《文献通考》卷十八、《元丰九域志》和《宋会要辑稿》食货三三之一至五和七之一七的记载,列表统计了宋真宗天禧五年至神宗元丰元年(1078)间史载的矿场数量,现将此表转录如下①:

北宋真宗天禧五年至神宗元丰元年间的矿场数量表

时间及出处	金	银	铜	铁	铅	锡	总计
宋真宗天禧末文献通考第一组数字	5	57	36	61	36	9	204
宋真宗治平中文献通考第二组数字	11	84	46	77	30	16	264
宋神宗熙宁中元丰九域志数字	7	116	12	33	11	28	207
至宋神宗熙宁十年宋会要辑稿第一组数字	(14) 12	(165) 125	(41) 32	(63) 59	17	(36) 27	(336) 272
宋神宗元丰元年宋会要辑稿第二组数字	(11) 8	(90) 76	(46) 45	(44) 42	73	(47) 44	(311) 288

《元丰九域志》也称《九域志》,此书以大中祥符年间(1008—1016)李宗谔、王曾所撰《九域图》为蓝本,由王存等人于熙宁八年奉敕撰写,迄元丰三年闰九月完成,重点记载州县及乡镇行政区划的隶属变迁,在元祐元年(1086)正式颁行前仍有增修。各地物产非此书重点,过于简略,这是此书所载坑冶数低于治平三年数的原因之一。宋代财权集中,财赋收入县报州,州报路(转运司),路报朝廷,一般情况下,仅分门别类上报州县收入、上供数额。坑冶虽隶属于州,绝大部分的政区地位在县以下,其产地记录于州县存档,除有兴废变迁,不必年年上报。《元丰九域志》所载坑冶数,除银、锡外,其余均低于治平三年数,总数较治平三年少57处。坑冶兴废不常,虽然《九域志》的作者掌握了治平三年的坑冶数,却不能原封照录,只能根据不完整

---

① 括号内数字含已废罢之数。王菱菱认为《宋会要》第一组是熙宁七年至十年(1074—1077)的坑冶数,其中锡误记为总数(13),时存10,缺载了数州坑冶数,改为(36),27。第二组是元丰元年(1078)的坑冶数,时存288处。

的中央档案记录于《九域志》。《九域志》熙宁八年开始编撰,要先搜集相关资料。熙宁十年和元丰元年的坑冶资料尚未公布,《九域志》有关坑冶的资料多采自熙宁十年前。《宋会要辑稿》在说明第二组统计的来源时说:"以《中书备对》诸坑冶务祖额并元丰元年收数修入。《九域志》土贡场务附焉。"熙宁九年以后有关坑冶的汇总统计,至元丰二年才完成,《元丰九域志》的编撰者因职权所限,未能查阅采信。《中书备对》是检正中书户房公事毕仲衍于元丰元年奉诏编修,至元丰三年八月完成并上呈,作用是供宰辅回答宋神宗相关提问,以备检阅。毕仲衍能阅读完整、权威的中央档案资料,所著《中书备对》具有简约而准确的特点。《元丰九域志》作者依据的是三司未经整顿时的财政资料,很不完整。《续资治通鉴长编》二百八十三载右司谏苏辙言:

> 臣窃闻熙宁以前天下财赋文帐皆以时上于三司,至熙宁五年,朝廷患其繁冗,始命曾布删定法式。布因上言:"三部胥吏所行职事非一,不得专意点磨文帐。近岁因循不复省阅。乞于三司选吏二百人,专置一司,委以点磨。"是时朝廷因布之言于三司取天下所上帐籍视之,至有到省二三十年不发其封者。盖州郡所发文帐,随帐皆有贿赂,贿赂各有常数,已足者皆不发封,一有不足,即百端问难,要足而后已。①

依据这样的财政资料,即便各地矿冶产地上报完整,也难查找,这是《九域志》记载阙失较多的重要原因。《宋会要辑稿》第一组数字,最晚记录了熙宁十年事,其起始年代应为熙宁八年。李焘《续资治通鉴长编》卷二百七十五熙宁七年十月庚辰条载:

> 诏三司置会计司,以宰相韩绛提举。
>
> 先是,(韩)绛奏:"三司总天下财赋,其出入之数并无总要、考校盈虚之法。欲选官置司,以天下户口、人丁、税赋及场务、坑冶、河渡、房园之类租额年课及一路钱谷出入之数,去其重复注籍,岁比较增亏及其废

---

① 李焘:《长编》卷三百八十三,元祐元年七月己卯,9330页。

置钱物、羡余、横费等数。或收多,则寻究因依,以当职之官能否为黜陟;若支不足,或有羡余,理当推移,使有无相济,如此则国计大纲,朝廷可以省察,议论正事,足宽民力。仍乞臣绛提举。"

而三司使章惇亦言:"天下财赋,帐籍汗漫,无以察其耗登之数,请选置才士,删修为策,每年校其增亏,以考验诸路当职之官能否,得以升黜。"故有是命。

三司要求上报各坑冶收入的"租额年课",坑冶名称自会随之上报。熙宁八年六月,"提举三司会计司上一州一路会计式"①,各州上报时间应在接到会计式之后。会计式由中央下达诸路,诸路下达州府,州府下达至县镇,州县统计后再逐级上报至三司汇总,全部完成需一二年时间。九月,"罢三司会计司"②,诸路财计仍由三司盐铁、度支、户部分别负责。此后,虽然三司把各地坑冶等的"祖额、年课"根据上报材料统计了一次,但年年上报、审计并以此考核地方官吏的制度,未能建立落实。

熙宁十年上报九年之数字,元丰元年上报熙宁十年之数字,元丰二年上报元丰元年数字。从《中书备对》所载各种财政收支统计分析③,明确可考的数字是熙宁九年(常平、免役、坊场、河渡、水利田),十年(户口、政区、田地、二税、御厨、排岸司)和元丰元年(坑冶、盐课、市舶)。"诸路进奉"、"钱监"二项系年元丰间,应为元丰元年。《玉海》引用"钱监"时前加"元丰三年"四字,元丰三年数字应在元丰四年上报,而《中书备对》元丰三年八月即完成并上奏朝廷,财计数字最迟不应超过元丰二年,《玉海》所加应是《中书备对》上呈的年份。《中书备对》中记载的各类财计数字,取自熙宁七年十月后进行的"天下财赋"统计。有关此次统计的"会计式",熙宁八年六月确定后才下达各路州府执行。各路州府不必把过去的数字重新抄报,只需在新的财计年度按新"会计式"上报即可,即熙宁九年才开始按新的会计准则统计。

宋代财计年度计算,是从头年八月至次年七月止,熙宁九年七月过后,

---

① 李焘:《长编》卷二百六十五,熙宁八年六月癸丑,6514页。
② 李焘:《长编》卷二百六十八,熙宁八年九月庚午,6563页。
③ 马玉臣:《＜中书备对＞辑佚校注·前言》。河南大学出版社2007年版,37页。

地方州府才开始进行熙宁九年的年度统计,诸路将州府统计汇总后上报三司,三司依据各路州府的统计数字,汇成全国总数统计,应为熙宁十年。元丰二年数字在七月后州县才开始统计,至三司汇总需用一年时间,而元丰三年八月《中书备对》已定稿上呈,不可能完成元丰二年年度统计。《中书备对》"凡为一百二十五门,附五十八件"①,除各种财计外,尚有职官、礼乐、刑法律令等多种内容,每一门类完成后,要编纂汇总、润色修订,这是《中书备对》采信的地方财计数字均为熙宁九年后、元丰二年前的原因。从《中书备对》有时间可考的财计统计及统计方式所需时间推测,"诸路进奉"与"钱监"应与其他地方财计一样,为元丰元年的数字。

财赋门类繁多,且子目琐细,如坑冶就要上报所在州县名、坑冶名、起始年代、原额、现额等,而官僚机构效率低下,所以,至元丰元年三司才根据大部分州县的上报材料,完成第一组统计。第一组统计记载了时存坑冶的起始,追录了已罢坑冶的设置与废罢时间,反映了截止熙宁十年诸坑冶的设置沿革。会计司要求上报诸坑冶的"祖额年课",但不少地方仍按旧规定仅上报当年收入,未报元额,有的甚至连当年课额也未报,于是第二年又进行了补充统计,主要记载各地坑冶的元额与元丰元年的实收额。连续两年上报坑冶数字,本应一次完成,没必要将坑冶数统计之后,第二年再统计一次。作为全国坑冶现状调查,应把这两组数字视作一次统计过程。

《宋会要辑稿》所载两组数字统计侧重不同,所以坑冶数目和产地有较大差异。学术界一般认为两次统计都有遗漏。同是坑冶统计,如果第一组有遗漏,第二组在此基础上再加补充就可以了,为什么第一组有而第二次却又遗漏呢? 三司作为汇总统计的主管机构,统计如此粗疏,于理不合。

以金产地为例,两组均有金坑冶的州的有登、商、饶、信、汀、南恩州六州,其中饶州第一组统计坑冶四个,有两个"至和三年罢",尚存"鄱阳县利阳锡场"和"德兴县场"二个,而第二组统计为"城下黄金场,元额三十四两,元年收三十五两"。时隔一年,坑冶名不应有大的变化。"黄金场"不是坑冶

---

① 李焘:《长编》卷三百七元丰三年八月庚子,7456 页。

名,应是鄱阳县与德兴县两场岁额均不高,故合而为一以饶州名义上报。所谓"城下黄金场",即饶州所辖黄金场之意。第一组统计饶州金场四个,时存两个,与第二组以饶州名义统计一个并不矛盾。元丰元年统计取自《中书备对》,要求准确而简略。元额与元丰元年收入额以州为单位计算,一州如有二处金场,第二组只做一处统计。汀州的情况也是如此,第一组云:"汀州:安丰场。旧置。上杭县锺寮场,庆历元年置。"第二组云:"汀州:元额一百六十七两,元年收一百五十一两"。虽然第二组只把汀州作一处计,但元额与实收额是将两个金场合并计算的。所以,只有把两组统计对照结合,才能理解两组坑冶数量的不同。

表中第一组黄金坑冶共 14 个,时存 12 个,应为时存 8 个。除饶州有两个已废罢外,"南安军南康县连塘场,旧置,康定中罢。福州古田县贤兴场,天禧二年置,嘉祐五年罢"。既已废罢,第二组就不予统计。第一组有邵武军归化县一金场,"端拱元年置",未言废罢,第二组中未见。《文献通考·征榷考五》天禧五年的统计云:"至道元年废邵武军院",第二组不载邵武军是正确的,恰好说明第一组漏载了废罢日期。此外,南恩州磨峒场,两组皆言"熙宁十年罢",也不应包括在时存坑冶数内。

值得注意的是京东路的莱州,《九域志》和《宋会要辑稿》第一组未载。第二组载:"三县和买金元额四千一百五十两,元丰元年收四千八百七十二两"。第二组除载坑冶课额外,还载有买金额和土贡额。"三县和买金"表明莱州未有官监金冶,仅有买金场院,元额及元丰元年收入均为买金额。《文献通考·征榷考五》载,治平三年以前莱州有金冶。二组统计表明,莱州金冶熙宁时已罢官监,但民间金冶仍很兴盛。第一组未载莱州不是疏忽遗漏,而是无官监不该载,第二组也未把莱州作为坑冶记载。有采冶矿产的地方,不一定有官监坑冶。《文献通考·征榷考五》载:

> 太宗至道二年,有司言:"凤州山内出铜苗,定州诸山出银矿,请置官署掌其事。"上曰:"地不爱宝,当与众庶共之。"不许。

凤州有民间采铜、定州有民间采银,却不置官署。无官监管,其坑冶就不被统计。《宋史·吕诲传》载:宋神宗即位之初,"中旨下京东买金万两……

诲言:'陛下春秋富盛,然聪明睿知,以天下为心,必不留神于此,愿亟罢之。'"①京东路多民间金坑冶,所以官府可以买金万两。元丰元年莱州有买金定额,说明有买金的官署。莱州与第二组所载"绛州买金场"一样,不应统计在坑冶数内。

第二组载有岳州"平江县土灶一场",《元丰九域志》所载同,而第一组漏载。从金坑冶统计分析,第一组漏载归化县一金场的废罢时间和岳州的金场,而第二组没有遗漏。第一组时存金场八个,第二组比第一组多沅、房、岳州三金场,饶州以一金场计,比第一组少一个,共十个。第二组统计比第一组更准确。如果按第一组所载的饶州与汀州各以两处计,则第二组的坑冶数为十二处,比第一组多四个。

银坑冶数二组差别很大,第一组时存125处,第二组仅76处。二者记载的标准不同,并不是第二组统计不完整。第一组以坑冶名及产地为主,坑冶名记载较详,第二组以元额及元丰元年收入额为主,许多坑冶名目未罗列。如某州只有一处或两处银坑冶,第二组只列元额和元丰元年实收额,不列坑冶名,以免重复。如循、凤、越有一处,衢、陇、惠、宜州有两处,就是如此。藤州、漳州有三处,第二组只列其一。信州三处,第一组列坑冶名,第二组云:"上饶县丁溪场,贵溪县一场,铅山县一场",补充了坑冶所在县不明确的缺失。英州第一组有四坑冶,第二组仅列其额。第一组桂阳监下列出十一处坑冶名后,云"并景祐已前置",而第二组则云:"都银坑,〔旧〕置",意为所有的银坑均为旧置。如果依据第二组记载,把桂阳监作一处统计,就忽略了第二组对坑冶记载的合理省略。建州三县第一组载有坑冶十四处(另有"监库",疑为储银仓库,不计。"龙焙监"为坑冶管理机构,亦不计),其中两处熙宁八年并入通德场,时存十二处,第二组列其六。南剑州时存十七处,第二组列其四。汀州时存七处,第二组列其三。不是第二组统计马糊有遗漏,而是只选有代表性的列出,以免过多重复。

有的州第二组比第一组详细,更能说明第二组具有补充第一组的性质。

---

① 脱脱:《宋史》卷三百二十一《吕诲传》,10429页。

如虢州第一组云:"冶务,旧置",第二组则列出七坑冶名。秦州第一组仅列太平监一处,而第二组则列出太平监所辖十二场务名。由此可见,第一组详者第二组略,第一组略者第二组详。把二组相互参照,看作一次统计,才能全面了解坑冶数量等情况。

按照这样的原则,元丰元年坑冶数量应为第一组中的时存数与第二组补充数之和。第二组补充的银坑冶有:虢州七,秦州十二,广州二。第二组有而第一组未载的州有:西京,凤翔府,兴元府及唐、邓、卫、道、贺、福州各一,总计30处。另饶州第一组载"德兴县市院,太平兴国元年置",第二组云:"德兴二场",比第一组多一。"市院"的意思是"市银院一,银场一"[①],应仍按一坑冶计。第一组时存坑冶123处(建州"龙焙监"和"监库"不计),加上第二组补充的三十处,元丰元年银坑冶总数为153处。

《宋会要辑稿》中铜、铁、铅、锡坑冶数的统计原则与金、银基本相同。铜坑冶第一组云:渭州"华亭县买场,庆历二年置",是买铜场而非坑冶,故第二组不载。第二组补充的铜坑冶有:建州七,汀州二。第二组有而第一组未载的州有:陇、虢、处、衡、梓、泉、连州各一,虔、福、广州各二,共21处。此外,第一组载兴国军有"富民监场"、即"富民一钱监,一铜场"[②],铜场是钱监的一部分,由钱监管理,故第二组不载。南康军第一组有庾下场,第二组未载,应是规模小,无元额,元丰元年也未有产铜额上报。第一组时存铜坑冶32处,不计渭州和兴国军,加上补充的21处,则元丰元年铜坑冶数为51处。

铁的坑冶记录比较复杂。铁大部分地区不实行官榷,许多铁冶未有岁额,其产量也不上报三司。只有三司掌控的铁坑冶才有定额,其课额产品由三司调配。在第一组的铁坑冶中,西京、南安军、同、耀、坊、恩、渭、泽、黄、吉、澧、资、泸、潮州共十四州二十处坑冶第二组未载,未有定额与元丰元年岁入额。第二组有而第一组未载的铁冶有:登、莱、邓、相、凤、梓、荣、南剑、英、南恩州及威胜军十一州军,其中梓州有四冶,共十四冶。兴州有"铁炭场",似是购买铁与炭的场务,不计。第一组时存铁冶59处,加上第二组补

---

① 王存:《元丰九域志》卷六《江南东路·饶州》。中华书局1984年版,245页。
② 王存:《元丰九域志》卷六《江南西路·兴国军》,255页。

充的十四处,则元丰元年铁冶总数为 73 处。

第二组未载铁额的州军有:相、虔、梓、广、雅、兴、泉、南恩州八州共十三冶,其中泉州熙宁七年罢,时存而未载岁额的为七州军十二冶。有元额的为二十八州三十冶。两组合计,有铁冶而无元额及元丰元年收入的州军为二十一州三十二冶。"元额"合计、元丰元年所收课利合计均达到"铁坑冶祖额总计五百四十八万二千七百七十斤,元丰元年收总计五百五十万一千九十七斤"①的标准,说明三十二冶无元额不是漏载,而是本来就无岁额。无岁额的多为民营且未行官榷的坑冶,如相州利城监大中祥符年间兴发之初,每年派衙前购买十五万斤,后因"山林渐远,所费浸大,输纳不前"②,罢利城监,至和年间罢衙前买铁。至熙、丰之交,相州仅存少河县磻阳冶,且无元额,元丰元年也无收入。

铅的坑冶记录较为特殊。铅矿多与银、铜坑矿共存,有的无独立坑冶。表中第一组铅坑冶 17 处,第二组 73 处,是第一组的 4.3 倍,原因是铅坑冶与银、铜坑冶同名,第一组多有省略。如建州载铅坑冶云:"龙焙监,同银铜场置",即铅坑冶与银、铜坑冶名相同,隶属龙焙监,略而不载。龙焙监在银、铜坑冶中均有记载,第二组建州不载龙焙监,所载八坑冶名与银、铜坑冶名相同。表中第一组建州坑冶为一个龙焙监,与第二组所载建州八处意义无别,因为此八处均隶属龙焙监。漳州第一组载:"毗婆、火深场,同银铜场置",第二组只载宝兴场,具有补充第一组缺载的意义。第二组补充的坑冶有:建州八,英州三,韶、潮州各二,循、广、潮州各一;第二组有而第一组未载的州军有:陇、邓、卫、虢、越、衡、峡、端、连、藤、高州各一,惠、处、信、虔州各二,南剑州九,邵武军五,汀州四,共五十五处。不计龙焙监,其余与第一组所载重复,共 72 处。

锡坑冶表中第一组为总数 36,时存 27。锡坑冶不少与银、铜、铅坑冶同名,如虔州宝积场也是铅场,商州麻地场也是银场,南剑州龙门场是银、铜、铅、锡共生场。南安军有铜锡务,说明是铜锡共生场。锡坑冶第二组有而第

---

① 徐松:《宋会要》食货三三之一四,5381 页。
② 韩琦:《韩魏公集》卷十三《家传》。丛书集成初编 2365 册,202 页。

一组未载的有：西京、衢、郴、峡、建、贺、连州各一，处、汀、南剑州各二，商州三，虢州六，共22处，加上第一组所载27处，共49处。

综上所述，把《宋会要辑稿》有关熙宁十年和元丰元年的二组坑冶数字结合起来，看作一次统计，则元丰元年时存坑冶数如下：

元丰元年矿场数量表

时间材料来源	金	银	铜	铁	铅	锡	总计
神宗熙宁十年至元丰元年《宋会要辑稿》统计综合数字	12	153	51	73	72	49	410

元丰元年坑冶总数为410处，比前表中的288处增加42%。由于不少铅、锡坑冶与银、铜坑冶同地同名，是共生矿，总数应大大少于410，约为近三百处。

按照元丰元年的统计标准，天禧末统计的坑冶数应增加。天禧末银坑冶有桂阳、凤州之开宝、建州之龙焙三监，仅按三处计，而凤州开宝监"本七房冶"[①]，桂阳监、龙焙监未言坑冶数，如以《元丰九域志》所载桂阳九冶、建州十四冶计，共增三十冶，则天禧末坑冶总数为234处。

总体来看，金南北方均有分布，银铜铅锡以南方为主，特别是福建、江西坑冶数量多，铁则主要分布在北方的京东、河北、陕西诸路。从天禧末的234处，到治平末的264处，再到元丰元年的近300处，近六十年间坑冶数总体处于增长状态，但增幅不大，岁课的增长主要来自个别坑冶产量的大幅度提高。

三 坑冶岁课之比较与发展趋势

宋代矿冶产品的产量难以估计，仅可以根据政府岁入课额，了解宋代矿

---

① 马端临：《文献通考》卷十八《坑冶》，178页。

产产量的发展趋势。

宋代坑冶岁课收入表①

年代	金(两)	银(两)	铜(斤)	铁(斤)	铅(斤)	锡(斤)	总计
太宗至道末①(997)	若干	145000	4122000	5748000	793000	269000	11077000
真宗天禧末(1021)	14000	882000	2675000	6293000	447000	291000	10600300
仁宗皇祐中 1049—1053	15095	219829	5100834	7241001	98151	330695	13005605
英宗治平中(约1066)	5429	315213	6970834	8241000	2098151	1330695	18961322
约神宗熙宁八年元额②(1075)	7593	411420	10711466	5482770	8326737	1963040	26903026
神宗元丰元年(1078)	10710	215385	14605969	5501097	9197335	2321898	31852394
约神宗熙宁十年山泽之入③(1077)	1048	129460	21744749	5659646	7943350	6159291 7160291	41637544 42638544
徽宗时期 1101—1125			7057263	2162144	3213622	761204	13194233
高宗绍兴三十二年1162			263169	880302	191249	20458	31852394

---

① 宋太宗、宋真宗时期的岁课额见《长编》卷九十七天禧五年末和《文献通考》卷一八《征榷考五·坑冶》,宋仁宗皇祐中、宋英宗时期的岁课额见《文献通考》卷一八《征榷考五·坑冶》,宋神宗熙宁十年岁课额(山泽之入)见《宋会要》食货三三之二七至三三之二八,宋神宗熙宁八年元额和元丰元年实收岁课额见《宋会要》食货三三之七至三三之一七。宋徽宗、宋高宗时期岁课见《宋会要》食货三三之一九至三三之二六,《建炎以来朝野杂记》甲集卷十六《铜铁铅锡坑冶》。宋宁宗嘉泰以前岁课额见《建炎以来朝野杂记》甲集卷十六《铸钱诸监》。

续表

年代	金(两)	银(两)	铜(斤)	铁(斤)	铅(斤)	锡(斤)	总计
宁宗嘉泰前 1176—1200	138	元额	395813	2328000	377900	19875	31852394

① 《文献通考》所载至道末和天禧末的数字,金银后有"余两",铜铁铅锡后有"余斤"二字。此表百位以下数省略。

② 《宋会要辑稿》中的"元额",由各坑冶的元额合计而成,有的坑冶元额始于宋仁宗时期,但至宋神宗熙宁末仍然有效,有的则定于熙宁时期。"元额"应为熙宁八年后坑冶普查时仍在执行的定额。《宋会要辑稿》把元额与元丰元年实收课额对照连书,说明"元额"至熙宁十年仍然有效。

③ "山泽之入"分别记载了诸路收入额,王菱菱根据诸路设置沿革,考证山泽之入的时间在熙宁七年至十年之间。我认为山泽之入为熙宁十年数。此年上报坑冶数量时,各路转运司按旧规定将本路所辖州府矿产数额,汇总上报三司。所以前表中有熙宁十年坑冶数而无课额。山泽之入即经三司汇总的各路上报之数。另锡山泽之入史载总计有误,诸路合计应为 7160291 斤,比 6159291 斤多 1001000 斤。

从至道末至元丰元年八十年间,矿产品课额总体上呈持续上升趋势,从 1107.7 万斤升至 3185.2394 万斤,升幅为 187.6%。

天禧末年银课数为 882000 两,金课 14000 两,大大超过其他年份,这是因为"金银除坑冶丁税、和市外,课利折纳、互市所得皆在焉"①。皇祐年间(1049—1054)金 15095 两,其情况应与天禧末年类似。

"山泽之入"中的金只有 1048 万两,是元丰元年金课的 9.8%,治平末年金课的 19.3%。熙宁末对金坑冶产品实行"二八抽分"制,即官收二分,余八分允许坑冶户自行出售(也可出售给官府),1048 两为官收二分之净利。金矿经营分散,坑户自备工料采取,金课是榷买或收入额(含二分抽税与和买),而山泽之入为抽税收入。官对金坑冶实施监管,制定榷买或收入指标即金课。如登州、莱州产金,天圣七年(1029)"置官收市,及设巡逻,勿听私

---

① 马端临:《文献通考》卷一八《征榷考五》,179 页。

相贸易"①。皇祐年间登、莱州金坑大发,"四方游民废农桑来掘地采之,有重二十余两为块者,取之不竭。县官榷买,岁课三千两"②。《宋会要辑稿》食货三三之一所载的金场统计中,熙宁六年邕州置慎乃场,熙宁十年,广西经略安抚司言:"自兴置,博买金宝,变转回易,收趁利息,以助经抚蛮夷。"③邕州金场二分抽税后不实施榷买,而是博买。博即换易,是用钱以外的货物(如茶、盐、香药)和买,再用金买货物,变转赢利。

山泽之入为什么没有达到金课收入的20%呢?这是因为金矿皆在偏僻的河川(砂金矿)与山区(脉金矿),多以户为单位作业,对坑冶户监管难度较大。官府对官监金坑冶实行了二八抽分制,而许多民间私采坑冶逃避监控。在榷买制度下,禁止金货出地界,民间市场被禁绝,只有卖给官府才能变现,未受到监管的私采金也会被榷买而计入岁额。实施二八抽分制后,对金货买卖不再限制,采私金货得以流通而偷漏抽分。

山泽之入银为129.460万两,是元丰元年银课收入的60%,治平末年银课的41%,原因与金基本相同,也是实施二八抽分所致。银矿的经营规模较大,人员集中,便于官监,偷漏抽分较少,而且抽分后的八分银并未完全实施坑冶户自行买卖之制,而是规定官买余八分中的三分,此抽分外之榷买亦计入山泽之入,所以与其他年份的课额相比减少幅度小于金,达到元丰元年的60%。

北宋时期,铜铁铅锡坑冶由发运司或提举坑冶铸钱司主管(熙宁八年前提点坑冶铸钱司隶属于发运司,后单独置司),各路转运司兼管,金银则由转运司主管,坑冶铸钱司兼管。金银属"轻货",具有一定的货币功能,大部分上纳内藏库。购买金银要进行成本核算,否则转运司就要自筹垫支购买金银的开支了。"山泽之入"中的金是二分抽分净利,银是二分净利与三分榷买之和。

铜、锡的山泽之入大大高于历年课额,铅的山泽之入略少历年课额,其

---

① 徐松:《宋会要》食货三四之一五,天圣七年,5396页。
② 吴曾:《能改斋漫录》卷十五《登莱州产金》。上海古籍出版社1979年版,455页。
③ 徐松:《宋会要》食货三四之一五,熙宁十年,5396页。

中铜是元丰元年149%,治平末年的312%。锡按诸路合计数7160291斤计,是元丰元年的308%,治平末年的538%。铜、铅、锡有不少是共生矿,铜、锡多而铅可能少。要明晰铜、锡山泽之入高于历年课额收入的原因,首先要了解课额的由来。

坑冶"课额"是官方制定的"岁得"、"岁入"指标,而非净利。曾任三司使的张方平论"山泽之入"云:"金、银、铜、铁、铅、锡、茶、盐、香、矾诸货物,则山海坑冶场监出焉,此所谓取之于山泽者也。"①课额即取之于官监和承包给坑冶户的坑冶产量定额,包括榷买、对坑冶户征收的实物税(如丁税、地税)、承包税等所得之和。岁入是实际收入之数。由于按课额所支本钱购买铜、铅、锡产品的价格有浮动,且每年矿产品开采难度、产量不一,岁入与课额有一定误差。山泽之入包括对无课额或非官监坑冶矿产品的购买,或另增拨款项对官监坑冶的超定额购买,所以高于按课额支拨本钱购买的收入额。坑冶岁入是诸路转运司汇总各州收入后上报三司的数字,而坑冶实施转运司与提点坑冶铸钱司双轨管理,铜铁铅锡坑冶主要隶属于提点坑冶铸钱司,矿产品有时被直接调配铸钱监铸钱,或增拨经费超额购买,未计入岁入额。

天禧末年,岁铸铜钱105万贯,按当时钱制②,每贯用铜铅锡料五斤八两,除火耗每贯净重五斤,用铜三斤十四两(每斤十六两),共用铜406.875万斤,此年铜岁入仅267.5万斤,差额为52.1%。皇祐中,饶、池、江、建、韶五州铸钱146万贯③,用铜565.75万斤,此年铜岁入为510.0834万斤,差额为10.8%。《文献通考·钱币二》载毕中衍《中书备对》云:"铜钱十七监,铸钱五百六万贯。"506万贯按熙宁时期每贯用铜三斤十四两的标准,用铜1960.75万斤,比元丰元年岁入1460.6万斤多500.15万斤。熙宁、元丰之

---

① 李焘:《长编》卷二百七十七,熙宁九年九月辛巳,6787页。
② 李焘:《长编》卷九十八,天禧五年十二月末,2261页。
③ 脱脱:《宋史》卷一百八十《食货下二》,4379、4382页。

际,陕西、河北、河东、广南有的铸钱监铸当二大钱①,《宋会要辑稿》食货一一之二载:韶、华、绛、卫、鄂州钱监共铸当二大钱80万贯。每贯当二大钱比普通小钱少用铜约40%②,80万贯当二钱比80贯普通小钱少用铜124万斤,铸钱用铜比岁入额仍多376.15万斤,即多25.6%。并非所有的铜都用于铸钱,则岁入与实际用铜的差额更大。《宋会要辑稿》食货三三之二七载山泽之入铜收入为:

> 二千一百七十四万四千七百四十九斤:永兴军路九万一千一百四十五斤,两浙路七万四千五百四十一斤,江南东路四万六千八百二十斤,西路一百一十四斤,福建路四十四万二千八百五十一斤,广南东路二千一百八万八千八百一十九斤,梓州路四百五十九斤。

与元丰元年诸路铜收入额比较,山泽之入均多于收入额。元丰元年收入中,永兴军路有虢州"收六千三百九十二斤",两浙路有处州"收四万七千五百一十一斤"、江东路有饶州"收一千六百八斤",江西路有虔州"收一百三十斤"。福建路福、建、汀、泉、漳、南剑州、邵武军产铜,共收铜380542斤。广南东路有广州(应为韶州)"收一千二百八十万八千四百三十斤"。梓州路收"三百六十斤"③。两组数字对比,江西路额差最小、梓州路次之,此二路岁收仅一百余斤和三百余斤,对总数比影响甚微。福建路的额差比最小,元丰元年收入比山泽之入少14.1%,福建路的元额为462397斤,略多于"山泽之入"数。山泽之入与铸钱监关系密切,福建诸州铜供建州铸钱监,统计完整。

山泽之入中有铜收入的诸路,多为设铜钱监的路分。永兴军路之永兴军、陕州、华州熙宁四年设置了铜钱监,岁"各铸造二十万贯,计六十万贯"。两浙路之睦州熙宁七年设神泉监,岁铸十万贯。江南东路有江州广宁监、池

---

① 李焘:《长编》卷二百七十六,熙宁九年六月庚午,6745页;"先是,薛向铸折二钱于陕西,其后,许彦先又铸于广南,及广南以偿铜价。"卷二百八十三,熙宁十年六月壬寅,6927页;"三司言:'铸大钱欲乞且依旧额。今后如有添铸,乞除陕西、河北、河东外,诸路并铸小钱。'……从之。"
② 据《长编》卷二百五十四载,熙宁七年令惠州阜民监"增铸钱三十万,近又有旨改铸折二钱,一岁比小钱可增二十万。"三十万贯小钱可铸五十万贯折二钱,折二钱每贯省铜40%
③ 徐松:《宋会要》食货三三之二七,5387页;三三之一二,5380页。

州永丰监、饶州永丰监，岁共铸一百四十万贯。江南西路兴国军之富民监，皇祐元年置，岁铸"二十万贯"①。福建路之建州丰国监，咸平三年（1000）置，岁铸二十万贯。广南东路有韶州永通监、惠州阜民监，岁铸一百五十万贯。梓州路之梓州虽无钱监，但自宋初即有铜采务，其地位高于坑冶、坊场而与监类似。

江南东路元丰元年收入比山泽之入少96.6%，永兴军路少93%，额差比最大。广南东路的绝对差最高，为828.0389万斤。山泽之入比岁收入多出的铜额来自何处呢？

有的坑冶未有定额，元丰元年未计收入。如江南西路兴国军铸钱监下辖一铜场，其产铜不经转运司而直接铸钱，元丰元年未统计铜收入，而山泽之入不应遗漏。

元丰元年统计的是"坑冶祖额"及"元丰元年总收"额，未设官监管的私人坑冶不在统计数内，其铜产如被收购，山泽之入应予统计。如"渭州华亭县买[铜]场，庆历二年置"②，所买铜为山泽之入。陕西秦凤路陇州有"古道场"，收铜"元额千一十九斤，元丰元年收同"，而山泽之入中未列秦凤路。陕西历来设"陕西转运使"，熙宁、元丰时设"都转运使"，财政以陕西路为单位统一调配。秦凤路未有铜钱监，其铜产供应永兴军路诸钱监，永兴军路的山泽之入实为陕西铜收入额。

不少坑冶为铅、银、锡与铜共生矿，以铜为副产品的坑冶大多未制定铜课额，也未计铜收入。江南西路信州铅山县真宗时是规模最大的铜产地，后产量日减，"熙宁四年罢"。七年，置上饶县丁溪场，丁溪场是银铜共生矿，熙宁十年亦罢③，故元丰元年未有收入。不过，罢铅山场只是废罢了铅山场的铜课额，《中书备对》仍记载了铅山场铅元额及元丰元年收入数。铅山场是铅铜共生矿，铜作为次生产品会被额外收购而计入山泽之入。

有的路分元丰元年有收入，而山泽之入却不载。荆湖南路潭州收入

---

① 徐松：《宋会要》食货一一之二，4933页。
② 徐松：《宋会要》食货三三之三，5376页。
③ 徐松：《宋会要》食货三三之二，5375页。

1078250斤，衡州4350斤，郴州84斤，利州路兴州277328斤，山泽之入均不载。潭州浏阳县永兴场是熙宁七年设置的银场，熙宁十年，成为银铜共生矿，但铜产尚少，此年铜坑冶名录未有潭州。元丰元年，江、浙等路提点坑冶铸钱公事钱昌武上言，"'潭州浏阳县永兴银场自去年银、铜兴发，乞下诸路转运司，应副本司收买铜、银，增铸钱。'从之。"①此后，潭州铜始上报，归转运司收买。元丰元年的铜收入中载潭州"无额，元年收一百七万八千二百五十斤"，恰恰佐证了山泽之入是熙宁十年的收入，此年潭州铜尚未立额。郴州桂阳县延寿坑是银坑，熙宁二年始立铜额，"元额七十七斤，元年收八十四斤"②，或因产铜过少，或熙宁十年无铜产，山泽之入不载。衡州茭源场是以铅为主的铅铜共生矿，从熙宁六年七月诏荆湖路设铜钱监分析，最早在熙宁八年才立铜课额。共生矿有次生矿产量不稳定的特点，熙宁十年的铜坑冶名录未见衡州，或因此年铜入太少，转运司未把茭源场视为铜场，未上报其收入。兴州青阳县买铜场熙宁七年置，"元额一十五万四千四十九斤，元年收二十七万七千三百二十八斤"，熙宁十年已立额，山泽之入不载，原因是兴州所买铜不归转运司，而由熙河路边防财用司支配。熙河路财政有一定独立性，在中央财政中属特支项目。熙河路设于熙宁五年，秦凤路、利州路坑冶收入多用于熙河开边军费。兴州青阳镇有采铜坑井一百余处，官设买铜场，"系西（熙）河边防财用司举官招诱收买，又本钱亦是本司计置应副"③。永兴军路铜钱监岁铸铜钱六十万贯，所用铜即包括兴州铜。

民间私采烹炼的铜有的由官府收购，元丰元年未统计，山泽之入亦不载。如河东路绛州"有铜钱一监"④，《中书备对》云岁铸二十六万贯。庆历五年（1045）欧阳修说："窃见绛州稷山、垣曲、翼城三处皆有铜矿"，"绛州人户多私采铸，货卖铜器"⑤。绛州铸钱监应有购买本地铜以供铸钱的行为，却

---

① 李焘：《长编》卷二百九十，元丰元年七月丁酉，7102页。
② 徐松：《宋会要》食货三三之一二，5380页。
③ 李焘：《长编》卷四百七十二，元祐七年四月甲寅，11261页。
④ 脱脱：《宋史》卷八十六《地理志二》，2132页。
⑤ 《欧阳修全集》卷一百一十六《河东奉使奏草·相度铜利牒》。中华书局同2001年版，1777页。

始终未设官监坑冶或买铜场。绛州钱监隶属经略安抚司,所买铜未定元额,本钱由钱监所铸钱充,买到铜等原料再循环铸钱。买铜本钱不由三司提供,故未予统计。所铸钱除买原料外如有剩余,则封桩由三司支配,一般用于河东边防购买粮草等军需品。

值得注意的是,韶州山泽之入比元丰元年收入多828万余斤。熙宁时期,南方产铜路分实施榷买,积铜甚多,供应北方新建铸钱监。元丰元年的岑水场铜收入是按元额由三司支拨本钱购买数,其本钱来自韶州、惠州二钱监所铸钱。额外购买的铜额未计入转运司申报的收入额内,如前述熙宁四年以上供钱帛二十万贯匹,买岑水场铜铅四百余万斤(含运费)。熙宁九年,"赐度僧牒千,付岑水场买铜,又五百付广南东路转运司买铅、锡"①。当时度牒每道价130贯至200贯,按150贯计,铜官卖价斤150文②,扣除收购、储存、运输等管理成本,官买价应低于此数,按120文计,1000道度牒可买铜1250万斤。此类额外购买,均不包括在祖额及元丰元年岁收入额内。当时北方新设铜钱监所用铜、铅、锡多来自南方产区,尤其是岑水场正处于高产期,额外购买颇多,这是广南东路山泽之入大大高于元丰元年收入数的基本原因。山泽之入锡收入为:

> 六百一十五万九千二百九十一斤:永兴军路三百二十六万六千九百九十六斤,两浙路一十三万五千八百斤,江南西路四十二万五千七百六十斤,荆湖南路三十一万三千七百二十四斤,广南东路三百一万八千一十一斤。

诸路合计为7160291斤,比6159291斤多100.1万斤,总计有误。按7160291斤计,比元丰元年收入多208.4%。除江南西路外,山泽之入中锡的诸路收入额均多于元丰元年。永兴军路元丰元年载商、虢州有锡坑冶,却未有元额与收入。二州锡坑冶为银锡、铜锡共生坑冶,锡为次生矿,对无定额的坑冶三司未预拨购买款,不计入当年收入。额外购买的锡山泽之入不予

---

① 李焘:《长编》卷二百七十八,熙宁九年十月丙午,6805页。
② 程民生:《宋代物价研究》第十章《政治、社会生活》。人民出版社2008年版,429、286页。

遗漏。两浙路处、衢州有锡坑冶,亦无元额及元丰元年收入,却有山泽之人,道理与永兴军同。江南西路虔州、南安军元丰元年锡收入共454381斤,略多于山泽之人。山泽之人是熙宁十年收入,较元丰元年有百分之六、七的差额应属正常。荆湖南路道州、郴州元丰元年共收入248354斤,山泽之人比元丰元年收入多26.3%。荆湖南路潭州有规模大的铜坑冶、桂阳监有规模大的银坑冶,应有未立额的锡出产被额外收购,山泽之人统计而岁收入不载。广南东路元丰元年共收入1619173斤,山泽之人多1398838斤,即多63.9%。广南东路无元额、无元丰元年收入的锡坑冶有韶、连、高、南恩五个州,此五州产锡属额外收购,元丰元年不载而山泽之人统计。

熙、丰之交是宋代铸铜钱最多的时期,也是铜收入最高的时期。如果用生产力的进步与提高、社会需求日益扩大解释这一现象,此后的铜收入大幅度减少就难以解释。熙、丰之交铜收入大增的主要原因,与宋政府大规模铸钱以增加货币供给有很大关系,而铜矿资源的开采规模扩大则是铸钱的基础。

北宋有三大产铜场,南宋提点坑冶铸钱司王大正说:"自昔坑冶铜课最盛之处,曰韶州岑水场,曰潭州永兴场,曰信州铅山场,号三大场。"①铅山场设于唐代,宋太宗端拱初(988)至宋真宗咸平末(1003)处于兴盛期。最盛时"出铜无算,常十余万人采凿,无赖不逞之徒,萃于渊薮。官所市铜千万斤,大有羡余"。铅山铜主要供应饶州永丰监,永丰监因薪炭供不应求,不能增加铸钱额,于是"有司议减铜价,凿山者稍稍引去"。至道二年设了池州永宁监,咸平三年设建州永丰监,"以铅山铜给之"。需求增加,"价仍复旧,而工徒并集"②。宋仁宗庆历以后,官乏买铜本钱,"不能聚人,上下掩闭,止以坑冶不发为解"③,天圣年间,信州第二大铜场宝丰场"银利寡少,铜货绝无"④。

---

① 徐松:《宋会要》食货三三之二一,乾道元年,5399页。
② 江少虞:《宋朝事实类苑》卷二十一《诸监炉铸钱》引《谈苑》。上海古籍出版社1981年版,246页。汪圣铎《两宋货币史料汇编》第二编第一节依据李裕民的研究成果,与《杨文公谈苑》互校。引文取自《汇编》。
③ 宋祁:《景文集》卷二十九《直言对》。丛书集成初编1876册,365页。
④ 徐松:《宋会要》食货三四之二〇,5398页。

神宗熙宁四年,铅山铜场罢,宝丰场因铜产甚少,亦不立额。

韶州铜岑水场宋仁宗庆历七年设,此前,"五岁共市七万"斤,八年韶州置永通钱监,"一岁市百万",皇祐元年,"乃市三百万",皇祐二年达六百万,"岁运羡铜三百万,以赡岭北诸冶",成为规模最大的铜场。韶州"被山带海,杂产五金",当时,"四方之人,弃农亩,持兵器,慕利而至者不下十万"①。至和二年(1055),诏"岑水场铜大发,令转运司益募工铸钱"②,增加铸钱数额。因官买铜本钱不足,"官市诸民,止给空文,积逋钜万。奸民无所取资,群聚私铸",郡县"督捕甚严",而私铸不止,官铜收入大减。嘉祐七年(1062),蔡抗为广东转运使,采取"铜入即偿直"的方法,"民尽乐输,私铸遂绝"③。熙宁五年,岑水场等地买铜积压甚多,京西转运使吴几复建议在京西路设铸钱监,王安石对神宗说:

"几复谓置监铸钱,开辟山林,可得地耕种,此言不可用。今岑水聚浮浪至十余万,所收铜已患无本钱可买,若京西又置监,不惟无本钱可买,又余无用铅铜,兼更诱引耕民奔赴坑冶,失本业,趋末利,人众既聚,即难驱逐使散。京西平地尚乏人耕种,纵开辟山林,岂有人治田?但恐山林无人耕种,而平地之农更弃而为坑冶,即废京西农事。"上以为然。④

熙宁七年,韶州、惠州二钱监岁铸钱一百三十万贯,十年,铸钱一百五十万贯,"已上二州并应副买铜"⑤。以官价铜每斤 120 文计,可买铜 1250 万斤,恰与岑水场元丰元年收入 1280 万余斤相合。元丰后期,岑水场铜产量锐减,"岑水等场自来出铜矿最多,近年收买全不敷[额]"⑥,原因是浅层矿采掘殆尽,深层矿采掘困难。有人分析认为:

> 岑水场往岁铜发掘地二十余丈即见铜。今铜益少,掘地益深,至七

---

① 余靖:《武溪集》卷五《韶州新置永通监记》。四库全书 1089 册,45 页。
② 李焘:《长编》卷一百七十九,至和二年三月癸未,4326 页。
③ 李焘:《长编》卷一百九十七,嘉祐七年十月甲午,4783 页。
④ 李焘:《长编》卷二百四十,熙宁五年十一月庚午,5866 页。
⑤ 徐松:《宋会要》食货一一之八,4996 页。
⑥ 徐松:《宋会要》食货三四之二〇,元祐元年,5398 页。

八十丈。役夫云:"地中变怪,至多有冷烟气,中人即死。役夫掘地而入,必以长竹筒端置火,先试之,如火焰青,即是冷烟气也,急避之勿前乃免。"①

铜矿资源枯竭导致岑水场产量与课额锐减,铸钱原料缺乏,无多余铜外运,元丰八年,"罢增置铸钱监十有四"②,熙宁时增设的铸钱监废罢几尽。在韶州岑水场铜矿资源大幅萎缩之时,潭州永兴场产量增加。永兴场原是银坑冶,熙宁十年开始产铜,元丰元年收入铜107.825万斤,占当年铜总收入的10%。"所集坑丁皆四方浮浪之人",宋政府对坑丁实施保甲法,"联以什伍,重隐奸连坐之科"③。元丰七年,熙宁初已经衰败的信州铅山场也呈复兴之兆,《续资治通鉴长编》卷三百五十元载:

> (元丰七年)十一月壬寅,提点江浙等路坑冶铸钱胡宗师言:"信州铅山县铜坑发,已置场冶,乞借江东提举司钱三十万缗、以铸新钱息二分还。福建、二浙有铜坑处准此。"户部言:"宗师言皆可推行。"诏:借江东提举司钱十五万缗,以所铸钱还,所乞福建、二浙借钱不行。

15万贯可收铜100万斤,未规定几年用完。绍圣二年(1095),信州铅山场采用"浸铁成铜"的技术,生产胆铜"岁额三十八万斤"④,成为重要的铜产地。胆铜是把铁放在胆矾水(即硫酸铜溶液)中,铜离子被铁置换而成为单质铜的生产方法。

韶州岑水场自元丰末"坑冶不发",产量锐减,但规模仍大于潭、信二州。崇宁四年(1105),"江淮荆浙福建广南路提点坑冶铸钱司言:'堪会管下诸路铜场,惟韶、潭、信州三大铜场最为出产浩瀚去处。'"⑤南宋乾道二年(1166),提点坑冶铸钱司追记了宋徽宗时期的产地及岁课情况⑥,其中韶州

---

① 孔平仲:《谈苑》卷一《地中变怪》。丛书集成初编2861册,8页。
② 李焘:《长编》卷二百六十三,元丰八年十二月戊寅,8681页。
③ 李焘:《长编》卷二百九十三,元丰元年十月己未,8154。
④ 李心传:《建炎以来系年要录》卷五十九,绍兴二年十月辛卯,1018页。
⑤ 徐松:《宋会要》选举二八之三二,崇宁四年二月七日,4691页。
⑥ 徐松:《宋会要》食货三三之一九,5383页。

岑水场岁额胆铜 80 万斤,黄铜 316.47 万斤,潭州永兴场胆铜 64 万斤,黄铜 179.6 万斤,信州铅山场胆铜 38 万斤,三场岁额共 678.07 万斤,占当时岁额 705.6262 万斤的 96.1%。总岁额缺载四川及北方诸路,是元丰元年同地区 (不含四川及北方诸路)铜产量 1432.1905 万斤的 49%,与同地区的山泽之入 2165.3145 万斤相比,减产更达 67% 以上。宋徽宗时的铅岁额以潭州永兴场最高,为 169.8543 万斤,其次为岑水场 45.836 万斤,再次为为铅山场 28.569 万斤,三场合计 244.2593 万斤,占总岁额 321.3622 万斤的 76%,是元丰元年同地区的铅产量 576.216 万斤的 55%,与同地区山泽之入 794.335 万斤相比,减产 60%。

宋徽宗时锡岁额为 76.1204 万斤,是元丰元年同地区锡产量 186.8855 万斤的 41%,与同地区山泽之入 389.3295 万斤相比,减产达 80%。

南宋初,矿业生产遭受破坏,产量锐减,绍兴末(1162)铜额比"(徽宗时)祖额纽计止收到三厘七毫"即 3.7%,为 26.3169 万斤,铅额比"祖额纽计趁及六厘",为 19.1249 万斤,锡额比"祖额纽计止收及二厘七毫",为 2.0458 万斤①。孝宗以后产量有一定提升,宁宗时铜岁收入为 395.813 万斤,铅 37.79 万斤,锡 1.0975 万斤。南宋铸钱,绍兴二十七年"岁权以十五万缗为额",然除了个别年份实施禁铜,"敛民间铜器以铸钱"外,均完不成定额。每贯"用铜二斤半"②,按十五万贯计,岁用铜为 37.5 万斤。南宋坑冶产量始终未能达到徽宗时南方地区的水平。

四 "二八抽分"与招募制

有记载的两宋坑冶岁课总额,以熙宁、元丰时期最高。许多研究者探讨其原因,除生产技术的进步、社会需求的增加及商品经济的活跃外,还从经

---

① 徐松:《宋会要》食货三三之二一,5384 页。三三之二四,三三之二五 5286 页。李心传:《建炎以来系年要录》甲集卷十六《铜铁铅锡坑冶》,354 页。
② 李心传:《建炎以来系年要录》甲集卷十六《铸钱诸监》,358 页。

营方法、管理模式、政策法规等方面探讨,特别是把矿产品实施"二八抽分"制作为坑冶发展的重要原因。"二八抽分"的本意是抽税二分,余八分由生产者支配。有的学者认为:"招募制取代了劳役制或应役制,二八抽分制取代了课额制",是采掘冶炼业"生产关系的一次重大变革",也是熙、丰时期采掘冶炼业"发展到两宋顶峰的根本原因"①。从史料分析,所谓"招募制"与二八抽分制并未引起生产关系的变革,与熙、丰时期矿冶业发展的关系甚微。

汉代已有征收矿产税的记载,唐代"凡天下诸州出铜铁之所,听人私采,官收其税",税率为一分至二分②。抽分制本质是矿产税,并非新制。二八抽分制仅适用于金、银坑冶,铜、铁、铅、锡未施行。以下对有关"二八抽分"制的史料略作分析。

> (元祐元年四月乙巳)永兴军路提点刑狱司言:"准朝旨,相度虢州卢氏县栾川,朱阳县银煎、百家川两冶和买及抽分利害。今乞依旧抽收二分,和买三分,以五分给主。兼银煎冶、百家川等处入官分数与栾川冶一同,并乞如旧。"从之。

此时宋神宗已去世一年,熙、丰改革举措大多废止,未废止的也要审查其效果。令永兴军路提刑狱司考察虢州(河南灵宝市)银冶"和买及抽分利害",就是要求对熙、丰法提出改进意见。考察的结果,是"依旧抽收二分,和买三分,以五分给主"而不改变,表明熙、丰时银坑冶实施的抽二买三,至元祐元年四月尚未改撤。《宋会要辑稿》食货三四之二〇载:

> 元祐元年,陕西转运兼提举铜坑冶铸钱司言:"虢州界坑冶户所得铜货,除抽分外,余数并和买入官,费用不足。乞依旧抽纳二分外,只和买四分,余尽给冶户货卖。"从之。③

---

① 漆侠:《宋代经济史》第十四章《宋代采掘业和冶炼业的发展》,584 页。
② 李林甫等:《唐六典》卷二十二《掌冶署》,577 页,中华书局 1992 年版。王菱菱《宋代矿业研究》(河北大学出版社 2005 年版)186—187 页在前人研究的基础上对汉唐矿产税率史料多有引证,此不赘述。
③ 李焘:《长编》卷三百七十五,元祐元年四月乙巳,9105 页。

虢州是重要的银产区,元丰之前无产铜记载。宋代无"提举铜坑冶铸钱司"一职,提举坑冶之职为"提举银铜坑冶铸钱司"。宋仁宗景祐二年(1035),"初命朝臣为浙江荆湖福建广南等路提点银铜坑冶铸钱公事,其俸赐恩例并与提点刑狱同"①。此职简称"提点江浙诸路银铜坑冶铸钱"或"提点东南诸路坑冶铸钱"。宋仁宗时陕西设"提举银铜坑冶铸钱司",庆历五年,解盐盐法改革者范祥曾任"提举陕西银铜坑冶铸钱"②。元丰以后,陕西转运司加"提举银铜坑冶铸钱"衔,坑冶事不设专司。《续资治通鉴长编》卷三百八十九元祐元年十月丙申条载此事为:

> 陕西转运兼提举银铜坑冶铸钱司言:'虢州界坑冶户所得银货,除抽分外,余数并和买入官,费用不足。乞依旧抽纳二分,只和买四分,余尽给冶户货卖。'从之。

虢州实施二八抽分的是银而非铜。元祐元年十月,"除抽分外,余数并和买入官"的政策开始推行,但因缺乏本钱,抽分外只和买四分,比熙、丰时的三分增加一分。以此条史料推论铜及铅锡坑冶"也是实施了二八抽分制"③,显然不能成立。《宋会要辑稿》食货三四之一六载:

> 绍兴七年,工部言:"知台州黄严县刘觉民,乞将应金银坑场并依熙丰法,召百姓采取,自备物料烹炼,十分为率,官收二分,其八分许坑户自便货买。今来江西转运司相度到江州等处金银坑冶,亦依熙丰二八抽分,经久可行,委实利便。"从之。

此条史料明确指出"二八抽分"适用于"金银坑场"中"召百姓采取,自备物料烹炼"的坑冶,不能证明铜铁铅锡坑冶也行此制。"官收二分,其八分许坑户自便货买"是对熙丰抽分制的非准确概括,在官员看来,与抽税相比,银抽分外"和买三分"也属"自便货卖"范畴,既云"和买",理论上价格与市价相差不远。"自备物料"采炼的坑冶户,可从官借贷本

---

① 李焘:《长编》卷一百十七,景祐二年八月己卯。
② 脱脱:《宋史》卷三百三《范祥传》,10049页。
③ 漆侠:《宋代经济史》十四章《宋代采掘业和冶炼业的发展》,584页。

钱,以所采矿产计价还官。只要发现"有苗脉处",检踏官就"躬诣检踏得实,其地不以官私,皆许支破钱本,差人采取烹炼",官府人力不足,"即许雇募人工采打,或召人户开採"。采冶所需开支,"并许召保,借支官钱应副",俟开采成功,以矿产品"先行还官,余充课利"。如无矿脉,或"虽有而微细",开采失败,"其所借官钱并与除破"①,前二次借款不必归还。南宋两浙、江西虽一度在金银坑冶试行熙丰二八抽分制,"然民间得不偿课本,州县多责取于民,以备上供"②。所谓"不偿课本",是指允许民户暂不归还贷款,以此为由"责取于民"超过分数。从绍兴七年以后官方发布的条令分析,熙、丰二八抽分制在南宋未能推行,实施的多是抽税二分、余八分官买的抽分权买制。

明确说明熙、丰时期实行二八抽分制的史料只有以上三条,只涉及金银,不涉及其他矿产品。

熙宁之前,大部分地区金银实行权买。天圣四年京东路登州淘金条例规定:"凡上等每两支钱五千,次等四千五百,俱于在城商税务内置场收买,差职官勾当。"地主及赁地人"不得私卖及将出州界",违者许人告捉,处杖刑有差,"一两已下,笞四十",至"二十两已上杖一百,买者减一等"③。熙、丰时期,金改为抽税二分后自卖或部分官买,比例各地不同。银改为抽税二分、官买三分,余五分自主货卖。官买名为"和买",实为拘买即权买。金银坑冶定额仍存,抽分拘买后如不敷岁额,由州府从市场和买,价格一般比官买价高,但因二分抽税官不支钱,开支仍比全部权买低。元祐元年,二八抽分制发生了变化,规定余八分由政府拘买,因本钱不到位,有的银坑冶仍只买八分中的三分或四分。

铁是否实行了二八抽分制,史无明载。王菱菱《宋代矿冶业研究》第四章根据京东路徐州利国监"冶户原本拥有自己支配矿产品去向的权力,可以自由贸易",且利国监元丰元年铁收入为三十万八千斤,"以每冶劳动者'各

---

① 徐松:《宋会要》职官四三之一二九,政和二年十二月十六日,3338页。
② 李心传:《建炎以来朝野杂记》甲集卷十六《金银坑冶》,353页。
③ 徐松:《宋会要》食货三四之一四,天圣四年,5395页。

百余人'计,平均每人每年仅生产八十五斤铁",明显偏少,推论"宋神宗时期的私营铁矿业也实行了二八抽分的自由贸易政策"。利国监岁课三十万斤,是宋仁宗庆历初年确定的,当时利国监有八冶,至元丰初增为三十六冶,产量提高数倍,是变量,税额也应是变量。三十万斤课额是定量,决非二八抽分制。

徐州利国监是北宋大四铁监之一,"自古为铁官、商贾所聚,其民富乐"。熙宁时有三十六冶,"冶户皆大家,藏镪巨万……冶各百余人,采矿伐炭,多饥寒亡命强力鸷忍之民也"。铁冶规模宏大,不仅设官监管,还派驻军队维持治安,熙、丰时对冶户实行保甲法管理,以冶为单位对民户进行严格控制与管理。

利国监三十六冶由"大家"经营,元丰元年上缴官府三十八万斤,超额完成三十万斤岁课。完成岁课后,其余产品由冶户买给商人,运销外地。元丰元年,河北转运司"乞禁止利国监铁,不许入河北。朝廷从之"。利国监铁销售困难,大量积压,再生产难以持续,"冶户皆有失业之忧"。

河北大的铁冶是邢州棋村冶和磁州武安县固镇冶。《宋会要辑稿》食货三三之一三引毕仲衍《中书备对》载:磁州"元额一百八十一万四千二百六十一斤,元年收一百九十七万一千一斤",邢州"元额一百七十一万六千四百一十三斤,元年收二百一十七万三千二百一斤",二州铁课均比利国监"元额三十万斤"高六七倍,占岁课总额的 75.3%。监是矿产生产中级别最高的管理机构,下管所属众多坑冶。利国监规模不亚于邢、磁二州铁冶,岁课却远低于二州,原因是邢、磁铁冶实施官榷,产品全部归官,而利国监未行官榷,岁课后产品自主货卖。政府禁止京东铁入河北,优先保证河北官铁的销售。京东路冶户多次向权知徐州苏轼陈诉,要求废止禁令。苏轼上奏说:京东、河北铁冶"皆为国兴利,而夺彼与此,不已隘乎?"[1]

"官中为置炉烹炼"[2]是大型官监坑场的主要经营方式。抓住"置炉烹炼"这一环节,便于查处私采偷卖。冶炉既可由官府直接经营(如役使厢兵

---

[1] 《苏轼文集》卷三十六《徐州上皇帝书》。中华书局1986年版,759页。
[2] 徐松:《宋会要》食货三四之二七,绍兴十二年七月十二日,5402页。

或雇募民户),也可转由冶户经营,"官中为置炉"即包含为冶户建造冶炉之意。庆历年间,徐州利国监"总八冶,岁赋铁三十万。冶大善崩,崩则罢鼓,官课不供。徐之高赀率以冶败,民告无聊"。知徐州李宗咏"亲往视之,得所以然,因以新意,为作小冶,功省而利倍,徐人于今便之"①。冶户由"高赀"者充任,官府对冶铁炉有处置权,为冶户重建小炉,使他们有能力承担三十万斤的岁课。岁课包括铁税与拘买之数,每冶3.75万斤,负担不轻,冶炉改造前很难完成。一户破产,则籍另一冶户,才会有"率以冶败"、破产接踵的后果。元丰元年利国监增为三十六冶,岁课未变,是因为三十万斤仍高于税额,减少的是拘买之数,岁课后产品由冶户自主货卖。

河北邢、磁二州铁实施官榷,京东徐、兖二州只定岁课而不榷。元丰六年,京东路都转运使吴居厚奏:

"本路徐、郓、青三州都作院及诸州小作院,每岁制造诸般军器及上供筒铁之类,数目浩瀚。今将徐州利国监、兖州莱芜监年计课铁充使外,所少极多。欲乞将两监铁冶就逐处监官依邢、磁二州例,并从官中兴扇,计其所得,比旧可得数倍。"从之。②

元丰年间,京东路三州设"都作院",增造军器,官铁消费大增。利国监、莱芜监产铁虽多,岁课却少,不能满足军器制造的需求。吴居厚建议"并从官中兴扇",由官府支配全部铁产品。

庆历以后利国监新增的二十六冶是"官置炉冶"还是民户私置?从岁额未增分析,应由冶户自置。"从官中兴煽"的意义,不是由官府直接经营,而是"为官兴煽"即榷其产品之意,《文献通考·征榷考五》云:"自是官榷其铁,且造器用以鬻于民。"此外,在徐州设宝丰下监,用利国监、莱芜监铁铸钱,元丰七年铸折二钱二十万贯,津运陕西,因运费过高,元丰八年罢铸。以每贯九斤计之③,用铁180万斤,加上作院造军器和民用铁器,不计莱芜监,

---

① 张方平:《乐全集》卷三十九《朝散大夫右谏议大夫知相州李公(宗咏)墓志铭》。中州古籍出版社1992年版,692页。
② 李焘:《长编》卷三百三十九,元丰六年九月丁卯,8172页。
③ 宋代小铁钱重六斤八两,大铁钱重十二斤左右,折二钱未有确切记载,暂以大小钱折中计之。

利国监铁收入较元丰元年岁入三十八万斤要增加四五倍,超过河北邢、磁州。民用铁制品也由官营作院制造,质次价高,民不以为便,连支持变法的章惇也说:"京东铁、马(指户马法),福建茶盐,不改一日,则有一日之害也。"①京东利国监、莱芜监榷铁两年,元祐初罢。河北铁实行官榷,主要用于京师及河北官营作院制造军器,京东铁在完成官课后可自由贸易,用于满足京东、河北等地区的民间消费。两种制度相互补充,维持着官私用铁的供需平衡。

利国监岁课三十万斤是庆历时制定的,当时冶户完成尚有困难。李宗咏改大炉为小炉,成本降低,产量增加,冶户自主支配份额扩大,利润提高。利国监长期未榷铁,实行的是抽税与部分拘买相结合的课额制而非抽税二分制。庆历后至元丰初,从八冶逐步增为三十六冶,产量提高,三十万斤课额未变,每冶的课额负担降低数倍,与抽税二分无涉。

二八抽分制未取代课额制,《中书备对》中记载了金、银、铜、铁、铅锡坑冶熙宁时的"元额"和元丰元年收入额,明确表明课额的存在。课额是抽分的基础,只有完成课额,抽分才有保证。《宋会要辑稿》食货三四之一五载:

> 绍圣三年,湖南转运司言:"潭州益阳县金苗发泄,已差官检视置场。今体访得先碎矿石,方淘净金,抽分权买入官。窃恐坑户及夫匠等私出地理,合禁止。乞修立条制。"从之。

汪圣铎《两宋货币史料汇编》435 页在此条"权"(權)字后注云:"'权'为'榷'之近形误"。"抽分权买"即抽税二分后,余八分暂行权买,文意亦通。所谓"金苗发泄",意指原来就有金矿生产,但产量低,未设官监机构,产品自由买卖。现产量大增,设场监管,实施抽税二分、权买八分。坑冶兴发不常,益阳县的金苗兴发能否持续尚不得知,抽分权买是暂行之策,此即"权买"的意义。要行官榷,就要禁止金货私出地界,故湖南转运司请求否定原来允许金出地界的政策,确保官榷的施行。

金银抽分后再权买的制度,宋徽宗时普遍推行。崇宁三年,成都府路石

---

① 李焘:《长编》卷四百八十八,绍圣四年五月辛未,11579 页。

泉军百姓赵畴告发有金窟出金,"坑冶司榷定:十分为率,二分官课,不支钱,八分支钱收买"①。大观二年(1108),为了"人知有禁","杜绝私採",诏令诸路"应有金银坑冶发泄,虽告言,或检踏未了,辄私发坑口淘取者,计价以盗论,赃轻者杖一百,邻保知而不纠者,减二等"②。金银坑冶只有在官府检查核实、制定课额后才能采取,足见官榷之严。熙宁前官监金银坑冶的产品由官府按课额收买,多数金银产地禁止私卖,北宋末抽税二分,余八分收买,仍为榷买制,但坑冶户的负担比熙宁前大大加重了。

北宋后期,为满足官铁需求,推行榷买,许多铁冶实施二八抽分制。为保证抽分足额,官府要掌握产品总量,对坑冶实施严格的监管。马端临《文献通考·征榷考五》载:

> 政和间,臣僚言:"诸路产铁多,民资以为用,而课息少。请仿茶盐法,榷而鬻之。"于是,户部言:"详度官置炉冶收铁,给引召人,通市苗脉;微者令民出息承买,以所收中卖于官,毋得私相贸易。"从之。

不仅"官置炉冶"召民户经营,"课息"外产品榷买,连民户承买的小坑冶在"出息"即抽分完税后,其余产品也榷买。如福州长溪县师姑洋坑,"政和三年,佃户岁二分抽收铁七百斤,八分拘买二千八百"③。

南宋时,北方铁产区大多沦丧,产量锐减,为获取更多的铁,抽分后榷买盛行。福州是南宋重要的铁产区,福州知州沈调说:

> 福建路产铁至多,客贩遍于诸郡,而官监坑冶绝然稀少。今若尽令中卖入官,则无所用;纵之,则利不归上。④

为保证官府收益与民用铁流通,规定"抽收拘买立数之外,民得烹炼。于是诸县炉户籍于官者始众云"。按课额抽分拘买,课额外许民户自主货买,有助于提高民户开矿烹炼的积极性。如长溪县南平北山坑,"绍兴二十

---

① 王象之:《舆地纪胜》卷一五二《成都府路·石泉军》。江苏广陵古籍刻印社1991年版,1085页。
② 徐松:《宋会要》食货三四之一六,大观二年,5396页。
③ 梁克家:《淳熙三山志》卷十四《版籍类五·炉户》。宋元方志丛刊,7903页。
④ 李心传:《建炎以来系年要录》卷一百七十七,绍兴二十七年五月庚午,2917页。

二年,佃户岁二分抽收铁一百斤,八分拘买四百"。新丰可段坑,"乾道九年,佃户岁二分抽收铁四百斤,八分拘收买一千六百"。抽分权买皆以整百斤计,说明是按岁额而不是按实际产量确定的。二八抽分的本质为定额税,产量超过课额,实缴税率就降低。淳熙(1174—1189)时期,有的坑冶把抽税与征购额合并,征收定额钱,不再官榷。如"东山小干铁砂坑,淳熙三年,佃户岁输钱二十二千五百五十省。……大溪岭下等铁坑,淳熙四年,佃户岁输五千省"。清福县东窑铁砂场,"绍兴二十三年发,(淳熙年间)佃户岁纳钱七百四十六千七百五十三文省"①。以课额为基数的二八抽分制演变成了输纳现钱的高定额制,但冶户可以自行置冶,有生产与销售课税后产品的自主权。

官榷最严的铜坑冶有的也实行抽税二分后榷买。南宋初,"四川兴州青阳、利州青塍两铜场所纳铜数"元无定额,绍兴二十九年,"青阳场每年量立定一千五百斤、青塍场每年七千斤为额,两场每年炼发八千五百斤,数内除抽约二分一千七百斤不支价钱外,余数每斤支钱引,八分共合用本钱五千四百四十道"②,抽税、榷买皆以课额为准。当时四川钱引十道折铁钱"市价止八贯,比之铜钱,止是四贯"③,每斤铜价为钱引800文,或铜钱320文。不过,随着四川钱引的迅速贬值,榷买价成为苛政。

二八抽分制未否定课额,且以课额为基数。产量低于课额,仍按课额抽税二分,则实际抽分率提高。八分榷买不足额,坑冶户要从市场购买供官。无力完纳,则"破产以偿"、"破产而逃"、"被拘留监系"的命运不可免。二八抽分制不会导致生产关系的变革。

如不立额,则抽税三分。坑冶户不受课额限制,可免除因完不成课额被拘禁和没收家产的责罚,税率则提高至30%。由于坑冶户"拖欠课额,被拘留监系者甚众"④,课额成为坑冶开发的羁绊。绍兴二十五年底,右司员外郎兼权户部侍郎钟世明建议:"令逐路提刑司选官检视坑冶所出多少,令分数

---

① 梁克家:《淳熙三山志》卷十四《版籍类五·炉户》。宋元方志丛刊,7903页。
② 徐松:《宋会要》食货三四之二三,绍兴二十九年,5400页。
③ 徐松:《宋会要》刑法三之八,绍兴二十七年三月七日,6581页。
④ 徐松:《宋会要》食货三四之一七,绍兴十三年,5397页。

认纳,不得抑勒。其全无所出去处,即保明申朝廷放免。"①此后,有的坑冶废除课额,实行三七抽分。四川潼川府铜山县产铜,实行榷买,年额六千斤。绍兴三十一年,秘书省正字冯方"乞更不立额,令窟匠自采打,尽赴官中卖,依条抽三分入官"。主管坑冶的户、工部担心如无课额,"窟匠不肯尽数打采,损失官课"②,否定了冯方的建议,却透露出未立额坑冶实行抽税三分、七分榷买的条法。

隆兴初(1163),福建建宁府松溪县设瑞应场,坑户随银脉凿穴十数丈,采掘银矿,经捣碎、罗筛、水淘等工序,汰石得银砂,与所得铅砂用面糊相和,"以火煅为大片,即入官库"。二三天后,在官府直接监督下,由官置冶炉"再煎成碎银,每五十三两为一包,与坑户三七分之,官收三分,坑户得七分。铅从官卖,又纳税钱,不啻半取矣"③。铅是次生产品,要榷卖于官,并从中扣除税钱(可能也是三分)。瑞应银场未立额,实施三七分。

乾道七年,权发遣处州姚述尧"被旨措置银铜坑"。姚调查后上奏说:处州龙泉、松阳两县"见有石堰等银坑十处(乾道八年载为十一处),库山等铜坑九处",在"银铜兴发之初",令业主开采,后来"却别令豪户请佃",业主与豪户"致互起争讼"。又"所差监官多用本土进纳等人",即监官由出钱买官者担任,贪渎成性,他们与豪户勾结,瞒产漏税,"稍勾、干没销毁钱宝(方言稍勾谓利上取利之意)"。龙泉、松阳两县坑矿属同一矿脉,所谓"银铜兴发",是指坑冶虽分为银坑与铜坑,其实皆为银铜共生,银坑有铜,铜坑有银。姚述尧建议由政府派监官两员,分管银、铜,相互监督:

> 将银、铜分作两所,银坑即令采银官监,折合以分数与坑户,铜坑即令取铜,官监烹炼,以银作本,立定价值,就坑户收买,使采银者不为铜课之迫,采铜者别无意外之望。

无论银坑铜坑,每一坑井均由两个监官统管,"互相提督"④,这样,银坑

---

① 李心传:《建炎以来系年要录》卷一百七十,绍兴二十五年十二月丙申,2796—2797 页。
② 李心传:《建炎以来系年要录》卷一百八十四,绍兴三十一年一月乙巳,3075 页。
③ 赵彦卫:《云麓漫钞》卷二。中华书局 1996 年版,27 页。
④ 徐松:《宋会要》食货三四之二九,乾道七年,5403 页。

经营者不受铜课征发之扰,铜坑经营者打消贪没银两之念,有助于加强成本核算和产量核查,防止税银与官榷铜铅的偷漏流失。建议被批准后,姚述尧"取问业主,愿与不愿自备工费采打",其中有部分业主"各甘自备工费采打。依本州措置,银以分数支给,铜以工价收买"。经营者采冶的银"以十分为率,六分给官,四分给业主",铜全部榷买,"净铜就官卖,约计工费,乞纳铜四斤,请官银一两"。次生产品铅二八抽分,"内二分纳官,八分给坑匠,即就勒赴官中卖,量立价,每斤支钱二百文收买"。

所谓"八分给坑匠",实为"勒赴官中卖"即榷买。处州坑冶不立额,银六四分,抽税比例最高,原因是坑冶为银铜共生矿,银的抽分比例高,可以铜收入弥补。处州坑场经营一年,"收到银二万二千八百余两,铜四万五千余斤"①。官六分收银22800两,坑冶户四分得15200两,铜45000斤折价11250两银,支付坑冶户,坑冶户共得银26450两,官实收银11550两,恰好占总产量(铜折成银,包含在官收银数内)38000两的30%。铜无抽分,与银合并计算,在保证铜、铅榷买的前提下,恰为三七分。处州实施不立额银四六分、铜全额榷买后,官收银铜超过原岁课,作为经验令其他州郡参照实施。

不立额抽税三分制管理成本高,课额无保障,未能推广。在钟世明提议实施不立额三七分一年后,就对课额制给于更多的优惠。《宋会要辑稿》食货三四之一九载:

> (绍兴)二十七年,兼权户部侍郎陈康伯等言:"近有陈请,诸路州县管下坑冶停闭荒废去处,勒令坑户抱认课额。已委逐路提刑司检视相度,以所收多少分数认纳,不得抑勒。尚虑有停闭坑冶内却有宝货去处,一概作停闭,致减损国课。今措置欲委逐路转运司行下所部州县,应有停闭及新发坑冶去处,许令人户经官投陈,官地给有力之家,人户自己地给付本户。若本地主不赴官陈告,许邻近有力之家告首,给告人。候及一年,成次第日,方从官司量立课额,其告发人等坑户自备钱本采炼,卖纳入官,从绍兴格,特与减壹半数目,依全格推赏补官。"

---

① 徐松:《宋会要》职官四三之一七二,乾道九年八月七日,3359页。

从之。

优惠包括两个方面:经济上将新开矿场征收课额的时间推迟一年,这样坑冶户可根据坑冶的储量、开采难易、课额高低确定是否有经营价值,官府也可根据一年的经营状况确定较合理的课额,保证坑冶户继续经营。政治上降低依据所纳课额多少补官的标准。乾道二年,在"所减一半数目上,以三分为率,再减一分,依全格推赏补官"。虽然坑冶户"恐将来采取年深,矿苗细微,官司不为减额,不敢告发",课额制却一直在坑冶税收与榷买中占主导地位。为筹措到更多的铜铸钱,还一度改变了"二分抽收,八分榷买"的政策,"应见催趁并人户踏发新旧坑冶,所趁铜免抽收,支还十分价钱,优润坑户"①。免除抽分,全额榷买,是恢复了熙宁前的政策。

熙、丰时期,官榷最严的铜、铅、锡坑冶未实行二八抽分制,岁课大幅度提升;大部分地区未实行官榷的铁课无大变化;实施了二八抽分制的金、银产量未见提高。南宋坑冶实施二八抽分制的品类比熙丰时广,时间比熙丰时长,产量与课额却比熙丰时大幅萎缩,说明二八抽分制不是宋代坑冶发展的动因。

"招募制"不是与"劳役制"相对立的概念,更与雇佣关系无关。王安石行募役法,是对民户征收役钱,用于招募差役者,以有偿支付替代差役法的无偿轮差。差役也称职役,从役者为官衙当差,身份是"吏"。衙前役是职役之一,有的衙前受官府委派经营坑冶,与支付坑冶劳动者报酬性质不同。政府与被招募成为坑冶户者不存在用钱支付其劳役的关系,相反,坑冶户要向官府缴纳矿产税,或按政府制定的课额把产品卖给官府,与募役法毫不相干。

招募民户成为坑冶户,从宋初至南宋均普遍实施,非熙宁、元丰时期才大力推行的政策。何谓"招募"?招募即公开告知民户,鼓励民户自愿经营坑冶,承担供纳官课的责任。绍兴十三年江淮等路提点坑冶铸钱耿延年言:

遵禀指挥,行下信州及铅山县官、铅山场官并本司属官,先次措置

---

① 徐松:《宋会要》职官四三之一五八,乾道二年六月三日,3352页。

招召民户,从便采凿,卖铜入官。据逐官报到,各于地头榜谕,经今两月,并无情愿应募之人。①

官府在矿产区附近州县张榜通告,号召民户到坑冶从事采冶,取其自愿,即为招募。招募不是坑冶户"按付出劳动量的多少或卖出产品的数量收取酬劳"②,民户也并不因实施招募就一定乐为。大部分矿产品实施官榷,产品卖给官府。有的坑冶户藉此赢利,也有的因榷买价过低或矿源衰竭完不成岁课而破产,其经营赢亏与劳动报酬无关。

坑冶户通过出卖矿产品赢利,其性质不是从官府领取劳动报酬。"坑冶利之所在,有矿苗去处,不待劝率而人自寻逐矣"③。只要有利可图,民户就会应募,甚至会不募而至。

官府按课额收税和购买税后产品,不是计量付酬,而是强制分派与征购。包拯论登州铁冶户的状况时说:

> 臣窃见登州铁冶户姜鲁等十八户,先陈状,为家贫无力起冶,递年只将田产货卖,抱空买铁纳官。乞依条例,开落姓名。臣在本路日,累次保明,申乞与除免,又准省牒勘会逐官往彼相度,兼臣亲自巡历到登州、莱州,子细体量,得姜鲁等逐家委是贫乏,积年不曾起冶。再具保明申奏,至今未见指挥。
>
> 臣因访闻得旧来州郡最出铁货,缘人户先乞起冶之后,或遇家产销折,无铁兴作,官中并不认孤贫,一面监勒送纳元额铁数,以致破荡资业,沿及子孙,不能免者,比比皆是。虽遗利甚厚,而富民惧为后患,莫肯兴创。所以铁货日削,经久不兴。

登州铁冶兴办之初,"最出铁货",开采成本低,一些富有家产的人户自愿承办,供纳官课,被籍为铁冶户。后来家道衰落,无力开冶,课额也难得豁免,只好货卖田产,买铁纳官。包拯要求"应系冶户或有委实家产销折、无力

---

① 徐松:《宋会要》食货三四之二七,绍兴十三年正月二十八日,5402页。
② 王菱菱:《宋代矿冶业研究》第四章《矿冶业生产方式的演变及其作用》,178页。
③ 杨时:《龟山集》卷四《论时事·坑冶》。四库全书1125册,132页。

造作者",上报转运司批准,"与除落姓名",报坑冶司备案。坑冶户脱籍要经严格审查,"若州县故纵,及人户妄有规避,即许人告首,官吏重行朝典,告人与赏钱一百贯文"。包拯认为,冶户财力消折即注销为普通民户,免除供纳铁课,以后官府"招召诸色人起冶"时,富裕人户才会"乐为"应募,使"铁货增羡"①。应募的坑冶户被官府登记在案,不经批准不得注销,无力供纳官课就被籍没家产,从这个意义上说,"招募"是"劳役"和"应役"的开始。

兖州莱芜监是宋初四大铁监之一,真宗时有十八冶,至仁宗庆历年间,"所存唯三,冶户犹破产而逃"。主冶民户逃亡,就差派其他冶户,"当役者率破产以偿"。莱芜监兴盛之时,民户自愿应募,成为冶户,后来"冶铁为民病",冶户无力兴冶,仍要承担铁课。梁适知兖州,"募有力者,使主冶,十年予一官,于是冶无破户,而岁有羡铁百余万"②。不过,从《宋会要辑稿》食货三三之三载熙宁十年莱芜监仅存汶阳、苔山两冶,岁额仅四千八百斤分析,梁适振兴莱芜监的效果未能持久。莱芜监的兴衰与登州铁冶如出一辙。登、兖州铁冶的盛衰过程恰恰证明招募制在熙宁之前就广泛实施,招募制不是对劳役制和应役制的否定。

招募也不否定调发、太平兴国年间,张齐贤任江南西路转运使,"求得江南旧承旨丁钊,尽知饶、信、处等州山谷出铜,即调发诸县丁夫采之"③。铅山场发展很快,"出铜无算",利之所趋,"常十余万人采凿"。采凿者多为"四方浮浪之人"④,他们是通过政府张榜通告等途径,得到采矿有利可图的消息,其中有不少是被官府"招募"后调发至铅山场从事采掘冶炼的。主张招募制促进坑冶发展的学者以铅山场的兴发为证据,而铅山场正是在张齐贤"调发诸县丁夫"后发展起来的。事实应是张齐贤先在铅山场周围诸县实施招募,再把所召丁夫调发至铅山场。绍圣元年(1094),诏令户部选官一员,"募南方谙晓烹铜工匠往陕西,同转运官差官于商虢界踏逐铜矿,措置烹炼,

---

① 包拯:《包孝肃奏议集》卷七《乞开落登州冶户姓名》。丛书集成初编427册,153页。
② 王珪:《华阳集》卷五十八《梁庄肃公适墓志铭》。四库全书1093册,429页。
③ 徐松:《宋会要》食货三四之二九,绍兴十三年正月二十八日,5403页。
④ 江少虞:《宋朝事实类苑》卷二十一,《诸监炉铸钱》引《谈苑》,246页。

候见次第,即置炉冶"①。先在南方招募自愿者,然后调发陕西,成为冶户。

官监坑冶招募民户经营,政府可减少开支,降低和转嫁亏损风险。宋代有的钱监下辖坑冶,由官府采掘。大中祥符年间薛奎知兴州(陕西略阳县),兴州有铁钱监,"岁调兵三百人采铁,而岁入不偿费"。薛奎上奏朝廷,"听民自采,而所输辄倍之"。兴州钱监所属矿山派厢兵采冶,"用功多,人以为苦",费用高而效益差,薛奎改为"募民有力者,弛其山,使自为利,而收其铁租以铸"②。兴州矿山已初具规模,"听民自采"不是任何民户都可采掘,而是把矿山及其坑井租赁给大户,"收其租"。获得经营权的大户是坑冶管理者,官府与劳动者无直接联系,与租佃矿场的大户不是按劳动时间或劳动产品付酬的雇募关系。大户租赁经营,官府监管,谈不上生产关系的变革。

衙前差役的废除,常被作为招募制取代劳役制的证据。衙前是在州县当差的吏人,职能主要是主典仓场库务,承办(包括购买和辇运)官物。除轮差外,有自愿长期充当衙前者为"长名衙前",自愿应募者为"投名衙前"。有的衙前借当差称雄乡里,或获取厚利,也有的因承办官物而破荡家产。认为"矿冶业中大多数衙前的差役则是无偿和被迫的"③,"它所具有的劳役性质是无可置疑的"④,缺乏根据。

饶州产金,宋初官榷,"禁商贾贩鬻,或有告论,逮系满狱"。大中祥符元年闰十一月,右谏议大夫凌策请废官榷,行通商,得到批准;四年,凌策任江南转运使,"纵民贩市,官责其算,人甚便之"⑤。由榷买改为通商,衙前不再享有榷买特权,承担的买金定额却未豁免,只能在市场上"散买",处于赔本的状态:

> 天圣三年,都官员外郎柳宏奏:"朝廷于饶州置(买?)金,而其弊尚

---

① 徐松:《宋会要》食货三四之三〇,绍圣元年,5403 页。
② 《欧阳修全集》卷二十六《资政殿学士尚书户部侍郎简肃薛公墓志铭》。402 页。
③ 王菱菱:《宋代矿冶业研究》第四章《矿冶业生产方式的演变及其作用》,175 页。
④ 漆侠:《宋代经济史》第十四章《宋代采掘业和冶矿业的发展(下)》,578 页。
⑤ 李焘:《长编》卷七十六,大中祥符四年六月丙寅,1727 页。

深,遂使豪商操其权,贫民受其困,虽差衙前户请钱散买,每一次充役,遂至破竭家产。

又大商富贾多自京师入便饶州钱,此州别无轻货,正买生金。官钱既少,私价转增,是致一方久罹其弊。今请住诸处商客入便饶州钱,一二年间,验其损益,金价必减,民力稍苏,其利归公家,用制商贾。"遂从之。①

衙前无论是自愿应募还是轮值当差,既充衙前,成为衙吏,就受官府差遣,"差衙前"不能作为坑冶是劳役制还是应役制的证据。衙前受委派在饶州买金,本钱从官府预支。由于饶州官府储备的铜钱被商贾大量提取,而饶州"别无轻货,正买生金",金价上涨。官府按原榷买价支给衙前的钱款不足以买到足额的金货。本钱不足,当差衙前只得贴钱买金供官,遂至破产。政府采取停止外地商人入便饶州钱的方法,买金者少,"金价必减",舒解衙前采买之困。

相州利城军铁冶,也曾差衙前采买。韩琦在至和年间(1054—1056)知相州时指出:

相州利城军铁冶,四十年前,铁矿兴发,山林在近,易得矿炭,差衙前二人岁纳课铁一十五万斤。自后采伐,山林渐远,所费浸大,输纳不前。后虽增衙前六人,亦败家业者相继。②

《文献通考·征榷考五》载,天禧五年(1021)相州有利城监,韩琦所言"四十年前,铁冶兴发",则利城监设于大中祥符年间。后产铁渐少,仁宗时监已废。相州铁未行官榷,冶户税后产品可自主货卖,四十年前产铁甚多,价格低贱,差衙前二人采买十五万斤,尚不是负担,衙前甚至能从中营利。后来"山林渐远",采冶不易,运费高涨,采买成本大增,采买额不能完成。官府把坑冶交由个人承办后,不能再行分割,所谓"增衙前六人",意为增人采买,而非增人采冶,每人买铁额大幅减少。即便如此,"亦败家业者相继",所

---

① 章如愚:《群书考索》卷六十二《财用·坑冶》。四库全书937册,860页。
② 韩琦:《韩魏公集》卷十三《家传》。丛书集成初编2365册,202页。

以韩琦奏罢了此项衙前役。

衙前应役不仅付出时间,官物受损还要赔偿,被视为"重难役"。为减轻衙前负担,规定承担衙前役者可经营指定坊场(酒务、河渡、坑冶)为"酬奖"。坊场有课额,缴纳课额后所得利润归经营者。有的衙前尤其是长名衙前久在公庭,关系通达,业务谙熟,往往致富,也有的因种种原因完不成岁课被籍没家产:

> 诏:秦州太平监所籍主吏柳延义等赀产,悉还之。初,延义等专主银冶,岁输定课,更三岁,亏常额者四万二千余两。有司尽籍其家财以偿,上悯之,故有是命。①

> 小泉银坑矿久不发,而岁课不除。主吏破产备偿犹未尽。(知秦州马)知节三奏其事,得请蠲之,仍许以日收为额。②

秦州太平监有十二个银场,大中祥符年间主吏柳延义等人三年就亏欠四万二千余两,岁额应在一万五千两以上。主吏亏欠岁课甚多,主要原因是资源枯竭,非未尽职责所致,故诏令蠲免。小泉银坑也是因"久不发,而岁课不除",导致主吏"破产备偿"。坑井不发,岁额应予调整,故减免所欠课额。太平监与小泉银坑的主吏久不轮差,很可能是自愿应募的长名或投名衙前,生产关系不因其是招募还是强制应役而改变,也不因坑冶是作为酬奖还是委派经营而不同。衙前为官府采买矿产品,或主持承办坑冶岁课,是职务行为,与是否是"招募制"或"劳役制"、"应役制"无关。

坑冶户应募承担官课,就成为"当役者"。承担官课的坑冶户一般是有财力的上等户,他们是坑冶的经营管理者,而不是直接生产者。少数坑冶作为"酬奖"令衙前经营,或派衙前承办坑冶,衙前作为"主吏"也是"当役者",完不成课额与坑冶户一样要受处罚。招募制与劳役制、应役制不是非此即彼、互不相容的关系,熙、丰时期坑冶的经营方式与此前此后亦无不同。

宋代官营手工业的徭役征发减少,手工业者除招募外,即使是轮差服

---

① 李焘:《长编》卷四十八,大中祥符四年四月辛亥,1057页。
② 李焘:《长编》卷四十九,大中祥符四年十月癸卯,1075页。

役,也要支付雇值,称"差雇"。坑冶主对雇募的人工,也支付雇值。汉、唐时期国家无偿征发服役、大工商业主利用部曲、奴仆的劳役制生产关系基本不复存在,人身依附关系大大减弱,这一变化宋初就已确立。与汉、唐相比,宋代生产关系的进步与矿冶业的发展有关系,但招募制是两宋通行的制度,非熙、丰时期特有,不是熙、丰时期矿冶业发展到顶峰的原因。

五 坑冶的经营形态

铸钱监和军器制造业大量使用厢兵,完全官营,矿业采冶中完全官资官营的很少,但政府通过资源国有,制定课额,实施榷买,投资借贷、控制冶户,建造冶炉、多重监管等途径,把坑冶纳入官营经济的体制之内。

资源国有,垄断采矿权,是官营经济的体现。凡发现矿苗,无论是私有土地还是官有荒地,必须报知官府,由官府派人勘查,措置开采。天圣四年登州淘金条例规定:如发现沙金矿,地主可自行采淘,"应地主如少人工淘取,许私下商量地步,断赁与人,淘沙得金,令赴官场中卖"。如"产地主占护"不予开发,"即委知州差人,淘沙得金不计多少,立纳官,更不支钱"。官府差人淘采,不支付租赁土地的费用,在采掘期内土地所有者丧失了所有权。登州金多在"山涧河道,及连畔地土闲处",分散偏僻,不便监管,所以未制定个体淘金户的课额,但所采金货要全部中卖于官,"在城商税务内置场收买"。为保证州府课额的完成,规定"地主及赁地人不得私卖,及将出州界,许人告捉",违者按卖买额度处罚,"一两已下,笞四十……二十两已上杖一百。买者减一等"。对告发私卖者的奖励最高可达百贯。如"一年内淘取得金二百两已上,中卖入官,与免户下三年差徭及科配",连续五年,"即永免"[①]差科徭与科配。官府用奖惩两手严格禁止金货私卖,查处地主占有金矿资源不开发,对转赁采金地土不予限制。

---

① 徐松:《宋会要》食货三四之一四,天圣四年,5395页。

对发现矿产的土地,"官地给有力之家,人户自己地给付本户",业主有开发的优先权。如本户隐瞒发现矿苗的事实,不予开发,"许邻近有力之家告首,给告人"①。大型坑场多在国有山林,小型坑场有的涉及私有土地。《续资治通鉴长编》卷四百四十一元祐五年四月癸丑条载:

> 湖南转运司言:"应金、银、铜、铅、锡兴发不堪置场官监,依条立年额课利,召人承买,而地主诉其骚扰。请先问地主,如愿承买,检估已业抵当及所出课额利钱数已上,即行给付,如不愿,或已业抵当不及,即依本条施行。"从之。

本户开发是有条件的,只限于规模较小不值得置场官监的坑冶,而且本户可用于抵当的资产价值(主要是金银和地产)不得少于年课利额,否则就失去优先权,由官府另召他人。要求经营者的资产必须超过应缴课利额,可在完不成课利时没收其资产,保证官府的收益。即使在自己的土地上采矿,也要从官府获得开采权。《宋会要辑稿》职官四三之一六八载:

> (乾道九年九月)二十六日,权发遣处州姚述尧奏:"被旨令臣措置本州银铜坑事……权龙泉县事张汉勘会到有石堰、季湖银坑两处蔡崧等五人地,有厍山等铜坑数处系(孙?)可久等二人地。据逐人状,各甘自备工费采打,依本州措置,银以分数支给,铜以工价收买,已各出交帖给佃。"②。

所谓"出交帖给佃",是业主把旧户帖交给官府作抵押,从官府领取新户帖,取得矿产资源的承佃(经营)权。户帖除记录本户丁、口之数外,主要登录该户"田色、步亩、四至、着望、应纳租课"③,是土地产权及官地经营权的主要凭证。宋代官田租给民户耕种,也发放户帖。更换户帖,是改变土地的用处,由耕地改为坑冶用地。土地所有者仍保有"业主"身份,但对地下的矿产资源而言,则处于承租的地位。如资源殆尽,坑冶废除,土地仍归业主。不

---

① 徐松:《宋会要》食货三四之一九,绍兴二十七年,5398 页。
② 徐松:《宋会要》职官四三之一六八,乾道八年九月二十六日,3357 页。
③ 徐松:《宋会要》食货六三之一九五,宣和元年八月二十四日,6084 页。

少承租坑冶的佃户实为矿主,如福州福清县东窑铁场,淳熙年间"佃户岁纳钱"746贯753文省,南匿铁场"佃户岁纳"56贯200文省。承办坑冶的矿主经批准可解除承佃,如玉据铁场"佃户岁纳九十千三百省,淳熙七年退佃,未有承者"①。

官置炉冶,严格监控,是坑冶官营的重要举措。南宋初洪迈追述北宋信州铅山场采铜兴盛的状况云:

> 昔系是招集坑户,就貌平官山凿坑,取垢淋铜,官中为置炉烹炼,每一斤铜支钱二百五十。彼时百物俱贱,坑户所得有赢,故常募集十余万人,昼夜采凿,得铜铅数千万斤,置四监鼓铸,一岁得钱百余万贯。②

"官中为置炉烹炼"是官监坑场的主要经营方式。烹炼是矿冶业最重要的环节,抓住这个环节,便于查处私采偷卖。徐州利国监庆历年间"冶大善崩,崩则罢鼓,官课不供",知徐州李宗咏"因以新意,为作小冶,功省而利倍"③,说明官府对冶炉有处置权。有的坑冶由官府直接经营。包拯说:

> 同州韩城县铁冶务,自来定占七百余户,内二百余户厚有物力,比见充里正人户,并各高强,只以冶户为名,经今五十余年,影占州县诸般差役。其冶户内系第一等者,每户逐年供给冶务诸般所出钱不过三贯文外,更别无所费。况官中所得铁货只及十余万斤,仍官支买炭并工匠钱三百余贯,更差专监使臣一员。兼体问得本县人户,以冶务全占却上等力役,及致下等人户差役频并,供应不前。④

韩城铁冶务以轮流服差役的方式,使七百余民户免除了其他差役,其中二百余"厚有物力"的民户实际上只缴纳三贯铜钱(或缴纳相当于三贯的矿石),并不直接到铁冶服役。铁冶务要买炭并支付"工匠钱",说明冶炼由官府直接经营。

---

① 梁克家:《淳熙三山志》卷十四《版籍类五·炉户坑冶》。宋元方志丛刊,7903页。
② 徐松:《宋会要》食货三四之二七,绍兴十二年七月十二日,5402页。
③ 张方平:《乐全集》卷三十九《朝散大夫右谏议大夫知相州李公(宗咏)墓志铭》,692页。
④ 包拯:《包孝肃奏议集》卷七《请罢同州韩城县铁冶务人户》。丛书集成初编427册,153页。

少数坑冶役使厢兵和罪犯。大中祥符年间,薛奎知兴州,"州有钱监岁调兵三百人采铁,而岁入不偿费。奎奏听民自采,而所输辄倍之"①。役使厢兵改为听民自采,冶炉官置的性质未变。有的罪犯被发配到官坑冶。宋仁宗时,裴德舆知商州,"州有官冶,其徒皆四方流人,常縶之以役。公曰:'是亦人也,岂不可以善待之,而使之迁耶?'悉弛其縶,卒无一人敢冒法"②。白日服役,晚上捆绑关押,产品全部归官,无劳动报酬,效率极低。

宋代刺配法规定:"犯罪应编配之人,在法,皆以本犯情罪轻重立定地分远近"③,其中多数充当厢兵。坑冶属"重役",受到"刺配"刑责的军士被发配到官坑冶,是较重的处罚。乾兴元年开封府言:"近诏应过犯军士并配郑州采造务"从事采伐,东京车营务的军士"多有叫反,以冀移配"。宋刑律规定,"不吃酒叫反及叫万岁"者刺配。大概是车营务劳役过于繁重,从役军士冀此调动到郑州采造务。开封府要求把犯此条禁的军士加重处罚,"并刺配商州坑冶务"④,得到批准。《宋会要辑稿》刑法四之六八载:

> (乾道七年)闰二月一日,荆湖南路转运使言:"诸州杂犯配军,比来多转送全、邵、郴、道州,皆无重役。本路惟潭州水运牵挽,又造船、冶铁,工役尤重。望传谕诸州,自今应配当路者,悉送潭州。"奏可。⑤

刺配罪犯军士的主要目的是让其从事劳役,所以转配到有冶铁等重役的潭州。南宋时,"诸路所治凶恶强盗,及枉法受脏,杀人可愍而特旨贷命者,大抵皆配广南,终身不得归",每年达数百人。洪迈建议配韶州岑水场,使其以役折罪,有重归乡里之望:

> 若使自今以往一切配此场为兵,俾之凿山采铜,随所得中分之,以其半入官,其半与之,而官以平直就买。仍与之约,若至场以后不逃佚、不犯罪者,量其元犯轻重,所入多寡,分为三等,各立配役年限。限满则

---

① 脱脱:《宋史》卷二百八十六《薛奎传》,9630 页。
② 沈遘:《西溪集》卷十《洛苑使英州刺史裴公(德舆)墓志铭》。四库全书 1097 册,99 页。
③ 徐松:《宋会要》刑法四之三七,宣和二年十月三日,6640 页。
④ 徐松:《宋会要》刑法四之一一,乾兴元年四月,6627 页。
⑤ 徐松:《宋会要》刑法四之六八,乾道七年闰二月一日,6655 页。

为给公据,还乡为民。此等虽恶黠不逞,知有自新之路,又有半直可以赡生,必将欣然乐于赴役。①

洪迈的主张宋孝宗时得到实施,赵充夫任岑水场检踏官,"患场兵应募者之寡,请役诸路黥隶岭南之人,五年无过,给据自便,就役者以千计"②。产品一半归官,另一半权买,报酬比坑冶户低,但比仁宗时"縶之以役"宽松,且给予自新之路,有一定的积极意义。

绝大多数官监坑冶由民户经营,缴纳岁课。大中祥符二年,"大通监冶铁盈积,可供诸州军数十年鼓铸",河东转运使宋搏"请权罢采取以纾民。诏从其请"③。九年,陈尧佐任河东转运使,"奏除石炭税,减官冶铁课岁数十万以便民"④。"官冶"指大通监,官府掌控着坑冶的采冶权,降低铁课以减轻冶户的负担。课额减少后,岁课外的产品比例增加,民户有更多的自主权。

虽然法令规定发现新矿苗要由政府先勘察,制定课额后才能采掘,实际上许多坑冶是先由民间私采,初具规模后,政府才得知消息,设置监官,成为官营经济的组成部分。如建宁府松溪县瑞应场,南宋绍兴年间,"乡民识其有银脉,取之得其利"。隆兴初,"巡辖马递铺朱姓者言于府,府俾措置,大有所得。事不可掩,闻于朝,赐名瑞应场,置监官"。初为民间私采,后归地方政府管理,最后才报知中央,成为官监坑冶。此官监银坑冶的采冶过程如下:

> 取银之法:每石壁上有黑路,乃银脉,随脉凿穴而入,甫容人身,深至十数丈,烛火自照。所取银矿皆碎石,用臼捣碎,再上磨,以绢罗细,然后以水淘,黄者即石,黑者乃银。用面糊团入铅,以火煅为大片,即入官库。俟三两日,再煎成碎银,每五十三两为一包,与坑户三七分之,官

---

① [元]富大用编:《古今事文类聚》外集卷九《诸提举部》引洪迈《论岑水场事宜札子》。四库全书929册,123页。
② 袁燮:《絜斋集》卷十八《运判龙图赵公墓志铭》。清乾隆间,武英殿聚珍版丛书,81函8册,17页。
③ 李焘:《长编》卷四十四,大中祥符二年四月丙寅,940页。
④ 《欧阳修全集》卷二十《太子太师致仕赠司空兼侍中文惠陈公神道碑铭》,323页。

收三分,坑户得七分。铅从官卖,又纳税钱,不啻半取矣。它日又炼,每五十两为一铤,三两作火耗,坑户为油烛所熏,不类人形。①

瑞应场初由民户私自采冶,成为官监坑冶后,采掘仍由坑冶户经营完成,而把矿石烹炼成碎银和再提炼成铤银,均在官府监管下的"官置炉冶"进行,产品分成由官府主持。

处州龙泉、松阳两县有"石堰等银坑十一处,库山等铜坑九处",两银同场或"令豪户请佃",或令业主"各甘自备工费采打",铜榷买,银抽分。为防止坑冶户隐瞒、偷漏产量,除设两个监官外,"别差指使八名,兵级四十八名,分头监督。每月所支食钱并应干本柄,系将收到银内,指数逐旋支拨"②。龙泉、松阳两场共有铜坑银坑二十处,平均每坑监管军兵二至三名。官监坑冶对生产者监督十分严格,嘉定十四年(1221)臣僚言:

> 照得旧来铜坑,必差廉勤官吏监辖,置立隔眼簿、遍次历,每日书填:某日有甲匠姓名几人入坑,及采矿几箩出坑,某日有矿几箩下坊碓磨,某日有碓了矿末几斤下水淘洗,某日有净矿卤几斤上炉烊炼,然后排烧窑次二十余日。每铜矿千斤,用柴炭数百担,经涉火数敷足,方始请官监视上炉,匦成铜,其体红润如烟脂,谓之山泽铜。鼓铸无折,而铸出新钱灿烂如金。③

按坑冶制度,从下井采矿到冶炼成铜,鼓铸成钱,皆有监官监督,各道工序都有人负责登记,冶炼出炉时要请监官当场验收,以保证矿石纯净,炼出精铜。宁宗时,不少坑冶"既不差官,及无隔眼、遍次簿历",加上"不及时支给本钱",坑冶户掺假作伪,以次充数,因原料不佳,铸钱质量极差。经臣僚申请,又恢复设监官、置簿历、行赏罚的旧制。

铅山场是宋仁宗时是大型铜铅矿,"常募集十余万人,昼夜采凿,得铜铅数千万斤",南宋时"百物翔贵,官不增价收买,坑户失利,散而之他",只有

---

① 赵彦卫:《云麓漫钞》卷二。中华书局1996年版,27页。
② 徐松:《宋会要》职官四三之一六八,乾道八年九月二十六日,3357页。
③ 徐松:《宋会要》食货三四之二四,嘉定十四年七月十一日,5400页。

"官中兵匠不及四百人,止得铜八九万斤"①。此近四百人中,除罪犯流配刺为厢兵外,多数应是原来负责监督的士兵。

发放贷款,以产还贷,是控制坑冶户的手段。开发坑冶投资较大,杨时说:"凡坑户皆四方游手,未有赍钱本而往者,全藉官中应付,令烹炼到银铜入官,而钱不时得,则坑户无以自给,散而之他,此岁课所从耗失也。"②无论是官监坑冶,还是在私家地土内开发的非官监小型坑冶,均可从官府获取贷款。政和二年(1112)规定:

> 诸路坑冶检踏官并许于承务郎以上或选人、大小使臣内踏逐谙晓坑冶、有心力人充,仍具名奏差,应采访兴发或有苗脉处,并躬诣检踏得实,其地不以官私,皆许支破钱本,差人采取烹炼,或人兵不足,及无会解之人,即许雇募人工采打,或召人户开采。应一行用度,以至灯油之类,并许召保,借支官钱应副,候烹采到宝货,先行还官外,余充课利。若开采不成,及无苗脉,或虽有而微细,其所借官钱,并与除破,即不得过三次。

无论官私地土,只要发现矿脉,就可"差人采取烹炼"。官府人兵或工匠不足,可"雇募人工",或承包给民户。"雇募人工"以补充厢兵或技术人员的不足,是指官营坑冶而言,"召人户开采"是指民户经营的坑冶而言。为鼓励开发新坑冶,政府承担放贷的风险,开采失败,不必归还贷款,三次贷款开采失败,失去贷款资格。监官对贷款要"仔细勘验","如敢冒借,或大支,罪轻者并徒三年"。如果坑冶户以产品抵还了贷款,并完成了课额,则可"别行借支"③。即使是"召百姓采取,自备物料烹炼"的坑冶,也可借贷官钱,官府以此"多责取于民"④,提高上缴官课的比例。借贷与官榷制度相辅相成,强化官府对坑冶户及产品的控制。

对"用官钱令坑户开发"的新坑冶,"若至矿宝浩瀚,还纳官钱了当外,有矿宝,除填纳不问多少,并系元管开发新坑户卖钱入己,显属侥幸",所以,允

---

① 徐松:《宋会要》食货三四之二七,淳熙十二年七月十二日,5402页。
② 杨时:《龟山集》卷四《论时事·坑冶》。四库全书1125册,132页。
③ 徐松:《宋会要》职官四三之一二九,政和二年十二月十六日,3338页。
④ 李心传:《建炎以来朝野杂记》甲集卷十六《金银坑冶》,353页。

许"用官钱开发坑垅"①的后来者再行贷款,参与开采,以提高产量,防止少数坑户垄断开采权。坑冶开发本钱一般由坑冶铸钱司或转运司筹措。《宋会要辑稿》载:

> 提辖措置京东路坑冶司状:今条画下项:"一路新坑,有人陈告,便令措置,下手开发。其所用钱本等,深恐所属不应副,乞所属以转运司系省钱物权行应副,候将未收到课利,申取朝廷指挥,依数兑还……"诏:"应缘坑冶本司钱遇阙,许于常平司封桩耆户长钱内支借,余路依此。"②

开发坑冶所需本钱,由转运司支借系省钱,或常平司支借免役钱,将来以坑冶收到课利归还。

设置课额,实施榷买,是官府收益的重要保障。课额一指税额,二指拘买额,有的坑冶既有税额,又有拘买额,则二者合计为课额。坑冶户完不成课额,要监押追缴,直至没收家产。宋真宗时,南剑州将乐县采银户"坐岁课不足,系者常数百人"③,宋仁宗时,兖州莱芜监"猺民输铁课,凡高赀家率以冶败,至没入田产,械系孤嫠(嫠)"④。前引登州铁冶户因无力完纳岁课,"递年只将田产货卖,抱空买铁入官"。

铜铅锡全部官榷,金银大部分地区官榷,铁大部分地区不榷。非官监坑冶的私家坑冶一旦被设置课额,其产品大部甚至全部都被官府征购。利州路兴州济众监是铁钱监,宋仁宗时,铸钱用铁用酒场收入和买,每斤铁价十四文。熙宁时期,酒场被私人买扑,于是"本州劝诱炼铁之家,通抵产预借钱,每斤支三十文",价格提高,且"山林不远,可以就便置炉炼铁,应副足用"。后来铁价改以"银绢折支,渐亏实价",至元丰三年(1080),铸钱额由嘉祐三年的三万一千余贯增为十万贯,课额倍增,所支铁价却从三十文减为二

---

① 李焘:《长编》卷五百二十,元符元年正月丁酉,12389页。
② 徐松:《宋会要》职官四三之一三〇——三一,政和三年二月十二日,3339页。
③ 王安石:《王文公文集》卷九十一《司马郎中张君墓志铭》。上海人民出版社1974年版,954页。
④ 张方平:《乐全集》卷三十六《李(文定)公神道碑铭》,594页。

十六文,炉户赔本经营,难以负担。吕陶说:

> 其炉户为累年采矿颇多,土窟深恶,并林菁疎浅,烧炭渐稀,倍有劳费。兼数遭大水漂坏冶灶,破荡抵产,逃避亦多。现今(元祐初)本州与三泉西县炉户拖欠额铁四百余万斤,禁锢棰楚,曾无虚日。缘地产有限,民力甚困,每岁鼓铸不已,虽百计督责,愈有逋负。况今来已蒙朝旨,更张茶法,则本钱三万贯,更不须借,自可岁减钱额。①

三泉西县(陕西阳平关镇)在兴州南,是战略要地,直属京师管辖。兴州与三泉西县铁"地产有限",官课屡增,民力不堪。宋政府令改铸折二铁钱、减少铸钱额,降低炉户缴纳的铁课,以减轻兴州铁冶户的负担。兴州铁冶户本属自主经营的私营业主,所产铁全部买给官府,供货价格由官府掌控,因课额过高,实际上被榷买。铁冶户成了铸钱监的附属,其地位与官监坑冶的坑冶户几乎没有差别。

《文献通考·征榷考五》云:"坑冶国朝旧有之,官置场监,或民承买,以分数中卖于官。"在"官置场监"中,官榷产品或官榷地区的产品或全部中卖于官,或抽税后再中卖于官,非官榷地区则或抽税,或按定额将产品中卖于官,税后或定额外产品由坑冶户处置。小的坑冶大多不设官监管,实行买扑即承买制,经营者向官府缴纳承包税,税后产品或自主买卖(非官榷地区),或全部或部分卖给官府(官榷地区)。坑冶中完全官资官营的不多,但官府通过垄断矿源、控制冶户、设定课额、官置炉冶、官榷产品等手段,使官监坑冶成为为官府生产的经济体,民户承买的坑冶失去了绝大部分产品的处置权,成为官营经济的附庸。

---

① 吕陶:《净德集》卷四《奉使回奏十事状》。丛书集成初编1921册,47页。

第十九章 造船业

一 引言

宋代官营造船技术和规模都达到了前所未有的水平。宋代税赋繁多，各州县财政收入由中央支配，其中相当大的比例要通过舟船运到京师，或由中央调拨到驻军地区。灾荒时节，从异地官仓运粮赈粜，也多由官舟承担。北宋从东南诸路岁运漕米六百余万石及上供钱帛、杂货、军器等，先由淮南、两浙、江南、荆湖诸路州县用舟车集中到扬州、真州（江苏仪征）、楚州（淮安）、泗州（盱眙）等地的转搬仓，再用舟船分纲入汴，运至京师。宋代实施榷盐，东南诸州食盐由沿海产盐州军集中到转搬仓，供东南诸路舟车回程时搬载。四川每年上供钱帛等财赋，先顺长江而东下，再转蔡河或汴河运抵京师。宋代邮传有水递铺，用官舟传递文书，官员巡察迎送、赴任卸任，甚至铸钱司所需铜铅锡原料，都需要官舟运载。

北宋军队主要是步兵和骑兵，水军集中在厢军中，承担漕运，巡护河堤，修护桥梁等。如天圣七年（1029），"于河阴募置水军二千人"充"黄河挽舟卒"[1]。宋神宗以前，禁军中除京师开封有水军数十指挥（最多时有九十六指

---

[1] 李焘：《长编》卷一百七，天圣七年四月壬辰，2506页。

挥)三四万人①外,真正具有边防意义且以水军为编制的只有京东路登州(山东蓬莱市)二至四指挥②。元丰六年(1083),诏江河及濒海重要州军"各置水军三五百人,以巡检主之,教以水战"③。河东石州(山西离石市)西邻西夏,有三川河与黄河相通,元丰七年,"诏石州葭芦、吴堡两寨各置水军一指挥,以百人为额"④。北宋统一诸国后,水军参加水战不多,多隶属于步兵。

南宋立国,襟江带海,江海防御的重要性大增,沿江、沿海战略要地均有水军驻扎。南宋与金、蒙多次发生海战,参战船舶动辄数百上千艘。南宋初,多为步兵乘舟船作战,如建炎四年(1128)浙西制置使韩世宗以大小海船近千艘在黄天荡击溃宗弼所率金兵数万,就是如此。南宋立国之初,就确定了"凡要害处精练水军,广造战舰"⑤的方针,绍兴四年,"令临安、平江、镇江府、秀、常州、江阴军、太平、江、洪州、兴国军、鄂、岳、潭州各置水军,以五百人为额,并以横江为名"⑥。此令虽未全面落实,却是沿江、濒海地区普遍建立水军之始。五年,岳飞剿灭以水军为主力的杨么起义后,"获贼舟千余,鄂渚水军之盛,遂为沿江之冠"⑦。南宋水军及其战船的发展,远胜北宋。南宋定都临安,地方财赋不再北运,江淮沿岸驻扎重兵,于是利用南方纵横的河道网络,发展船运:

> 因地之宜,以两浙之粟供行在,以江东之粟饷淮东,以江西之粟饷淮西,荆湖之粟饷鄂、岳、荆南,量所用之数,责漕臣将输,而归其余于行在,钱帛亦然。⑧

南方马匹缺乏,舟船是最重要的交通运输工具。北宋时,造船基地大部

---

① 脱脱:《宋史》卷一百八十七《兵一》,4594页。卷一百八十八《兵二》,4619页。
② 李焘:《长编》卷一百三十八,庆历二年十一月庚辰,3321页。
③ 李焘:《长编》卷三百三十五,元丰六年六月丁未,8074页。
④ 李焘:《长编》卷三百四十九,元丰七年十月甲戌,8368页。
⑤ 李心传:《建炎以来系年要录》卷十六,建炎二年六月己卯,332页。
⑥ 《咸淳毗陵志》卷四《绍兴增置水军指挥》,宋元方志丛刊,2994页。
⑦ [宋]岳珂著,[今]王曾瑜校注:《鄂国金佗稡编校注》卷六《经进鄂王行实编年卷之三》。中华书局1989年版,331页。
⑧ 脱脱:《宋史》卷一百七十五《食货志上三》,4260页。

分在南方,南宋时期,南方的造船业仍有发展,但受人力及资源条件所限,规模未超过北宋。

二 官营造船基地与造船额

宋代造船以内河运输船为主,每岁造数千艘。《文献通考·国用考三》载:

> 诸州岁造运船,至道末三千三百三十七艘,天禧末减四百二十一。虔州六百五,吉州五百二十五,明州一百七十七,婺州一百三,温州一百二十五,台州一百二十六,楚州八十七,潭州二百八十,鼎州二百四十一,凤翔斜谷六百,嘉州四十五。①

此为岁造内河运输船即漕船之额,不包括海船、座船及战船,裁减后天禧末为2916艘(诸船场合计为2914艘)。上述主要造船基地除凤翔府(陕西凤翔县)在陕西、嘉州(四川乐山市)在四川外,其余皆在江南。

(1)东京开封造船务。是宋初主要的造船场。出于统一战争的需要,宋太祖、太宗多次到造船务视察,"观造船",在金水池"观习水战"。乾德元年(966)初平定荆湖后,"选其军善治舟楫者"组建"造船务"②指挥,扩大造船务的规模。四月,"募诸军子弟数千人,凿池于朱明门外,引蔡水注之。造楼船百艘,选卒号水虎捷,习战池中"③,造船务大概就设在此池附近。东京是北宋水军最重要的驻扎与训练基地,太平兴国三年,宋太宗"幸南造船务"④,造船务扩大为南北两个。一年可造战船百艘,在宋初统一战争中发挥了巨大作用。

---

① 诸州造船数相加为2914。据《宋会要》食货四六之一载,婺州造船数为105,与天禧末造船总数2916相合。"婺州一百三"应为"婺州一百五"。
② 脱脱:《宋史》卷一百八十七《兵一》,4599页。
③ 李焘:《长编》卷四,乾德元年四月庚寅,89页。
④ 脱脱:《宋史》卷四《太宗本纪一》,59页。

陕西造船场有：

（2）凤翔府斜谷造船务。"每岁造舟六百艘，供大河馈运"，是宋代最大的造船场。所造舟船"借民操篙，沿渭而下，以达于河，凡有覆溺，破产而偿"①，是黄河漕船的主要来源。此外，"斜谷务又打造咸阳、陕府桥脚船四十四"艘。桥脚船即浮桥用船。凤翔府及相邻的陇州（陕西陇县）、秦州（甘肃天水市）盛产木材，造船务所需"方木料，并是本府并陇州量支官钱收买，及于秦州采斫"②。

（3）熙州（甘肃临洮县）。熙宁五年（1072）宋控制熙州后，"诏：镇洮军造船，置水手及壮城兵，共以五百人为额"③，通过洮水运送兵、粮。镇洮军即熙州。

（4）陕州（河南陕县）。陕州三门是陕西通往东京的枢纽，过三门后黄河水势变缓，便于船运。宋设"三门白波发运司"（熙宁初改为辇运司），主管陕西至东京的漕运、解州盐运及宋辽、宋夏沿边榷场茶盐等物货的运输，自陕州至河阴（河南荥阳市广武镇）、自汴口（河阴西北）至东京各设催纲一人。元丰六年，"三门白波提举辇运司乞借本司所辖阜财监上供钱万缗，遣官于邻州市木，于本司造船场造六百料运船，下陕西转运司依数拨还。从之"④。陕州应有辇运司造船场。料是重量单位，一料即粮一石的重量百斤。

京西路造船场有：

（5）西京白波（河南孟州市吉利区）。三门白波辇运司司箇所在地白波即河清县是西京属县，依据上条史料，所属造船场当设于此。黄河漕船以六百石为主，黄河支流运输如解州盐以四百料平底船为主。辇运司造船场主要造四百料至六百料船。

（6）孟州河阳（河南孟州市）。熙宁七年，二府（中书门下与枢密院）合奏"边防画一"可行十四事，其第五事为："河阳别置水军五、七指挥，造船习

---

① 范仲淹：《范文正集》卷十一《宋故卫尉少卿分司西京胡公神道碑铭》。四库全书1089册，677页。
② 包拯：《包孝肃奏议集》卷七《请权罢陕西州军科率》。四库全书427册，151页。
③ 李焘：《长编》卷二百三十九，熙宁五年十月壬辰，5811页。
④ 徐松：《宋会要》食货四五之三，元丰六年九月四日，5505页。

战,以备敌济渡者"①。八年,"都大提举疏浚黄河范子渊言:'怀、卫州界沿堤林木甚多,欲选材创四百料船二百只,以给浚河之用。'从之。"孟州濒临黄河,相邻的怀(河南沁阳市)、卫州(河南卫辉市)不乏船材,宋神宗时曾设造船场。

河北造船场有：

(7)北京(河北大名县)。庆历年间包拯言:"北京虽有造船场",但累年以来造船军兵及物料"并是将别处支用",造成从怀、卫、通利军(河南浚县)等产粮州军经御河运送粮斛到沿边的官舟不足。为加强边备,"日近方鸠集工匠打造"运粮漕船。他建议令河北转运司"于诸处尽底划刷工匠,差官专监并水手造船,及添修损坏者"。北京造船场主供御河船运,因多年未曾添置,仅有"三四百只,兼多是损坏者",包拯认为"若得船三二千只,舳舻往来,衔尾不绝,即边储无匮乏之虞,兼免贵价入便,枉费官钱"②。御河水浅,漕船"每只以三百料为率"③。北京造船场有年造上百艘三、四百料船的能力。元丰元年,北京安抚司"造战船二十艘"④,置于澶州上游,用于保护澶州浮桥。

(8)澶州(河南濮阳市)。澶州黄河浮桥是东京北向要道,"用船四十九只",原由温州制造,"凡三二岁方达澶州"。天圣六年,京西转运使杨峤言:"'请自今于秦、陇、同州伐木,磁、相州取铁及石灰,就本州造船。'从之。"⑤岁造船数十只。

(9)相州(河南安阳)。景祐四年(1037),"徙相州造船务于天雄军"⑥。相州是重要的铁产地,景德四年前有造船务。天雄军庆历二年升为北京。

(10)保州(河北保定市)。淳化(990—994)后期,李继宣知保州,"造船二百艘,入鸡距泉以运粮,人咸便之"⑦。保州是沿边重镇,驻兵众多,造船运

---

① 李焘:《长编》卷二百五十六,熙宁七年九月甲寅,6258页。
② 包拯:《包孝肃奏议集》卷十《请于怀卫籴米修御河船运》。四库全书427册,177页。
③ 《欧阳修全集》卷一百一十八《乞条制催纲司》,1810页。
④ 李焘:《长编》卷二百九十三,元丰元年十月壬戌,7155页。
⑤ 李焘:《长编》卷一百六,天圣六年三月己酉,2467页。
⑥ 李焘:《长编》卷一百二十,景祐四年八月戊戌,2836页。
⑦ 脱脱:《宋史》卷三百八《李继宣传》,10146页。

粮以供军需。

（11）沧州泥沽海舟务。咸平五年（1002），"西京左藏库使舒知白请于泥沽海口及章口复置海作务造舟"，令民以"入海捕鱼"为名，"察平州机事"，侦知辽国军事动态。海作务存续时间不长，河北转运司"以为非便"①罢之。

（12）洺州（河北永年县）。北宋时，洺州有厢兵"船坊"指挥。

此外，京东路登州（山东蓬莱市）、莱州唐时是重要造船基地，北宋时衰落，只能修船。登州是水军驻地，庆历二年"置登州澄海水军弩手两指挥"②，熙宁七年，"令枢密院于登州增招刀鱼战船兵，团结阅习，准备差使"③，但未设造船场。北宋末，臣僚言恩赏冒滥之弊："登、莱、沂三州，共修战船才八只，推恩者十二人"④，无造船能力，修船能力也很弱。京东路沿海水军用船来自南方沿海造船场，建炎元年，为补充登、海州沿海巡检水军用船，"下两浙运司造舫（魛）鱼战船二十只"⑤。

南方造船场多于北方，主要集中在江南、福建、两浙地区。

江南西路有：

（13）虔州（江西赣州市）。南宋称赣州。"江西上游，木工所萃，置立船场，其来久矣。采松桧，截杞梓，钉多庾粟，油溢漏泉"⑥，造船所需，应有尽有。天禧末岁造船605艘，为诸船场之冠。虔州地处广南东西路北上要冲，"行者常自虔易舟而北"，嘉祐七年（1062）赵抃知虔州时，"间取余材，造舟得百艘，移二广诸郡，曰：'仕宦之家有父兄没而不能归者，皆移文以遣，当具舟载之。'至者既悉授以舟，复量给公使物，归者相继于道。"⑦赵抃知虔州仅一年，就"取余材"造船百艘，加上岁额六百零五艘，虔州岁可造船七百艘。南宋时，年造船二三百艘。

---

① 李焘：《长编》卷五十一，咸平五年三月甲辰，1118 页。
② 李焘：《长编》卷一百三十八，庆历二年十一月庚辰，3321 页。
③ 李焘：《长编》卷二百五十六，熙宁七年九月甲寅，6259 页。
④ 徐松：《宋会要》职官一之三五，宣和元年四月二十五日，2347 页。
⑤ 徐松：《宋会要》兵二十九之九，建炎元年七月十日，7297 页。
⑥ 赵善括：《应斋杂著》卷一《船场纲运利害札子》。四库全书 1159 册，12 页。
⑦ 《苏轼文集》卷十七《赵清献公神道碑》。中华书局 1986 年版，519 页。

(14)吉州(江西吉安市)。造船场在宋初平江南后设,有"造船军匠"①指挥。北宋时,吉州岁造船五百余只,枋木取自本州的永新、龙泉(遂川县)及相邻的衡州茶陵(今属湖南)三县②。南宋绍兴三年(1033)"打造战船二百只,般载钱粮船一百只"③。至乾道元年(1165),"赣、吉州船场,每岁额管造船五百艘"④,平均每州二百五十只,是北宋时造船额的一半。吉州本地材木取之殆尽,"造船板木专取之赣、袁州"⑤。

(15)洪州(江西南昌市)。天圣四年,江西转运司言:"逐年般运斛斗钱帛杂物,全籍虔、洪州打造舟船应副"⑥。绍兴三十年,"于洪、吉、赣三州,官置造船场,每场差监官二员,工役兵卒二百人,立定格例,日成一舟,率以为常"⑦。洪州造船场规模与赣、吉州相埒,除去每旬一休息日,年额造船三百余艘。

(16)江州(江西九江市)。绍兴三十二年,判建康府江南东路安抚使张浚"乞支降钱四万贯"打造舟船,作为给建康府沿江七个"紧要渡口"设置巡铺用船。朝廷采纳了张浚的建议,在沿江诸州设造船场。

> 诏:建康府支钱四万贯,镇江府支三万贯,江阴军、太平、池、江、鄂州、荆南府各支二万贯,并以空名迪功郎、承信郎、助教告敕、度牒折支,仍令建康府画样关报逐处,专委守臣与水军统制统领谙晓造船之人,同共措置,限七月以前了毕。⑧

江南东路造船场有:

(17)建康府(江苏南京市)。乾道三年八月,史正志知建康兼沿江制置使,四年三月,"史正志言:'乞将到任后节省到钱内支拨见钱十万贯,收系制

---

① 脱脱:《宋史》卷一百八十九《兵三》,4664页。
② 徐松:《宋会要》食货五〇之二,天圣四年七月,5657页。
③ 徐松:《宋会要》食货五〇之一五,绍兴三年十二月二十七日,5664页。
④ 徐松:《宋会要》食货五〇之二〇,乾道元年八月二十五日,5666页。
⑤ 徐松:《宋会要》食货五〇之二五,乾道九年十一月一日,5669页。
⑥ 徐松:《宋会要》食货五〇之三,天圣四年七月,5658页。
⑦ 徐松:《宋会要》食货四四之七,绍兴三十年八月二日,5586页。
⑧ 徐松:《宋会要》食货五〇之一九,绍兴三十二年闰二月十九日,5666页。

置司水军赤历,于出产木植州军收买板木,就建康自置船场增造一车十二桨四百料战船,相兼使用。'从之。"①南宋初建康府有"自置船场",造战船抵御金兵。绍兴元年,向子谌知鄂州兼主管荆湖東路安撫司公事,"乞置造船场于建康府、南康军,以绝掠夺舟船之扰"②。建康府成为南宋重要的战船制造基地。据《景定建康志》卷三十九《武卫志二》载,"自淳祐九年以后"至咸淳元年前十六年间,"造新船共八百五十七只,修旧船共二千六百九十三只",平均每年造船五十余只,修船一百六十八只,均为战船。

（18）南康军（江西星子县）。据向子谌所言,濒临鄱阳湖的南康军有造船场。或规模太小,或未能持久,史料不详。

（19）池州（安徽池州市）。北宋时,池州有厢军"铁木匠营"指挥,有造船能力。南宋绍兴间,设造船场。淳熙十五年（1188）,池州驻劄御前诸军副都统制李思孝因"所造战舡二十七只打造精緻","特转一官"③。宝祐四年（1256）,"池州计拨钱五万贯文,修造兵船"。

（20）太平州（安徽当涂县）。绍兴三十二年,太平州拨款二万贯造船。宝祐四年,"太平州计拨钱一十五万贯文"④修造兵船,是池州五万贯的三倍,造船场规模大于池州。

两浙是行在临安府所在,造船场众多。

（21）明州（浙江宁波）。

（22）温州。真宗末年,明州年造船额一百七十七,温州一百二十五。元祐五年,"诏:温、明州岁造船以六百只为额。淮南、两浙各三百只,从户部裁省浮费所之请也"⑤,说明此前造船多于各造三百艘的岁额。至宋徽宗时,二州"每年合打六百只"⑥的岁额未变。明、温造船场除造内河漕船外,也造海

---

① 徐松：《宋会要》食货五〇之二二,乾道四年三月十日,5667 页。
② 胡宏：《五峰集》卷三《向侍郎行状》。四库全书 1137 册,156 页。
③ 徐松：《宋会要》食货五〇之三一,淳熙十五年五月九日,5672 页。
④ 周应合：《景定建康志》卷三十九《武卫志二》。宋元方志丛刊 1983 页。
⑤ 李焘：《长编》卷四百三十七,元祐五年正月庚午,10525 页。
⑥ 徐松：《宋会要》食货五〇之六,政和四年八月十九日,5659 页。

船,高丽国信使所乘海船由明州制造,政和八年(1118)"打造高丽坐船一百只"①。南宋初,"缘逐州近将合支钱物材料工匠等,转易他用",温州造船量锐减,绍兴五年后逐步恢复,"岁造百艘,以供漕运"。淳熙元年,温州岁额"减作五十只"②,至宋光宗时,造船所用"山林大木绝少,客贩不多",加之经费不足,"岁朘月削,每年止造十船"③。

(23)婺州(浙江金华市)。北宋时,婺州有厢兵"船务"指挥,宋真宗时岁造船一百三艘。南宋时造船场废。

(24)杭州。北宋时杭州有厢兵"船务"④指挥。"额管二百八十人"⑤。南宋时杭州驻扎大批水军,造船场主要负责维修水军战船。

(25)台州(浙江临海市)。端拱二年(989)设造船场,天禧末岁额造船一百二十六艘,景祐(1034—1038)中"废船场,归温、明"⑥州。

(26)秀州。秀州造船场在华亭县,宋高宗时,石画问"监秀州华亭县造船场"⑦。淳熙元年,诏令"秀州造船钱物并逐处工匠并不得侵移私役"⑧。海盐县澉浦镇也"有造船场"⑨。

(27)苏州许浦船场。苏州许浦镇是南宋殿前司水军驻地,设船场,负责维修水军战船。淳熙十五年,"平江府许浦驻劄御前水军修整南船三只,多桨船八只"⑩,所用木料从明州购买。

(28)镇江府。绍兴三十二年,"镇江府支三万贯"造战船,不足半年就"率先造成二十四艘"⑪。宝祐四年,"拨钱一十万贯文"给镇江修造兵船⑫。

---

① 徐松:《宋会要》蕃夷四之五九,政和八年五月十五日,7743页。
② 徐松:《宋会要》食货五〇之二七,淳熙元年二月十二日,5670页。
③ 楼钥:《攻媿集》卷二十一《乞罢温州船场》。四库全书1152册,505页。
④ 脱脱:《宋史》卷一百八十九《兵三·厢兵》,4658页。
⑤ 潜说友:《咸淳临安志》卷五十七《武备·兵制》。宋元方志丛刊,3864页。
⑥ 陈耆卿:《赤城志》卷二十三《山水门五》。宋元方志丛刊,7456页。
⑦ 周必大:《文忠集》卷七十五《循吏石大夫墓志铭》。四库全书1147册,792页。
⑧ 徐松:《宋会要》食货五〇之二七,淳熙元年二月十二日,5670页。
⑨ 常棠:《海盐澉水志》卷二《山门》。四库全书487册,496页。
⑩ 徐松:《宋会要》食货五〇之三一,淳熙十五年八月二十一日,5672页。
⑪ 徐松:《宋会要》食货五〇之二〇,绍兴三十二年七月二十七日,5666页。
⑫ 周应合:《景定建康志》卷三十九《武卫志二》。宋元方志丛刊,1983页。

(29)江阴军(江苏常州市)。绍兴三十二年,支钱二万贯给江阴军"打造舟船"。

荆湖路木材、铁、漆等造船物产丰富,造船场有:

(30)潭州(湖南长沙市)。天禧末,岁额二百八十只。北宋时有厢兵"船坊"、"船坊铁作"和"兴造"指挥。南宋时"造船、冶铁工役尤众"①,一度有两个造船场,淳熙二年,"并潭州两造船场为一场"②。

(31)衡州(湖南衡阳市)。北宋时衡州有厢兵"兴造"指挥。衡州茶陵县是潭州船场木材供应地。元丰三年,"诏:衡州茶陵县以税米折纳船材,运至潭州造船,公私縻费。自今以所输船材即本县造船二百艘,转运司出钱佐出(运?)费。"后改为民户税米一石并加征船脚钱七十文,所造船"官为运至潭州"③。建炎二年,潭、衡、虔、吉四州"年额又合打造船七百二十三只"④,是与潭、虔、吉州规模相埒的造船场。

(32)鄂州(湖北武昌)。

(33)荆南府(湖北江陵市)。二州为沿江重镇,绍兴三十二年,各支钱二万贯"打造舟船"。

(34)鼎州(湖南常德市)。天禧末,鼎州造船岁额二百四十一艘。有"船坊"指挥。南宋初,知鼎州程昌寓造车船,平定了杨么之乱。

福建路造船场有:

(35)福州。造船场设于北宋庆历间。

(36)泉州。泉、福二州造船场规模不大,南宋时废。建炎末年,"朝廷下福建造舟,以备海道",知泉州连南夫曰:"舟用新木,难遽办,且湿恶易坏,若以度牒钱买商船二百艘,则省缗钱二十万矣"⑤。买船比造船质量高且便宜,朝廷采纳了此建议。绍兴六年,福州"五县造橹船九十只"⑥,各县造十至二

---

① 徐松:《宋会要》刑法四之六八,嘉定七年闰二月一日,6655页。
② 徐松:《宋会要》食货五〇之二七,淳熙二年六月十一日,5670页。
③ 李焘:《长编》卷三百三,元丰三年四月甲寅,7387页。
④ 徐松:《宋会要》食货五〇之九,建炎二年六月五日,5661页。
⑤ 周应合:《景定建康志》卷三十九《武卫志二》。宋元方志丛刊,1983页。
⑥ 梁克家:《淳熙三山志》卷十四《版籍类五·海船户》。宋元方志丛刊,7901页。

十六只不等,官支本钱,分配给民户制造。绍兴末,规定"所有造到海舡之人"①补授承节郎。

淮南是运河起点,真、楚、泗是漕粮和官盐的仓储转运地,均设转般仓,主要造三百料以下汴河、御河漕船及客舟。

(37)真州(江苏仪征市)。

(38)泗州(江苏盱眙西北)。

(39)楚州(江苏淮安市)。天禧末楚州造船额为八十七艘。元丰三年,"诏真、楚、泗州各造浅底船百艘,团为十纲,入汴行运"②。三州造船规模相当。政和二年,令发运司造船二千七百艘,其中"真、楚、泗州光打广济河船"③。楚州濒海,也造海船,绍熙三年(1192),令楚州造一百只"双樴多桨梁头阔丈二三海船"④。庆元二年(1196),"从政郎添差监真州造船场赵希蔡"因运军粮无缺,"特循两资"。南宋时期淮南造船场仍发挥重要作用。

广南广州有造船场。

(40)广州。至和元年(1054),置"管勾城池、甲仗库、战(造?)船场使臣一员"⑤,厢兵有"造船场"⑥指挥。熙宁九年,从"湖南、广东发平底船千只,雇水手运载钱谷"⑦,作为平定侬智高叛乱的军费军粮,说明广州官舟不少。

四川造船场有:

(41)泸(四川泸州市)、叙(宜宾市)、嘉(乐山市)、黔(重庆彭水县)、眉(四川眉山市)五州。天禧末,嘉州造船四十五艘。绍兴六年,四川制置大使知成都府席益上漕运六策,其一云:"于泸、叙、嘉、黔等州打造运船",运军粮至川陕沿边地区,"庶免向来掳船之弊,致客旅逃避,弃毁其船"⑧。川船还支援下游驻军,乾道六年(1170),诏令从利(四川广元市)、阆(阆中市)"见管

---

① 徐松:《宋会要》食货五〇之一九,三十一年六月二十七日,5666页。
② 徐松:《宋会要》食货五〇之四,元丰三年六月二十七日,5658页。
③ 徐松:《宋会要》食货五〇之六,政和二年十二月十二日,5659页。
④ 徐松:《宋会要》食货五〇之三一,绍熙三年十月二十五日,5672页。
⑤ 李焘:《长编》卷一百七十六,至和元年六月丙申,4263页。
⑥ 脱脱:《宋史》卷一百八十九《兵三》,4664页。
⑦ 李焘:《长编》卷二百七十四,熙宁九年四月丙午,6710页。
⑧ 李心传:《建炎以来系年要录》卷一百六,绍兴六年十月壬午,1733页。

泸、叙、嘉、眉等州打造马船一百十七只"中选堪用者,发运到"江、池州都统制司"①。

北宋时,北方除凤翔府、东京外,其余分布在黄河沿岸州军的近十个造船场规模不大。南方虔、吉、明、婺、温、台、楚、潭、鼎造船总额达二千余艘,其余仅洪、广、真、泗、杭、福州有规模不大的造船场。四川造船主要供本区域使用,仅嘉州造四十五艘供中央调配。造船场以造内河运输船、座船为主,也造战船。庆历二年,"诏:京东西濒河诸州造战船五百只赴河北"②。京东路除登州可造少量战船外,其他州军未见有造船场,所谓"濒河诸州造战船",多为利用私家船场制造,官府购买。

南宋时,北方造船场尽失,虔、吉、明、温、楚、潭、鼎等州的船场规模也萎缩近半,婺州造船场废,但兴建了更多的造船场,如长江沿岸的荆南、建康,镇江府,江阴军、太平、鄂、池、江、苏、秀州等造船场,均为南宋时设。南宋造船场规模不及北宋,但官方需求更旺,征调大批民船参加运输、巡防和战斗,在两浙、福建、广南沿海已经制度化。

三 船舶类型与造船技术

宋代船舶种类繁多,从装截量划分,有大料船、小料船、万斛船等;从制造及行驶区域划分,有海船、河船、湖船等,河船又可分为黄河船、汴船、江船、淮船等,同是河船湖船,又可分为吴船、越船、婺船、楚船等。从运载用途划分,则有客船、货船、渔船与战船等区别,更细分之,如货船则有漕船、纲船、米船、盐船等。从船舶形态划分,有平底船、尖底船、楼船、车船、多桨船等③。官营造船场主要造货船(漕船、杂搬船等)、客船与战船。

---

① 徐松:《宋会要》食货五〇之二三,乾道六年七月十九日,5668页。
② 徐松:《宋会要》食货五〇之三,庆历二年二月,5658页。
③ 参见期波义信著,莊景辉译《宋代商业史研究》第二章《宋元时代交通运输的发达》。台北稳禾出版社,1997年版,57、58页。

就船型而言,战船与非战船没有明显的界限,"其樾棹篙橹、帆席綑索、沉石调度与常船不殊"①。非战船安上武装设备,就成为战船。

以下对技术含量较高的官造船舶略作分析。

刀鱼船及尖底海船。宋代江河湖海水势不同,船舶类型众多,各造船场所造舟船,因在不同区域航行而要求不同,战船要求较高。为统一造船标准,宋代实行"船样"制度,颁发图式给各船场,按照图式的规格,先造一艘,然后照此样船造船。船的图式即船的设计图,也称"船式"。

真宗咸平三年,"神卫水军队长唐福献火箭、火球、火蒺藜,造船务匠项绾献转海战船式,各赐以缗钱"②。《宋史·李全传》云:商人"自淮转海,达于胶西","转海战船"即河海两用战船。河海两用船古已有之,项绾经过考察,设计了适于战斗的河海两用船。从宋代水军主型战船为刀鱼船分析,项绾所献为刀鱼船图式。《宋史·职官七》载:"又有刀鱼船战棹巡检,江河淮海置捉贼巡检……各视其名以修举职业,皆掌巡逻稽察之事"。刀鱼船是武装巡察沿海及有出海口的江河淮航路的主要船型。嘉祐三年,知福州蔡襄奏:"福、兴、泉、漳各有鮂鱼船,乞修整以备海道"③,备海道即备战防御海上航路。嘉祐八年,诏福州"造刀魚船十只,往來海上收捕"④盗贼。刀鱼船头小底尖尾阔,阻力小,转向灵,航速快。

> 俗又谓之钓槽,船头方小,俗谓"盗浪斗",尾阔可分水,面敞可容人兵,底狭尖,如刀刃状,可破浪,粮储器仗置黄版下,标牌矢石分两掖,可容五十人者面阔一丈二尺,身长五丈。

宽丈二、长五丈是基准样制,还有或大或小的刀鱼船。南宋建立之初,宋高宗下令组建三万水军,"合用鮂鱼船六百只",并把"合用鮂鱼战船,已行画样颁下州县",因船场建造不及,诏令"官轻捷舟船,随宜改造,如阙,即于

---

① 杜佑:《通典》卷一百六十《兵十三》。四库全书605册,249页。
② 李焘:《长编》卷四十七,咸平三年九月辛丑,1026页。
③ 陈元龙:《格致镜原》卷二十八,《舟车类一》。四库全书1031册,396页。
④ 梁克家:《淳熙三山志》卷十九《兵防类二·峰火巡检》。宋元方志丛刊,7941页。

民间踏逐增价收买,改为战船,立限修整牢壮"①。轻快灵活是刀鱼船的基本特点,经过改造的官私刀鱼船,其规格不可能整齐划一。

刀鱼船适于"风涛低小"的两浙、京东浅海及大江大河,福建、广南沿海"海道深阔",有一种较大型的尖底海船,"面阔三丈,底阔三尺,约载二千料,比魛鱼船数已增一倍"②,刀鱼船载重量约为一千料。绍兴二十八年,诏依"见管船样,造尖底海船六只"付福建沿海水军。尖底海船是福建水军的标准配置。

巡船也是尖底海船,绍兴三十一年,温州总辖海船王宪"乞用平阳莆门寨所造巡船为式,每舟阔二丈有八尺,其上转板坦平,可以战斗。诏用其言"③。"转板"是一种可收放、转动的装置,战时拉放,作为活动平台,增大空间,有利于军兵选择有利的攻击位置。

楼船与龙舟。宋代水战,"以船舰大小为等",楼船是大型战船,"建楼三重",上列女墙,多开窗孔,便于弩射。船楼外覆毡革,防敌火攻,楼上"置炮车擂石铁汁,状如小垒",可居高临下施射炮石。楼船的缺点是速度慢,不灵活,"若遇暴风,则人力不能制,不甚便于用",又不可或缺,"足张形势也"④。

东京造船务主要造战船与座船,有造当世最大楼船的能力。"宋初,吴越王钱俶献龙舟,长二十余丈,龙头凤尾,上为宫室层楼,设御榻以备游幸"。宋仁宗时,龙舟腹部损坏,维修要用上等"梗楠"木,于是"使湖南入梗楠巨材,历二年乃到京师,计其费数百万以上"。后因梗楠巨材被挪作他用,修船半途而废。宋神宗熙宁年中,宦员黄怀信在金明池建立修船设施:

> 于金明池北凿大澳,可容龙船,其下置柱,以大木梁其上,乃决水入澳,引船当梁上,即车出澳中水,船乃笐于空中,完补讫,复以水浮船,撤去梁柱,以大屋蒙之,遂为藏船之室,永无暴露之患。⑤

---

① 徐松:《宋会要》食货五〇之八,建炎元年七月十一日、九月十六日,5660页。
② 徐松:《宋会要》食货五〇之一八,绍兴二十八年七月二日,5665页。
③ 李心传:《建炎以来系年要录》卷一百九十一,绍兴三十一年七月癸酉,3193页。
④ 曾公亮等:《武经总要》前集卷十一《战船》。四库全书726册、419页。
⑤ 沈括:《梦溪笔谈》补笔谈卷二《凿澳修船》。上海书店2003年版,258页。

澳本指江海边水湾,可避风浪。黄怀信挖深沟为人工澳,沟底置木柱,柱上架大梁以载船身,形成船台,利用浮力把龙船置于大梁之上,更换船腹损毁的船版后,再引水入澳,使船入水。这个修船之澳的作用如同船坞,是修龙舟专用之澳,故曰"龙澳"。

船坞宋初已有之。宋太宗时,凤翔府斜谷造船务"旧官造舟既成,一艘调三户守之,以河流湍悍,备其漂失,岁役民数千家"。监官张平"遂穿池引水,系舟其中,不复调民"①。张平在黄河支流雍水边挖一大池,作为斜谷造船务新船的停泊之所。大池与造船场结合,初步具有船坞功能。

宋哲宗绍圣末,诏再造龙舟,"久之落成,华大于旧矣"。因楼船过高,"费铁十八万斤"②压仓底,以增强稳定性。陆游云:"木工杨琪作龙舟,极奇丽"③,长三四十丈,宽三四丈,"头尾鳞鬣,皆雕镂金饰"④,是当时最豪华的楼船。楼船本是客船,战时则为压阵之船,而金明湖上的龙舟,则仅能供观赏游幸而已。

车船。车船唐已有之。唐德宗时,李皋"运心巧思,为战舰,挟二轮,蹈之翔风鼓疾,若挂帆席,所造省易而久固"⑤。南宋时,车船制造技术长足发展,其型号有一车、二车、五车、六车、七车、八车、九车、十三车、二十车、二十二车、二十三车、二十四车等。绍兴二年,知无为军王彦恢"制飞虎战舰,旁设四轮,每轮八辑,四人旋幹,日行千里"⑥。"日行千里"当属夸张,言航速快而已。绍兴初,知鼎州程昌寓与活动在洞庭湖一带的杨么农民军战,有"木匠都料高宣者,献车船样",于是程昌寓把商人贩卖的大批杉板"尽行拘收",打造"八车船样一只",令人夫踏车试行,"极为快利"。船两边有护车

---

① 李焘:《长编》卷二十八,雍熙四年四月癸巳,633 页。
② 蔡绦:《铁围山丛谈》卷五。中华书局 19834 上版,38 页。
③ 陆游:《老学庵笔记》卷六。中华书局 1979 年版,80 页。杨琪,《铁围山丛谈》卷五作杨谈,《长编》卷二百五十六作杨琰。杨琪是杨琰弟,二人均为著名木工,此次造龙舟,可能二人共同参与,故有不同记载。
④ 孟元老撰、邓之诚注:《东京梦华录注》卷七《驾幸临水殿观争标赐宴》。中华书局 1982 年版,185 页。
⑤ 刘昫:《旧唐书》卷一百三十一《李皋列传》。中华书 1975 年版,3540 页。
⑥ 李心传:《建炎以来系年要录》卷五十六,绍兴二年七月丁丑,983 页。

板,"不见其车,但见船行如龙,观者以为神异"。以此车船为样,增广车数,"至造二十至二十三车大船,能载战士二三百人"①。在一次战斗中,农民军俘获官军车船及工匠高宣,两个月间,造"大小车楼船十余制样,势益雄壮",其中杨幺所乘二十四车船长三十余丈,宽四丈余,高三丈五尺,板厚七寸,可"载兵千余人"。巨型车船以楼船为基础,武器主要是拍杆、抛石等。史载杨幺车船"设拍竿长十余太丈,上置巨石,下作辘轳,遇官军船近,即倒拍竿击碎之,官军以此辄败"②。拍竿或称"撞竿",《宋史·岳飞传》云:"旁置撞竿,官舟迎之,辄碎。"拍竿利用车楼船高大的特点,居高临下实施攻击。为应对杨幺水军,"官军战船亦仿贼车船而增大,有长三十六丈、广四丈一尺、高七丈二尺五寸"③。《宋会要辑稿》食货五〇之一五载:"知州程昌寓造下车船,通长三十丈或二十余丈,每支可容战士七八百人"。所谓"载战士二三百人"是指参与战斗的人员,"载兵千余"、"可容战士七八百"则指可运载的人数。八车以下车船较为矮小,轮桨有护板遮掩,为暗轮车船,规格较大的车船为明轮车船。

海鳅、马船改造成车船。绍兴三十一年,金完颜亮攻宋,中书舍人虞允文至采石犒军督战。金兵南下时,"梁山泺水涸,先造战船不得进,乃命(李)通更造战船"。李通在和州(安徽和县)"坏城中民居以为材木,煮死人膏为油用之"④,昼夜赶工,"板木钉灰皆不如法",七八天造舟数十只,每舟仅能载二十余人。金兵乘简易战船十余艘欲渡长江,虞允文"急命当涂民兵登海鳅船踏车,每舟有兵数十人,发十海鳅往迎之"。海鳅是千料以下的轻型海船,六橹或八橹,改装成车船,动力大增。金兵所乘舟船"底阔如箱,极不稳,且不谙江道,皆不能动手,其能施弓箭者五七人而已",宋船冲撞金船,劲弩齐射,金兵"遂尽死于江中"⑤。虞允文取得了采石之捷。完颜亮败走瓜州。

---

① [宋]岳珂著,[今]王曾瑜校注:《鄂国金佗续编校注》卷二十五,《鼎澧逸民叙述杨幺事迹一》。中华书局1989年版,1568页。
② 李心传:《建炎以来系年要录》卷五十九,绍兴二年十月己酉,1026页。
③ 陆游:《老学庵笔记》卷一。中华书局1979年版,第2页。
④ 脱脱:《金史》卷一百二十九《李通传》,2787页。
⑤ 徐梦莘:《三朝北盟会编》卷二百三十八《炎兴下帙》。上海古籍出版社2008年版,1713页。

宋战船缺少,虞允文在镇江、建康"聚材治铁,改修马船为战舰"①。马船本为客货运输船,战时载运军马粮草,大者一千五百料,小者三百料,主要行用于长江流域。马船上设置女头、弩窗、矛穴等,就成为战船。改装后的马船"状如方柜,外饬粉灰,内执兵刃,车转两边之下,外无所见",是一种暗轮车船,多用数百料的马船改装,即使逆流而上,也可速行。宋、金两军在瓜州对峙时,虞允文"命战士备车船,径趋北岸瓜洲,将泊岸复回",在江中"上下转回如飞,敌众皆凭垒纵观"②,大为骇愕,遂退兵扬州,不复有过江之望。淳熙六年,"诏:侍卫马军都虞侯马定远于江西州军出产材植顺流去处,委官造马船一百只,暗置女头、轮桨,使可折(拆?)卸,遇军马行,则以济渡,遇战则以迎敌。"③暗轮可拆卸,较虞允文的车船又有改进。运军马时拆下轮桨,可增大装载空间。淳熙十年,建康府统制官陈镗"造车战等船九十只"④,赏钱千贯。由马船改装的车船成为长江防御的主力战船。

大型车船吃水深,重心高,航速慢,只能在水流较缓的广阔水面航行,当洞庭湖一带的杨么农民军被剿灭后,大型车船的记载就见不到了。在宋与金、蒙的水战中,车船以中小型为主。宋孝宗云:"车船古之艨冲"⑤,所谓"蒙冲者,以生牛革蒙战船背,左右开掣棹空,矢石不能败,前后左右有弩窗矛穴,敌近则施放,此不用大船,务在捷速,乘人之不备"⑥。虞允文在采石战后的报捷奏状中说:"我之艨艟往来如飞,横突乱刺"⑦。蒙冲载重不大,海鳅、马船作为战船就是蒙冲,最适于改造成车船。

多桨船。是一种内河、近海通用战船,载重800料。车船虽然快捷,但成本高,吃水深,且占用船侧面积大。在南宋初的水战中,金船质量差,处于劣势,宋车船的缺点尚不突出,发展很快。宋孝宗即位之初,欲改变宋高宗的

---

① 脱脱:《宋史》卷三百八十三《虞允文传》,11794页。
② 徐梦莘:《三朝北盟会编》卷二百三十九《炎兴下帙》,1719页。
③ 徐松:《宋会要》食货五〇之二八,淳熙六年五月七日,5670页。
④ 徐松:《宋会要》食货五〇之三〇,淳熙十年八月七日,5671页。
⑤ 徐松:《宋会要》食货五〇之二七,淳熙三年十月十二日,5670页。
⑥ 曾公亮等:《武经总要》前集卷十一《战船》。四库全书726册,418页。
⑦ 杨万里:《诚斋集》卷一百二十《宋故左丞相节度使雍国公赠太师谥忠肃虞公神道碑》。四库全书1161册,534页。

防御战略,主张北伐。隆兴北伐失败后,乾道五年,任用虞允文掌控政军大权,筹划再次北伐。北伐要以水位较浅的淮河为主战场,战船要经运河抵淮,布防长江的车船吃水深,难以成行。水军统制官"冯湛创多桨船,底平樯浮,虽尺水可运"①。冯湛先造一艘样船,画船样上报朝廷,得到批准后,降船样至明州造船场,"依样措置打造五十只"。史载:

> 其船系湖船底,战船盖,海船头尾,通长八丈三尺,阔二丈,并淮尺,计八百料,用桨四十二枝。江海淮河,无往不可,载甲军二百人,往来极轻便。②

湖船底即平底,吃水浅,战船盖即船板屋为一层平顶,屋侧板墙开二至三道穴窗,便于弩射矛刺。海船头尾即头窄尾阔,头低尾高,转向灵便。淳熙三年,总领淮东财赋钱良臣建造"多桨船百余只",受到"与转一官"的奖励③。同年,建康都统郭刚奏:"本司应管车战等船,内有损烂,已行补填,依海船样制造到多桨飞江战船。"郭刚欲把破损的车船修补时改为多桨船,孝宗说:车船"辛巳岁(1161,绍兴三十一年)用以取胜,岂宜改造? 可令郭刚具析并约束沿流诸军,遇有损坏,随即修葺,不得擅有更易"④,否定了郭刚的建议。淳熙元年,虞允文病逝,孝宗放弃北伐谋划,所以对车船在长江防线的作用加以肯定。多桨船的主要特点是吃水浅,机动灵活。

此后,又设计了适于近海航行的多桨船,绍熙三年,令楚州造"双桅多桨梁头阔丈二三海船"一百艘,"务要坚壮,毕工日更加审验"⑤,这种有风帆的多桨船是一种尖底海船,不适于浅水中航行。

铁壁铧嘴和平面海鹘战船。海鹘船在唐代就是主力战船,其形制为:

> 头低尾高,前大后小,如鹘之状。舷下左右置浮版,形如鹘翅翼,以助其船,虽风涛涨天,免有倾侧覆。背上左右张生牛皮为城,牙旗金鼓

---

① 脱脱:《宋史》卷三百七十六《洪皓传》,11573 页。
② 徐松:《宋会要》食货五○之二二,乾道五年十月六日,5667 页。
③ 徐松:《宋会要》食货五○之二七,淳熙三年十一月一日,5670 页。
④ 徐松:《宋会要》食货五○之二七,淳熙三年十月十二日,5670 页。
⑤ 徐松:《宋会要》食货五○之三一,绍熙三年十月二十五日,5672 页。

如常法,此江海之中战船也。①

浮板的作用是减少斜风、侧风所引起的船体横向漂移,需要时在下风方向放下浮板,以削弱风的横向推力②。前大后小的船形,增大了作战兵士的活动半径,可以从正面和两侧三个方向实施攻击。嘉泰三年(1179),池州秦世辅制造出"新样铁壁铧嘴、平面海鹘战船"。平面海鹘船载重一千料,其形制为:

> 两边各安舻五枝,辟舵一枝,船身通长一十丈,计一十一仓。梁头阔一丈八尺,中仓深八尺五寸,船底板阔四尺,厚一尺,拖泥舷板厚三寸,桅梁一重,两边小棚板阔三尺五寸,装龙护膝板高一尺,上安女头,高二尺四寸,装载战士一百八人,踏驾樟梢水碗手四十二人。

传统的海鹘船有八橹或四橹两种型号,《宋会要辑稿》食货五〇之一一载:

> (建炎三年)四月十二日,尚书省言:"平江府造船场,计料四百料八橹战船,每只通长八丈,用钱一千一百五十九贯。四橹海鹘船,每只通长四丈五尺,用钱三百二十九贯。照依拟定,速行打造,差官管押赴江宁府交割。"

用橹作动力,是前宽后窄的海鹘船。平面海鹘战船对传统海鹘船在三个方面做了改进,其一,把"头低尾高"改为平面,增强船的稳定性,其二,增加船的长和载重,由原来的四丈五尺和八丈增为十丈,有十一仓,兼有运载兵员的功能。其三,装置车轮桨叶,增大动力。平面海鹘船用"踏驾樟梢水碗手四十二人",除辟舵二支、橹十只用二十四人外,如"水碗手"占用二人,则踏车手十六人,每侧各四车。《宋会要辑稿》食货五〇之三三载:

> 铁壁铧嘴船一只四百料,两边各安车二座,并桨三枝,船身通长九丈二尺,计一十一仓,梁头一丈尺五(尺五或应为五尺),深五尺,船底阔

---

① 杜佑:《通典》卷一百六十《兵十三》。四库全书605册,249页。
② 金秋鹏:《试论中国造船与航海技术史中的几个问题》,《海交史研究》1986年1期。

八尺五寸,厚六寸,拖泥舷板厚三寸,通心眷骨一条,厚九寸,桅梁二重,两边安护车齐头木画牌二十八面,各高六尺八寸。周违(围)安护膝板,高一尺,上安女头,高一尺四寸,装载战士七十人,踏驾兵梢二十人。

铁壁铧嘴船用桨不用橹,说明不是前大后小的海鹘船。在前部装有铁护甲和铁铧冲角,大大增强了冲撞敌船的破坏性。两种型制的战船攻击力强,"委是快便",诏"三衙江上诸军"如补充新船,"取会池州式样制造施行"①。

远洋神舟。宋代远洋航运业已很发达,开辟了"海上丝绸之路",瓷器、丝绸是重要的运载品。远洋贸易以民间贸易为主,远洋海船主要由民间匠人制造。官造船场两次制造大型海船,元丰元年,宋政府遣安焘、陈睦二学士出使高丽,令明州船场造两艘远洋客船,"并赐号,其一曰凌虚致远安济神舟,其次灵飞顺济神舟"②。到达时,高丽"国人欢呼出迎",给安焘、陈睦极高的礼遇,"馆之别宫,标曰顺天馆,言尊顺中国如天云"③。宣和四年(1122),遣路允迪、傅墨卿出使高丽。《宣和奉使高丽图经》载:

> 诏有司更造二舟,大其制而增其名,一曰鼎新利涉怀远康济神舟,二曰循流安逸通济神舟。巍如山岳,浮动波上,锦帆鷁首,屈服蛟螭,所以晖赫皇华,震慑海外,超冠今古。是宜丽人迎诏之日,倾国耸观,而欢呼嘉叹也。

与二神舟同行的有从民间选募的六艘海船,"复令明州装饰,略如神舟,具体而微",改装后的民船颇为豪华,符合出使的要求。出使客舟"长十余丈,深三丈,阔二丈五尺,可载二千斛粟",以每斛合今 120 斤计,载重量 120 吨,排水量约 250 吨。客舟每艘"篙师水手,可六十人",神舟"长阔高大,什物器用人数,皆三倍于客舟也"④。作为远洋客船,载重六千斛,可谓盛大无

---

① 徐松:《宋会要》食货五〇之一一,建炎三年四月十二日,5662 页。
② 徐松:《宋会要》食货五〇之四,元丰元年正月三一十二日,5658 页。
③ 脱脱:《宋史》卷四百八十七《外国三·高丽》,14047 页。
④ 徐兢:《宣和奉使高丽图经》卷三十四《神舟》。丛书集成初编 3236 册,18 页。

比了。

依据随路允迪出使高丽的徐兢于宣和六年撰《宣和奉使高丽图经》卷三十四所载及考古发现,宋代船舶为提高航海性能和安全方面有以下技术特点[1]。

(1)指南针的应用。出使船队到达"半洋焦"时,"是夜,洋中不可住维,视星斗前迈。若晦冥,则用指南浮针以揆南北"。北宋末航海已使用指南针水浮法。成书于宣和元年的朱彧《萍洲可谈》卷二载:"舟师识地理,夜则观星,昼则观日,阴晦则观指南针……便知所至。"据研究,朱彧所记系据其父朱服任广州知府时之见闻,据《宋史·朱服传》,朱服广州任职时间为建中靖国元年(1100)至崇宁二年(1103),中国海船应用指南针应在1103年前。

(2)减摇龙骨的发明。"于舟腹两旁,缚大竹为橐,以拒浪。装载之法,水不得过橐,以轻重之。"船两舷缚大竹,可增大在风流中的稳定与安全性。1979年4月,宁波东门口交邮工地在施工时发现一艘宋代海船。该船装有减摇龙骨,由半圆木构成,残长7.10米,安装位置"远在船舷边之下……正处在船的舭部,即使船舶空载时也不会露出水面。当船舶在风浪里做横摇运动时,它会增加阻尼力距从而起到减缓摇摆的作用。它正是现代船舶中经常运用的舭龙骨,即减摇龙骨"[2]。据计算,与不设减摇龙骨相比,可减少摇摆幅度25%,效果十分明显。在船舷两旁缚大竹,进一步增加了减摇性能。

(3)碇石停泊技术的进步。《宣和奉使高丽图经》载:

> 船首两颊柱中有车轮,上绾藤索,其大如椽,长五百尺,下垂碇石,石两旁夹以二木钩,船未入洋,近山抛泊,则放碇着水底,如维缆之属,舟乃不行。若风涛紧急,则加游碇,其用如大碇,而在其两旁,遇行则卷其轮而收之。

---

[1] 席龙飞:《中国造船史》第六章《宋代造船技术的进展与成熟》。湖北教育出版社2000年版,139—140页。

[2] 席龙飞、何国卫:《对宁波船的研究》,《武汉工程学院学报》1981年2期,29页。

1975年4月在泉州法石乡晋江滩出土了一件宋元碇石,"长232厘米,中间宽29厘米,厚17厘米,两侧对称地凿有29×16×1厘米3的凹槽中,用坚硬的花岗岩制成。"①木石结合的碇沉入海底可抓住海底泥土。大型船舶装有起降碇的绞车。船两侧有游碇,停泊时有风浪则用之,可减缓摇摆。

(4)舵的种类与的控制技术。"后有正柂(舵),大小二等,随水浅深更易。"深、浅水用不同的舵,在浅水中行驶时,深水舵应提起。1974年在泉州湾后渚港出土的宋代海船,就装备了升降舵。水深时舵可伸入船底,不受船尾产生的乱流与漩涡的影响,提高舵效。在船尾甲板上桥屋之后,"从上插下二棹,谓之三副柂(舵),惟入洋则用之",增大控制航向的能力,避免横向漂移。此舵亦为升降舵。

为减少舵转向时所受阻力,宋代还设计了可平滑移动的舵轴,组成平衡舵。1978年6月天津静海县东滩头乡元蒙口村出土的宋代河船上有平衡舵②。

(5)樯帆技术的进步。"大樯高十丈,头樯高八丈",大樯即主柂,头樯即首柂。出土的泉州海船已采用了使桅杆起、倒的可眠桅技术。《梦溪笔谈》卷二十四载,嘉祐中,一高丽船桅杆折断,被风吹漂至苏州昆山县海岸,知县韩正彦"使人为其治桅。桅旧植船木上不可动,工人为之造转轴,教其起倒之法,其人又喜",说明北宋中期可眠桅技术已经成熟。帆的型制多样,功能不同,《宣和奉使高丽图经》卷三十四《客舟》载:

> 风正则张布帆五十幅,稍偏则用利篷,左右翼张,以便风势。大樯之巅,更加小帆十幅,谓之野狐帆,风息则用之。然风有八面,唯当头不可行。其立竿以鸟羽候风所向,谓之五两。大抵难得正风,故布帆之用,不若利篷翕张之能顺人意也。

除了以蒫制的硬帆(利蓬)外,还有软帆(布帆),可将软帆转到两舷之外(左右翼张),以获取最大的风力。正帆之上还设小帆(野狐帆),风力弱小

---

① 陈鹏、杨钦章:《泉州法石发现宋元碇石》,《自然科学史研究》1983年2期,173—174页。
② 《津门考古》,天津人民出版社1982年版,26—28页。

时,开启小帆以充分利用风力。遇到大风浪时,也启用野狐帆,借风势辟浪前进,是改善耐波性的有效措施。"制帆之意,以浪来迎舟,恐不能胜其势,故加小帆于大帆之上,使之提挈而行"。

有的学者认为宋代已掌握了船模放样技术,这是误解。宋代的实施的"船样"制度,是先根据图式即设计图按实际尺寸造一船,再由工匠依仿样船制造。南宋时,个别技术官员掌握了预造船模以计算工料的技术。南宋绍兴年间,张鬵"知处州,尝欲造大舟。幕僚不能计其直,鬵教以造一小舟,量其尺寸,而十倍算之"①。张鬵绍兴七年卒,知处州在绍兴五年前后。制作的船模用于计算工料,技术参数不要求完备,称不上模型放样技术的应用。南宋叛臣张中彦在金正隆年间(1157—1161)主持建造黄河浮桥,在造桥脚船时,"舟之始制,匠者未得其法,中彦手制小舟,才数寸许,不假胶漆,而首尾自相钩带,谓之'鼓子卯',诸匠无不骇服"②。所谓"鼓子卯",可能是采用"榫头穿逗,以凸凹来衔接"③的技术。张中彦以模型教工匠掌握钩连技术,一目了然,船模只要能体现此技术即可,"才数寸"的模型不是按比例缩小的微缩船模,不可能体现模型放样技术。

---

① 脱脱:《宋史》卷三百七十九《张鬵传》,11696 页。
② 脱脱:《金史》卷七十九《张中彦传》,1125 页。
③ 冯汉镛:《宋代杰出的造船家》,《文史杂志》2000 年 6 期。

图书在版编目（CIP）数据

宋代官营经济史／魏天安著．
-北京：人民出版社，2011
ISBN 978-7-01-010275-7
Ⅰ．宋…　Ⅱ．①魏…　Ⅲ．①中国经济史—研究—宋代
Ⅳ．①F129.44
中国版本图书馆CIP数据核字（2011）第194320号

宋代官营经济史
SONGDAI GUANYING JINGJISHI

作　　者：魏天安
责任编辑：张秀平
装帧设计：徐　晖

人民出版社　出版发行

地　　址：	北京朝阳门内大街166号
邮政编码：	100706　www.peoplepress.net
经　　销：	新华书店总店北京发行所经销
印刷装订：	北京昌平百善印刷厂
出版日期：	2011年10月第1版　2011年10月第1次印刷
开　　本：	787毫米×1092毫米　1/16
印　　张：	32
字　　数：	520千字
书　　号：	ISBN 978-7-01-010275-7
定　　价：	80.00元

版权所有，盗版必究。有奖举报电话：（010）65251359